U0617572

中华传世藏书

图文珍藏版

国学经典文库

邹博⊙主编

线装书局

图书在版编目（CIP）数据

处世经典／邹博主编 .-- 北京：线装书局，2011.7(2022.3)

（国学经典文库）

ISBN 978-7-5120-0378-1

Ⅰ. ①处… Ⅱ . ①邹… Ⅲ . ①谋略－中国－古代 Ⅳ. ① C934

中国版本图书馆CIP数据核字（2011）第122922号

国学经典文库

主　　编：邹　博

责任编辑：崔建伟　高晓彬

出版发行：线装书局

地　址：北京市丰台区方庄日月天地大厦 B 座 17 层(100078)

电　话：010-58077126(发行部)010-58076938(总编室)

网　址：www.zgxzsj.com

经　　销：新华书店

印　　制：北京彩虹伟业印刷有限公司

开　　本：787×1092 毫米　1/16

印　　张：336

字　　数：3800 千字

版　　次：2022 年 3 月第 1 版第 2 次印刷

印　　数：3001-9000 套

定　　价：4680.00 元(全十二卷)

线装书局官方微信

处世经典

国学经典文库　图文珍藏版

邹博⊙主编

传世藏书

线装书局

卷首语

千百年来,我国思想史上流传下来许多充满智慧的经典之作,它们世代传承,成为人类社会永恒的财富。炎黄子孙之所以在历史上取得令世人瞩目的成就,同中华民族传统文化密不可分,脉脉相承,特别是其中的处世哲学、处世思想、处世方法和处世谋略起着最关键的作用。

在21世纪的今天,机遇和挑战并存,如何增强自身修养,提高自己修身、治学、治人、治事、治国的能力,是摆在新时期各行各业、各级领导以及每个读者面前的重要课题。而如何挖掘出中华民族文化的最高智慧发扬光大,为今世所用,无疑意义重大。

中国圣哲们为后世留下的处世智慧,大体来说散存于以下三个部分之中:一是处世典籍;二是名人的处世经验和高超艺术;三是经过千锤百炼出来的处世谋略。

本卷处世典籍选编了《菜根谭》《呻吟语》《小窗幽记》《围炉夜话》和《幽梦影》。这几部"奇书"都出现在明清时期,一经面世便流传海内,远播域外。重新引起日、韩社会,尤其是政界、商界的注目,被誉为"经营管理的指南",继而又在国内风靡,被奉为"处世宝典"。这几部著作多次重印,发行量过百万,但将其汇集一书,相得益彰,却是首例。

为人讲究艺术,处世注重方法,在经营事业和人生时,就能够达到无往不胜、左右逢源的高超境界。全书囊括为人、处事、修身、养性、从政、治家、经商、聚财智慧之成,泄天地之秘籍,掘经史之精华,发宇宙之宏机,可谓是治世、处世、劝世、醒世之宝鉴,修身、养性、养生、应酬之真经,为官、教子、经商、决策之秘诀,解难、佛道、风水、观人之妙术。片言九鼎,足当迷津一筏;精警睿智,可为心灵之药石。称得上是"一卷在手,终身受用"。

目　录

菜根谭 …… (1)
第一篇　谈道篇 …… (1)
第二篇　问学篇 …… (6)
第三篇　修身篇 …… (10)
第四篇　齐家篇 …… (19)
第五篇　待人篇 …… (22)
第六篇　处世篇 …… (24)
第七篇　体物篇 …… (34)
第八篇　评议篇 …… (44)
第九篇　劝喻篇 …… (62)
围炉夜话 …… (77)
第一篇　谈道篇 …… (77)
第二篇　穷理篇 …… (81)
第三篇　为学篇 …… (86)
第四篇　修身篇 …… (90)
第五篇　性情篇 …… (97)
第六篇　交友篇 …… (101)
第七篇　齐家篇 …… (103)
第八篇　教子篇 …… (107)
第九篇　知人篇 …… (111)
第十篇　论世篇 …… (119)
第十一篇　待人篇 …… (125)
第十二篇　处世篇 …… (130)
小窗幽记 …… (139)
第一篇　修身篇 …… (139)
第二篇　处世篇 …… (144)
第三篇　知人篇 …… (150)
第四篇　论世篇 …… (157)
第五篇　人情篇 …… (164)
第六篇　事理篇 …… (170)
第七篇　情趣篇 …… (177)
第八篇　问学篇 …… (187)

第九篇　至情篇 …………………………………………………………（193）

呻吟语 ……………………………………………………………………（201）

第一篇　性命篇 …………………………………………………………（201）

第二篇　存心篇 …………………………………………………………（205）

第三篇　伦理篇 …………………………………………………………（213）

第四篇　谈道篇 …………………………………………………………（216）

第五篇　修身篇 …………………………………………………………（225）

第六篇　问学篇 …………………………………………………………（235）

第七篇　应务篇 …………………………………………………………（239）

第八篇　养生篇 …………………………………………………………（247）

第九篇　天地篇 …………………………………………………………（250）

第十篇　世运篇 …………………………………………………………（252）

第十一篇　圣贤篇 ………………………………………………………（254）

第十二篇　品藻篇 ………………………………………………………（257）

第十三篇　治道篇 ………………………………………………………（260）

第十四篇　人情篇 ………………………………………………………（263）

第十五篇　物理篇 ………………………………………………………（268）

第十六篇　广喻篇 ………………………………………………………（269）

第十七篇　词章篇 ………………………………………………………（274）

幽梦影 ……………………………………………………………………（278）

读经宜冬 …………………………………………………………………（279）

独读经与共读史 …………………………………………………………（280）

无善无恶是圣人 …………………………………………………………（280）

天下有一物知己,可免恨 …………………………………………………（282）

为月忧·为花忧 …………………………………………………………（284）

人不可以无癖 ……………………………………………………………（285）

春听鸟·夏听蝉·秋听虫·冬听雪 ……………………………………（286）

饮酒须择豪友 ……………………………………………………………（288）

金鱼紫燕　物类神仙 ……………………………………………………（288）

入世·出世 ………………………………………………………………（289）

赏花·醉月·映雪 ………………………………………………………（290）

读书·择友 ………………………………………………………………（291）

楷书·草书·行书 ………………………………………………………（292）

入诗与入画 ………………………………………………………………（293）

少年人和老成人 …………………………………………………………（293）

春秋之怀调 ………………………………………………………………（294）

若无花月美人,不愿生此世界 ……………………………………………（295）

愿在木而为樗 ……………………………………………………………（296）

古今人必有其偶 …………………………………………………………（297）

予谓当以夏为三余 ………………………………………………………（298）

庄周之幸梦蝴蝶 …… (298)
艺花可以邀蝶,植柳可以邀蝉 …… (299)
景有言之极幽而实萧索者,烟雨也 …… (300)
才子富贵,福慧双修 …… (301)
新月易沉,缺月迟上 …… (302)
躬耕吾所不能学 …… (302)
十　恨 …… (303)
楼上看山,月下看美人 …… (304)
摄召魂梦　颠倒情思 …… (305)
假使梦能自主,虽千里无难命驾 …… (305)
昭君以和亲而显,谓之不幸 …… (306)
以爱花之心爱美人 …… (307)
美人之胜于花者 …… (308)
窗内人于窗纸上作字 …… (308)
人生与读书 …… (309)
致书雨师 …… (310)
浊富不若清贫 …… (311)
天下惟鬼最富最尊 …… (311)
蝶为才子之化身 …… (312)
因雪想高士,因花想美人 …… (312)
闻声如境 …… (313)
一岁诸节,以上元为第一 …… (314)
雨之为物 …… (315)
古之不传于今者 …… (315)
道士之能诗者,不啻空谷足音 …… (316)
花中之萱草,鸟中之杜鹃 …… (317)
物之稚者,惟驴独厌 …… (318)
耳闻不如目见 …… (318)
极乐世界,众苦之所不倒 …… (319)
富贵劳悴,不若安闲贫贱 …… (320)
惟耳能自闻其声 …… (321)
听琴远近皆宜 …… (321)
目不能识字,其闷尤过于盲 …… (322)
并头联句,交颈论文 …… (322)
为何不姓李? …… (323)
论　花 …… (324)
高语山林者,辄不喜谈市朝 …… (325)
天下万物皆可画,惟云不能画 …… (325)
人生全福 …… (326)
惑乎民之贫 …… (327)

养花胆瓶 …………………………………………………………………………………………（327）
春雨·秋雨·夏雨 ……………………………………………………………………………（328）
何谓全人 …………………………………………………………………………………………（329）
武人不苟战，文人不迂腐 ……………………………………………………………………（330）
纸上谈兵与道听途说 …………………………………………………………………………（330）
斗方止三种可存 ………………………………………………………………………………（331）
情必近于痴，才必兼乎趣 ……………………………………………………………………（332）
全才之难 …………………………………………………………………………………………（332）
新书与古书 ……………………………………………………………………………………（333）
延名师训子弟 …………………………………………………………………………………（334）
文体贵在创新 …………………………………………………………………………………（334）
友道可贵 …………………………………………………………………………………………（336）
画虎不成反类狗 ………………………………………………………………………………（336）
由戒得定 …………………………………………………………………………………………（337）
南北东西，一定之位也 ………………………………………………………………………（338）
道观和佛寺 ……………………………………………………………………………………（339）
虽不善书，而笔砚不可不精 …………………………………………………………………（340）
不必戒酒须戒俗，不必通文须得趣 …………………………………………………………（341）
论　石 ……………………………………………………………………………………………（342）
律己宜带秋气 …………………………………………………………………………………（342）
厌恶和喜好 ……………………………………………………………………………………（343）
松下听琴 …………………………………………………………………………………………（344）
月下听禅 …………………………………………………………………………………………（345）
胸中山水，妙在位置自如 ……………………………………………………………………（345）
一日之计种蕉，百年之计种松 ………………………………………………………………（346）
春雨·夏雨·秋雨·冬雨 ……………………………………………………………………（347）
诗文之体得秋气为佳 …………………………………………………………………………（347）
笔墨·书籍·山水 ……………………………………………………………………………（348）
人非圣贤，安能无所不知 ……………………………………………………………………（349）
史官所纪与职方所载 …………………………………………………………………………（349）
先天八卦与后天八卦 …………………………………………………………………………（350）
藏书不难，能看为难 …………………………………………………………………………（351）
求知己于朋友易 ………………………………………………………………………………（351）
善人与恶人 ……………………………………………………………………………………（352）
福之何来 …………………………………………………………………………………………（353）
人莫乐于闲，非无所事事之谓也 ……………………………………………………………（354）
文章山水，山水文章 …………………………………………………………………………（354）
论音韵 ……………………………………………………………………………………………（355）
怒书·悟书·哀书 ……………………………………………………………………………（356）
读史书喜少怒多 ………………………………………………………………………………（357）

奇书与密友 …………………………………………………………………… (358)
密友不必刎颈之交 ………………………………………………………… (359)
风流自赏与真率谁知 ……………………………………………………… (360)
难忘者名心一段,未淡者美酒三杯 ……………………………………… (360)
芰荷可食可衣,金石可器可服 …………………………………………… (361)
宜于耳复宜于目者,弹琴吹箫也 ………………………………………… (361)
晓　妆 ……………………………………………………………………… (362)
相思之者 …………………………………………………………………… (363)
眉公、伯虎诸君,曾共我谈笑几回 ……………………………………… (364)
文章与锦绣,两者同出于一原 …………………………………………… (365)
《千字文》中诗家常用之字未备 ………………………………………… (365)
花不可见其落 ……………………………………………………………… (366)
种花须见其开 ……………………………………………………………… (367)
惠施、虞卿,今皆不传 …………………………………………………… (367)
山居得乔松百余章 ………………………………………………………… (368)
赏　月 ……………………………………………………………………… (369)
孩提之童,一无所知 ……………………………………………………… (369)
凡事不宜刻 ………………………………………………………………… (370)
酒可好,不可骂座 ………………………………………………………… (370)
文名可以当科考 …………………………………………………………… (371)
尚友古人 …………………………………………………………………… (372)
无益之施舍,莫过于斋僧 ………………………………………………… (373)
钱多不如境顺 ……………………………………………………………… (373)
读生书不若温旧业 ………………………………………………………… (374)
字与画同出一原 …………………………………………………………… (374)
忙人园亭和闲人园亭 ……………………………………………………… (375)
酒可以当茶,诗可以当文 ………………………………………………… (375)
胸不平酒消;世不平剑消 ………………………………………………… (377)
宁以口毋以笔 ……………………………………………………………… (377)
多情者必好色,好色者未必多情 ………………………………………… (378)
梅·兰·菊·莲 …………………………………………………………… (379)
物之能感人者 ……………………………………………………………… (379)
梅妻鹤子 …………………………………………………………………… (380)
清高可嘉,莫流于不识时务 ……………………………………………… (381)
论美人 ……………………………………………………………………… (381)
蝇与蚊 ……………………………………………………………………… (382)
有山林隐逸之乐而不知享 ………………………………………………… (383)
物各有偶,拟必于伦 ……………………………………………………… (383)
五色有太过 ………………………………………………………………… (384)
《说文解字》分部 ………………………………………………………… (385)

人生必有一桩极快意事 ……………………………………………………（385）
春风·夏风·秋风·冬风 ……………………………………………………（386）
冰裂纹极雅，然宜细不宜肥 ……………………………………………………（387）
鸟　声 ……………………………………………………（388）
不治生产，专务交游 ……………………………………………………（388）
淫秽，非识字之过也 ……………………………………………………（389）
善读书与善游山水 ……………………………………………………（389）
园亭之妙，在丘壑布置 ……………………………………………………（390）
清宵独坐，良夜孤眠 ……………………………………………………（391）
官声采于舆论 ……………………………………………………（391）
胸藏丘壑，兴寄烟霞 ……………………………………………………（392）
梧桐为植物中清品 ……………………………………………………（393）
多情者不以生死易心 ……………………………………………………（393）
蛛为蝶之敌国 ……………………………………………………（394）
立品须发乎宋人之道学 ……………………………………………………（394）
草木亦知人伦 ……………………………………………………（395）
豪杰易于圣贤 ……………………………………………………（396）
牛与马，一仕而一隐也 ……………………………………………………（396）
古今至文血泪成 ……………………………………………………（397）
才　情 ……………………………………………………（398）
孔子和释迦 ……………………………………………………（398）
有青山方有绿水，有美酒便有佳诗 ……………………………………………………（399）
严君平以卜讲学者也 ……………………………………………………（399）
人·禽·兽 ……………………………………………………（400）
无可奈何之事 ……………………………………………………（400）
天下无书则已，有则必当读 ……………………………………………………（401）
秋虫春鸟，尚能调声弄舌 ……………………………………………………（401）
媸颜陋质，不与镜为仇 ……………………………………………………（402）
忍而至于百 ……………………………………………………（403）
九世同居，诚为盛事 ……………………………………………………（404）
作文之裁制 ……………………………………………………（404）
词曲为文字中的尤物 ……………………………………………………（405）
好花应惜 ……………………………………………………（406）
观手中扇面以知人 ……………………………………………………（406）
水　火 ……………………………………………………（407）
文有虽通而极可厌者 ……………………………………………………（407）
游玩山水 ……………………………………………………（408）
贫而无谄，富而无骄 ……………………………………………………（409）
读书·游山·检藏 ……………………………………………………（410）
宁为小人之所骂，毋为君子之所鄙 ……………………………………………………（410）

傲骨不可无,傲心不可有 …… (411)
蝉和蜂 …… (412)
痴、愚、拙、狂,人每乐居之 …… (412)
音乐可感鸟兽 …… (413)
痛可忍而痒不可忍 …… (413)
镜中之影 …… (414)
能读无字之书 …… (415)
若无诗酒,则山水为具文 …… (415)
才子而美姿容 …… (416)
曲逆之读音 …… (416)
"六""国"之读音 …… (417)
闲人之砚 …… (418)
独乐、与人乐和与众乐 …… (418)
四　生 …… (419)
物之形用与神用 …… (420)
我愿来生为美人,必有惜美之意 …… (421)
祭历代才子佳人 …… (421)
圣　贤 …… (422)
天极不难做 …… (423)
掷升官图,所重在德 …… (423)
动物中有三教 …… (424)
余谓此皆喻言人身也 …… (425)
苏东坡和陶诗 …… (426)
予尝偶得句 …… (426)
极妙之境 …… (427)
镜与水之影 …… (428)
水声·风声·雨声 …… (428)
诗文之佳者,何以金玉、珠玑誉之 …… (429)
能闲世人之所忙者 …… (430)
先读经后读史 …… (430)
居城市中,当以画幅当山水 …… (431)
乡居须得良朋始佳 …… (431)
花鸟中之伯夷、伊尹、柳下惠 …… (432)
无其罪而虚受恶名者 …… (433)
神奇化为臭腐,是物皆然 …… (433)
黑与白 …… (434)
耻治君子,痛治小人 …… (435)
镜不能自照 …… (435)
诗不必穷而后工 …… (435)

菜根谭

【导语】

俗话说:“咬得菜根,百事可做”,明代奇人洪应明取其义而创作《菜根谭》,该书通过360则格言警句,以图文的形式糅合了儒、道、佛三家思想以及作者本人的生活体验,形成了一套为人处世的法则和方式,目的在于教育世人如何处世。成书以来,受到历代读者喜爱,并于当今风靡一时,其影响广达于社会生活的方方面面。近些年来,尤为日本工商界奉为圭臬,推销员随时顾问,备为高参;企业家有闲便修,视作宝典。特别是在大力倡导社会主义荣辱观的今天,出版、阅读《菜根谭》之风渐起,加之东洋回波激荡,遂使《菜根谭》热潮涵淡澎湃,汹涌不已。

《菜根谭》书影

《菜根谭》以追求高尚纯洁为宗旨,深者见深,浅者见浅,人生百味,蕴藉其中。特别是教人如何为人处世,这给当今生活节奏紧张的都市人以诸多启发,在商海中鏖战的人们更应细品此书,一则重温人间那种已被淡忘了的真趣,二来清醒一下被金钱烧灼得晕头转向的头脑,寻找到修身养性的途径、待人处事的准则,学会高瞻远瞩,学会达观人生。

《菜根谭》博大精深,妙处难以言传,须有心人在工作之余,沏上一杯香茶,静静地品味,菜根会越来越香,心智会越来越高。此次整理对每条都加上了概括全条内容的醒目标题,同时对每条原文做了流畅的翻译、精短的评论,并配有相应的手绘插图,文章与图画相结合,力求使读者从中撷取到丰富的人生智慧,培养出美好的道德情操,树立起乐观向上的人生态度,使读者轻松获取知识的同时,为其提供更广泛的文化视野、审美感受、想象空间和愉快体验。

第一篇　谈道篇

虚静闲淡　观心证道

【原文】　静中念虑澄澈,见心之真体;闲中气象从容,识心之真机;淡中意趣冲夷,得心之真味。观心证道,无如此三者。

【译文】　人在宁静中心绪才会像秋水一般清澈,这时才能发现人性的真正本源;人在安详中气概才会像晴空白云一般舒畅悠闲,这时才能发现人性的真正灵魂;人在淡泊中内心才会像平静无波的湖水一般谦冲和蔼,这时才能获得人生的真正乐趣。大凡要想观察人生的真正道理,再也没有比这种方式更好的了。

【点评】 诸葛亮用“宁静以致远，淡泊以明志”两句话来作为他的座右铭，借以磨炼他淡泊明志的心胸和恢宏辽阔的气度。从古至今，许多有志之士修身养性同样尊奉这两句名言。这里包含的方式，和本篇讲的悟道是相通的，即在宁静、闲适、淡泊中来悟出本性。一个人的心静如止水，就不会有一点邪念袭来，因为这时的心有如一尘不染的明镜，最能反映出一个人的本然之性，也就是能反映出作者所说的“真体”和“真机”；当一个人内心非常安闲时，就能出现从容不迫的神态，这时考虑任何事情，就容易发现事理的奥妙，也就是最能找出作者所说内心的真机；当一个人的心处于淡泊状态，他的情趣就会悠然自得，没有任何东西可以掩蔽他内心的真趣。

静中寓动　忙里偷闲

【原文】 **天地寂然不动，而气机无息稍停；日月昼夜奔驰，而贞明则万古不易。故君子闲时要有吃紧的心思，忙处要有悠闲的趣味。**

【译文】 我们每天看到天地好像无声无息不动，其实大自然的活动时刻未停。早晨旭日东升，夜晚明月西沉，日月昼夜旋转，而日月的光明却永恒不变。所以君子应效法大自然的变化，闲暇时要有紧迫感做一番打算，忙碌时要做到忙里偷闲，享受一点生活中悠闲的乐趣。

【点评】 宇宙间静中有动，动中有静，动静相间，运动不停，如此才能完成宇宙的旋转，这是宇宙变幻无穷的根本法则。作者通过辩证地看待宇宙的变化规律来认识人生的处事法则。即一个人要在闲暇无事时存有应变之心，忙碌紧张中要忙里偷闲多争取日常生活中的雅趣。闲时吃紧，居安思危，未雨绸缪。做事要有长远考虑，欲速则不达；人应珍惜自己的生命，不浪费自己的时间，自己的人生之路靠自己去不停息地奋斗。故这里的闲是相对的，不表明自己为理想而拼搏的思想停下来。而遇到事情头绪多，不应当盲人摸象一样分不清层次，不考虑效果，要在忙中静下来深思自己的路子对不对；学会调理自己的情绪不至于盲目，通过生活的乐趣来平衡自己的身心。总而言之，要保持“吃紧时忙里偷闲，悠闲时居安思危”的境界，并使其成为处理事物的一个基本方式。

得荣思辱　居安思危

【原文】 **天之机缄不测。抑而伸，伸而抑，皆是播弄英雄，颠倒豪杰处。君子是逆来顺受，居安思危，天亦无所用其伎俩矣。**

【译文】 上天的奥秘变幻莫测，对人的命运的支配难以逆料。时而使人陷于窘境时而让人春风得意，有时让人得意之后又使人遭受挫折，这都是上天有意捉弄英雄豪杰。因此一个君子不如意时要适应环境，遇到磨难应能忍耐，平安无事时要想到危难的来临，这样就连上天也无法施展他的伎俩了。

【点评】 世事变化难以逆料，天机奥妙不可思议，不要说未来的事难以推测，目前的事也很难判断，就连古圣先贤也无可奈何。所以孔子对于处事有“尽人事以听天命”之叹，即对天命而言只好逆来顺受了。因为人的所知是有限的，对智力所不及的事情，很难违背自然法则。但这不意味着听天由命，人对自然的探求已历几千年，对人生的思考也可以说是与生俱来，那么人们对世界、对宇宙的认识与日俱增。以前认为是天命的东西以后完全可以科学解决，以前不可抗拒的东西现在以人之力也做到了。唐太宗要发动政变夺取政权时，如果以占卜吉凶来定行止，很可能就没有以后的“贞观之治”。唐玄宗登

基后，蝗虫肆虐成灾，玄宗如果信天命不敢灭蝗，可能就没有以后的“开元盛世”了。一个人不应忽视自己的主观能动性，而应居安思危，就是要遵循自然法则不断探求思考，不断提高认识，防患于未然，天命其奈我何？

盈满知足　危急知险

【原文】 **居盈满者，如水之将溢未溢，切忌再加一滴；处危急者，如木之将折未折，切忌再加一搦。**

【译文】 生活于幸福的美满环境中，像是装满的水缸将要溢出，千万不能再增加一点点，以免流出来；生活在危险急迫的环境中，就像快要折断的树木，千万不能再施加一点压力，以免折断。

【点评】 人们讨厌贪得无厌的人，一个对个人物欲情欲无休止追求的人谈不上有什么好品德，谈不上会对人们有什么贡献。对于贪图者而言，所谓“人心不足蛇吞象”，由于个人欲望永不知足也就永远生活在痛苦中，终会水满由溢，物极必反，否极泰来。凡事总是“身后有余忘缩手，眼前无路想回头”，可人们很难明白这个盈亏循环的道理。不过学业上就不能浅尝辄止，还真要有点贪图精神，要虚怀若谷，越是渴求越说明求知心切。和生活上的贪求正好相对。学业上不要担心过满，生活上应当防止溢出，这个人才可能在事业上有所作为。

有心栽花　无意插柳

【原文】 **贞士无心徼福，天即就无心处牖其衷；憸人着意避祸，天即着意中夺其魄。可见天之机权最神，人之智巧何益。**

【译文】 一个志节坚贞的君子，虽然无意祈求福祉，可是老天偏要在他无意的地方来开导他完成衷心要完成的事业，行为邪恶不正的小人，虽然用尽心机想逃避灾祸，可是上天却在他巧用心机时来夺走他的灵魂。由此观之，上天神奇无比变化莫测极具玄机，人类平凡无奇的智慧在上天面前实在无计可施。

【点评】 古人讲求：“死生有命，富贵在天。”所谓“人算不如天算”。但富贵跟幸福不能用祈祷得来，否则从古到今不会有那么多为追求幸福而牺牲或为求个人富贵而争得你死我活的事了。这说明古人有时不信天命，有时又希冀天命。在生活中，一些自然法则是需要遵循的，恶人不能遵循社会公德说不定什么时候便灾祸临门；君子居贫，又往往有意外之喜，所以万事应听其自然，不可越过法律、公德去强求。

勘破虚妄　识得本真

【原文】 **以幻境言，无论功名富贵，即肢体亦属委形；以真境言，无论父母兄弟，即万物皆吾一体。人能看得破，认得真，才可以任天下之负担，亦可脱世间之缰锁。**

【译文】 世事变幻无常，不管是功名富贵，即是自己的四肢躯体也是上天赐给的；我们超越一切物象来看客观世界，不论是父母兄弟，甚至连天地间的万物也都和我属于一体。一个人能洞察物质世界的虚伪变幻，又能认得清精神世界的永恒价值，才可能担负起救世济民的重任，也只有这样才能摆脱人间一切困扰你的枷锁。

【点评】 人必须不为外物所累才能保持心灵的安宁、淡泊，但在商品经济的社会中，

追求金钱，讲求致富是一种普遍的社会风尚。当人的心灵被金钱所锈蚀，那么人已经不再是自己精神的主宰者，而完全成为物质文明的支配者。有的大款曾感叹自己是除了钱以外什么都没有，越是富有，贪图物质生活享受越多，精神越是空虚。假如过分强调返璞归真操守清廉是不现实的，但一个人不讲道德情操，一个社会不讲精神追求，以至学子放下学业、先生丢下教鞭下海追求金钱致富，那么这种富是畸形的。对一个有作为的人来讲，不摆脱物累而加入世俗的争逐就不会有为有成。

当以我转物　莫以物役我

【原文】　以我转物者，得固不喜，失亦不忧，天地尽属逍遥；以物役我者，逆固生憎，顺亦生爱，一毛便生缠缚。

【译文】　能以我为中心来操纵一切事物的人，成功了固然不觉得高兴，失败了也不至于忧愁，因为广阔无边的天地到处都可悠游自在；以物为中心而受物欲所奴役的人，遭遇逆境时心中固然产生怨恨，处于顺境时却又产生不舍之心，些许小事便使身心受到困扰。

【点评】　在一定条件下，以我为中心，由我的精神力量主宰一定的时间空间是完全可能的。这样万物为我所用，失去了一物可另取一物，失败了一事可另创一事，海阔天空无忧无虑。反之以物为中心的人就易患得患失，对任何事胸襟都不够开朗，结果弄得事事局促，处处龌龊，守财奴就是典型。比如写字、作画、习文、著书，这些精神领域的活动都需要以我为主宰的精神来把握，才能得心应手，下笔如有神。

心体如天　道法自然

【原文】　心体便是天体。一念之喜，景星庆云；一念之怒，震雷暴雨；一念之慈，和风甘露；一念之严，烈日秋霜。何者所感。只要随起随灭，廓然无碍，便与太虚同体。

【译文】　人的心体就是天体，人的灵性跟大自然现象是一致的。人在一念之间的喜悦，就如同自然界有景星庆云的祥瑞之气；人在一念之间的愤怒就如同自然界有雷电风雨的暴戾之气；人在一念之间的慈悲，就如同自然界有和风甘霖的生生之气；人在一念之间的冷酷，就如同自然界有烈日秋霜的肃杀之气。人有喜怒哀乐的情绪，天有风霜雨露的变化，有哪些又能少了呢？随大自然的变化随起随灭，对于生生不息的广大宇宙毫无阻碍。人的修养假如也能达到这种境界，就可以和天地同心同体了。

【点评】　古人主张天人合一，以为大自然变化和人体内部变化是相对应的。我们可以视为一种比喻。人的生活离不开自然万物，大自然的变化对人本身的影响是不言而喻的。道家主张“人法自然”，这样才能胸襟开阔；儒家主张仁民爱物，这样才有爱人的精神。不管怎么说，天地的风霜雨雪无私地养育了人类万物，人的友爱精神，人法自然也应该与上天一样无所不容，造福同类。

真空不空　在世出世

【原文】　真空不空，执相非真，破相亦非真，问世尊如何发付？在世出世，徇欲是苦，绝欲亦是苦，听吾侪善自修持！

【译文】　不受任何事物的迷惑保留一片纯真，心中却无法排除所有物象；执拗于某种形象虽然不能得到真理，不过破除所有形象仍然不能得到真理。请问佛如何解释？置

身于世又想超脱世俗，拼命追求物欲是痛苦，断绝一切欲望也是痛苦，如何应付痛苦只凭自己的修行了。

【点评】 这里包含了一个很明显的辩证道理，“色即是空，空即是色”，什么事都不是绝对如此而不存在变化。放纵人欲固然是一种大苦恼，不过灭绝人欲也未曾不是苦恼。置身火焰之中就会被烧死，但是如果完全跟火焰隔绝就会被冻死，所以对火最好是不即不离善加运用。同理，假如从人欲陷入真相，那弃绝人欲就会堕入破相，两方都不免于苦恼，所以最好是不陷不弃不着不破，努力修持，由浅入深。这里不去考究深奥的佛理，仅从做人待世的角度来看，出世和入世之间存在着必然联系，不应绝对化，行事不宜走极端。

勘破生死　超然物外

【原文】 试思未生之前，有何象貌？又思即死之后，作何景色？则万念灰冷，一性寂然，自可超物外，游象先矣。

【译文】 想想看，人在没出生之前又有什么形体相貌呢？再想想，死了以后又是一番什么景象呢？一想到这些不免万念俱灰。不过精神是永恒的，保持了纯真本性，自然能超脱物外遨游于天地之间。

【点评】 孔子说：“未能事人焉能事鬼？未知生焉知死？”人在降生之前是否有前世？死后是否有来世，佛教等各种宗教都认为人有来世，所以才创造出天堂地狱及生死轮回等各种教义。关于人的生死问题，从古至今人们苦心探讨。有人因生的短暂而花天酒地，有人因死的恐惧而忧心忡忡。对一个有修养的人来讲，生不足喜，死不足忧，看破生死，杂念顿消，才能摆脱世俗的纠缠，做到超然物外。

肃杀之气　生意存焉

【原文】 草木才零落，便留萌蘖于根苗；时序虽凝寒，终回阳气于灰管。肃杀之气，生意存焉，即是可以见天地之心。

【译文】 花草树木刚刚凋谢，下一代新芽已经从根部长出，节气刚演变成寒冬季节，温暖的阳春就行将到来。当万物到了飘零枯萎季节，暗中却隐藏着绵延不绝的蓬勃生机。在这种生生不息之中，可以看出天地的好生之德。

【点评】 常言道“有生必有死，有死必有生。”天地万物就是如此生生不息。生死循环，相替而出。万物还没有诞生，然而生机已经孕育其内了。明白这样一个循环的规律，就足以知晓行事的法则。万物在凋落枯萎之中尚存有生生不息之机，我们对事物就不该徒重外表形式，做事更不应以一时的成败定结局。事物总在变化之中，一个人要善于思考与研究事物的变化，善于抓住和把握变化的机遇，而不必因一时一事的失误止步不前。

乐天知命　随遇而安

【原文】 释氏随缘，吾儒素位，四字是渡海的浮囊。盖世路茫茫，一念求全，则万绪纷起，随遇而安，则无人不得矣。

【译文】 佛家主张凡事都要顺其自然发展，一切不可勉强；儒家主张凡事都要按照本分去做，不可妄贪身外之事。这“随缘素位”四个字是为人处事的秘诀，就像是渡过大海的浮囊。因为人生的路途是那么遥远渺茫，假如任何事情都要求尽善尽美，必然会引起很多

忧愁烦恼;反之假如凡事都能安于现实环境,也会处处悠然自得。

【点评】 人不应听从命运的安排,把自己的一生付诸天意。不能因为自己天生贫困便安于贫困,天生于恶境便安于恶境,逆来顺受。佛家主张凡事都要随缘,人必须随着天定的因缘来处理事情。反之任凭自己的主观努力一意孤行,不论怎样也无法达成自己的意愿。儒家所主张"素位",就是君子坚守本位而不妄贪其他权势,要满足自己所处的现实环境,这和佛家所说"万事皆缘,随遇而安"是相通的。一个安于现实的人,能快乐度过一生;反之一个不满于现实环境的人,整天牢骚满腹愤世嫉俗,只会害己而害人。这里万事随缘,随遇而安,应从积极意义来理解。从处事角度来看,凡事不可强求,有些事在现有条件下行不通,就有等待时机的必要,就需要安于现状而不是心慌意乱。凡事强求而不遵循事物的基本规律就难行得通。

第二篇 问学篇

穷愁寥落 乐在其中

【原文】 贫家净拂地,贫女净梳头,景色虽不艳丽,气度自是风雅。士君子一当穷愁寥落,奈何辄自废弛哉!

【译文】 一个贫穷的家庭要经常把地打扫得干干净净,贫家的女子经常把头梳得干干净净,摆设和穿着虽然算不上豪华艳丽,但是却能保持一种高雅脱俗的气度。因此君子一旦际遇不佳而处于穷困潦倒的时候,为什么要萎靡不振自暴自弃呢!

【点评】 贫与富是身外物,家贫家富都应保持精神上的超越,人的气质品性不完全是外界物质所能决定的。贫穷人家虽然身居茅屋草舍,但是假如能把屋里屋外打扫得干干净净,也会使精神愉快培养出清雅气象。一个人生长在贫穷人家,所穿的虽然都是粗布衣裳,但是如果衣冠整洁仪态大方,精神充实,举止有度,自然也能增加高雅气质。可是却有一些修养不够的书生,稍不如意就怨天尤人,遇到挫折就垂头丧气萎靡不振。如此怨天尤人牢骚满腹,失去风雅,终将一事无成。

摆脱俗情 便超圣境

【原文】 做人无甚高远事业,摆脱得俗情,便入名流;为学无甚增益功夫,减除得物累,便超圣境。

【译文】 做人并不是非要懂得多少高深的大道理,一定要做大事业才行,只要能摆脱世俗就可跻身名流;要想求到很高深的学问,并不需要特别的秘诀,只要能排除外界干扰保持宁静心情,也就可以超凡入圣。

【点评】 摆脱物欲世俗的困扰,追求一种自我心理平衡,是孔子推崇颜回道德的地方,孔子说:"贤哉,回也! 一箪食,一瓢饮,在陋巷,人不堪其忧,回也不改其乐。贤哉,回也!"所谓"一箪食,一瓢饮",就是过日常粗茶淡饭的清苦生活,颜回虽然过着低水准的生活,但是自得其乐,丝毫不受外界物欲的困扰。反之,人们为了追求生活享受,忽视精神价值,就会变成一个俗不可耐的物欲奴隶。人不要变成物欲的奴隶,虽说不能像古人说的那样成圣,但必须有一个明确的精神追求和向上的思想境界。颜回自得其乐不只在于超凡脱俗,更在

于他有自己的志向，有坚强的意志，使他的精神总是充实的。

为学之心　并归一路

【原文】　学者要收拾精神，并归一路。如修德而留意于事功名誉，必无实诣；读书而寄兴于吟咏风雅，定不深心。

【译文】　求取学问一定要集中精神，专心致志于研究，如果立志修德却又留意功名利禄，必然不会取得真实的造诣；如果读书不重视学术上的讨论，只把兴致寄托在吟咏诗词等风雅事上，那一定不会深入进去取得心得。

【点评】　历来做学问讲究个勤字，勤中苦，苦中乐，本来就没捷径可寻，所谓“读书之乐无窍门，不在聪明只在勤”，有一分耕耘才能有一分收获。课堂上所学只是师傅领进了门，要想有高深造诣全靠自己下苦功。读书只知道吟风弄月讲求风雅，寻章摘句不务实学不求甚解也不深思，这种人永远不可能求到真才实学。修德是为了提高自己的素质，学习不是为了装点门面，附庸风雅。不明白这个道理，就不能真正进步。

心地清净　方可学古

【原文】　心地干净，方可读书学古，不然，见一善行窃以济私，闻一善言，假以覆短，是又藉寇兵而赍盗粮矣。

【译文】　只有心地纯洁的人，才可以读圣贤书，学古人的道德文章，否则，看到善行好事就用来满足自己的私欲，听到名言佳句就拿来掩饰自己的缺点，这就等于资助武器给贼子，接济粮食给强盗。

【点评】　现在讲求的德才兼备和这个道理恐怕有相通的地方。一个心地纯洁品德高尚的人有了学问，可以用来修身、齐家、治国、平天下，对社会人类有所贡献。一个心术不正的人有了学问，却好比如虎添翼，他会利用学问去做各种危害人的事，例如现代人所说的“经济犯罪”和“智慧犯罪”等等，就属于这种心术不正之人的具体表现。因为这些小人会以自己的学问作为武器，在社会上无恶不作。有的以君子的姿态好话说尽却坏事做绝，有的甚至为了一己私利而做出祸国殃民的勾当。所以做学问不能以一个“勤”字了得，还必须立身正才行。现在一些人花着国家紧张的外汇出洋留学，可一旦学业有成，便黄鹤不返；更不要说一些人会以所学来害人了。故古人讲立身修性在今天仍有实际意义，用现在的话讲，做学问的同时，还须培养良好的思想品德才行；有学问的人未必就是利于社会、益于大众的人，要看学问在什么人的手里，要看其品德如何。

扫除外物　直觅本心

【原文】　人心有部真文章，都被残篇断简封锢了；有一部真鼓吹，都被妖姬艳舞湮没了。学者须扫除外物，直觅本来，才有个真受用。

【译文】　人们心中本有一部真正的好文章，可惜被内容不健全的杂乱文章给封闭了；心灵深处本有最美妙的乐曲，可惜却被一些妖歌艳舞给迷惑了。所以一个有学问的人，必须排除一切外来物欲的引诱，直接用自己的智慧寻求本性，才能求得受用不尽的真学问。

【点评】　对事物要学会透过现象看本质，读书也是这样。孔子说：“学而不思则罔，思而不学则殆。”可见学习与思考必须两相兼顾，只想不学终究一无所得，只学不想会糊里糊

涂。学习的内容有书本知识,也有社会知识,不管是哪一类知识,如果一个人对什么都不求甚解,那么不可能有所成就;一个人只知道读书,而不是用心去读,那么正如孟子说:"尽信书不如无书。"也就是,读书必须用智慧来分辨书中所讲道理的是非,要从书中找出一个自我。要直接向自己心灵深处寻找属于本然之性的良知。书读多了,想深了,见广了,便会离开书本,逐步形成自己的思想和认识,成为自己精神世界的组成部分。书读到这一步才算是有用了。

体味真意　不误正道

【原文】 读书不见圣贤,如铅椠佣;居官不爱子民,如衣冠盗。讲学不尚躬行,为口头禅;立业不思种德,为眼前花。

【译文】 读书不去研究古圣先贤思想的精髓,最多只能成为一个写字匠;做官如果不爱护人民,只知道领取国家俸禄,那就像一个穿着官服戴着官帽的强盗。只知研究学问却不注重身体力行,那就像一个不懂佛理只会诵经的和尚;事业成功后不想为后人积一些阴德,那就像一朵眼下很艳丽却很快就凋谢的花儿。

【点评】 古人于读书治学之道有很多精辟的论述,就识文断句而言,应首先懂得文章,在此基础上要明白文之精髓所在。最主要的是自己能躬行实践所学得的学问,这就是通常所说的学以致用,用自己之所学贡献于国家社会。假如学问跟实践不能相辅相成,那就变成了徒具形式的口头禅。古人读书讲究的是圣贤之书,要从中明理,从中自省。读书而不知探求真理,不从中吸取精华,只能是个书匠、书虫,或者是附庸风雅之流;而所学只为了读书,为学而学,不能以所学指导言行,指导实践,用于社会,其所学于世何用?同样,居官、立业不能益于社会,不能益于子孙后代,那么业不会牢靠,官不会居久,史不会留名。

有世百年　名副其实

【原文】 春至时和,花尚铺一段好色,鸟且啭几句好音。士君子幸遇清时,复遇温饱,不思立好言,行好事,虽是在世百年恰似未生一日。

【译文】 当春天到来时阳光和暖,就连花草树木也争奇斗妍,在大地铺上一层美景,甚至连飞鸟也懂得在这春光明媚的大自然里婉转动听地鸣叫。士君子假如能侥幸出人头地列入杰出人物行列,同时每天又能酒足饭饱过上好生活,却不想为后世写下几部有益的书,做一些有益于世人的事,那他即使活到一百岁的高寿也如同一天都没活过。

【点评】 从古到今,身前重名,身后重誉是一个传统。尤其是对当权者,他的声誉取决于他的政绩如何,所谓"得时当为天下语",一定要为天下苍生和后世子孙多做一些好事,假如不能这样,也应退而求其次完成几部不朽名著。因此宋儒张载才发出"为天下立心,为生民立命,为往圣继绝学,为万世开太平"的呼声。既"幸列头角",就应当有所作为,能为平民百姓请命是为清官,能为国家兴利除弊是为贤达,能为后人著书立说是为贤哲。人生在世如果有了作为的条件,理应为自己的抱负,为国家的兴旺去拼搏一番。

兢业心思　潇洒趣味

【原文】 学者有段兢业的心思,又要有段潇洒的趣味,若一味敛束清苦,是有秋杀无春生,何以发育万物?

【译文】 一个做学问的人，既要有缜密思考、刻苦敬业的精神，又要有潇洒脱俗的胸怀，这样才能保持生活的情趣。假如只知一味克制压抑自己，使自己过极端清苦的生活，就只会感到生活如秋天的肃杀而无生机，这又怎能培育万物的成长而至开花结果呢？

【点评】 古人讲究学以致用。一个读书人为了求得高深的学问，每天都兢兢业业地苦读，这种奋发上进的精神固然很好，但是也不可以忽略了读书之外的"潇洒趣味"，用现代话来说就是不要忽略正当的"消闲"，也就是要德、智、体、美并重。否则，就会变成一个"只知读书不会做事"的书呆子。尤其是在现代社会，生活就等于是一种竞争，如果不多懂得社会，了解社会，何以生存？如果不保留一点生活情趣，纯粹像个不食人间烟火的天外来客，所学何以致用？读书人要会读书，还要会生活。

心体莹然　本来不失

【原文】 夸逞功业，炫耀文章，皆是靠外物做人。不知心体莹然，本来不失，即无寸功只字，亦自有堂堂正正做人处。

【译文】 夸赞自己的功业，炫耀自己的文章，这都是靠外物来增加自身光彩，却不知人人内心都有一块洁白晶莹的美玉。所以一个人只要不丧失人类原有的淳朴善良本性，即使在一生之中没留下半点功勋，没留下片纸只字的著作文章，也算是堂堂正正地做人。

【点评】《左传》："太上有立德，其次有立功，其次有立言，虽久不废，此之谓不朽。"可见立德为最重要，其次才为立功、立言。例如品德垂范千古的孔子、孟子、屈原等古圣先贤；功业流传千古的汉武帝、唐太宗等。不可能每个人都像这些历史名人一样名垂千古，在日常生活中，要堂堂正正做人，就必须先立德立身，使自己的行为符合规范，保持自然之态，在此基础上去建功立业；这样即使毫无功业，也不失为一个正人君子。

勿昧所有　毋夸所有

【原文】 前人云："抛却自家无尽藏，沿门持钵效贫儿。"又云："暴富贫儿休说梦，谁家灶里火无烟？"一箴自昧所有，一箴自夸所有，可为学问切戒。

【译文】 前人说："放弃自己家中的大量财富，却模仿穷人持钵乞讨。"又说："暴富的人，不要老向人家夸耀财富，其实哪家的炉灶不冒烟呢？"上面这两句谚语，一句是说自己看不见自己所有的人，一句是说那些夸耀自己暴富的人，这些都是做学问的人必须彻底戒除的事。

【点评】《佛学入门》说："佛在灵山莫远求，灵山只在汝心头，人人有座灵山塔，好在灵山塔下修。"心就是佛，每个人都具有佛性，应求诸内心而勿求诸外物。做人也是这样，人人都有自己的良知，而古圣先贤只在自己内心求道，使得修身养性的能力超人。可惜很多人不自知不自修，抛却自家无尽藏。做事做学问的人更要以不自夸不自满为戒，不能只追求形式上的完美而忽视实质上的成效；不能妄想走捷径搞短平快，而忽视扎实刻苦的基础；不能总想着外力作用，而忘却自身努力的重要性。

第三篇　修身篇

生于忧患　死于安乐

【原文】 **耳中常闻逆耳之言,心中常有拂心之事,才是进德修行的砥石。若言言悦耳,事事快心,便把此身埋在鸩毒中矣。**

【译文】 耳中假如能经常听些不爱听的话,心里经常想些不如意的事,这些都像是敦品励德有益身心的磨刀石一样。反之假如每句话都很好听,每件事都很称心,那就等于把自己的一生葬送在毒药中了。

【点评】 《孔子家语》中有"良药苦口而利于病,忠言逆耳而利于行",这句话人们常说,道理也是显而易见的。忠言往往就是逆耳的语言,最有价值。假如一个人听忠实良言感到厌倦逆耳,不仅完全辜负了人家劝诫的美意,关键是难以反省自己言行的缺点,进而敦品励行改邪归正;就难以督促自己保持良好品德。听见逆耳的忠言绝对不可气恼,而人家一夸奖就得意扬扬,那你的生活就显得轻浮,在无形中会削弱自己发奋上进的精神,最容易沉湎在自我陶醉的深渊中。如此就等于自浸于毒酒中而毁掉自己的前程,即使活着也等于丧失了生存的意义。人生不如意事常居八九,这就是说人生在世要经常接受各种横逆和痛苦的考验,必须经过几番艰苦的奋斗才能走上康庄大道。一生都想称心如意根本是不可能的事。可惜的是一些肤浅之辈,一听逆耳忠言就拂袖而去,一遇不顺利就怨天尤人。孟子说"天将降大任于斯人"必然会有各种困难来磨砺自己的品格。忠言逆耳良药苦口这么个道理说明一个人要有所作为必须先要敢于磨炼自己的品格,善于听取不同意见,勇于克服种种困难才行。

真味甚淡　至人是常

【原文】 **酞肥辛甘非真味,真味只是淡;神奇卓异非至人,至人只是常。**

【译文】 美酒佳肴并不是真正的美味,真正的美味只在那粗茶淡饭中体会;才智卓绝超凡绝俗的人,还不算人间真正的伟人完人。其实真正的伟人看起来是平凡无奇的人。

【点评】 人们往往忽视平凡,不重视常见的东西。像鸡鸭鱼肉、山珍海味,固然都是极端美味可口的佳肴,但时间久了会觉得厌腻而难以下咽;粗茶淡饭,最益于身体,在一生之中最耐吃。这只是就怎样做人打了个比方。生活中,有的人往往恃自己才学出众而洋洋得意,盛气凌人。其实这种人并不是能博得人们景仰的理想人物。因为一个有完美人格和高尚品德的人,都是在平凡中坚守自己的岗位,在平凡中来实现自己伟大的人生理想,在不骄不矜中修养自己的品德,这种人总有一天能达到理想境界,才有资格垂范千古。例如释迦牟尼佛,他对众生说法绝不用玄虚的高深道理迷惑民众,而是用简明切实的教义来普度众生,在当时苦难的民众中探寻一种美好的理想。和他同时代的孔子,历经磨难,他的理想在当时虽然没有得到呼应,却在身后发扬光大。所谓"万丈高楼平地起",就是说不论如何伟大的人物都要从平凡中做起。一个人绝俗超凡可以视为一种人生态度,有卓越的才华也是好事,但作为一个伟人,要一贯地、多方面地要求自己,要把自己的美好追求置身于社会,置身于民众,脚踏实地,而不是标新立异,追求一时的轰动。只有在平凡之中才能保留人的纯

真本性，进而在平凡中显出英雄本色。

淡泊明志　肥甘丧节

【原文】　藜口苋肠者，多冰清玉洁；衮衣玉食者，甘婢膝奴颜。盖志以淡泊明，而节从肥甘丧也。

【译文】　能过吃粗茶淡饭生活的人，他们的操守多半像冰玉般纯洁；而讲求华美饮食奢侈的人，多半甘愿做出卑躬屈膝的奴才面孔。因为一个人的志向要在清心寡欲的状态下才能表现出来，而一个人的节操都从贪图物质享受中丧失殆尽。

【点评】　贪图物质享受的人，生活容易陷于糜烂，精神生活空虚，也难有高尚的品德，因此他们为了能得到更高一层的享受，不惜用任何手段去钻营，甚至于卑躬屈膝，人格丧失殆尽。结合我们现实社会上那些贪赃枉法以权谋私腐化堕落的人，他们的犯罪动机大多是为了满足物质需求，追求奢华而致。人人都有追求较好物质生活的权利，较好的物质生活是追求较高精神需求的基础，但“君子爱财取之有道”，只有通过劳动致富才是光荣的。从另一个角度来讲，只讲物欲要求的生活是不完全的，层次较低；没有充实精神生活的物欲要求是空虚的。雷锋曾说过：生活上向低标准看齐，工作上向高标准看齐。说明人要有理想，有追求；不能以贪图享受，满足物欲作为最大需求，不能玩物丧志，成为社会的寄生虫。

消杀妄念　真心即现

【原文】　矜高倨傲，无非客气，降服得客气下，而后正气伸；情欲意识，尽属妄心，消杀得妄心尽，而后真心现。

【译文】　一个人之所以会骄矜高傲，无非是由于受外来而非出自至诚的血气的影响，只要能消除客气，光明正大刚直无邪的正气才会出现。一个人的所有欲望和想象，是由于虚幻无常的妄心而致，只要能铲除这种虚幻无常的妄心，善良的本性就会显现出来。

【点评】　人都要有正气为主心骨，因为正气乃天地之气，也就是孟子所说的浩然之气。我们的身体如同小宇宙和小天地，在我们身体中支配我们的主人就是正气，这种正气光明正大，绝不为利害所迷失。所谓“情欲意识尽属妄心”乃是指各种情欲，而判断是非得失的智能乃属意识，但是不论情欲或意识都属妄心，不消除这种妄想，真心就不会出现。人如果真能不受客气驱使，同时不但不为妄心所左右，而且又能加以制服消灭，那正气和真心自然会出现。这里所说的正气和客气，以及所谓的妄心和真心，就是让人们把世俗的各种欲念，以及虚伪的种种造作去掉，而显出本性，显出一个本我。

不为小恶　不弃小善

【原文】　欲路上事，毋乐其便而姑为染指，一染指便深入万仞；理路上事，毋惮其难而稍为退步，一退步便远隔千山。

【译文】　关于欲念方面的事，绝对不要贪图便宜，而就不正当地占为己有，一旦贪图非分的享乐就会坠入万丈深渊；关于真理方面的事，绝对不要由于畏惧困难，而生退缩的念头，因为一旦退缩就会和真理正义有千山万水之隔而失之交臂。

【点评】　人的欲望是一个客观存在，刻意去压抑是和社会进步不相符的，但是过分去放纵情欲物欲就容易迷失本性，不加断限，会贪图非分享乐，坠入欲念深渊。处在享乐中的

人们很难克制欲望，这就需要修身养性。但是，追求理性是很枯燥的，佛家所说“一寸道九寸魔”和“道高一尺魔高一丈”，都证明了修炼品德是一件很艰苦的事，就像登山一样得奋力前进，否则蹉跎一生将会落得一事无成的后果，所谓“莫待老来方学道，孤坟尽是少年人”。人不能纵欲胡来，而应从小刻苦磨炼，不惧艰难，从而逐步建立起一个高尚的精神世界。

立身需高　处世勿争

【原文】　立身不高一步立，如尘里振衣，泥中濯足，如何超达？处世不退一步处，如飞蛾投烛，羝羊触藩，如何安乐？

【译文】　立身处世假如不能站得高看得远一些，就好像在飞尘里打扫衣服，在泥水里洗濯双脚，又如何能超凡绝俗出人头地呢？处理事物假如不做留一些余地的打算，就好比飞蛾扑火，公羊去顶撞篱笆被卡住角，哪里能够使自己的身心摆脱困境而感到愉快呢？

【点评】　谦让品德的建立不是以无原则容忍退让为前提的，而是以立大志，高起点处世为前提的。一个人生活在世界上，本身立志要高，心地要宽，不可有一般无知无识之辈的俗见，也就是要认识真理，修身养性，否则就如同凡夫俗子一般，终身在尘埃泥淖中打滚，难以超凡绝俗，有所成就。尤其待人接物应以谦让为高，退一步，等于进两步。因此我们为达成目的，绝不可以盲目努力，一定要听其自然，谦虚谨慎。做事要看清客观环境，一味鲁莽，不知变化，不看全局，必然遭受他人的排斥而归于失败。

人定胜天　志一动气

【原文】　彼富我仁，彼爵我义，君子固不为君相所牢笼。人定胜天，志一动气，君子亦不受造化之陶铸。

【译文】　别人有财富我坚守仁德，别人有爵禄我坚守正义，所以君子绝对不会被君相的高官厚禄所束缚或收买。人的智慧一定能战胜大自然，思想意志可以转变自己的感情气质，所以君子绝对不受命运摆布。

【点评】　一个活得洒脱的人，不应为身外物所累，诗曰：我行我素。孟子说：“居天下之广居，立天下之正位，行天下之大道，得志与民由，不得志独善其身；富贵不能淫，贫贱不能移，威武不能屈。”不受富贵名利的诱惑，具有高风亮节的君子，胜过争名夺利的小人的一个重要因素，在于君子保持自我的人格和远大的理想，超然物外，不为任何权势所左右，甚至连造物主也无法约束他。所以佛家才有“一切唯心造，自力创造非他力”一语。遵从大义，相信自我，一个有为的人理应锻炼自己的意志，开阔自己的心胸，铸造自己的人格，不为眼前的名利所累，把眼光放得长远。具有了人定胜天的气概，广阔天地任我驰骋。

宁默毋躁　宁拙毋巧

【原文】　十语九中，未必称奇；一语不中，则愆尤骈集。十谋九成，未必归功，一谋不成，则訾议丛兴，君子所以宁默毋躁，宁拙无巧。

【译文】　即使十句话能说对九句也未必有人称赞你，但是假如你说错了一句话就会接连受人指责；即使十次计谋你有九次成功也未必归功于你，可是其中只要有一次失败，埋怨和责难之声就会纷纷到来。所以君子宁肯保持沉默寡言的态度，绝不冲动急躁，做事宁可显得笨拙，绝对不能自作聪明显得高人一等。

【点评】 现实生活中,往往有一种奇怪的现象,干的不如不干的,说的不如不说的,因为你做了,你的不足就显出了;你说了,你的思想就暴露;你做得多了业绩广了,你便成了矛头的目标,因为你的成功妨碍了别人,而有些人专喜欢说别人的坏话。这种心态有幸灾乐祸,有好奇心也有权威感,总觉得自己能传播一句揭发他人隐私的消息,才足以显示自己是消息灵通人士,借以满足自己的权威欲望,所以俗语才有"好事不出门,坏事传千里"。好事所以出不了门,那是因为人们有嫉妒心,看到你有光彩的事就矢口不提,结果就使这种好事遭受尘封和冷冻,以致永远无法让世人知道。反之,一旦作了一件坏事,在人们幸灾乐祸心理驱使下,立刻一传十十传百,很快就能让所有人知道。所以作者才发出了"十语九中未必称奇,一语不中则愆尤并集;十谋九成未必归功,一谋不成则訾议丛兴"的慨叹。这里"谨言慎行"固然是明哲保身的一种方式,但也表明另一种方式,即遇事宜在深思熟虑后一语中的。

无私无贪　度越一世

【原文】 **人只一念贪私,便销刚为柔,塞智为昏,变恩为惨,染洁为污,坏了一生人品。故古人以不贪为宝,所以度越一世。**

【译文】 一个人只要心中刹那间引出贪婪或偏私的念头,那他就容易把原本刚直的性格变得很懦弱,聪明被蒙蔽得很昏庸,慈悲的心肠就会变得很残酷。原本纯洁的人格就会很污浊,结果是毁灭了一辈子的品德。所以古圣先贤认为,做人要以"不贪"二字为修身之宝,这样,才能超越他人战胜物欲度过一生。

【点评】 品行的修养是一生一世的事,艰苦而又有些残酷,尤其古人对品行有污染者很不愿意原谅。王阳明的理学主张"致良知",他说:"良知无待他求,尽人皆有,只有被物欲汩没了他。"要求为人绝对不可动贪心,贪心一动良知就自然泯灭,良知泯灭就丧失了正邪观念,正气一失,其他就随意而变了。刚毅之气也就顿时化为乌有,而聪颖智慧也就变成了糊涂昏聩,仁慈之心也就变成了残酷刻薄,高尚品德也就染满了污点,只此一念之差就使一生的人格破产。俗话说,吃人家的嘴软,拿人家的手短。生活中一些人抵不住"贪"字,灵智为之蒙蔽,刚正之气由此消除。在商品社会,许多人经不住贪私之诱,以身试法。一些人大半生清白可鉴,却晚节不保,诚可惜哉。"不贪"真应如利剑高悬才对,警世而又可以救人。

画蛇添足　过犹不及

【原文】 **气象要高旷,而不可疏狂;心思要缜密,而不可琐屑;趣味要冲淡,而不可偏枯;操守要严明,而不可激烈。**

【译文】 一个人的气度要高旷,却不可流于粗野狂放;心思要周详,却不可繁杂纷乱;生活情趣要清淡,却不可过于枯燥单调;言行志节要光明磊落,却不可偏激刚烈。

【点评】 什么事都不能过分,品德和气质的修养也是这样,如果把一种好的品德视为教条而走向极端,那这种品德反而有害于人。一个人要想做到不偏颇,恰到好处,言行以至思想境界需要进行一个很长的磨炼过程。因为人们做事做人总是向好的方面追求却难以适度,看到好的一面却忽视随之而来的不足,那么一不小心便会失之偏颇,得到相反的结果。

甜淡适中　刚柔相济

【原文】　**清能有容，仁能善断，明不伤察，直不过矫。是谓蜜饯不甜，海味不咸，才是懿德。**

【译文】　清廉而有容忍的雅量，仁慈而又能当机立断，精明而不妨害细察，刚正而又不至执拗，这种道理就像蜜饯虽然浸在糖里却不过分的甜，海产的鱼虾虽然腌在缸里却不过分的咸，一个人要能把持住不偏不倚的尺度才算是处人做事的美德。

【点评】　严于品德修养是好的，但严的结果应该是符合中庸之道，这样行事才可能不偏颇。不能认为因为自己品格优良或做好事就自然正确，往往正确过头却适得其反。一个清廉自守的人固然值得尊敬，可是他们往往矫枉过正，把自己的格调提升得很高，对于社会上的万事万物容不得一点沙子，疾恶如仇，结果就变成毫无容忍雅量的偏激。这样行事其主观努力和客观效果很可能相反。反之一个宽宏大量而又居心仁厚的人固然受人爱戴，这种人可能又往往缺乏果断力。这样可以成一个老好人，却办不得大事。一个聪明人如果没有高尚的品德修养，不能在处事中掌握好分寸，聪明会对他造成妨害，就是通常所说的“聪明反被聪明误”。一个人很精明，可精明到至清便可能一事无成。可见做事要保证主观努力和客观效果一致，一方面要求品德端正，另一方面得把好做事的尺度，有一个合适的方法才行。

持身不可轻　用意无须重

【原文】

士君子持身不可轻，轻则物能挠我，而无悠闲镇定之趣；用意不可重，重则我为物泥，而无潇洒活泼之机。

【译文】　作为士大夫在立身处世时不能有轻浮的举动，如果轻浮就会受外界因素的干扰，从而失去从容娴雅的情趣；对任何事物也不能看得太重，这样就会被束缚而心力劳瘁，缺少洒脱活泼的生气。

【点评】　为人处事谨记二字：用心。用心才会认真对待问题，尽力寻找解决途径，如同下棋，一招轻率则全盘皆失。尤其对于小事掉以轻心是人的通病，也许因太过自负，或者将问题想得太简单，其实世间万物千变万化，看起来大体相似的问题总有细微的差别，而这细微的差别很可能是决定性的。若不用心分析，就可能错误估测对象，接踵而来的即是错误的判断与错误的方法，结果可想而知，在此过程中人也会处于极其被动的地位。“执著”一词原为佛教用语，指对某一事物坚持不放，不能超脱，后来泛指固执或拘泥。对待事物太过执着，就失去了超越的可能，结果人为物役，人为形役，除了让自己的身心皆疲惫不堪，丝毫不能体会到生活的喜悦。

以屈为伸　涉世一壶

【原文】　**藏巧于拙，用晦而明，寓清于浊，以屈为伸，真涉世之一壶，藏身之三窟也。**

【译文】　做人要把智巧隐藏在笨拙中，不可显得太聪明，收敛锋芒。才是明智之举，宁可随和一点也不可太自命清高，要学以退缩求前进的方法。这才是立身处世最有用的救命法宝，明哲保身最有用的狡兔三窟。

【点评】 说一个人不要锋芒太露，不是教人伪装自己，而是办事要分清主次，讲究方法。常言道"大智若愚"，是说一个人平时不咄咄逼人，到紧要关头自然会发生功效，这就是"中流失船，一壶千金"的含义吧。一个人一生要做的事很多，不可能件件都要劳心伤神，只有碌碌无为的人才会整天为琐事缠身，在世俗面前夸耀自己的才华。一个人要想拥有足以藏身的三窟以求平安，第一宜藏巧于拙锋芒不露，第二还要有韬光养晦不使人知道自己才华的修养功夫，而且办什么事都应当留有余地才是。最关键的是在污浊的环境中保持自身的纯洁。不露锋芒，韬光善晦并不影响洁身自好，相反，洁身自好是前二者的基础。

胜私制欲　识力两全

【原文】 胜私制欲之功，有曰识不早力不易者，有曰识得破忍不过者，盖识是一颗照魔的明珠，力是一把斩魔的慧剑，两不可少也。

【译文】 战胜私情克制物欲的功夫，有人说是由于没及时发现私欲的害处而又没坚定的意志去控制，有人说虽然能看清物欲的害处却又忍受不了物欲的吸引，所以一个人的智慧是认识魔鬼的法宝，而意志等于是一把消灭魔鬼的利剑，法宝和利剑是战胜情欲不可缺少的。

【点评】 每个人都知道自私自利是一种不好的行为，可是每个人都很难做到控制私心私欲，甚至还有一句"人不为己天诛地灭"的谚语为自私自利的人作辩解。人们之所以难以控制私心杂念，除意志、理性等修为外，还在于所受教育，社会环境等因素。在私欲问题上东西方文化有本质的差异，东方文化是比较强调集体主义克制私欲的，过于自私的人要受到社会的谴责。一个社会都那么自私而冷漠是不可想象的。在人与人的交往中，只有你献出一份爱去关心别人，别人同样来关心你，社会才会和谐，才有温暖。一个太自私或物欲太强的人，多半都会遭受别人的排斥。那么，一个想在事业上有所成就的人战胜不了自己的私欲，也团结不了人，何谈事业的成功？所以自私会成为自己前途事业的一大障碍，可能到最后由于自私自利还会自毁前程。所以，归根结底，消除私欲首先要加强修养来战胜自己。

动心忍性　穷且益坚

【原文】 横逆困穷是锻炼豪杰的一副炉锤。能受其锻炼则身心交益，不受其锻炼则身心交损。

【译文】 横逆困难是锤炼英雄豪杰心性的洪炉，接受这种锻炼对形体与精神均有益处，反之如果承受不了这种恶劣环境的煎熬，那么将来他的肉体和精神都会受到损伤。

【点评】 孟子有段名言："天将降大任于斯人也，必先苦其心志，劳其筋骨，饿其体肤，空乏其身，行拂乱其所为，所以动心忍性增益其所不能。"一个人处世没有经过一番忧患并不是好事；尤其是青年人刚刚进入社会，对未来充满美好的憧憬，雄心万丈，壮志凌云，可人生的路往往是多起多伏的，不如意事常八九，是靠自己的意志克服困难，还是像以往那样去寻找父母的庇护，或者一蹶不振，真可谓是人生的三岔口。如果不经过一番艰苦磨炼，将来不但很难给自己创造光明前途，也很难为国家社会肩负起艰巨任务，所谓"忧危启圣智，厄穷见人杰"，温室的花是经不起风雨的。不论是惊天动地的大事业，还是谋生求艺的小手艺，固然是条条大道通罗马，但每条路都是坎坷不平的，都是要在刻苦的磨炼中战胜外来的艰难险阻，克服内心的消沉意志才可能成功。一个能在横逆中挺起胸

膛的人才算英雄好汉,一个在困苦中倒下去的人就是凡夫俗子。身心的锻炼是要有不屈的追求,坚强的意志为前提的。

不疑不信　不逆不诈

【原文】 **害人之心不可有,防人之心不可无,此戒疏于虑也;宁受人之欺,毋逆人之诈,此儆伤于察也;二语并存,精明而浑厚矣。**

【译文】 "害人之心不可有,防人之心不可无"这是用来劝诫在与人交往时警觉性不够思考不细的人;宁可忍受他人的欺骗,却不事先拆穿人家的骗局,这是用来劝诫那些警觉性过高想得太细的人。一个人在和人相处时能把上面两句话并存警诫,才算是警觉性高又不失淳朴宽厚的为人之道。

【点评】 古人总结人生体验有很多耐人寻味的话。如"害人之心不可有,防人之心不可无"这句话出处的《曾广贤文》堪称大全了。作者在这里提出了不同看法。人之所以不能有害人之心,是因害人人家也会害你,"以其人之道,还治其人之身";还有一种人由于心地非常坦荡,总觉得自己所言所行没有什么不可告人的,于是,不分轻重,不看对象,结果为此反而授人以把柄,这种人就犯了太相信人的不足。但防人是有前提的,对坏人,小人、俗人,是非防不可。如果人人防,事事防,人便成为"套中人"了。同样忍让也是有前提的忍让,小事忍,自己利益忍,绝非事事处处忍。防之太甚不好,没有人生经验同样不适于社会。

德随量进　量由识长

【原文】 **德随量进,量由识长。故欲厚其德,不可不弘其量;欲弘其量,不可不大其识。**

【译文】 人的品德会随着气度的宽大而增进,气度会由于人生经验的丰富而更为宽宏。因此想要深厚自己的品德就不能不使自己的气度宽宏,宽宏自己的气度,就不能不增长自己的生活历练丰富人生知识。

【点评】 常言"德高望重""量宽福厚",德跟量是互为因果的。只有品德高尚才会度量宽宏,其结果是在社会上受到人们尊敬,取得应有地位。而要有高尚的品德就必须先有高深的学问,有了高深的学问待人接物才会有远大眼光,眼光远大做事就不易发生谬误,处世也少有过与不及的缺憾,无往而不利。学问又分作书本知识和人生经验两大类,一个是死的,注重思考探求;一个是活的,要求实践总结。二者的目的都在于增强观察力和判断力,分辩是非曲直分出善恶邪正,能知善恶邪正才可行善去恶从正辟邪。增加学问是德、量的一个重要基础,是增量进德的一个有效方式,而量弘德进又是做学问做人的基础。

无事寂寂　有事惺惺

【原文】

无事时心易昏昧,宜寂寂而照以惺惺;有事时心易奔驰,宜惺惺而主以寂寂。

【译文】 当清闲无事时思想容易松散,这时应该在闲逸的状态下保持一份清醒;当事务繁忙时思想容易分心,这时应该在用心专一的状态下保持一份从容。

【点评】 人处于安逸的状态,就容易神思涣散心念迷乱,如果一味沉溺于闲散安逸,

就容易松懈斗志丧失警惕，一旦发生意外，只能措手不及。所以在闲散的时候也应保持一点警惕，出现任何问题都能应对，繁忙的时候一直保持紧张的状态，精神容易疲劳，也容易亢奋，都不利于合理地处理事务，这种时候要保留些雍容的心态，“泰山崩于前而面不改色”，这才是做大事的气魄。故君子要有自控能力，不沉溺于安逸，亦不为外物所左右；任何时候都能把握住自己。

庸德庸行　混沌和平

【原文】　**阴谋怪习，异行奇能，俱是涉世祸胎，杀身的利器。只一个庸德庸行，便可以完混沌而召和平。**

【译文】　阴谋诡计，怪异的言行，奇怪的技能，都是招致灾乱的根源，杀身的利器。只有那种平凡的德行和寻常的言行，才可以保持自然带来和平。

【点评】　人类是在探求未知中向前发展的，所谓学问需要求疑，科技需要假设，社会的发展需要人们敢于创新。现在世界各国竞相发展科技，莫不以繁荣经济为基础，求新求变求奇，“异行奇能”就是发明新科技的原动力。现代科技的发展是日新月异的，许多奇异设想不断变成现实尽管现代文明中有许多意想不到的问题难以解决，但再回到农业社会时代“狗吠深巷中，鸡鸣桑树巅”那种原始的和平安定幸福中去，满足人们一种理想的憧憬与美化中的回忆是不可能的。只是在现实生活中，那种无谓的奇谈怪论，阴谋怪习是不足取的，惹人讨厌的，不如保持一种常人的心态，安然地生活。

忙里偷闲　闹中取静

【原文】　**忙里要偷闲，须先向闲时讨个把柄；闹中要取静，须先从静里立个根基。不然，未有不因境而迁，随事而靡者。**

【译文】　忙碌时，也要设法抽出一点空闲时间，让身心获得舒展，把要做的事先做一规整，掌握要点。喧嚣中保持冷静头脑，就必须在心情平静时事先有个主张。不然一旦遇到事情就会手忙脚乱，不知所措，随事盲目而行，往往把事情弄得一团糟。

【点评】　要做到临事不慌，就应当事先计划，静的时候要有主张，忙的时候要会求静。待人的道理也是这样。《中庸》说：“凡为天下国家有九经，所以行之者一也。凡事预则立，不预则废。言前定，则不跲。事前定，则不困。行前定，则不疚。道前定，则不穷。”待人做事要讲方法，保持心静，学会求静，深思熟虑是关键。

纳得辱秽　容得贤愚

【原文】　**持身不可太皎洁，一切污辱垢秽，要茹纳得；与人不可太分明，一切善恶贤愚，要包容得。**

【译文】　立身处世不可自命清高，对于一切羞辱、脏污要适应并能容忍妒忌；与人相处不可善恶分得过清，不管是好人、坏人都要习惯以至包容。

【点评】　人不是生活在真空里，必然要和各种各样的人打交道，必然不能事事按自己的意愿来办事，这就必须学会适应社会和人生。李斯曾说“泰山不让土壤，故能成其大；河海不择细流，故能就其深；王者不却众庶，故能明其德。”这是一种王者气象。其实

生活中也需要这样，所谓“人至察则无友，水至清则无鱼”，何况每个人有缺点也有优点，每个人看问题都有片面性，有的东西以为是对的，却偏偏是错；有的事以为别人错了，实际上因为自己认识上的不足而是自己错。孔子对此的态度是明确的：“三人行必有我师焉，择其善者而从之，其不善者而改之。”即就是错的、污的、恶的，能容纳的本身便是把它作为向上向善的借鉴。

知足常乐　不懈奋进

【原文】　事稍拂逆，便思不如我的人，则尤怨自消；心稍怠荒，便思胜似我的人，则精神自奋。

【译文】　事业稍不如意而处于逆境时，就应想想那些不如自己的人，这样怨天尤人的情绪会自然消失；事业顺心而精神出现松懈时，要想想比我更强的人，那你的精神就自然会振奋起来。

【点评】　做事业没有总是一帆风顺的，虽然一帆风顺是人们的愿望，却不符合事物的发展规律。事业上选一个参照物是决定进退的重要因素。遇到挫折就怨天尤人，绝难成事，这时应调整一下心态，观察一下得失，可能会发现有很多人的景况还远远不如我，前人骑马我骑驴，利于恢复信心而不颓唐。而成功时容易自满以致腐化堕落，这时应当记住“逆水行舟，不进则退”“心如平原纵马，易放难收”的道理。不自满不自堕而向上看齐。事业上没有向上之心难以向上，生活上却不能如此，因为更多地向上看齐便容易走向庸俗而无事业心可言。

谨言慎行　执着不弃

【原文】　不可乘喜而轻诺，不可因醉而生嗔，不可乘快而多事，不可因倦而鲜终。

【译文】　不要乘着高兴对人随便许下诺言，不要在醉酒时不加控制乱发脾气，不要乘着一时称心如意不加检点惹是生非，不要因为疲劳疏懒而有始无终半途而废。

【点评】　人有很多毛病往往是不自觉的。高兴时有求必应，轻诺寡信，于是奸小之辈往往投其所好察其所喜，并有意制造一个让人高兴的环境，通过各种手段来等待“轻诺”。借酒发疯，是一种失控的表现，是有德之人所不为的。由于失控，就必然失言，以至酒后无德。人在权势头上在富贵乡中往往说话口无遮拦，财大气粗，摆不正自己的位子，忘记应尊重理解别人，忘记应收敛检点自己。炙手可热，得意忘形，实际上是做人不成熟的表现。更有的人做事有始无终，畏难而退，虎头蛇尾，终究将一事无成。待人行事宜言而有信，恒心如一。

澄吾静体　养吾圆机

【原文】　把握未定者，宜绝迹尘嚣，使此心不见可欲而不乱，庶以澄吾静体；操持即坚者，又当混迹风尘，使此心见可欲而亦不乱，以养吾圆机。

【译文】　当意志还没有控制把握之时，就应远离物欲环境的诱惑，让自己看不见物欲就不会心神迷乱，才能领悟到清明纯净的本色；等到意志坚定可以自我控制时，就要让自己多跟各种环境接触，即使看到物质的诱惑也不会心神迷乱，借以培养自己成熟质朴的灵性。

【点评】 修养自身品德，要有一个良好的外部环境。教育与环境之间，自己的品德修养与环境之间关系非常重要。尤其是思想没有定型品性还不成熟的青少年，最容易误入歧途而堕落，所以这时肩负教导责任的师长，必须对他们严加管教，尤其是为他们能创造一个利于品性自我修养的好环境，制造一个道德自律的氛围。而对一个品性已定思想成熟的人来讲，却必须学会适应各种环境，以磨炼自己。所谓江山易改，禀性难移，一个品德高尚、意志坚定的人，做人有自己的准则，就难以迷失方向。

第四篇　齐家篇

日用有真道　家和万事兴

【原文】 家庭有个真佛，日用有种真道，人能诚心和气、愉色婉言，使父母兄弟间形骸两释，意气交流，胜于调息观心万倍矣！

【译文】 家庭中应该有一种真诚的信仰，日常生活遵循正确原则而领悟了道行的人，能保持纯真的心性，言谈举止温和愉快，跟父母兄弟相处得很融洽，这比用静坐省察还要好上千万倍。

【点评】 这是治家的经验之谈。和为贵，和气生财是古训。怎样和气呢？孔子曾说为政之道应遵循“君君臣臣，父父子子”，这是说在政治上和家庭中都应建立起一个良好的秩序，秩序有度，才可能各尽责任；秩序的建立需要每个成员“诚心”“愉色”，保持一致心意上的沟通才有“和气”可言。反之，如果没有一定的秩序，不能心意相通，就会处于一片混乱。父慈子孝，兄友弟恭，这就是中国传统的伦理纲常，即《大学》中所说的齐家之道。假如连家都治不好，还谈什么治国之道？

树人终生计　严谨身边友

【原文】 教弟子，如养闺女，最要严出入，谨交游。若一接近匪人，是清净田种下一不净的种子，便终身难植嘉禾矣！

【译文】 教导子弟，要像养育一个女孩子那样谨慎才对，最关键的是要严格管束出入和注意交往的朋友。万一不小心结交了行为不正的人，就等于是在良田之种下了坏种子，很可能一辈子也难以长成有用之才。

【点评】 养不教，父之过，中国人历来重视子弟教育。除书本知识外，尤重视环境的选择。孟母为择邻而三迁其家，是因为孟母明白耳濡目染潜移默化的教育作用。因此教养子弟不得采取放任主义。青少年血气方刚，由于社会经验不足，容易误入歧途，碰到良师益友足可帮助走向成功之路，而酒肉之交却能使其堕落庸俗；交上坏朋友很可能还会葬送自己的前程。所谓“近朱者赤，近墨者黑”，所谓“与善人交，如入芝兰之室；与恶人交，如入鲍鱼之肆”。良好的环境是教育成功的基础因素之一。

子孙若如我　留钱做什么

【原文】 问祖宗之德泽，吾身所享者是，当念其积累之难；问子孙之福祉，吾身所贻

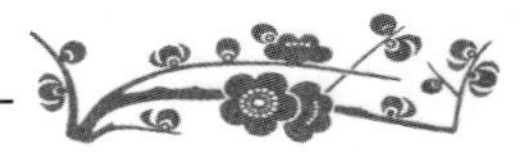

者是，要思其倾覆之易。

【译文】 假如要问祖先是否给我们留有恩德，我们现在生活所能享受到的东西就算祖先所累积下的恩德，我们就要感念祖先当年留下这些德泽的不易；假如我们要问子孙将来是否能生活幸福，必须先看看自己给子孙留下的德泽究竟有多少，留下的很少就要想到子孙势必无法守成而使家业衰败。

【点评】 不论是家业或国土，都是祖先遗留给我们的恩泽，假如不好好维护利用，就有倾家荡产亡国灭种的危险。俗话说，创业难，守业更难。一个家由贫而富是靠勤俭，靠积累而致。后代子孙的确要"恒念物力维艰"，保持勤俭之风，保持创业时团结向上之风。国家大业同样如此。

春风解冻　和气消冰

【原文】 **家人有过，不宜暴怒，不宜轻弃；此事难言，借他事隐讽之；今日不悟，俟来日再警之。如春风解冻，如和气消冰，才是家庭的型范。**

【译文】 如果家里的人犯了什么过错，不可以随便大发脾气乱骂，更不可以用冷漠的态度进行冷战而不管他；如果不好直接批评可以借他事暗示他改正；如果没办法立刻使他悔悟，就要拿出耐心等待来日再提醒劝告。要循循善诱，要像春天的和风解除冰天雪地似的冬寒一样慢慢来，要像温暖的气流消融冰雪一样，在不知不觉间进行，这样充满一团和气的家庭才算是模范家庭。

【点评】 怎样治家，古人有许多专门的论述。现代社会里，家庭问题引起了方方面面的关注。尤其是子女教育问题，每个家庭方法不一。有的家庭望子成龙心切，家长对子女的管教特别严格，每当子女犯了过错，就立刻暴跳如雷非打即骂；有的家长对子女的学业和事业漠不关心，放任不管。这种粗暴和冷漠的教育方式都会对子女的人格发展产生不良影响。处理家庭关系同样要讲究方式，那种家长式的作风早已成为过去，许多家庭矛盾往往要假以时日消除或者婉转一下才能沟通。家庭和社会不一样，家人总是朝夕相处，因此和睦的家庭，融洽的气氛就成了事业成功的基础。

从容处父兄　剀切待朋友

【原文】 **处父兄骨肉之变，宜从容不宜激烈；遇朋友交游之失，宜剀切不宜优游。**

【译文】 遇到父母兄弟或骨肉至亲之间发生纠纷或人伦惨变，应该持沉着、从容态度，绝不可感情用事，采取激烈言行而把事情弄得更坏；跟知心好友交往，遇到朋友有过失，应该诚恳地直言规劝，绝对不可以由于怕得罪人而模棱两可，眼看着他继续错下去。

【点评】 人生在世，亲朋好友，不可或缺，所谓"在家靠父母，出门靠朋友"。但人与人在一起怎样相处，怎样处理不可避免的矛盾，却大有学问。俗话说一家一本难念的经，一个家庭里为些很小的事就会产生这样那样的矛盾。矛盾出来了，激化了，不可能视而不见，如果是以快刀斩乱麻的方式或者压制一方的激烈的方式来解决问题，是很难平衡的。因为家庭矛盾和社会矛盾不一样，家人天天在一起，以激烈的方式解决矛盾连个缓冲的余地都没有，很可能激化出更大的矛盾。做人要持正直的原则，对于朋友也宜如此。假如说你的一个知心好友，为了某些事而跟人发生纠纷时，你最好一旁剀切规劝，而不是火上浇油一味袒护，否则必然会因此而激怒对方，激化矛盾。如果形成不良后果则是害

友。这不仅是对朋友的交游之失，就是发现其他朋友的其他不是也应直陈。交友应交心，而不是做酒肉朋友。

眷眷亲情　舐犊情深

【原文】 **父慈子孝，兄友弟恭，纵做到极处，俱是合当如此，着不得一毫感激的念头。如施者任德，受者怀恩，便是路人，便成市道矣。**

【译文】 父母慈祥，子女孝顺，兄姐对弟妹友爱，弟妹对兄姐尊敬，即使到最完美境界，也都是骨肉至亲之间所应当做的，因为这完全是出于人类与生俱来的爱，彼此之间绝对不可以存有一点感激的想法。假如施行的人以为是一种德，接受的人怀有感恩图报的心理，那就等于把骨肉至亲变成了路上的陌生人，而且把真诚的骨肉之情变成了一种市井交易的法则。

【点评】 中国古代有一整套伦理道德体系，这套体系随着社会的发展固然有其落伍处，但许多方式方法在日益重视金钱的现在，仍不失其现实作用。不论是敬老尊贤的公德意识，还是养儿防老的反哺思想，对稳定社会都有着积极意义。人生在世，对朋友有友爱之情；在家里，安享天伦之乐，正表现出人的一种善良美好的本性。正是这种家族人伦之爱，维系着中国社会几千年的传统。这种爱是自然的，是金钱权力所不能交易到的，是不存在德行与恩惠观念的，是感情生活中的一块净土。

德固业久　心立嗣荣

【原文】 **德者，事业之基，未有基不固而栋宇坚久者。**

【译文】 一个人的品德是他一生事业的基础，如同兴建高楼大厦，假如不事先把地基打稳固，就绝对不能建筑坚固耐久的房屋。

【点评】 品德的修养是人生的基础，决定一个人一生行事是善是恶是美是丑。一个人没有好的品德，再好的学识或许不能有益于人，可能还会害人，而且知道越多害人越深，权势越大破坏愈广。一个品行不端的人，很难在事业上有所成就，就是可能荣耀于一时，但终究会贪赃枉法、过于自私、误国误民，爬得高会摔得更重。所以成功的事业者必须德才兼备。

根深则叶茂　始严才成器

【原文】 **子弟者，大人之胚胎，秀才者，士大夫之胚胎。此时若火力不到，陶铸不纯，他日涉世立朝，终难成个令器。**

【译文】 小孩是大人的前身，学生是官吏的前身，假如在这个阶段学习不多，磨炼不够，将来踏入社会，很难成为一个有用之才。

【点评】 古代对蒙训幼教是很重视的，所谓“幼而学，壮而行”“玉不琢不成器，人不学不知义”“少年不努力，老大徒悲伤”，都说明了这个道理。千里之行始于足下，一个人的学习锻炼是从年少时开始的。国家社会的未来在下一代人身上，教育学习，培养品德，锻炼意志，下一代人将来才会有所作为，成为有用之才。这里关键是需要磨炼，即所谓“陶铸”青少年在娇生惯养的环境里是不会得到锻炼也难以长成有出息的人，只注重书本学习，只重视考分，很难培养出有用于社会之才，必须德、智、体全面发展，面向社会未来，

才是教育之良方。

第五篇　待人篇

寸云蔽日　隙风侵肌

【原文】　谗夫毁士，如寸云蔽日，不久自明；媚子阿人，似隙风侵肌，不觉其损。

【译文】　小人用恶言毁谤或诬陷他人，就像点点浮云遮住了太阳一般，只要风吹云散太阳自然重现光明；甜言蜜语阿谀奉承的小人，就像从门缝中吹进的邪风侵害肌肤，使人们在不知不觉中受到伤害。

【点评】　用奉承的手段迎合别人的意图，靠阿谀媚人取悦于人，尽管人们厌其品行，可在阿谀逢迎中飘飘然的人却是大有人在。靠谣言、谗言打击别人来抬高自己的人并不少见，因为有的人需要谗言和谣言当石子来打击别人达到自己的目的。如果人人都有一个良好的品德，有一坚定的做人原则，谣言、媚语、谗言又何以生存？所谓“谣言止于智者”，可见谗言只有遇到昏庸者才会发生作用，苏洵在《辨奸论》一文中说：“容貌言论，固有以欺世盗名者，然不忮，不求，与物浮沉。使晋无惠帝，仅得中主，虽衍百千，何从而乱天下乎？卢杞之奸，固足以败国，然而不学无文，容貌不足以动人，言语不足以眩世。非德宗之鄙暗，亦何从而用之？”没有生存的环境，听信的对象，小人就缺了活动的场所，谀谗就没了生存的空间。

曲为弥缝　善为化诲

【原文】　人之短处，要曲为弥缝，如暴而扬之，是以短攻短；人有顽固，要善为化诲，如忿而疾之，是以顽济顽。

【译文】　别人有缺点过失，要婉转地为他掩饰或规劝他，假如去揭发传扬，是在证明自己的无知和缺德，是用自己的短处来攻击别人的短处；发现某人个性比较愚蠢固执时，就要很有耐心地诱导启发，假如生气厌恶，不仅无法改变他的固执，同时也证明了自己的愚蠢固执，就像是用愚蠢救助愚蠢。

【点评】　人进入社会以后，最烦恼的莫过于被闲言碎语是是非非所缠绕。常言道：“来说是非者，便是是非人。”看到长舌妇搬弄是非挑拨离间很让人讨厌。但关键还在于自己的修养，自己对是非抱什么态度，是不是自己也卷了进去还不自觉呢？万一有人向我们打听某人的作为，我们应本着“隐恶扬善”的态度相告，因为一个喜欢揭发人家短处的人，就证明他自己的为人一定也有问题，所以在旁人看来也只不过是“以五十步笑百步”而已。况且“己所不欲，勿施于人”，既然不喜欢人家说你的坏话，那你又为什么要在他人面前搬弄别人的是非呢？每个人都有自己的一些习惯，有些习惯不一定为别人所接受，一个善于处世的人，应该本着尊重别人个性习惯的原则去适应化解，而不是讨厌；不能接受别人的人说明自己也有许多不好的习惯，应学会由人及己的方法。

人心叵测　谨慎防口

【原文】　遇沉沉不语之士，且莫输心；见悻悻自好之人，应须防口。

【译文】 假如你遇到一个表情阴沉，默默寡言的人，千万不要一下就推心置腹表示真情；假如你遇到一个自以为了不起又固执己见的人，你就要小心谨慎尽量少说话。

【点评】 人的表情往往是内心世界的反映，每个人有每个人的习惯、个性，表现出来的方式也不一样。一个人生存在社会上，必须处处多加提防，当然不要察言观色，阿谀奉承，但把各种表情习惯分分类，以在待人接物时有把合适的尺子。不然一旦遇到心地险恶的歹徒，就会深受其害，所以观察人是非常重要的。一般来说一个年纪比较大的人，见多识广，饱经风霜，对于观人之行都有几分心得。由于人际的复杂，人在处世时，学学观人本领是很必要的。俗话说："逢人只说三分话，莫要全抛一片心。"不经过一段时间的观察，是看不出一个人品性好坏的，也就很难决定交往的程度，说话的深浅。没有心理评判，只凭观察外表是不够的。

善人未急亲　恶人勿轻去

【原文】 **善人未能急亲，不宜预扬，恐来谗谮之奸；恶人未能轻去，不宜先发，恐遭媒孽之祸。**

【译文】 要想结交一个有修养的人不必急着跟他亲近，也不必事先来宣扬他，避免引起坏人的嫉妒而在背后诬蔑诽谤；假如一个心地险恶的坏人不易摆脱，绝对不可以草率行事随便把他打发走，尤其不可以打草惊蛇，以免遭受报复陷害等灾祸。

【点评】 君子之交是道义之交，君子之交淡如水，靠爱好、情趣、学识为纽带来建立感情这个过程，是个渐进的相互观察了解的过程。和善人交，与君子游是人所愿也。但道不同不相为谋，小人与善人，奸猾之辈与君子从各个方面都格格不入。显出想与君子善人急于交往而过分亲密，小人很可能因为被冷落而嫉恨生出破坏的念头。与君子交，做君子难，远小人不易。人们讨厌小人，但小人由于擅长逢迎，往往可以得到有权势者的赏识而很有市场；如果当权者是奸邪之辈，得罪了就更加困难，想送瘟神非得等待时机。如果你是个企业家，手下有小人之辈要解雇，同样要周详考虑其生存的市场，要一举中的才不会有后遗症。不论是亲贤亲善远小远奸，首先是自己须光明磊落大公无私，这样才不惧奸诈小人的恶意报复。这是交友做事的基础。

心底无私　陶冶众生

【原文】 **遇欺诈之人，以诚心感动之；遇暴戾之人，以和气熏蒸之；遇倾邪私曲之人，以名义气节激励之。天下之人，无不入我陶冶中矣。**

【译文】 遇到狡猾诈欺的人，要用赤诚之心来感动他；遇到性情狂暴乖戾的人，要用温和态度来感化他；遇到行为不正自私自利的人，要用大义气节来激励他。假如能做到这几点，那天下的人都会受到我的美德感化了。

【点评】 世上的人千人千面，千变万化，每个人都面临适应人生，适应社会的问题。所谓以不变应万变，面对大千世界，抱定以诚待人，以德服人的态度来适应人们个性的不同。即是对冥顽不化的人，也要以诚相待使他受到感化，所谓"精诚所至，金石为开"。以我之德化，来启人之良知，历史上这样的例子很多，即使是冥顽之人朝闻道而夕死的事也不少，这也算是临终而悟，而达到德化的目的；何况对于一般人，坚持我之美德与之相处，终可德化落后之人，保持真诚平和的人际交往。

用人勿刻　交友毋滥

【原文】　**用人不宜刻，刻则思效者去；交友不宜滥，滥则贡谀者来。**

【译文】　用人要宽厚而不可太刻薄，太刻薄就会使想为你效力的人离去；交友不可太多太浮，如果这样，那些善于逢迎献媚的人就会设法接近你，来到你的身边。

【点评】　孔子把朋友分成两大类，一种是益友，一种是损友。孔子说："益者三友，损者三友，友直，友谅，友多闻，益矣；友便辟，友善柔，友便佞，损矣。"交友宜益人，恶人岂能称友？高山流水，难得知音，以至知音成为后人择友时的一个向往。许多人一诺之功，一酒之饮，一事之助便以为友至矣，这样是没有真朋友的。故俗语有"酒肉朋友不可交"的说法。交友不可滥，待人用人不能刻薄。尤其一些有点权力的人，往往既出于公心，又刻薄待人。办事往往以为只自己正确，待人总是按我之要求，还偏生说是为公，实际上是不懂得尊重人，不知道怎样用人。这样做会成事不足败事有余，哪里还谈得上以为公？

中才之人　事事难与

【原文】　**至人何思何虑，愚人不识不知。可与论学，亦可与建功。唯中才之人，多一番思虑知识，便多一番臆度猜疑，事事难与下手。**

【译文】　智慧道德都超越凡人的人，他们心胸开朗对任何事物都无忧无虑；天赋愚鲁的人，想得少知道得不多，脑中一片空白，遇事也就不懂得勾心斗角。这两种人既可以和他们讲学问也可以和他们共建功业。唯独那些天赋中等的人，智慧虽然不高却什么都懂一点，这种人遇事考虑最多，猜疑心也极重，所以什么事都难以和他们合作完成。

【点评】　从选择合作伙伴的角度来看，这段话很有道理。人的智力有高下，每个人学有所专，事有所长，除了自暴自弃的人难以改变外，只要愿意努力做事，人人都可以使用，都可以用其所长。但对于那种什么都知道一点又不求甚解，什么事都只想自己不想别人的人确难合作。这种人对什么事都好猜疑，无远见卓识。与其如此，倒不如选择有专长的专门之才，或者是选择从头学起易于接受新事物的人合作，以保证合作的可能，事业的成功。

第六篇　处世篇

寂寞生前事　万古身后名

【原文】　**栖守道德者，寂寞一时；依附权势者，凄凉万古。达人观物外之物，思身后之身，宁受一时之寂寞，毋取万古之凄凉。**

【译文】　恪守道德节操的人，只不过会遭受一时的冷落；而那些依附权势的人，却会遭受千年万载的唾弃与凄凉。胸襟开阔且通达事理的人，重视物质以外的精神价值，顾及死后的名誉。所以他们宁愿承受一时的寂寞，也不愿遭受永久的凄凉。

【点评】　宁愿栖守道德而寂寞一时，宁愿遵从大义而舍生一死，从古至今的例子很多，如文天祥就称得上是代表。《十八史略》载：张弘范让文天祥写信招降张世杰，否则只

有一死，文天祥书《过零丁洋诗》与之，其末句就是现在人们经常引用的千古名言："人生自古谁无死，留取丹心照汗青。"这就是"宁受一时之寂寞，毋取万古之凄凉"的具体表现。达人所以能"观物外之物，思身后之身"，完全在于"仁义"二字，因此文天祥在他的"衣带赞"中又说："孔曰成仁。孟曰取义；惟其义尽，所以仁至。读圣贤书，所学何事？而今而后，庶几无愧！"这是古代的舍身取义。有了这样的追求，生活上也就甘于淡泊了。孔子说："不义而富且贵，于我如浮云。"反之，如魏忠贤、严嵩、和珅等人，几乎个个都是依仗权势的佞幸奸臣，他们最后都落得身首异处凄凉万古的悲惨下场，为人处世不慎可乎！用这个道理来考察我们的现代生活，同样的具有深刻的教育意义。当年，李大钊、瞿秋白等一代先烈为了伟大的理想，为了美好的追求，舍生成仁，英勇牺牲。对照我们今天的一些人在商品大潮中丢掉原则，丧失理想，而贪污腐化，能不引人深思吗？

快意早回头　拂心莫放手

【原文】　**恩里由来生害，故快意时须早回首；败后或反成功，故拂心处莫便放手。**

【译文】　身处顺境被主人恩宠，往往会招来祸患，所以一个人志得意满时应该见好就收，尽早觉悟；遭受挫败后有时反而会使一个人走向成功之路，因此不如意时，千万不可就此罢休，放弃追求。

【点评】　得意时早回头，失败时别灰心，这是人们根据长期生活积累而得到的经验之谈。尤其是第一句话，其政治含义很深。在封建社会，有"功成身退"的说法，因为"功高震主者身危，名满天下者不赏"，"弓满则折，月满则缺"，"凡名利之地退一步便安稳，只管向前便危险"。都说明了"知足常乐，终生不辱，知止常止，终身不耻"。张良、范蠡等人功成身退，急流勇退，常让后人感叹称赏。而李斯为秦国建大功却身亡，发出"出上蔡东门逐狡兔岂可得出"的哀鸣，正说明俗语说："爬得越高，摔得越重"的道理，因为权力最能腐化人心，而人们由于贪恋名利，往往会招致身败名裂的悲剧下场，西汉时吴王刘濞等所发动的"七国之乱"，就是由于妄贪更大的权位和名利，才使七国之王个个惨遭灭门之祸。而从做人角度看，得意时更要谨慎，不骄不躁。至于后一句话其生活意义更明显，所谓失败乃成功之母，一个人不受挫折是不可能的，关键是受了挫折不会气馁。

劳谦虚己　韬光养德

【原文】　**完名美节，不宜独任，分些与人可以远害全身；辱行污名，不宜全推，引些归己，可以韬光养德。**

【译文】　完美的名誉和节操，不要一个人独占，必须分一些给旁人，才不会惹发他人嫉恨招来祸害而保全生命；耻辱的行为和名声，不可以完全推到他人身上，要自己承揽几分，才能掩藏自己的才能而促进品德修养。

【点评】　做人不能只沾美名，害怕责任，应当敢于担责任，担义务。从历史上看，一个人有伟大的政绩和赫赫的武功，常常会遭受他人的嫉妒和猜疑，历代君主多半都杀戮开国功臣，因此才有"功高震主者身危"的名言出现，只有像张良那样功成身退善于明哲保身的人才能防患于未然。所以君子都宜明了居功之害。遇到好事，总要分一些给其他人，绝不自己独享，否则易招致他人怨恨，甚至杀身之祸。完美名节的反面就是败德乱行，人都喜欢美誉而讨厌污名。污名固然能毁坏一个人的名誉，然而一旦不幸遇到污名

降身,也不可以全部推给别人,一定要自己面对现实承担一部分,使自己的胸怀显得磊落。只有具备这样涵养德行的人,才算是最完美而又清高脱俗的人。让名可以远害,引咎便于韬光,这本身就是处世的一种良策。

事无圆满　处处留余

【原文】　事事留个有余不尽的意思,便造物不能忌我,鬼神不能损我。若业必求满,功必求盈者,不生内变,必召外忧。

【译文】　做任何事都要留余地,不要把事情做得太绝,这样即使是造物主也不会嫉妒我,神鬼也不会伤害我。假如一切事物都要求尽善尽美,一切功劳都希望登峰造极,即使不为此而发生内乱,也必然为此而招致外患。

【点评】　从做人、做事业角度来看,"满招损,谦受益""天道忌盈,卦终未济",这些道家思想对中国人生活方式影响很大。道家是以虚无为本,认为天地之间都是空虚状态,但是这种空虚却是无穷无尽的,万物就是从这种空虚中产生。例如老子在《道德经》中说:"持而盈之不如其已,揣而锐之不如长保。"而"知进而不知退,善争而不善让"就会招致灾祸,所以历史上司马光在《资治通鉴》中发出"汉三杰而已,萧何系狱,韩信诛夷,子房托于神仙"的慨叹。人们凡事都求全求美,绞尽脑汁企图来达到这个目标。其实不论何事都不应妄想登峰造极,因为有上坡就必然有下坡,也就是有上台必然有下台的一天,事情到了一定的限度必然发生质的变化。一件事成功了如果不及时总结,保持清醒头脑反而骄傲自满,沉溺在过去的成功之中,那么就可能使事情走向它的反面。从另一个意义来讲,功业不求满盈,留有余地,也是一种处世方法,比如对于置钱财家业,求多求尽;对于功名地位,求高求上,不知急流勇退,不知保持人的本性而成为守财奴,不知预先留几分余地才会安全,那么正应了古圣先贤的至理名言,历史教训就会再现。

居高怀山林　处远思廊庙

【原文】　居轩冕之中,不可无山林的气味;处林泉之下,须要怀廊庙的经纶。

【译文】　身居显位高官的人,不可以不保持一种隐居山林淡泊名利的情趣;隐居在田园山林之中,必须要有胸怀天下治理国家的壮志和蓝图。

【点评】　中国古代知识分子受儒、道思想影响极大,表现在对待人生的问题上,一方面是积极入世,实现理想抱负;一方面真心出世,品味林泉真趣。两相矛盾的东西统一为一个整体。这样,在权势头上可以保持几分山林雅趣,缓和过分热衷名利的紧张。这里的出世又分为真出世和假出世,假出世是以出世作为入世的手段,作为当官的资本;真出世是退隐,不屑于争权夺利、尔虞我诈。一个人只要能做到隐居山林间隐士们的高风亮节,就能体会出孔子所说的"富贵于我如浮云",这时才能领悟到生活在林泉之下的哲理。不过,不管是真退隐还是假出世都存在不在其位而谋其政,都关心国家大事这样的问题。尽管你可以过闲云野鹤般自由自在的生活,但不可以完全忘记国家兴亡大事。在现代,人们参政议政的意识更强烈,表现人们意愿的方式也更多,即社会的透明度越来越大,所以个人的生活方式可以自己选择。但是"志在林泉,胸怀廊庙"的传统依然影响着人们,社会的发展不容许人把自己封闭于社会之外,锁在个人的小天地里。

无过便是功　无怨即是德

【原文】 处世不必邀功,无过便是功;与人不求感德,无怨便是德。

【译文】 人生在世不必想方设法去强取功劳,其实只要没有过错就算是功劳;救助人不必希望对方感恩戴德,只要对方不怨恨自己就算恩德。

【点评】 "无过便是功,无怨便是德",在这里并非指俗话所说"多作多错,少作少错,不作不错"的消极思想,而是一种舍己为人的精神。真正的给予,绝不是施小惠,完全是一种自我牺牲。假如施恩图报,那就等于贪婪而不是给予。真正的给予应该是牺牲自己照亮别人。用现在的话讲就是多贡献,少索取,对不属于自己的东西不强求,应该听其自然,强求反而会适得其反。从这个意义上讲,不邀功就可以保持自我而不被功利所迷惑,才会把奉献、给予当成一种崇高的境界来追求。

居高思危　当局莫迷

【原文】 居卑而后知登高之为危,处晦而后知向明之太露;守静而后知好动之过劳,养默而后知多言之为躁。

【译文】 站在低处然后才知道攀登高处的危险,在暗处然后才知道置身光亮的地方会刺眼睛;保持宁静心情然后才知道喜欢活动的人太辛苦,保持沉默心性然后才知道话说多了很烦躁。

【点评】 这是卑尊、晦明、静动、默躁的对比,强调的是人有所作为时应学会多向思维,也就是善于站在其相反一面来观察人生,对人生的体验应是多层次多角度的。身居高位的人往往得意忘形,被物欲权欲迷惑而不自觉,一旦从高处跌下之后,才明白身居高位的危险。人的体验往往是在对比之中才更加深刻。因此人们立身社会,在得意之时往往把一切都忘得一干二净,可是一旦走出社会归隐家园之后,才思考奔波劳碌一生所得的究竟是什么呢,很多事是不能造作和强求的,因为体验太少,思路不清。这也就是所谓"当局者迷,旁观者清"。可见只有站在不同角度才能看清庐山真面目。所以思考时要做面面观,要想做一番事业,必须有一个健全的思维,有丰富的体验,思考问题能够由此及彼,由近思远。而从做人来看,不可因一时的荣辱明暗而自我封闭,过分地自卑或自傲。

不行处退一步　功成时让三分

【原文】 人情反覆,世路崎岖。行不去处,须知退一步之法;行得去处,务加让三分之功。

【译文】 人世冷暖变化无常,人生道路崎岖不平。当你遇到困难走不通时,要明白退一步的方法;当你事业一帆风顺,一定要有谦让三分的胸襟和美德。

【点评】 为人处世必须学会谦让,不能处处争强好胜,不能事事出头露尖,难行的地方退一步或许会海阔天空。人生得意的时候也应把功劳让与别人一些,不要居功自傲,不能得意忘形。何况人类的感情复杂无比,人心的变化也是层出不穷。今天认为是美的东西明天就有可能认为是丑,今天认为是可爱的东西,明天就有可能认为是可恨。所谓"人情冷暖,世态炎凉",也就是"人情反复,世路崎岖"的道理。当年韩信微贱时就曾深深体会到此中的辛酸。尤其世路多险阻,人生到处都有陷阱。这就要培养高度的谦让美

德，遇到行不通的事不要勉强去做。换句话说，人生之路有高低、有曲折、有平坦，当你遇到挫折时必须鼓足勇气继续奋斗，当你事业飞黄腾达时，不要忘记救助那些穷苦的人，因为这样可以为你自己消除很多祸患于未然。这样，知退一步之法，明让三分之功，不仅是一种谦让美德，而且也是一种安身立命的方法。

君子之道　能屈能伸

【原文】　处治世宜方，处乱世宜圆，处叔季之世当方圆并用；待善人宜宽，待恶人宜严，待庸众之人当宽严互存。

【译文】　生活在政治清明天下太平时，待人接物应严正刚直爱憎分明；处在政治黑暗天下纷争的乱世，待人接物应圆滑老练随机应变；当国家行将衰亡的末世，待人接物就要刚直与圆滑并用。对待善良的君子要宽厚，对待邪恶的小人要严厉，对待一般平民大众要宽严互用。

【点评】　这是古代知识分子待人处世的一种典型方式，和他们的从政观有关。太平盛世有明君贤相为政，能采纳善言表彰善行，所实行的是大公无私的善政，所以一个人的言行即使刚直严正，也不会受到任何政治迫害。反之，假如是处于昏君奸臣当政的乱世，言行就必须尽量圆滑，否则就有招致杀身之祸的危险。从政如此，待人同样。这种待人处世的方式有一定的借鉴意义。一个人不能抱着满腔热情，怀着赤子之心却不顾实际环境，不看周围大众的水平而自顾自地施展抱负，在待人处事的方式上一成不变，这样的结果将非撞一鼻子灰而于事无补。

小人之心　君子之腹

【原文】　淡泊之士，必为浓艳者所疑；检饬之人，多为放肆者所忌。君子处此，故不可稍变其操履，亦不可露其锋芒！

【译文】　志远而淡泊的人，一定会遭受热衷名利之流的怀疑；言慎而检的真君子，往往会遭受那些邪恶放纵之辈的嫉恨。所以君子如果处在这种既被猜疑而又遭嫉恨的环境中，固然不可改变自己的操守和志向，也绝对不可锋芒尽出过分表现自己的才华。

【点评】　俗话说“防人之心不可无”，又说“人怕出名猪怕壮”，说明了一个有修养的人往往善待人生，往往注重自我修省，以为修省并不干他人之事，却不想正是由于自己品德高尚了就衬出了小人的心性，而必然遇到嫉恨和攻击。所以一个深才高德的人，处在这种招忌的恶劣环境中，最聪明的办法就是不要锋芒太露。可是很多人不明白这种道理，尤其是奋发向上的年轻人，往往会由于表现得太好，而遭受嫉恨，被造谣中伤。所以一个有为的人其处世节操不可变，待人方法须讲究。

爱重反为仇　薄极反成喜

【原文】　千金难结一时之欢，一饭竟致终身之感。盖爱重反为仇，薄极反成喜也。

【译文】　价值千金的重赏或恩惠，有时难以换得一时的欢娱，一顿粗茶淡饭的小小帮助，可能使人一生不忘此事，永远心存感激、回报之心。这或许就是当一个人爱一个人爱到极点时很可能会翻脸成仇；平常不重视或者淡泊至极的一些人，给予一点惠助，就可能转而对你表示好感，成为好事。

【点评】 人的感情不是用钱可以买到的，助人要在人最需要人助的时候。像韩信"一饭之恩终身不忘"，而且帮刘邦打下天下后，也始终记住刘邦的过去而不背叛汉王。在我们的生活中，爱恨之事也是常有的，有句俗话叫"身在福中不知福"，往往被爱包围着的人却不自知，而一点不如意便会反目成仇的例子却很多，爱与恨的反反复复交织在人生的全过程。

韬光养晦　功成身退

【原文】 爵位不宜太盛，太盛则危；能事不宜尽毕，尽毕则衰；行谊不宜过高，过高则谤兴而毁来。

【译文】 官位不宜太高权势不应太盛，如果太高就会使自己陷于危险状态；一个人才干所及的事不应一下子都发挥出来，如果都发挥出来就会处于衰落状态；一个人的品德行为不可以标榜过高，如果太高就会惹来毁谤和中伤。

【点评】 任何事都有个度，所谓"官大担险，树大招风""否极泰来""物极必反"，都说明了这个道理。一个人的爵禄官位到了一定程度就必须急流勇退，古代开国功臣大多被杀的一个很重要的原因在于不能急流勇退。可惜很多人不懂这个道理。最典型的例子是汉初三杰，帮刘邦打下天下后，结局都不相同，因此司马光才很感慨地说："萧何系狱，韩信诛夷，子房托于神仙。"其实，何止在做官上应知进退，其他事同样应知进退深浅。人和人只要在一起就会产生矛盾，因利益之争，因嫉妒之心，因地位之悬，因才能之较都可能结仇生怨，故做人处事最重要的是把握好尺度。

醒人痴迷　救人急难

【原文】 士君子贫不能济物者，遇人痴迷处，出一言提醒之，遇人急难处出一言解救之，亦是无量功德。

【译文】 明理达义的人，虽说家贫不能用财物来救助他人，可是当遇到有人感到迷惑而不知如何解决时，能从旁边指点一番使他有所领悟，或者遇到急难事故能从旁边说几句公道话来解救他的危难，也算是一种很大的善行。

【点评】 人们有一种传统的习惯，仿佛救助别人要么做事、要么助钱、要么出力，很重视有形的东西。对于出个点子，指点迷津，用道理劝诫一番等等无形的东西往往忽视。仿佛只在读书层中才重视学识广、境界高的人出的点子和讲的道理的价值。古代社会，文武重臣往往有自己的幕僚等等为自己出谋划策。随着社会的发展，给人帮助的形式多种多样，尤其是无形的东西如知识、智慧和经验日益受到重视，出点子服务逐步走向一般民众，走向有序、有偿、有效的轨道。知识和经济挂钩，可以按照时间计量，如请律师为你分析一个案情，让能者为自己的公司出一个促销策略。尤其在商品经济下市场竞争中，更需要的是人的智慧，有用的点子，即人才被越来越重视。

真恳作人　圆活涉世

【原文】 作人无点真恳念头，便成个花子，事事皆虚；涉世无段圆活机趣，便是个木人，处处有碍。

【译文】 做人没有一点真情实意，就会变成一个一无所有的花子，不论做任何事情

都不踏实;一个人生活在世界上如果不懂得一点灵活应变的情趣,就像是一个没有生命的木头人,不论做任何事都会到处碰壁。

【点评】 华而不实的人可能会给人一个生动的印象,但决不会长久;心地诚善的人或许不会给人以深刻的印象,但随着时间的推移,人们的信任感在诚善之中就越来越强。做事如果不诚恳,对方总认为你滑头滑脑,就不敢跟你一起做出任何重大决断,这样你就什么事也无法进行,当然也就谈不到创任何大事业,到头来必将一事无成。就是在相互倾轧的生意场中也讨厌一槌子买卖的人。"诚信"是个首要原则。当然诚而善只是基础,办事还须灵活,尤其是具体事物应有变通之法。待人上更要有人情味和幽默感,往往很严肃很尴尬的事,由于当事人富有幽默感,说上几句很逗趣的话,大家哈哈一笑,事情也办通了。有的事这样办不行换个方式就行,此时不行换个时间就成。尤其是现代社会,既要讲做人原则,也要求办事效率。

急流勇退　独善其身

【原文】 **谢世当谢于正盛之时,居身宜居于独后之地。**

【译文】 退隐家园,不问世事应当是在事业巅峰时做出决断,急流勇退;而平时居家,养生度日最好选择一个与世无争的安宁之地居住,以便清修。

【点评】 急流勇退是功德圆满的一种方式,知道这个道理的人不少,自觉做到这一点的人却不多。史载汉武帝最宠幸李夫人,她在病重弥留之际坚决不肯再见武帝,理由是"以色事人者,色衰而爱弛",她要把最美好的形象而不是病后的憔悴面孔留给汉武帝,使汉武帝不致因色衰而产生爱弛的心理,能够继续恩待她父兄家人。从这一史实就说明急流勇退的道理,虽然李夫人不是自觉而退。一个大人物要想使自己的英名永垂不朽,必须在自己事业的巅峰阶段勇于退下来。做事业需要意志,退下来同样需要意志。任何事都存在物极必反的道理,随着事业环境的变化,以及人自身能力的限制,自身作用的发挥必须随之而变。江山代有才人出,并不是官越大,表明能力越强;权越大,功绩越丰。不论大人物、小人物,作用发挥到一定程度就要知进退。退不表明失败,主动退正是人能自控、善于调整自己的明智之举。

不近恶事　不立善名

【原文】 **标节义者,必以节义受谤;榜道学者,常因道学招尤。故君子不近恶事,亦不立善名,只浑然和气,才是居身之珍。**

【译文】 标榜节义的人,到头来必然因为节义受到批评诋毁;标榜道学的人,经常由于道学而招致人们的抨击。因此一个君子平日既不接近坏人做坏事,也不标新立异建立声誉,只是一股纯厚、和蔼的气象,这才是立身处世的无价之宝。

【点评】 人们讨厌假道学伪君子,因为做人要平实无欺,不可自我标榜吹嘘。真理不是巧言,仁义更非口说。换言之,学问道德并非吹嘘而来,是从艰苦修养中累积而成。有的人好虚名,披上道德外衣,实质上是在骗取人们信任,满足私欲需求,与为非作歹固然有别但却具有更大的欺骗性。一个人居身立世确立正确的原则,不是为了给别人看,而是为磨炼自己的心性,使自己有一个健全的心态,完美的人格。

高绝褊急　君子谨戒

【原文】　山之高峻处无木，而溪谷回环，则草木丛生；水之湍急处无鱼，而渊潭停蓄，则鱼鳖聚集。此高绝之行，褊急之衷，君子重有戒焉。

【译文】　高耸云霄的山峰地带不长树木，只有溪谷环绕的地方才有各种花草树木的生长；水流特别湍急的地方无鱼虾栖息，只有水深而且宁静的湖泊鱼鳖才能大量繁殖。这是地势过于高绝水流太过湍急的缘故；这都不是容纳万物生命的地方，君子处人待世必须戒除这种心理。

【点评】　伟大寓于平凡，在平凡中见伟大的人才是真伟人。有德之人见于细小，从点滴做起，只有这样在大是大非面前才会显出品德的高尚。自命清高孤芳自赏标奇立异的人，属于“高绝之行，褊急之衷”之辈，是君子所不足取的。虽然有德之人、建功立业的伟人是不怕孤独的，因为真理往往在少数人的手里，像污泥中的莲花格外醒目，耐得寂寞。但这不是说人要把自己放到空中楼阁之中，让思绪永远停留在理想世界，因为人不可能离开现实世界生活下去。

退后自宽平　清淡自悠长

【原文】　争先的径路窄，退后一步自宽平一步；浓艳的滋味短，清淡一分自悠长一分。

【译文】　争强好胜，道路就觉得很窄，假如能退后一步，自然觉得路面宽平很多；太过浓艳的味道是短暂的，假如能清淡一分会觉得滋味历久弥香。

【点评】　假如世人都能抱有这种“退步宽平，清淡悠久”的人生观，人与人之间就不会有这么多纠纷了。但事实上很难，因为好胜之心人皆有之。这就存在一个适时的问题，即在什么样的条件下应该争胜，什么样的情况下应该退让。做人贵在自然，做事不可强求，在大是大非面前，在天下兴亡的大义面前，不争何待？在名利场中，在富贵乡中，在人际是非面前，退一步让一下有何不好？

一念慈祥　寸心洁白

【原文】　一念慈祥，可以酝酿两间和气；寸心洁白，可以昭垂百代清芬。

【译文】　一念之间的慈祥，可以创造人际的和平之气；心地纯洁清白，可以使美名千古流传。

【点评】　元代诗人王冕题《墨梅》的诗句曾写道：“不要人夸颜色好，只留清气满乾坤。”从古至今，这样咏怀言志的诗文触目皆是，这正如俗谚“豹死留皮，人死留名”，说明人要爱惜自己的名誉。历史上最有名的例子如东汉曾有昌邑令，夜间怀巨金贿赂杨震说：“暮夜无知者。”杨震回答说：“天知、地知、我知、子知，何谓无知？”结果杨断然拒绝贿金维护了自己的清白人格，因此才有“震畏四知”一语出现。拒贿是为官清廉的一种表现。日常生活同样要检点自己，从待人到律己都应注意维护声誉，保持心灵的完美，所谓与人为善，处事勿贪。修身养性须从一点一滴做起，以便保持寸心洁白而留清名。

世法不染　其臭如兰

【原文】　山肴不受世间灌溉，野禽不受世间豢养，其味皆香而且冽，吾人能不为世法所点染，其臭味不迥然别乎！

【译文】　生长在山间的蔬菜根本不必人们去灌溉施肥，生长在野外的动物根本不必人们饲养照顾，可是这些野菜和野兽吃起来味道却特别甘美可口。同理，假如我们人不受功名利禄所污染，品德心性自然显得分外纯真，跟那些充满铜臭味的人有明显区别。

【点评】　野味在大自然中生长，一切顺乎自然无须人工，其味美而珍。此理来喻人，从某种意义上来讲是对的，即一个不受世俗点染的人总得有不与世俗相处的条件才可能，不受世俗点染便少有世俗的许多欲念而淳朴真厚。但是，并不能因此说凡于野山林生长因其与世隔绝就好；也不能因为少有而肯定；不能因为要不受世俗感染便否认后天教育的职能。这里作者仅做个比喻，强调人贵自然，本性纯朴，心地纯真，和世俗人相比他们厚重可亲。

操履严明　心气和易

【原文】　士君子处权门要路，操履要严明，心气要和易，毋少随而近腥膻之党，亦毋过激而犯蜂虿之毒。

【译文】　君子身居政要地位，必须操守严谨，行为磊落，心境平和，气度宽宏，绝对不可接近或附和营私舞弊的奸邪之辈，也不要因偏激而激化矛盾，触怒那些阴险狠毒的屑小之徒。

【点评】　正与不正是对立的，清廉与腐化、真诚与奸邪是难以相容的，士君子以其高雅的风范，严正的操守自不屑于奸邪小人，也为此辈所不容。但仕途是人际倾轧最厉害的地方。鱼龙混杂，清浊同在，往往泾渭难以分清。尤其是为官之道，需要一套高超的为人处世的方法。政治本身是一种艺术，不会平衡协调矛盾，不能容忍难忍之事就不可能办好事情。权门要路当然不能让小人奸党占据而祸国殃民。而做官本身是需要消磨自己个性的，这当然不是说应当八面玲珑成为政治舞台上的不倒翁，这种五朝元老的政客在君子却不屑一为。但做事不讲究方式方法，只知意气用事，这样往往会形成主观本意与客观效果难相一致的局面，有的时候不仅办不成事还要坏事，引起与主观想法不一致的结果。

以退为进　利人利己

【原文】　处世让一步为高，退步即进步的张本；待人宽一分是福，利人实利己的根基。

【译文】　为人处世遇事都要有退让一步的态度才算高明，因为让一步就等于是为日后进一步做好准备；而待人接物以抱宽厚态度为最快乐，因为给人家方便实际上是日后给自己留下方便的基础。

【点评】　为人处世宜宽厚，虽然有时退让和宽容是建立在自己苦忧的基础上，也应把快乐让给别人。宋代范仲淹所说的“先天下之忧而忧，后天下之乐而乐”这种做人态度，才应是修养品德和心性的方向。乐的结果可能转化为苦，苦的结果可能转化为乐，苦

乐相循是自然法则,其理恰如日月星辰的旋转。一个不能吃苦的人万事难以功成,苦尽甘来乃是不变的真理。名利地位固然能鼓励人的奋发向上,但是假如过分重视名利,有时也会给人带来无限苦恼。通常所说的"知足者常乐,"就某种意义来说显得有些消极,但是对于那些为追逐名利而贪赃枉法的人,这句话仍不失为至理名言。因为"让一步""宽一分"待人处世是把苦留给自己,把功把名给别人,这种牺牲精神可以求得自我的精神慰藉,也足以赢得世人的敬重,反过来这种敬重也算是自己的得吧。

至人无己　圣人无名

【原文】　市私恩,不如扶公议;结新知,不如敦旧好;立荣名,不如种隐德;尚奇节,不如谨庸行。

【译文】　施恩惠给别人收买人心,还不如以光明磊落的态度去争取社会大众的舆论;一个人与其结交很多不能劝善规过的新朋友,倒不如重修一下跟老朋友之间的情谊;一个人与其想法子提高知名度,倒不如在暗中积一些阴德;一个人与其标新立异去显示名节,倒不如平日谨言慎行多做一些好事。

【点评】　一个想从政济世的人以什么态度立身是决定他将能否有功于国的基础。是怀着天下为公的抱负还是只为追求功名,是实事求是还是标新立异只为一己之私誉,这和个人的品德修养紧紧相连。没有一个高尚的品德而从政,没有悬壶济世的本领却硬要悬壶,结果就变成了名副其实的"悬壶欺世",最后总是找出一些看似合理实际根本不合理的理由搪塞民众。这种不知积德的伪君子比之小人更可恨,他们手里有权,便可以任意胡来,劳民伤财。所以选择德与才兼备的人是政治清廉的首要条件,而从政者自身不加强修养,是谈不上建立真正功业的。

多藏者厚亡　高步者疾颠

【原文】　多藏者厚亡,故知富不如贫之无虑;高步者疾颠,故知贵不如贱之常安。

【译文】　财富聚集太多的人,总忧虑自己的财产被人夺去,可见富有不如贫穷那样会使人无忧无虑;身份地位很高的人,忧患自己的官位被人争走,可见为官不如平民那样逍遥自在。

【点评】　一无所有的人了无牵挂,足以潇洒自在。无官一身轻,无财不担心。人生就这么怪,生于治世,天下太平,贵者难尽情作威作福,富者也难得不义之财;处于乱世,暴富显贵多了,贼盗也多了。人为财死,鸟为食亡,多藏厚亡,怀璧其罪,财富招祸。一个身居高位的人,无数人眼巴巴地在看着他的权位,爬得越高踩他的人越多,一旦从金字塔上跌下来,就如掉进无底深渊,爬得越高摔得越重。孔子说:"鄙夫!可与事君也哉?其来得之也,患得之。既得之,患失之。苟患失之,无所不至矣!"人处富贵之中能思贫贱之乐足见其平日修养,但许多人在贪求富贵时往往有过之而无不及。其实此时不需想贫贱之人之事,想想自己生老病死时只盼望能多活一天,只盼能在白云下散散步的情形,争名求贵,夺财争富之心自然会平息。

第七篇　体物篇

夜深观心　真意自现

【原文】　**夜深人静独坐观心，始觉妄穷而真独露，每于此中，得大机趣。既觉真现而妄难逃，又于此中得大惭忸。**

【译文】　夜深人静，万籁俱寂时，独坐省察内心，你发现自己的妄念全消而真心流露，当此真心流露之际，皓月当空，精神舒畅，感觉体会到了毫无杂念的细微境界。然而已经感到真心偏偏难以全消妄念，于是心灵上会感觉不安，在此中感到悔悟的意念。

【点评】　古人讲求宁静致远，淡泊明志，这里讲真心、妄心，那么，妄心和真心是何所指呢？所谓真心，就如同空中明月，光辉皎洁，没一点乌云遮掩。所谓妄心，就如同遮掩明月的乌云。然而妄心和真心的关系并不是像乌云和明月的关系，因为真妄一体，互不分离，譬如深渊之水澄清如镜，包罗万象无不印映，这就是真心出现之时。反之大海中掀起的汹涛骇浪，可翻覆巨大的船舶，这就是妄心出现之时。以此比喻圣人之心经常静如止水，凡夫之心对外界事物易起妄念，以致丧失纯洁之心。离开真心就无妄心，这恰如离开水就无波浪可言。现实生活中，还是多些心静，少些欲念，多些禅意，少些喧嚣争斗好，这样利于自我反省，修身养性。所谓“静中观心，真妄毕见”的现实意义即此。

居安虑患　处变坚忍

【原文】

衰飒的景象，就在盈满中；发生的机缄，即在零落内。故君子居安宜操一心以虑患，处变当坚百忍以图成。

【译文】　衰败的种种迹象，在发达时就有所表现；事情发展的苗头，孕育于事物衰败时。所以君子身居安逸时要做可能发生灾难的准备，风云变幻时要坚忍以取得成功。

【点评】　万物都包含着对立的因素，有促进其发展的一方，就有遏制其进步的一方。当事物发展到顶峰的时候，也就是它开始转向衰败的时候。俗话说：“泳者易溺；康者易疾。”就是因为善于游泳的人十分相信自己的技术、身体健康的人自持百病不侵，所产生的优越感使他们失去了应有的警惕。一个有智慧的人首先是个清醒的人，不会被成功的喜悦冲昏了头脑，得意之时也要考虑到将来的隐患。《左传·襄公十一年》载：“居安思危，思则有备，有备无患。”如果能够未雨绸缪，即使发生变动也不会乱了阵脚。沧海横流，方显出英雄本色。能够经得起大风浪的考验，一定能看见风雨后的彩虹。

过而不留　空而不著

【原文】　**耳根似飙谷投音，过而不留，则是非具谢；心境如月池浸色，空而不著，则物我两忘。**

【译文】　耳根假如像大风吹过山谷一般，经一阵呼啸之后什么也不留，这样所有流言蜚语就都不起作用；心灵假如能像水中的月亮一般，月亮既不在水中，水中也不留月

亮，那么心中自然也就一片空明而无物我之分。

【点评】 佛教所说的六根清净，不单是指耳不听恶声，也包括心不想恶事在内，眼、耳、鼻、舌、身、意六者都要不留任何印象才行。而物我两忘是使物我相对关系不复存在，这时绝对境界就自然可以出现。可见想要提高人生境界必须除去感官的诱惑，六根清净，四大皆空。按现代人的看法，绝对的境界即人的感官不可能一点不受外物的感染，否则何以判断是否反映外物了呢？但要提高自身的修养，加强意志锻炼，控制住自己的种种欲望，排除私心杂念，建立高尚的精神境界却是完全可能的。

气无凝滞　心无障塞。

【原文】 霁日晴天，倏变为迅雷震电；疾风怒雨，倏转为朗月晴空；气机何尝一毫凝滞？太虚何尝一毫障塞？人之心体，亦当如是。

【译文】 万里晴空，会突然乌云密布电闪雷鸣；狂风怒吼倾盆大雨之时，会突然转为皓月当空，万里无云。可见主宰天气变化的大自然一时一刻也不曾停止运转，而天体的运行何曾发生丝毫的阻碍？所以我们人类的心理也要像大自然一样使喜怒哀乐的变化合乎理智准则。

【点评】 这段话给人的启示很多。古人讲天人合一，儒家思想一向很注重天道，《易经》中就有“天行健君子以自强不息”。宇宙中的星球，各自遵循自己的轨道运行，但假如其中任何一颗星球脱离轨道，都会给宇宙带来空前未有的大混乱。无生命的星球都能懂得遵循轨道运行，有灵性的人类更应按照天道来实践人道，这就是儒家学说中天人合一思想的理论根据。1994 年 7 月，木星与彗星相撞，成为全世界各地关注的一个焦点。人们可以预测、观察，但无法防止改变。大自然的变化有时也是无常的，人们对此的感想也很多。现代科学一直在探求其发展规律。现代人当然不信天人合一，但在无常的变化中人应持什么样的态度是和自己的修养有关，一个修养深厚的人应时时保持一种超然的心态，如雨过天晴保持一种稳定状态一样，这样才能处变不惊，理智处事。

热恼须除　穷愁要遣

【原文】 热不必除，而除此热恼，身常在清凉台上；穷不可遣，而遣此穷愁，心常居安乐窝中。

【译文】 夏天的暑热根本不必用特殊方式消除，只要消除烦躁不安的情绪，身体就宛如坐在凉台上一般凉爽；消除贫穷也不必用特殊方法，只要能排除因贫穷而生的愁绪，心境就宛如生活在快乐世界一般幸福。

【点评】 人们有“心静自然凉”的经验。夏季炎热是自然现象，人通过心理调节，可以从心理上去热。这也是佛家所提倡的修行工夫，因为一个道行达到炉火纯青的出家人，六根清静四大皆空，对寒暑冷热也毫无感觉，佛家才又有一句“安禅何必须山水，减去心头火亦凉”的名句。至于说到穷不穷不完全是观念问题。孔子称赞颜回不忧愁居陋食箪，而以心乐，安贫乐道的操守志向。生活中的贫穷之别是不可否认的事实，但一个修养好、志向高的人却能正视现实，甘于清贫，沉浸于自己追求的乐趣中。情趣不因物困而低下，精神高尚才能使身心愉悦。

心无可清　乐不必寻

【原文】　水不波则自定，鉴不翳则自明。故心无可清，去其混之者而清自现；乐不必寻，去其苦之者而乐自存。

【译文】　没有被风吹起波浪的水面自然是平静的，没有被尘土掩盖的镜子自然是明亮的。所以人类的心灵根本无须去刻意清洗，只要除去心中的邪念，那平静明亮的心灵自然会出现；日常生活的乐趣也根本不必刻意追求，只要排除内心烦恼，那么快乐幸福自然会呈现。

【点评】　儒家思想认为“人之初，性本善”，王阳明说“良知”，《大学》一书中说“明德”。只要排除善良本性中的杂念和邪恶思想，人的心地就会大放光明普照世间，只要这种善良的本性不受杂念困扰，人的日常生活自然就会快乐，根本不必主动去追求。主张人类的一切痛苦烦恼都是出自邪恶的杂念，而这种邪恶杂念多半出自庸人自扰，“天下本无事，庸人自扰之”。人当然不能脱离现实世界而生存，保持内心绝对纯洁。但如何对待外界的干扰，怎样认识客观世界的变化，是与主观认识水平的高低和自己的修养学识相联系的。排除了私心杂念，以便保持一种高尚的追求，人在事业中就可以保持一种愉快的心情，精神状态也会饱满。

为鼠常留饭　怜蛾不点灯

【原文】　为鼠常留饭，怜蛾不点灯，古人此等念头，是吾人一点生生之机。无此，便所谓土木形骸而已。

【译文】　为了不让老鼠饿死，经常留一点剩饭给他们吃；可怜飞蛾被烧死，夜里只好不点灯火。古人这种慈悲心肠，就是我们人类繁衍不息的生机，假如人类没有这一点点相生不绝的生机，那人就变成一具没有灵魂的躯壳，如此也不过和泥土树木相同罢了。

【点评】　古人所说：“为鼠常留饭”也未必真的是让人给老鼠留饭而是劝人为人处世要有同情弱者的胸怀。佛教的中心思想之一就是主张不杀生（戒杀），因此先贤才有“为鼠常留饭，怜蛾不点灯”的名谚。这和现代人倡导保护野生动物运动，有点相似，但现代人则是基于维护人类良好的生存环境。人性有恶善，待人也应以慈悲为怀，不能以算计人利用人为出发点。正因为慈悲心肠的人多了，人世间便自有一片温情。

烈士暮年　壮心不已

【原文】　日既暮而犹烟霞绚烂，岁将晚而更橙橘芳馨，故末路晚年，君子更宜精神百倍。

【译文】　夕阳西下时，在天空所出现的晚霞是那么灿烂夺目，深秋季节金黄色的柑橘正在吐露扑鼻的芳香，所以到了晚年君子更应振作精神奋发有为。

【点评】　人的一生习惯于分年龄段计算其作用，而现代社会更重视年轻人的闯劲，发挥其创造力，使老人问题成为社会问题。以至有人慨叹“人到中年万事休”。否认年龄差异，不讲生理机能之别不切实际，硬要说“人生七十才开始”的话，只能是从精神而言。每个年龄段都具有特定的作用。四五十岁的中年正是一个人奋发有为创造事业的黄金时代，六七十岁的人可以其丰富的人生阅历，深厚的生活经验指导后来居上的人少走些

弯路，避免不必要的挫折。“岁寒而后知松柏之苍劲”人到晚年固然有夕阳黄昏之叹，但“老当益壮”，“老骥伏枥”之雄心更显得辉煌。人的一生，没有精神追求，即使是正当少年，但颓靡自堕，又有何用？有精神追求和理想抱负，即使在老年却生机勃勃，又何来“徒伤悲”之叹呢？

聪明不露　才华不逞

【原文】　鹰立如睡，虎行似病，正是它攫鸟噬人法术。故君子要聪明不露，才华不逞，才有肩鸿任钜的力量。

【译文】　老鹰站在那像睡着了，老虎走路时像有病的样子，但这正是它们准备捉人吃人前的手段。所以，君子要做到不炫耀聪明，不显露才华，如此才能培养出肩负重大使命的毅力。

【点评】　老子说：“大智若愚”，是说有大志向、大智慧的人无暇去忙世俗之事，表面看起来就是一副忠厚而愚的样子。常言道“一瓶不满，半瓶子醋晃荡”，一个有真才实学的人绝不会自我夸耀，因为他清楚学无止境；一个具有才华的人，最好是能保持深藏不露的态度，否则容易招致周围人们的忌恨。成大事者先得会保护自己，因此先人才有“良贾深藏若虚，君子盛德容貌若愚”的名言。何况，人的精力是有限的，忙于小便忽于大，贪得多便难以专，正因为如此，不露才华不显聪明，才能为以后的大业积攒力量。

浓夭淡久　大器晚成

【原文】　桃李虽艳，何如松苍柏翠之坚贞？梨杏虽甘，何如橙黄橘绿之馨冽？信乎！浓夭不及淡久，早秀不如晚成也。

【译文】　桃树和李树的花朵虽然艳丽夺目，但是怎比得上一年四季永远苍翠的松树柏树那样坚贞呢？梨和杏的滋味虽然香甜甘美，但是怎比得上橘子和橙子经常飘散着清淡芬芳呢？的确不错，容易消逝的美色远不如清淡的芬芳，早有才名，不如大器晚成。

【点评】　任何东西的所长都是相对的，桃李梨杏，为天地美景增色，争奇斗妍于一时，时一过便花谢果落，完成了自己的使命。而苍松翠柏以其不败之绿耐寒之性赢得人们的敬重。昙花以其短而为人稀，人参以其久而为人重。以之喻人，有的人以桃李艳于一时的才华而作为于一时，有的人以如松柏般厚实而大器晚成于长久，二者都是可取的。至于人参、昙花即以其天性取胜，犹如天才为常人不及。但因为少年得志便骄狂而导致失败，得之何益；天才少年以其天才而不学却自我吹嘘自甘沉沦，天才何益？“大器晚成”的人，由于饱经忧患沧桑，才能体会出创业的艰苦而安于守成，也由于积累时间长久，便有了更多的阅历把事办好。

乾坤之幻境　天地之真吾

【原文】　莺花茂而山浓谷艳，总是乾坤之幻境；水木落而石瘦崖枯，才见天地之真吾。

【译文】　春天一到百花盛开百鸟齐鸣，为山谷平添了无限迷人景色，然而这种鸟语花香的艳丽风光，只不过像是乾坤的一种幻象；秋天一到泉水干涸树叶凋落，涧中的石头呈现干枯状态，然而这种山川的一片荒凉，才正好能看出天地的本来面貌。

【点评】 从古至今,感叹韶光易逝,富贵烟云的诗文数不胜数,佛家则从大自然景象中悟出"富贵功名转头空"。金圣叹在《临江仙》一词中也说明了这个道理:"滚滚长江东逝水,浪花淘尽英雄,是非成败转头空,青山依旧在,几度夕阳红,白发渔樵江渚上,惯看秋月春风,一壶浊酒喜相逢,古今多少事,都付笑谈中"。有形的东西往往会随时间流逝,只有道德文章,只有崇高的精神才是不朽的。人生在世,春之艳美,富贵功名之幻境转眼即逝,只有崇高的精神在幻象去后依然存在,做人应首先充分认识自己的本性。

智者自闲　劳者自冗

【原文】 岁月本长,而忙者自促;天地本宽,而卑者自隘;风花雪月本闲,而劳攘者自冗。

【译文】 岁月本来很长,可是那些奔波劳碌的人自己觉得时间很短促;天地本来很辽阔,可是那些心胸狭窄的人却把自己局限在小圈子里;春花秋月本来是供人欣赏调剂身心的,可是那些奔波辛劳的人却认为这是一种多余无益的东西。

【点评】 佛家有一首偈颂说:"高坡平顶上,尽是采樵翁;人人尽怀刀斧意,不见山花映水红。"意思指樵夫既是以采樵为生的,当然心中充满了利欲观念,即使面前有美好的自然景观,也都被他的刀斧私心蒙蔽了。生活中的环境要善于自我调节。天下兴亡事固然匹夫有责,但也不可天下本无事,庸人自扰之。个人的时光本来是有限的,放眼历史长河弹指一挥间,那些琐事扰心事有什么放不下的呢?万里江山,辽阔天地,与之相比身边的是是非非又有什么值得自封自固呢?人不能被身前身后事所扰而不见本性,不能为私欲所固,而不知解脱,人生路的广与狭,与自己的心性有很大关系。超脱于凡俗才能心胸开阔,才能优雅从事。

雪上加霜　虽败犹荣

【原文】 寒灯无焰,敝裘无温,总是播弄光景;身如槁木,心似死灰,不免堕在顽空。

【译文】 微弱的灯光燃不起火焰,破旧的大衣不产生温暖,这都是造化玩弄人的景象;肉身像是干枯的树木,心灵犹如燃尽的死灰,这种人等于是一具僵尸必然会陷入冥顽空虚中。

【点评】 佛家说"色即是空,空即是色",但是空并非指任何东西都没有的顽空。虽然断绝了固执和物欲,实际上只是不自我作恶罢了。如果不进一步济世渡人就毫无善果可言,如此活着也就等于死亡,一无可取之处。用这段话来谈人生也有同样的道理。一个人身如槁木,心似死灰,如寒灯无焰,似敝裘无温,于外界无知无觉,于内心空虚至极,与活死人何异?以此待人,只是别人为他服务,他却无益于别人,这种极端的安寂是不足取的。

当断不断　反受其乱

【原文】 人肯当下休,便当下了。若要寻个歇处,则婚嫁虽完,事亦不少。僧道虽好,心亦不了。前人云:"如今休去便休去,若觅了时无了时。"见之卓矣。

【译文】 人做事,应罢手时就要下定决心结束,假如犹豫不决想找个好时机,那就像男女结婚虽然完成了终身大事,以后家务和夫妻儿女之间的问题还很多。人们别以为和

尚道士好当,其实他们的七情六欲也未必全除。古人说得好:“现在能罢休就赶紧罢休,如果说找个机会罢休,恐怕就没了罢休的机会。”这真是一句极高明的见解。

【点评】 当断则断,丈夫所为,犹豫不决,儿女情长,又哪是成事气象?做事如此,名利头上急流勇退更难,又有多少人能像陶渊明那样不恋功名而毅然回归田园?例如他在《归去来辞》说:“归去来兮,田园将芜,胡不归?既自以心为形役,奚惆怅而独悲!悟已往之不谏,知来者之可追。实迷途其未远,觉今是而昨非。”张良以勇退而全身,韩信因恋功而被杀。后人很钦佩陶渊明不为五斗米折腰的精神,很欣赏张良看得破眼前而退隐山野的选择,但轮到自己又当何如?得休便休,当机立断;犹豫留恋,了时无了。

由冷视热 从冗入闲

【原文】

从冷视热人,然后知热处之奔驰无益;从冗入闲境,然后觉闲中之滋味最长。

【译文】 当人失意后,再冷眼去看那些热衷某事者的奔忙,就会觉得他们并不会得到什么好处;当人休息后,再去回想高度紧张的生活节奏,就会感受到悠闲自在生活的乐趣。

【点评】 俗话说:“当局者迷,旁观者清。”当你位高权重的时候,无数人迎合奉承,许多人就此飘飘然,忘乎所以。一旦失势或者退休,立刻就“人走茶凉”,往日踏破门槛的人再也不见上门,就算路上碰到都可能装作没看见你,这时候回想自己被人们逢迎的时候,才能明白什么叫世态炎凉。事过境迁再回头打量,每个人都能成为哲人,都能明白当时不自知的真理。这是因为你已超越了当时的状态。超越了功名利禄就会觉得追名逐利的可笑,超越了盲目才能明白悠然的乐趣。

不栖岩穴 有心即可

【原文】 **有浮云富贵之风,而不必岩栖穴处;无膏肓泉石之癖,而常自醉酒耽诗。**

【译文】 一个能把荣华富贵看成是浮云履气度的人,根本就不必住到深山幽谷去修养心性;一个对山水风景没有兴趣的人,经常喝酒吟诗也自有一番乐趣。

【点评】 无富贵而安贫,有财富而不居,没有达人胸怀、英雄气概是做不到的。所谓“黄金若粪土,富贵如浮云”,一般庸俗之辈哪能有这种胸襟?常见书云“仗义疏财之举赢得人钦敬”,平凡之人何得如此?不义而富且贵,于我如浮云。由此观之,人做事应该求实不求形,不必为某种形式而自误。一说隐世便膏肓泉石,一说清雅便丢弃钱财。关键是看心性,看作为如何,醉酒耽诗可为一乐,富贵浮云也为一德。

有意者反远 无心者自近

【原文】 **禅宗曰:“饥来吃饭倦来眠。”诗旨曰:“眼前景致口头语。”盖极高寓于极平,至难出于至易。有意者反远,无心者自近也。**

【译文】 禅宗有一句名言:“饿了就吃饭,困了就睡觉。”而作诗的秘诀是:“多多运用眼前景致和口头语。”因为世间极高深的哲理,往往是产生于极平凡的事物中;极美的诗是出于无心的真情流露。可见有意者远于理,而无心者近于真。

【点评】 这里不讲参禅悟道的深奥,单以作文咏诗的方法而言,这段话是很启发人的。凡事不可强求，同样文贵自然，诗咏情怀。“眼前景致口头语”，就是吟诗填词根本，不必靠辞藻和典故的堆砌，例如陶渊明的《寒山诗》中就无一句难解的词。苏东坡更有“到得归来无别事，庐山烟雨浙江潮”，这些都是在无心中所写出的纯真自然名句。关键是要真挚动人才会有神韵。禅宗受信教者的欢迎绝不是靠故作艰深的来吸引人，作文写诗也是如此。平凡中寓深义，大道理见于小道理之中。强求的事难做，无心插柳柳或许还会成荫。

和而不同　心内了了

【原文】　出世之道，即在涉世中，不必绝人以逃世；了心之功，即在尽心内，不必绝欲以灰心。

【译文】　超脱凡尘俗世的方法，应在人世间的磨炼中，根本不必离群索居与世隔绝；要想完全明了智慧的功用，应在贡献智慧的时刻去领悟，根本不必断绝一切欲望，使心情犹如死灰一般寂然不动。

【点评】　不要以为穿上袈裟就能成佛，不要以为披上道氅就能全真。同理，披上件蓑衣，戴上顶斗笠未必是渔夫，支根山藤坐在松竹边饮酒吟诗也未必一定是隐士高人。追求形式的本身未必不是在沽名钓誉。就像想明白自己的心性灵智不在于自己苦思冥想或者如死灰槁木般时才知道。最能说明“不必绝人以逃世，不必绝欲以灰心”之理的，就是《孟子·滕文公下》所载匡章曰：“陈仲子岂不诚廉士哉？居于陵，三日不食，耳无闻，目无见也。井上有李，螬食实者过半矣，匍匐往，将食之，三咽，然后耳有闻，目有见。”孟子曰：“于齐国之士，吾必以仲子为巨擘焉。虽然，仲子恶能廉？充仲子之操，则蚓而后可者也。夫蚓，上食槁壤，下饮黄泉。仲子所居之室，伯夷之所筑与？抑亦盗跖之所筑与？所食之粟，伯夷之所树与？抑亦盗跖之所树？是未可知也。”曰：“是何伤哉？彼身织屦，妻辟纑，以易之也。”曰：“仲子，齐之世家也；兄戴，盖禄万钟，以兄之禄为不义之禄而不食也，以兄之室为不义之室而不居也，辟兄离母，处于陵。他日归，则有馈其兄生鹅者，己频顣曰：‘恶用是鶃鶃者为哉？’他日，其母杀是鹅也，与之食之，其兄自外至，曰：‘是鶃鶃之肉也。’出而哇之。以母则不食，以妻则食之；以兄之室则弗居，以于陵则居之：是尚为能充其类也乎？若仲子者，蚓而后充其操者也。”

身放闲处　心在静中

【原文】　此身常放在闲处，荣辱得失谁能差遣我；此心常安在静中，是非利害谁能瞒昧我。

【译文】　只要经常把自己的身心放在安闲的环境中，世间所有荣华富贵与成败得失都无法左右我；只要经常把自己的身心放在静寂的环境中，人间的功名利禄与是是非非就不能欺蒙我。

【点评】　老子主张“无知无欲”，“为无为，则无不治”，否定一切圣贤愚智。世人常把“无为”挂在嘴边，实际上是做不到的。但一个人处在忙碌之时，置身功名富贵之中，的确需要静下心来修省一番，闲下身子安逸一下。这时如果能达到佛家所谓“六根清净，四大皆空”的境界，就会把人间的荣辱得失、是非利害视同乌有。这利于帮助自我调节，防

止陷入功名富贵的迷潭，难以自拔。

幻形凋谢　本性真如

【原文】　发落齿疏，任幻形之凋谢；鸟吟花开，识本性之真如。

【译文】　老年人头发掉落牙齿稀疏是生理上的自然现象，大可任其自然退化而不必悲伤；从小鸟唱歌鲜花盛开中，我们认识了人类本性永恒不变的真理。

【点评】　生老病死是人生的自然规律，小鸟要歌唱，花儿要开放，人也要从新生走向衰老而至死亡。但是，一个人的真正衰老，并非单纯生理上的衰老，心理上的衰老最为严重，所以庄子才说“哀莫大于心死”。一个人到四五十岁只能算中年人，而中年才开始创造事业的人比比皆是。中年可说是人生的顶峰时代，已经有事业基础的正是发挥潜力的阶段，没有事业基础的也可创造。保持旺盛的生命力的关键是保持精神上的不断追求。即使是到了老年只要精神不死又何妨追求？像书画家、作家、医生，越老经验越多，越老精神弥健，一个人活到老学到老，以至童心不泯，青春常在，而不知老之将至，忘却生理的衰弱，就会心宽地阔，永远年轻。

扰中者不见寂　虚中者不知喧

【原文】　扰其中者，波沸寒潭，山林不见其寂；虚其中者，凉生酷暑，朝市不知其喧。

【译文】　内心充满欲望，能使平静心湖掀起汹涌波涛，即使住在深山古刹也无法平息；内心毫无欲望，即使在盛夏季节也会感到浑身凉爽，甚至住在闹市也不会察觉喧嚣。

【点评】　人的精神往往会产生出难以想象的作用，克服难以忍受的困难。精神上能把握定、静、安、虑、得的修养工夫，即使身临大难也不会苟且偷生，一切艰难困苦都不会使他们屈服，故佛教有“行人修德，虽火坑亦是青莲”的说法。有道高僧如法显、玄奘、鉴真，为了信仰，为了传教，克服了无数常人难以忍受之难，最终达到目的。他们这种坚韧不拔的精神来自他们内心的纯净和信念的执着，故不远万里去追求他们向往的目标。这种精神用之于常人，可钦佩的例子也是举不胜举。如变法英雄谭嗣同在危难之时决不苟且，镇定自若，临终还留下千古绝唱。人虽逝矣，精神不死。正由于有崇高的信念支撑着他，才使他面对生死同样心静如止。

知身不是我　烦恼更何侵

【原文】　世人只缘认得我字太真，故多种种嗜好，种种烦恼。前人云：“不复知有我，安知物为贵？”又云：“知身不是我，烦恼更何侵？”真破的之言也。

【译文】　只因世人把自我看得太重，所以才会产生种种嗜好种种烦恼。古人说：“假如已经不再知道有我的存在，又如何能知道物的可贵呢？”又说“能明白连身体也在幻化中，一切都不是我所能掌握所能拥有，那世间还有什么烦恼能侵害我呢？”这真是至理名言。

【点评】　古人的处世哲学，强调无我、无为的多，突出自我、自私的少。所谓耻于言利而突出义，就在于应当灭私欲而存大义。现代文明的发展，有人说人不自私天诛地灭，说明了自私乃人类天性之一。战国时杨朱提倡为我“拔一毛而利天下不为！”杨朱所以倡导极端自私主义，是因为战国时代的一些野心政客，经常以“国家人民”为借口，发动战争

来满足更大的私欲，因此他才认为："假如人人都为我而不为他，那岂不是天下太平了吗？"可见杨朱的自私和此处所说的自私，两者的含义似是却又不同。不管怎么说，极端的自私自利不足取，不能取，为人处世，太过自私难有朋友，难寻合作者，也因为个人私欲太强，便会带来物欲的不满，带来无穷的烦恼。现代社会强调自我，是人格气质的自我，而非物欲情欲的自我。

自老视少　在瘁视荣

【原文】　自老视少，可以消奔驰角逐之心；自瘁视荣，可以绝纷华靡丽之念。

【译文】　从老年回过头来看少年时代的往事，就可以消除很多争强斗胜的心理；能从没落后再回头去看荣华富贵，就可以消除奢侈豪华的念头。

【点评】　世事经历多了后，往往更能悟出其中的道理，大有曾经沧海难为水之叹。不管是道家奉劝世人消除欲望，还是儒家提倡贫贱不移的修养工夫，或者佛家清心寡欲的出世思想，都在告诉世人，不要在富贵与奢侈、高官与权势中去争强斗胜，浪费心机。人尤其在得意时，要多想想失意时的心情，以失意的念头控制自己的欲望。

不知今日我　又属后来谁

【原文】　人情世态，倏忽万端，不宜认得太真。尧夫云："昔日所云我，而今却是伊，不知今日我，又属后来谁？"人常作是观，便可解却胸中罥矣。

【译文】　人情冷暖世态炎凉，错综复杂瞬息万变，所以对任何事都不要太认真。宋儒邵雍说："以前所说的我，如今却变成了他；不知道今天的我，到头来又变成什么人？"一个人假如能经常抱这种看法就可解除心中的一切烦恼。

【点评】　沧桑变幻，世事无常，人情冷暖依旧。从古至今嫌贫爱富的故事太多，趋炎附势的例子无数。"世态有冷暖，人面逐高低"，宇宙是永恒的，但是世间万物却是变化的，所以唐代诗人崔岳写道"去年今日此门中，人面桃花相映红；人面不知何处去，桃花依旧笑春风"。在世事的变化无常面前，人更应保持纯真无瑕的心性，抛弃追名逐利的杂念，以真待人，以情暖人，使人间弃满欢乐与美好。

热闹中着冷眼　冷落处存热心

【原文】　热闹中着一冷眼，便省许多苦心思；冷落处存一热心，便得许多真趣味。

【译文】　在熙熙攘攘的人群之中，假如能冷静观察事物的变化，就可以减少很多不必要的心思；一个人穷困潦倒不得意时，仍能保持一股向上的精神，就可以获得很多真正的生活乐趣。

【点评】　事物总是辩证的。释伽的出世，老庄的无为，固然是为了寻求一种心理的安宁、气质的超脱，但如果到了与世隔绝不食人间烟火的地步，自己未必快乐，别人却视为怪物。所以人对世事不可太激进走极端，否则会为自己带来痛苦，也会为众人造成灾害，也就是儒家所说的过犹不及。"闹中取静，冷处热心"，就是成功时要想到失败，失败时要保留奋争精神，这实际上是一种明智的进取。

盛衰何常　强弱安在

【原文】　狐眠败砌，兔走荒台，尽是当年歌舞之地；露冷黄花，烟迷衰草，悉属旧时争战之场。盛衰何常？强弱安在？念此令人心灰！

【译文】　狐狸做窝的残壁，野兔奔跑的荒台，都是当年美人歌舞的胜地；菊花在寒风中抖擞，枯草在烟雾中摇曳，都是以前英雄争霸的战场。兴衰成败如此无情，而富贵强弱又在何方呢？想到这些，就会使人产生无限感伤而心灰意懒。

【点评】　胜迹怀古，各有情怀。世事沧桑，情随境迁，李白在乐游原上唱出“年年柳色，灞陵伤别”，“西风残照，汉家陵阙”。东坡临赤壁而咏成千古佳句：“江山如画，一时多少豪杰。”刘禹锡的名篇《乌衣巷》和本段的意境不谋而合：“朱雀边野草花，乌衣巷口夕阳斜；旧时王谢堂前燕，飞入寻常百姓家。”人生无常，盛衰何足恃？历史似乎总是循环的，但千万不可持“好了伤疤忘了疼”。“人生有酒须当醉，一滴何曾到九泉”的态度，这种态度太过悲观。但去争杀，在名与利中争来夺去又有什么价值呢？所以，人要修身养性，免蹈故辙。

胸中无物欲　眼里自空明

【原文】　胸中即无半点物欲，已如雪消炉焰冰消日；眼前自有一段空明，时见月在青天影在波。

【译文】　一个人心中假如没有丝毫物质欲望，就像炉火化雪太阳化冰一般快速而安然；眼前自会呈现一片空明开朗景象，宛如看见皓月当空月光倒映在水中一般宁静。

【点评】　欲望太过强烈，心神就会受物欲蒙蔽，以致头脑昏聩而不明事理。这不是要绝欲望，而在于说明欲望淡泊便能使心情轻松，心情轻松就好像“月在青天影在波”，这样既能明心见性又能通达事理。宋儒周敦颐说：“无欲则静，静则明。”心底清静，本性自现，本性现就会愉快，就会神清目朗，而见山水明而日月新。但无半点物欲不是一无追求，不是弃除物欲。什么事一走极端就会走向其反面，好事也会变成坏事。例如饮酒是乐事，也可成雅事，但如市井之徒光着脊梁吆三喝四狂喝滥饮，其喧嚣是噪音，其形象绝非豪爽本性而是粗俗，至于过度饮酒则伤身心。诗是雅事，是情与怀的抒发，但为诗而诗，无病呻吟，以诗为玩物岂非亵渎？事过头就会变质。

念净境空　虑忘形释

【原文】　人心有个真境，非丝非竹而自恬愉，不烟不茗而自清芬。须念净境空，虑忘形释，才得以游衍其中。

【译文】　人只要在内心维持一种真实的境界，没有音乐来调剂生活也会感到舒适愉快，无须焚香烹茶就会感到满室清香。只要能使思想纯洁意境空灵，就会忘却一切烦恼，超脱形骸困扰，如此才能使自己优游在生活的乐趣中。

【点评】　丝竹赏心，品名气雅，但只要人的心性人的内在气质本身纯正清净，没有外物的赏心悦目，同样会显出一种雅致。佛家说“万物均有佛性”，意思就是万物之性与天性合一。人心都有一个真境，这一真境是从清静芬芳中自然产生。我们假如想要优游于这种境界中，就要先使内心清净。老庄说的清静无为，古人讲放浪形骸之外，就是要绝对

断绝名利和物欲，使心境恬淡，绝虑忘忧，而优游于生活的乐趣之中。

妍丑何存　雌雄安在

【原文】　优伶傅粉调朱，效妍丑于毫端，俄而歌残场罢，妍丑何存？弈者争先竞后，较雌雄于着子，俄而局尽子收，雌雄安在？

【译文】　伶人在脸上搽胭脂涂口红，把一切美丑都决定在化妆笔的笔尖上，转眼之间歌舞完毕曲终人散，方才的美丑又到哪里去了呢？下棋在棋盘上激烈竞争，把一切胜负都决定在棋子上，转眼之间棋局完了子收人散，方才的胜败又到哪里去了呢？

【点评】　宋儒邵尧夫咏下："尧舜指让三杯酒，汤武争逐一局棋。"的名句，因为，在他看来，善善者只不过是三杯酒的事，恶恶者只不过是一局棋而已。人生不过数十寒暑而已，一切是非成败在历史长河中都是短暂的，万般事物在弹指之间就消失得无影无踪。掌上千秋史，一册在手，跨越千年，风云人物，尽收眼底，那时的人生也如眼前的人生。好比演戏粉墨登场，喜怒哀乐悲欢离合，尔虞我诈你争我夺。可是刹那之间舞台上又会换上一批新角色。封建时代有其特定的环境，但都离不开为了利益之争而征战厮杀，如棋局上的子儿，各布奇谋，实际上在让生灵涂炭。由此而知人，人生那么短暂，转眼即逝，又何苦费尽心机，谋富奇觅贵而不择手段呢？

机息之时　心远之处

【原文】　机息时便有月到风来，不必苦海人世；心远处自无车尘马迹，何须痼疾丘山。

【译文】　心中停止一切阴谋诡计之后，就会有明月清风到来，因为从此不再为人间的烦恼而痛苦；思想远远超脱世俗之后，自然不会听到外面的车马喧嚣之声，也就不一定眷恋山野林泉的隐居生活。

【点评】　常言道："有心为善虽善不赏，无心为恶虽恶不罚。"可见心机的有无跟因果有很大关系。我们处世中不必枉费心机，凡事只要本心无邪，只要尽心尽力求其自然发展即可。人的行为也应真率求实。只要心地纯净，又何必求诸一种隐居山林的形式？只要自身道德高尚，又何苦求虚名以自扰呢？

第八篇　评议篇

一念之差　咫尺千里

【原文】　人人有个大慈悲，维摩屠刽无二心也；处处有种真趣味，金屋茅舍非两地也。只是欲闭情封，当面错过，便咫尺千里矣。

【译文】　每个人都有仁慈之心，维摩诘和屠夫是刽子手的本性是相同的；世间到处都有合乎自然的真正的生活情趣，这一点富丽堂皇的高楼大厦和简陋的茅草屋也没什么差别。可惜人心经常为情欲所封闭，因而就使真正的生活情趣错过，不能排除物外杂念，虽然只在咫尺之间，实际上已相去千里了。

【点评】 在古人的人性观中，孟荀二人最有代表性，荀子主张性恶，孟子主张性善，孟子认为“人皆有恻隐之心，是非之心，辞让之心，羞慈之心”。不管怎么说，人性的善恶并不因为外部世界的财富差异有区别。天地间充满了真善美，这种天然情趣也存在于寒门蔽户中，跟富贵人家的高楼大厦毫无不同。从精神享受而言，人生是否能有真快乐只是存乎一念之间，假如贪得无厌作恶多端，即使住金屋也空虚难耐，假如乐天知命或毫无邪念，即使住茅屋也会感到愉悦充实。这里的存乎一念，主要指修养的程度，没有追求这一念的精神，人的本性就会在客观世界的影响中发生质变。

诗家真趣　禅教玄机

【原文】 一字不识而有诗意者，得诗家真趣；一偈不参而有禅味者，悟禅教玄机。

【译文】 一个目不识丁的人说起话来却充满诗意，这种人才算得到诗人真情趣；一个一偈也不研究的人说起话来却充满禅机，这种人才算真正领悟了禅宗高深佛理。

【点评】 这可不是说不要学习就会了一切。有的人天资好，悟性高，虽然没有可能学习书本知识，却能浸于大自然之中陶冶自己。古人说“酒有别肠，诗有别才”。比如禅宗更有所谓“不立文字”的教条，所以很多禅学都在教外别传，一切教法都不拘泥于文字。禅宗六祖惠能是新州的一名樵夫，某日在街上听人诵《金刚经》而有所了悟，于是就专程到黄梅山大满禅师那里当捣米和尚。有一天大满禅师在700多禅师面前，要考验一下神秀上座悟解禅机的程度，结果目不识丁的惠能却远超过神秀，立即咏出“菩提本无树，明镜亦非台，本来无一物，何处惹尘埃”一偈。一个天资好的人，肯下功夫在自己力所能及的领域磨炼自己，再经过一定的教育培养是可以出成绩的，反之有些有天赋的人，少年成名，像宋朝王安石记述的方仲永，由于后天不再努力学习，终为庸人。天资再好的人后天也要努力学习，不然再高的天资不经修磨便会渐渐平庸如常人。

人心不同　各如其面

【原文】 吉人无论作用安详，即梦寐神魂，无非和气；凶人无论行事狠戾，即声音笑语，浑是杀机。

【译文】 一个心地善良的人，言行举止总是镇定安详，即使在睡梦中的神情也都洋溢着一团祥和之气；一个性情凶暴的人，不论做什么事都手段残忍，甚至在谈笑之间也充满了让人恐怖的杀气。

【点评】 俗话说，江山易改，禀性难移，一个人的个性可以表现在他生活的各个方面，想伪装是很难的，是不会长久的。大凡一个遵守礼法的人，由于他的内心毫无邪念，所以言行显得善良，每个人都觉得他和蔼可亲。由于心地善良，不论处在任何时候，都能散发出一种安详之气；反之一个生性残暴的人，不论处于何时，总会令人感到一种恐怖之气。因为这种人时时想着算计别人，占有其他。可见一个人是善是恶，能从他的言谈举止中察觉，即使在梦中也显出各自的心性。路遥知马力，日久见人心，我们在为人处世中，在工作中必须善于识人才对。

少事即是福　多心才是祸

【原文】 福莫福于少事，祸莫祸于多心。唯苦事者，方知少事之为福；唯平心者，始

知多心之为祸。

【译文】 一个人最大的幸福莫过于无扰心的琐事可牵挂，一个人的灾祸没有比疑神疑鬼更可怕的了。只有那些整天奔波劳碌琐事缠身的人，才知道无事一身轻是最大的幸福；只有那些经常心如止水宁静安详的人，才知道猜疑是最大的灾祸。

【点评】 一个有为的人应当具备“大智若愚、大巧似拙”的境界，这样就不会被琐事缠身，不会为闲言困扰。而一个平常人的生活，也应该是以一生平安无事没有任何祸端为幸福的。所有祸端多半是由多事而招来，多事又源于多心，多心是招致灾祸的最大根源。所谓“疑心生暗鬼”，很多人由于疑心而把事情弄坏，其道理就在于此。所谓“君子坦荡荡，小人长戚戚”，一个心地光明的人自然俯仰无愧，根本不用怀疑别人对我有过什么不利的言行。只有庸人、小人、闲人才整天为闲事、琐事忙碌，为依附权势争夺名利奔波，为人言碎语费尽心神地猜疑，可见他们的思想境界很低，难以意识到自己的可笑、可悲。

有心求不得　无意功在手

【原文】 **施恩者，内不见己，外不见人，则斗粟可当万钟之报；利物者，计己之施，责人之报，虽百镒难成一文之功。**

【译文】 施恩惠给别人的人，不可老把恩惠记在心头；不应有让别人赞美的念头；这样即使是一斗米也可收到万钟的回报；用财物帮助别人的人，如果计较自己对人的施舍，而且要求人家的报答，这样即使是付出一百镒，也难收到一文钱的功效。

【点评】 人应有助人为乐的精神，助人并以之为乐就上升为一种高尚的道德情操。施恩惠于人而不求回报，而是“为善不欲人知”，是一种发自内心的真诚。所谓“有心为善虽善不赏，无心为恶虽恶不罚”，假如抱着沽名钓誉的心态来行善，即使已经行了善也不会得到任何回报，出于至诚的同情心付出的可能不多，受者却足可感到人间真情。所以，施之无所求，有所求反而会没有功效。

贫而有余　拙而全真

【原文】 **奢者富而不足，何如俭者贫而有余；能者劳而府怨，何如拙者逸而全真。**

【译文】 奢侈无度的人财富再多也感到不够用，这怎么比得上虽然贫穷却生活节俭而感到满足的人呢；有才干的人假如由于心力交瘁而招致大众怨恨，哪里比得上笨拙的人由于安闲无事而就能保全纯真本性。

【点评】 任何事都是相对的，不以相对的观点看待事物往往会走向绝对，而把事物固定化，一成不变。像钱财于现代生活，不可或缺但以之为生活的全部就走向了极端。生活奢侈的人，无论有多少财产，到头来也都挥霍精光，表面看来他好像很快乐，其实他内心常感不满足，因为他的财产越多欲望越强，可见人的欲望有如永远填不满的沟壑。反之一个生活节俭的人，他们平日能量入为出，虽然并非富有，但是在金钱上从来没有感到不足，因此在欲望上也就没有非分之想，平平安安过个极快乐的日子。生活上要有知足感，工作中要讲究方法。不能因为自己有多方面的才能便事必躬亲，处处辛劳，结果可能会招致怨恨还办不好事情。对于一般人而言，能而劳，可能就压抑了别人的才能，使别人无从表现；如果是当权者，其能不应表现在自己如何亲为上，而在于怎样组织、管理，使每个人都可显其所能。而且，任何矛盾的出现是因为事做了，局面活了，矛盾便开始出现

了;一潭死水时人们心意相对稳定。那么谁做谁就成了矛盾中心,不积怨而何?闲者置身局外当然会有时间去评头论足了。所以能应是相对的,个人的能不可能包容大家的能。做事前理应先看看想想。

贪者图名　拙者用术

【原文】 **真廉无廉名,立名者正所以为贪;大巧无巧术,用术者乃所以为拙。**

【译文】 一个真正廉洁的人不与人争名,不一定有很响亮的名声,那些到处树立名誉的人,正是为了贪图虚名才这样做。一个真正聪明的人不炫耀自己的才华,那些卖弄自己聪明智慧的人,实际上是为了掩饰自己的愚蠢才这样做。

【点评】 生活中,人们对喜欢要小聪明的人很讨厌,对欺世盗名之辈更是深恶痛绝。因为好名声必须凭真本领,如果为了博取人们的歌功颂德而不择手段,虽然可以名噪一时,却欺骗不了历史。所以一个真正廉洁的人,由于他廉洁的动机不在于让人歌功颂德,自然也就不会廉名远播;一个有大智慧的人决不会靠卖弄小聪明,炫耀才华来提高身价。想做点事业的人,应该认清真廉之名,大巧之人,以防被伪君子和要小聪明的人所迷惑。

拔除名根　消融客气

【原文】 **名根未拔者,纵轻千乘甘一瓢,总堕尘情;客气未融者,虽泽四海利万世,终为剩技。**

【译文】 名利思想没有彻底拔除的人,即使他能轻视富贵荣华而甘愿过清苦的生活,最后仍然无法逃避名利世俗的诱惑;一个受外力影响而不能在内心加以化解的人,即使他的恩泽能广被四海以至遗留万世,其结果仍然算是一种多余的伎俩。

【点评】 争名夺利之累人所共知,而名利之诱惑确也太大。一个人不铲除名利观念,随时都会有追逐名利的念头产生,不论他如何标榜清高声称退隐林泉,都不过是以退为进的托词。尤其在唐朝,退隐成了争名的一种必然方式,即所谓"终南捷径"。许多人不如意时便高歌隐退,一有时机,便马上出世。唐代的卢藏用本来功名心很强,可是他却善于造作而隐居京师附近的终南山,当他由于清高之名而很快获得朝廷征用时,他竟毫不隐讳的指着终南山说:"此中大有佳趣!"只有正气一身,道德纯真的人才可能淡泊名利。其实一个人隐世出世是次要的,关键是要看他的修养,是正气居多还是私心杂念满身,要看他的行为是不是利国利民。

洁出自污　明蕴于晦

【原文】 **粪虫至秽,变为蝉,而饮露于秋风;腐草无光,化为萤,而耀彩于夏月。固知洁常自污出,明每从晦生也。**

【译文】 粪土里所生的虫是最脏的虫,可是一旦蜕化成蝉,却只喝秋天洁净的露水;腐败的野草本来毫无光华,可是一旦孕育成萤火虫,却能在夏天的夜空中闪闪发光。由此可知,洁净的东西常常是从污秽中得到,光明常常在黑暗中产生。

【点评】 对一个有所作为的人来讲,应具备这样一种认识:出身微贱不是有作为的决定条件,不能因此自艾自怨而自卑,而要想方设法去改变命运的安排。生活在恶劣的环境里,如果是自然环境,需要自己勇于克服困难,战胜环境的艰险;如果是生活环境,不

能因此而同流合污而堕落。有的时候,先天的环境可能难以改变,但自我形象却可以通过后天的努力而变化。古语说,“将相本无种,男儿当自强”。可见一个人不必为了环境不好而苦恼,关键是要自强、自尊、自爱、自律才有可能实现自我。不但如此,有时往往物极必反,生活环境越好越使人容易腐化堕落。人性也跟物性相同,越是温暖或暑热的地方,东西越容易腐臭,寒冷的地方却能使东西保持长久新鲜。人在清苦的环境中,最容易激发斗志,古今中外很多伟人,都是从他们青少年时代的艰苦环境中奋斗成功的。由此观之,环境的清洁与污秽是相对的,清洁中未必没有腐物,污秽中未必不出有益的东西。所处环境对人的成长的制约也是相对的。

功名利禄　终是了了

【原文】　人知名位为乐,不知无名无位之乐为最真:人知饥寒为虑,不知不饥不寒之虑为更甚。

【译文】　人们都知道求得名誉和官职是人生一大乐事,却不知道没有名声没有官职的人生乐趣是最实在的;人们只知道饥饿寒冷是最痛苦是值得忧虑的事,却不知道在更不愁衣食后,由于种种欲望,由于患得患失的精神折磨才更加痛苦。

【点评】　按现代心理学的说法,人的需求是有层次的,当生活温饱解决之后,在精神上就产生了不同的层次需求。安贫乐道,消极等待是不对的,因为人们追求财富显贵而使生活过得更好些是很现实的,但并不能因此而忘却自身的修养。何况人们在没有达到一定需求层次时想象中的美好往往占满脑海,就像古时的农人只知皇帝生活好,但好到什么程度就没法想象了,更不知道每个层次都有不同的烦恼。例如曹雪芹的《红楼梦》中写了一首“好了歌”说明了世俗心理:“世人都晓神仙好,唯有功名忘不了!古今将相在何方?荒冢一堆草没了!世人都晓神仙好,只有金银忘不了!终朝只恨聚无多,及到多时眼闭了。”陶渊明不为五斗米折腰,挂冠而归田园,因为他讨厌官场倾轧,权势灼人,成为千古美谈。从这种寻求内心平衡和道德完善的角度来讲,生活清贫而不受精神之苦,行为相对自由洒脱而不受倾轧逢迎之累是可羡慕的,安贫乐道未尝不好。

恶中犹有善　善处却见恶

【原文】　为恶而畏人知,恶中尤有善路;为善而急人知,善虚即是恶根。

【译文】　一个人做了坏事而怕别人知道,这种人还保留了一些羞耻之心,也就是在恶性之中还保留一点改过向善的良知;一个人做了一点善事就急着让人知道,证明他行善只是为了贪图虚名和赞誉,这种有目的才做善事的人,在他做善事时已经种下了恶根。

【点评】　道德修养是心灵的磨炼,而沽名钓誉之辈常以善举来装点自己的形象。每个人都有良知,作恶而知可耻,唯恐被人知道,还有羞耻之心,就证明他还不为大恶,因为无耻之耻才是真正耻辱,即所谓恬不知耻。孟子说“羞恶之心人皆有之”,有这种羞恶之心乃是维持人性不堕落的基石。但是世俗的急功近利,往往为伪君子提供了生存的空间;人际的尔虞我诈则为作恶者铺平了繁衍的温床。一个正直的人在生活中必须以自己的正气来识别和战胜这些丑恶。

福不可邀　祸不可避

【原文】 **福不可徼，养喜神以为召福之本而已；祸不可避，去杀机以为远祸之方而已。**

【译文】 幸福不可强求，只要能经常保持愉快的心情，就算是追求人生幸福的基础；人间的灾祸难以避免，首先应当能消除怨恨他人的念头，才算是远离灾祸的良策。

【点评】 追求幸福算得上是社会发展的动力之一，对个人来讲，幸福固然不可强求，但是谁也不会无缘无故地把幸福赏赐给你。一个人要想追求幸福还须靠自己奋斗。虽然每个人的幸福观不一样，但追求的期望太高失望就会更大，只有在奋斗时抱着只问耕耘不问收获的达观态度才能保持一种乐观。这样即使不是刻意追求幸福，幸福也会因你的努力而到来。世人对幸福总是争先恐后，一遇灾祸却都想逃避，可逃避不是解决问题的办法，只有心存忠厚，多反省自己，少怨恨别人，才可能远离灾祸。这样虽然不一定有福降临，但也绝不至于招来祸患。

天理路甚宽　人欲道也窄

【原文】 **天理路上甚宽，稍游心，胸中便觉广大宏朗；人欲路上甚窄，才寄迹，眼前俱是荆棘泥土。**

【译文】 天道就像一条宽敞的大路，只要人们稍一用心探讨，心灵深处就会觉得豁然开朗；人世间欲望就好像一条狭窄的小径，刚一把脚踏上就觉得眼前全是一片荆棘泥泞，稍不小心就会陷进泥淖寸步难行。

【点评】 人生在世是及时行乐还是追求理性，存在两种不同的生活方式。凡是能合乎天理的大道，随时随地都摆在人们的面前供人行走，这条路不能满足人的种种世俗的欲望，而且走起来枯燥寂寞，假如世人能顺着这条坦途前进，会越走越见光明，胸襟自然恢宏开朗，会觉前途远大。反之世人的内心总充满欲望，而欲望的道路却是非常狭隘的，虽然可以满足一时的虚荣、杂念，可走到这条路上理智就遭受蒙蔽，于是一切言行都受物欲的驱使，前途事业根本不必多谈，就连四周环境也布满了荆棘，久而久之自然会使人坠入痛苦深渊。追求物质需求和情感要求是必要的、合理的，但如果因此而沉溺就不是明智之举；从长远看，人生应该有高层次的追求才对。

惺惺不昧　独坐中堂

【原文】

耳目闻见为外贼；情欲意识为内贼。只是主人翁惺惺不昧，独坐中堂，贼便化为家人矣。

【译文】 耳闻目见的现象好比是外来的盗贼；发自内心的意念好比是家贼。只要头脑清楚，那就好比明察秋毫的主人坐在中堂，而“家贼”“外贼”就都会化为宝贵的财富。

【点评】 现代生活灯红酒绿纸醉金迷，物质的诱惑前所未有，不是为了生存发展，而是为了满足无度膨胀的欲望。外界的诱惑与内心的欲望两者交替爬升，最终膨胀到人为物役，那与行尸走肉有何区别？人在世界上生存，总会有各种各样的欲望，合理的当然应该满足，过分的就要压制排除，否则终会沦落到贪婪无度，而又不能物尽其用，这可谓是

双重的浪费。要能克制无度的欲望,需要对生活与自我清醒地认识。要驾驭自己的欲望而不是盲目地为欲望所驱使,这才是人与动物的区别,是人之为人的凭借。

人生一世　善始善终

【原文】

声妓晚岁从良,一世之胭花无碍;贞妇白头失节,半生之清苦俱非。语云:“看人只看后半截,”真名言也。

【译文】 妓女晚年从良,从前的卖笑生涯就不再被人计较;贞妇晚年失节,半辈子的清苦便一笔勾销。俗话说“看人只看后半生”,此话确实有一定道理。

【点评】 有个老木匠准备退休,老板答应了,但请他帮忙再建一座房子。老木匠虽然答应了,但大家都能看出来他的心思已经不在工作上了。用料不严格,做的活计也没有往日的水准。房子建好以后,老板把钥匙交给老木匠,说:“这是我送给你的礼物。”老木匠愣住了。他这一生盖了无数好房子,最后却为自己建了这样一幢粗制滥造的房子。中国传统文化历来讲“善始善终”,开头不好,也可能在过程中得到修正,最后取得好的结局;但是有好的开头,却不能坚持到底,反而以残局收场,再好的开头又有什么意义呢?

无位公相　有爵乞人

【原文】 **平民肯种德施惠,便是无位的公相;士夫徒贪权市宠,竟成有爵的乞人。**

【译文】 一个普通百姓只要肯多积功德广施恩惠,就像是一位没有实际爵位的卿相受人景仰;反之一个达官贵人只是一味贪图权势,把官职权力作为一种买卖欺下瞒上,炙手可热,这种人行径卑鄙得如同一个带爵禄的乞丐一样。

【点评】 行善或作恶不在名位高低,在于人的品行;其区别在于有爵之人影响比平民大些而已。假如一个人热衷于功名利禄贪恋权位又没有品格,那他为了攀龙附凤获得权位就会阿谀谄媚胡作非为,拉帮结派,招朋呼友,争权纳贿等无耻行径,也会接踵而至。这种精神上人格上的乞丐在现实生活中却很多,也很可憎。

诈善君子　不及小人

【原文】 **君子而诈善,无异小人之肆恶;君子而改节,不及小人之自新。**

【译文】 伪装善良的正人君子,和恣意作恶的小人没什么区别;君子如果改变自己的操守志向还不如一个小人痛改前非重新做人。

【点评】 俗话说明枪易躲,暗箭难防。但生活中的暗箭却是防不胜防。许多道貌岸然的人貌似忠厚的君子,满口仁义道德,其实肚子里净是阴谋诡计男盗女娼。有些自称“虔诚”信教的人,藉宗教名义,施小仁小惠,既不知道《圣经》耶稣,也不知道释迦牟尼。像这种伪君子假教徒,理应受到社会唾弃。但在现实生活中,这些披着道德外衣的人往往还能得逞于一时,欺世盗名。由于披上了一层伪装,识别起来更难。

奢欲无度　自铄焚人

【原文】 **生长富贵家中,嗜欲如猛火,权势似烈炎,若不带些清冷气味,其火焰不至焚人,心将自烁矣。**

【译文】 生长在豪富权贵之家的人，不良嗜好的危害有如烈火，专权弄势的脾气有如凶焰；假如不及早清醒，用清淡的观念缓和一下强烈的欲望，那猛烈的欲火虽然不至粉身碎骨，终将会让心火自焚自毁。

【点评】 人的欲望是无止境的，有了财富还希望有权力，有了权力还希望满足其他想法。如果没有一个良好的道德水准，没有一定的理智，那么就容易胡作非为，任性胡来。从这个意义来说，欲念好比是烈火，理智好比是凉水；凉水可以控制烈火，理智可以控制欲念。一个生长在富贵之家的人，没有道德修养来缓和一下强烈的各种欲念，那他就会随心所欲为非作歹，声色犬马尽情欢乐，不但腐蚀人心危害社会，也必然会使自己走向“自烁”的毁灭之途。可见一个人的道德修养、思想境界很重要，尤其是有了一定物质基础的人，如果不注意培养自己高尚的情操，没有一个正确的人生观，那么他的各种欲望就会恶性膨胀，不仅会毁掉他的财富，也会使他自己的精神处于崩溃状态，而自毁其生。

持盈履满　君子兢兢

【原文】 老来疾病，都是壮时招的；衰后罪孽，都是盛时造的。故持盈履满，君子尤兢兢焉。

【译文】 年纪大时，体弱多病，都是年轻时不注意爱护身体所招来的病根儿；一个人事业失意以后还会有罪孽缠身，那都是得志时埋下的祸根儿。因此一个有高深修养的人，即使生活在幸福环境处在事业巅峰，尤其要兢兢业业，戒骄慎言，为今后打下好基础。

【点评】 人总喜欢回忆过去，而很少实实在在地预测未来。人的一生变化无常，“得意无忘失意日，上台勿忘下台时，”所以一个人在春风得意时要多做好事多积阴德，免得失势以后留下罪孽官司缠身。世事变幻难测，所以，一个人不论出身多么高贵，地位多么荣耀，尤其在官场上，所谓多行善事正是为今后着想；就像是人的体格，青壮时不注意保养锻炼，老来多病又能怪谁呢？而一个有修养有道德的人，在顺境、在有势时，总是小心翼翼，居安思危，决不会像市井之徒那样抱今朝有酒今朝醉的活人态度。

君子所行　独从于道

【原文】 曲意而使人喜，不若直躬而使人忌；无善而致人誉，不若无恶而致人毁。

【译文】 一个人与其委屈自己的意愿去博取他人的欢心，实在不如以刚正不阿的言行而遭受小人的忌恨，使人们能赞同其品行；一个人没有善行而接受他人的赞美，还不如没有恶行劣迹却遭受小人的诽谤。

【点评】 每个人待人做人的方式是不一样的，有的人喜欢曲意迎合，不明确表达意愿；有的人喜欢直言不讳，光明磊落。对小人来讲听到刚正不阿的言语当然忌恨；而曲意者，要么是图人喜欢，要么有所乞求。人人都爱听好听的话，小人和当权者尤其如此，而正派的人则很看不惯那种阿谀像。一个根本没有善行的人而受到赞誉，这种小人的行为只能欺骗无知者，有识之士听了就会反感，因为这是阿谀者常用的手法；一个根本没有恶行的人而遭受诽谤，这种诽谤虽然都是出于无知者的攻击，但却能博得有识之士的同情。因为一些自己不求上进而自甘堕落的人，在心理上很不平衡，他们看到正直善良的人就不顺眼，于是就造谣生事进行诋毁，妄想使自己不平衡的心理能得到某种补偿，这种人可悲而又可恨。

妍媸相对　洁污相仇

【原文】　有妍必有丑为之对，我不夸妍，谁能丑我？有洁必有污为之仇，我不好洁，谁能污我？

【译文】　事物有美好就有丑陋来对比，假如我不自夸美好，又有谁会讽刺我丑陋呢？世上的东西有洁净就有肮脏，假如我不自好洁净，有谁能脏污我呢？

【点评】　事物是相对的，从发展变化的观点看，相对的事物在一定条件下可以发生变化。美与丑，洁与污以及善恶、邪正、阴阳、长短等等是相互转化并相互制约的，有善就有恶，有美就有丑。假如没有恶和丑可能就没有善与美，因为美丑善恶是比较衬托才看出来的。明白这样一种现象的内在变化条件，那么人对一些事物的看法就要用超然的态度，把事物看成一个相联系的整体而不要就事论事，对任何事情采取一种极端看法做法都是有害的。要在精神上能超越美丑洁污之上，对此无所偏好，人们也就难于有所毁誉。人固然会有许多癖好，一个有修养的人必须自省其所好的道德水准，看看和志向一致否。

富贵多炎凉　骨肉尤妒忌

【原文】　炎凉之态，富贵更甚于贫贱；妒忌之心，骨肉尤狠于外人。此处若不当以冷肠，御以平气，鲜不日坐烦恼障中矣。

【译文】　世态炎凉冷暖的变化，在富贵之家比贫穷人家显得更鲜明；嫉恨、猜忌的心理，骨肉至亲之间比陌生人显得更厉害。一个人处在这种场合假如不能用冷静态度来应付这种人情上的变化，用理智来压抑自己不平的情绪，那就很少有人不陷于如日坐愁城中的烦恼状态了。

【点评】　人在没有得到一种东西以前便会以这种东西作为奋斗目标，而有了这种东西便有了利益之争。“共患难易，共富贵难”，富贵之家往往为了争权夺利而父子交兵或兄弟阋墙。汉武帝、武则天、唐太宗等等无不为了权力而曾骨肉相残，二十四史中这样的事例随处可见。残暴的隋炀帝，已经被册立为太子，可是为了早日当皇帝竟谋杀亲父隋文帝而即位。人往往是有了钱还要更多些，有了权还要更大些；以至生活中终日钻营处处投机的小人，像苍蝇一样四处飞舞，个人的私欲总处于成比例的膨胀状态。如此现实，的确需要人们提高修养水平，用理智来战胜私欲物欲。否则亲情何在，富贵不保。

显恶祸小　阳善功小

【原文】　恶忌阴，善忌阳，故恶之显者祸浅，而隐者祸深；善之显者功小，而隐者功大。

【译文】　一个人做了坏事最担心的是不容易被人发觉，做了好事最不宜的是自己宣扬出去。所以坏事如果能及早被发现那灾祸就会相对小些，如果不容易被人发现那灾祸就会更大；如果一个人做了好事而自己宣扬出去那功劳就会变小，只有在暗中默默行善才会功德圆满。

【点评】　人不能做坏事，做坏事而损人利己，会让人憎恶，有的事不论对他人或自己都会造成极大灾祸。一般来讲，做在明处的坏事人们看得见或许还可以预防弥补，做在暗处的坏事更讨厌，让人防不胜防，这种阴坏的危害更大。一个人从哪个方面讲都不应

做坏事，而是应该抱着为善不求名的态度。行一点善而做好事不是为了宣扬吹捧，至于别人宣扬是为了推广这种精神，自己宣扬则失去了做好事的目的。这种好事在客观上是有益的，在主观上过分宣扬则表明是动机不纯；从做人角度看，等于伤害了受惠者自尊心，反而表现出一种沽名钓誉的卑鄙心理。帮助别人应是全身心投入，默默地奉献。

返己辟善　尤人浚恶

【原文】　反己者，触事皆成药石；尤人者，动念即是戈矛。一以辟众善之路，一以浚诸恶之源，相去霄壤矣。

【译文】　经常作自我反省的人，日常接触的事物，都成了修身戒恶的良药；经常怨天尤人的人，只要思想观念一动就像是戈矛一样总指向别人。可见自我反省是通往行善的途径，怨天尤人是走向奸邪罪恶的源泉，两者之间真是天壤之别。

【点评】　每个人看问题的方法不一样，站的角度不一样，得的结论自不相同；刺激相同，反应各不相同。所以一个人肯多作自我检讨，万事都可变成自己的借鉴，孔子说“见贤思齐，见不贤而内自省”。“内省”就是一种“反己”功夫。但是生活中的很多现象往往是相反的，遇到了种种矛盾往往埋怨对方，碰见了冲突，总是指责对方，什么事总是自己对，总是从自己的角度出发。这种人对物质利益显得自私，在人际交往上同样自私。因为不能自省，所以总觉得不平衡，总难进步。又如报纸经常报道犯罪事件，有的人反对绘声绘影报道得太详细，认为如此等于在教有犯罪倾向的人去模仿作案。奉公守法的君子看到，却引为一大镜鉴，而对不知自省的人来说，就只知埋怨。指责或者看热闹。

机里藏机　变外生变

【原文】　鱼网之设，鸿则罹其中；螳螂之贪，雀又乘其后。机里藏机，变外生变，智巧何足恃哉。

【译文】　本来是张网捕鱼，不料鸿雁竟碰上落在网中；贪婪的螳螂一心想吃眼前的蝉，不料后面却有一只黄雀想要吃它。可见天地间事太奥妙，玄机中还藏有玄机，变幻中又会发生另外的变幻，人的智慧计谋又有什么可仗恃的呢？

【点评】　孔子主张“尽人事以听天命”。对于人来讲，不可知的东西太多了，许多事往往用尽心思仍一无所得。而在生活中，所谓“螳螂捕蝉，黄雀在后”的事太多了，“人为财死，鸟为食亡”的事更是俯拾皆是。任何事物都不是孤立存在的，往往一环套一环，牵一发而动全身。对于物欲的贪求，有时偏偏“有心栽花花不开，无心插柳柳成荫”。有的时候却是“机关算尽太聪明”，最终一无所得。当然“智巧何足恃”并不是说人应任凭大自然摆布，一定要探索自然，克服天敌，进而认识掌握事物的变化周期和发展规律。

清心寡欲　安贫乐道

【原文】　交市人不如友山翁，谒朱门不如亲白屋；听街谈巷语，不如闻樵歌牧咏，谈今人失德过举，不如述古人嘉言懿行。

【译文】　交一个市井之人做朋友，不如交一个隐居山野的老人；巴结富贵豪门，不如亲近平民百姓；谈论街头巷尾的是非，不如多听一些樵夫的民谣和牧童的山歌；批评现代人的错误，不如多讲讲看看古圣先贤的格言善行。

【点评】 发思古之幽情入自然之怀抱是人生的一大乐趣。听渔翁樵夫歌，与世外高人交是雅士交人的一种追求。所谓修身养性，如果结交的是市井小人，所听的是追逐利益的俗事；如果整天奔走富贵豪门之家，听到的都是功名利禄的权势之争；假如经常谈论左邻右舍的是非，昨日今日的闲言，那么心难静，气不顺，神不宁，心则何安？人不能逃避世事，不承担社会责任，但为大事者必须要有超脱世俗的心境，才可能修身养德，才可能为一展大志不息奋斗。

意兴难久　情识难悟

【原文】 **凭意兴作为者，随作则随止，岂是不退之轮？从情识解悟者，有悟则有迷，终非常明之灯烛。**

【译文】 凭一时感情冲动和兴致去做事的人，等到热度和兴致一过事情也就跟着停顿下来，这哪里是能坚持长久奋发上进的做法呢？从情感出发去领悟真理的人，有时能领悟的地方也会有被感情所迷惑的地方，这种做法也不是一种永久光亮的灵智明灯。

【点评】 这是用佛理喻世事。不退之轮，就是佛经里所说的法轮，如来说法时，经常运用佛法摧毁众生的执迷邪恶，使众生恍然大悟之后转成正见，这种道理很像车轮压过的地方一切邪见都被摧毁。有时也叫“不退转轮”。“不退之轮”，是说进德修业的心永不停止。此处反过来看，人们做事很少从理性出发，往往凭借一时的兴致，难持之以恒。而理解事物缺乏一定之见，情之所至拆东墙补西墙，难以领悟人生真谛。

为奇不求异　求清不为激

【原文】 **能脱俗便是奇，作意尚奇者，不为奇而为异；不合污便是清，绝俗求清者，不为清而为激。**

【译文】 思想超越一般人又不沾世俗气的人就是奇人，可是那种刻意标新立异的人不是奇而是怪异；不同流合污就算是清高，可是为了表示自己清高而就和世人断绝来往，那不是清高而是偏激。

【点评】 当一种新的思潮涌现的时候，人们对不破不立的观点很欣赏，在行动上往往是有过之而无不及。在俗与雅，庸俗与清高的选择上，很多人赞赏清高儒雅的人。一个人如果能舍弃名利，当然值得景仰。可是假如为了提高知名度就标新立异故作怪论，这种人实际上是俗人伪装的怪人，是一种沽名钓誉的小人。处于污浊俗世而心却不受沾染的人，他的品德就像莲花出淤泥而不染，会永远保持洁净。假如心存俗念却又矫揉造作跟世俗断绝，以标榜自己的清高，这是一种偏激狂妄的行为。清而奇是旁人的想法，对一个修养好的人来讲，保持清白高雅的境界是很自然而无须造作的事，李白诗云：“清水出芙蓉，天然去雕饰”即此意。

好利者害浅　好名者害深

【原文】 **好利者逸出于道义之外，其害显而浅；好名者窜入于道义之中，其害隐而深。**

【译文】 一个好利的人，他的所作所为不择手段越出道义范围之外，逐利的祸害很明显，容易使人防范；一个好名的人，经常混迹仁义道德中沽名钓誉，他所做的坏事人们

不易发觉，结果所造成的后患都非常深远。

【点评】 坏人坏事人人痛恨，因为坏人坏事显而易见，明显地违背公德，害人祸世。可怕的是欺名盗世之辈，沽名钓誉之流。尤其是那些身居要职的人，如果不是德才兼备，却是用名来装点自己，作为捞取政治资本的手段，那么这类人就可能在表面上大言不惭悬壶济世，骨子里只为私利，一肚子男盗女娼，还可能利用手中权力祸害民众，贪污腐化，"好名者害隐而深"，这类人算是一种典型。

小人之心　宜切戒之

【原文】 受人之恩，虽深不报，怨则浅亦报之；闻人之恶，虽隐不疑，善则显亦疑之。此刻之极，薄之尤也，宜切戒之。

【译文】 受人的恩惠虽然很多很大也不设法报答，但是一旦有一点点怨恨就千方百计报复；听到人家的坏事即使很隐约也深信不疑，而对于人家的好事再显也不肯相信。这种人可以说刻薄冷酷到了极点，做人应该严加戒绝。

【点评】 传统文化中历来有"隐恶而扬善"的美德。孔子说："或曰：以德报怨何如？'子曰：'何以报德？以直报怨，以德报德。"做人要恩怨分明，更应有这样一个思想境界。达到这样一个境界，如果没有长久的磨炼，宽厚的胸怀，良好的道德基础是不行的。在生活中，很多人好打听别人的隐事、坏事，所谓"好事不出门，恶事传千里。"有的人是出于一种好奇显能的恶习，有的人却是出于一种记恶心态，出于秋后算账的要求；有的人不仅知恩不能涌泉相报反而会反目成仇。如此种种人的行为，使人际间的关系，有时真如刀枪相见，远谈不上"和谐"二字了。所以隐恶扬善不仅是一种品德修养，一种交际方式，也是人际和谐的一个前提，这和做人不讲原则不一样。

鄙啬伤雅道　曲谨多机心

【原文】

俭，美德也，过俭则为悭吝，为鄙啬，反伤雅道；让，懿行也，过让则为足恭，为曲谨，多出机心。

【译文】 节俭，是一种美德，但节俭过了头就是吝啬，会被人看不起，这样反而败坏了节俭的名声；谦让，是一种美德，但谦让过了头就会有谄媚之嫌，会使人觉得谨小慎微，这种做法多半出于投机之目的。

【点评】 "成由俭败由奢"，这是经无数历史事实证明了的真理。俭朴是"强本节用"的美德，也是成就事业的必备品德，没有人可以挥霍无度而财富还能保持得长久。但是俭朴与吝啬是有着本质区别的。俭朴是物尽其用的美德，吝啬却是私利贪婪的邪恶。好像葛朗台一样，虽然家有万贯，却连自己的女儿都憎恨他，这样的富有有什么意义？葛朗台死的时候，也不能把金币带进坟墓。谦逊也是一种美德，表示对他人的尊重。但一味地谄媚就让人不得不怀疑你的用心。谦逊所表达的是在双方平等基础上的尊敬，放下自己的尊严，没有克制的谄媚，只能表明有不可告人的目的，才把自己的尊严也当作了砝码。

吉于宽舒　败于多私

【原文】　**仁人心地宽舒，便福厚而庆长，事事成个宽舒气象；鄙夫念头迫促，便禄薄而泽短，事事得个迫促规模。**

【译文】　心地仁慈博爱的人，由于胸怀宽广舒坦，就能享受厚福而且长久，于是形成事事都有宽宏气度的样子；反之心胸狭窄的人，由于眼光短浅思维狭隘，所得到的利禄都是短暂的，落得只顾到眼前而临事紧迫的局面。

【点评】　庸人想事少，傻人不想事，所以俗语有“庸人厚福”和“傻人有傻福”的说法，念头少，伪装少，争得就少，心情舒畅，平日就少有忧虑烦恼。做人勿庸也不能傻，但不能像有些人聪明过了头，用尽心机，烦恼接踵。而那些污秽贪婪的小人，心地狡诈行为奸伪，凡事只讲利害不顾道义，只图成功不思后果，这种人的行为更不足取。仁人待人之所以宽厚，在于诚善，在于忘我，所以私欲少而烦恼少。我们生活中的待人之道确应有些肚量，少为私心杂念打主意，不强求硬取不属于我的东西，烦恼何来？“牢骚太盛防肠断”做人要充分修省自己才是。

得山林之乐　忘名利之情

【原文】　**羡山林之乐者，未必真得山林之趣；厌名利之谈者，未必尽忘名利之情。**

【译文】　经常畅谈山野林泉生活之乐的人，未必就真的领悟了山林的真正乐趣；高谈讨厌功名利禄的人，心中未必就不存名利思想。

【点评】　世事有趣，得之者无言，言之者未得。就像是练功的人，会者不言会，一招半式的人往往喜欢招摇。学问深的人觉得学无止境，不言满足，半瓶醋的人却喜欢高谈阔论，俨然学者。有些人经常表示自己已经厌倦了世俗生活，可是真要他们脱离城市繁华，他们又恋恋不舍不肯丢下，这恰如曹操说鸡肋食之无味“欲罢不能耳”。很多人往往心口不一，言行不一，说到做不到，光说不练。其实一个真正淡泊名利的人，必然已经完全超越于名利好恶观念之上，所以在谈话中也就无所谓好恶了。因此有的人谈山林之乐，实际是在附庸风雅，有的人谈淡泊名利实际是在沽名钓誉。

知足常乐　善用则生

【原文】　**都来眼前事，知足者仙境，不知足者凡境；总出世上因，善用者生机，不善用者杀机。**

【译文】　对来到现实生活环境中的事物感到满足的人就会享受神仙一般的快乐，感到不满足的人就摆脱不了庸俗的困境，事物总是由因缘和合而生，假如能善于运用就处处充满生机，不善运用就处处充满危机。

【点评】　人不可能也不会安于贫穷，精神食粮是不能填饱肚子的。可一个人不论拥有多少财富，假如不知满足，就永远生活在争权夺利中，那种奔波忙碌的情景跟为生活苦苦挣扎的穷人并无差别。要想真正享受人生乐趣，应当有知足常乐的思想。所以，老子说：“知人者智，自知者明；胜人者有力，自胜者强；知足者富，强行者有志；不失其所者久，死而不亡者寿。”人的有限生命应该用到对人类有益的事业中去，在这样的事业中去发挥才智，展现能力，比起那些在功名富贵中拼杀的人来说，真不知要强过多少倍。

忧死虑病　幻消道长

【原文】　色欲火炽，而一念及病时，便兴似寒灰；名利饴甘，而一想到死地，便味如嚼蜡。故人常忧死虑病，亦可消幻业而长道心。

【译文】　色欲像烈火一样燃烧起来时，只要想一想生病的痛苦，烈火就会变得像一堆冷灰；功名利禄像蜂蜜一般甘美时，只要想一想死地的情景，名位财富就会像嚼蜡一般无味。所以一个人要经常思虑疾病和死亡，这样也可以消除些罪恶而增长一些进德修业之心。

【点评】　人在病中，会感到人生之虚幻与可悲，到了死地大概只剩求生一念了。所以人平时做事应朝事物的对立面想想，而不是随心所欲，任意胡为。孔子说："君子有三戒：少之时，血气未定，戒之在色；及其壮也，血气方刚，戒之在斗；及其老也，血气既衰，戒之在得。"戒色可保寿，戒斗可免祸，戒得可全名。朱子说："圣人同于人者血气也，异于人者志气也，……君子养其志气，故不为血气所动，是以年弥高而德弥助也。"人生在世，宜控制自己的欲望而修些德性，做事勿为欲望迷失本性，终会有所作为的。

隐逸无荣辱　道义泯炎凉

【原文】　隐逸林中无荣辱，道义路上泯炎凉。

【译文】　一个退隐林泉之中与世隔绝的人，对于红尘俗世的一切是是非非完全忘怀而不存荣辱之别；一个讲求仁义道德而心存济世救民的人，对于世俗的贫贱富贵人情世故都看得很淡而无厚此薄彼之分。

【点评】　道家提倡出世，故隐者之所以无荣辱之感，原因在于他们已经完全摆脱了世俗的是非观念。世俗之人认为荣耀与耻辱的事，在他们看来不过有如镜花水月。儒家提倡入世，在道义路上就要恩怨分明，提倡"人我两忘，恩怨皆空"。孔子说："何以报德，以直报怨，以德报德。"因为儒家讲的是世间作为，所以凡事都权衡轻重，而且处处以中庸之道为准。两种世界观决定了对荣辱、恩怨的不同看法。但在传统思想中，两种观念往往融为一体，即既提倡出世不计恩怨，又提倡在入世中行道义不计荣辱，故无所谓炎凉。

贪得无厌　知足常乐

【原文】　贪得者，分金恨不得玉，封公怨不受侯，权豪自甘乞焉；知足者，藜羹旨于膏粱，布袍暖于狐貂，编氓何让于王公。

【译文】　贪得无厌的人，给他金银还怨恨没有得到珠宝，封他公爵还怨恨没封侯爵，这种人虽然身居豪富权贵之位却等于自甘沦为乞丐；自知满足的人，即使吃粗食野菜也比吃山珍海味还要香甜，穿粗布棉袍也比穿狐袄貂裘还要温暖，这种人虽然说身为平民，但实际上比王公还要高贵。

【点评】　"得寸进尺，得陇望蜀"是对贪得无厌之辈的形象比喻。只有少数超凡绝俗的豁达之士。才能领悟知足常乐之理。其实适度的物质财富是必须的，追求功名以求实现抱负也是对的，关键看出发点何在。有一定社会地位是现实生活迫使个人接受的一种要求；追求物质丰富是刺激市场繁荣的动力，对个人而言，绝非因为安贫乐道就可以否定对物质欲望的追求。但是一个人为铜臭气包围，把自己变成积累财富的奴隶，或为财

富不择手段，为权势投机钻营，把权势当成满足私欲的工具，那么，这种人就会永远贪得无厌，为正人君子所不齿。

逃名之趣　省事之闲

【原文】　矜名不若逃名趣，练事何如省事闲。

【译文】　一个喜欢夸耀自己名声的人，倒不如避讳自己的名声显得更高明；一个潜心研究事物的人，倒不如什么也不做，来得更安闲。

【点评】　老庄提倡无为，所谓出世哲学；儒家主张进取，倡导入世哲学，二者构成中国古代士大夫一种处世哲学；进则求取功名兼济天下，退则隐居山林修身养性。所谓“隐者高明，省事平安”，就老庄的无为思想是很对的，就儒家的进取思想来说似乎是相矛盾的。对世俗而言是“多一事不如少一事”“多作多错，少作少错，不作不错”，对隐者而言本身是不求名，更无所谓虚名了。所以自古就有“君子盛德，容貌若愚”的说法，即人的才华不可外露，宜深明韬光养晦之道，才不会招致世俗小人的忌恨。所以，入世出世表面上矛盾，实际上又一致。一个愚钝之人本身无所谓隐，一个修省的人隐居不是在逃脱世俗，不过是在求得一种心理平静而已，故逃名省事以得安闲。

猛兽易伏　人心难降

【原文】　眼看西晋之荆榛，犹矜白刃；身属北邙之狐兔，尚惜黄金。语云：“猛兽易伏，人心难降；谷壑易填、人心难满”。信哉！

【译文】　眼看着武功最盛的西晋，已变成了杂草茂盛的荒芜之地，可还有人在那里炫耀自己的武力；亲贵皇族，身体已属于北邙山陵墓间狐鼠食物，还何必那样爱惜自己的财富呢？俗谚说：“野兽虽然易制伏，可是人心却难以降服；沟壑虽然容易填平，人的欲望却难以满足。”经验之谈呀！

【点评】　人的生死有其自然规律，有人因此而珍惜生命，多作益事；有人却叹人生苦短微不足道，而及时行乐，欲壑难填，人心不满。历史有惊人的相似之外，从古至今历史的荣耀有人津津乐道，历史的教训却无人去真的吸取，以至“犹矜白”者代代都有，北邙枯骨者大有人在，人只管身前，顾不上以后。

无事道人　不了禅师

【原文】　才就筏便思舍筏，方是无事道人；若骑驴又复觅驴，终为不了禅师。

【译文】　刚跳上竹筏，就能想到过河后竹筏没用了，这才是懂得事理不为外物所牵累的道人；假如骑着驴又在另外找驴，那就变成既不能悟道也不能解脱的和尚了。

【点评】　《传灯录》说：“如不了解心即是佛，那真是骑驴而觅驴。”《涅槃经》也说：“一切众生皆有佛性”，可见佛无须外求，就在自己心中，人之内心都有佛却不自知而向心外去求，这就等于已经骑在驴身上还要另外去找驴。以此喻世事人生也是有道理的，即人应善于发现自己的长处，发挥自己的潜能。做事的方法只是工具，最终的结果才是目的。

冷眼观英雄　冷情当得失

【原文】　权贵龙骧，英雄虎战，以冷眼视之，如蚁聚膻，如蝇竞血；是非蜂起，得失猬兴，以冷情当之，如冶化金，如汤消雪。

【译文】　达官显贵，表现出飞龙般的气概；英雄好汉，像猛虎般打斗决胜；这种种情形冷眼旁观，如同看到蚂蚁被膻腥味道引诱在一起，苍蝇为争食血腥聚集在一起，令人感到万分恶心。是非宛如群蜂飞起一般纷乱，得失宛如刺猬竖起的毛针一样密集；其实这种情景如果用冷静头脑来观察，就如同金属熔化注入了模型会自然冷却，雪花碰到沸汤会马上融化。

【点评】　历史的巨册往往是在龙争虎斗、狼烟滚滚中翻去了一页又一页；而你争我夺的结果却往往是白骨蔽野，生灵涂炭。最终留下的是残恒断壁，荒冢堆堆。冷眼观之，先哲斥之为不义之战，诗人则叹为“古今多少事，都付笑谈中”。以此观人生世事，尔虞我诈，求富逐贵而又心机用尽的人何其凄凉也。人生苦短，岁月蹉跎，不能超脱于世就会被世俗所累。冷眼看世界是必要的，静心理世事是应当的。

尘情可破　圣境自臻

【原文】　羁锁于物欲，觉吾生之可哀；夷犹于性真，觉吾生之可乐。知其可哀，则尘情立破；知其可乐，则圣境自臻。

【译文】　终日被物欲困扰的人，总觉得自己的生命很悲哀；留恋于本性纯真的人，会发觉生命的真正可爱。明白受物欲困扰的悲哀之后，世俗的情怀可以立刻消除；明白留恋于真挚本性的欢乐，圣贤的崇高境界会自然到来。

【点评】　老子说：“人之大患在吾有身，及吾无身则吾有何患”。有吾身则烦恼接踵而来，就难以抗衡一切外物的困扰了。佛的经义在于消除所有的烦恼，因此佛家才苦口婆心劝世人要在彻悟自己真性上多下功夫。所谓真性就是天理，人能去人欲存天理就能明心见性。人在自身修养中发现本性的过程是很艰难的，但达到彼岸便会感到一种修持的快乐，如果每个人都能不断反省自己，修养身心，人间就太平多而纷争少了。

前念不滞　后念不迎

【原文】　今人专求无念，而终不可无。只是前念不滞，后念不迎，但将现在的随缘打发得去，自然渐渐入无。

【译文】　如今的人一心想要做到心中没有杂念，却始终做不到。其实只要使以前的旧念头不存心中，对于未来的事情也不必去忧虑，而正确把握现实做好目前的事，自然就会使杂念慢慢消除。

【点评】　做事抱什么态度才能无烦恼呢？某些人一旦生活不如意就怨天尤人，悔恨过去，不满现实，梦想将来。这种人的眼光总放在对以后的憧憬上，而把握不了眼前。其实过去的永远过去了，对未来固然需要策划以至憧憬，关键还是从眼前做起。随缘打发，把握机会，从头开始，才能使过去的辉煌依旧或者让过去的失败作为教训鞭策今后。满脑子都是沮丧、懊悔和不满的念头，心不静、气不宁，六神无主，待人做事没了主张，又何谈事业。

万钟如瓦缶　一发似车轮

【原文】　心旷则万钟如瓦缶，心隘则一发似车轮。

【译文】　心胸阔达的人，即使是一万钟优厚俸禄也会看成像瓦罐那样没价值；心胸狭隘的人，即使是如发丝细小的利益也会看成像车轮那么大。

【点评】　一个心胸开阔的人能视黄金如粪土，会把万贯家财作为仗义行事的资本；一个心胸狭窄的人，会把鸡毛蒜皮的小事看作天那么大，在财产上也如守财奴那般可怜巴巴。心胸开阔的人必须具有豁达的人生观，以义作为取舍，仗义而疏财，但决不挥霍浪费。一个人的心胸是需要后天培养的，心胸豁达往往是成功事业的基础。

顺逆一视　欣戚两忘

【原文】　子生而母危，镪积而盗窥，何喜非忧也；贫可以节用，病可以保身，何忧非喜也。故达人当顺逆一视，而欣戚两忘。

【译文】　就母亲来说生孩子是一件很危险的事，积蓄金钱却又容易引起盗匪的窥探，可见值得高兴的事都附带有危险。贫穷可以逼使人勤俭，疾病可使人学会保养身体的方法，可见任何值得忧虑的事也都伴随着欢乐。所以一个心胸开阔的人，总能把福和祸一视同仁，也就自然忘掉高兴和悲伤了。

【点评】　事物是可以相互转化的。在一定条件下，福可以转为祸，忧可能转为喜。老子关于福祸的名言“祸兮福所倚，福兮祸所伏”最有代表性。一个意志坚强的人在喜忧祸福中之所以不动心，是因为他明确地懂得了这个道理。所以他在失败中总能寻找成功的因素，在成功时总能思虑危险的成分，在喜悦中总能注意探求不利因素。

清苦饶逸趣　鄙略具天真

【原文】　山林之士，清苦而逸趣自饶；农野之人，鄙略而天真浑具。若一失身市井驵侩，不若转死沟壑神骨犹清。

【译文】　隐居山野林泉的人，生活清贫，但是精神生活确为充实；种田耕作的人，学问知识虽然浅陋，但是却具有朴实纯真的天性。假如一旦回到都市，变成一个充满市侩气的奸商蒙受污名，倒不如死在荒郊野外，还能保持清白的名声及尸骨。

【点评】　古代的义利观是重义而轻于利。所以，古人对中介经纪，对于经商贸易的人是看不起的，以为他们奸猾而失去人的本性。此处不论其对错，但历史上确实涌现出了许多重义重名重节的忠臣义士。当国破家亡时，他们宁肯为国尽忠舍身以殉义，也不愿失节投降以求生，宁肯“杀身成仁，舍生取义”以全名节，也不愿卑躬屈节一味苟且偷生，这样的无私无畏的精神，成为我们民族的精神瑰宝。

不求非分之福　不贪无故之获

【原文】

非分之福，无故之获，非造物之钓饵，即人世之机阱。此处着眼不高，鲜不堕彼术中矣。

【译文】 不是自己所应得到的东西，却无缘无故地得到，如果不是上天为考验你而放下的诱饵，就是别人暗算你的陷阱。如遇到这种情况要特别注意，因为很少有人不落入此圈套中。

【点评】 古人说，“福兮祸所伏，祸兮福所倚。”若处理不好，福祸之间常常能互相转化，可以因祸得福，也可以因福生祸。而非分之福，无故之获，尤其值得警惕，因为事情不会无缘无故地发生，而无缘无故得来的好处，后面也许隐藏着对你不利的意图。范蠡辅佐勾践灭了吴国，留给大夫文种一封信，告诉他“鸟尽弓藏，兔死狗烹”的道理，自己跑到别国隐居去了。文种不信，依然留在朝里，后来勾践送来一把剑，让文种自杀，他才后悔没有听范蠡的话。智者有功尚且不居，何况既无功劳又无苦劳，凭空而来的好处，怎么能不警惕呢？避之唯恐不及，才是明智的态度。

当局者迷　旁观者清

【原文】 **波浪兼天，舟中不知惧，而舟外者寒心；猖狂骂坐，席上不知警，而席外者咋舌。故君子虽在事中，心要超事外也。**

【译文】 波浪滔天时，坐在船中的人并不知道害怕，而站在船外的人却吓得胆破心寒；公共场合有人放肆谩骂在座的人，同席的人并不知道警惕，反而会把站在席外的人吓得目瞪口呆。所以君子即使被某件事卷入漩涡中，但是心智却要抱着超然物外的态度。

【点评】 一个人做事就怕迷惑于事中却不自知，这样可能会把谬误当真理，把错误当正确。而要超然于事外，超脱于尘世，除了要有自身的高尚修养与较好素质，还要学会多听听别人的意见，多了解实际情况，所谓当局迷而旁观清，偏听信而兼听明。人处于事中不仅易迷且往往被其势所左右，变得激情磅礴，不能理智思考，冷静处之。故处事应身在局中而心在局外。

人生求减省　此生免桎梏

【原文】 **人生减省一分便超脱了一分。如交游减便免纷扰，言语减便寡愆尤，思虑减则精神不耗，聪明减则混沌可完，彼不求日减而求日增者，真桎梏此生哉！**

【译文】 人生在世能减少一些麻烦，就多一分超脱世俗的乐趣。交际应酬减少，就能免除很多不必要的纠纷困扰，闲言乱语减少，就能避免很多错误和懊悔，思考忧虑减少，就能避免精神的消耗，聪明睿智减少，就可保持纯真本性。假如不设法慢慢减少以上这些不必要的麻烦，反而千方百计去增加这方面的活动，就等于是用枷锁把自己的手脚锁住一生。

【点评】 《庄子》一书有一则关于“混沌”的寓言故事，大意是说有一个名叫混沌的人，本来既无眼睛也无耳朵，后来神给他穿通了耳目，按道理说他应该喜欢这个五光十色的花花世界，谁知他有了耳目之后却很快就死了。当然人生在世不可能不思，但一定要减繁增静才对。为人处世固然需要小心谨慎，凡事三思，小心撑得万年船，不过切忌思之极点，便会杞人忧天。另一方面可以从修身来理解，即世人有耳目有见闻之后就会产生很多欲念，有了欲念之后就会丧失纯真的本性。聪明固然是造物者的一大恩赐，但是假如聪明过度，反而会危害到本身的生存，聪明反被聪明误。

第九篇　劝喻篇

穷蹙时原初心　功成处观末路

【原文】　事穷势蹙之人，当原其初心；功成行满之士，要观其末路。

【译文】　对于事业失败陷入困境而心灰意冷的人，要思索而不是责难，回想他当初奋发的精神；对于事业成功感到万事如意的人，要观察他是否能长期坚持下去，考虑结局如何。

【点评】　人生在世谁也无法预料成功与失败，生活中成功的人固然有，失败的人也不少。可耀眼的花环总是戴在成功者的头上，失败者面临穷途末路。不以成败论英雄，对失败者来说，最要紧的是要静下心来，对大众而言，应当客观看待失败者，想想他创业之初是否居心善良？俗语所谓“好的开始就是成功的一半，”意思就是强调只要出发点正确就有可能创一番事业。一时的得失，并不能决定一个人一生的成败，“盖棺始能论定”。只要善于总结，失败可能是成功的前奏。同时一个功成名就的人，如果不珍惜自己的成就，却为贪小利而身败名裂，会让人觉得惋惜，或者他自身的成功就是建立在一种自私自利的基础上，那么他的成功很可能就是失败的开始。

富贵宜宽厚　聪明应敛藏

【原文】　富贵家宜宽厚，而反忌刻，是富贵而贫贱其行矣！如何能享？聪明人宜敛藏，而反炫耀，是聪明而愚懵其病矣！如何不败？

【译文】　一个富贵的家庭待人接物应该宽容仁厚，可是很多人反而刻薄担心别人超过自己，这种人虽然暂为富贵之家，可是他的行径已走向贫贱之路，这样又如何能行得通呢？一个聪明的人，本来应该谦虚有礼不露锋芒，可是很多人反而夸自己的本领高强，这种人表面看来好像很聪明，其实他的言行跟无知的人并没什么不同，他的事业到头来又怎能不受挫、不失败呢？

【点评】　富足是做事的经济来源，聪明是做人的内在要求。但是，应明了富贵不足炫耀，才智不可仗恃，只有宽厚仁慈才可能成功。假如富贵而为人刻薄寡恩，就会陷入终日勾心斗角与人争利的苦海中，完全丧失生活乐趣，丧失周围的亲友，到头来落得孤立无援空虚寂寞。人有才智而无正气，以此傲人愚人，正应了“聪明反被聪明误”的俗语。因此聪明人要有自知之明，可见我们为人应该虚怀若谷，仗义疏财，遇事不要锋芒太露，不要把富贵看得太重。

守浑留正气　淡泊遗清名

【原文】　宁守浑噩而黜聪明，留些正气还天地；宁谢纷华而甘淡泊，遗个清名在乾坤。

【译文】　人宁可保持纯朴天真的本性而摒除后天的奸诈乖巧保留一些刚正之气还给大自然；宁可抛弃世俗的荣华富贵而甘于淡泊、清虚恬静，留一个纯洁高尚的美名还给

天地。

【点评】 古人认为只有天地之间才有正气，喻之于人，实际上就是保持本性，就是正气于胸，但社会的发展使人聪明而复杂，保持古人说的“本性”越来越难，而抹杀了这种正气，人们遇事就处处喜欢掩饰，结果使正气在堕落的人格中无法表现。但是否一定要回到浑浑噩噩不知掩饰的本性状态呢？原始人是这样，所以也就根本不懂什么叫浪夸、欺骗。可现代社会文明很难容下这种不大可能的善美的人生境界。因此我们不必回避现代社会的纷华，在纷华中保持几分淡泊；不必追求极端的淡泊，而忽视社会的进步。离开社会讲清名和本性是空洞无实的，追求奢侈名利才会使人堕落。

木石之念　云水之趣

【原文】 进德修道，要个木石的念头，若一有欣羡，便趋欲境；济世经邦，要段云水的趣味，若一有贪著，便坠危机。

【译文】 磨炼心性提高道德修养，必须有木石一样坚定的意志，假如一羡慕外界的荣华富贵，那就会被物欲包围困惑。治理国家服务社会，必须有一种宛如行云流水一样的淡泊胸怀，假如一有贪恋名利的念头，就会陷入危机四伏的险地。

【点评】 古人修身养性讲究心定，不为外物所扰，排除一切杂念。这种寻求内心悟性的方式用之于经邦济世，从政当权，是有积极意义的。一个当权者可能权倾朝野，一个有钱人或许富可敌国，一个入仕者可能雄心万丈，但决难具备隐世者的淡泊趣味，及行脚僧人手持三宝云游天下，那种无忧无虑飘然出世的风貌，其恬淡超逸的清高志趣，绝对不是一个奔波于名利中的凡人所能望其项背的。但一个经邦济世的人也应具有这种胸襟，这样就可能看淡名利而保持清廉。如果一味贪恋荣华富贵功名利禄，就等于一个一心向上的人没有基础而终有一日会跌落无底深渊，不仅不能为国为民服务，恐怕连身家性命也难保全。权力能使人腐化，不断修省，时时保持一种高雅脱俗的心性而在名利声中保持清醒，才可能不去随波逐流，自觉抵制贪污腐化。

脚踏实地　心存长远

【原文】 图未就之功，不如保已成之业；悔既往之失，不如防将来之非。

【译文】 与其谋划没有把握完成的功业，不如维护已经完成的事业；与其懊悔以前的过失，不如好好预防未来可能发生的错误。

【点评】 人的一生可划成三个阶段，即过去，现在，未来。人应当抱着不懊悔或夸耀过去，要检讨或反省过去；不轻视或不满现实，要把握或迁就现实；不梦想或恐惧未来，要策划或努力未来的态度才行。古人有“前事不忘，后事之师”的明训，说明我们可以检讨过去来借鉴眼前策划未来，而最关键的是不要把精力放在对已经过去了的东西的纠缠上，像一个老人一样不停地回忆，而要把立足点放在眼下，从现在做起，这才是干事业应有的认识。

悬崖勒马　转祸为福

【原文】 念头起处，才觉向欲路上去，便挽从理路上来。一起便觉，一觉便转，此是转祸为福、起死回生的关头，切莫轻易放过。

【译文】 当你心中邪念刚一浮起时,你能发觉这种邪念有走向欲路的可能,你就应该立刻用理智把这种欲念拉回正路上来。坏的念头一起就立刻警觉,有所警觉就立刻设法挽救,这是到了转祸为福、起死回生的紧要关头,绝对不可以轻易放过这个机会。

【点评】 很多事往往在一念之间决定今后的人生道路,而一念不慎足以铸成千古恨事,因此先儒才有"穷理于事物始生之际,研机于心意初动之时"的名言。但一念的铸成并不在当时而是在平时的锻炼,就像一个人在情绪特别激动的时候,往往会做出不计后果的事,而能出现这种情绪的本身说明这个人在平时可能还没意识这件事是好是坏。可见一个人不能防邪念于未然,就可能出现"一失足成千古恨,再回头已百年身"的凄惨后果。私心杂念和道德伦理并存是很矛盾很困难的,人必须拿出毅力恒心控制私心杂念,并且当机立断地把这种欲念扭转到合乎道德的路上。这个扭转只能在平时注意磨炼自己,那么临时引发的生死祸福的命运才可能操之在我。一念之间上可登天堂下可堕地狱。人不能总是到事后才悔恨自己,当生机在握时,当幸运在手时,决不可轻易放过。

快意丧德　取舍有度

【原文】 爽口之味,皆烂肠腐骨之药,五分便无殃;快心之事,悉败身丧德之媒,五分便无悔。

【译文】 可口的山珍海味,多吃便伤害肠胃等于是毒药害人,控制住吃个半饱就不会伤害身体;称心如意是好事,其实有一些引诱人们走向身败名裂的媒介,所以凡事不可只求心满意足,保持在差强人意的限度上就不至懊悔。

【点评】 什么事都要适可而止,但人往往经不住诱惑。很多人一遇到香甜可口的美味,就不顾一切地拼命多吃,结果把肠胃吃坏,受病痛之苦。聪明人必须注重养身之道,营养不良固然不行,吃得太多也绝非好事。欲罢不能说明不懂养身之道。养身如此,做人同样如此,所谓"病从口入,祸从口出",一些看起来令人得意扬扬的事,或许正酝酿着走向失败的因素,人在春风得意时一定要保持清醒才是。

猛然转念　立地成佛

【原文】 当怒火欲水正腾沸处,明明知得,又明明犯着。知的是谁,犯的又是谁?此处能猛然转念,邪魔便为真君矣。

【译文】 当怒火上升欲念翻滚时,虽然他自己也明知这是不对的,可是他又眼睁睁犯着不加控制。知道这种道理的是谁呢?犯的又是谁呢?假如当此紧要关头能够突然改变观念,那么邪魔恶鬼也就会变成慈祥命运的主宰了。

【点评】 生活中,很多人喜欢给自己大书一个"忍"或"制怒"的座右铭,这说明人们都能意识到"怒火欲水"之害,但又很难一下子控制得了。要把人这种本能情感逐步理智化,是需要一个修省过程的。要逐步以自己的毅力把这种怒气和欲望控制住,才可能使一切邪魔都成为我的精神俘虏,使自己转而变得轻松愉快。"锄地须锄草,烦恼即菩提",其实世间根本没有所谓魔鬼,自己内心的邪念才是魔鬼;世间也根本没有上帝,内心的一颗良知就是上帝。怒火欲水本是一念之间的事,修养好了,一念之间可以使自己变得高雅;杂念多了,便逐渐庸俗,以至养成许多恶习,烦恼就越发多了。

大行亦拘小节　君子禁于细微

【原文】　有一念而犯鬼神之禁，一言而伤天地之和，一事而酿子孙之祸者，最宜切戒。

【译文】　假如有一种念头触犯了鬼神的禁忌，有一句话破坏了人间祥和之气，或者做了一件事成为后代子孙祸根，所有这些行为都必须特别加以警惕加以警戒。

【点评】　立身处世，小心谨慎，每做一事，要为自己着想，要为别人着想；要看眼前，也要为子孙后代考虑，多为自己的儿孙积阴德。否则如果为达目的不择手段，只图自己一时之欢，做伤天害理的事，赚不仁不义的钱，就等于给子孙酿祸，给自己的前程伏下败笔，到那时真是悔不当初噬脐莫及了。古兵法中也有所谓“一言不慎身败名裂，一语不慎全军覆没”的箴言。人做事不可以胡作非为引来祸患，宜谨言慎行明辨善恶。尤其是新出世的年轻人，不要以为“嘴上没毛办事不牢”就可以原谅自己，不要觉得“初生牛犊不怕虎”，做事眼高手低，盛气凌人。有时过失成祸并非闯祸人的本意，而是由于经验不足，言行不慎，诚为可惜。

居官公廉　居家恕俭

【原文】　居官有二语，曰：“唯公则生明，唯谦则生威”；居家有二语，曰：“唯恕则情平，唯俭则用足。”

【译文】　做官有两条原则，就是只有公正无私才能判断明确，只有清白廉洁才能使人敬服；治家有两条原则，就是多替别人设想心情自然平和，生活节俭朴素家用自然充足。

【点评】　公正廉明是古代做官的基本要求，对清官来讲，首先是不贪，然后是无私，不贪则廉，无私则公。这对现在而言仍有积极意义。不论为官或治家，必须以身作则，奉公守法，避免上行下效。持家同样如此。为人应心气平和，保持勤俭节约的传统美德，朱子治家格言：“一粥一饭，当思来之不易；半丝半缕，恒念物力维艰”。很多东西从道理上讲人们很清楚，但行动起来确实很难，人们如果能多克服些私欲就可以多存些公德。

立得风雨　看破危径

【原文】　风斜雨急处，要立得脚定；花浓柳艳处，要著得眼高；路危径险处，要回得头早。

【译文】　在风斜雨急的变化中，要把握住自己的脚步站稳立场；处身于艳丽色姿中，必须把眼光放得辽阔而把持住自己的情感，不致迷惑；路径危险的时候，要能收步猛回头，以免不能自拔。

【点评】　所谓风斜雨急，花浓柳艳，路危径险都是比喻，比喻人生之路会有各种艰难险阻出现。孔子说：“危邦不入，乱邦不居；天下有道则见，无道则隐；邦有道贫且贱焉耻也，邦无道富且贵焉耻也。”其实即使是古代邦有道要富且贵就没有险隘？就能唾手可得吗？不论是有道无道之世，都应有操守，有追求，不怕难，不沉沦，不自颓，把得住自己的心性，遇事就不致沉陷于迷惑中。

伏久者飞必高　开先者谢必早

【原文】 **伏久者飞必高,开先者谢独早;知此,可以免蹭蹬之忧,可以消躁急之念。**

【译文】 隐伏很久的鸟,飞起来会飞得很高;开得早的花,也必然凋谢得快。人只要能明白这个道理,就可以免除怀才不遇的忧虑,也可以消解急于求取功名利禄的念头。

【点评】 一个有事业心的人,必须学会等待时机,儒家典型的处世原则是“穷则独善其身,达则兼济天下。”要想成就一番事业,就不能因为自己眼下的处境地位不如意而丧志,不能因为时间的消磨而灰心。古往今来功成名就者,有少年英雄,也有大器晚成。不管怎样,急于露头角就难于成气候,急功近利不足成大事,急躁情绪持久便容易患得患失,容易失望悲观。只有守正而待时,善于抓住机会而又坚定志向。才有可能走向成功。

第十篇　性情篇

得趣不在多　会景不在远

【原文】 **得趣不在多,盆池拳石间,烟霞俱足;会景不在远,蓬窗竹屋下,风月自赊。**

【译文】 真正的生活乐趣不在多,只要有一个小小池塘和几块奇岩怪石,山川景色就已经齐全;领悟大自然景色不必远求,只要在竹屋茅窗下静坐,让清风拂面明月照人就足以享受。

【点评】 行万里路得山水真趣以壮心志,此为一乐事;而如陶渊明那样:“开荒南野际,守拙归园田;方宅十余亩,草屋八九间;榆柳荫后檐,桃李罗堂前;暧暧远人村,依依墟里烟;狗吠深巷中,鸡鸣桑树颠;户庭无尘杂,虚室有余闲;久在樊笼里,复得归自然。”“采菊东篱下,悠然见南山;此中最真意,欲辩已忘言。”又复何忧?乐贵真趣。心悟其中,不在多与远。不可如世俗一般图“到此一游”,图名气看热闹。其实情趣不高雅,心中尽是名利之念,就难以享受到生活的真正乐趣。

唤醒梦中梦　窥见身外身

【原文】 **听静夜之钟声,唤醒梦中之梦;观澄潭之月影,窥见身外之身。**

【译文】 夜阑人静听到远远传来钟声,可以惊醒人们虚妄中的梦幻;从清澈的潭水中观察明亮的月夜倒影,可以发现我们肉身以外的灵性。

【点评】 李白在《春夜宴桃李园序》中有“夫天地者,万物之逆旅,光阴者,百代之过客,而浮生若梦为欢几何”的感叹。有的人,在人生苦短的感叹中今朝有酒今朝醉,春宵苦短日高起。有的人则有志在短短的人生之旅中做出一番事业。对于一个人来讲,静夜悟道,月夜观影,万籁俱寂中忽然传来悠扬的钟声,可能豁然顿悟。心静之中,许多苦思冥想的东西可能会一下子彻悟。灵感被触发,而看清本我。

天机清澈　胸次玲珑

【原文】 **鸟语虫声,总是传心之诀;花容草色,无非见道之文。学者要天机清澈,胸次玲珑,触物皆有会心处。**

【译文】 鸟的语言和虫的鸣声,是表达它们之间感情的方式;花的艳丽和草的青葱在其中还蕴藏着大自然的奥妙。所以,我们读书研究学问的人,必须灵智清明透彻,必须

胸怀光明磊落，这样跟事物接触，就有豁然领悟的地方。

【点评】 一个人心领神会大自然的千变万化，便会抛却人间的无穷烦恼，以至置身天地间而悟人生真谛。释迦牟尼看见星月的闪光而悟道，灵云和尚看见桃花的开放而悟道，香岩法师听见竹子的声音而悟道，所以禅宗才有“青青翠竹悉是真如，郁郁黄花英非般若”的名句。由此观之，天地万物都有历历如绘的大道真理，可人为什么不能大彻大悟呢？人们心中被烦恼和妄想占据太多，所以才无法映射出真理与大道。修禅论道需要心如止水。在现实生活中读书做学问的人，不也需要观察天地万物，领悟人生真谛吗？此理是相同的，没有一定的灵性，没有一定的境界，就无法领略花草之妙，领悟山水之性。

但识琴中趣　何劳弦上音

【原文】 人解读有字书，不解读无字书；知弹有弦琴，不知弹无弦琴。以迹用，不以神用，何以得琴书之趣？

【译文】 人们懂得读有文字的书，却不懂得研究大自然这本无形的书；人们只知道弹奏普通有弦琴，却不知道欣赏大自然无弦琴的美妙琴音。只知道运用有形迹的事物，而不懂领悟无形的神韵，这种庸俗的人又如何能理解音乐和学问的真趣呢？

【点评】 中国传统的书画、音乐、诗文很讲究神韵，这种神韵是人的体验而不是有形可读可视可听的。这一心路历程需要有一番参禅悟道的功夫。例如一些书法大师，不仅于有形之书有所得，看天上的万朵行云也能悟出书法的笔道神韵。艺术如此，读书的道理也是一样的。常言道“读万卷书，行万里路”，万卷书是指有文字的书，这无疑是求知问道的基础。万里路指无文字的书，从中能生灵智，大开悟性。因此禅宗主张“不立文字，以心传心”。日本人山田孝道写道：“闲人自有清闲趣，静读乾坤无字书。”读有字书要得其精髓，读无字书如抚无弦琴，要融会贯通于大自然，全身心领悟大自然的神韵，才会享受大自然的乐趣，也才可能使有形书有弦琴达到一种出神入化的境界。

心斋坐忘　物我为一

【原文】 心无物欲，即是秋空霁海；坐有琴书，便成石室丹丘。

【译文】 内心没有物欲，他的胸怀就会像秋天的碧空和平静的大海那样开朗；闲居无事有琴书陪伴消遣，生活就像神仙一般逍遥自在。

【点评】 人的一生不可能总是功德圆满，不可能老是高居庙堂，大概闲居家中、隐迹林泉的平常人生活要多一些。不管处在什么样的社会地位，在有一定物质条件作生活保障的情况下，就不应把物欲作为自己的追求。无物欲的贪念和情欲的侵扰，内心就能平静而开阔。孟子说：“养心莫善于寡欲。其为人也寡欲，虽有不存焉者，寡矣；其为人也多欲，虽有存焉者，寡矣。”欲望最能蒙蔽人的本然心性，因此程子也说：“一念之欲不能制，而祸流于滔天。”一个人假如能经常陶冶在琴棋书画中，自然能被高雅气氛所净化。其情景犹如仙人住在深山石洞。因而佛家才有“仙境不在远处，佛法只在心头”的名言。这种内心的愉悦绝非贪恋于物欲中的人所能体会，这种精神享受也正是有德之人所应有的情趣。

万古长空　一朝风月

【原文】 会得个中趣，五湖之烟月，尽入寸里；破得眼前机，千古之英雄，尽归掌握。

【译文】 不论何事，只要领悟了其中的乐趣，那么三江五湖的山川美景就融进了我的心田；看得破眼下机运事理，千古英雄豪杰由我尽情交往效法。

【点评】 山川美景任人游览，得其味者悟真趣。须具有高雅趣味的人才能领会其中真趣。骚人墨客游赏胜地，自不会如市井之辈，不然就是焚琴煮鹤，兴味索然了。在山川名胜之处，无数的前贤的诗文留下了个人的兴叹和情怀的写照。一阕“大江东去”，一曲“黄河之水天上来”，万里山河尽收眼底，千古英雄，神游抒怀，如不能会个中真趣，看得破眼前玄机，是难有此锦章佳句的。

非上上智　无了了心

【原文】 山河大地，已属微尘，而况尘中之尘；血肉之躯，且归泡影，而况影外之影。非上上智，无了了心。

【译文】 就整个宇宙的无限空间来说，我们居住的地球只不过是一粒尘埃，可见地球上的生物和无边的宇宙一比，真是尘中之尘；就绵延无限的时间来说，我们的躯体犹如短暂的浪花泡沫，可见那些比生命更短暂的功名利禄，如果和万古不尽的时间来比，真像过眼烟云镜花水月。一个没有高尚智慧的人，是无法明白彻悟这种道理的。

【点评】 对现实人生来讲，有形的东西可感可觉，如功名利禄，人们逐之如蝇。但从茫茫宇宙，从人一生的生死上来看，人何其渺小，功名利禄直如幻象般转眼而空。苏东坡在《前赤壁赋》中说：“寄蜉蝣于天地，渺沧海之一粟，哀吾生之须臾，羡长江之无穷。……天地之间，物各有主，苟非吾之所有，虽一毫而莫取。惟江上之清风，与山间之明月，耳得之而为声，目遇之而成色，取之无禁，用之不竭。是造物者之无尽藏也，而吾与子之所共适。”以“大江东去，浪淘尽千古风流人物”的博大气派而发人生宇宙之兴叹，胸怀何广，气度何宏，可称得上豁达之人，彻悟了人生。也正因为他有远大的抱负，厚实的修养，高尚的智慧，才使他能明山川之真趣，弃名利于身外。

自得之士　悠然自适

【原文】 嗜寂者，观白云幽石而通玄；趋荣者，见清歌妙舞而忘倦。唯自得之士，无喧寂，无荣枯，无往非自适之天。

【译文】 喜欢宁静的人，看到天上的白云和幽谷的奇石，也能领悟出极深奥的玄理；热衷权势的人，听到清歌。看到妙舞，就会忘掉一切疲劳。只有了悟人生之士，内心既无喧寂也无荣枯，凡事只求适合纯真天性而处于逍遥境界。

【点评】 出世的人追求的是一种悠然自得的雅趣，凡事都不受任何外物影响，没有喧嚣寂寞的分别，也没有荣华衰枯的差异，他们永远能悠然自适于天地之间。反之如果受环境的改变而动心的人，那就不算是一个真正得道之人。这是一种理想的生活环境。当年老庄处于兵荒马乱的年代提出“无为”“老死不相往来”等主张，是针对当时的环境而言的，以致成为中国文化人的一种精神追求。这种与世隔绝的生活方式作为理想是可以的，但当成现实生活就难行得通，而唐代竟有以隐居为终南捷径的典故。凡事走极端

是不可取的。

孤云出岫　朗镜悬空

【原文】　孤云出岫，去留一无所系；朗镜悬空，静躁两不相干。

【译文】　一片浮云从群山中腾起，毫无牵挂自由自在飞向天际；皎洁的明月像一面镜子挂在天空，人间的宁静或喧嚣都与之毫无关联。

【点评】　生活在现代文明中的人们，不可能像孤云朗月一样无牵无挂，必须受人类自己创造的道德、法律、宗教等一切行为规范的约束限制。处在原始社会的人们，在精神上是公平和自由的，在生存上需要相互帮助，当生存问题得到解决，私有制一出现，社会就开始有了种种矛盾。一些制约、规范为适应人类社会生活而出现，又不断被人们扬弃其不适应的部分。例如不合理的政治制度，如暴政等等。社会的发展，并没有使人们一无所系了无牵挂自由自在地生活，于是人们便寻求一种自我内心的平衡与调节，求得内心如流云，如朗月，使人世间的静躁与我无关，借以保持一份悠闲雅致。

浓处味常短　淡中趣独真

【原文】　悠长之趣，不得于醲酽，而得于啜菽饮水；惆恨之怀，不生于枯寂，而是生于品竹调丝。故知浓处味常短，淡中趣独真也。

【译文】　能维持久远的趣味，并不是在美酒佳肴中得来，而是在粗茶淡饭中得到；悲伤失望的情怀，并非产生在穷愁潦倒中，而是产生于美妙声色的欢乐中。可见美食声色中获得的趣味常常显得很短，粗茶淡饭中获得的趣味才显得纯真。

【点评】　贪得者虽富亦贫，知足者虽贫亦富。这话对也不对，有财富使物质生活过得好些总比贫穷好，但为财富丰厚不择手段贪得无厌而沦为财富的奴隶，就失去了人生的意义。所谓深处味短，淡中趣长，指的是精神上的追求。曾有这样一种社会现象，说是有人穷，穷得只剩下钱；有人富，富得除了书本一无所有。这是不正常的。追逐金钱达到痴迷状态随之而来的便是精神空虚，而精神富足的人固然在理念世界能够做到真趣盎然，但没有一定的物质基础是没有体力来体会乐趣的。因此，看待任何事物都要有辩证的态度。

处喧见寂　出有入无

【原文】　水流而石无声，得处喧见寂之趣；山高而云不碍，悟出有入无之机。

【译文】　江河水流不停，但是两岸的人却听不到流水的声音，这样反倒能发现闹中取静的真趣；山峰虽然很高，却不妨碍白云的浮动，这景观可使人悟出从有我进入无我的玄机。

【点评】　动中之静方见静。一个人的本性已定，就不会被爱憎和是非所动，就能保持一种静态。喧处可见寂趣，高山流云中可悟出进入无我之境的玄机，达到“动静合宜”，“出入无碍”境界。例如《庄子·大宗师》篇就对此种道理有所描述：“鱼相造乎水，人相造乎道。相造乎水者，穿池而养给；相造乎道者，无事而生定。故曰：‘鱼相忘乎江湖，人相忘乎道术。’”人生在世能达到这种高超境界，就是禅家所说“邪正俱不用，清净至无余”。

心无染着　仙都乐境

【原文】　山林是胜地，一营恋变成市朝；书画是雅事，一贪痴便成商贾。盖心无染著，欲境是仙都；心有系恋，乐境成苦海矣。

【译文】　山川秀丽的林泉本来都是名胜地方，可是一旦沾迷留恋，就会把胜景变成庸俗喧嚣的闹区；琴棋书画本来是骚人墨客的一种高雅趣味，可是一产生贪恋念头，就会把风雅变成俗不可耐的市侩。所以一个人只要心地纯洁，丝毫不被外物所感染，即使置身人欲横流之中，也能建立自己内心的仙境；反之一旦迷恋声色物欲，即使置身山间的乐境。也会使精神坠入痛苦深渊。

【点评】　雅俗苦乐并不是事物本身，不是人生而就如此，而是人对客观事物的一种感受。所以《维摩经》中才有"心静则佛土也静！"，意思是说俗雅完全出于心的反应。苦与乐、雅与俗都是相对的，在一定条件下可以转化。浸于琴棋书画本为雅事，一沾上金钱买卖，便雅气无存；浪迹山林江河本为乐事，可让俗世的苦恼始终占据脑海，乐又从何而来呢？心态的调整，道德的修养才是能否摆脱凡尘俗世的关键。

静躁稍分　昏明自异

【原文】　时当喧杂，则平日所记忆者，皆漫然忘去；境在清宁，则夙昔所遗忘者，又恍尔现前。可见静躁稍分，昏明顿异也。

【译文】　每当周围环境喧嚣杂乱使心情浮躁时，平日所记忆的事物，就会忘得一干二净；每当周围环境安静使心神平和时，以前所遗忘的事物又会忽然浮现在眼前。可见浮躁和宁静只要有一点点的区分，那么昏暗和明朗就会迥然不同。

【点评】　有句俗话叫"心静自然凉"，对于一个人的心态调整来讲同样适用。在嘈杂的环境中，人的情绪易受波动，脑子不太清明。这时就需要调节自己。心情平静，精神自然集中，精神集中思考自然周密。所以，人应当不以物喜，不以己悲，不可拂意则忧，顺意则喜，志得则扬，志阻则馁，七情交逞，此心何时安宁？不能控制自己的情绪，是无以成就事业的。

浓不胜淡　俗不如雅

【原文】　衮冕行中，著一藜杖的山人，便增一段高风；渔樵路上，著一衮衣的朝士，转添许多俗气。故知浓不胜淡，俗不如雅也。

【译文】　在冠盖云集的高官显贵之中，如果能出现一位手持藜杖身穿粗布衣裳的雅士，自然就会增加清高风采；在渔父樵夫中，假如加入一个朝服华丽的达官，反而增加很多俗气。所以荣华富贵不如淡泊宁静，红尘俗世不如山野清雅。

【点评】　古有清流与朝官两立的传统，仿佛一为官便为俗，一入林便成清。从形式上来讲在朝在野是不一样的，但绝非在朝无雅士，山林无俗辈，这都不是绝对的，而在于人的品性修养如何。从形式而言，到什么山唱什么歌。山野之中，布衣之内，猛地来一位衮衣朝士，似有作威作福依势卖弄之嫌；而朝士中猛地站一位渔父樵夫确也显眼。清淡浓俗于此衬托无遗，但这仅是就形式而言，关键还要看其人之品性是高雅还是低俗。朝服是权力的象征，平民之服却是大众自然的。

久在樊笼里　复得返自然

【原文】　竹篱下,忽闻犬吠鸡鸣,恍似云中世界;芸窗中,偶听蝉吟燕语,方知静里乾坤。

【译文】　当你正在竹篱笆外面欣赏林泉之胜,忽然传来一声鸡鸣狗叫,就宛如置身于一个虚无缥缈的快乐神话世界之中;当你正静坐在书房里面读书,忽然听到蝉鸣鸦啼,你就会体会到宁静中别有一番超凡脱俗的天地。

【点评】　这段话表明了文人雅士一种超凡脱俗的生活境界,从另一个角度来理解,却是一番参禅悟道的功夫。几声"犬吠鸡鸣"惊醒了静坐在书斋中的主人,这就是从"无我"境界进入"有我"境界的契机;然而"蝉吟燕语"影响不了静坐中的道人,这是从"有我"境界回到无我境界的玄机。因为不论就佛道那一教的思想而言,凡是正在参禅静坐中的人,他那种在宁静中所培养出的灵智,足可以和蝉鸦交谈作心灵感应。在有我到无我,到有我的反复过程中,静生悟道的人通过心灵的感应来体现本我。

不玩物丧志　常借境调心

【原文】　徜徉于山林泉石之间,而尘心渐息;夷犹于诗书图画之内,而俗气潜消。故君子虽不玩物丧志,亦常借境调心。

【译文】　人如果经常漫步山川林泉岩石之间,就能使凡念渐去;人如果能经常流连在诗词书画的雅静,就会使俗气消失。所以有才德修养的人,虽然不会沉迷于飞鹰走狗而丧失本来志向,但是也需要经常找个机会接近大自然来调剂身心。

【点评】　有才德有修养的人隐居林泉是为超凡养性,沉浸字画是为寄情抒怀,融汇自然则是为调节身心愉悦情绪。有的人建别墅庭园,藏书画古玩,养珍禽异兽,表面看来风雅脱俗,回归自然,但贪念不消,本质不改也只能算是附庸风雅。而沽名钓誉更俗不可耐。人是可以改变的,近朱者赤,近墨者黑,居住环境的雅俗,也确实能改变一个人的气质雅俗。一个坐拥书城的人,平日无意中就会读很多书,他的谈吐见解自然也就渐渐不凡。可见人不但要借山林泉石的幽雅环境来培养自己的气质,同时也要用书香气氛充实自己的内在素质才行。在一种高雅脱俗、充满书卷气的环境里,耳濡目染于其中的人,也自然会受到潜移默化的影响。

春日不若秋时　使人神骨俱清

【原文】　春日气象繁华,令人心神骀荡;不若秋日云白风清,兰芳桂馥,水天一色,上下空明,使人神骨俱清也。

【译文】　春天万象更新,大地百花齐放一片繁华一派生机,使人感到精神舒适畅快;但是却不如秋高气爽时的清风拂面,兰桂飘香,水连天天连水水天一色,天朗气清大地辽阔,使人感到精神爽朗,轻快异常。

【点评】　唐朝刘禹锡有名诗:"自古逢秋悲寂寥,我言秋日胜春朝。晴空一鹤排云上,便引诗情到碧霄。"正好说明了这段文字表达的景象。因为秋天会给我们带来肃杀之气。作者于此并非比较春与秋孰美。天地万物有生必有死,有盛必有衰。不过人对景物的爱憎,也完全是基于心情和观念。春天的清新就好比人的青少年时代,虽然具有青春

活力，然而在某些方面却显得不成熟；秋天是收获的季节，也是万物走向衰亡的开始，万物至此得以成熟。大自然到秋天已度过了那雍容华贵万紫千红的夏季，此时已渐渐显出本来之面目，犹如人到本性显现而达到净洁的境界，秋高气爽，水天一色，上下空明，人在此中神骨俱清。这也是作者喜秋的原因之一吧。

读《易》晓窗　谈经午案

【原文】　读易晓窗，丹砂研松间之露；谈经午案，宝磐宣竹下之风。

【译文】　清晨静坐窗前读《易经》，用松树滴下来的露水来研朱砂圈点书中精义；中午时分在书桌上诵读经书，让那清脆的声音随风扩散到竹林间。

【点评】　早上读《易经》，松露研朱砂，断句圈点，思其中玄奥。中午时分，让磬声远播竹林。明初王冕自幼家贫，在为人放牧时就身骑牛背读《汉书》，这是贫寒士子的另一种情趣。古代的知识分子有自己的精神追求。赐金还乡政治失意的李白写下“自古隐士留其名”“一生好入名山游”“天生我才必有用”的名句。还有一种不属于“读易松间，谈经竹下”的文人，他们没有这份雅致，像无缘于名利场的柳永，却写下为时人不看重的长短句，在词坛留下串串回音；关汉卿更是把满腔的情怀寄于杂剧散曲。与那些终年积极于名利，整天奔走于尘俗之间，百忧烦其心，万事劳其形，精神自然颓废，身体也就日渐衰老的人相比，这些文人雅士显得充实，生命力总那么旺盛。作者在这里竭力营造一种完美的脱俗氛围，表达一种幽雅情趣。对一个精神上有所寄托的人来讲，有此环境更好，无此环境也一样潇洒。

不减天趣　悠然会心

【原文】　花居盆内，终乏生机；鸟落笼中，便减天趣；不若山间花鸟，错集成文，翱翔自若，自是悠然会心。

【译文】　花栽植在盆中便缺乏自然生机，鸟关进笼中便减少天然情趣；不如山间的野花那样显得艳丽自在，天空野鸟自由飞翔，让人看起来更加赏心悦目。

【点评】　中国的传统文化中，庭苑和盆景为人所称道，但与山林野趣天地间飞翔的鸟儿相比，就丧失了大自然的生趣，任由世人摆布。世间万事万物，假如破坏了自然生机，就不会有天然妙趣。以此比之于人，盆中花、笼中鸟则喻义束缚了人的自由。历史上为自由而奋争以至献出生命的人成千上万。因此自由之可珍贵就显得更加明显。人们一般都喜欢小孩子，一个重要的原因是孩子不作假，天真、自然而可爱。故李白高歌“一生好入名山游”，就是因为名山大川如画的美景更能显出自然之趣。

外物常新　我心自在

【原文】　古德云：“竹影扫阶尘不动，月轮穿沼水无痕”吾儒云：“水流任急境常静，花落虽频意自闲。”人常持此意，以应事接物，身心何等自在。

【译文】　古人说：“竹影虽然在台阶上掠过，可是地上的尘土并不因此而飞动；月亮的圆轮穿过池水映在水中，却没在水面上留下痕迹”。今人说：“不论水流如何急湍，只要我能保持宁静的心情，就不会被水流声所惑；花瓣纷纷谢落，只要我的心经常保持悠闲，就不会受到落花的干扰。”一个人假如能抱这种处世态度来待人接物，不论是身体还是精

神该有多么自由自在啊？

【点评】 水中月，梦中花不足为依，虚幻的东西不应以之为动。在古人看来，情欲物欲到头来同样是一场空，故心境宜静，意念宜悠；心地常空，不为欲动，让身外之物自然而去，才能保持身心自然愉悦。

声自静里听　景从闲中观

【原文】 林间松韵，石上泉声，静里听来，识天地自然鸣佩；草际烟光，水心云影，闲中观去，上见乾坤最上文章。

【译文】 山林松涛阵阵，一派自然音韵，飞瀑溅落岩石，声声击磬鸣玉。静心倾听，就能体会天地间所奏乐章的美妙。江边芦苇，飘荡出一种迷蒙的美感；天空彩云倒映水中，显得特别绚烂；闲情欣赏，就能发现造物者所创造的伟大篇章。

【点评】 文人雅士与世俗凡夫之别首先在于对自然风光的理解，对湖光山色的情趣。有人说，俗人脑中充满物欲，雅士心中充满恬淡，这话比较绝对，所以山川林泉，在俗人眼中了无趣味，在雅士看来，到处充满了诗情画意，俗人如此，有文化情趣的人也未必领略得到自然的风光。有的人知道琴瑟笙管是乐器，却不知道松韵泉声是乐章；知道用笔墨写在纸上的是文章，却不知道烟光云影到处都是造物者所作的文章。人贵自然，首先得学会观察自然，领悟其中妙趣并融会贯通，境界便豁然开朗，格调会自然高雅。

鱼相忘乎水　鸟不知有风

【原文】 鱼得水游而相忘乎水，鸟乘风飞而不知有风，识此可以超物累，可以乐天机。

【译文】 鱼有水才能悠哉悠哉的游，但是它们忘记自己置身于水，鸟借风力才能自由自在翱翔，但是它们却不知道自己置身风中。人如果能看清此中道理，就可以超然置身于物欲的诱惑之外，获得人生的乐趣。

【点评】 处世而忘世，可以超物而乐天。世上很多事知道了反而忧郁烦愁，忘乎所以反而其乐融融。人因物质条件的保证而生存，人们以追求物欲的最大满足为幸福，人人都这么追求，烦恼便由此而生。人如果忘却这种物欲上的不满，放弃贪得无厌的追逐，而寻求精神自修之道，达到心理上的平衡与安然，就可以超然于物欲外，自会减少许多惊险处而增添一些开心的东西。人的生活只有超脱些才不致俗不可耐，才不致被物欲淹没。

偶会出佳境　天然见真机

【原文】 意所偶会便成佳境，物出天然才见真机，若加一分调停布置，趣意便减矣。白氏云："意随无事适，风逐自然清。"有味哉！其言之也。

【译文】 事情偶然遇上合乎己意就成了佳境，东西出于天然才能看出造物者的天工；假如加上一分人工的修饰，就大大减低了天然趣味。所以白居易的诗说："意念听任无为才能使身心舒畅，风要起于自然才能感到凉爽。"这两句诗真是值得玩味的至理名言。

【点评】 物贵天然，人贵自然，但这绝不是说一块矿石不经开采提炼或琢磨就能成

美玉、金属等有益于人类的物质。世间的万物却又最好是不要违反自然，一旦违反自然美也容易变成丑，好就可能转成坏。像邯郸学步，失却自然就成笑柄。任何事情有个度，对大自然能否变动要看是什么东西，处在什么条件下。现代文明发展的本身就是充分调动人的主观能动性去改造自然战胜困难的结果，像沙漠，作为一种自然景观很壮阔，可不去改造它就会对人类生存形成威胁。所以真得天然的前提是不造作，但绝不是一点不可变动，做人也是同样的道理。

收放自如　善操身心

【原文】　白氏云："不如放身心，冥然任天造。"晁氏云："不如收身心，凝然归寂定。"放者流为猖狂，收者入于枯寂。唯善操身心者，把柄在手，收放自如。

【译文】　白居易的诗说："凡事不如都放心大胆去做，至于成败一切听凭天意。"晁补之的诗说："凡事不如小心谨慎去做，以期能达到坚定不移的境界。"主张放任身心容易使人流于狂放自大，主张约束身心容易使人流于枯槁死寂。只有善于操纵身心的人，才能掌握事物的规律，达到收放自如的境界。

【点评】　诗人的语言总是带有夸张性的。人的命运不可能完全听从天意，也不可能完全让自己把持得进入死寐。故白居易所说的"身心任天造"，类似宿命论的主张；而晁补之所说"身心任天造"，则带有浓厚的佛家口吻。放身心的如果能做到"磨顶放踵利天下而为之"的程度，那就实践墨子学派兼爱的救世主张；收身心的如果能做到"彻见自性体得真如"，也未尝不可以教化世人。然而最怕的是走向极端而失度。操持身心同样需要适度，不宜忘却操持的目的是什么，不应放任而无所谓于一切；不应小心而与世隔绝。操持定于适度，而达到能收放自如的自然状态，才能体会到其中的乐趣。

静者为之主　闲者识其真

【原文】　风花之潇洒，雪月之空清，唯静者为之主；水木之荣枯，竹石之消长，独闲者操其权。

【译文】　清风下花儿随风摇曳的洒脱，明月下积雪的空旷清宁，只有内心宁静的人才能享受这种怡人景色。树木的茂盛与枯荣，竹石的消失与生长，只有富于闲情逸致的人才能掌握其变化规律。

【点评】　是不是大自然的风光只有闲情逸致的人才会去欣赏呢？虽然大自然的山川草木奇花异石，都是供人欣赏调剂情绪陶冶身心的，但把全部时光精力都消磨在风花雪月中，此生只好静，万事不关心，是不是太自私了呢？物欲强者迷于富贵功名，雅兴高者恋于山川美景，各有所求，情趣不一，感受自然不同。唐诗有"铁甲将军夜渡关，朝臣待漏五更寒。山寺日高僧未起，算来名利不如闲"，否定功名利禄，主张清静无为。但是置身大自然之中是为了陶冶性情，体察世上万物的变化是为了寻求其规律，只有以闲情，以心静才可以耐得寂寞，才能体会自然的情趣。只有沉浸于对万物变迁的细察，才会忘却人世喧嚣，抛却人际烦恼。

雨余观山色　夜静听钟声

【原文】　雨余观山色，景象便觉新妍；夜静听钟声，音响尤为清越。

【译文】 雨后观赏山川景色，就会觉得另有一番清新气象；夜静聆听庭院钟声，就会觉得音质特别清脆悠扬。

【点评】 大自然给人的美感不仅在视觉、听觉上，同样给人以享受。唐诗人张继《枫桥夜泊》中"月落乌啼霜满天，江枫渔火对愁眠。姑苏城外寒山寺，夜半钟声到客船"的意境，恐怕更多的是通过听觉来感受。很多东西在听觉视觉上的感受可能是一样的，但仁者见仁，智者见智，关键在于个人的性趣之雅俗，个人修养之高下；另外还要看当时的心境。人的生活当然以能品味自然山水之情趣为好，"雨后观山，静夜听钟"，足以去雅士之烦，怡隐者之情。

心旷意远　神清兴迈

【原文】 登高使人心旷，临流使人意远；读书于雨雪之夜，使人神清；舒啸于丘阜之巅，使人兴迈。

【译文】 登高会立刻使人感到心胸开阔；面对流水凝思会让人意境悠远。雨雪之夜读书，就会让人心旷神怡；假如爬上小山朗声而啸，就会使人感到意气豪迈。

【点评】 人的生活情趣要靠自己去调节，去培养。孟子说："孔子登东山而小鲁，登泰山而小天下。"这是圣人登山的胸怀。范仲淹在《岳阳楼记》中把酒临风，心旷神怡，发出"先天下之忧而忧，后天下之乐而乐"的豪言，这是一代英杰的情趣。大自然的山山水水对每个人的情趣胸怀都有影响，而在青山绿水中，人的感情可以净化，胸怀可以拓展。处在"雪月读书，登高心旷"的意境中，人又有什么忧愁可言呢？

何地非真境　何物无真机

【原文】 人心多从动处失真。若一念不生，澄然静坐，云兴而悠然共逝，雨滴而冷然俱清，鸟啼而欣然有会，花落而潇然自得。何地无真境，何物无真机。

【译文】 人的心灵大半是从浮动处才失去纯真本性。假如任何杂念都不产生，只是自己静坐凝思，那一切念头都会随着天际白云消失，随着雨点的滴落心灵也会有被洗清的感觉，听到鸟语呢喃就像有一种喜悦的意念，看到花朵的飘落就会有一种开朗的心情。任何地方都有真正的妙境，任何事物都有真正的玄机。

【点评】 赏心悦目怡情养性的事物到处都是，关键就在于人能不能去发掘和领略。人心的真体，不论凡夫和圣人都是相同的，凡夫只因一念之差而丧失一真体。当一念不生之时，善恶邪正的尘埃都起不来，宛如池水一般澄清宁静。只要使心能保持如此澄清宁静，周围生活中的一切都足以引出无限佳趣。生活就这么怪，以凡人而言，强求的东西往往带来烦恼却还得不到。听其自然，心里不想耳中不听的东西有时送上门，送来了也不会喜得乐不可支，没有也依然平静如水，这样的生活总是令人愉快的。

花看半开　酒饮微醉

【原文】 花看半开，酒饮微醉，此中大有佳趣。若至烂漫酕，便成恶境矣。履盈满者，宜思之。

【译文】 赏花卉以含苞待放时为最美，喝酒以喝到略带醉意为适宜。这种花半开和酒半醉含有极高妙的境界。反之花已盛开酒已烂醉，那不但大煞风景而且也活受罪。所

以事业已经到巅峰阶段的人，最好能深思一下这两句话的真义。

【点评】 做人做事要适可而止，天道忌盈，人事惧满，月盈则亏，花开则谢，这些虽然是出于天理循环，实际上也是处事的盈亏之道。事业达于一半时，一切皆是生机向上的状态，那时足以品味成功的喜悦；事业达于顶峰时，就要以“如临深渊，如履薄冰”的态度来待人接物，只有如此才能持盈保泰，永享幸福。否极泰来，物极必反，就像喝酒喝到烂醉如泥，就会使畅饮变成受罪。有些人就上演了使后人复哀后人的悲剧。往往事业初创时大家小心谨慎，而到成功之时，不仅骄奢之心来了，夺权争利之事也多了。所以每个欲有作为的人都应记住“月盈则亏，履满者戒”的道理。

茶不求精　酒不求冽

【原文】 茶不求精，而壶亦不燥；酒不求冽，而樽亦不空。素琴无弦而常调，短笛无腔而自适。纵难超越羲皇，亦可匹俦嵇阮之伦。

【译文】 喝茶不一定要喝名茶，必须维持壶底不干；喝酒不一定要喝名酒，但是必须维持酒壶不空。无弦之琴虽然弹不出旋律来，然而足可调剂我的身心；无孔的横笛虽然吹不出音调来，却可使我精神舒畅。一个人假如能达到这种境界，虽然还不能算超越伏羲氏，但是起码也可媲美嵇康阮籍。

【点评】 古代有很多沉浸于山林田园的诗人，比如陶渊明经常靠北窗高卧，在和风吹拂之下抚无弦琴消遣，自称“羲皇上人”，意思是说他生活在比伏羲还要古老的时代。嵇康和阮籍都是竹林七贤中人，这些人处林泉之下，或自得其乐，或漫议朝政，不与俗人往还，沉溺山林金樽。身处大自然的清静中，便可以体验大自然的真趣。故对茶琴酒等雅物，不管外形怎样，只求其中趣味。

围炉夜话

【导语】

《围炉夜话》是清代文人王永彬的家庭谈话记录，其以处世做人为中心，分别从“修身、处世、谋略”等方面，阐释“立德、立功、立言、立业”的要义，揭示人生价值的深刻内涵，号称“东方人智慧珍品”。

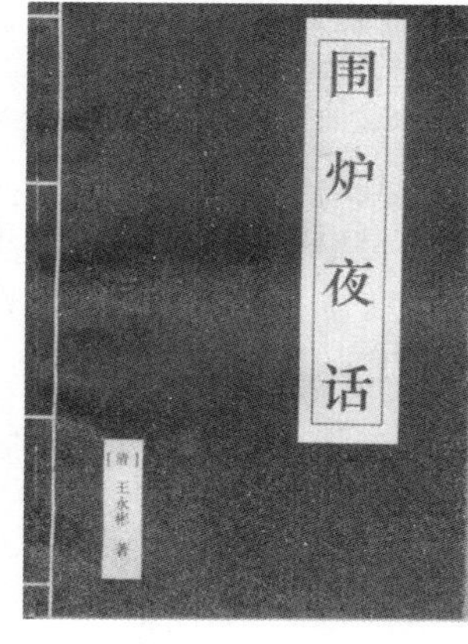

《围炉夜话》书影

《围炉夜话》告诉人们为人处世要心平气和，切忌故意违背乡俗，以自命清高。古语说：入乡随俗。是说一个人无论做任何事情，都要合乎常理。处世时，要随乎人缘情理，尊重人们的风俗习惯、民族传统、礼仪制度和行为方式，并据此来调整自己的行为，为人处世既要心平气和，平易近人，又要公正刚直，豁达磊落，切勿投机取巧，虚伪狡诈，以好施心计为智。因为，工于心计的人，在暗算他人的时候，就已埋下了被暗算的种子，“螳螂捕蝉，黄雀在后，”所以，为了不被暗算，就只能放弃暗算，而“弃暗投明”。本书中虽然都是三言两语，但可谓“立片言而居要”，内涵是很深刻的，贯穿首尾的思想，多为正宗的儒家学说，不失催人奋进的教育意义。此次整理对每条都加上了概括全条内容的醒目标题，同时对原文配以译文、点评、名家手绘插图和经典事例评析，译文采用意译直译相结合的形式，严谨与灵活兼顾，点评深入浅出，淡泊宁静，与原文珠联璧合；绘画者亦是画坛名家，图画紧贴文意，让读者在悠闲的品位中领悟为人处世的法则。当然，由于该书成书时间久远，其中难免出现一些不合时宜的句子，相信读者自会辩明是非，拾取真经。

第一篇　谈道篇

生命有穷期　学问无定数

【原文】　天地无穷期，生命则有穷期，去一日，便少一日；富贵有定数，学问则无定数，求一分，便得一分。

【译文】　宇宙间天地万物永恒存在，没有结束的时候，而人的生命却是有始有终十分短暂的，时间消逝一天，生命就减少一天；财富和地位是命中注定的，而学问却并非命中注定，认真地钻研学问，多下一点功夫，就多一点收获。

【点评】　生命有限，而学海无涯，所以要将有限的生命投入到无限的求学中去。孔子说：“时不我待。”时间是无情的，过一日，生命就少去一天，永远不会复返。所以青春年少的学子，要抓住宝贵的时间学习，而进入暮年的老者，也要抓住稍纵即逝的光阴，求学不怠。幼而求学，如日出之光；老而求学，则如秉烛夜行。富贵是有限的，而知识是无止境的。

善恶有分别　人心无阻隔

【原文】 作善降祥，不善降殃，可见尘世之间，已分天堂地狱；人同此心，心同此理，可知庸愚之辈，不隔圣域贤关。

【译文】 行善事会降下福分，做恶事会招来祸患，由此可见，在人世间已经能看到天堂地狱的分别；人的心是相同的，心中的道理也是相同的，由此可知，愚笨平庸的人，并不被拒绝在圣贤的境界之外。

【点评】 有一种说法认为时时行善的人死后会升入天堂享受福分，恶行太多的人死后会下地狱受煎熬，这是宣传惩恶扬善的劝世说教。佛家认为，“一念善即天堂，一念恶即地狱”，天堂和地狱完全系于人心的善恶之念。因为行善的人，身心愉悦，受人爱戴，内心祥和，何异于一片天堂；行恶的人，心神不宁，人们避之唯恐不及，灵魂早已入地狱了。

圣贤和愚笨之间并没有绝对的区别，人心是相通的，对于真理的追求也是一样的，愚笨的人通过努力，就可达到圣贤的境界，如果碌碌无为终其一生，不求突破，那么也就永远是庸愚之辈了。

天地正气所钟　古今命脉所系

【原文】 孝子忠臣，是天地正气所钟，鬼神亦为之呵护；圣经贤传，乃古今命脉所系，人物悉赖以裁成。

【译文】 忠臣孝子，是天地间浩然正气培养凝聚而成，所以连鬼神都会保护他们；圣经贤传，为古今维系社会命脉的灵魂，伟人也要在它们的指导下才能成长。

【点评】 天地之间自有正道，孝子忠臣循正道而行，正气在他们身上聚集，若天地之间真有鬼神，不保佑他们，又该保佑谁？古人说：“天道无常，常与善人。”然而历史上，却多有好人不得好报的例子，所以司马迁在《伯夷列传》中对此表示怀疑说，伯夷、叔齐可以算善人了，却饿死首阳；盗跖杀人无数，竟得以善终。最后发出“天问”：“余甚惑焉，傥所谓天道，是邪非邪？”儒家把圣人的著作称为“经”，把后代贤人的解释称作“传”，经传之中，凝结着古人的智慧，传达了圣贤的教诲，所以不能不小心保存，细心体会。但若什么事都根据经传来衡量解决，那就未免有点迂腐，流于教条了。

理得数难违　守常变能御

【原文】 数虽有定，而君子但求其理，理既得，数亦难违；变固宜防，而君子但守其常，常无失，变亦能御。

【译文】 运数虽有限定，但君子做事只要求合乎事理，如果与事理相符合，运数也不会违背理数；对于事物的变化固然应该有预防的对策，但君子只要能持守常道，常道不失去，什么样的变化都能应付。

【点评】 命运虽然是定数，然而也是合乎事理的，通达的人以自己的才能见识掌握事物的规律，依理行事，只要不悖于常理，就不会因运数的限定而无所作为，也不担心命运的好坏，这样运数也不会违背理数。

事物的变化多端应该及时预防，然而万变不离其宗，只要把握变化的规律，谨守常道，就能以不变应万变，立于不败之地。

异端背乎经常　邪说涉于虚诞

【原文】 人知佛老为异端，不知凡背乎经常者，皆异端也；人知杨墨为邪说，不知凡涉于虚诞者，皆邪说也。

【译文】 有人认为佛教和老子的学说是异端，但不知道只要是与经典和常理相背离的都是异端思想；有人认为杨子和墨家的学说是邪说，却不知道只要宣扬荒诞虚妄学说的都可以称为邪说。

【点评】 儒学和老子的学说在汉代前是并存的思想学派，佛学则在西汉哀帝元寿元年（公元前 2 年）开始传入我国内地，从西汉以后，儒学逐渐成为我国封建社会的统治学派，其他学说都被视为异端。

墨家是战国时由墨翟创建的学派，主张“兼爱”，提倡“取实予名”，带有朴素的唯物思想。杨朱则晚于墨翟，其学说重在爱己，不拔一毛以利天下。墨家和杨朱学派都被儒家视为异端。

勿与人争　惟求己知

【原文】 不与人争得失，惟求己有知能。

【译文】 不和他人去争名利上的得失，只求自己能够不断增长智慧与能力。

【点评】 “莫求己之所不及，但责己之所不能”。名利的得失只是暂时的、眼前的身外之物，而且刻意去求名求利的人也许永远不能实现自己的愿望；而智慧和能力则是属于自己的，可以去自由地充分发挥，创造出无尽的价值。真正聪明的人专心致力于自己能力的提高，置名利于度外，这样必会有远大的前途。

苟且不能振　庸俗不可医

【原文】 孝子忠臣，是天地正气所钟，鬼神亦为之呵护；圣经贤传，乃古今命脉所系，人物悉赖以栽成。

【译文】 孝子和忠臣，都是天地间浩然正气培养凝聚而成的，所以鬼神都会呵护关爱他们；圣贤的典籍，都是从古到今维系社会命脉的灵魂，各种伟大人物都是在这些经典指导下成长起来的。

【点评】 忠臣孝子都是为国家、为民族而奋斗，为宣扬正义、仁孝而努力的人。他们的行为是古今典范，世之楷模，洋溢着一股浩然正气，故足以惊天地，泣鬼神。文天祥《正气歌》云：“天地有正气，杂然赋流形。下则为河岳，上则为日星。于人曰浩然，沛乎塞苍冥。”

历代的圣贤之作，被尊为经典之学世代传习，是因为其中凝结了中华民族千百年的智慧，蕴含了修身齐家治国平天下的哲理和人伦五常的道德规范，依据圣贤前的教化去判断是非得失，行为自然不会有缺憾。

道本足于身　境难足于心

【原文】 道本足于身，切实求来，则常若不足矣；境难足于心，尽行放下，则未有不足矣。

【译文】 真理本来就存在于我们自身的本性之中，如果能不断脚踏实地去追求，那么常常会感到不足；外在的事物很难使心中的欲念满足，倒不如全然放下，那么就不会有

不满足的感觉。

【点评】 佛家认为人的本性之中充满了良知，后天的追求实际是让天性中的良知显露出来，而后天的努力及修行，容易让人产生错觉，好像是本来不足，才有所追求。实际上，良知犹如本来就埋藏在地下的矿藏，人们只有不断去探测、发掘，才能认识到它的丰富和可贵。

外界的环境，总是难与人的内心协调一致，社会发展了，人的内心也有了更高的追求，这种追求可以说是促使社会发展的一种动力。然而，事皆有度，如果追求总不知足，也会心境难平，所以在适当的条件下，不妨扪心自省，与其让外界适应内心而又难以满足，不妨让心境适应外界而使心境尽快平静。

得意何可自矜　为善须当自信

【原文】 德泽太薄，家有好事，未必是好事，得意者何可自矜；天道最公，人能苦心，断不负苦心，为善者须当自信。

【译文】 如果品德和恩泽太浅薄，家中有好事降临，也未必是真正的好事，所以一时春风得意的人不可自高自大；上天是最公平的，一个人能够下苦功夫，那么这片苦心一定不会白白付出，做善事的人要充满自信。

【点评】 好事降临，还要有承受的福分，德行太浅薄的人之所以不能承受福分，是因为得意时易忘形，享受福分太过，致使福分酿成祸端，不知福中潜藏有祸事的根苗。真正品德高尚者面对福分泰然处之，并且经常反省能否承受这份福分，防患未然，故福分能够长久。

天道是很公平的，“有志者，事竟成”，“只要功夫深，铁杵磨成针”。吴越争雄时，越国勾践败于吴王夫差后，采纳范蠡之计策，卧薪尝胆，终于在数年后一举击败吴国，成为东南霸主，印证了“功夫不负有心人”的明训。

良心不可丧　正路不可舍

【原文】 天地生人，都有一个良心；苟丧此良心，则其去禽兽不远矣。圣贤教人，总是一条正路；若舍此正路，则常行荆棘之中矣。

【译文】 人生活在天地之间，都要有一颗良心，如果丧失了这颗良心，那么就离禽兽不远了。圣贤教导世人，总是劝人走一条光明大道，如果离开这条正道，那么就如同行走在荆棘之中。

【点评】 良心是内心所固有的判断是非善恶的标准，是人类特有的思想感情，因为有良心，才会行善事，乐于助人；因为有良心，才会知恩必报，修德修行；因为有良心才会疾恶如仇，从善如流。良心也是人类与禽兽的分界线，动物既没有思维，更无良心。

圣贤通晓古今人类成败兴衰的道理，所以指导人们走正路，正路是达到目标的唯一正确的捷径。如果离开了正路，走入旁门左道，也许路途上充满了荆棘，也许事倍功半，更严重的会南辕北辙，走向事物的反面。

求死天难救　悔祸须造福

【原文】 天虽好生，亦难救求死之人；人能造福，即可邀悔祸之天。

【译文】 上天虽然希望让万物充满生机，但是难以拯救那些一心求死的人；人如果

能够创造幸福，就可以避免灾祸发生，就像得到了上天的赦免一般。

【点评】 天地间万物生生不息，故求生是人的本能。但是如果有人心灰意冷，一心求死，轻易放弃自己的生命，那么上天纵想救助他也无能为力。所以关键是自己要认识生命的价值，不可将生命寄托于外在之物上，要在内心世界树立生活的信心。

人类是最高等的灵长动物，在认识世界的同时也能改造世界，从高度发达的科技水平到温暖舒适的衣食住行，人类总在为自己创造幸福。但高科技的文明也带来对大自然残酷的破坏，人类必须不断地总结经验教训，才能在创造幸福的同时让灾祸远离人类。

虞廷立五伦　紫阳集四书

【原文】 **自虞廷立五伦为教，然后天下有大经；自紫阳集四子成书，然后天下有正学。**

【译文】 自从虞舜创立五伦之教，天下才有不可变易的人伦大道；自从朱熹集《论语》《孟子》《大学》《中庸》为四书，天下才确立了足为一切学问奉为准则的中正之学。

【点评】 虞指虞舜，五伦指君臣、父子、兄弟、夫妇、朋友之间的人伦关系。相传虞舜是上古部落的首领，他主持制定了这五种人伦关系，人类因此具有了不可变易的人伦大道。

紫阳是指宋代理学大家朱熹，他晚年主持建立了紫阳书院，故别称紫阳。他一生勤于思考，精于钻研，并集《论语》《孟子》《大学》《中庸》四书作注，宣扬其理学思想，成为一代理学宗师。后来历代统治者以此作为禁锢人们思想的学说。

第二篇　穷理篇

心于百体为君　面合五官成苦

【原文】 **人心统耳目官骸，而于百体为君，必随处见神明之宰；人面合眉眼鼻口，以成一字曰苦（两眉为草，眼横鼻直而下承口，乃苦字也），知终身无安逸之时。**

【译文】 人的心统治着五官和身体，并且是各种器官的主宰，一定要保持清醒的头脑才不致出差错；人的面部包括眉、眼、鼻、口等部分，组成一个苦字（两眉如草头，两眼组成一横，鼻为直，再加上下面的口，正是一个苦字），因此知道终身没有安逸的时候。

【点评】 古人认为心是思维的器官，所以说心是身体的主宰，心为君，五官四肢为臣，耳闻目见，鼻嗅口言都发之于心。故心无主宰，静也不是功夫，动也不是功夫。静动无主，不是空了天性，便是昏了天性，那么心则不立。所以保持心地纯正，才能使自己的言行合乎自然的法则，如有神明之助一样不会出现差错。

人生追求安乐，推动了社会的发展，但是安乐不是从天而降，甘甜要从苦中来。能够忍受得了苦中苦，才能享受到甜中甜，否则一味地安乐则会使人丧失进取精神，故"宴安如鸩毒"。人生伴随着困苦，切不可贪图安乐而自毁。

即物穷理　因名思义

【原文】 **古人比父子为桥梓，比兄弟为花萼，比朋友为芝兰，敦伦者，当即物穷理也；**

今人称诸生曰秀才，称贡生曰明经，称举人曰孝廉，为士者，当顾名思义也。

【译文】 古时候的人，把父子比喻为乔木和梓木，把兄弟比为花与萼，将朋友比为芝兰与香草，因此，讲求人伦关系的人，应当就万物事理推及到人伦关系。现在的人称读书人为秀才，称被举荐入太学的生员为明经，又称举人为孝廉，因此读书人可以从这些名称中，明白一些道理。

【点评】 古人善于运用比喻的形式。乔木高大挺拔，梓木在乔木面前则显得低俯，所以古人以乔梓来比喻父子之间教育与服从的人伦关系。花与萼都是同根而生，因而比喻兄弟之间的互敬互爱。芝草和兰花都是很珍贵的草，比喻朋友志向高洁，互相帮助。

秀才、明经、孝廉是对取得不同功名的读书人的不同称呼。秀才意为优秀的人才，明经意为通晓经典学说，孝廉意为有孝顺廉洁之德，这些既是对读书人的褒奖之词，也是对他们寄予的期望。

吉凶可鉴　细微宜防

【原文】 不镜于水，而镜于人，则吉凶可鉴也；不蹶于山，而蹶于垤，则细微宜防也。

【译文】 如果不仅仅是以水为镜，而且也以人的得失成败作为借鉴，那么就可以从中明白吉凶祸福的规律；在山丘间没有跌倒，但是却在平地上的小土堆前摔倒，这说明从细微之处加以预防十分重要。

【点评】 历史往往是一面镜子，他人的成败得失也往往可以成为自己立身处世的借鉴。唐太宗就善于以史为鉴，以人为鉴，从中总结历代王朝兴衰得失的教训，避免重蹈覆辙，他因此而成为一代名君，他说："以古为鉴，可以知兴替；以铜为鉴，可以正衣冠；以人为鉴，可以知得失。"

有句谚语说："马儿不会在悬崖旁摔倒，却容易在平地上失蹄。"这是说人们在险要处能格外小心，防止失足，而在平凡细微之处却容易掉以轻心，丧失警惕。所谓"千里之堤，溃于蚁穴"也是这个道理，因此古人十分注意从细微之处着眼，防微杜渐，避免于不经意处跌倒。

常存仁孝心　不起邪淫念

【原文】 常存仁孝心，则天下凡不可为者，皆不忍为，所以孝居百行之先；一起邪淫念，则生平极不欲为者，皆不难为，所以淫是万恶之首。

【译文】 心中总存有仁爱孝顺之心意，那么只要是世界上不能够做的事，自己便都不忍心去做，因此说孝行是一切行为中首先应该做到的；心中一存有淫恶的念头，那么平常极不愿意去做的事，都可能会做起来，没有什么顾虑，所以说淫邪之心是各种坏行为的开始。

【点评】 有孝顺之心的人，从孝顺自己的父母开始，推己及人，在做任何事情时会想到怎样做不会使父母蒙羞，怎样做才能为自己的父母争得光彩，不辜负父母的期望。一方面断绝了恶行之源，另一方面开启了善行之端，孝行自然是一切行为的根本。

"色"字头上一把刀。一个人放纵自己的情欲，生出淫邪之念，就什么事情都能干得出来。色欲是一个人欲望中最强烈的，只可节制它，不可放纵它。

亡羊尚可补牢　羡鱼何如结网

【原文】 **图功未晚,亡羊尚可补牢;浮慕无成,羡鱼何如结网。**

【译文】 谋求功业什么时候开始都不算晚,因为即使羊跑掉了再来补羊圈还来得及;只是心存幻想羡慕别人却不会有什么结果,站在水边希望得到水中的鱼,不如赶快回家织渔网。

【点评】 任何事只要诚心去做,什么时候开始都可以,没有先后之说,只看是否肯吃苦。能及时醒悟的人,哪怕很晚入道,也能通过脚踏实地的努力,使事情得到弥补。

要想结出丰硕的果实,关键是要拿出实际行动,看到别人取得成功,自己羡慕不已,也是徒然,没有谁会同情你。有的人虽然常立志,立长志,但是从来不见诸行动,这样永远不会有什么收获。要想得到水中的鱼,赶快回家结网,要想有所收获,就赶快去耕耘。

闭目可以养神　闭口可以防祸

【原文】 **神传于目,而目则有胞,闭之可以养神也;祸出于口,而口则有唇,阖之可以防祸也。**

【译文】 人的精神通过眼睛来传达,而眼睛有上下眼皮,闭合眼皮可以养精神;祸从口出,而嘴巴则有上下嘴唇,闭起嘴巴可以防止因说话而惹祸。

【点评】 作者在这里建议,面对有些事情,当自己无力改变的时候,不妨来点消极的方法,"睁只眼,闭只眼"或"眼不见,心不烦",这样或许可以暂时地逃避。但是正直的人,往往不愿意屈服于压力,他们即使"有心杀贼,无力回天",也会以死抗争,为正义和理想而殉节。

常言说"祸从口出",所以人们都相信沉默是金。语言是心灵的窗口,一言一行,都反映人的修养学识,所以孔子说:"君子言行应慎重缓慢。"但是需要主持公道,坚持正义时,也不应吝啬自己的言语,应该有挺身而出、为民请命的勇气。

为善不因噎　有过不讳疾

【原文】 **偶缘为善受累,遂无意为善,是因噎废食也;明识有过当规,却讳言有过,是讳疾忌医也。**

【译文】 偶尔因为做好事受到连累,就再不愿意做好事,这是因噎废食的做法;心中知道有了过错应当改正,却不愿意提及过错,这是讳疾忌医的行为。

【点评】 世风日下,为善亦难。有报道说,一位善良的人将被撞伤的老人送到医院抢救治疗,反被老人的家属诬陷为肇事者,结果惹得一场官司,最后在众多热心证人的帮助下虽然洗清了不白之冤,却身心俱损,发出了做好人难的感慨。面对这种情况,我们说,小人不可不提防,但小人毕竟是少数,乐于助人则我自问心无愧,社会也会给予极大的支持。

小病不治,终将酿成大患。当别人指出自己的过错时,错误或许刚刚出现,及时纠正,避免损失也许还不太难。如果拼命将疮口捂住,不及时治疗,只怕疮口化脓腐烂后,所受的痛苦会更大,治疗的代价也更高,弄不好还会丢了性命。

种田要言　读书真诀

【原文】 **地无余利，人无余力，是种田两句要言；心不外驰，气不外浮，是读书两句真诀。**

【译文】 土地要充分发挥其地力，不要浪费，人要竭尽全力，不要懒惰，这是种田人要注意的两句很紧要的话；心思要集中不要浮华不实，心气要专注不要分散，这是读书人要注意的两个要诀。

【点评】 崇尚读书是中国的传统美德，而中国古代是以农耕为主的社会，故耕读不可分离，读书也像种地一样，需要打好基础，施好肥料，辛勤耕耘，这样才会有收获。

耕读都不能心驰气浮，"人荒地一季，地荒人一年"。《孟子》中记述了奕秋的故事：有两个人同时向奕秋学棋，其中一人专心致志求学，棋艺日进；另一人在学棋时，总想到天空中有大雁飞来，如何用弓去将雁射下，故学棋无成。同是学棋，一人有成，一人无成，区别就在于用心专一否。

桃积善有余庆　栗多藏必厚亡

【原文】 **桃实之肉暴于外，不自吝惜，人得取而食之；食之而种其核，犹饶生气焉，此可见积善者有余庆也。栗实之肉秘于内，深自防护，人乃剖而食之；食之而弃其壳，绝无生理矣，此可知多藏者必厚亡也。**

【译文】 桃子的果肉露在外面，毫不吝惜，人们都可以取来食用；食用后将其果核种植在地下，还能再发芽而生生不息，由此可以想见做善事的人，必定有遗泽留给后代。栗子的果肉藏在壳内，保护得好像很好，而人们只好剖开食用它，食用时将其果壳丢弃，绝对再没有发芽生根的可能了，由此可以想见愈是深藏吝惜者，愈是容易自取灭亡。

【点评】 桃树和栗树的种子是桃子和栗子，它们的形态不同只是自然规律，桃子不因为果肉包在果核外而容易繁殖，栗子也不因为果壳包住了果肉而濒于绝种。但是劝善抑恶是中国传统的道德规范，人们借助于桃子和栗子的露和藏要说明"积善有余庆，深藏必厚亡"的道理，也许比喻很蹩脚，但道理却是非常正确的。

治术必本儒术　今人不及古人

【原文】 **治术必本儒术者，念念皆仁厚也；今人不及古人者，事事皆虚浮也。**

【译文】 治理的方法一定要按照儒家的思想去做，是因为儒家的治国之道都出于仁爱宽厚之心；现代人之所以不如古代人，是因为现代人所做的事都虚浮不实在的缘故。

【点评】 儒家在战国时代与法家、墨家等一样，只是一种学说流派，到汉代以后，由于统治者认为儒家的思想更有益于统治的稳固，所以采纳"罢黜百家，独尊儒术"的建议，使儒家思想逐渐成为正统思想。儒家的基本思想是仁义之道，"仁者爱人"，就是要使每一个人都幸福，提出要使老有所终，幼有所爱，鳏寡孤独皆有所养，从而进入一个路不拾遗、夜不闭户的大同社会，所以历代统治者都奉行儒学。

今人与古人相比，更容易为名利所诱，多了一些虚浮之心，少了一些扎实之功，所以人们常有今不如昔的感叹。不过社会是不断向前进步的，生产力的不断提高使社会更多一些竞争机制，思想守旧的人难以适应不断变动的社会关系，所以也会有些怀旧情绪，这

样盲目地厚古薄今是会被社会淘汰的。

钱能福人　亦能祸人

【原文】　钱能福人，亦能祸人，有钱者不可不知；药能生人，亦能杀人，用药者不可不慎。

【译文】　钱财能够为人带来福分，也能造成祸患，有钱的人不能不明白这个道理；药物能够救活人，也能够毒死人，用药的人不能不谨慎。

【点评】　古人对"钱"有深入的研究，戏称钱能通神，可以不翼而飞，不胫而走，既能出入侯门，也能进入寻常百姓家。然而钱是双刃剑，用得好可以造福，用之不当便是恶，所以知道钱的特点，就要善用钱，纵使不能用钱造福，也不能用钱遗祸。钱财万贯者，一定要谨慎。

药本来是用来治病救人的，然而药首先要对症，如果药力用反，不但不能去病，反而还会加重病情，甚至使人毙命。而且凡药三分毒，用药过度，也会造成人体机能的损害，同样可以杀人，所以用药的人一定要谨慎从事。

事但观其已然　人必尽其当然

【原文】　事但观其已然，便可知其未然；人必尽其当然，乃可听其自然。

【译文】　只要观察已经发生之事的情形，就可以预知将要发生的情况；一个人一定要尽其本分，然后才能听任其自然发展。

【点评】　事物都有其自身发展变化的规律，通过已经发生的事情，可以判断它未来的结果，正如一条河流，只要看它的流向，便可推知其归宿；抬头看看天上的云彩，就可以判断天气的变化情况；观察一个人的气色，可以察知其身体状况。

虽然有人说"人算不如天算"，但是天上决不会掉下个大馅饼。如果上天能够提供良好的自然条件，加上自身十分的努力，就会功成名就，这就是顺其自然；否则，即使客观条件再好，如果不尽心尽力，自然也不会有收获。

人皆欲富贵　然如何布置

【原文】　人皆欲贵也，请问一官到手，怎样施行？人皆欲富也，且问万贯缠腰，如何布置？

【译文】　人人都希望自己地位显贵，但是请问一下官位到手后，你将怎样去施行政务？人人希望富有，请问那些腰缠万贯的富翁们，如何使用这些钱财？

【点评】　盼望大富大贵是人的共同愿望，可是富贵之后如何使用手中的权力，如何使用手中的钱财，却有着各不相同的方式。

官位到手之后，如想在官场中保持地位不倒，小心谨慎十分重要。古人认为："圣贤成大事业者，从战战兢兢之小心来。"无论君侯还是各级官吏，只要能"临事而栗"，便能成功，便能避免灾祸。相反，居官不慎，则是取败之道。

古人说："由俭入奢易，由奢入俭难。"俭是开启幸福的源头，而奢则是造成贫困的兆头。腰缠万贯，挥霍无度，失去钱财的同时也失去德行。乐善好施，拯救他人也拯救自己。

贫乃顺境　俭即丰年

【原文】　清贫乃读书人顺境，节俭即种田人丰年。

【译文】　对于读书人来说，清贫的生活就是顺遂的境界；对于种田人来说，节俭过日子也就是丰收之年。

【点评】　家贫易立志。古之读书人专心向学，并不以清贫作为不读书的借口，反而更加发愤学习，一举成名。晋代葛洪家中很穷，门口的篱笆栅栏也不修整，出门进门都要排开杂草才能行走，可是他背着书箱四处借书抄读，一张纸要使用多次，后来终成大器。顾欢家贫，他没有钱上学，就天天到学塾墙后去旁听，到夜间则点松明读书或烧米糠照明。至于囊萤映雪、凿壁偷光、悬梁刺股等故事都是不畏家贫而努力读书的例子。

中国古代是以农耕生产为主的社会，生产力不是很发达，基本是靠天吃饭，剩余产品也不是很丰足，所以节俭度日成为生存的需要。节俭是高尚的美德，如果平常节约，有粮常思无粮时，那么在荒年也会衣食无忧了。

第三篇　为学篇

才蕴而日彰　为学而日进

【原文】　有才必韬藏，如浑金璞玉，暗然而日章也；为学无间断，如流水行云，日进而不已也。

【译文】　有才能的人一定精于韬藏之略，就如未经琢磨的玉，未经冶炼的金一样，虽不炫人耳目，但日久便逐渐显示其光彩。做学问一定不可间断，要像不息的流水和飘浮的行云那样，每日不停地前进。

【点评】　真人不露相，露相不真人。真正有才的人不必炫耀，其价值自然会逐日显现。正像荆山上的和氏璧，虽然楚文王、武王认为是一块石头，而砍去了和氏的双足，而后却经识才的玉工琢磨成绝世美玉。

学海无涯苦作舟，只有不间断地耕耘才会有收获，想一口吃个大胖子是不可能的。《荀子·劝学篇》云："积土成山，风雨兴焉；积水成渊，蛟龙生焉；积善成德，而神明自得，圣心备焉。故不积跬步，无以至千里；不积小流，无以成江河。骐骥一跃，不能十步；驽马十驾，则亦及之，功在不舍。锲而舍之，朽木不折；锲而不舍，金石可镂。"故只要具有锲而不舍的精神，学问自会日益长进。

读书无论资性　立身不嫌家贫

【原文】　读书无论资性高低，但能勤学好问，凡事思一个所以然，自有义理贯通之日；立身不嫌家世贫贱，但能忠厚老成，所行无一毫苟且处，便为乡党仰望之人。

【译文】　读书不论资质秉性是高是低，只要能够勤奋学习，肯向人请教，任何事都问一个为什么，自然有通晓道理的一天；立身于社会，不怕自己出身低微，只要做到忠诚厚道老实，所做的事没有一点随意之处，就会成为乡邻们所敬仰的人。

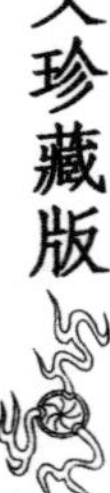

【点评】 人的天性虽然有高低之分,但治学的关键却在刻苦用功。学问学问,就在于勤学好问。古往今来的学问家,无不是从勤学苦练处走向成功的。即使是天赋不好的人,也可以采取笨鸟先飞的办法,用适当的方法来获得真功夫。宋代人陈烈为自己的记忆力差而苦恼,一天读《孟子》,读到其中的“求其放心”这句话时,说:“我没有将散放在外的心收拢回来,怎么能在读书的时候牢记住有关内容呢?”于是把自己单独关在一间屋室中,安静地坐下来读书,这样坚持了一个多月,从此之后,只要读过的书就不会再遗忘了。

可见,只要功夫深,铁杵磨成针。相反,纵使天资很好,如果不下苦功夫,也不会取得真学问,正如孟子所言:“虽有天下易生之物也,一日暴之,十日寒之,未有能生者也。”

知读书之乐　存为善之心

【原文】 **习读书之业,便当知读书之乐;存为善之心,不必邀为善之名。**

【译文】 将读书作为自己的事业,就应当知道读书的乐趣;心中存有行善的心意,就不必去获取行善的名声。

【点评】 爱好读书是中国的传统美德之一,而读书的目的不只是追求知识,同时也为了更好地修身养性,即立身以求学为先,求学以读书为本。要将所读之书,句句体现到自己的行动中,便是做人之法,如此方能成为读书人,从中懂得读书的乐趣。

中国的读书人更讲究与人为善,默默奉献,“君子莫大乎与人为善”,“行善积德,神名自得”,行善时并不贪图名利,而是助人为乐。

板凳要坐十年冷　光阴切莫轻易过

【原文】 **矮板凳,且坐着;好光阴,莫错过。**

【译文】 要有耐心坐在小小的板凳上,切莫错过这大好的时光。

【点评】 板凳要坐十年冷,一举成名天下闻。读书是件苦差事,特别是成名前的艰辛与寂寞,需要超人的毅力去忍受。但是真正下得苦功夫的人,一定会有意外的收获与回报。《开元天宝遗事》中记载了这样一个故事:苏项年少时喜欢学习,手不释卷,每次想读书,又没有照明之物,因而经常在马厩内的砖灶中一遍一遍地吹亮火光来照着读书,因为他勤奋刻苦,后来一举成名,官至宰相。

为学要静敬　教人去骄惰

【原文】 **为学不外静敬二字,教人先去骄惰二字。**

【译文】 做学问不外乎“静”和“敬”两个字,教导他人先要去掉“骄”“惰”两个毛病。

【点评】 “静”者,是指做学问必须要有坐得下来,钻得进去的功夫,不可受外界的诱惑;“敬”者,是指要有严谨的治学态度和谦虚好学的刻苦精神。能“静”能“敬”,做学问才会有收获,所以《大学》中云:“知止而后有定,定而后能静,静而后能安,安而后能虑,虑而后能得。”

“骄”者,是指无谦虚好学的态度,满足于一得之见而常有自满自大的心思;“惰”者,是指不勤奋努力,不刻苦钻研,懒惰怠慢。不去掉“骄”“惰”这两个毛病,就难以有真学

问，学到真本事。

知往日之非　见世人可取

【原文】 **知往日所行之非，则学日进矣；见世人可取者多，则德日进矣。**

【译文】 能够认识到自己过去所作所为的错误，那么学问就在不断进步；能够看得到他人行为中值得学习的地方，那么品德就会不断进步。

【点评】 “严以律己，宽以待人”是良好的美德。

经常反躬自问，检查有哪些地方做得不对，哪些地方还需要不断改进，这样，就能总结经验，吸取教训，避免犯同样的错误。常有这种谦虚自省的胸襟，那么学问就会不断长进。这里的学问，不仅指书本上的学问，也包括怎样做人、怎样待人接物等学问。

对他人要多看到长处，充分肯定其优点，即使是千尺之朽木，也必有尺寸可用之良材，何况绝大多数人是正直向上、追求进步的呢？能看到他人的长处，才能容人，自己心胸也会更开阔，德业也就可以日益增进。

生资而加学力　大德而矜细行

【原文】 **有生资。不加学力，气质究难化也；慎大德，不矜细行，形迹终可疑也。**

【译文】 天资很好，但后天不努力学习，其性格情操终究难以得到感化；在大的德行上比较谨慎，但不注意细枝末节，其言行终究不能让人充分信任。

【点评】 外因是变化的根据，内因是变化的条件。一个人天生的资质很重要，但后天的努力更不可缺少。如果有一个聪明的大脑，健全的体魄，但不刻苦地学习，或不将才能用于正途，终究难成有用之才。反之，如果天生的资质并不是很好，却能够通过刻苦的努力去弥补，也会成为有用的栋梁。

古语说：“大行不顾细谨，大礼不辞小让。”意思是说讲究大的礼仪的人不必拘泥于小的行为，这应该是一种托辞。犹如一滴水可以折射出太阳的光辉，人的一言一行都反映出其学识修养，真正修大德的人一定要从生活的细节入手。

谋道莫有止心　穷理须有真见

【原文】 **川学海而至海，故谋道者不可有止心；莠非苗而似苗，故穷理者不可无真见。**

【译文】 河流学习大海的兼容并包，在接纳涓涓细流的同时，最后也流向大海，所以追求学问修养的人不能够有停滞不前的疏懒之心；野草不是禾苗却长得与禾苗相似，所以探究事理的人不能没有真知灼见。

【点评】 百川向东流，终究归大海；河海不弃细流，故能成其大。学问也如河海一样，永无止境，古人说：“生也无涯，学也无涯。”现代人则说：“活到老，学到老。”其义理是一样的。故真心向学的人，永远不能有停止之心，生命不息，追求不止。

正像田里的野草与禾苗常常真假难辨一样，真理与谬误往往只一步之遥，所以穷究事理的人不能没有洞察力。清人纪昀在《阅微草堂笔记》中说：“亦如人类之内，良莠不齐。”如果一时省察不到，那么就会行事失宜而后悔莫及。

显荣自苦功来　福庆从好处邀

【原文】　读书不下苦功，妄想显荣，岂有此理？为人全无好处，欲邀福庆，从何得来？

【译文】　不下苦功夫读书，却妄想通过读书取得富贵功名，世上怎么会有这样的道理呢？做人完全不做对社会有益的事，想得到福分希望喜事降临，那么这些福分从哪里得来呢？

【点评】　春播秋收，没有播种，哪来收获。

自古以来读书有成的人，都是肯下苦功夫的。战国时的苏秦，刻苦学习，为了避免学习时打瞌睡，就将头发系在屋梁上，困了就用铁锥刺自己的大腿提精神，后来佩上六国相印。晋代车胤，勤奋好学，家贫买不起灯油，到了夏天，他就捉了几十只萤火虫，装进白绸布袋中，用来照明，夜以继日地学习，终成大器。

求富求福，也需要通过勤奋刻苦的努力和百折不挠的奋斗。致富一定要选做对社会有益的事情，对人有益，才能实现自己的价值。

放眼读书　立跟做人

【原文】　看书须放开眼孔，做人要立定脚跟。

【译文】　读书必须放开眼界胸怀宽广；做人要站稳立场，把握住正确的原则。

【点评】　世上书很多，而善于读书的人要有开阔的眼界，能够从形形色色的书中做出正确的判断，故古谚云："读书切戒在慌忙，涵咏工夫兴味长。未晓莫妨权放过，切身须要急思量。"

而做人则要坚定自己的信念和立场，在大是大非问题上不可含糊，基本的道德准则不能违背，这样才能成为一个受人敬重的人。而那种毫无原则可言者，就像"墙上芦苇，头重脚轻根底浅；山间竹笋，嘴尖皮厚腹中空"，这种毫无主见的人，往往受人鄙弃。

享受适可而止　学问永不知足

【原文】　身不饥寒，天未尝负我；学无长进，我何以对天。

【译文】　身体不遭受饥寒，就是上天没有亏待我；学问没有长进，我有什么脸面去面对苍天。

【点评】　知足者常感觉满足，故而一辈子也不会因追求非分之想而招致侮辱；知止者能适可而止急流勇退，那么一辈子也不会因不知进退而蒙受羞耻。知足常乐，处于满足的精神状态下，身心便会轻松愉悦。

学无止境，所以做学问的人一辈子都不会停止努力。人只有好学不厌，才能成为大学问家。读书人脚踏实地，到死才会停止学习。

诗书立业　孝悌做人

【原文】　士必以诗书为性命，人须从孝悌立根基。

【译文】　读书人将诗书看作自己立身处世的根本，做人必须以孝顺友爱作为基础。

【点评】　经典的诗书是中国传统文化宝库中的明珠，其中既有知识的积累，又有生活的情趣，饱读诗书并用之于实践，自然可以安身立命。

孝是顺事父母，悌是友爱兄弟。能够顺事父母的人，必能推己及人，不致违法犯罪，重恩而不背信弃义；能够友爱兄弟的人，必善与人相处，重义不忘本。所以从最基本的孝悌做起，自然能打下坚实的道德基础。

第四篇　修身篇

贫惟求俭　拙只要勤

【原文】 贫无可奈惟求俭，拙亦何妨只要勤。

【译文】 贫穷得毫无办法的时候，只有节俭以渡过难关；天性愚笨只要更加勤奋学习，还是可以弥补不足的。

【点评】 人生不是一帆风顺的，难免有贫穷潦倒的时候，面对贫穷不应该丧失志气。要想办法改变贫穷的面貌，无非有两点，一是开源，二是节流。开源的途径尚未找到时，节流也是控制用度的有效方法；当收入一定时，节俭就是相对增加收入的方法。

天才在于勤奋，知识在于积累，天性固然重要，但后天的努力才是最关键的。笨鸟先飞的故事就说明，通过勤奋可以弥补天资的不足，懒惰、荒废，即使是天才也会自我扼杀。

听平常话　做本分人

【原文】 稳当话，却是平常话，所以听稳当话者不多；本分人，即是快活人，无奈做本分人者甚少。

【译文】 安稳妥当的言语，却是既不吸引人也不令人惊奇的很平常的话，所以喜欢听这种话的人并不多；安守本分，没有奢求的人，便是最愉快的人了，只可惜能够安分守己不妄求的人，也是很少的。

【点评】 信言不美，美言不信；善者不辩，辩者不善。经过刻意修饰的话，虽然悦耳动听，可是却如同空中楼阁，未必可靠，而朴实无华的言语虽然很质朴，却最实在。所以与其听虚假的华丽辞藻，不如听真实的平常语言更可靠。

求得人生快活是人的本能，然而快活的标准却无定则，快活的方式也各有千秋。有的人认为应当及时行乐，“今朝有酒今朝醉，明日愁来明日愁”；有的人认为“比上不足，比下有余”，知足常乐；有的人认为，应该以有限的生命去追逐无涯的事业，“其乐无穷”。毫无疑问，后一种方式有益于社会，有益于自己，应该是最佳选择。

心能辨事非　人不忘廉耻

【原文】 心能辨事非，处事方能决断；人不忘廉耻，立身自不卑污。

【译文】 心中能够辨别什么事情是不正确的，处理事情就能做出决断；人能不忘廉耻之心，为人处事就不会做出品行低下的事。

【点评】 人有正确的判断力，就会有果敢的决断力。正确的判断力，来自对是非的正确把握。凡与事物的发展规律相一致，符合社会发展要求的就是真理，就应坚持，凡逆历史潮流而动的就是非，就应摒弃，有了大是大非标准，立身处世就不会迷失方向。生活

中琐碎小事可以不计较,但遇到大是大非不能马虎,凡能如此者,必会千古留名,为人称许,故有诗赞曰:“诸葛一生唯谨慎,吕端大事不糊涂。”

廉是清正廉洁,不贪污受贿,不入于浊流;耻就是知耻,知道哪些是不能做的,做了就是可耻的。古代将忠、孝、节、义、礼、仪、廉、耻作为基本的道德准则,可见知廉耻才能行正道。

富贵不着意　忠孝不离心

【原文】　**自家富贵,不着意里,人家富贵,不着眼里,此是何等胸襟;古人忠孝,不离心头,今人忠孝,不离口头,此是何等志。**

【译文】　自己富贵了,不放在心里并加以炫耀,别人富贵了,不看在眼里生出嫉妒之心,这是多么宽阔的胸襟;古代的人讲究忠孝之义,总是将忠孝放在心头,今天的人讲忠孝,也时常对忠孝行为赞不绝口,这是何等高尚的气量。

【点评】　自己得到富贵,不因此而去炫耀,对他人的成功,也不存嫉妒之心,因为心中追求的是得到一分宁静与安逸,而不是外表上的虚浮,所以能将富贵与名利看得轻淡。

忠是忠君,孝是敬老。忠君固然是一种浓厚的封建意识,但孝顺却是自古不变的准则。真正的忠孝要表现在实际行动中,不是表面上的唯唯诺诺。

未必有琴书乐　不可无经济才

【原文】　**存科名之心者,未必有琴书之乐;讲性命之学者,不可无经济之才。**

【译文】　心中追求功名利禄的人,不一定能体会到琴棋书画的乐趣;讲求生命形而上境界的学者,不能没有经世济民的才学。

【点评】　中国古代读书人,并不是只会读书的书呆子,他们在饱读诗书的同时还注重琴棋书画四艺的陶冶,有着非常丰富的情感世界,也产生了千古留名的风流才子。但是那些抱有争名逐利之心,全身心地追求蝇蝇利禄的人,自然没有闲适的心情去享受其他的乐趣,即使操练琴棋书画,也只是作为追求利禄的手段,哪里能体会到其中的情趣呢?

人类社会的发展,离不开每个人的奋斗和努力,空谈、逃避是不现实的,即使研究性理生命之学的人,并不是脱离实际去研究虚幻的世界,他们研究的目的还是为了安邦济世,指导人们去认识世界和改造世界。

志不可不高　心不可太大

【原文】　**志不可不高,志不高,则同流合污,无足有为矣;心不可太大,心太大,则舍近图远,难期有成矣。**

【译文】　志向不能够不高远,志向不高远,那么就会受不良环境的影响,与庸俗低级之流浑然一体而不能有所作为;心气不能太大,心气太大,不立足于眼前而好高骛远,就难有希望取得成功。

【点评】　志当存高远,有坚强的意志,才能建立功业。如果胸无大志,那么就与庸俗的小人没有什么区别了。

远大的志向,必须通过艰苦的努力才能实现;奋斗的目标必须与实际的能力相适应。

不切实际地追求过高过远的目标,也会是竹篮打水一场空。所以圣人说:“病学者厌卑近而骛高远,卒无成焉。”

不可有势利气　不可有粗浮心

【原文】　无论作何等人,总不可有势利气;无论习何等业,总不可有粗浮心。

【译文】　无论做哪一种人,都不能够欺下媚上;无论你从事哪一种行业,都不能够轻浮急躁。

【点评】　常言道,人不可貌相,然而以貌取人,却从来都是人类的痼疾。人总是势利的,即使不看重他人的身份财产,也会看重他人的谈吐举止;哪怕是看重别人的学问,又何尝不是势利的一种表现?多多少少,每个人都会有些势利之心。人或许不能完全没有势利心,但是,却绝不可以有势利气。有势利气者,不以势利为耻,反以势利为荣,趋炎附势,欺压弱小,那就是十足的小人了。

不管做什么事情,都不能心浮气躁,粗心大意,一粗心则容易忽略关键,忽略了关键就可以导致失败,而失败的后果,却总是得由自己来承担的。粗心是人的大敌,由于粗心而导致的损失,是最最不值得的,因为不是你做不到或做不好,而只是你没有好好做。

知过能改　抑恶扬善

【原文】　知过能改,便是圣人之徒;恶恶太严,终为君子之病。

【译文】　知道过错便能改正,就可以说是圣人的弟子;攻击恶人太过严厉,终究会成为君子的过失。

【点评】　人非圣贤,孰能无过?知过能改,则难能可贵。《战国策·楚策》中说:如果羊圈中丢失了羊,马上就去修补好羊圈,那还不算太晚。所以能够及时改过的人,必定有谦虚的品德,能及时接受正确的意见。

对于别人的过失,要本着“惩前毖后,治病救人”的态度予以指正,不能一棍子打死,使人没有改过的机会,所以说:“攻人之恶,毋太严,要思其堪受;教人之善,毋过高,当使其可以。”

意趣清高　志量远大

【原文】　意趣清高,利禄不能动也;志量远大,富贵不能淫也。

【译文】　志趣清正高雅,就不会为钱财官位所打动;志向远大,身在富贵中也不会放纵迷乱。

【点评】　志趣高雅的人,他的心中所爱的不是功名利禄,而是崇尚自由清雅的人生情趣。晋代的陶渊明作彭泽县令时,不愿向来视察的督邮取媚讨好,感叹地说:“岂能为了五斗米而折腰。”于是弃官而去,过着“采菊东篱下,悠然见南山”的隐居生活。

孟子说:“贫贱不能移,威武不能屈,富贵不能淫,是为大丈夫。”大丈夫者,即顶天立地的男子汉,胸怀鸿鹄之志,意在驰骋千里,其最终目的是救国救民,富贵荣华不是他追求的人生目的,又怎么会沉醉于富贵之中而迷乱心志呢?

有自知之明　虑他日下场

【原文】　知道自家是何等身份，则不敢虚骄矣；想到他日是那样下场，则可以发愤矣。

【译文】　对自己的能力大小和内涵虚实认识得比较清楚，就不敢虚浮骄傲；想一想虚度年华到将来会落得一个老大徒伤悲的悲哀下场，那么就应该从此发奋努力了。

【点评】　山外有山，楼外有楼。人贵有自知之明，了解自己的长处，同时也知道自己的不足，才不至于夜郎自大，狂妄骄横。实际上，喜欢夸耀自己优点的人，其实不了解自己，而了解自己短处的人，正是其长处所在。

古人有"少壮不努力，老大徒伤悲"的名训，在青春年少时浪费了自己的大好年华，想追回也不可能了，与其老来后悔，莫若及时总结经验教训，振作起精神，立刻发奋，从而成就一番事业。

矜伐可为大戒　仁义不必远求

【原文】　伐字从戈，矜字从矛，自伐自矜者，可为大戒；仁字从人，义字从我，讲人讲义者，不必远求。

【译文】　伐字的右边是"戈"，矜字的左边是"矛"，"伐"和"矜"都有夸耀的意思，而戈、矛为古之兵器，有杀伤之意，所以自夸自大的人要引以为戒；仁字的偏旁是人，义字的下部是"我"，所以讲求仁义的人不必舍近求远，从自己做起即可。

【点评】　中国的传统思想一直倡导谦虚为本，戒骄戒躁，所以古语云："谦受益，满招损。"现代人也说："骄傲使人落后，虚心使人进步。""伐"和"矜"都指自我夸耀，但自夸自大从来都是很危险的，所以老子说："……自伐者无功，自矜者不长。"司马迁云："既已存亡生死矣，而不矜其能，羞伐其德，盖亦有足多者矣。"

仁和义是儒家思想的精髓。"仁者爱人"，即对人广泛地施予仁爱之心，故仁字从人；义即道义，当生和义发生冲突时，舍生取义则是儒家的价值尺度，义的繁体字写作"義"，下部是一"我"字，所以讲道义要从我做起。

王永彬先生从造字的方法和文字源流的角度阐述自大自夸的危害及行仁义的必要，是颇有道理的。

常怀振卓心　多说切直话

【原文】　一室闲居，必常怀振卓心，才有生气；同人聚处，须多说切直话，方见古风。

【译文】　即使一个人清闲地独处时，也要常常怀有振作奋进的心志，才会有蓬勃向上的生机；与人相处，一定要多说恳切正直的话，这才能体现古之圣贤淳朴忠厚的风范。

【点评】　人生在世，总要有所作为，因此一定要树立雄心壮志，常怀振作之心，激励自己不断追求，这样才会有朝气蓬勃的气象和光明的前途。

与朋友打交道，要从善良的愿望出发，多鼓舞士气，切实地说些肺腑之言，这样彼此例会有长进。古人交游，讲究"以文会友，以友辅仁"，这样既促进相互交流，也培养了良好的品德，所以孔子说，同正直的人交朋友，同实实在在的人交朋友，同见闻广博的人交朋友，就会受益。

不忮不求　勿忘勿助

【原文】 不忮不求,可想见光明境界;勿忘勿助,是形容涵养功夫。

【译文】 不因贪婪而嫉妒,不因索取而奢求,可以看出一个人内心光明博大的境界;在涵养的功夫上,既不要忘记逐渐聚集道义的力量以培养浩然正气,也不要因为一时正气不足,就恨不得借助外力马上充盈。

【点评】 孔子的弟子子路不因自己穿着寒酸而在富人面前感到自卑,因为他有学识而心地光明,所以孔子在《论语·子罕》篇引《诗经·邶风·雄雉》的"不忮不求"来赞扬他的心胸坦荡。孟子在谈论人的修养时,曾借《揠苗助长》的寓言故事讲述了人的修养是一个渐进的过程,"勿忘"同时亦要"勿助",关键是要培养自己的涵养功夫,做大量有益的事,而恶事做得太多则会损坏自己的修养功夫。品德不好的人认为一般的好事对自己没有好处而不去做,认为一般的坏事对自己没有多大损害而去做它,坏事做多了就无法逃避罪责,罪恶大了也无法得到宽恕。

须谋吃饭本领　早定成器日期

【原文】 人生境遇无常,须自谋一吃饭本领;人生光阴易逝,要早定一成器日期。

【译文】 人一生的环境和遭遇变化难料,自己必须要具备一技之长作为谋生的本领,才能少受环境困扰;人一生的寿命很短暂,时光容易消逝,必须尽早给自己定下成就事业的期限。

【点评】 "人生不如意事常八九",逆境与顺境常常不能由自己把握,能够勇于藐视困难,克服困难,才显出真正的英雄本色;而要在逆境顺境中都能自立,就必须有一技之长。俗语说"荒年饿不死手艺人",就是这个道理。

光阴易逝,日月如梭,人当早立志,早成器。唐代诗人岑参认为:"丈夫三十未富贵,安能终日守笔砚。"张九龄则说:"如果人到五十岁还没有一点成就,那就是很大的过失了。"今天的好男儿不能不引以为训。

守身必谨严　养心须淡泊

【原文】 守身必谨严,凡足以戕吾身者宜戒之;养心须淡泊,凡足以累吾心者勿为也。

【译文】 保持自身的节操必须谨慎严格,凡是能够损害自己操守的行为,都应该戒除。要以宁静淡泊涵养自己的心胸,凡是会使我们心灵疲惫不堪的事,都不要去做。

【点评】 洁身自好的人,要时时注意自己的品德修养。贪财爱利、损人利己、骄奢淫逸、嗜酒好色、赌博斗狠,这些都是损害操守的行为,要注意戒掉。

"宁静以致远,淡泊以明志",古人追求恬淡宁静的生活方式,将世俗的名利看作过眼浮云,不追求过分的享乐与利益,得亦不喜,失亦不悲,故能拿得起,放得下,想得开,不使身心受累。

君子有过则改　小人肆行无忌

【原文】 才觉己有不是,便决意改图,此立志为君子也;明知人议其非,偏肆行无忌,

此甘心为小人也。

【译文】 一发觉自己有做得不对的地方，便马上下决心改正，这便是要立志成为一个正人君子的人的做法；明知有人在议论自己做得不对，却偏要一意孤行毫无顾忌，这是自甘堕落的小人。

【点评】 《左传》上记载，晋灵公违反了为君之道，士会上前劝阻，灵公说："吾知所过矣，将改之。"士会于是赞同地说："人孰能无过？过而能改，善莫大焉。"意思是说人食五谷杂粮，谁能没有过错，有了过错能够改正，没有比这再好的事情了。知错能改，才是君子风度。

如果明明知道自己错了，却固执己见，一意孤行，这样的人既无君子的气度，也不能及时从错误中总结经验教训，小错不改，以后必然会重蹈覆辙，甚至酿成更大的错误，走上犯罪的道路，此时想改也已经晚了。

看高不能长进　看低不能振兴

【原文】 **把自己太看高了，便不能长进；把自己太看低了，便不能振兴。**

【译文】 把自己看得太高了，就无法再求得进步；把自己看得太低了，便失去振作的信心。

【点评】 人贵有自知之明。

既要知道自己的长处，充分发挥自己的能力，朝适合于自己的方向去努力，也不能抬头看天，目空一切。以为老子天下第一，他人都比不上自己的人，失去了前进的动力，即使本来能力超群，也会因自大而落伍。

人能了解自己的短处，是一件好事情，可以做到扬长避短，奋发有为，但如果妄自菲薄，将自己太看低，就会自暴自弃，永远难以振作了。

向善必笃　进德可期

【原文】 **遇老成人，便肯殷殷求教，则向善必笃也；听切实话，觉得津津有味，则进德可期也。**

【译文】 遇到年老有德的人，便肯虚心求教，那么求善之心必定十分诚恳；听到切直实在的话，便觉得津津有味，那么德业的长进就有望了。

【点评】 虚心使人进步。年老德高之人，有十分丰富的成功经验与人生教训，能够多听从他们的教诲，自然就可以少走弯路，避免误入歧途。愿意求教于人者，便很不错了，如果求教还能做到"殷殷"者，必定是求教若渴，从善如流之辈。

大凡切实话，多是质朴平实之言，既非奉承，更非谄媚，有时听来还十分"逆耳"，所以很多人一听到切实话，就心中不悦，甚至变颜震怒，哪里还会去品味其中的道理呢？如果听得进切实话，还能品味出其中的滋味，那么此人的德量与修养一定不俗。其德业的进步自然是指日可待了。

求备以修身　知足以处境

【原文】 **求备之心，可用之以修身，不可用之以接物；知足之心，可用之以处境，不可用之以读书。**

【译文】 追求完美的想法,可以用于自我修身养性,却不可用在待人接物上;易满足的心理,可以用在对环境的适应上,却不可以用在读书求知上。

【点评】 古语云:“律己以严,待人以宽。”修身是为了律己,应该尽量全面要求,于微细处体现出涵养与气度;接物是为了待人,应该多看到他人的长处,容忍他人的短处,不可求全责备。

人可以通过不断的努力奋斗来改善自己的境遇,但是有时自身的处境是由多种因素所决定的,往往非人力所能改变,这就要有知足常乐的心境,虽然往前看比上不足,但也许左右看,比下还有余,不妨先放宽心境自得其乐一番,何须苦苦执迷不能自拔呢?而学习则不同,学海无涯苦作舟,学问愈是长进,愈觉自己的无知。一日不学,则一日退步;一时满足,则时时无知,所以说“逆水行舟用力撑,一篙松劲退千寻,古云此日足可惜,吾辈更应惜光阴”。

切问近思　智深勇沉

【原文】 博学笃志,切问近思,此八字是收放心的工夫;神闲气静,智深勇沉,此八字是干大事的本领。

【译文】 广泛地涉猎知识,志向坚定,切实地向人请教,并仔细思考,这是研习学问的重要功夫;心神安详,无浮躁之气,拥有深刻的智慧和沉毅的勇气,这是做大事所需具备的主要能力。

【点评】 “博学笃志,切问近思”,原是亚圣孟子所言,将这八个字作为收心向学的要诀是很有道理的,学必专心,要做到“发愤忘食,乐以忘忧,不知老之将至”;同时学亦有道,不能学无选择,学无思索,故“学而不思则罔,思而不学则殆”,思其始而成其终,就是说思考就会有所得,不思考就没有收获。唐代文学大师韩愈的名言:“行成于思荒于嬉,业精于勤毁于随。”也是说的这个道理。

而做大事则要具备神静气闲,智勇沉着的气质。历史上足智多谋的诸葛亮就是靠沉着镇定“演出”了一场名传千古的空城计。相传当时司马懿率领数十万大军向荆州城压过来,而守城的只有少数羸弱之兵,向外调援军已来不及,诸葛亮于是命令大开城门,让几个老卒洒扫,他自己带一琴童在城上弹琴,其仪态悠闲沉着,司马懿见此,恐中埋伏而退兵。

贫贱不能移　富贵要济世

【原文】 贫贱非辱,贫贱而谄求于人者为辱;富贵非荣,富贵而利济于世者为荣。讲大经纶,只是实实落落;有真学问,决不怪怪奇奇。

【译文】 贫穷与地位卑微不是什么耻辱的事,但因为贫穷和地位卑微去向人献媚,求取非分的利益,这样就很可耻了;获得巨大财富和很高的地位,也不一定是什么荣耀的事,但是有了财富和地位后乐于以此帮助他人,却是很光荣的事。讲求大的学问和道理,应该能落到实处;真正有学问,绝不会故弄玄虚。

【点评】 地位低下并不能泯灭一个人的才智,贫穷潦倒并不妨碍一个人立志干大事,所以能做到穷且益坚,不坠青云之志,那么必定能够激励自己发愤去成就一番事业。富贵之后,如果能做到乐于助人,施行仁义,则是富者的光荣,所以古人说:“获取富贵是

次要的事情，而施行仁义，是贤达之士经常的行为。”

最深奥的往往也是最通俗的，所以做大学问的人，讲究平实可行，切中时弊，有实事求是之意，无哗众取宠之心。而沽名钓誉之徒，却贪求华丽的外衣，忽视内在的实质，言之虽美，却空洞无物，巧思虽多，但不切实际。

守口如瓶　持身若璧

【原文】　一言足以召大祸，故古人守口如瓶，惟恐其覆坠也；一行足以玷弱身，故古人饬微躬若璧，惟恐有瑕疵也。

【译文】　一句话不慎就有可能招来大祸，所以古人讲话十分谨慎，唯恐如瓶子落地会破碎一样招来杀身之祸；一件事行为不谨慎足以使自己一生清白受到玷污，所以古人行事十分谨慎小心，以保持身体如白璧般洁白，唯恐做错事使自己留下终身遗憾！

【点评】　俗语说：“病从口入，祸从口出。”一言不慎，足以惹来大祸，所以善于立事保身的人，每日“三省吾身”，每事三思而行，每言三缄其口。故曰“沉默是金”。

一个人要树立好名声很不容易，往往需要一辈子的努力，而要损坏自己的形象却很简单，一件小事足矣。就像一块璧玉，上面如果有一块小斑点，整个璧玉的价值就受损，一个人如果言行不谨慎，那么人格也会受到玷污，所以古人说：“勿以善小而不为，勿以恶小而为之。”

淡中交耐久　静里寿延长

【原文】　淡中交耐久，静里寿延长。

【译文】　在平淡中结交的朋友能经受时间的考验而使友谊地久天长，在平静中生活能够修养心性使寿命延长。

【点评】　君子之间的交往，像水一样晶莹清澈；小人之间的交往，表面上像蜜一样甘美。君子之间的友谊虽然表面平淡，但内心十分接近；小人之间的关系虽然表面热情，却很快就会决裂。那些小人没有思想基础而纠结在一起，这种关系会无缘无故地断决。而在平淡之中交的朋友，是经过冷静观察和判断后，逐渐建立起来的友谊，摆脱了任何功利目的，故能久长。

中国养生之道讲究心平气和，务求安宁愉快，自得悠闲，这样就可以养心养身，而达到益寿延年的目的。《至言总养生篇》上说：“静者可以长寿，浮躁者早夭；静而不能养，减寿；躁而能养，延年。”

第五篇　性情篇

俯仰间皆文章　游览处皆师友

【原文】　观朱霞，悟其明丽；观白云，悟其卷舒；观山岳，悟得灵奇；观河海，悟其浩瀚，则俯仰间皆文章也。对绿竹得其虚心；对黄华得其晚节；对松柏得其本性；对芝兰得其幽芳，则游览处皆师友也。

【译文】 观赏美丽灿烂的彩霞,可以领悟到它光芒四射的艳丽;观赏天空飘浮的白云,可以领悟到它舒卷自如烂漫多姿的妙态;观赏高山雄峰,可以领悟到它灵秀挺拔的气概;观赏一望无垠的大海,可以领悟到它博大宽广的胸怀,在这些天地山河中,都可以体会到美妙的景致,到处都是好文章。面对翠绿的竹子,可以品味到它的虚心有节;面对飘香的菊花,可以品味到它的高风亮节;面对苍松翠柏,可以品味到它傲然不屈的性格;面对兰花香草,可以品味它幽然醉人的芳香。从这里可以看出,在游览观赏中,时时处处都有供我们学习借鉴的地方。

【点评】 人类与大自然是相通的,大自然给人以无尽的乐趣,也激起人们无限的情感。早晨的太阳光芒四射,人们从灿烂的朝霞中感受到青春的勃勃生机;天上的白云舒卷,又使人感受到奇妙云海的变化莫测……人们从自然中得到启示,懂得了许多人生哲理,学到了许多为人处世的方法,也将美好的愿望寄托在无尽的景致中。

俭可养廉　静能生悟

【原文】 **俭可养廉,觉茅舍竹篱,自饶清趣;静能生悟,即鸟啼花落,都是化机。一生快活皆庸富,万种艰辛出伟人。**

【译文】 俭朴可以培养一个人廉洁的品性,即使是住在茅棚竹屋中,自己也觉得很有情趣;安宁平静的环境可以使人领悟人生的真谛,即使是鸟儿鸣叫,花开花落,也都是天地造化之生机。一生轻松快乐只是平凡的福分,能够经历千辛万苦而建立功勋的人才是杰出的人物。

【点评】 生活俭朴能使人具有顽强的意志,经受艰苦的磨炼,胸怀开阔。过惯了俭朴的生活就不会贪恋物质的享受,自然不易为物质而改变廉洁的心志。而且俭朴的人,习惯于竹篱茅舍的自然气息,对纸醉金迷的优越生活反而难以适应。

心灵澄静就是指志向高远而不受世俗名利的干扰,耳闻目见的是鸟啼花落的美景,心中充满高尚的情怀。所以说"宁静以致远,淡泊以明志"。

能够体会到俭朴生活之快乐和宁静生活之情趣的人,具有超凡脱俗的非凡见识,他们历尽艰辛,是真正的英雄伟人。

满抱春风和气　此心白日青天

【原文】 **愁烦中具潇洒襟怀,满抱皆春风和气;暗昧处见光明世界,此心即白日青天。**

【译文】 在忧愁和烦闷的困境中能具备潇洒大度的胸怀和气魄,那么心里就会充满春风和畅之感,驱散愁云;在昏暗不明的境遇中如能有开朗博大的胸襟,那么内心就如在阳光普照的天地间那样明亮。

【点评】 面对逆境,不应当屈服,要看到光明的前途。不因为处于逆境而不去实现自己的理想,不因为处境安逸而产生别的想法,改变自己的志向。所以在花繁柳密处,拨得开方见手段,在风狂雨骤时,立得定才有脚跟。一般而言,事情总有极困难的时候,能够咬紧牙关,战胜困难的就是好汉。

心静则明　品超斯远

【原文】 **心静则明,水止乃能照物;品超斯远,云飞而不碍空。**

【译文】 心中平静就自然明澈,如同平静的水面能够映照出事物一样;品格高超便能远离物累,就像无云的天空能一览无余一般。

【点评】 自己内心澄澈,不执着于一物,才能做到动静如一。传说佛家禅宗五祖选继承人,大弟子神秀说:"身是菩提树,心如明镜台。时时勤拂拭,不使惹尘埃。"慧能说:"菩提本无树,明镜亦非台。本来无一物,何处惹尘埃。"五祖于是将衣钵交给慧能继承,慧能成为六祖。

品格高超的人,由于内心不受情欲爱恋的牵累,行事自由自在没有阻碍,又如云在天,不受人间牵绊,又不为天空羁留。故云"其所以神化而超出于众表者,殆犹天马行空而步骤不凡"。

入幕皆肝胆士　登座无焦烂人

【原文】 **宾入幕中,皆沥胆披肝之士;客登座上,无焦头烂额之人。**

【译文】 凡是可以信任而延揽入府中商量事情的人,一定是能对自己竭智尽忠的人。凡是能够作为宾客引为上座的人,一定不是品行有缺失的人。

【点评】 朋友之间,贵在坦诚相待,能够请到府中商量事情,说明是志同道合的知己,是能为朋友出谋献策,参与大事的人,岂有不赤胆忠心,肝胆相照之理。

焦头烂额,意指其人形容猥琐,不大度无器量,这样的人不会受人欢迎。能做座上之客者,一定是雅量大度,在主人心目中有一定分量的人,也必定没有不良品行或难以见人的尊容。

问心无愧　收之桑榆

【原文】 **夙夜所为,得毋抱惭于衾影;光阴已逝,尚期收效于桑榆。**

【译文】 每天早晚的所作所为,一定要无愧于心;光阴已经消逝,还希望在晚年有所成就。

【点评】 人的一生怎样度过,是在浑浑噩噩中一无所成,还是在踏踏实实的奋斗中不断收获,不同的人生态度有不同的回答。前一种人生态度,是蹉跎人生,游戏人生,自然无所收获,只能是老大徒伤悲,而后一种人生态度则十分可贵,体现着积极进取的精神,当然会一分耕耘一分收获了。有时候,虽然努力去做,却难以一下子见到成效,但只要尽心尽力了,便也无愧于心。

于世有济　此生不虚

【原文】 **但作里中不可少之人,便为于世有济;必使身后有可传之事,方为此生不虚。**

【译文】 只要能够作一个乡里中不可缺少的人,就是对于世人有所帮助;一定要使死后有可以流传的事业,才是不虚度这一生。

【点评】 古人有浓厚的乡里情结,希望自己的能力得到社会的认可,更希望能在本

乡本土有很高的威信，所以说：“富贵不归故里，如衣锦夜行。”如果将眼界放宽，不仅做本乡本土不可缺少之人，而且要成为更大范围内不可缺少的人，那么对社会的贡献就会更大。

人生不过百年，有的人活一辈子，碌碌无为，死后不留一点痕迹，而有的人在活着的时候或著书立说，或发明创造，或建功立业，为社会留下大量财富，这样的人死后也能名传千古。

多文非时文　称名非科名

【原文】　**儒者多文为富，其文非时文也；君子疾名不称，其名非科名也。**

【译文】　读书的人把文章多当作财富，这些文章并不是应时之作；正直的君子担心名声不好，不能为人称道，这个名声指的不是科举之名。

【点评】　人各有追求，读书人能够写出大量的好文章，便是实现了自己的价值，所以说以文章多为财富，这些文章当然是能够藏之名山，给后世以启迪的珠玉之作，如司马迁之《史记》、屈原之《九歌》即是。一般的应景之作，不切实际，空洞无物，今天写出，明天便弃，当然不在此列了。

德行高尚的君子追求的是建立道德和功业，活着的时候能有好的德行，死后能为人所称道。虽然也有人拼命去追求那些虚名，为了权势地位削尖脑袋钻营，但这种虚名是为真正的君子所不齿的。

气性乖张短命　言语尖刻薄福

【原文】　**气性乖张，多是夭亡之子；语言尖刻，终为薄福之人。**

【译文】　脾气性格偏执怪异的人，一定是早夭的人；言语刻薄尖酸的人，肯定是福分很少的人。

【点评】　俗语说：心平气和。脾气谦和，与人为善的人，必定有良好的气度与修养，心宽则体健，自然能延年益寿；相反脾气古怪执拗，怪僻暴躁的人，必定心胸不够开阔，气量过于窄小，其人难得天地平和之气，自然寿命不长。

言为心声，有则故事说，苏轼与佛印戏谈，佛印说，你看我像什么？苏轼说，我看你像一堆牛屎。佛印说，我看你像个菩萨。苏轼自以为得计，回家向苏小妹炫耀，苏小妹说，你看人家像堆牛屎，正说明你的心灵十分阴暗，而人家看你像个菩萨，是他的内心充满了光明。这个故事正说明语言是心灵的折射，尖酸刻薄的人，其心灵也必定阴暗，那么要得到更多的福分也是不可能的了。

要有真涵养　要写大文章

【原文】　**有真性情，须有真涵养；有大识见，乃有大文章。**

【译文】　要有至真无妄的性情，必须先要有真正的涵养；要有大的见识，才能写出不朽的文章。

【点评】　何为真涵养，心平气和也。怎样做到心平气和，工夫只在于“定火”。古人说：“定火工夫，不外以理制欲，理胜则气自平。”存心养性，须要耐烦、耐苦、耐惊、耐怕，涵养方得纯熟，涵养修炼到家，“真性情”自现。

有大文章，必先有大见识；有大见识，必先有真涵养。能称大文章者，必须足以指点人类发展的迷津，促进历史发展的进程，给人类带来智慧、文明、道德之光，这样的伟人才是人类前进的灯塔，这样的伟人基于对生命和对人类的大认知，才留下了传世百代的大文章。

第六篇　交友篇

学朋友好处　行圣贤言语

【原文】　与朋友交游，须将他好处留心学来，方能受益；对圣贤言语，必要在平时照样行去，才算读书。

【译文】　与朋友交往，必须留心观察朋友的长处，将他的优点都学习借鉴来，才能得到益处。对于古圣先贤所说的话，一定要在日常生活中遵循去做，才算是真正地读书。

【点评】　人生不能无友，交友的目的在于互相学习，互相提高。孔子说："无友不如己者。"明代王肯堂说："交友之旨无他，彼有擅长于我，则我效之；我有擅长于彼，则我教之。是学即教，教即学，互相资矣。"所以与朋友相交，时时留心对方的长处，以朋友的智慧启迪自己的蒙昧，以朋友的宽厚来改变自己的褊狭，得到正直朋友的帮助，那么过失就会一天天减少。

读书的人，应将圣贤之语用来照亮自己的人生道路。自己的一言一行都按圣贤之语行事，非礼勿闻，非礼勿言，非礼勿视，这样才是读书穷理，学以致用，"多识而力行之，皆可据之以为德"，否则学而不能行，不仅肤浅，而且无用。

交朋友益身心　教子弟立品行

【原文】　交朋友增体面，不如交朋友益身心；教子弟求显荣，不如教子弟立品行。

【译文】　如果交朋友是为了增加自己的面子，那不如去交一些对自己身心有益的朋友。教自己的孩子去追求显耀的荣华，还不如教诲子弟修身立德树立良好的品行。

【点评】　交朋友应当慎重，同正直的人交朋友，同诚实的人交朋友，同见闻广博的人交朋友，这样会有益于自己。而同谄媚的人交朋友，同当面奉承背后诽谤的人交朋友，同惯于花言巧语的人交朋友，则是有害的。而交朋友的目的也要明确，不要借朋友来炫耀自己的能力和增加自己的体面，交朋友为的是互相促进，共同提高。

品行是成就事业的基础，如果放弃对子弟品行的教育而教他们采取不正当的手段去追求荣华富贵，就像建立空中楼阁一样不可靠。子弟们有良好的品德修养作基础，必定会取得事业的成功。

交直道朋友　近耆德老成

【原文】　能结交直道朋友，其人必有令名；肯亲近耆德老成，其家必多善事。

【译文】　能够结交走正道的人做朋友，这样的人也一定有好的名声；愿意与年高德劭老实诚实的人亲近者，这样的人家一定常做善事。

【点评】 与正直的人交朋友，自己的心灵也能得到净化，朋友之间一言一行相互影响，品质也会随之高尚起来；与奸邪的人交朋友，必定会追风逐臭，同流合污，遭到人们的鄙弃。所以古语说："近朱者赤，近墨者黑。"

德高望重的老人，生活经验很丰富，人生的教训也很多，经常向他们求教可以避免自己走弯路，及时得到点拨提携，在他们的教诲之下，当然会家兴业旺，好事不断了。

对知己无惭　求读书有用

【原文】 **人得一知己，须对知己而无惭；士既多读书，必求读书而有用。**

【译文】 人生能够得到一位知己，一定要做到面对知己不惭愧；士人既然多读诗书，必须做到读书而能致用。

【点评】 传说春秋时代伯牙弹琴，钟子期善于聆听音乐，伯牙弹奏描写高山的曲调时，钟子期说："峨峨兮如泰山！"弹到描写流水的曲子时，钟子期说："洋洋乎若江河！"因此高山流水成为知音的代名词。后来钟子期去世，伯牙就将琴弦弄断了，再也不弹奏了。人生难得一知己，故曰得一知己足矣。知己者彼此间心灵相通，追求一致，互为慰藉，这样才彼此心心相印。

读书人广泛求学，但读书贵在有用，如果满腹诗书却不能用之于世，无异于立地书橱，好看而无益，故为学当能致用。读书要看果有利于国家政治否？果能变化风俗否？

益友规我之过　小人徇己之私

【原文】 **何者为益友？凡事肯规我之过者是也；何者为小人？凡事必徇己之私者是也。**

【译文】 什么样的人可以称为益友？那些愿意规劝我改正过错的人就是益友；什么样的人是小人？任何事情，都从自己私利出发，一意孤行的人就是小人。

【点评】 一个篱笆三个桩，一个好汉三个帮。真正的朋友，建立在情义相通的基础之上，对于彼此的长处，能够互相学习，对于彼此的缺点，能够及时提醒，这样才能称之为益友。

而损友则是建立在利益关系之上的，只要对自己有利，明明知道是对方的过失，也不指出，甚至一味偏袒，希望牟取更大的利益。而当与己无关时，也采取事不关己，高高挂起的态度，去保全个人之间的感情。这样的朋友，就是小人。

守拙可取　交友宜慎

【原文】 **误用聪明，何若一生守拙；滥交朋友，不如终日读书。**

【译文】 将聪明用错了地方，还不如笨拙一辈子，至少不会有"聪明反被聪明误"的懊悔；随便交朋友，倒不如整天闭门读书，总会有所收获。

【点评】 一个人聪明是好事，如果用之于正途，做一个有益于人民，有益于社会的人，那是莫大的光荣，可是有的人却误用自己的聪明，将才智用在违法害人上，甚至走上犯罪的道路，这样的人再聪明又有什么用呢？还不如一生愚笨好了。

交朋友，要选择那些志趣高雅者，朋友之间互相激励，自然超凡脱俗。如果交的都是人品卑下的酒肉朋友，那还不如关起门来读书有收获。

第七篇　齐家篇

谋生不必富家　处事不必利己

【原文】　善谋生者，但令长幼内外，勤修恒业，而不必富其家；善处事者，但就是非可否，审定章程，而不必利于己。

【译文】　善于安排生活的人，只是使家中全体成员不分年纪大小，家内家外，都能勤奋地做好自己从事的事业，而不必去刻意追求富贵，也会使家道安乐；长于处理世事的人，只是就事情对与不对做出判断，事情可行不可行做出决定，然后订立制度和程序，并不一定是事情对自己个人有利才去做。

【点评】　古代有一富家子弟分家，老二贪图富贵，占尽家中所有金银财富，而老大稳重善良，只将家中田地划归己有，结果数年之后，老二将巨额家财用尽，而老大却在土地上勤恳耕作，生活和睦美满。可见暴富导致挥霍，未必是好事，所以有远见的人并不刻意去追求如何大富大贵，而是教导子孙有稳定的职业和收入，使家庭用度如细水长流。

善于处理事体的人，总是本着公正的态度，判断事情是否合乎情理，而不是从自己的私利出发，这样自然能得人心，受到大家的尊敬。

积善有余庆　积财害无穷

【原文】　积善之家，必有余庆；积不善之家，必有余殃。可知积善以遗子孙，其谋甚远也。贤而多财，则损其志；愚而多财，则益其过。可知积财以遗子孙，其害无穷也。

【译文】　凡是多做好事的人家，必然遗留给子孙许多的恩泽；而多行不善的人家，遗留给子孙的只是祸害。由此可知多做好事，能为子孙留些后福，这样才是为子孙做深远的打算。贤能而有许多钱财，就会损害他的志向；愚笨而有许多金钱，就会增加他的过失。因此可知留给子孙钱财，害处很大。

【点评】　古人在创造财富的同时，对财富带来的负面影响也有充分的认识，所以在家训中总是教导子孙要散财行善，不要爱财害人。《颜氏家训》中说：钱是由一个“金”两个“戈”组成的，大概是说钱的好处少而坏处多，随之而来的必然是劫夺之灾。财富的积聚，未必都是以正当的方式取得，而且大多又是以不正当的方式失去，不仅祸害自己而且殃及子孙。贤能的人，因为财富太多，往往会失去奋斗的锐气；愚笨而无德的人，如果财富太多，则更有助于做恶事。所以过多的财富，对子孙来讲并不是好事。

精明者败家　朴实者培元

【原文】　打算精明，自谓得计，然败祖父之家声者，必此人也；朴实浑厚，初无甚奇，然培子孙之元气者，必此人也。

【译文】　凡事过于计较、毫不吃亏的人，自以为得计，但是败坏祖宗名声的，必定是这种人；朴实忠厚待人的人，刚开始虽然不见他有什么突出的表现，然而使子孙能够有一种淳厚之气的，就是这种人。

【点评】 有一种人凡事精于为自己考虑,对金钱毫厘不让,锱铢必较,待人处事丝毫吃不得亏,这样貌似精明,实际上鸡肠寸肚,眼光短浅,遇到大事必然糊涂,难以成器。而心地宽宏敦厚的人,不计较于一时一事的得失,将心事用到对大事的把握上,可以说是大智若愚、大巧若拙,这样反而能把握住机会走向成功。所以古语说,“忠厚传家久,诗书继世长”,未听说过精明传家久,小气继世长的道理。

泼妇静而镇之 谗人淡而置之

【原文】 **泼妇之啼哭怒骂,伎俩要亦无多,唯静而镇之,则自止矣。谗人之拨弄挑唆,情形虽若甚迫,苟淡而置之,是自消矣。**

【译文】 蛮横而不讲理的妇人,大哭大闹恶语骂人,也只是那些手段,只要镇定自若,不去理会,她自觉没趣,自然会终止吵闹。好说人短长、好进谗言的人,不断拨弄是非地挑起纷争,其情形似乎令人很窘迫,如果能采取淡然处之的态度,对造谣诽谤的言辞置之不理,那些言辞自然会消失。

【点评】 妇人的眼泪,常常使人感到不好对付。王永彬先生教的办法倒值得一试,任凭她如何生出新花样,我自镇静自若,不为所动,蛮横者手段用尽,自然会无趣而止。那些挑是拨非、诬陷告状的人,其手段并不比无理取闹的妇人高明多少,不妨静观其变,使谗言自止。

父兄以身率子 君子平气待人

【原文】 **父兄有善行,子弟学之或不肖;父兄有恶行,子弟学之则无不肖;可知父兄教子弟,必正其身以率之,无庸徒事言词也。君子有过行,小人嫉之不能容;君子无过行,小人嫉之亦不能容;可知君子处小人,必平其气以待人,不可稍形激切也。**

【译文】 父亲或兄长们有好的行为,那些做子弟的后辈们也许想学习这些好行为,但却学不像;而父亲或兄长们一旦有不好的行为,那些子弟们会如法炮制而且没有不像的;由此可知,做父辈或兄长的人教诲子弟后辈,一定要先使自己行为正直,为他们做好表率,不能仅仅只是说空话。有道德的正人君子,如果行为有过失,小人肯定会因为嫉妒而以此作为攻击的借口;有道德的正人君子,如果行为完美,没有过失,小人也会因嫉妒之心更不能容忍。由此可见,君子和小人相处,一定要有高姿态,平心静气地对待小人,不能够在行为上有任何急躁的举动。

【点评】 上行则下效,学坏容易学好难。做父母兄长的,一定要为子女兄弟做出表率,好的行为需要长期的培养,而父母兄长不良的行为,很容易给子弟们带来不良影响。

卑鄙的小人对君子存有嫉妒之心,时时想惹是生非,诬陷君子。君子言行没有过错,他们都会编出谣言,倘若君子偶有过失,他们更会抓住不放。所以君子与小人相处,一定要洁身自好,遇到问题尤其要保持冷静,不可激切而中小人的诡计。

富贵而须收敛 困穷有志振兴

【原文】 **莲朝开而暮合,至不能合,则将落矣,富贵而无收敛意者,尚其鉴之。草春荣而冬枯,至于极枯,则又生矣,困穷而有振兴志者,亦如是也。**

【译文】 莲花早晨开放而在傍晚闭合,到了不能闭合时,那就是要凋落了,富贵而不

知道自我约束的人,还要以此为鉴戒。野草春天繁盛到冬天枯萎,等到极枯时,就是又要发芽的时候,处于困境贫穷中而有振兴志向的人,也要以此自我激励。

【点评】 物极必反,否极泰来。事物发展到了顶峰就会开始走下坡路,历史上朝代的更替,家族的兴衰,无不印证了这个规律。没有一个家族能做到长盛不衰,大富大贵之后的下一代,很少能有上辈的显赫声势,而多成为碌碌无为之辈。这是因为不注意自我约束的缘故。

暂时处于低谷的人,如果经过刻苦的努力,终有翻身之日,正如春荣冬枯的小草,经过与严寒的抗争,必定会发出新芽一样。所以古人有诗曰:"离离原上草,一岁一枯荣,野火烧不尽,春风吹又生。"

须留读书种子　莫忘稼穑艰辛

【原文】 **家纵贫寒,也须留读书种子;人虽富贵,不可忘稼穑艰辛。**

【译文】 即使家境很贫寒,也要让子孙读书;虽然已经是大富大贵的人,也不可忘记耕种收获的艰辛。

【点评】 在古代,贫穷之人的唯一出路是通过科举考试而步入仕途,进入上流社会,所以为了将来能出人头地,孩子从小就被灌输以"万般皆下品,唯有读书高"的思想,即使是极为贫困的人家,也要尽力让孩子有接受教育的机会。以今天的眼光来看,做官并不是唯一的出路,但在高科技时代,如果没有知识,确实也难以胜任很多工作,故刻苦读书仍是一种必然要求。

节俭是载福的车,奢侈是造成祸患的根源。富贵的人,如果不知生活的艰辛,未必是福。有一首古诗时时提醒人们不要忘记稼穑的艰难:"锄禾日当午,汗滴禾下土。谁知盘中餐,粒粒皆辛苦。"

人生不可安闲　日用必须简省

【原文】 **人生不可安闲,有恒业,才足收放心;日用必须简省,杜奢端,即以昭俭德。**

【译文】 人活在世上不能够只满足于安逸闲淡,有了长久经营的事业,才能够将放失的本心收回。平常花费必须简单节省,杜绝奢侈的习性,就可以显示出勤俭的美德。

【点评】 读书人必须要有追求学问道德的恒心,将读书作为一心一意的事业。没有恒心,则一事无成。荀子《劝学》中说:"锲而不舍,金石可镂;锲而舍之,朽木不折。"所谓恒心,就是将安逸放纵的本心收回,放在学业上,孟子说的"学问之道无他,求其放心而已矣",就是这个意思。

日常的生活不必过于讲究,孔子曾用"一箪食,一瓢饮"称赞颜回安贫守俭,又曾说:"饭疏食饮水,曲肱而枕之,乐亦在其中矣;不义而富且贵,于我如浮云。"衣服佩饰超过了一个人应该享有的,就一定不会有好结果,所以《左传》上说:"服美不称,必以恶终。"

处变熟思审处　家衅忍让曲全

【原文】 **凡遇事物突来,必熟思审处,恐贻后悔;不幸家庭衅起,须忍让曲全,勿失旧欢。**

【译文】 凡是遇到突如其来的情况,一定要深思熟虑后再慎重处理,以免处理过后

又后悔；如果家庭中不幸发生纠纷，一定要以忍让之心委曲求全，不要因此失去过去的和睦欢乐。

【点评】 对突然发生的事件，一般都没有思想准备，处事经验不够丰富的人，往往临事慌张，匆忙做出处理，可是事后又生出后悔之心，觉得处置得不是十分恰当。因此愈是情况紧急，愈要沉得住气，愈是突发事件，愈要深思熟虑，将事情的前因后果分析仔细，在权衡利害得失的基础上，做出最佳选择。

家庭中既有父母兄弟姐妹这样的血缘关系，也有翁婿、婆媳、妯娌等非血缘关系，各人的性格脾气爱好不同，经历背景不同，对事物的看法也不一样，自然免不了会产生矛盾，而且这种家庭矛盾很难用“是”与“非”来做出判断，只能通过互相理解、宽容来化解，以保持家庭的和睦与安宁。

念祖考创家基　为子孙计长久

【原文】 念祖考创家基，不知栉风沐雨，受多少苦辛，才能足食足衣，以贻后世；为子孙计长久，除却读书耕田，恐别无生活，总期克勤克俭，毋负先人。

【译文】 祖先创立家业，不知道经过多少风风雨雨，受了多少艰难困苦，才能做到丰衣足食，以将家业传给后世；为子孙的将来长远地着想，除了读书和种田，恐怕再没有别的生活，总希望能够保持勤俭，不要辜负了祖先。

【点评】 自古以来，当各方英雄并起时，只有经过激烈的斗争与生死的较量才能建立帝王之业，而家业的兴起也同样是通过祖祖辈辈几代人的努力，才能有一个丰衣足食的生活环境，所以要饮水思源，时时牢记创业的艰辛，守好祖宗留下的基业。

读书可以明理，耕种可以养身。为子孙的长远计，应该让子孙读书学好知识，并掌握劳动的技能，这样才能够继承家业，不辜负先辈的期望。

齐家先修身　读书在明理

【原文】 齐家先修身，言行不可不慎；读书在明理，识见不可不高。

【译文】 治理家事先要修身养性，一言一行不能够不谨慎；读书的目的在于通达事理，认识和见解不能不高深一些。

【点评】 “古之欲明德于天下者，先治其国；欲治其国者，先齐其家；欲齐其家者，先修其身……身修而后家齐，家齐而后国治，国治而后天下平。自天子以至于庶人，是皆以修身为本。其本乱而未治者，否矣。”古人以修身齐家治国平天下作为人生追求的目标，而将修身作为最重要的修养基础，故己身不修，何论齐家，更谈不上治国平天下的大业。修身首要就在于自身言行谨慎从而能成为人们的楷模。

读书要懂得其中的义理才有意味，不然就是读尽天下的书，也没有什么益处。要明白其中的义理，就必须专心致志，如果读书时心有旁骛，必定不能理解其中的精微之处。

谨守规模　但足衣食

【原文】 凡事谨守规模，必不大错；一生但足衣食，便称小康。

【译文】 凡事只要谨慎地遵守一定的规则与模式，一定不会出现什么大的差错；一辈子只要丰衣足食，就可以称得上是比较安逸的小康家境。

【点评】 人们在多次重复的工作中总结经验教训而形成的规则和模式，凝结了大量的智慧和人生哲理，今人的工作都是在往昔人们工作的基础上进行的，依照这些已经形成的规则办事，只要不是极特别的情况，一般不会出现大的错误。所以改变规则必须在极有把握的情况下才能进行。

小康即小安。中国传统的思想提倡小安则可，认为丰衣足食就应该满足，这样知足常乐，可以使社会比较安定。但是从现代社会发展的需要来看，如果忽略了人们要吃好、穿好、住好、用好的要求，忽略了人们基本需要满足后会产生更高的要求，就是忽视了人性中的另一面，社会的发展也失去了应有的动力。

第八篇　教子篇

教小儿宜严　待小人宜敬

【原文】 教小儿宜严，严气足以平躁气；待小人宜敬，敬心可以化邪心。

【译文】 教导小孩子应当严格，因为严格的态度可以消除孩子心中存在的浮躁心气；对待邪恶阴险的人应当采取尊重的态度，因为尊重的态度可以化解那些小人的邪恶之心。

【点评】 将小人与小儿并举，并提出不同的对待方法，确实是王永彬先生之睿见。小儿好奇心强，注意力难以集中，心神不安，这就是躁气，要通过严格的教育培养其良好的习惯，为将来成才打下基础。而小人则心思邪僻，挖空心思来害人，对这样的人，不能采取严厉的手段，而要采取感化的方法，用“敬”字诀，通过敬，唤醒对方的良知，使之改恶从善，即使达不到感化的目的，以敬待人，至少也不会受到小人的迫害。

教子弟于幼时　检身心于平日

【原文】 教子弟于幼时，便当有正大光明气象；检身心于平日，不可无忧勤惕厉工夫。

【译文】 在子弟幼年时就开始教导，培养他们正直、宽广、光明磊落的气概；在日常生活中要时时反省自己的行为，不能没有忧患意识和自我督促、砥砺的修养功夫。

【点评】 “好雨知时节，当春乃发生。随风潜入夜，润物细无声。”孩子幼小时，一尘不染，像一团白色的海绵，既容易吸收水分，着色力又很强，若染上了污垢，改变就比较困难了。所以对孩子的教育要从早抓起，从小事抓起，在孩子幼小的心灵中建立良好的思想品德基础，培养其正直向上的性格，使孩子在起跑线上就开始健康成长。

孔子说：“吾日三省吾身。”有德行的君子，要时时关注自己的言行，不能有丝毫的懈怠，天天察验自己的言行，反躬自问，才会充满智慧，而且也不会在行动中犯错误。

德足以感人　财足以累己

【原文】 每见待子弟严厉者，易至成德；姑息者，多有败行，则父兄之教育所系也。又见有子弟聪颖者，忽入下流；庸愚者，转为上达，则父兄之培植所关也。人品之不高，总

为一利字看不破；学业之不进，总为一懒字丢不开。德足以感人，而以有德当大权，其感尤速；财足以累己，而以有财处乱世，其累尤深。

【译文】 经常见到对待子孙十分严格的人，容易使子孙养成好的品德；对待子孙姑息迁就的，子孙大多有道德败坏的行为。又看见聪明的子孙，忽然成为品性低下的人；天资愚笨的，反而具有良好的品德，这些都与父兄的教导培养有关。人的品德不高，都是因为看不透一个利字；学问没有长进，总是因为不能抛开一个懒字。品德足以感化他人，而品德高尚又有很高的威望，那么这种感化尤其迅速；钱财富足可牵累人，而有很多钱财又处在混乱的社会中，这种牵累尤其严重。

【点评】 人生的道路，并不是先天定下的，而在于后天的培养教育和自身的努力。天资愚笨的人，经过努力，可以进入上流社会，天资聪明的人误入歧途也会走上犯罪的道路。所以当人生面临生与死、苦与乐、义与利、荣与辱、善与恶的选择时，不能不做出正确的判断，一旦失误，将悔之晚矣。人生的道路很长，但关键处只有一两步，不能不慎重对待。

偷安不可纵容　谋利哪能专教

【原文】 **纵容子孙偷安，其后必至耽酒色而败门庭；专教子孙谋利，其后必至争赀财而伤骨肉。**

【译文】 放纵容忍子孙沉溺于眼前的安乐，子孙以后一定会沉迷于酒色而败坏门庭；一心只教导子孙去谋取钱财，子孙以后一定会因争夺财产而伤害骨肉亲情。

【点评】 教子应该严格，子女在青少年时代不宜生活在事事顺心、志得意满的环境之中。少年的顺境容易使人骄傲，得意忘形而招致失败；少年时期生活环境优越容易使人脆弱，难以经受生活的考验。那些败坏门风的酒色之徒多是在少年时代缺乏管教的人。

教子要有方，应该教导子女刻苦学习，通过读书考取功名；加强修养，通晓经文，知道礼义廉耻。这样子女们才不至于走到不孝小人的圈子里面去。而专门教子女谋求利益，子女就会失去做人的基本道德，放弃读书的乐趣而成为财富的奴隶。所以，古人所说的，“留给子孙黄金满筐不如一经”，是非常有道理的。

醇潜子弟　悠久人家

【原文】 **谨守父兄教条，沉实谦恭，便是醇潜子弟；不改祖宗成法，忠厚勤俭，定为悠久人家。**

【译文】 谨慎地遵守父亲兄长的教导，沉稳诚实、谦逊恭敬，就是忠厚的好子弟；不随意改变祖宗传下来治家的好方法，忠诚厚道勤奋俭朴，一定能使家道延续、长久不衰。

【点评】 传统的治家思想，要求子弟遵守父兄的教诲，父兄为子弟做出榜样，这样要求，一是父兄为一家之长，能起督促带动作用，二是长辈的阅历经验比较丰富，能够避免子弟的莽撞。

诚实谦恭、忠厚勤俭与儒家思想中的温、良、恭、俭、让和仁、义、礼、智、信的道德要求相适应，是历代治家经验的积累，所以成为家庭成为员遵守的基本的道德准则。

有才何可自矜　为学岂容自足

【原文】　观周公之不骄不吝，有才何可自矜；观颜子之若无若虚，为学岂容自足。门户之衰，总由于子孙之骄惰；风俗之坏，多起于富贵之奢淫。

【译文】　古代圣贤周公不因为自己才德过人而有骄傲和鄙吝的心，所以有才能的人怎么能骄傲自大呢？孔子的弟子颜渊永葆若无若虚的境界，所以做学问怎么能自我满足呢？一个家族的衰败，都是由于子孙的骄傲懒惰；而社会风俗的败坏，多是因为奢侈浮华之习气造成的。

【点评】　周公协助周武王制订了周朝的礼乐制度，以德才之美而名扬后世，受人敬佩，但是他并不以此自骄自矜，因为才智是服务于社会的，如果空有其才却自高自大，不能为社会所用，那么才华再高又有何益呢？所以孔子说，如果有周公这样的才德，但是既骄傲且鄙吝的话，也就一无可取之处了。

颜渊是孔子的得意门生，其德行十分高尚，孔子经常赞扬他，但他学习更加谦虚，为人更加谨慎。正如一个圆越大，那么圆弧也越长一样，愈是学问高深的人，愈会感到自己的不足。

而骄惰和富贵则是败坏门庭、导致奢淫的温床。一个家族如果养出骄惰的子孙，那么败坏门庭的必定就是此人了；一个社会如果出现奢侈浮华之习，那么伤风败俗就从此开始了。

使乡党无怨言　教子孙习恒业

【原文】　与其使乡党有誉言，不如令乡党无怨言；与其为子孙谋产业，不如教子孙习恒业。

【译文】　与其刻意去追求乡邻们的赞扬，不如谨守自己的行为，让乡邻们对自己毫无抱怨；与其为子孙去谋求田产和财富，不如教育子孙学习，让他们有可以恒久谋生的能力。

【点评】　人要想做一两件好事是很容易的，做了好事也自然会赢得称赞。但人无完人，金无足赤，要一辈子做好事，不做坏事，永远不让人抱怨却很难，所以善修身者，要时时反省自己，处处严格要求，争取少犯错误，多做好事。

"人往高处走，水往低处流"，为子孙谋取产业也是人之常情，但如果子孙无能，再多的财富也会坐吃山空，所以培养子孙谋生的本领比给其财富更重要。俗话说："若是子孙不如我，留下财富做什么？若是子孙胜过我，留下财富做什么？"这句话是很有哲理的。

读书便是享福　创家不如教子

【原文】　何谓享福之人，能读书者便是；何谓创家之人，能教子者便是。

【译文】　什么样的人可以称作享福的人，能够读书并能从读书中得到快乐的人就是；什么样的人可以称作能创立家业的人，有能力教导子孙并善于教导子孙的人就是。

【点评】　古代有很多以读书为乐的例子。茅鹿门就曾买了几千卷书放在家中，并将祖先留下的几百亩田的收成作为接待宾客的费用，和诸多弟子们以讲书读书为乐趣。所以有人评价说："美宅良田，人尽不少，置书乐客，吾未一见矣。"又传说杨博在狱中关了十

年，长年累月由家里人送饭，常常断粮，生死未卜，但他却刻苦读书不间断，同牢的人说："事情已经这样了，还读书干什么？"杨博说："早上读通书中的道理，就是夜晚死了也算不了什么。"可见以读书为乐的人确实很多。

真正善于建立家业的人，就是善于教育子孙的人，能够教育好子弟，比留下万贯家财有益得多。汉代疏广辞官回老家后，将皇帝所赐的万贯钱财都用来宴请乡人、故旧，有人劝他留一些给子孙，疏广说，如果子孙勤奋，自然能够创造财富，我何必留给他们财富呢？如果子孙不肖，再多的钱财也会被他们挥霍，我又留财产给他们干什么呢？

教易入则劳之　教难行则养之

【原文】　子弟天性未漓，教易入也，则体孔子之言以劳之（爱之能勿劳乎），勿溺爱以长其自肆之心。子弟习气已坏，教难行也，则守孟子之言以养之（中也养不中，才也养不才），勿轻弃以绝其自新之路。

【译文】　当子弟的天性还未受到污染时，教导他比较容易，那么应该按照孔子所说的"爱之能勿劳乎"去教导他，不要过分宠爱他，滋长他放纵不受约束的习性；当子弟已经养成了坏习气，教导他很难奏效了，那么应该遵循孟子所说的"中也养不中，才也养不才"去教养他，不能轻易放弃，使他失去改过自新的机会。

【点评】　孔子说，年少时养成的习惯，就像本来如此；长期养成的习惯，就像本来如此。而俗语说："教育媳妇要从刚过门开始，教育子女要从婴儿时期开始。"对孩子的教育，一开始就不能溺爱，否则等到骄横傲慢的习惯已经养成，再来制止，即使施加再大的压力，也不容易纠正。

而孩子的坏习惯一旦养成，也不能抛下不管，宋代诗人陆游曾说，子孙后代中变坏的人，父母不要轻视他们，要加以管束，让他们熟读经书和诸子百家的言论。对他们进行教育必须宽容、厚道、恭敬、谨慎，不要让他们与轻浮浅薄的人结交来往。像这样坚持十多年，那么他们就会自然养成好的志向和情趣。

富贵难教子　贫穷要读书

【原文】　富家惯习骄奢，最难教子；寒士欲谋生活，还是读书。

【译文】　富贵人家习惯于奢侈豪华，最难教育子弟；贫寒的人要谋得生路，还是应该走读书这条途径。

【点评】　富有之家的子女，从小就生活在甜蜜缸中，不知道创业的艰难，容易养成骄奢的生活习惯，意志脆弱，不思学习，而他们的父母如果只沉醉于牟利赚钱，放纵孩子的不良习气，则子女很难成为栋梁之材。

贫穷的人，经历种种的磨难，知道生活的艰难，往往会立志读书。穷则思变，而读书是穷人改变命运的唯一出路。

第九篇　知人篇

敦古朴之君子　讲名节之大人

【原文】　风俗日趋于奢淫，靡所底止，安得有敦古朴之君子，力挽江河；人心日丧其廉耻，渐至消亡，安得有讲名节之大人，光争日月。

【译文】　社会之风气日渐追求奢侈放纵，没有停止的时候，怎样才能出现一位有古代质朴风范的君子，振臂一呼，改变江河日下的局面；世人清廉知耻之心已快完全沦丧，怎样才能出现一位讲名节的伟大人物，唤醒世人的廉耻之心，其德行能与日月争辉。

【点评】　面对社会风气的腐朽，大多数人随俗沉浮不自知，而有志向和德行的君子痛感世风日下，会大声疾呼全社会重视道德建设，力挽狂澜，改变社会风气。知廉就是不取非分之物，知耻就是问心无愧，在世人都为名利而奔忙的时候，应该有谦谦君子出现，提倡崇尚气节、重视廉耻的道德观念，这些人是社会的脊梁，其德行可与日月争辉。

常人可再兴　大家难复振

【原文】　常人突遭祸患，可决其再兴，心动于警励也。大家渐及消亡，难期其复振，势成于因循也。

【译文】　一个平常的人，突然遭遇到灾难或祸患的打击，可以立志奋发努力战胜灾难忧患，以图东山再起，这是因为他的心中不断地提醒和激励自己不要丧失信心。但是当大家都丧失了斗志，一个个逐渐意志消沉，逐渐走向灭亡的时候，是很难再期望这些人重新振作了，因为他们已形成相互因循走向失败的势头，难以改变了。

【点评】　一个人的力量有限，但集体的力量就十分强大，集体的智慧形成合力比这个集体中每个个体的智慧也许会大几倍、几十倍甚至上百倍。同样，个体受到挫折，也许很容易就能振作起来，而社会秩序混乱之后再恢复，就需要长期的过程。特别是当社会结构已经腐败时，希望在腐朽的基础上恢复活力已经是不可能的了，只有打破旧的制度，建立新的制度。这个道理说明社会是由个人所组成，但并不是简单的组合，对个体与社会之间的关系判断不能用简单的算术法则。

义士能舍得钱　忠臣能舍得命

【原文】　读《论语》公子荆一章，富者可以为法；读《论语》齐景公一章，贫者可以自兴；舍不得钱，不能为义士；舍不得命，不能为忠臣。

【译文】　读《论语·子路篇》公子荆那章，觉得富有的人可以效法；读《论语·季氏篇》有关齐景公那一章，觉得贫穷的人可为之而奋发。如果舍不得金钱，就不可能成为侠义之士；舍不得性命，就不可能成为一个忠心耿耿的臣子。

【点评】　公子荆对财富有正确的态度，既知足常乐，又善于理财，贫不丧志，富不骄人，能够保持心境的平和。当初他并没有什么财富，却说："还够用。"稍有财富时，他说："可以算是很完备了。"到富有时，他说："已经完美无缺了。"

齐景公养马千匹，却没有什么美德值得百姓称道，而伯夷叔齐不愿意食用周粟，饿死在首阳山上。如果伯夷叔齐爱财，就会接受周朝的俸禄，如果伯夷叔齐惜命，也就不肯饿死在首阳山。

以名教为乐　以悲悯为心

【原文】 **君子以名教为乐，岂如嵇阮之逾闲；圣人以悲悯为心，不取沮溺之忘世。**

【译文】 正直的人应该以研究圣贤之教为乐事，哪能像嵇康阮籍等人不守规范崇尚清谈；圣贤的人抱有悲天悯人的胸怀，不能效法长沮、桀溺逃避尘世。

【点评】 嵇康、阮籍是晋代名士，他们愤世嫉俗，形骸放浪，都是竹林七贤之一。嵇康性懒散，说："每要小便，忍而不起，令胞中略转乃起耳。"而当山涛推举嵇康担任曹郎，嵇康说自己有七不堪任。又传说嵇康看见一个鬼进来，就将烛吹灭，说："我耻与鬼争光。"《晋书·阮籍传》："籍又能为青白眼。见礼俗之士，以白眼对之。及稽喜来吊，籍作白眼，喜不怿而退。喜弟康，闻之乃斋酒携琴造焉，籍大悦，乃见青眼。由是礼法之士疾之若分。"他们的行为虽然怪僻，但摆脱世俗的节操十分高尚，这也是他们在特定政治环境下的斗争手段。如果现代有人不加分析，一味地模仿，故作风流，那只是东施效颦而已。

长沮、桀溺是春秋时代的两位隐士，孔子叫子路问路，曾遇见他们。他们主张逃避现实，这对于以拯救社会为己任的志士来说，是不可取的。

饱暖岂足有为　饥寒乃能任事

【原文】 **饱暖人所共羡，然使享一生饱暖，而气昏志惰，岂足有为？饥寒人所不甘，然必带几分饥寒，则神紧骨坚，乃能任事。**

【译文】 人们都希望能过一种吃得饱穿得暖的生活，然而一生都生活在温饱之中不经受饥寒的人，其精神志气会松懈懒惰，这样怎么能有所作为呢？人们都不甘心过着饥饿和寒冷的生活，然而只有感受过寒冷和饥饿的，才会精神抖擞，骨气坚强，承担重任。

【点评】 饱暖思淫欲。过于享受的人，吃的是美味佳肴，听的是靡靡之音，视的是美景女色，必然是贪图于享受而忘记了勤勉，沉迷于声色而忘记清廉，放松了品德的修养，要他有所作为怎么可能呢？

清苦劳累，对人的身心是一个考验。只有经过饥寒的人，才会更加发奋努力，成就一番事业。所以孟子说："天将降大任于斯人也，必先苦其心志，劳其筋骨，饿其体肤，空乏其身，行拂乱其所为。所以动心忍性，曾益其所不能。"如此方能成就大事。

势利百般皆假　虚浮一事无成

【原文】 **势利人装腔作势，都只在体面上铺张，可知其百为皆假；虚浮人指东画西，全不向身心内打算，定卜其一事无成。**

【译文】 看重财产地位的人装腔作势，都只是做的表面文章，其所作所为都是虚假的；轻率浮躁的人忽而东忽而西，内心中没有既定的目标，可以预料这样的人做什么事都无法成功。

【点评】 势利的人爱财富与地位，削尖脑袋钻营，他们有了钱就恃财放荡，自我炫

耀，显露出装腔作势的丑态，而待人则极为虚伪，遇到有权有势的人就趋炎附势，卑躬屈膝，面对平民百姓则盛气凌人，不可一世。其一言一行都表现出虚假做作的本性。

浮浅的人毫无真才实学，胸无点墨，却喜欢夸夸其谈，指东画西，说三道四。讲起话来天南海北，似乎什么都懂。什么都比别人强，可是动起手来，却一事无成。如此终受人鄙弃。

一望而可知　不必推五行

【原文】　**和为祥气，骄为衰气，相人者不难以一望而知；善是吉星，恶是凶星，推命者岂必因五行而定。**

【译文】　平和就是一种祥瑞之气，骄傲则是一种衰败之气，所以看相的人很容易一眼就看得出来；善良就是吉星，恶毒就是凶星，算命的人根本不必按照什么阴阳五行也能推断出吉凶。

【点评】　平和首先符合养生的要求，平易而清静无为，忧患就不能进入胸中，邪气也不能侵袭，精神不致亏损，寿命也可延长；平和也是处世之道，待人和气，容易与人接近，行事也会顺利而不受阻滞。所以平和是一种祥瑞之气。骄横者目空一切，狂妄自大，与人难以相容，精神也不能集中，因此导致失败。

为善的人，看上去也显得慈眉善目，为恶的人看起来也会像凶神恶煞，善于观察的人，不必去通过什么阴阳五行推测就可以一眼看出。

仗秤心斗胆　有铁面铜头

【原文】　**成大事功，全仗着秤心斗胆；有真气节，才算得铁面铜头。**

【译文】　能够成就大事业的人，完全是凭着坚定的信念和卓越的胆识；有真正高尚的志气和节操的人，才能做到铁面无私，坚忍不拔。

【点评】　志不立，天下无可成之事，历史上能成就大业的人，不仅要有杰出的才能，还必须有坚忍不拔的意志。王安石曾说："世之奇伟瑰怪非常之观，常在于险远，而人之所罕至焉，故非有志者不能至也。"圣贤豪杰不是天生的，只要我们确定目标去奋斗，每个人都能成功。

大丈夫为人处世，少不了的就是正直的节操，孟子说："富贵不能淫，贫贱不能移，威武不能屈。"意思是说，高官厚禄收买不了，贫穷困苦折磨不垮，强暴武力威胁不了，这种不被任何压力所改变的坚贞，就是真正的气节。

须无执滞心　要做本色人

【原文】　**无执滞心，才是通方士；有做作气，但非本色人。**

【译文】　没有执着滞碍的心，才是通达事理的人；有矫揉造作的习气，便无法做朴实无华的人。

【点评】　执滞，就是固执而不能通达。《韩非子·五蠹》中载：宋国有一个农夫，他的田中有一棵树，一只奔跑的兔子撞树而死，农夫就放下锄头守在树旁，希望能再次捡到撞死的兔子。实际上兔子是不可能再得到的，而农夫的行为却被人们当作笑话。这个农夫就是有执滞之心。其人偏执不化，自然难以对事物有正确全面的认识。而学问广博、

心地宽广的读书人,不为一时一事所拘泥,心中无执滞,故能通达事理。

生性坦荡的人,为自己而活,充分体现出潇洒自由的本性,不必为了改变别人对自己的看法去改变自己的性情,失去自身的价值。蓄意矫揉造作者,则是为别人而活,整天罩着假面孔,还有什么自我价值可言。

有德足传　不在能言

【原文】 **人之足传,在有德,不在有位;世所相信,在能行,不在能言。**

【译文】 人的名声足以被人流传赞美,在于有良好的品德,不在于有多高的权位;世人相信一个人,主要看他的行动如何,并不看他是否会说。

【点评】 德行高尚才能美名流传于后世,能做实事才能服人。自古以来的帝王可谓权高位显,但是值得后世称道的却不多,而圣人孔子、亚圣孟子却都以高深的学问修养为世人所尊敬。

一个人能否被人相信,不在于嘴上讲得如何,而在于实际做得如何,所以俗语说"听其言,观其行"。有的人光说不做,立志不少,成绩全无;有的人嘴上滔滔不绝,实际工作却大打折扣。因此要相信一个人,一定要看他是否有实际成果,成果才是真正判断人的标准。

精勤可企而及　镇定非学而能

【原文】 **陶侃动甓官斋,其精勤可企而及也;谢安围棋别墅,其镇定非学而能也。**

【译文】 晋代的陶侃闲居广州时,每天要搬砖入室,借此磨炼意志,这种勤勉的态度令人尊敬,易于效法;晋代的谢安当喜讯传来时,依然能与朋友从容下棋,这种镇定的态度,就不是随便学得来的。

【点评】 没有顽强的意志,做不了艰巨的大事。陶侃为了收复中原,每天搬砖磨炼自己的意志,这种精神值得我们每一个人学习。东晋还有一个著名的人物祖逖,他年轻时和中山人刘琨都心怀报国之志,经常谈到很晚,夜里睡在一张床上。有一天清晨,祖逖醒来听到远远的鸡叫声,于是就把刘琨踢醒,对他说:"这不是坏声音啊!"于是两人一起起来,到庭院中去练习剑术。这就是著名成语"闻鸡起舞"的故事,也是一个磨炼自我意志的好例子。

无才尚可立功　无识必至偾事

【原文】 **忠实而无才,尚可立功,心志专一也;忠实而无识,必至偾事,意见多偏也。**

【译文】 忠厚诚实的人虽然才能一般,但还有可能建立功业,这是因为用心专一的缘故;忠厚诚实但没有胆识,必然会导致失败,这是因为其想法和见解都偏离正确方向的缘故。

【点评】 即使才力稍弱些,但只要踏实努力专心致志地追求,也可以成就事业。《荀子·劝学篇》中说,蚯蚓既没有尖利的爪子和牙齿,也没有强壮的筋骨,但却能上以尘土为食,下饮黄泉之水,这就是它用心专一的缘故。人如果蚓蚯蚓锲而不舍的精神,也能做出成绩。

相反,如果缺乏见识,没有正确的方向,即使再努力,也可能会将事情弄糟。正像要

到南方去，却驾着车向北方行，走得越快，却离目的地越远，岂不成了受人嘲笑的南辕北辙之误了？

迂拙不失正直　虚浮难为高华

【原文】　**正而过则迂，直而过则拙，故迂拙之人，犹不失为正直。高或入于虚，华或入于浮，而虚浮之士，究难指为高华。**

【译文】　做人过于刚正就会显得有些迂腐不通世故，过于直率就会显得有些笨拙，所以迂腐和笨拙的人还未失去正直的本心；理想太高或许会陷入空想，太奢华或许会陷入浮躁，而空想与浮躁的人，终究不能被看作是高明有才华。

【点评】　正直的人，坚持真理不回头，所以往往被人认为是迂腐，但他们表现出来的是昂扬向上的正气。当然如果能讲究方法策略，做到智圆行方则是再好不过的了。

而虚浮之士夸夸其谈，以华丽的外表掩盖内心的空虚，虽然能蒙蔽一些人，但终究是一股虚妄不实的邪气，无根之木是难以结出硕果的。

循矩度须精神　守章程知权变

【原文】　**为人循矩度，而不见精神，则登场之傀儡也；做事守章程，而不知权变，则依样之葫芦也。**

【译文】　如果为人只是机械地按规矩做事，却体现不出规矩的本质所在，那么只是像戏台上受人控制的傀儡一样；如果做事情只是按章程做，却不知道灵活变化，那就像依样画葫芦，只会模仿罢了。

【点评】　没有规矩，不成方圆。然而规矩是人制定的，制定规矩的本意是为了更好地达到目的，如果拘泥于规矩，不知定规矩的目的，就是失去了其本意。正如戏台上的傀儡，只是机械地受人制约，毫无一丝一毫生机，死守规矩不见精神的人与傀儡又有什么两样。

按章程办事，当然是很应该的，但面对新情况、新问题，应该善于随机应变，如果墨守成规，将大量的精力用来去研究如何符合章程，而不是灵活地运用章程来解决碰到的新问题，那就如同画地为牢，不知随机变通的人一样，永远只会依样画葫芦而已。

在细微处留心　从德义中立脚

【原文】　**郭林宗为人伦之鉴，多在细微处留心；王彦方化乡里之风，是从德义中立脚。**

【译文】　郭林宗察知人伦之间的道理，往往在细微之处留意自己的言行；王彦方教化乡里的风气，是以道德和正义作为根本的。

【点评】　汉代人郭林宗以善察伦理之道而闻名，他生平好品评人物，却不危言骇论，故党锢之祸得以独免。所以范滂称他"隐不违亲，贞不绝俗；天子不得臣，诸侯不得友"。郭林宗对学生首先教育以伦理道德，魏德公子向他求学，他命魏德公子做粥，郭林宗将粥倒在地上，说有沙，不能吃。这样倒了三次，魏德公子毫无怨言，郭林宗说，今天才看见你的真心。于是将绝学传授给他。因为郭林宗名望很高，士人争相结交，郭林宗每次出门，都装满一车求见的名刺回来。

汉代人王烈，字彦方，平时居住以德行感化乡里，凡是有争议的事，人们都前来向他请教。他曾对盗牛的人施以教化后将他放走，后来有人丢失了剑，有一个人在路上等候失主，这个人就是先前的盗牛者。他已浪子回头，改变了操守。

有不可及之志　无不忍言之心

【原文】　有不可及之志，必有不可及之功；有不忍言之心，必有不忍言之祸。

【译文】　有不能轻易达到的志向，一定会建立不同凡响的功业；有不忍心指出别人错误的想法，一定会因不忍心批评别人而造成祸患。

【点评】　立大志者则能成大业，志向有多高，事业也会有多大。如果志向只是末等的，你只向那个末等的目标努力，实现之后也因此沾沾自喜；如果志向是中等的，你只向那个中等目标迈进，并去实现它；如果志向高远，那么你就会加倍地努力，用你全部潜力为之奋斗。这是因为你树立什么样的志向，你的潜意识中就会做什么样的努力，你得到的结果也与志向的高低一样。

对于身上长的疮，最好是让它破头而出，然后愈合。如果想捂住疮痛，只会越捂越大，将小疮捂成大痛。对于错误，最好的办法是揭开盖子，纠正它，一时不愿意纠正，最后酿成大祸，悔之莫及。

无财非贫　无德乃孤

【原文】　无财非贫，无学乃为贫；无位非贱，无耻乃为贱；无年非夭，无述乃为夭；无子非孤，无德乃为孤。

【译文】　没有财富不能算是贫穷，没有学问才是真正的贫穷；没有地位不能说是卑贱，没有廉耻心才是真正的卑贱；年岁不长久不能说是短命，一生中没有值得称道的事才是真正的短命；没有子女不能说是孤独，没有品德才是真正的孤独。

【点评】　自古以来，人们就将道德学问作为评价一个人的真正标准，对于“贫”“贱”“夭”“孤”都有相应的价值尺度。一个内心充实、心灵美好的人，才是人格完善的人，而钱财、地位都不能作为评价的标准，所以说一个人没有财富不能说他贫穷，不学无术、胸无点墨才是真正的贫穷；没有地位不能说是卑贱，毫无廉耻之心才是真正的卑贱。年岁的长短并不重要，主要是看其对社会的贡献如何，贡献很大，即使英年早逝，人们也会很敬重他；行尸走肉，纵使活一百年，又对社会有什么益处呢？至于人内心的充实与孤独，也不是看他子嗣如何，关键是看其品德如何，有德之人受人敬爱，他得到人们的爱戴，怎么会感到孤独呢？

有为不轻为　好事非晓事

【原文】　古今有为之士，皆不轻为之士；乡党好事之人，必非晓事之人。

【译文】　古往今来有作为的人，都不会轻率地行事；乡里中的好事之徒，一定不是什么事情都通晓的人。

【点评】　不打无把握之仗，不打无准备之仗。“不轻为”就是在没有把握之前不贸然行事，“不轻为”故能有为。做一件事情，必须经过细致的观察和周到的准备，才可能取得成功。轻率妄为者，难以成就大业。

好事之徒，喜欢夸夸其谈，搬弄是非，说起来天南海北，无所不知，无所不能，做起来眼高手低，事事不能，这样的人，并非有什么真才实学，只是一些轻浮之徒而已。

执拗不可谋事　机趣始可言文

【原文】　性情执拗之人，不可与谋事也；机趣流通之士，始可与言文也。

【译文】　性情固执偏激的人，往往不能和他共同谋划大事；天性充满情趣而活泼的人，才能够和他谈论文学中的奥妙。

【点评】　只依着自己的性子去做事，而不理智的人，外不能看到事情的变化，内不能看到自己的偏执和缺失，和这种人一起做事，不但于事无益，而且处处碍事，使事情不能得到完满的结果。

酒逢知己千杯少，话不投机半句多。文章是性情的流露，志趣是感情的媒介。在有共同爱好、兴趣的基础上，活泼、机灵的人，适应性强，聪明有灵气，这样就易于疏通感情，领悟文学的韵味。

有守有猷有为　立言立功立德

【原文】　有守虽无所展布，而其节不挠，故与有猷有为而并重；立言即未经起行，而于人有益，故与立功立德而并传。

【译文】　有良好的操守即使难以推广，然而志节不屈，所以和有道义有作为是同等重要的；创立学说虽然并未以行动来加以表现，但是对他人有益，因此与建立事业和建立圣德是同样值得传颂的。

【点评】　有守、有猷、有为，即有操守、有道义、有作为，这三者都是对人的基本要求，但是如果客观环境不具备使我们有所作为的条件，退而求其次来说，能够有良好的操守，坚持志节不屈不挠，也是与有道义有作为同样重要。

立言、立功、立德，即建立学说、建立事业、建立圣德，这是建立不朽功业的三个层次。虽然古人认为“大上有立德，其次有立功，其次有立言，虽久不废，此之谓不朽”，但是同时做到三不朽者毕竟有限，能够做到立言传之久远，也可以说是与立功、立德同样重要了。

知人者智　自知者明

【原文】　自己所行之是非，尚不能知，安望知人？古人已往之得失，且不必论，但须论己。

【译文】　自己所做的事是对还是错，自己都不知道，那么怎么希望能够了解别人？古人过去的得与失，暂且不去评论，只是先要对自己的行为做出正确的判断。

【点评】　人贵有自知之明，一个人对自己的错误都不知道，很难想象出他能了解别人或正确地对他人做出判断。因为这些人自高自大，我行我素，凭着自己的个性、爱好，喜欢干什么就干什么。他们往往不能反省自己，一见到别人的错误和缺点就大嚷大叫，不能原谅。这样的人己身不正，何以正人？宋代诗人杨万里说：“见人之过，得己之过；闻人之过，得己之过。”便是建议人们常反躬自省。

长者存心方便　能人虑事精详

【原文】　济世虽乏赀财，而存心方便，即称长者；生资虽少智慧，而虑事精详，即是能人。

【译文】　虽然没有足够的钱财去帮助他人，但只要存有与人方便的心意，就算得上是受人敬重的长者；天性虽然不是特别聪明，但只要考虑事情周到细致，也可以成为能力很强的人。

【点评】　长者乐善好施，愿意济世救人。济人之难，救人之急是一种良好的美德，但助人不一定非用金钱不可，关键要有助人之心。

有的人谋略多一些，善于应对之策；有的人决断力强一些，善于做出正确的判断；有的小机巧一些，能够胜任十分细致具体的工作，人各有所长，人的智慧才能会有不同表现。人的天资也许不一样，但只要在某一方面有突出的才能，也可以称得上是能人。

君子尚义　小人趋利

【原文】　义之中有利，而尚义之君子，初非计及于利也；利之中有害，而趋利之小人，并不愿其为害也。

【译文】　道义中也包含有利益，而崇尚义行的君子，最初并没有考虑到是否有利可图；利益中也包含有祸害的因素，而那些追逐利益的小人，并不希望祸害的因素变为现实。

【点评】　施义行的人，当初的目的是做善事，并没有考虑获取，但行善在利人的同时，也会得到社会的回报，获得意外的收获，这种收获不是孜孜以求就能得到的。

追求利益的小人，没有想到过度的贪求也会带来祸害，虽然他并不希望这种祸害出现，但是贪求过度是难免其害的。所以古人说，"钱"字由一金二戈组成，是说它利少而害多，旁边会出现劫夺之祸，钱财未必都是以正当之手段获得的，所以聚集过多而不普济众生，必引起众怨，最终会损失更大。

忍让非懦弱　自大终糊涂

【原文】　甘受人欺，定非懦弱；自谓予智，终是糊涂。

【译文】　甘愿受人欺侮的人，一定不是懦弱之辈；自认为有智慧者，终究是个糊涂的人。

【点评】　唐代娄师德的弟弟被任命为刺史，临行前说，今后为了免祸，如果有人唾我的脸，我自个儿揩干，决不让哥哥担忧。娄师德说，这恰恰是我忧虑的呀。人家唾你的脸，就是恼恨你；你揩了，这是顶撞他的意思，只会加重他的怒气。唾沫，不揩也会干的，你应该笑着接受才是。可见甘愿受辱，是故作糊涂罢了，正是一种为人处世的方法，未必就是软弱的表示。

相反，那些自以为聪明的人，往往看不到自己的糊涂之处，因为他太过于自信；自认为糊涂的人，往往比那些自称聪明的人，要聪明得多，因为他们能看到自己的不足。

第十篇 论世篇

会说可杀身 财多能丧命

【原文】 人皆欲会说话，苏秦乃因会说而杀身；人皆欲多积财，石崇乃因多积财而丧命。

【译文】 人人都希望自己能说会道，但是战国时代的苏秦就是因为口才太好，才引来杀身之祸；人人都希望自己能多积累财富，然而晋代的石崇就是因为财富积聚得太多，而丢掉了性命。

【点评】 苏秦是战国时人，自幼刻苦好学，之后凭着三寸不烂之舌，游说各国，曾挂上六国相印，然而却在政治斗争的漩涡中被刺而亡。石崇是西晋大臣，以不法手段积累了大量财富，并纵情挥霍，他曾与王恺斗富，王恺以麦糖洗锅，石崇就以白蜡做柴，王恺用紫色丝绸作锦步障四十里，石崇就用织锦作步障六十里，最后石崇在暴乱中被杀而亡。

人有才能，但不善于把握自己，也容易惹祸。有句话说“摔死的是会上树的，淹死的是会游水的”，是否也是同样的道理呢？

权势作威福 奸邪起风波

【原文】 权势之徒，虽至亲亦作威福，岂知烟云过眼，已立见其消亡；奸邪之辈，即平地亦起风波，岂知神鬼有灵，不肯听其颠倒。

【译文】 玩弄权术的人，即使是对极为亲近的人也依恃权势作威作福，哪里知道权势就像风吹云散一样，马上就可以见其消失；奸邪的人，就是无事也会惹出是非，哪里知道鬼神都能明鉴，不会听任他颠倒黑白。

【点评】 玩弄权术的人，违背了上天授予其权柄的初衷，必定为天理所不容，所以不能长久，这就叫有福分降临却无福分消受。唐代的宰相杨国忠玩弄权术于股掌之间，当时识时务的人看出他不久必定会垮台，称他为“冰相”，意思是说像冰一样的宰相，见不得阳光，在光天化日之下就会消融。后来杨国忠果然很快倒台。

心地邪恶的人，常常无事生非，平地上也要生出波澜，但是损人利己，作恶多端的人，不但国法不容，天地也不会任凭他颠倒黑白，扰乱生灵，所以其恶行往往难以得逞。

人心足恃 天道好还

【原文】 伍子胥报父兄之仇，而郢都灭，申包胥救君上之难，而楚国存，可知人心足恃也；秦始皇灭东周之岁，而刘季生，梁武帝灭南齐之年，而侯景降，可知天道好还也。

【译文】 伍子胥为了报父兄之仇，终于攻破了楚国之都城郢，申包胥则发誓救楚国的危难，终于保全了楚国不致灭亡。由此可见，人只要下决心去做事情，一定能办得到。秦始皇灭东周那一年，刘邦也出生了，梁武帝灭南齐那一年，侯景前来归降，可知确实存在循环往复的规律。

【点评】 伍子胥是春秋时楚国人，其父兄为楚平王所杀，于是投奔吴国，发誓灭楚。

申包胥是楚国大夫，与伍子胥是好友，回答伍子胥说："我一定要保全楚国。"后来伍子胥带吴兵伐楚，攻破楚国都城郢，鞭平王尸复仇，申包胥到秦国哭求救兵，哭了七天后，秦国出兵援楚，楚国得以保全。这个故事说明，人只要有决心，就一定能够实现自己的愿望，因此事在人为，关键在于有没有高远的志向。

古人将朝代的更迭都归结于天道循环因果报应，秦始皇灭周那一年，灭秦立汉的刘邦出生了；梁武帝灭南齐的那一年，归降梁武帝的侯景后来也反叛了梁朝。因此认为这是一种天理循环、因果报应的现象。

忠孝有愚　仁义藏奸

【原文】　忠有愚忠，孝有愚孝，可知忠孝二字，不是伶俐人做得来；仁有假仁，义有假义，可知仁义两答案，不无奸恶人藏其内。

【译文】　在忠诚之心中，有一种忠就是被视作愚行的愚忠；在各种孝行中，有一种孝就是被视为愚行的愚孝，由此可见，所谓忠心和孝行，不是那些所谓聪明的人所做得来的；同样地，仁和义的行为中，也有假仁和假义，由此可以知道在如何做到"仁"、如何做到"义"上有两种不同的答案，那些所谓"仁义"之士中未必没有暗藏奸恶的小人。

【点评】　仁义与忠孝均是高尚的情操，忠孝是为了实现家庭成员之间的和睦，而仁义是为了实现社会上人际关系的友好。忠孝出于本心至情的某些行为，也许被人认为是愚昧不化，然而情之为物，本不可以理喻，依靠耍小聪明来博取忠孝之名是不可能的。历史上也有人贪图美名，以假仁假义骗取他人的信任和尊敬，这正如江河之流，泥沙俱下一样，尽管他们的阴谋一时可以得逞，但终究不能成为情操高尚的人。

财不患不得　禄不患不来

【原文】　财不患其不得，患财得，而不能善用其财；禄不患其不来，患禄来，而不能无愧其禄。

【译文】　钱财不担心得不到，担心的是得到钱财后不能好好地使用；官禄、福分不担心不降临，担心的是有了官禄和福分却不能无愧于心地去面对。

【点评】　人类生活首先是衣食住行等基本的物质需要，然后才是其他，所以人生离不开对财富的需求。如果为了积累财富而刻意去追求，就会成为财富的奴隶。可见财富是个双刃剑，运用得好会让财富为社会、为人类的生存发展服务；运用失当，反而会因财而丧命。

财富是百姓辛勤创造的，俸禄是老百姓的血汗钱，所以做官就要为民做主谋福，如果做官后不理民事，甚至碌碌无为，做个昏官，那就愧对了那份俸禄，所以有句俗话说："当官不为民做主，不如回家卖红薯。"

君子乐得君子　小人枉为小人

【原文】　君子存心，但凭忠信，而妇孺皆敬之如神，所以君子乐得为君子；小人处世，尽设机关，而乡党皆避之若鬼，所以小人枉做了小人。

【译文】　君子为人处世的出发点，是忠诚守信，所以妇人小孩都对他极为尊重，视若神明，因此君子愿意被称为君子；小人为人处世，用尽心机，使乡邻亲友都极为鄙视，像逃

避鬼魂一样逃避他，所以小人费尽心机也只是枉然，仍然受不到敬重，白白做个小人。

【点评】 君子坚持正道，信守诚实，坦诚待人，走的是一条光明大道，所以处处受人尊敬；小人走的是歪门邪道，用尽心机，暗中害人，走的是一条阴暗狭窄之道，所以受到人们的鄙弃。一个光明，一个阴暗，这也是神与鬼的根本区别。

悭吝遭奇祸　精明见大凶

【原文】 奢侈足以败家；悭吝亦足以败家。奢侈之败家，犹出常情；而悭吝之败家，必遭奇祸。庸愚之覆事，犹为小咎；而精明之覆事，必见大凶。

【译文】 奢侈挥霍的行为能够败坏家业，吝啬小气的行为也能够败坏家业。奢侈挥霍败坏家业，还符合一般的常情；而吝啬小气的行为败坏家业，一定是因吝啬而遭受意外之祸。由于愚笨而造成事情失败，还只是小的过失；而因为精明而坏事，一定会出现大的祸患。

【点评】 成由俭朴败由奢，这是人所常知的道理，但俭朴不等于吝啬。俭朴者用度有节，不该浪费的地方一定不浪费；吝啬是该花的钱也不花，类似于守财奴。

为人处世该当精明的时候要精明，需要糊涂的时候也要不计较小的得失。所谓大巧若拙，大智若愚是也。太过精明如过于吝啬一样也会败事。

春秋时齐国范蠡的二儿子在楚国犯罪，范蠡准备派小儿子带重金前去拯救，但大儿子认为自己是长子，有责任救兄弟，坚决要求前往，范蠡只好答应。大儿子一走，范蠡说："我的二儿子活不成了。"后来果然大儿子因为吝啬钱财没有将二儿子救回。为什么呢？范蠡说："不是大儿子不爱他的弟弟，是因为大儿子跟随我一起创业，知道赚钱的艰辛，所以会吝啬钱财；而小儿子生长在富贵中，对钱财看得轻一些，所以开始准备派小儿子去。"

安分守己　各司其业

【原文】 种田人，改习尘市生涯，定为败路；读书人，干与衙门词讼，便入下流。

【译文】 种田的人，改学做生意，就是选择了一条走向失败的路；读书人，参与包揽诉讼的事情，品格便日趋卑下。

【点评】 此段话说的是种田、读书各有专攻，忽然改习他业，不易成功，甚至会误人歧途。

虽然说隔行如隔山，但种田人做生意未必就会失败。种田人如果骤然改行学经商，也许会困难一些，但世上无难事，只要肯登攀，特别是现代社会，搞自给自足的自然经济离社会大潮太远，而农民经商带动农业的全面发展已经有成功的例子可循，农民不妨也学学经商。

中国传统的思想认为打官司是很低级的事情，这是封建时代的司法制度及官场的黑暗造成的恶劣影响。现代社会中，诉讼是伸张正义、解决纠纷、争取权利的重要手段，而民事案件的大多数诉讼双方都是平等的人，不存在高尚下流之分，读书人在广泛涉猎各方面知识的同时，法律知识也是必修课，社会需要能够依靠法律知识为民伸张正义、排忧解难的优秀人才。

富贵易生祸端　衣禄原有定数

【原文】　富贵易生祸端，必忠厚谦恭，才无大患；衣禄原有定数，必切俭简省，乃可久延。

【译文】　大富大贵容易产生灾祸之源，一定要忠诚厚道谦逊恭敬，才会避免大的祸患；衣食福禄本来都有一定的限度，一定要俭朴节省，才能使福禄延续得长久。

【点评】　富人及显贵的人物，易遭人嫉妒，“美服患人指，高明逼神恶”；财富又易使人滋长贪心和傲气，如为富不仁或仗势欺人等。所以富贵者一定要宽厚仁义、谦虚恭敬地处世，富而仁厚，贵而谦逊，才能得到人们的敬重，不招人嫉妒而无大患。

人的衣食用度都有一定的限度，不必过于奢侈。力行俭朴节省，是陶冶自己情操的根本，而奢侈放纵，是败坏德行的根源。夏桀耗费了整个国家的财富还不够用，而商汤用七十里地的财富却有剩余，这就在于节俭与浪费，而他们一个亡国，一个兴邦，也缘于此。

忠厚颠扑不破　冷淡趣味弥长

【原文】　世风之狡诈多端，到底忠厚人颠扑不破；末俗以繁华相尚，终觉冷淡处趣味弥长。

【译文】　人世存在各种各样的狡诈行为，但为人忠诚厚道者，总会受到世人的尊敬；虽然近世的习俗崇尚繁华奢侈，但还是觉得平淡宁静的日子更加意味深长。

【点评】　狡诈的人，不管伎俩多么高明，最终会被人识破，世上的人都不是傻子，怎么会一再上当受骗呢？忠诚老实的人，稳重质朴，受到世人的尊敬，能够千古留名。

荣华富贵是为很多人所羡慕的，但追求荣华富贵的过程是劳作、艰辛，或许还得昧着良知，或许还要出卖灵魂；而想永葆荣华富贵更是难上加难，试想，往日声势显赫的大家族今都何在？一切荣华富贵只是过眼云烟，声色的刺激也是短暂而易于消失的，倒是在窗明几净的环境中，临窗而坐。摒除声色金钱的烦恼，留一方宁静的天地在心，感受平静而安详的心境，充满人生平和的喜悦感，何乐而不为呢？

要可传诸后世　不能瞒过史官

【原文】　漫夸富贵显荣，功德文章，要可传诸后世；任教声名煊赫，人品心术，不能瞒过史官。

【译文】　不要只是一味地夸耀财富和地位，显示自己的虚荣，而应该有能流传后世的功德和文章；任凭一个人声名如何显赫，他的为人处世之方法和品格性情也是无法欺骗记载历史的史官的。

【点评】　一个人，要抛开一己之私欲和享受与欲求，有为社会为人类谋福祉的雄心壮志。荣华富贵，仅及于身，而功德文章，则可流传后世。

历史是最公正的裁判。夏桀、殷纣，实行“炮烙之刑”，搞“酒池肉林”，贪图享受而又压制人民，可是其昏庸暴虐岂可逃过史官之笔？赵高指鹿为马，秦桧陷害忠良，纵然能嚣张一时，却终难逃万世骂名。

务本业境常安　当大任心良苦

【原文】 **世之言乐者，但曰读书乐，田家乐。可知务本业者，其境常安。古之言忧者，必曰天下忧，廊庙忧。可知当大任者，其心良苦。**

【译文】 世人谈起快乐的事，都说读书有乐趣，种田有乐趣，可见专心从事本业的人，常处于快乐安宁的境地。古代的人谈起忧愁的事，一定强调要为天下百姓担忧，为朝廷政事担忧，由此可知担当大事的人，他们用心良苦。

【点评】 以读书和田园生活为乐，是古人追求的一种宁静和平的境界，有一副对联可以反映这种追求，上下联是“读书传家久，诗书继世长”，横批是“耕读人家”。安于读书和田园生活，免于世俗的干扰，故能乐在其中。但中国的传统文人，也不赞成一味地逃避世事，而是以拯救天下为己任，明代东林书院的一批文人就宣称：“风声、雨声、读书声，声声入耳；家事、国事、天下事，事事关心。”他们关心天下兴亡，关心人间苦乐，先天下之忧而忧，后天下之乐而乐，成为一批推动社会发展的精英。

事业之高卑　门祚之久暂

【原文】 **观规模之大小，可以知事业之高卑；察德泽之浅深，可以知门祚之久暂。**

【译文】 看规模法式的大小，便可以知道这项事业本身是宏大还是浅陋；观察品德与恩泽的深浅，便可以知道家运是绵延长久还是昙花一现。

【点评】 看一件事的起点如何，就知道将来的发展，所以俗语说：“好的起点是成功的一半。”正如要建立高层建筑，首先得打下坚实的基础，深挖地基，这样建立的楼宇才坚固长久；如果基础薄弱，肯定只能建筑低矮的房屋，纵使在上面建立了高楼，也必定不会稳固。立国也是如此，从国家建立何种典章制度，可以知道国运是否长久。

一个家族的盛衰也是这样，“忠厚传家久，诗书继世长”。祖上有德泽之风范，根植于子孙心中，子孙能奉行不衰，那么家运就能够长久。

畅则无咎　亢则有悔

【原文】 **小心谨慎者，必善其后，畅则无咎也；高自位置得，难保其终，亢则有悔也。**

【译文】 小心谨慎的人，处理事情必定会善始善终，保持谨慎、通达事理就不会犯下过错；不以才干处于高位的人，难以保持此地位的长久，才干不足而处于过高的地位终会有后悔的时候。

【点评】 “慎其初，念其终”，意思是说对一件事情要做到开始时就谨慎，并且时刻想到它可能造成的种种后果。周穆王告诫大臣说，管理国家大事的人一言一行关系重大，必须有踩着老虎尾巴和走在春天即将融化的冰河上面的危机感。有了危机感，才会行事谨慎，常常思考怎样才能减少过失，这样行事自然会顺畅。

爬得越高，跌得越惨。身居高位的人，要居安思危，在顶峰之处，一着不慎，就会跌入深渊，所以到达极点未必是福，如临深渊，如履薄冰，高处不胜寒的滋味并不好受。

耕读之本原　衣食之实用

【原文】 **耕所以养生，读所以明道，此耕读之本原也，而后世乃假以谋富贵矣。衣取**

其蔽体,食取其充饥,此衣食之实用也,而时人乃藉以逞豪奢矣。

【译文】 种田是为了满足生存的需要,读书是为了明白道理,这就是种田和读书的本意,而后世之人却借耕田读书谋取富贵。衣服是为了遮羞和御寒,食物是为了充饥,这些就是衣服和食物的实用价值,而现在的人却以此作为夸示奢侈的手段。

【点评】 耕种是为了满足生存的需要,读书是为了充实头脑,养身养心,才能健康发展。然而由于名利的诱惑,人们耕读已经偏离了本来的目的,变成纯粹的谋利行为,这是社会发展的异化行为。

衣可蔽体,食可果腹,衣食不过是为了满足人类基本的生存和审美需要,然而有些人却将衣食作为炫耀财富的手段,显示自己的能力和地位,君不见很多暴富的大款们一桌饭花费上万甚至数十万元,并互相攀比着一掷千金,这样的人自以为很有气派,实际上是精神无所寄托,空虚无聊到作践财富的表现。

气性乖张无足取　言语矫饰属可疑

【原文】 **气性不和平,则文章事功,俱无足取;语言多矫饰,则人品心术,尽属可疑。**

【译文】 如果一个人待人处事心气不平和,那么无论是做学问还是立功业,都不会有什么值得他人效法的地方;如果一个人言语故意做作虚伪不实,那么这个人的品德及心性都令人怀疑。

【点评】 为人处世,讲究中正和平,心平气和则事业顺利,表达在文章上也会思路开阔,文笔畅达。如果心性乖僻,为人处世蛮横暴躁、粗俗下流,那么在事业上也难以成功,表现在文章上自然也是满纸荒唐言,无片言只字可以留给后世。古人说"文如其人",正是说的这种情况。

道德修养高深的人,在言谈举止之间也会有春风化雨的感染力,这就是表里如一的体现。而自以为聪明,擅长以虚假伪饰的语言来掩饰自己的人,虽然外表上是一副正人君子的模样,但其内心却是满怀诡计、邪恶的。越是极力掩饰,越令人怀疑。

山水是文章化境　烟云乃富贵幻形

【原文】 **山水是文章化境,烟云乃富贵幻形。**

【译文】 文章达到出神入化的境界就如同山水的美妙景致;富贵的实质是虚幻不实的影像,就如同烟云一样缥缈。

【点评】 善于写文章的人,总是能有奇想。江河的水流,本来只是从西往东而去,等到碰到大山,穿行山谷,被大风吹,被砥柱阻挡,这时才会有各种各样的变化。写文章也是这样因事而出奇的。

富贵就像贫穷一样,本来不是固有而不可改变的。有的人刻意努力一辈子,富贵对他却永远是一个梦,有的人无心插柳,却大富大贵。富贵之心太重的人,受名利心之累,永远活得不轻松。

不必事事能　与古人心相印

【原文】 **不必于世事件件皆能,惟求与古人心心相印。**

【译文】 不一定要对世上的事样样知道,关键是要对古人的心意心领神会。

【点评】 世事繁杂,学问广博,要想事事通透,样样都精,是不现实的,所以古人说:“闻道有先后,术业有专攻。弟子不必不如师,师不必贤于弟子。”现代社会分工更加细密,行业越来越多,而人的生命有限,精力有限,如果每个人能在自己的本行中有所成就也算是有益于社会了。

第十一篇　待人篇

信是立身之本　恕为接物之要

【原文】 一信字是立身之本,所以人不可无也;一恕字是接物之要,所以终身可行也。

【译文】 一个信字是在世上立身的根本,所以人不可没有信用;一个恕字,是待人接物最重要的品德,所以人应该终生奉行。

【点评】 信就是诚实、实现诺言,“言必信,行必果”是做人的基本要求。《说文》解释“信”字条云:“人言也,人言则无不信者,故从言从人。”可见是人讲的话才被称为“信”,否则就不是人说的话了。人失去了信用,任何人都不会接受他。

恕就是宽容,推己及人,不做出对不起他人的事。待人接物都要做到“己所不欲,勿施于人”,只有设身处地为他人着想,才能比较客观地对待各种情况,避免和减少不必要的人际纠纷,所以说恕是待人接物之要。

乡愿假面孔　鄙夫俗心肠

【原文】 孔子何以恶乡愿,只为他似忠似廉,无非假面孔;孔子何以弃鄙夫,只因他患得患失,尽是俗心肠。

【译文】 孔子为什么厌恶乡愿呢?只因为他看上去像是忠厚廉洁,实际是伪装的假面孔;孔子为什么厌弃鄙夫呢?只因为他凡事得失心太重,是个斤斤计较的鄙俗之人。

【点评】 乡愿就是指伪君子,他们外表忠厚老实,内心狡诈奸邪;鄙夫就是人格卑下丑陋的人。孔子为什么厌恶乡愿呢?因为乡愿内怀奸邪狡诈之心,外表却伪装得十分忠厚老实,容易骗取人们的信任,比那种明目张胆为非作歹的恶人更难以识别,所以孔子说:“乡愿,德之贼也。”

鄙夫则不明礼仪,不识大义,处处为自己的利益算计,忘记了集体与社会的利益,其得失心太重,毫无高雅的人生境界。这样的人为社会所鄙弃,自然更为孔子所不耻。

物命可惜　有过令改

【原文】 王者不令人放生,而无故却不杀生,则物命可惜也;圣人不责人无过,唯多方诱之改过,庶人心可回也。

【译文】 君王虽然不命令人去放生,但也不会无故地滥杀生灵,这样便表示生命值得爱惜;圣贤之人不要求他人不犯错误,但会用各种方法引导人们改正错误,那么人心差不多可以由恶转善。

【点评】 佛家认为众生都经过千百万年的轮回,任何一种生物,都有可能是过去父母亲友所投胎的,所以佛家严禁杀生。君王身为万民之主,虽然不能强令人民去放生,但如果以自己爱惜生灵的言行作百姓的表率,也会给生灵以福泽。

“人非圣贤,孰能无过?知过能改,善莫大焉。”圣人并不求全责备,要求人们做一个不犯错误的完人,但是却能诱导众人及时改过,少犯错误。能够及时改过的人,也是品德高尚的人。

救人坑坎中　脱身牢笼处

【原文】 **肯救人坑坎中,便是活菩萨;能脱身牢笼处,便是大英雄。**

【译文】 肯去救助陷入艰难困苦中的人,便如同菩萨再世;能够摆脱世俗人情的束缚,超然于俗务之外的人,便可以称之为杰出的人。

【点评】 菩萨是佛教中指有自觉本性,又能普度众生的人。现实中有许多愿意救人危难的人,他们以拯救天下为己任,全心全意为人民服务,知人所难,助众人之所苦,特别在困难之际能够挺身而出,甚至不惜献出生命,这样的人既救人外在之困乏,又解人内心的困苦,就是在世的活菩萨。

无论是社会还是个人,只有冲破牢笼,才能健康地发展。“结庐在人境,而无车马喧。问君何能尔,心远地自偏。”摆脱世俗的束缚,抵御名利的诱惑,需要超人的勇气和胆识。

长者待人之道　君子修己之功

【原文】 **见人善行,多方赞成;见人过举,多方提醒,此长者待人之道也。闻人誉言,加意奋勉;闻人谤语,加意警惕,此君子修己之功也。**

【译文】 看到他人好的行为,就千方百计地称赞与帮助;看到他人行为失当,则用多种方法加以提醒,这是受到尊敬的长者对待他人的方法。听到他人称赞自己的话,就更加努力奋进,听到他人批评自己的话,就更加留意自己的行为,加以警惕,这就是正人君子修身的功夫。

【点评】 能够为别人的善行而高兴,毫不吝惜地加以赞扬,能够对别人的过失而担心,毫不犹豫地加以提醒,为人着想,与人为善,这就是长者风范。所谓“长”不光指年纪大,而且也指姿态高,有长者风范就能时时处处想着赞美人、帮助人,成为后辈进步的人梯,也自然会受到人们的敬重。

对待别人的议论要有博大的胸怀和宽容的气度。有人说好话,要想到也许是谄媚之词,不能沾沾自喜,即使真是自己有了进步,也要将赞美作为继续前进的动力。对于批评的意见,要勇于接受,及时从自己方面加以改正,有“闻过则喜”的作风,即使批评的意见不正确,也应采取“有则改之,无则加勉”的态度,让别人有说话的机会,让自己通过自省受益,这样才能提高自己的修养。

远怨之道　取败之由

【原文】 **但责己,不责人,此远怨之道也;但信己,不信人,此取败之由也。**

【译文】 只对自己严格要求,而又不苛求于他人,这是远离怨恨的处事方法;只相信自己,不相信他人,这是导致失败的处事方法。

【点评】 人的出发点不一样，观点也各不相同，一味地指责别人，不一定能让人接受，只会导致别人的怨恨，与其让别人适应自己，不如自己主动去适应别人，多反省自己，少指责别人，故古人说："责人之心责己，恕己之心恕人。"这才是远离怨恨的办法。

只信任自己，不相信别人的人，也许别人并无失信之念，而自己先有失信之意。别人不一定都是虚伪狡诈的，但常怀疑别人的人至少自己已经做了欺诈之人。不与人为善，自然难与人合作，孤芳自赏者必然寡助，也许失败就由此而始。

化人之事 劝善之方

【原文】 为乡邻解纷争，使得和好如初，即化人之事也；为世俗谈因果，使知报应不爽，亦劝善之方也。

【译文】 为乡邻们排解纠纷和争执，使他们像当初一样和睦友好，这也是感化他人的善事；向世人宣传因果报应的道理，使他们知道善有善报、恶有恶报的因果关系丝毫不差，这也是劝人向善的方法。

【点评】 教化风俗可以从具体细微的小事中体现。为乡邻排忧解难，化解纠纷，增加乡邻们的和睦气氛，这是一种有效的教化之道。向人们讲解"善有善报，恶有恶报"的道理，劝勉人们多做善事，这也是一种行善的方法。

和气待人 藏器待时

【原文】 和气迎人，平情应物。抚心希古，藏器待时。

【译文】 心平气和地与人交往，以平常的心情去处理事情。以古人的高尚心志相期许，守住自己的才能以等待时机。

【点评】 待人不可不和气。和气是自身修养和博大气度的体现，不能设想，一个心胸狭窄气度狭小的人能够和气待人。与人交往，保持和气，可以避免许多不愉快的事情发生。心情平和，不论言语和行为，都不会有过分之处，给人以亲切的感觉，自己办事也会顺利。而且和气还有利于身心之健康。

古代的哲人，在自己身处逆境时，能够以平和的心情对待，不因没有被人认识而气馁，仍然默默地以自己的方式为社会为国家贡献自己的才智。他们相信是块宝玉，必定会有识才的玉匠；是金子总会闪光的。

粗粝能甘 纷华不染

【原文】 粗粝能甘，必是有为之士；纷华不染，方称杰出之人。

【译文】 能够甘愿于粗糙的饭食，一定是有作为的人；能够不受声色荣华引诱的人，才能算是杰出的人。

【点评】 能够艰苦朴素的人，必定大有作为。《论语》上说，士人尽管希望追求真理，如果他以粗陋的衣服、饮食为耻辱，那就不值得和他讨论真理之类的问题了。因为士人如果立志有作为，但在衣服饮食方面却讲究华美，那就是志向不坚定，所以不能指望他会有什么成就。

杰出而优秀的人，必须善于控制自己，不受环境的影响，如果与俗人同流合污，那么就只是一般品质而已，故能够"犹如莲华不着水，亦如日月不信空"，才称得上是杰出的

人才。

患我不肯济人　使人不忍欺我

【原文】　但患我不肯济人，休患我不能济人；须使人不忍欺我，勿使人不敢欺我。

【译文】　只担心自己不愿意去帮助接济他人，不怕自己没有能力帮助人；应该使他人不忍心欺侮我，而不要让人不敢欺侮我。

【点评】　看一个人的品行，不只是要看结果，重要的还要看其内心。因为人的能力有大小，但是助人的方法却很多，既可以以财物助人，也可以用知识去帮助人，还可以用我们的善良去帮助人，关键在于是否有助人之心。古语所说“百行孝为先，论心不论迹，论迹天下少完人”，说的也是同样的道理。

以自己的威势去震慑别人，并不是真的让人服气，只是让人惧怕而已。要让人不忍欺负我，就必须施行仁义，厚以待人，这样以德待人，别人又怎么忍心欺负我呢？当然最重要的是全社会的人都没有欺人之心，这样需要以美德来感化全社会的人，让大家心中都充满真诚友爱之心，我们的社会就会更加祥和。

待人不可薄　势力不可恃

【原文】　薄族者，必无好儿孙；薄师者，必无佳子弟，君所见亦多矣。恃力者，忽逢真敌手；恃势者，忽逢大对头，人所料不及也。

【译文】　对亲族之人冷淡者，也一定不会有好品行的儿孙；对待老师不敬重者，一定不会教出好的学生。这样的情形见得很多了。依靠力量欺人的人，也会忽然遇到真正可以与他抗衡的对手；依靠权势作恶的人，也会忽然遇到势力更大的对头。这些都是人们所始料不及的。

【点评】　亲族之人与自己有血缘关系，于己有爱；老师授予自己知识学问，于己有恩。如果对亲戚、师长都不尊重，那么这样的人一定是心胸狭窄、忘恩负义的人，这样的人教育出的子弟，也不会成什么大器。

依恃力气与权势作恶行凶的人，必定会受到惩罚。一是因为强中更有强中手，遇到更有力气与权势的人，必然会败北；二是社会也不容仗势作恶，在强大的国家强制力面前，再蛮横的人也不能为所欲为。

以直道教人　以诚心待人

【原文】　以直道教人，人即不从，而自反无愧切勿曲以求容也；以诚心待人，人或不谅，而历久自明，不必急于求白也。

【译文】　以正直的道理教导他人，即使他人不会听从，而自我反省时也会问心无愧，因此不应该改变心志去求得他人理解；以诚恳的心意对待他人，他人或许不会接受，而时间久了自然会明白，不必急着去表白自己。

【点评】　人最宝贵的在于处身正直，俗话说“身正不怕影子斜”。对于有错误的人，要及时用正确的道理去提醒教导，有时候也许他人不能理解，也不能曲意迁就他，放弃原则，这样自己才会问心无愧。

如果以诚心待人，反被对方误会，也不要急着去辩白清楚，因为情急之中，也许越辩

越激化矛盾。真情待人,时间长了,自己的一片真心自然会被人理解。古语"路遥知马力,日久见人心"说的就是这个道理。

让字为善　敬字立身

【原文】　为善之端无尽,只讲一让字,便人人可行;立身之道何穷,只得一敬字,便事事皆整。

【译文】　做善事的方法是没有止境的,只要能做到一个让字,那么人人都可以行善;立身处世的方法也很多,只要做到一个敬字,那么就能事事理顺。

【点评】　让就是与世无争,并能主动地舍弃。此乃进一步万丈深渊,退一步海阔天空。传说有某邻居二人为争房地基而发生诉讼,其中一人向在京城为官的兄长告状,请求支持,该京官回信云:"千里修书为一墙,让他三尺又何妨;万里长城今犹在,不见当年秦始皇。"此人收到回信后主动退让,平息了这场纷争。可见一个"让"字,真正是行善的人口。

敬就是敬人,人必自敬,然后人敬之。敬人者,要做到仪态严肃庄重,意气安定,面色温和文雅,气色平易近人,言语简明实在,内心安宁慈善,意志果断机敏,这样才会受人尊重。如果人不自己尊重自己,就会招致别人的欺凌,如果自己不努力不争气,就会招致别人的侮辱。

体长幼之情　益他人衣食

【原文】　家之长幼,皆倚赖于我,我亦尝体其情否也?士之衣食,皆取资于人,人亦曾受其益否也?

【译文】　家中的老小都依靠我生活,我是否也体会得到他们的心情与需要呢?读书人的衣食完全凭着他人的生产来维持,他人是否也曾从他那里得到些益处呢?

【点评】　作为家长,长幼大小都靠自己来安排,所以一定要谨守礼法,做出楷模,以一言一行来带动大家,同时,还要避免家长作风,充分考虑大家的需要,使家庭成员之间互相帮助,融为一体。

由于社会分工的原因,每个人在为别人服务的同时,也享受他人为自己的服务。社会分工越细密,这种联系就越紧密。读书人,钻研学问的目的,仍然是为了经世致用,服务于社会大众,同时社会又为读书人创造做学问的良好条件,在人人为我,我为人人的环境中,共同促进社会的发展。

不幸势家翁姑　难处富儿师友

【原文】　最不幸者,为势家女作翁姑;最难处者,为富家儿作师友。

【译文】　最不幸的,是给有权有势人家的女儿做公婆;最难办的,是给富家子弟做老师和朋友。

【点评】　有财有势人家的女儿,过着养尊处优的生活,如果下嫁贫家,即使是有良好的教养,也会因为生活背景不同而产生家庭矛盾,如果是教养稍差,那么更会生出一双势利眼,在夫家颐指气使,不将公婆放在眼里,要指望其相夫教子就更难了。所以古代婚姻讲究门当户对也许就是基于这种考虑。

富家子弟往往骄横，以为金钱足以换来一切，也难以忍受做学问的艰辛，给他们做老师，不要说仅有的一点师道尊严都难以保持，甚至难免受其侮辱。即使是做朋友，富家子弟也常以金钱相夸耀，居高临下，目中无人。

待人宜宽　行礼宜厚

【原文】 **待人宜宽，惟待子孙不可宽；行礼宜厚，惟行嫁娶不必厚。**

【译文】 对待他人应该宽容，但是对待子孙千万不能宽容；礼尚往来要周到厚重，但是办婚事时不宜太铺张。

【点评】 没有规矩不成方圆，教育子女要严格，否则难以成正果。养育子女，做父母的不教导，是最大的过错；教育不严格，就没有尽到做父母的责任。

中国是一个礼仪之邦，讲究礼尚往来，所以有"礼多人不怪"之说。但是中国也是讲究节俭的民族，并不主张在嫁娶时铺张浪费。嫁娶之时，大肆铺张，摆排场，讲阔气，会让子女养成奢华浪费的不良习气，并成为腐蚀剂，使人萎靡不振，所以为子女计当节俭办婚事。

律己宽人

【原文】 **求个良心管我，留些余地处人。**

【译文】 要求自己有一颗良善的心，时时严格要求自己不违背它；给别人留一些余地，让别人也有容身之处。

【点评】 天地之大，立身不易，但人只要有一颗"良心"，时时管住自己，任凭外界如何诱惑，我自岿然不动。而对他人，则要大度宽容，常将此心作彼心，常将他情比此情，为他人留得一步退路，也为自己增加几许胸襟。严于律己，则无事不可成功；宽以待人，则无人不可相处。

敬人者人恒敬之　靠人者莫若靠己

【原文】 **敬他人，即是敬自己；靠自己，胜于靠他人。**

【译文】 尊敬他人，就是尊敬自己；依靠自己，胜过依靠他人。

【点评】 敬人者，人恒敬之。能够设身处地为他人着想，敬重他人的人格，敬重他人的劳动，这样的人，本身具有良好的道德修养，自然也能赢得他人的敬重。反之，如果自高自大，目中无人，只会暴露出自己学识的浅薄与无知，也会失礼于人，自然会受到人们的鄙弃。

内因是变化的决定因素，外因是变化的根据。一个人只要自身立得起，无论外界因素有何变化，都能依靠自己的能力自立于世。依靠他人，可以混过一时，难以混过一世。所以有谚语说："流自己的汗，吃自己的饭。不想出力和流汗，肯定是个大混蛋。"

第十二篇　处世篇

名利不宜滥得　困穷耐者回甘

【原文】 **名利之不宜得者竟得之，福终为祸；困穷之最难耐者能耐之，苦定回甘。生**

资之高在忠信，非关机巧；学业之美在德行，不仅文章。

【译文】 得到不该得的名声和利益，福分终究会成为灾祸；最难以忍耐的贫穷和困厄能够忍耐过去，困苦一定会转变为甘甜。人的资质高低，在于是否忠厚守信，并不在于善耍手段；学业精深的人，不仅在于文章美妙，而主要在于他的道德高尚，品行美好。

【点评】 虽然名利之心，人皆有之，但“君子爱财，取之有道”，人只能得到自己应得的那一份，如果贪求不义之财，获取非己之名，表面上看是暂时得到福分，但最后终会被人识破，财去名空，还落得个骗子之罪名。

天分的高低，主要是看其人是否忠诚实在守信用，如果耍小聪明，设机关耍手段，一定不会对社会有什么益处。做学问也是如此，学业的精深，是为了用之于社会，造福于人民，如果用自己所学的知识来做危害社会的事，那么文章做得再妙，也是一个无德之人。

处事论是非　立言贵平正

【原文】 大丈夫处事，论是非，不论祸福；士君子立言，贵平正，尤贵精详。

【译文】 大丈夫处理事情时，只问做得对还是不对，并不考虑这样做给自己带来的是祸还是福；读书人在写文章或是著书立说的时候，最可贵的是要有公平正直之心，如果能更为精当详尽，就尤其可贵了。

【点评】 出于公正之心，才能有正确的是非标准。如果从一己私利出发，只依据对自己有利还是有害来处理事情，就会带入自己的主观偏见，对的事情会违心地说错，错误的事情会昧着良心说对，如此就是一个极端自私自利的小人，与大丈夫的气度相去甚远。

君子立论一定要公平正直，如果能有精当翔实的材料加以说明，则更能增加说服力和感染力，言重千钧。所以黄庭坚说：“古之能为文章者，真能陶冶万物，虽取古人之言人于翰墨，如灵丹一粒，点铁成金。”

守身不敢妄为　创业还须深虑

【原文】 守身不敢妄为，恐贻羞于父母；创业还须深虑，恐贻害于子孙。

【译文】 一个人谨守自己的行为而不敢胡作非为，是怕自己的行为不谨慎，会使父母蒙羞；在创立事业之前，要认真权衡考虑，以免因为自己在事业上做出错误的选择，而使子孙后代受到影响。

【点评】 洁身自好是做人的一种道德要求，是自我完善的价值尺度，同时也是社会对个人的期望。特别是生养自己的父母，对自己的成长倾注了无限的爱心，寄予很高的希望，注重品德修养的人，常常考虑到自己的言行对父母的影响，决不随心妄为；而品行不端的人，在为非作歹的时候是根本不会顾及他们的父母。

一个人在创业之前，一定要仔细选择自己所从事的事业，唯恐从事的事业不好会危害自己的子孙。因为环境对孩子的成长有很大的影响，良好的环境会陶冶孩子高尚的情操，污浊的环境会使孩子受到不良的影响。

处事但求心安　立业总要能干

【原文】 处事有何定凭，但求此心过得去；立业无论大小，总要此身做得来。

【译文】 为人处事，以什么作为判断是非的标准呢，只要做到问心无愧就行了；创业

不一定要说什么大小，一定要根据自己的能力来选择，只要适合自己就行。

【点评】 事物都在不断地变化和发展，处理事情的方法也没有固定的标准，但是有一点却是不变的，那就是凡事要符合正道，出于良心，这样才能服人。

建立功业不论大小，都要从自己的兴趣、爱好、能力出发，符合自身的条件，如果自己的能力差得太远，经过努力也不能做到，那就难以取得成功；如果目标太低，很容易实现，也不能使自己的能力充分发挥。

持身贵严　处世贵谦

【原文】 严近乎矜，然严是正气，矜是乖气；故持身贵严，而不可矜。谦似乎谄，然谦是虚心，谄是媚心；故处世贵谦，而不可谄。

【译文】 严肃看起来近似傲慢，但严肃是正直之气，傲慢却是乖僻的不良习气，所以修身律己能够严肃庄重是很可贵的，但不能够傲慢。谦虚看起来像是谄媚，然而谦虚是心中充实但不自满，谄媚是有意迎合讨好，所以为人处世能够谦虚是很可贵的，但不能够谄媚。

【点评】 庄重严肃的人为人处世十分谨慎，不轻易发言，不随意与人交往，严格按照自己的价值标准去做事：考虑不成熟的事不轻易发表意见；判断不准的事不轻易去做；不利于大多数人的事不做。由于行事谨慎，容易给人以高傲的印象，但庄重严肃与傲慢是有本质区别的，庄重严肃是一种正直的气度，而傲慢则是目中无人，自高自大，是一种邪僻之气。

谦虚是美好的品德，处于高位而不骄傲，处于下位而不忧愁，这样在高位不会有危险，在下位不会颓废。谦虚是内心充实但不自满，是智者的品德。谦虚不是谄媚，谄媚是为了取宠讨好而故作卑下，是有所求而降低人格的卑劣行为。

所以为人贵庄重而弃傲慢，贵谦虚而弃谄媚。

一言足以召祸　一行足以玷身

【原文】 一言足以召大祸，故古人守口如瓶，惟恐其覆坠也；一行足以玷弱身，故古人饬微躬若璧，惟恐有瑕疵也。

【译文】 一句话不慎就有可能招来大祸，所以古人讲话十分谨慎，唯恐如瓶子落地会破碎一样招来杀身之祸；一件事行为不谨慎足以使自己一生清白受到玷污，所以古人行事十分谨慎小心，以保持身体如白璧般洁白，唯恐做错事使自己留下终身遗憾！

【点评】 俗语说："病从口入，祸从口出。"一言不慎，足以惹来大祸，所以善于立事保身的人，每日"三省吾身"，每事三思而行，每言三缄其口。故曰"沉默是金"。

一个人要树立好名声很不容易，往往需要一辈子的努力，而要损坏自己的形象却很简单，一件小事足矣。就像一块璧玉，上面如果有一块小斑点，整个璧玉的价值就受损，一个人如果言行不谨慎，那么人格也会受到玷污，所以古人说："勿以善小而不为，勿以恶小而为之。"

处横逆之方　守贫穷之法

【原文】 颜子之不较，孟子之自反，是贤人处横逆之方；子贡之无谄，原思之坐弦，是

贤人守贫穷之法。

【译文】 遇到蛮横无理的人冒犯时，颜渊不与人计较，孟子则常常反省自己是否有过失，这是君子在遇到有人蛮横不讲理时的自处之道。面对贫穷困境，子贡不向富人献谄取媚，子思则安贫乐道，以弹琴自得其乐，这些都是贤良的人对待贫困的方法。

【点评】 知书识礼的人，既不无端指责别人，也不因别人的挑衅而雷霆万钧。保持高姿态不与人计较，这样流言自会消失。如果因此生些闲气，就正中了造谣者的诡计，那等于是用别人的错误来惩罚自己。

虽然物质上是贫穷的，但在精神上是乐观的，在生活上是充满自信的，这样安贫乐道、谨慎修身的生活观，为古人所赞赏。况且贫穷或富有都不是固定不变的，通过自身的努力，可以在为社会做出贡献的同时使自己不再贫穷。

要行善济人　勿逞奸谋事

【原文】 行善济人，人遂得以安全，即在我亦为快意；逞奸谋事，事难必其稳便，可惜他徒自坏心。

【译文】 做善事接济帮助他人，别人因此得到平安得以保全，那么自己也会感到愉快满意；通过奸邪的手段去行事，不一定能顺利得逞，而且可惜的是白白损坏了自己的心性。

【点评】 乐于助人，在帮助别人渡过困境的同时，自己也获得道德的完善，心中充满快意，故古人云："与人为善，不亦乐乎？"

心中充满奸邪，阴谋害人的人，最终害了自己，聪明往往反被聪明误。其阴谋未必就一定能得逞，但其人本性已坏却是昭然若揭。

知足于命运　自惭于学问

【原文】 常思某人境界不及我，某人命运不及我，则可以知足矣；常思某人德业胜于我，某人学问胜于我，则可以自惭矣。

【译文】 常常想想某人的处境还不如我，某人的命运还没有我好，那么就能够感到满足而知足常乐；常常想想某人的品行超过我，某人的学问比我渊博，那么就会自我羞愧而奋发努力。

【点评】 对于物质的追求，可以采取"比上不足，比下有余"的态度，它虽然表现了一种安于现状的心态，但其中却蕴藏着特定的生活哲理，在实际生活中具有多重效应，它既可作为人们安于现状不思进取的心理依据，又可以作为承认现实，平衡自我，保持乐观生活态度的心理调适手段。

在品德与学业上，则要向更高的人看齐，不能有浅尝辄止、沾沾自喜的心态。荀子《劝学》上说，学习的起点在哪里？学习的终点在哪里？回答是：它的课程从诵经开始，到读礼结束；它的原则从读书开始，最终成为圣人。真正地踏实学习，持之以恒地不懈努力，学到老死才能停止。

全靠心作主人　留个名称后世

【原文】 耳目口鼻，皆无知识之辈，全靠者心作主人；身体发肤，总有毁坏之时，要留

个名称后世。

【译文】 耳朵、眼睛、嘴巴和鼻子，都是不能思维的器官，都依靠人们的内心来指挥它们；身躯、四肢、头发和皮肤，随着人的死亡就会腐朽，但一定要有一个好名声千古流传。

【点评】 眼是视觉器官，耳是听觉器官，鼻是嗅觉器官，口是味觉器官和语言器官，但是眼耳口鼻都是依靠大脑作主宰，听从大脑的指挥。大脑失去正确的主张，就会目光短浅，看不到真相；耳朵不辨真假，偏听偏信；管不住自己的嘴巴，胡言乱语。所以圣人说："非礼勿视，非礼勿听，非礼勿言"，就是提醒人们用心来管住自己的各个表达器官。

雁过留声，人过留名。人活一世，都逃脱不了死亡的自然规律，但是有的人虽然死了，可他还活着，有的人虽然活着，可人们认为他已经死了，这就看他是否能对社会有益。有益于社会的人，身体虽消逝，可是英名长存；无益于社会的人，身体发肤消逝时生命也就杳无形迹。

发达靠下功夫　福寿要积阴德

【原文】 **发达虽命定，亦由肯做工夫；福寿虽天生，还是多积阴德。**

【译文】 人的一生能够飞黄腾达虽然是命运中已经注定的，但还是由于这个人能够下苦功夫不断努力；福分和寿命虽然是上天安排的，但还是要多做善事积下阴德。

【点评】 人生有很多成功是由机遇和幸运所造成的，如果说这是命运所定也未尝不可，但是机遇和幸运从来只给那些不断去追求的人。对于疏于努力，消极地等待命运的人来说，永远不会有幸运送上门来，即使有机会闪过，他也抓不住；而勤奋努力、不断探求的人，因为具备了良好的素质，敏锐的眼光，能够及时发现机会，把握机会，从而取得成功。

人的平均寿命是一样的，但如果有人偏偏不爱惜自己的身体，过度吸烟喝酒，五毒俱全，那么自然难以善终。上天给人以福分和寿命，但是人还要多行善事，多修养德行，才能消受得了。如果作恶多端，自然"多行不义必自毙"，再多的福分也无缘享受。

自奉减几分　处世退一步

【原文】 **自奉必减几分方好，处世能退一步为高。**

【译文】 给自己定生活标准一定要减去几分才适宜，为人处世能够退一步着想才算高明。

【点评】 宋代颜延之的儿子官高权重，但颜延之照样穿布衣，住茅屋，乘破车。当他的儿子要建高楼时，颜延之说："你从粪土中爬出来，飞腾到云彩上面，顷刻间就这么骄傲起来，这还能维持长久吗？"因为勤俭自持是传统美德，对物质要求太高，只会受人诟病，结果会跌得更惨。

与人相处时，能够以退为进则是极高明的手段，《尚书》上说："一定要有含忍的功夫，才能有益于所从事的事情，获得成功。"退让一步，自己并不会有什么损失，但与人却能和睦相处，古语说："一辈子给别人让路，加起来不会多走一百步冤枉路；一辈子给别人让田界，加起来也不会损失一块地。然而谦让的美德却对人对己都是福分。"

莫之大祸　起于不忍

【原文】　**莫之大祸，起于须臾之不忍，不可不谨。**

【译文】　无论多大的灾祸，都是由于一时不能忍耐而造成的，所以行事不能不谨慎。

【点评】　忍就是自控。食人间烟火，必有七情六欲，但情绪的宣泄也要讲究一定的场合。为人处事，最主要的是不能情绪激动，激动则会失去对事物的正确判断，也不能拿出正确的应对方法，不能成事，只会误事。因须臾之不忍而酿成大祸的事例屡见不鲜，故学会忍让是必要的，忍则谨慎，忍则冷静，忍得一时之气，免去百日之忧。

守分何等清闲　盈泰总须忍让

【原文】　**守分安贫，何等清闲，而好事者，偏自寻烦恼；持盈保泰，总须忍让，而恃强者，乃自取灭亡。**

【译文】　如果能够安然地对待贫困的处境，那是多么清闲自在，而有些好生事端的人，偏要刻意追求富贵而自寻烦恼；当事业发达时要保持平和的心态，凡事应该注意忍让，如果自恃强大为所欲为，实际上就是走向自我灭亡。

【点评】　古人云：熙熙攘攘，皆为利来；熙熙攘攘，皆为利往。若在熙熙攘攘的人群中拉住一个问：没有这些利，你就不能活了吗？他多半会说否。但他又会说，没有了这些利，就住不得豪宅，吃不得珍馐了。所以可见，那些整日为利奔忙的，主要还是因为耐不得一个"贫"字，如能安分守贫，就不必如此奔忙，而可以享得半世清闲了。事物盈则易亏，要想持盈保泰，就不可过于张扬，而应尽量收敛，该忍让时就忍让，忍一时风平浪静。道家讲究以柔弱处世，老子说："天下莫柔弱于水，而攻坚强者莫之能先也，以其无以易之也。"便包含了强不可恃，必须忍让的道理。

多记先圣格言　闲看他人行事

【原文】　**多记先圣格言，胸中方有主宰；闲看他人行事，眼前即是规箴。**

【译文】　多多记住前代圣贤们所说的警世之言，胸中才会有主见；旁观他人做事的得失，眼前发生的这些事也可作为借鉴。

【点评】　格者，法也。可以作为行事做人准则的言辞，就是格言。格言由于内涵广，容量大，言简意赅，便于记诵，其影响也广泛深远，所以多学习熟记古代圣贤们的格言，就能增加自己明辨是非的能力，确定正确的取舍原则。

人生经验，既来自直接经验，即自己的亲身经历，更来自间接经验，即学习书本知识，观察他人行事。间接经验的积累往往也十分重要，因为人不可能事事都亲身经历，不可能每一种经验都亲自得来，古人云："前车之覆，后车之鉴。"我们要善于从他人的成败中得到启示。

不忘艰难之境　不存侥幸之心

【原文】　**人虽无艰难之时，却不可忘艰难之境；世虽有侥幸之事，断不可存侥幸之心。**

【译文】　人生即使还没有遇到艰难困苦，但却不能忘记人生之路并非一帆风顺，也

会遇到逆境;世界上虽然有侥幸取得成功的事情,但是一定不要希望通过侥幸取得成功。

【点评】 逆境和顺境是相对的,如果没有逆境的磨炼,就培养不出好的品行;没有经受挫折,就做不成一番事业。所以厄运困境,是锻炼豪杰的熔炉,能受其锻炼则身心受益,不受其锻炼,则身心受损。如果处在顺境中,常思逆境的艰辛,就会更加小心谨慎,避免因一帆风顺而得意忘形。

人们认识世界的目的,在于通过偶然现象来把握事物发展的必然规律,从而改造世界,然而要取得成功必定要花费不少功夫和心力,心存侥幸是很愚蠢的。君不见寓言《守株待兔》中的农夫因偶然在树下捡到一只死兔子,而终日守在树下,结果一无所获,只落得天下笑话?

聪明勿使外散　耕读何妨兼营

【原文】 聪明勿使外散,古人有纩以塞耳,旒以蔽目者矣;耕读何妨兼营,古人有出而负耒,入而横经者矣。

【译文】 聪明的人不要过于外露,古代有用丝棉堵塞耳朵,用帽饰遮住眼睛来掩饰聪明的人;耕田和读书不妨兼顾,古代有人白天扛着农具出去耕种,夜晚则回家捧着经书阅读。

【点评】 聪明不在表面,口若悬河、高谈阔论的人并非聪明的人,况且有才能的人往往遭人忌妒,所以善于全身的人从不锋芒毕露,而表现出大智若愚、大巧若拙的风度,以免遭人暗算。

且耕且读,既有劳力可养体,又有劳心可舒心,是古代读书人憧憬的生活方式,边劳动边读书既不相互妨碍,又能相得益彰,何乐而不为呢?

不可妄行欺诈　何能独享安闲

【原文】 天下无憨人,岂可妄行欺诈;世上皆苦人,何能独享安闲。

【译文】 天下没有一个真正愚蠢的人,怎么能恣意妄为去做欺侮诈骗他人的事呢?世界上大多数人都在吃苦,怎么能独自去享受安逸闲适的生活呢?

【点评】 有人自以为聪明,常怀骗人之心,结果是“机关算尽太聪明,反误了卿卿性命”,这就是聪明反被聪明误的结果。实际上,天下没有谁是真正的笨人,再刁钻的诡计,也躲不过雪亮的眼睛。所以为人处世之道,第一要义是谦和诚实,不怕吃亏,同做事勿避劳苦,同饮食勿贪甘美,同行走勿贪好路,宁让人而勿使人让我,这样与人相交日密,终不会与人结怨。

凡耕耘者,皆历经稼穑之艰辛,其他有所成就者,也概莫如是。故人生在世必须奋斗,奋斗就意味着有苦痛。想偷享几分清闲,又怎么可能呢?

退一步容易处　松一着不能成

【原文】 事当难处之时,只让退一步,便容易处矣;功到将成之候,若放松一着,便不能成矣。

【译文】 事情在难以处理的时候,只要能退一步着想,就容易处理了;事业在将要成功的时候,如果一着不慎,就会以失败而告终。

【点评】 对于难处之事,退一步处理是妙着。在思路上退一步,可避免钻进牛角尖中;在时间上退一步,可以多一些考虑,避免仓促做出决定;在态度上退一步,也许可以使胶着的事态缓和。所以古人说:“进一步万丈深渊,退一步海阔天空。”行千里者半九。在走向成功的途中,有着无数的艰辛,特别是看得见胜利曙光的时候,往往也是最困难的关头,此时最需要有坚强的毅力和勇气,咬紧牙关,坚持到最后。稍一松劲,就会造成“为山九仞,功亏一篑”的悔事。

富且读书　事长亲贤

【原文】 富不肯读书,贵不肯积德,错过可惜也;少不肯事长,愚不肯亲贤,不祥莫大焉!

【译文】 致富之后不愿意读书,地位高了不愿意积德,错过这些读书和积德的机会十分令人惋惜;年少不愿意尊敬长者,愚昧又不愿意接近贤能的人,没有比这更大的不吉之兆了。

【点评】 读书是一生的事,富贵有时候更有条件读书,也更需要读书。富贵不读书,正如富贵时不积德一样,错过机会再想读书、积德已来不及了。相传三国时任城人曹彰,从军征战,意气昂扬,曹操曾经告诫他说:“汝不念读书慕圣道,而好乘汗马击剑,此一夫之用,何贵也!”意思是说你如果不想读书不向往圣人之道,却喜欢骑马射箭,这只能起到一个人的作用,有什么值得稀罕的!曹彰于是在曹操的指点下开始读《诗经》《尚书》。

除了向书本求得知识外,向贤良的人学习也是一个重要的途径,特别是自己有明显不足的人,更要及时向贤人请教,如果不虚心学习,又故步自封,那么就不会有好结果。

身体力行　集思广益

【原文】 凡事勿徒委于人,必身体力行,方能有济;凡事不可执于己,必集思广益,乃罔后艰。

【译文】 不要任何事情都交给别人去办,一定要身体力行,才能对自己有所帮助;不要任何事情都固执己见,一定要集思广益,才会避免将来遇到困难。

【点评】 宋代大诗人陆游诗云:“古人学问无遗力,少壮工夫老始成。纸上得来终觉浅,绝知此事要躬行。”这是因为从书本上学来的知识,终究比较空洞肤浅;而透彻理解后再身体力行,形成习惯,才会持久难忘。

俗话说:“三个臭皮匠,顶个诸葛亮。”善于听取不同意见,集中大家的智慧,便于对事情做出正确的判断。如果固执己见,独断专行,就会像盲人骑瞎马一样,造成意想不到的恶果。

无荒乃成业　有玷未见荣

【原文】 耕读固是良谋,必工课无荒,乃能成其业;仕宦虽称贵显,若官箴有玷,亦未见其荣。

【译文】 耕种和读书固然是好的谋生之道,但一定要耕种和学习都不荒废,才能成就功业。入仕为官固然声名显赫,为官的准则受到玷污,那么做官也不见得是什么荣耀的事。

【点评】 耕是养体,读是养心,要想取得成效,都要下苦功夫。谚语云:“一分耕耘一分收获。”用到读书上又何尝不是如此呢?所以春种秋收,春华秋实,只有在春天精心播

种，才会在秋天结出好果实。

做官的人，要以为民谋利为宗旨，安于职守，不应以官职高卑为荣辱。即使是担任守门打更这样的小吏，也要时刻记住自己的职责，恪尽职守，纵然没有伟大的功劳，也可以做到不辜负国家，问心无愧；如果对工作敷衍了事，那么就会为人所不齿。

处事为人作想　读书须自己用功

【原文】 **处事要代人作想，读书须切己用功。**

【译文】 处理事情要多站在他人立场上，为人着想；读书却必须自己实实在在的用功。

【点评】 一个人了解别人比较容易，了解自己却比较困难，这是因为人很难不带主观色彩地剖析自己，而看别人的缺点却清清楚楚，所以善于自察的人，注重严于律己，宽以待人，在立身行事时常将彼心做此心，常将此情思彼情，这样与人方便，亦与己方便。

书山有路勤为径。读书是为了增长自己的学问，非自己身体力行不能有所收获。孟子说，君子依照正确的方法来得到高深的造诣，是想使自己心有所得，牢固地掌握它而不动摇，这样才能积累很深。积累很深，便能取之不尽，左右逢源，所以君子要自觉地有所得。南宋理学家程颐也说："学莫贵乎自得，非在外也，故曰自得……不深思则不能造于道，不深思而行者，其得易失。"

耐得烦　吃得亏

【原文】 **十分不耐烦，乃为人大病；一味学吃亏，是处事良方。**

【译文】 处事轻浮，耐不得麻烦，是一个人最大的缺点；为人处世抱着宁可吃亏的态度，就是最好的处世之道。

【点评】 心浮气躁，则万事不耐烦，这是人之大忌，尤其是做官者，更要引以为戒。碰到麻烦事，应当审慎地处理，使其得到合理的解决，如果一事当头时马上暴跳如雷，只能自害。前辈人说：一切事都怕"待"。"待"就是等待机会谨慎处理的意思。谨慎地处理事情，那么解决问题的方案自然就出来了，他人也就不能中伤自己。

善于立身处事的人，都能够吃得亏，忍得气。宁可让人，不要别人让我；宁可宽容别人，不要别人宽容我；宁可受别人的气，不要让别人受自己的气。别人有恩于我，应当终身不忘；别人与我结怨，应当随时忘掉。能够这样做的人，还有什么样的事不能做，什么样的人不能处呢？

和平处事　正直居心

【原文】 **和平处事，勿矫俗以为高；正直居心，勿设机以为智。**

【译文】 以和气平易的心情为人处世，不要显得与世俗格格不入，自视清高；以公正平直作为心中的标准，不要耍手段来显示自己的聪明。

【点评】 俗话说："入境随俗。"有了共同的兴趣和爱好，才能打成一片；处理事情只有合乎常理，才不会令人侧目。一般来说，为大众所认可的风俗不会因少数人的个人意愿而改变，有的人自命清高，故意表现得鹤立鸡群，结果只会事与愿违，得不偿失。

处理事情应该讲究一定的策略，但不能玩弄手腕。公平正直处事，才会使人心服口服，如果心存机关，妄图耍小聪明愚弄人，必定会被人所识破。

小窗幽记

【导语】

《小窗幽记》是明末小品作家陈眉公所著，共194条人生的回味和处世的格言，涉及社会、人生诸多方面，立言精深，含蓄蕴藉。

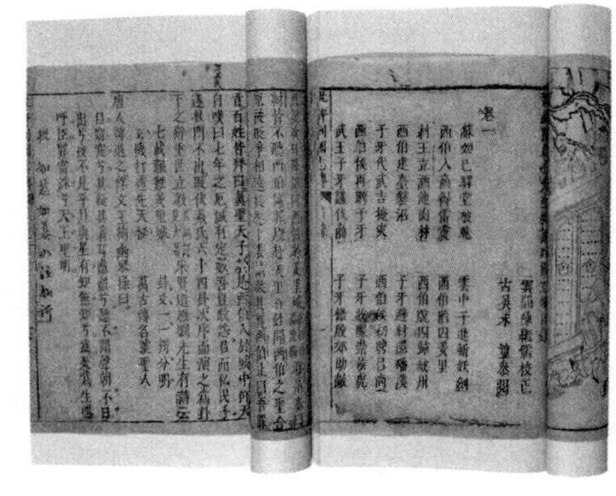

《小窗幽记》书影

《小窗幽记》始于“醒”，终于“情”，虽混迹尘中却高视物外。作者从“平常心”点破众生相、人世情，言人所不能言，道人所未经道，堪称一部修身养性、为人处世的经典宝训。人在生活中总要睁着一只眼，不能糊涂；人非无情物，如何潇洒，欲有一番作为，必须脱俗；人生何处无烦恼，超然空灵，才能享受那种文字家所拥有的品位和灵秀。人生的苦与乐、荣与辱有时是很微妙的，微妙到几乎没有什么差别。对人生的苦与乐各人有各人的理解，苦乐富贵，不嫉人有，也不笑人无。总之，书中无一不闪烁着智慧的火花。此次整理对每条都加上了概括全条内容的醒目标题，同时对原文配以译文、点评、名家手绘插图和古今中外经典事例评析，译文采用意译直译相结合的形式，严谨与灵活兼顾；点评深入浅出，淡泊宁静，与原文珠联璧合，以图配文，力求妙传其清韵，丰富其内涵，并给人以视觉之享受，精选古今之经典事例为佐，提炼对人生的智慧感悟，以飨读者，不求工整而求深刻，不为妍丽而为实用，希望本书能够成为读者朋友修养身心、颐养性灵的借鉴。当然，陈眉公毕竟是几百年前的文人雅士，其观点必有不合于时代者，相信读者的慧眼可以识别之。

第一篇　修身篇

浓艳中试淡泊　纷纭里勘镇定

【原文】　**澹泊之守，须从浓艳场中试来；镇定之操，还向纷纭境上勘过。**

【译文】　是否有淡泊宁静的志向，一定要通过富贵奢华的场合才能检验得出来；是否有镇定如一的节操，还必须通过纷纷扰扰的环境验证。

【点评】　淡泊于名利的操守，镇静安宁的气节，需要立之以德，铭之于心，不但在贫贱之时能保持住自己的尊严，更要在富贵之时能经受住声色的考验。面对世间五光十色的声色之乐，尘世间纷繁浓艳的名利之诱，能够保持住自己的平常心，有一种不动摇的意念，才算是真正的淡泊。

所以孟子说：富贵不能淫，贫贱不能移，威武不能屈，是谓大丈夫。

天命难违　人事在我

【原文】　**天薄我福，吾厚吾德以迎之；天劳我形，吾逸吾心以补之；天厄我遇，吾亨吾**

道以通之。

【译文】 命运使我的福分浅薄,我便加强我的德行来面对它;命运使我的筋骨劳苦,我便放松我的心情来弥补它;命运使我的际遇困窘,我便加强我的道德修养使它通达。

【点评】 人生虽不平等,但对于命运的追求却是平等的。虽然上天没有为自己提供良好的外部环境,但我却不会怨天尤人,一定要通过后天的努力去弥补,迎头赶上,自己拯救自己,才能走向成功。

如果命运不公平,使我受到困厄,那么我决不灰心丧气,要把坎坷当作锻炼自己心志的机会,通过"劳其筋骨,饿其体肤,苦其心志"来充实自己的心灵,担当起天下的重任。

有了敢于迎战厄运、挑战自己的决心和勇气,那还有什么事情不能做成呢?

易动客气　以德消之

【原文】 **人之嗜节,嗜文草,嗜游侠,如好酒然,易动客气,当以德消之。**

【译文】 人们爱好声名节操,爱好文章辞藻,爱好行侠仗义,就像爱好美酒一样,容易冲动,应该用道德修养来抑制这种冲动。

【点评】 合适的爱好是人生之乐趣,如果爱好成癖,又容易一时兴起,那么就应该加强道德修养予以节制了。看重自己的名节,爱好华美的词章,甚至愿做游侠之士,本来都无可厚非,如果为了名节去拼命,为了几句文章辞藻而动怒,甚至借豪侠之气而触犯律条,那就如醉酒不知节制一样,是性格中的弱点,非予以约束不可了。

五更头检点　思想是什么

【原文】 **要知自家是君子小人,只须五更头检点,思想的是什么便得。**

【译文】 要想知道自己是一个有修养的正人君子,还是品德不正的小人,只要在五更天时自我反省一下,检查一下头脑中想的是什么,就可以做出明确的判断。

【点评】 反求诸己,三省吾身,是一个君子修身养性的好习惯。

深夜五更时,夜阑人静,万籁俱寂,经过一夜饱睡,此时思路已经清醒,一个勤奋的人经过一夜的睡眠,这时已经开始思索明天能为社会再做些什么,怎样去帮助他人;而一个品德卑劣的小人,也许正在盘算着如何去图一己私利,满足自己的贪欲,所以从此时所思所想正可以判断自己道德是高尚还是卑劣。

静不露机　云雷屯也

【原文】 **寒山诗云:有人来骂我,分明了了知,虽然不应对,却是得便宜。此言宜深玩味。**

【译文】 寒山子在诗中说:"有人来辱骂我,我分明听得很清楚,虽然我不会去应对理睬,却是已经得了很大的好处。"这句话很值得我们认真地思考体会。

【点评】 寒山子是唐代贞观年间的高僧,好吟词偈,参禅顿悟,体会很深,寒山子说:别人骂我,我心里很清楚,但却不去理睬他,这就是得了便宜,其道理与中国传统提倡的以君子之德对付小人之行,所谓"打不还手,骂不还口"有异曲同工之妙,在意境上却更深一层,不回敬别人的辱骂,首先是战胜自己,因为"生气是拿别人的错误来惩罚自己";其次是战胜对手,任凭辱骂,不予理睬,对手则会自感无趣,自动罢休;其三,如果别人骂得有理,证明自己有错,岂不要感谢那位骂者。只怕这种便宜不是哪一个人都能享受到的。

养性即以立命　尽人自可回天

【原文】 **执拗者福轻，而圆融之人其禄必厚；操切者寿夭，而宽厚之士其年必长。故君子不言命，养性即所以立命；亦不言天，尽人自可以回天。**

【译文】 性格固执的人福分微薄，而性格灵活通融的人福气大；急躁的人寿命很短，而宽容敦厚的人年寿很长。所以通达事理的君子不说命，而是通过修养性情安身立命；也不谈论天意，而是充分发挥人的能力以改变天意。

【点评】 一个人的命运发展，往往与其性情有关，因为对待生活的性情不同，便会有不同的结局。固执己见、顽固不化的人，难以顺应潮流，故不可能得到大的福禄；而性格圆融、善于适应情势变化的人，却能够获得更多的成功，所以福禄更大。

从身心健康上说，急躁者内心的阴阳之气难以谐调，也容易引发各种疾病，所以容易早衰，而宽厚待人者心气平和，有利于延年益寿。

所以修养性情也就是安身立命，天意实际是人意，主要在于自己能否去适应，这样命运就掌握在自己的手中。

从实地着脚　从处处立基

【原文】 **立业建功，事事要从实地着脚；若少慕声闻，便成伪果。讲道修德，念念要从处处立基；若稍计功效，便落尘情。**

【译文】 开创事业建立功名，每一件事都要脚踏实地扎扎实实地做好；如果稍微有一点追求虚名的念头，就会造成华而不实的后果。探究事理修炼心性，每一念都要在立命之处打好根基；如果稍微有一点计较功利得失的思想，便落入俗套了。

【点评】 建功立业，重在得到实际的效果，要从大处着眼，从小处着手，奠定良好的基础。目标可以定得远大，基础却要打得牢实，如果幻想平步青云，一步登天，那建成的只能是空中楼阁，就像墙上芦苇，头重脚轻根底浅，经不住风雨飘摇。如果所作所为只是为了求取名声，那么也不会修成正果，只能是一颗华而不实的伪果。

修身养性，每一念头都要从安身立命处着想，抛弃世俗的尘念才能达到修行的彼岸，如果稍微有功利之心作怪，那就偏离了修养德行的目标而落入俗套了。

拨开世上尘氛　消却心中鄙吝

【原文】 **拨开世上尘氛，胸中自无火炎冰兢；消却心中鄙吝，眼前时有月到风来。**

【译文】 能够将世界上凡俗纷扰的气氛搁置一边，那么心中就不会有像火烧一样的焦灼，也不会有如履薄冰般的胆战心惊；消除心中的卑鄙与吝啬，就可以感受到如同处在清风明月中的心境。

【点评】 心不能放下，是因为被世俗的尘缘所纷扰，想得到的得不到，强烈的渴望使人心如同被火烧灼般难受，怕失去的又失去了，痛心的失落令人如同走在薄冰上一样恐惧不安。只有放弃了对名利的追求，胸中之火自然会熄灭，胸中之冰自然会消融。

胸怀开阔的人，自有清风明月在心中，“若无闲事挂心头，便是人间好时节”。而常有卑劣想法的人，被乌云遮住了双眼，心中蒙上了一层迷雾，难以体会到清风明月的美好意境，所以及时消除卑鄙之心，就能拨开乌云见日出。

一字不识　而多诗意

【原文】 **人有一字不识，而多诗意；一偈不参，而多禅意；一勺不濡，而多酒意；一石不晓，而多画意。淡宕故也。**

【译文】 有的人不认识一个字，却富有诗意；一句佛偈都不参悟，却很有禅意；一滴酒也不沾，却满怀酒趣；一块石头也不把玩，却满眼画意。这是因为他淡泊而无拘无束的缘故。

【点评】 不识字却充满诗情，不参禅却充满禅心，不喝酒却明了酒趣，不玩石却多有画意，功利之外仍能找到无拘无束的意境，那么这诗情、画意、禅心、酒趣在哪里呢？就藏在每个人的心中。

沉溺于功利之心，拘泥于某种形式，则尘心过于执着，即使满腹平平仄仄，也毫无诗意；即使在菩提树下，也毫无禅意。太多的理性、太多的用心，束缚人性真情的流露，所以恬淡畅适，无为而为，才会满怀意趣啊！

调性之法　谱情之法

【原文】 **调性之法，急则佩韦，缓则佩弦。谱情之法，水则从舟，陆则从车。**

【译文】 调整性情的方法，性子急的人就在身上佩带柔和的熟皮，提醒自己不要过于急躁，性子慢的人就在身上佩带弓弦，提醒自己要积极行事。调适性情的方法，就像在水上要乘船，在陆地要乘车一样，适时适用。

【点评】 人的个性是多种多样的，有人急躁而好动，有人温和而好静，各种性情都要以适于事体为准，过缓过急都不利于妥善地处理好各种关系。认识到自己的性情有不利的一面时，尤其要有自觉地调整意识。古人早就提醒："轻当矫之以重，浮当矫之以实，傲当矫之以谦，肆当矫之以俭，躁急当矫之以和缓，刚愎当矫之以温柔。"

磨炼性情关键是要适时适事，当断则断，当缓则缓，不能违背事物的常理。过急者要注意稳重，过缓者要加快速度。性情适时适事了，就是自己修养提高的一个重要标志。

清而不傲　严而不苛

【原文】 **简傲不可谓高，谄谀不可谓谦，刻薄不可谓严明，苟酷不可谓宽大。**

【译文】 轻忽傲慢不能看作高明，阿谀谄媚不能视作谦让，待人刻薄不能称之为严明，放任自流不能认为是心胸宽大。

【点评】 真正美好的品行是建立在一定道德标准之上的，混淆道德标准来标榜自己品行高尚是自欺欺人的做法。有人以轻忽傲慢来表现自己很高明，有人以失去人格的阿谀奉承来表示自己的谦虚，有人以苛刻待人来表现自己的严明，更有人以放任自流来显示自己的虚怀若谷，这些都是偏离道德尺度的做法。

其实，真正的高明不在傲视他人而在平等待人，真正的谦虚不在花言巧语而在自我反省，真正的严明不在刻薄自私而在明察是非、公正无私，真正的宽大不在曲意媚俗而在与人为善。

透得名利关　透得生死关

【原文】 **透得名利关，方是小休歇；透得生死关，方是大休歇。**

【译文】 看得透名利这一关，只是小休息；看得透生死这一关，才是大休息。

【点评】 世间芸芸众生，都在名利场中追逐，生命都在名利的争斗中消耗殆尽，能不为名利所困的又能有几人。名利是祸，万事都由名利而起；名利是灾，万恶也从名利始。能够看透名利的本质，虽算得上是觉悟者，但是只能算作小的休息歇止。

生与死也是人生的一大关，没有人不对生怀有向往，对死怀有恐惧，但是仔细想想，未生之前何来死的恐惧，死后与生前又有何区别，所以佛家认为万事皆空，生死轮回是天命所归，因此真正的大的休息歇止，是能参透生与死的界限，生死不惧，才是大的休息歇止。

身世浮名余　以梦蝶视之

【原文】 **身世浮名余以梦蝶视之，断不受肉眼相看。**

【译文】 人活在世上的虚名，我只以庄周梦蝶的眼光去看待，绝不用凡俗的眼光看待它。

【点评】 《庄子·齐物论》记载："昔者庄周梦为蝴蝶，栩栩然蝴蝶也，自喻适志与，不知周也。俄然觉，则蘧蘧然周也，不知周之梦为蝴蝶与？与蝴蝶梦为周与？周与蝴蝶，则必有分，此之谓物化。"庄周梦蝶是一则浪漫的寓言故事，揭示出一个道理：许多虚幻的东西也许是真实的，真实的东西也许是虚幻的。就像生命，从无到有，又从有到无，生命中的情境，也许有刻骨铭心的爱恋，也许有痛哭流涕的伤心，但时过境迁之后，一切都像是昨日的一场梦，生命、经历如此，名与利、得与失无不如此。

简淡出豪杰　忠孝成神仙

【原文】 **豪杰向简淡中求，神仙从忠孝上起。**

【译文】 做豪杰志士应从简单平淡中着手，成神成仙要从忠孝做起。

【点评】 能够成为天下人瞩目的英雄豪杰，不是一蹴而就，一夕而成的，必定要经过一番艰难曲折的奋斗，从最平凡的小事着手，从最简朴的小处着眼，坚持不懈，那么平凡中就能孕育出伟大，简单平淡中也能造就出豪杰。

人们都想修行得道，成神成仙，殊不知神仙之道就是为普度众生。要救众生，首先要从自己最亲近的人做起，从对国家的基本义务做起。父母之恩尚不能报，何谈帮助他人；国家之义不能尽，何谈得道，所以孝顺父母、尽忠国家是成神成仙的最基本要求。

山泽未必有异士　异士未必在山泽

【原文】 **山泽未必有异士，异士未必在山泽。**

【译文】 山林中河流边不一定有奇异之人；奇异之人也不一定住在山林中河流边。

【点评】 奇特超凡之人，有深刻的智慧，能够洞察仙机，其修养深厚，总是含而不露，也许会在宁静清新的山林中修行得道，但更多的是就生活在芸芸众生之中，就生活在你身边。他为自己的生命反省，也为众人的生命反省，他的智慧不但解决自己的问题，也解

决众人的问题,他是众人的精神领袖。

隐居山林并非心在山林,也许心在朝廷,这种假隐士要么自命清高,要么标新立异想吸引别人的注意罢了。所以说:"山泽未必有异士。"

成名每在穷苦日　败事多因得志时

【原文】 **成名每在穷苦日,败事多因得志时。**

【译文】 一个人往往是在过穷苦日子的时候成名,而多在志得意满之时遭到失败。

【点评】 这正印证了困苦使人奋进,骄傲使人失败的道理。人在穷苦之日,向往着美好的生活,此时没有优越的条件,没有外界的帮助,因此容易立志向上,常常以自己遭受的磨难来激励自己,故能够不断努力进取而走上成功之路。而成名之后,生活优裕了,名声大了,听到的奉承话多了,生活也失去了目标,就容易被胜利冲昏头脑,不知云里雾里,生出骄横之心。当初的艰苦奋斗精神没有了,精力和时间不再是用在创造而是用在消耗上,而人在这时也容易招致嫉妒,受到的攻击也更多,不好自为之当然就会走向失败。所以得意忘形之时,失败正等着你。

第二篇　处世篇

好丑两得其平　贤愚共受其益

【原文】 **好丑心太明,则物不契;贤愚心太明,则人不亲。须是内精明,而外浑厚,使好丑两得其平,贤愚共受其益,才是生成的德量。**

【译文】 将美与丑分别得太清楚,那么就无法与事物相契合;将贤与愚分别得太明确,那么就无法与人相亲近。必须内心精明,而为人处世却要仁厚,使美丑两方都能平和,贤愚双方都能受到益处,这才是上天对人们的品德与气量的培育。

【点评】 任何事物都不是绝对的,过于绝对反而背离事物的本来面目。美和丑是相对的概念,如果对于美与丑太过挑剔,那么就失去了准确鉴别事物的能力;如果太过于追求完美,那么世上也没有事物能使我们接受。

对事如此,与人相交也是如此。"金无足赤,人无完人","人非圣贤,孰能无过",对人太过苛求,也就难以使人亲近,难以结交朋友。所以为人处世之道,应该是遵循传统哲学所倡导的外圆内方,内心对人对事精明而不含糊,外在处世却要大度宽容,朴实浑厚,大巧若拙,大智若愚,使贤明和愚笨的人都能得到益处,这才真正是上天培育出来的雅量。

有则改之　无则加勉

【原文】 **居不必无恶邻,会不必无损友,唯在自持者两得之。**

【译文】 居家不一定非要没有坏邻居的地方不可,聚会也不一定要避开不好的朋友,能够自我把握的人也能够从恶邻和坏朋友中汲取有益的东西。

【点评】 近朱者赤,近墨者黑。人们在住房时总是希望选择好的邻居,在与人交往时总是希望选择好的朋友，但是真正能够自我把握的人是不惧怕恶邻和损友的。即使生活在污浊的环境中，一样可以保持自己清白的本性，有外界不好的环境做比较，人才会做事更加小心谨慎，如果有一个坏邻居和品德不好的朋友，正可以考验自己的修为和定力，以自己的言行去感化对方。再说寸有所长，尺有所短，好和坏也不是绝对的，恶邻和损友毕竟不是敌人，他们身上也许会有一些闪光之处可以供你从中借鉴呢。

花繁柳密处　风狂雨急时

【原文】　花繁柳密处拨得开，才是手段；风狂雨急时立得定，方见脚跟。

【译文】　在花繁叶茂的美景下能拨开迷雾不受束缚，来去自如，才看出德行高尚；在狂风急雨、贫困潦倒的环境中能站稳脚跟，不被击倒，才是立场坚定的君子。

【点评】　顺境中能承受福分而急流勇退，能在富贵极顶时及时脱身，需要非凡的勇气和高远的识见。繁花似锦，柳密如织，然而好景能有几时，事物到了巅峰往往是走下坡路的开始，只有智慧者能够及时识破景中的幻象，来去自如，不受束缚。

在顺境中要的是洒脱的气概，在逆境中要的是坚定的意志，不如意事常八九，人生道路上的艰难曲折很多，在这个时候能够坚持做人的原则，保持正直的品性，不迷乱心智、步入歧途，也不气馁妥协，恐怕比在繁花柳密处抽身而去更见功夫。

无经世之事业　无出世之襟期

【原文】　宇宙内事，要担当，又要善摆脱。不担当，则无经世之事业；不摆脱，则无出世之襟期。

【译文】　世间的事，既要能够承担重任，又要善于解脱羁绊。不能承担重任，就不能从事改造世界的事业；不善于解脱，就没有超出世间的襟怀。

【点评】　人生在世，必须勇于承担起改造世界的责任。因为社会要发展，就需要人类不断地创造；个人要进步，就要建立起应有的功业。一个人如果能为人类谋福祉，为社会做出应有的贡献，就能实现自己的价值。

然而世间的事情总是充满磨难，面对漫漫前路上的种种难关，人不免会感到困惑，甚至消磨了斗志，这时就要有高远的志向，宽广的胸怀，站得高，看得远，进得去，出得来，善于解脱心中的烦忧，不改进取的初衷而永葆改造世界的心志。

无事如有事　有事如无事

【原文】　无事如有事，时提防，可以弭意外之变；有事如无事，时镇定，可以销局中之危。

【译文】　在平安无事时要如有事时一样，时时提防，才能消除意外发生的变故；在发生危机时要像无事时一样，时时保持镇定，才能消除发生的危险。

【点评】　下棋看三步，做人眼光也必须长远。人在安定的时候，往往意识不到潜伏的危急，而在危急之时，又往往惊慌失措，不能镇定地消除祸患。所以应该按照“居安思危”的古训，在平安之中时时预防各种意外事件发生，做好应变的准备，一旦发生危急情况，也能应付自如，不致忙中出错，乱上添乱。所以凡事要未雨绸缪，防患于未然。

山林气味　廊庙经纶

【原文】 **居轩冕之中，要有山林的气味；处林泉之下，常怀廊庙的经纶。**

【译文】 置身仕宦显达之中，必须要有山间隐士那种清高的品格；闲居在野的居士和隐者，也应常怀治理国家的韬略。

【点评】 在朝为官的人，不能过于自得，充满了仕宦的官僚气，失去了闲士的平常心；在野为民的人，不能两耳不闻窗外事，要常关心国家大事，讨论治国的文韬武略。

因为高官厚禄者，容易被荣华富贵迷失本心，而沾染上许多物念，一旦贪欲太重，则易丧失节操，失去真正的自我，所以权势在手还要保持自然的品性，以淡泊名利之思想，调节身心。

在野隐居的士人，也不是完全脱离尘世，尽管过着隐居生活，但心中仍然放不下对政局的关心，放不下对国家的命运的忧虑。实际上如果心中确实有文韬武略，也不妨奉献国家，为国分忧。

是技皆可成名　片技足立天下

【原文】 **是技皆可成名天下，唯无技之人最苦；片技即足自立天下，唯多技之人最劳。**

【译文】 只要有专门的本领就可以在世上建立声名，只有那没有什么技艺的人活得最痛苦；只要有一技之长便足以在天下自立，只是有多种技能的人生活得最辛劳。

【点评】 人之才能不在全能，而只要在某方面有一技之长就可自立于天下。如果事皆涉猎，结果一样都不精，那也难以取得成绩；如果专精一门为天下所独有的功夫，就自然具备了成名的基础，至于谋生就更不成问题了。所以，常言说荒年饿不死手艺人，就是这个道理。

然而，身怀技艺太多，不仅为学习技艺所花费的精力较旁人多，尔后求他帮忙的人也会很多，俗话说"能者多劳"，就是指的这种情况。

己情不可纵　人情不可拂

【原文】 **己情不可纵，当用逆之法制之，其道在一忍字。人情不可拂，当用顺之法制之，其道在一恕字。**

【译文】 自己的欲念不可放纵，应当用抑制的办法制止，关键的方法就在一个"忍"字。他人所要求的事情不可拂逆，应当用顺应的办法控制，关键的方法就在一个"恕"字。

【点评】 对己之欲望要遏制，对人之要求不要违背。唐代张公艺老人全家百余人，九世同居，一时传为佳话。唐高宗颇多嘉勉，并亲自到张公艺家中探访，当高宗问及九世同居而少纠纷是什么原因时，张公艺用手在桌上写了一个大大的"忍"字作答，可见，忍可以消除很多人际关系中的麻烦。而待人则相反，要尽量宽容，对别人的要求，能满足的尽量给予满足，不能满足的，也要给予理解，即使是无理的要求，也要采取宽恕的态度，这样才是顺应了人之常情，能够愉快地与人相处。

随遇而安　清闲自有

【原文】 **人言天不禁人富贵，而禁人清闲，人自不闲耳。若能随遇而安，不图将来，不追既往，不蔽目前，何不清闲之有？**

【译文】 人们常说上天不会禁止人去追求和享受荣华富贵，但禁止人们过清闲的日子，这实际上也是人们自己不愿意清闲下来罢了。如果一个人在任何环境下都自得其乐，不为将来去愁心计划，不对过去的生活追悔不安，也不被眼前的名利所蒙蔽，这样哪能不清闲呢？

【点评】 古语说："天下熙熙，皆为利来；天下攘攘，皆为利往。"利当然是社会发展最有效的润滑剂，但就个人而言，怎样在保障自己生活质量的基础上，让自己的心灵和精神得到放松，可能是许多人忽视了的问题。很多人有了钱，又想更多的钱，有了房，又想要更大的房，如何有个止境呢？所以不被利所蒙蔽也确实是人们面临的现实问题。

了心自了事　逃世不逃名

【原文】 **了心自了事，犹根拔而草不生；逃世不逃名，似膻存而蚋还集。**

【译文】 能在心中将事情作了结才是真正将事情了结，就好像拔去根以后草不再生长一样；逃离了尘世却还有求名之心，就好像腥膻气味还存在，仍然会招来蚊蝇一样。

【点评】 世界上的事情都是由心而生，也由心而灭，事情之所以无法了结，其根本原因是因为心有牵挂。斩断牵挂之心，犹如斩草除根，即使是春风再吹也无法使其重生。

逃避尘世而隐居在山林之中，过着"采菊东篱下，悠然见南山"的生活，是试图放弃尘世中的纷争和烦忧，身远离尘世，心也要静下，才是真正的隐居，如果还恋恋不舍自己的名声如何，别人对自己评价如何，仍是俗根未净。

出世方能入世　入世方能出世

【原文】 **必出世者，方能入世，不则世缘易堕。必入世者，方能出世，不则空趣难持。**

【译文】 一定要有出世的胸怀，才能入世，否则，在尘世中便易受种种世俗影响而堕落。一定要有入世的准备，才能真正地出世，否则，就不容易真正保持空的境界。

【点评】 佛家认为出世、入世乃是修行所必需的。然而在出世、入世问题上长久以来有许多争议，许多人把出世法称"真谛"，把入世法称"俗谛"，真俗之分，把出世、入世分出了先后。实际上真正修行的人，都应该不放弃任何一件小事，将真谛、俗谛同存于心。因为出世的胸襟，便是一种看透世间真相的智慧，能够对世间的事不贪恋爱慕。正是有了这种出世的胸襟，在凡俗的世间你也能游刃有余地掌握生命的方向，而不会与世俗同流合污。

人生莫如闲　人生莫如清

【原文】 **人生莫如闲，太闲反生恶业；人生莫如清，太清反类俗情。**

【译文】 人生没有比闲适更好的，但是太闲适反而做出不善之事；人生没有比清高更好的，但是，太清高反而显得做作。

【点评】 闲适是一种难得的境界，坐在厅堂中，感受清风徐来是闲，当窗对月享受月

色溶溶是闲，之所以为闲，是心无杂念，意在境中，能忘却生活的忙碌与名利的诱惑，心中自有一番闲适的天地。然而，如果功底不够深厚，心中追逐名利，万念难平，而外在的身体又无事可做，那么这种身闲心不闲的日子也许会生出种种邪念，为实现对名利的渴求也许会做下许多不善的事，正印证了太闲反生恶业的道理。

为人也是如此，清高固然可贵，但清高而至矫揉造作，令人生厌，这种清高还是少一些的好。

能脱俗便是奇　不合污便是清

【原文】　能脱俗便是奇，不合污便是清。处巧若拙，处明若晦，处动若静。

【译文】　能够超脱世俗便是不平凡；能够不同流合污便是清高。处理巧妙的事情，愈要以朴拙的方法处理；处于暴露之处能善于隐蔽；处于动荡的环境，要像处在平静的环境中一般。

【点评】　追求心灵的超凡脱俗，并不一定要做出惊天动地的奇特之事，只要能保持心灵的纯洁，不同流合污，能出淤泥而不染就行，不污就是洁。

在世俗之中还要注意讲究藏韬隐晦的策略，越是机巧之事，越要朴拙，不可自以为是，表现自己的小聪明，而落得聪明反被聪明误；越是在高处、明处，越要行事谨慎，不可招摇、炫耀，成为众矢之的；越是面对动荡的环境，越要镇定自若，随机处置，不可忙中出错，乱上加乱。

君子尽心利济　即此便是立命

【原文】　士君子尽心利济，使海内少他不得，则天亦自然少他不得，即此便是立命。

【译文】　一个有知识有修养的君子，尽自己的心意帮助他人，使世间需要他，那么，上天自然也需要他，这样便是确立了自己生命的意义和价值。

【点评】　生命的价值就在于奉献，整个社会是由每个生命组成的。一个人能尽心尽力地去服务社会，帮助他人，那么生命的价值就得到了实现。就个人而言，生命只是一段过程，在这有限的生命中，有人拼命享受，拒绝付出，这样的人说他活着，不如说他是枯萎的生命。而珍视自己生命的价值，对生命负责的人，会尽力去做有益的事，让生命之树枝繁叶茂。

混迹尘中　高视物外

【原文】　混迹尘中，高视物外；陶情杯酒，寄兴篇咏；藏名一时，尚友千古。

【译文】　立足于尘世中，眼光高远超出世间的物累；在酒杯中陶冶自己的情趣，在诗篇歌咏中寄托了自己的意趣；暂且隐匿自己的声名，还能够在精神上与古人为友。

【点评】　人只要在精神上能摆脱对物质的追求，其内心世界就可获得自由，不受尘世的束缚。以怀中醇酒陶冶自己的情怀，以吟诵诗篇寄托自己的志向，精神无比充实，如醇酒充溢天地之间。如能饮得，则是甘露美酒；如能咏得，则是无边的诗篇。天地万物，皆能寄我之情。

能为友者，固不在形迹；能显名者，也不在一时。一时名声，只是空扰人心；以形为友，总不知心。精神可以超越时空的界限，展开古人充满智慧的文章，就可以与古人神

交，心神畅游，胜过眼前虚情假意的交往。名声虽然能显耀一时，未必能显耀千古。

难放怀放　则万境宽

【原文】　**从极迷处识迷，则到处醒；将难放怀一放，则万境宽。**

【译文】　在极为令人迷惑的地方能认识这种迷惑，那么在其他所有的地方都会有清醒的头脑；能把最难放怀的事情放在一边，那么心境永远会平静豁达。

【点评】　迷者，失去方向，迷惑之中应破迷，寻找走出迷宫的路。如果能在最迷惑处豁然开朗，必定会有"山重水复疑无路，柳暗花明又一村"的欣喜之感，那么其他难解之谜也会迎刃而解。即使再有迷惑，因为有解谜的经验，也能保持清醒的头脑，静心破迷而不慌乱。

心中放心不下，可从最难处入手，将种种名利之心置之一边，名利心全无，心境自然宽阔，还有什么可以牵挂我心呢？

寂而常惺　惺而常寂

【原文】　**寂而常惺，寂寂之境不扰；惺而常寂，惺惺之念不驰。**

【译文】　寂静时要保持清醒，但不要扰乱寂静的心境；在清醒时要保持寂静，但心念不要驰骋太远而收束不住。

【点评】　人生在世，有时要清醒，有时却要装糊涂。糊涂就是善于藏巧露拙，有大度有气量，不为小事所左右；清醒就是知道事情的轻重得失，把握得住事物发展的方向，该争取处要做百倍的努力，该放弃处可以淡泊于心。

清醒时要善于观察世事的变化，但不可太沉迷于世事，干扰寂静之心；清醒时还要善装糊涂，对无关紧要的小事不必耿耿于怀，可以一笔带过。

一失足成千古恨

【原文】　**一失足成千古恨，再回头是百年身。**

【译文】　一旦犯下错误就会造成终身的遗憾，发现后再回头来看已经时过境迁难以挽回了。

【点评】　人生有很多路要走，可是决定命运的往往只有一两步。走错了这一步，也许人生的命运就发生了改变，等到你发现却为时已晚，因为时间是不能倒流的。

人非圣贤，孰能无过？但要尽量减少过失，避免出现大的过错。生命虽短，岔路却多，一时失足不仅可带来肉体上的痛苦，还会造成心灵上的创伤。要随时注意自己的脚下，看清前进的方向，用心去量一量，以便走出一条虽曲折但前途很光明的路来。

空烦恼场　绝营求念

【原文】　**烦恼场空，身住清凉世界；营求念绝，心归自在乾坤。**

【译文】　将世界上一切烦恼看破，便是生活在清凉世界之中；钻营求取的念头断绝了，心就生活在自由自在的天地间。

【点评】　清凉世界是佛家所说的去除身心烦恼的世界。自在乾坤是指自由自在的时空。

人们生活在这个世界上，如果不能看轻名利，整天被烦恼、困惑、忧愁所包围，那么就犹如生活在一个火热的牢笼中，一刻都不能安宁。

实际上烦恼都来自自己心中无边的欲望，这欲望便是苦海，你看有人为了金钱，以身试法，困入囹圄，有人为了美女，抛妻别子，最后人财两空。如果少些欲望，多些安然，就会心情轻松自在，“安禅何必需山水，灭却心头火亦凉”。

求福速祸　安祸得福

【原文】　过分求福，适以速祸；安分速祸，将自得福。

【译文】　过分地追求福分，很容易促使祸事降临；安然面对突如其来的祸事，自然能转祸为福。

【点评】　凡事都有一个度，求取福分是人类的普遍心理，然而求福太过，铤而走险，反而会加速祸事的降临，正如气球，如果吹得合适，就会飘升而起，如果吹得太胀，就会很快爆炸。这正是欲速则不达。

躲避灾祸也是人类的本性，然而灾祸降临时，不能采取逃避的方法，只有冷静面对，泰然处之，才能尽量将灾祸造成的损失减到最小，甚至化险为夷而因祸得福。

所以古人教我们：“祸到休愁，要学会救；福来休喜，要学会受。”

第三篇　知人篇

看担当襟度　看涵养识见

【原文】　大事难事看担当，逆境顺境看襟度；临喜临怒看涵养，群行群止看识见。

【译文】　面对大事和难事的时候，可以看出一个人担当责任的能力；在处于逆境或顺境的时候，可以看出一个人的胸襟和气度；碰到喜怒之事的时候，可以看出一个人的涵养；在与人群相处的行为举止中，可以看出一个人对事物的见解和认识。

【点评】　疾风知劲草，路遥知马力。观察一个人很难，但也不是完全没有尺度，可以从一个人应对不同情况的态度，观察其各种能力。有人面对需要担当起责任的大事或难以解决的事情时，总是采取推卸责任或逃避的态度，如此消极，此人岂能承担天下重任？所以勇于担当责任的人，总是在关键时刻挺身而出，肩负起重任。这样的人，由于有高深的修养和品性，无论是顺境或逆境，都有博大的胸怀和气度，显示出“任凭风吹浪打，胜似闲庭信步”的英雄气度。这就是值得十分信赖的人。

一个人的情绪容易变化，也常常是影响事业成功的原因之一，只有成为喜怒不形于色的人，才能正确地对事物做出判断，而且不流于俗见，少一些从众心理，便更能在群体中显示出自己的远见卓识。

真廉无名　大巧无术

【原文】　真廉无名，立名者，所以为贪；大巧无术，用术者，所以为拙。

【译文】　真正的廉洁不是为了名声，那些求名的人，只是贪名而已；最大的巧智是不

使用任何权术，凡是运用种种心术的人，不免是笨拙的。

【点评】 廉是与贪相对的，廉洁应该是做人的本分，然而因为有贪心之人，才使廉洁成为难能之事。所以真正的廉洁应该出于自律的要求而不是为了求取名声，如果为了求名而廉洁，虽然做到了不贪财，但却贪名，仍然是贪。

巧本应是天性，为巧而巧，蓄意玩弄心术，往往偷鸡不成倒蚀一把米，弄巧成拙，为心计所害，这就是“机关算尽太聪明，反误了卿卿性命”。

周旋处见破绽　爱护处生指摘

【原文】 世人破绽处，多从周旋处见；指摘处，多从爱护处见；艰难处，多从贪恋处见。

【译文】 世人行为上的过失，多在与人交际应酬时出现；指责对方，多是从爱护的愿望出发而言；有难以处理之事，多在由于贪欲爱恋而难舍时出现。

【点评】 试图八面玲珑的人总难以面面俱到，在与各方应酬时总难以处处考虑周全，稍一疏忽，也许会露出破绽，要做到人人满意是很难的，能够做到大部分人满意就很不错了。

愿意指出别人的缺点，多是出于爱护对方的良好愿望否则就会任其错误发展下去，等到他自己认识时，已是大错铸成，难以改变了。所以听到别人提出批评的意见，要善于自我反省，虚心地接受。

贪恋的人，欲望太多，因而觉得艰难亦多，如果放弃了各种贪欲，那就会心清意平，哪里有什么艰难可言呢？

得山林之趣　忘名利之情

【原文】 谭山林之乐者，未必真得山林之趣；厌名利之谭者，未必尽忘名利之情。

【译文】 喜欢谈论隐居山林中的生活乐趣的人，不一定是真的领悟了隐居的乐趣；口头上说讨厌名利的人，未必真的将名利忘却。

【点评】 有些事表面和事实往往相差很远，有些人口中说的和实际做的不一样。喜欢谈论山林隐居之乐的人，并非是真正领悟了其中的乐趣，只不过是借此附庸风雅，更有一些假隐士，借此机会来引起别人的重视，真正悟得山居乐趣的人已经隐居其中自得其乐去了。口口声声说将名利看得很淡，甚至做出厌恶名利的姿态，实际是内心中无法摆脱掉名利的诱惑而做出自欺欺人的姿态，未忘名利之心，所以才时时挂在嘴边。

这些心口不一的人，实际上内心充满了矛盾，如果能够做到心中怎么想，口中怎么说，心口如一，那么不但自己活得轻松，与人交往也会很轻松了。

谈空反被空迷　耽静多为静缚

【原文】 谈空反被空迷，耽静多为静缚。

【译文】 谈论空寂之道的人却反而受到空寂的迷惑；沉溺静境中的人却反而被静境束缚。

【点评】 空是空寂之道，佛法说万法皆空，是让人们知道万事万物本无永恒的体性，一切终将消散，教人们不要执迷于万物之中，使身心不得自在，然而有人却谈空而又恋

空,对空执着而不放弃,结果往往被空寂所迷惑。实际上是空的念头没有除去,仍是不空。

静是沉寂静境,教人以静不是要躲到安静的地方,远离尘世不想不听,那么这样又是被静所束缚,因为静而动弹不得,这种静也非真静,因为身想安静,心却忙碌,内心不静。如果能在尘世中保持一份静的心境,处闹市而心自静,那么才是真正做到了静而不受束缚了。

良缘易合　知己难投

【原文】 **良缘易合,红叶亦可为媒;知己难投,白璧未能获主。**

【译文】 美好的姻缘容易成,红叶也可以成为媒人;知己难以投合时,即使白玉也难遇到赏识的人。

【点评】 凡事随缘,缘定前生。如果无缘,纵然擦肩而过也不会相识,如果有缘,哪怕红叶也可做媒人。

红叶做媒:唐僖宗时宫女韩翠屏曾在红叶上题诗,红叶被流水冲到宫外,学士于祐捡到后,又在红叶上题诗流回宫中,韩翠屏复捡得此叶。后来宫中放出三千宫女,于祐娶了韩翠屏,说起红叶之事,都说:“真是巧合。”

白璧:春秋时楚国人卞和曾得到荆山玉石,楚厉王、武王不识玉,认为被他欺骗,分别砍去他的左、右脚,卞和为玉不被人所识而抱着玉在荆山下哭泣,后楚文王过问此事,让人琢出美玉,称为和氏璧。

有道是有缘千里来相会,无缘对面不相识。高山流水,知音难求。因此,愿天下有情人都成眷属。

人了了不知了　知了了便不了

【原文】 **佛只是个了仙,也是个了圣。人了了不知了,不知了了是了了;若知了了,便不了。**

【译文】 佛只是个善于了却俗尘的神仙,也是个善于了却烦恼的圣人。人们虽然聪明,却不知该了却一切烦恼,不知了却万事便是聪明;如果心中还有放下的念头,那便是还未完全了却。

【点评】 很多人自以为聪明,却不知道整天被尘世的烦恼和欲望所束缚,放不下许多杂念。期盼着很多事情来临,来临了又生出更多的非分之想,得不到的东西不断地期盼,能得到的东西也是念念不忘,结果事情未到已烦恼丛生,事情已过心中仍放心不下,如此庸人自扰,岂不是无端地增添了心灵的压力与忧烦。

尘世的功名难以摆脱,有些人就躲入山野,希望借此与世隔绝,以为这样可过着无忧无虑的生活,殊不知,这是以为尘缘了了,其实未了,因为心中仍有欲念未放下。要做到真正的了了,只有连放下的念头也排除掉,生于世间而不着于世。

如释重负　如担枷锁

【原文】 **贫贱之人,一无所有,及临命终时,脱一厌字;富贵之人,无所不有,及临命终时,带一恋字。脱一厌字,如释重负;带一恋字,如担枷锁。**

【译文】 贫穷低贱的人，一无所有，到生命将终结时，因为对贫贱的厌倦而得到一种解脱感；富有高贵的人，无所不有，到生命将终结时，因对名利的牵挂而恋恋不舍。因厌而解脱的人，仿佛放下重担般轻松；因眷恋而不舍的人，如同戴上了枷锁般沉重。

【点评】 人的生命历程，无论是贫穷还是富有，无论是曲折还是平坦，最后都要走向同一个结局——死亡。尽管人生来不平等，但在死亡这一点上却是平等的，没有人能够逃避得了。贫穷低贱的人，一生在贫困中挣扎，什么财富也没有，死时自然没有什么留恋，反而如释重负般轻松。富贵位高的人，一生享不尽的荣华，用不尽的财富，死时自然恋恋不舍，岂不是死也死得不轻松吗？

量晴较雨　弄月嘲风

【原文】 **种两顷附郭田，量晴较雨；寻几个知心友，弄月嘲风。**

【译文】 耕种一两顷城郊的土地，预测天气的阴晴变化；寻觅几位知心的朋友，共同欣赏明月清风的景致，吟诗作赋。

【点评】 这里描绘出一幅文人自得其乐的闲逸图画，在城外找几块良田，种一畦佳禾，则衣食无忧。结交几个志趣相投的朋友，将其邀约到自己的田园里来，吟诗作赋，舞文弄墨，借明月抒发自己热爱生活的心志，借清风寄托自己积极进取的抱负，是一种乐趣，也是一种无奈。

将自己的归宿寄托于田园风光，虽不失闲逸浪漫，但实际上仍是不甘寂寞的写照。真正的追求，还是在赏风弄月之时，不断寻找进取的机会，以便再展宏图，恐怕这才是作者的真情所在。

达人撒手悬崖　俗子沉身苦海

【原文】 **达人撒手悬崖，俗子沉身苦海。**

【译文】 通达生命之道的人能够在悬崖边缘放手离去，凡夫俗子则沉溺在世间的苦海中无法自拔。

【点评】 悬崖与苦海都是危难急迫的境地，而对危境的不同态度正是达人与凡夫俗子的分界线。无事不找事，有事不怕事，临危不慌乱，正显出达人的本性。因为通达天命的人，胸襟宽阔，知道生命的短暂，懂得在生命的历程中有很多艰难曲折，需要以理智平和的心去对待，去驾驭生命之舟，这样才能临危不乱，达观地走完生命之路。而凡夫俗子是那些没有高远境界、浅尝辄止的人，整天沉溺在尘世的杂务中无法摆脱烦恼，不能在逆境中找到通往彻悟的道路，最后沉入自己心灵的苦海。

多躁难沉潜　多畏难卓越

【原文】 **多躁者，必无沉潜之识；多畏者，必无卓越之见；多欲者，必无慷慨之节；多言者，必无笃实之心；多勇者，必无文学之雅。**

【译文】 浮躁的人，必定对事物没有深刻的见识；胆怯的人，必定对事物没有卓越的见解；欲望太多的人，必定不能有正直激昂的气节；多话的人，必定没有扎实勤奋的作风；多勇力的人，必定缺少文学修养。

【点评】 事物都是互相联系的，没有扎实的基础，建起的就会是空中楼阁。一个人如果浮躁气盛或者畏首畏尾，都会影响他对学问的深刻研究和对事物的正确判断，因此要想有卓越的见解是很难的。一个人如果欲望很多，言语轻率，那么就难以有正直激昂的气节，沉稳踏实的作风。而勇力过人的鲁莽之士，必然是内心修养不足所致，故难以体会到文人墨客的雅致。

贫不足羞　贱不足恶

【原文】　贫不足羞，可羞是贫而无志；贱不足恶，可恶是贱而无能；老不足叹，可叹是老而虚生；死不足悲，可悲是死而无补。

【译文】　贫穷并不是值得羞愧的事，值得羞愧的是贫穷却没有志气；地位卑贱并不令人厌恶，可厌恶的是卑贱而又无能；年老并不值得叹息，值得叹息的是年老时已虚度一生；死并不值得悲伤，可悲的是死时却对世人没有任何益处。

【点评】　判断一个人是否值得尊敬，不是看其贫贱还是富贵，而主要是看其品德操行如何，贫不失志，贱而有能，那么也是可敬的。汉代人王章，家境贫困，地位也很低贱，生重病又没有衣被，就睡在牛草堆中，哭泣着与妻子道别，他的妻子怒斥他说："满朝廷的人谁能超过你的学问，不思进取，反而哭泣，有什么用！"后来王章立志振作而起，果然做了京兆尹。所以能通过立志和充实自己改变贫贱的命运也是值得尊敬的。

年老与死都是人生的必然历程，更不值得叹息。关键是要做对社会有益的事，在临死时，可以自豪地说：我这一生没有虚度，做出了一些有益于社会，有益于人民的事，那么还有什么值得叹息和悲哀的呢！

阮籍好美　而不动念

【原文】　阮籍邻家少妇，有美色，当垆沽酒，籍常诣饮，醉便卧其侧。隔帘闻坠钗声，而不动念者，此人不痴则慧，我幸在不痴不慧中。

【译文】　阮籍家隔壁有个少妇，十分美貌，以卖酒为业，阮籍常去饮酒，醉了便睡在她的身旁。隔着帘子听见玉钗落下的声音，而心中不起邪念的人，不是痴人便是慧者，幸而我是个不痴不慧的人。

【点评】　爱好美色藏于心中，能够做到坐怀不乱者往往是真君子。晋代阮籍，竹林七贤之一，才华横溢，性情豪放怪诞。据《世说新语》载，阮籍的邻居中有一位貌美的少妇，开着酒铺卖酒，阮籍常与王安丰等人前去少妇那里买酒喝，喝醉了就睡在少妇的旁边，少妇的丈夫开始怀疑他有什么邪念，仔细观察才发现他并没有什么恶意。这则故事正说明慧剑斩情丝，如果不是阮籍这种极慧之人，不要说听到钗玉落地的声音，哪怕只是睹其背影，都会生出邪念来。

喜传语者　不可与语

【原文】　喜传语者，不可与语；好议事者，不可图事。

【译文】　喜欢到处传话的人，不要与他讲重要的事情；喜欢议论事情的人，不要和他一起策划大事。

【点评】　有些人无所事事，整天东家长西家短地传话，议论与己无关的事，这样的人是靠不住的，最好不要将机密的事告诉他，否则一夜之间会传遍每一个角落，甚至会添油

加醋，曲解本意。然而这样的人特别爱打听，对付这样的人有一个好方法，且看丘吉尔是如何处理的：二战时，英国计划调动军队与纳粹作战，当时国会通过一项购买武器的预算方案，当表决通过后，丘吉尔首相走出会议室时被记者团团围住，有一名记者向丘吉尔询问此事，丘吉尔将记者叫到一边耳语说："你能保守这个秘密吗？"记者回答说："能。"丘吉尔说："我也能，先生。"丘吉尔轻松幽默地打发了这些"包打听"的职业记者。生活中的"长舌妇""包打听"就在你身边，你是防不胜防，所以最好的方法是三缄其口。

疑善信恶　满腔杀机

【原文】　**闻人善，则疑之；闻人恶，则信之。此满腔杀机也。**

【译文】　听说别人做了善事，却对此事抱怀疑态度；听到别人做了坏事，却相信此事。这是心中充满敌意和恶念的表现。

【点评】　郑板桥说："以人为可爱，而我亦可爱矣；以人为可恶，而我亦可恶矣。"如果一个人心中充满了善念，当听到别人有了好事时，无论是对方做了善事或有了进步，都会当作自己取得成绩一样感到由衷的高兴，而听说别人有了不好的事情，就会想也许会是传闻有误或对方有不得已的苦衷，即使是事实，也希望对方能及时觉悟并改正，这才是与人为善的正确态度。可是内心很卑鄙阴险的小人却不是这样，当听说别人有了好事时，或者怀疑其动机如何，或者充满嫉妒之心，蓄意贬低、诽谤对方，而当听说有人做了坏事时，则抱着唯恐天下不乱的心态，反而感到无比快意。此种阴暗心理实在要不得。

无位之公卿　有爵之乞丐

【原文】　**平民种德施惠，是无位之公卿；仕夫贪财好货，乃有爵之乞丐。**

【译文】　普通的百姓如果能广施恩德，那么就可以称作是没有官位的公卿；做官的人如果贪图财利，就是有官位的乞丐。

【点评】　人的贵贱高低，能否受人尊敬，不是看他表面的地位多高，官有多大，而是看其所作所为如何。

平民百姓，没有公卿的职位，却有美好善良的心灵，能够广布恩德于人，多行善事，那么他将比有职位的官员更受人尊敬。高高在上的官吏，如果贪婪图财，只知利用手中权力将天下的财产据为己有，不断地把罪恶的手伸向国库，那么他地位再高，也像乞丐一样没有人格，也像禽兽一样没有人性。

识假不得真　卖巧不藏拙

【原文】　**任他极有见识，看得假认不得真；随你极有聪明，卖得巧藏不得拙。**

【译文】　无论他的见识有多么高深，却看得到假处看不到真处；随你多么聪明，却只能表现出巧妙之处，而掩藏不住其中的笨拙。

【点评】　世界上有许多真实和虚假的东西混杂，亦真亦假，任凭你有卓越的见识也难以分清。透过现象看本质，这是哲学格言，生活中的哲理也如此，正如歌中所唱："故事里的事说是就是不是也是，故事里的事说不是就不是是也不是。"

巧和拙是相对的，有些爱耍小聪明的人，常常以玩弄手段而自鸣得意，实际上看似聪明，却不知正好暴露了自己的浅薄和肤浅，而有些看似愚笨的人却是大智若愚，在浑厚中

藏着机巧,这样的人才是真正聪明的人。

可爱人可怜　可恶人可惜

【原文】　天下可爱的人,都是可怜人;天下可恶的人,都是可惜人。

【译文】　天下值得去爱的人,往往都十分令人同情;而那些人人厌恶的人,往往令人十分惋惜。

【点评】　世上总是好人多,因为他们保留了人类天性中善良的一面,并且极力维护人类最美好的品德,由于他们不愿用种种卑劣的手段去实现自己的愿望,不愿同流合污去追逐不义,由此很容易受到伤害,所以境况有时很窘迫,即便如此,他们也心甘情愿。

而有些恶人,在世上为非作歹,恣意妄为,丧失了人心中美好的一面,虽然他们的恶行有时候能够得逞,但他们已经感受不到为善的快乐,就犹如感受不到和煦的阳光,嗅不到花朵的芬芳,听不到孩童的欢笑一样,这难道不让人为他可惜吗?

人我往来　快活世界

【原文】　剖去胸中荆棘以便人我往来,是天下第一快活世界。

【译文】　去除胸中容易伤己伤人的棘刺,以便和人们交往,是天下最快意的事了。

【点评】　荆棘多刺,做成篱笆尚可,留在胸中挡住交往之门,既会伤人,也可能伤己。俗话说"待人以诚",直率地袒露自己的心胸,与人坦诚相见,有什么得意处不妨公开与人言,有什么不乐事,不妨直言提醒,这样打开了封闭自己心灵的枷锁,别人也会以诚心回报,人与人之间容易得到沟通与交流,友谊、欢笑就会常驻在心中,这是多么快意的事啊!

让利精于取利　逃名巧于邀名

【原文】　让利精于取利,逃名巧于邀名。

【译文】　让利于人比争取利益更精明,逃避名声比争夺名声更明智。

【点评】　在处理"利"与"义"的关系上,将哪一个摆在第一位的问题,历来是判断一个人处世态度的重要方面。传统观点强调君子取义不言利,实际上随着商品经济的发展,每个人都生活在物欲横流的环境中,完全不言利是不可能的,与其采取逃避的态度,不如正确地对待利,即"君子言利取之有道"。同时在利益关系上也不能斤斤计较,因为争小利有时既伤和气,更伤大利,所以明智的做法是宁可少一些利益,而不伤彼此的友谊。

至于名声,也应看得轻些,有时候刻意求名,反而不会有好的名声,相反,保持谦虚谨慎的态度,不重名声,甚至主动逃避名声反而更受人尊敬,所以"逃名巧于邀名"。

耳目宽则天地窄　争务短则日月长

【原文】　耳目宽则天地窄,争务短则日月长。

【译文】　耳目之欲太多,便会觉得天地间很狭隘;而少争名夺利,日子就会过得清闲而悠长。

【点评】　要想天地宽广,就要摒弃许多世俗的杂念,少去理会那些堵塞心胸的噪音、污染视觉的画面。因为许多事情,听了不如不听,见了不如不见,要有盲者、聋者的智慧,

去听无声之声，去看无色之色，当我们闭上双眼，即看到心中无限的世界，当我们掩上双耳，即听到大自然无限的生机。

世事纷争很多，斤斤计较于此会觉得日月乏味，生活无聊，不如放弃无谓的争端，轻松地面对生活，那么自然就觉得日子过得清闲悠长，有滋有味了。

第四篇　论世篇

众人皆沉醉　安得清凉散

【原文】　醒食中山之酒，一醉千日，今之昏昏逐逐，无一日不醉。趋名者醉于朝，趋利者醉于野，豪者醉于声色犬马。安得一服清凉散，人人解醒。

【译文】　清醒的人饮了中山人狄希酿造的酒，可以一醉千日，今日世人昏昏沉沉，没有一日不处于沉醉状态中。好名的人迷醉于朝廷官位，好利的人迷醉于世间财富，豪富的人则迷醉于声色犬马。怎样才能获得一副警醒剂，使人人获得清醒呢？

【点评】　据说中山人狄希能够酿造千日之酒，人们饮了此酒会醉千日不醒，可见此酒后劲了得，然而这种酒虽能醉人千日，其醉却有两点可取之处，一是真醉，是饮酒所得的情趣，二是虽酒劲很大，千日后也会醒来。

但是，世间之人沉醉于追名逐利纸醉金迷的生活中，是无酒而醉，难有醒时，所以陈继儒公在此发出感叹，从哪里弄来一副清凉药，让这些为名利、声色而醉的人醒来呢？答案就在本书中，陈公的《小窗幽记》就是一副让人清醒的良药，读了会使人击案叫绝，获益匪浅。

我辈书生　报国之忧

【原文】　料今天下皆妇人矣。封疆缩其地，而中庭之歌舞犹喧；战血枯其人，而满座貂蝉自若。我辈书生，既无诛乱讨贼之柄，而一片报国之忧，惟于寸楮尺字间见之，使天下之须眉面妇人者，亦耸然有起色。

【译文】　看当今天下的男儿都如同妇人一般。眼看着国土逐渐沦丧，然而厅堂中仍是歌舞喧嚣，战场上战士因血流尽而枯干了，而满朝的官员仿佛无事一般。我们这些读书人，既然没有平叛讨逆的权柄，而一片报效国家的赤诚，只能在寸纸尺字上表现，使天下那些身为男子却似妇人的人，能够触动而有所改进。

【点评】　这是书生忧国忧民的声音，面对国家破碎，山河丢失，手无尺寸之兵，身无御卒之权的书生，只能在洁白的纸上写下自己的愤慨，希望当权者能所触动。是啊，前方战事正急，朝廷中却满堂歌舞，衣冠楚楚的官员们偎坐在舞女的身边，仿佛无事人一般，怎不让人愤恨。

朝廷软弱无能，被骂为徒长须眉的妇人，实际上这也连累妇人坏了名声。古代也有很多妇人在国家危难的时刻，挺身而出，勇救国难，为国捐躯，他们为天下的男子和女子做出了榜样。

人生待足何时足　未老得闲始是闲

【原文】 **人生待足何时足，未老得闲始是闲。**

【译文】 人活在世上，等待着得到满足，什么时候才能真正满足呢？在未衰老时能得到闲适的心境，这就是真正的清闲。

【点评】 有人从年轻时，就总感觉到闷闷不乐，他自己也不知因何缘故，只到品行深厚了才知，当时只是为名所牵，为利所扰，不能自拔罢了，实际上富贵是没有止境的，登上了一级境界还有一级境界在前，只有适可而止，才能知足者常乐。

知足者心中没有尘情的牵挂，自然会意念平静，如果要想得到清闲的心境，及时放弃为物欲所驱使的生活就行，何必一定要等到年老时才能悟到这一点呢！

士大夫爱钱　书香化为铜臭

【原文】 **亲兄弟折箸，璧合翻作瓜分；士大夫爱钱，书香化为铜臭。**

【译文】 亲兄弟不和睦，就如同价值连城的一组美玉，分散开来便失去价值；读书人爱财，就使浓郁的书香味转变为铜臭气息。

【点评】 箸，筷子。折箸，指兄弟不和。传说一老翁临死前，将几个儿子叫到面前，让儿子们试试是一根筷子容易折断还是一把筷子容易折断，儿子们从一把筷子很难折断中悟出只有兄弟们团结一心才有力量的道理，老翁才放心离世。璧，美玉。璧合，是两块玉合在一起，比喻有价值的东西。

俗语云："打仗亲兄弟，上阵父子兵。"亲兄弟之间有亲情、友情，如果能团结一致，其力量是无比巨大的，如果不和睦，如同将美玉打碎，令人痛心。

读书人深知做人的道理，淡泊名利，所以有言曰："天下第一人品，还是读书。"读书是至高至雅之乐，还要致用，学以致用，造福百姓，才不枉为读书人。读书人爱财也要取之有道，如果见钱眼开，就会使书香变为铜臭，成为市井之徒。

主持之局已定　生死之关先破

【原文】 **穷通之境未遭，主持之局已定，老病之势未催，生死之关先破。求之今人，谁堪语此？**

【译文】 在还未遭受贫穷或显达的境遇时，自我生命的方向已经确定；在还未受到年老和疾病的折磨时，对生与死的认识预先看破。面对今天社会上的芸芸众生，可以和谁谈论这些问题呢？

【点评】 生命的存在不易，但是生命的结局却并不神秘，无论生命的道路如何走过，最终都要走向死亡，可在有限的生命中能够把握自我生命方向的人并不多。

一般人总是要经过生命的波折，才能看透生命的真相，总是要在历尽坎坷之后，才知道应该怎么活下去。也许等到某人年届不惑时，虽有所悟，却已过了青春年少的最好时机。所以能够做一个先知先觉的人，从进入人生之路起，即树立自己人生的方向，在有限的生命历程中处处留下光彩与成功，充分实现生命的价值，才能在生死关口，毫不犹豫地说：我的生命没有虚度，我为自己生命的光彩而感到骄傲。

枝头秋叶　檐前野鸟

【原文】 **枝头秋叶，将落犹然恋树；檐前野鸟，除死方得离笼。人之处世，可怜如此。**

【译文】 树枝上的黄叶，在秋天将要落下时还依恋枝头不忍离去；屋檐下的野鸟，直到死去，才能脱离关锁它的牢笼。人活在世上，也像这秋叶与野鸟般可怜。

【点评】 秋风中黄叶枯干，仍眷恋着枝条不舍，在风中摇曳欲坠；鸟儿被关在笼中，直到死去，才能返归自然。

人生活在世上，最不能忘怀的总是名利，就如那败落的枯叶、不自由的鸟儿一样可怜可叹。叶黄而枯，那是自然的规律，而人是有自主性的动物，能够选择自己的生活方式，对于得与失、生与死、名与利，能做到拿得起，放得下，进得去，出得来，才会在纷纷扰扰的尘世中游刃有余。如果为名利所累，死抱着名利不放，或由他人主宰自己的命运，就真是可悲至极了。

心为形役　尘世马牛

【原文】 **心为形役，尘世马牛；身被名牵，樊笼鸡鹜。**

【译文】 如果心灵被外在的东西所驱使，那么这个人就像是活在人世间的牛马；如果人被名声所束缚，那就像关在笼中的鸡鸭一样没有自由。

【点评】 心是人的主宰，人通过目、耳、鼻、眼、口及二便等九窍和色、香、味、触、意、事等各种感受认识世界，心为其总管，万事决断于心，这也是人与动物的不同之处。如果人的行为离开心的正确指导，只是不断地满足各种感官刺激的要求，那就是形体指挥思维，与动物没有什么差别了。

爱名声的人，如果被名声牵着鼻子走，一切为了名声而活，就完全失去了自由的心性，身心都不得自在，就如笼中鸟、缸中鱼一样失去了自由的心性。

百折不回之真心　万变不穷之妙用

【原文】 **士人有百折不回之真心，才有万变不穷之妙用。**

【译文】 一个人只有真正具备百折不挠的坚强意志，才能碰到任何变化都有应付自如的办法。

【点评】 坚强的意志、百折不挠的精神是人们走向成功的重要素质。遇到困难就畏缩不前，甚至放弃，只能是一事无成，而如果有恒心、有毅力，碰到再大的困难都能迎头而上，找出解决问题的办法，那么就可以不变应万变，而臻于功成名就的佳境。唐代诗人李白小时候曾看见一位老媪在河边不停地磨一根铁棒，李白很奇怪，询问老媪这是为何，老媪说：我要将这根铁棒磨成一根针。李白大为惊讶，说：这么粗的铁棒如何才能磨成一根针呢？老媪说：我不停地磨下去，只要功夫深，铁棒自然磨成针。李白因此受到启发，勤奋学习，终于成为流芳百世的大诗人。

觑破兴衰究竟　阅尽寂寞繁华

【原文】 **觑破兴衰究竟，人我得失冰消；阅尽寂寞繁华，豪杰心肠灰冷。**

【译文】 看破了人世间兴盛衰败的真相，那么对人对我的得失之心就像冰块一样消

融;看尽了冷清寂寞和奢侈繁华,使要做天下英雄豪杰的心肠如死灰般冷却。

【点评】 事物总在兴盛与衰败的交替中变化着,人间总是在寂寞与繁华的变化中发展着。如果在兴盛繁华时能考虑到衰败寂寞时的景象,那么又有什么可得意忘形的呢?如果在衰败寂寞时能看到兴盛繁华的前景,那么又何必心灰意冷呢?

站得高才能看得远,能够洞察透彻尘世的种种变化,少一些得失之心,就能以静制动,以不变应万变了。

古人瑕瑜不掩　今人真伪难知

【原文】 古之人,如陈玉石于市肆,瑕瑜不掩;今之人,如货古玩于时贾,真伪难知。

【译文】 古代的人,就好像将玉石陈列在市场店铺之中一样,美丽与缺点都不加以掩饰;当今的人,就好像向商人购买的古玩,真假难辨。

【点评】 俗语有"人心不古",是说当今的人由于受利欲的影响,缺乏质朴与实在,拼命掩饰而使人看不清其本来面目,而远古的人却天性淳厚,不善做作,优点和缺点都暴露无遗。

实际上,在人心质朴与否上厚古薄今的原因,一方面是由于古代生产力落后,人们的经济不发达,留给人们的印象似乎古代民风很纯;另一方面也是对社会发展带来的各种行为价值观的变化无法适应,因此感叹今不如昔。

社会毕竟是不断向前发展的,今天的社会已经从物质文明到文化生活都比远古有突飞猛进的进步,良莠难分、真假难辨的不仅在于林林总总的商品,也包括各种各样的人或社会意识,既然如此,那就只好擦亮我们的慧眼了。

人常想病时　则尘心便减

【原文】 人常想病时,则尘心便减;人常想死时,则道念自生。

【译文】 人经常想到生病的痛苦,就会使凡俗的追求名利之心减少;人经常想到有死亡的那一天,那么追求生命永恒的念头便自然而生。

【点评】 当人身强力壮时,会为了名利而孜孜以求,不知止息,可是生病后就会感到生命原来是如此的脆弱不堪,既然如此,那么何必去斤斤计较凡俗的得失而徒生无尽的苦恼呢?名利都是身外之物,生不带来,死不带去,过多的欲求又有何益?

人追求生命永恒的理念总是难以有所得,可是当想到死是人生的必然结果时,许多事情就会大彻大悟。古来许多有智慧的人,能看破生命这一层虚伪的表象,转而追求另一种更真实、不生不灭而永恒的生命。

无事而忧　对景不乐

【原文】 无事而忧,对景不乐,即自家亦不知是何缘故,这便是一座活地狱,更说什么铜床铁柱,剑树刀山也。

【译文】 没什么事却烦忧不已,面对美景也不快乐,就是自己也不知道这是什么缘故,这就像在活地狱中一样,更不必说什么地狱中的热铜床、烧铁柱,以及插满剑的树和插满刀的山了。

【点评】 地狱是佛教传说中人死后灵魂受折磨的地方,地狱中有火海、刀山,还有烧

热的铜床、铁柱等刑具。

一个人整天忧愁不堪，满怀悲观，就像生活在活地狱中一样，心灵受到煎熬。有一个故事说，某老妇有两个儿子，一个染布，一个卖伞，当天晴时，老妇在家愁眉不展，担心他的儿子伞卖不出去，当天下雨时，老妇仍然唉声叹气，担心儿子没法染布。有人劝她说，天晴时，你的儿子就可以染布了，你应该为他高兴；天下雨时，你的儿子又可以卖伞了，你仍然应该为他高兴。无论天晴还是下雨，你都应该高兴才对呀！

可见只要善于排解，是能够逃出心中的活地狱的。

休便休去　了时无了

【原文】 **如今休去便休去，若觅了时了无时。**

【译文】 只要现在能够停止，一切便终止了；如果想要等到事情都了时，那么终究没有了尽的时候。

【点评】 人总有无尽的欲求，事物也总在不断地发展，期盼着事物自动停止下来不现实，所以要及时选择恰当的时机，当机立断，当止则止。

停止与发展是相对的，想寻求到一个绝对终了的时候很难。所以凡事能够告一段落，就可以主动作罢，不必纠缠于非得一个彻底了结的时候，也许在等候中已经错过了很多停止的机会，也许在等候中你已经承受了很多的痛苦，再想停止已经晚矣。

得了时且了，乞丐似的永无满足的索求带给人的只是虚幻的满足，其实自我的本心已经很圆满了，只是你没有发现罢了。

比上不足　比下有余

【原文】 **人只把不如我者较量，则自知足。**

【译文】 人只要同境况不如自己的人比较一下，就自然会知足了。

【点评】 人的欲望总是难以满足，为此生出种种烦恼，如果能常回头看一看不如自己的人，那么一切不平之心也许就会安宁。有个故事说：如果你不慎摔了一跤，擦破了皮肉，你要想到幸亏没有摔断腿，如果摔断了一条腿，你要想到幸亏没有摔断双腿，如果摔断了双腿，你要想到幸亏没有摔瞎眼睛，如果摔瞎了眼睛，你要想到幸亏没有摔瞎双眼，即使瞎了双眼，你也要想到，幸亏这条命还在……这个故事告诉我们一个“退一步思维”的方法。古人说：“要足何时足，知足便足。”看来满足不满足的标准就掌握在自己手里。

打透生死关　参破名利场

【原文】 **打透生死关，生来也罢，死来也罢；参破名利场，得了也好，失了也好。**

【译文】 能够看透生与死的界限，那么活着也是如此，死了也是如此；看破了名利争逐的虚妄，得到了也好，失去了也无所谓。

【点评】 看透生与死的界限，从佛家来说，就是对生与死的超越，体悟到不生不灭的本性。《楞严经》讲到观音菩萨当初为救众生，超越生与死的方法，便是引导众生进入一种空的境界，见到佛家所说的人不生不灭的本来面目，此时无生死可言，便是打通生死关节了。

至于名和利，更是身外之物，追逐名利也是人生的痛苦，如果连生死都能看透，生得

自在，死得安然，哪里还会在乎名利的得与失呢？只是芸芸众生，能坦然面对生命的少，能舍弃名利的人更少，甚或有看重名利胜于生死的人，这样的人，很难超越生死的痛苦。

皮囊速坏　佛性无边

【原文】　皮囊速坏，神识常存，杀万命以养皮囊，罪卒归于神识；佛性无边，经书有限，穷万卷以求佛性，得不属于经书。

【译文】　人的身体会很快朽坏，但是神识却永远存在，杀死各种动物的生命来供养身体，罪孽终究收纳到神识中；人的悟性是无边无际的，而经书中的文字有限，用穷究万卷经书之法来获得了悟，悟性得来却不属于经书。

【点评】　皮囊，佛家指人的身体。神识，佛家指第八识"阿赖耶识"，又称"能藏识"，它能将我们的身、口、意三业保存，使我们不停在六轮回道中，承受种种善恶报应。佛性，指人的觉悟之性。

佛家讲十二因缘，说我们世人最初由一念无明而在行为上造了各种不同的业，这些业藏在我们的神识中，使人们受染神识而投胎，然后产生了色、受、想、行、识五蕴，及眼、耳、鼻、舌、身、意六根。投胎之后，便对色声香味以及思想产生相对执着，从而具有苦乐之感受和自我之意识。又因为苦乐而产生爱欲和贪求。这些经验都收纳在神识中。研读佛经，就是要通过其中的文字，去认取超越生死缠缚、转识成智的方法。

隐逸林中无荣辱　道义路上无炎凉

【原文】　隐逸林中无荣辱，道义路上无炎凉。

【译文】　隐居山林的生活，避免了世间的荣华或耻辱；追求道义的路上，也没有人情的冷暖可言。

【点评】　隐居山林的人，已经放弃了对世间荣华富贵的追求，去除了名利之心，他们看破了人生的争斗，不再关心自己在世间是什么样的名声，心中已不执着于名声时，名利荣辱便会远离他们，所以"心"是荣辱的关键，有心恋荣辱，荣辱处处在，有心舍荣辱，荣辱处处无。

至于追求道义的人，全身心地投入，不是不知世态炎凉、人情冷暖，而是根本不在乎世态如何、人情如何，因为义无反顾地追求道义，何来闲心再计较世态是炎还是凉呢？

闻谤勿怒　见誉勿喜

【原文】　闻谤而怒者，谗之隙；见誉而喜者，佞之媒。

【译文】　听到毁谤的言语就发怒的人，进谗言的人就有机可乘；听到赞美恭维的话就沾沾自喜的人，谄媚的人就乘虚而入。

【点评】　即使心胸比较开阔的人，其常情往往是：当正直的人向你进言时，你可以受到感动却难以有喜悦的心情；卑鄙的小人向你说虚假的奉承话，你可以一笑了之却不会发怒。这是人性中难以避免的弱点。

正如墙上什么地方有缝，风就会吹进来。如果只喜欢好话，听不进批评之言，别人自然会投其所好，进谗献媚之人就有机可乘了。

形骸非亲　大地亦幻

【原文】 **形骸非亲，何况形骸外之长物；大地亦幻，何况大地内之微尘。**

【译文】 连自己的身体四肢都不属于亲近之物，何况那些属于身体之外的声名财利呢；天地山川也只是一种幻影，更不用说生活在天地间如尘埃的芸芸众生。

【点评】 人们往往摆脱不了物欲的束缚，心系身外之物不能自拔。贪得无厌的欲求，只会使人走向极端。身无长物，才能一身轻，不受束缚而怡然自得。人的生活离不开物质，但是，物质的需要也是有限的。按照佛家的说法，人的肉身也是幻而不实的东西，形骸身体都不是亲近之物，既然如此，何况人们生不带来，死不带走的身外之物呢？

身体形骸如此，大地也是沧海桑田，昔日山川变成了今天的大海，古代的大海，也许是今天的高山，既然大地都如此变幻，无法把握，那么生活在大地上的芸芸众生，当然也犹如微尘一样，显得渺小，既然如此，那么何不眼界更开阔一些，何必去斤斤计较那些细枝末节呢？

宁为随世庸愚　勿为欺世豪杰

【原文】 **宁为随世之庸愚，勿为欺世之豪杰。**

【译文】 宁可做一个顺应世事的平庸愚笨的人，也不做一个欺骗世人的英雄豪杰。

【点评】 "生当作人杰，死亦为鬼雄"，轰轰烈烈一场，流芳百世，是大丈夫气概。然而平凡和伟大没有绝对的分界线，能够成为杰出的人才，留下惊天动地的事业当然伟大，如果一辈子老老实实地做人，扎扎实实地做事，也很伟大，这是平凡中的伟大，而安于平凡正是大多数人的生活道路。相反如果心术不正，欺世盗名，纵有名声，也只能是枭雄盗寇之名，甚或是遗臭万年之名。

欲见圣人气象　必须胸中洁净

【原文】 **欲见圣人气象，须于自己胸中洁净时观之。**

【译文】 想要见到圣贤通达之人的胸怀气度，必须在自己内心洁净的时候才能观察到。

【点评】 古人认为，"无欲之谓圣，寡欲之谓贤，多欲之谓凡，徇欲之谓狂。"圣人就是通达事理，学问、修养、气度超凡脱俗的人，能够立言、立德、立功而不朽。然而从本性上说，圣人与凡人是相同的，人皆可以成为尧舜。圣人之所以为圣人，就在于他心灵的纯净和一尘不染，凡人之所以是凡人，就在于他心中的杂念太多，而他自己还蒙昧不知。要想成为圣人，首先要了悟生死关，看透名利关，继而清除心中的杂质，让自己纯净的心灵重新显现，并帮助他人扫除心灵的垃圾。

三才之用　一灵其间

【原文】 **天下有一言之微，而千古如新；一字之义，而百世如见者，安可泯灭之？故风、雷、雨、露，天之灵；山、川、民、物，地之灵；语、言、文、字，人之灵。此三才之用，无非一灵以神其间，而又何可泯灭之？**

【译文】 天下有那么微小的一句话，而千百年之后读来仍有新意；有那么一个字的

意义，在百世之后读它还如亲眼所见一般真实，怎么可以让这些字句消失呢？风、雷、雨、露，是天的灵气；山、川、民、物，是地的灵气；语、言、文、字，是人的灵气。天、地、人三才所呈现出来的种种现象，无非是“灵”使得它们神妙难尽，而又怎么能让这个灵性消失泯灭呢？

【点评】 天、地、人，谓之三才，立天之道是阴与阳，立地之道是柔与刚，立人之道是仁与义。三才的具体表现，用语言文字表达出来，就分别是风、雷、雨、露、山、川、民、物、语、言、文、字等。三才之中，人是万物之灵，立于天地之间，与同样具有灵气的天地构成世界的整体，又如何能让这些灵气消失掉呢？

不作风波于世上　自无冰炭到胸中

【原文】 **不作风波于世上，自无冰炭到胸中。**

【译文】 不为世间的欲望兴风作浪，自然没有寒冷如冰或焦灼如火的感觉。

【点评】 人生的波折，有许多是人为的兴风作浪。名誉、金钱、房子等等，无一不让人垂涎欲滴，得到的自然心满意足，得不到的，则怨恨，谩骂，乃至心灰意冷，感叹世态炎凉。人生是大悲大喜相加，得意失意相随。其实，潜到生命的底层，便可以发现在大风大浪的生命表象下，生命的本身是宁静的，既无炭火炙心，也无寒冰刺骨，悠然闲适得犹如鱼在水中。

第五篇　人情篇

无背后之毁　无久交之厌

【原文】 **使人有面前之誉，不若使人无背后之毁；使人有乍交之欢，不若使人无久处之厌。**

【译文】 让人当面夸赞自己，不如让别人不在背后批评诋毁自己；让人在初相交时就产生好感，不如让别人与自己长久相处而不产生厌烦情绪。

【点评】 哪个人前不说人，哪个人后不被说。人的弱点是都喜欢听奉承话，要让人当面赞美自己并不是难事，而要别人不在背后议论自己却很困难，所以与其刻意去追求别人的奉承，还不如时时处处修养德行，严于律己，与人为善，这样不仅背后不会有人议论，相反还会有很多由衷的赞誉之声。

与人交往，初见面时都刻意修饰，举止得体，力求留下美好的第一印象，可是熟悉以后，就开始放松约束，将自己的种种缺点暴露无遗，结果日久使人生厌，与其这样，还不如保持镇定从容的心态，既不过于奉承，也不刻意做作，做个一如既往的我，始终做一个正人君子。

生老病死　谁能透过

【原文】 **人不得道，生死老病四字关，谁能透过？独美人名将，老病之状，尤为可怜。**

【译文】 人如果不能大彻大悟，面对生、老、病、死这四个生命的关卡，又有谁能看得

透？尤其是美人和知名将领，那种美人红颜消逝、名将年老力衰的悲惨景况，使人感到十分无奈和惋惜。

【点评】 人生在世，不论生命之路怎样走，都会有一个共同的结局，即由衰老到死亡，至于病痛之苦，也是自然的法则，多难以避免。悟透了生命之道的人，明了生命的本来面目，就会克服生的痛苦、死的遗憾。

美好的东西消失，总会让人有无尽的感叹，然而事物的发展从兴盛到衰落既然无法避免，感叹又有什么用处呢？“万里长城今犹在，不见当年秦始皇”，倾国倾城的美人也会人老珠黄，百战百胜的名将也会是荒冢一堆，当年的得意更衬托了晚景的凄凉，也许还不如平凡的人，生无所得，死无所憾。

人胜我无害　我胜人非福

【原文】 人胜我无害，彼无蓄怨之心；我胜人非福，恐有不测之祸。

【译文】 他人胜过我并没有什么害处，这样他便不会在心中积下对我的妒恨；我胜过他人不见得是福气，也许会有难以预测的灾祸发生。

【点评】 枪打出头鸟，出头的椽子先烂。古人亦说：“步步占先者，必有人以挤之。事事争胜者，必有人以挫之。”所以人们的处世哲学应是：既不愿落人后，亦不愿领人先，追求中庸之道。

生活中也确实是这样，如果一个人太冒尖，在各方面胜过别人，就容易遭到他人的嫉妒和攻击，而与世无争者反而不会树敌，容易遭人同情，所以说“人胜我无害，我胜人非福”。但是现代社会也是一个竞争的社会，如果大家都不争先，都去争“后”，那么社会如何发展进步呢？当然为了保存自己的实力，不致遭人暗算，也要收敛锋芒，做到：“有真才者，不必矜才。有实学者，不必夸学。”

使人自反　使人自露

【原文】 良心在夜气清明之候，真情在箪食豆羹之间。故以我索人，不如使人自反；以我攻人，不如使人自露。

【译文】 善良正直的本心出现在深夜清凉宁静的环境下，真实的感情在简单的饮食中表露。所以与其我去不断向他人要求，不如让他人自我反省；与其去抨击他人，不如让他自行坦白暴露其过错。

【点评】 在合适的时候，真情就会表现出来。夜气清朗之时，正是万物收敛的时候，人的真心容易流露，在平淡的生活之中，也能反映出一个人真实的生活态度。所以以静待动是促人自悟的好方法。因为通过自己的行为不断去要求他人，不但自己疲劳，也许还令人生厌，倒不如让其通过自我反省，主动改变自己更有成效。同样，别人有弱点，也可以不直接攻击，令对方感到惭愧，而主动坦白暴露，这才是最好的办法。

穷交能长　利交必伤

【原文】 彼无望德，此无示恩，穷交所以能长；望不胜奢，欲不胜餍，利交所以必伤。

【译文】 朋友不会期求从我这里获得恩惠，我也不会向朋友表示给予恩惠，这是清贫的朋友能够长久相交的原因；期望有所获得而无止境，欲望又永远无法满足，这是靠利

益结交的朋友必然会伤了和气的原因。

【点评】 俗话说"君子之交淡如水",真正的朋友追求的是心灵上的互相理解和呼应,而不是物质利益的相互索求。穷朋友之间图的是双方相同的志趣与心肠,既不期望从对方那里得到什么物质利益,自己也不故意用利益向对方施舍恩惠,这样的友谊就能长久。而建立在利用关系上的所谓朋友,只是希望互相利用,维系他们关系的是物与物的交换,一旦这种物与物的交换关系不平均或减少,那么就失去了相交的动机,甚或伤了和气,反目成仇。朋友之间同艰难易,共富贵难,就是说的这个道理。

待人留余恩　御事留余智

【原文】 待人而留有余不尽之恩,可以维系无厌之人心;御事而留有余不尽之智,可以提防不测之事变。

【译文】 对待他人要保留一份永远不会断绝的恩惠,才可以维系永远不会满足的人心;处理事情要留有余地而不是竭尽智慧,才可以提防无法预测的突然变故。

【点评】 君子之交淡如水,但对于一般的人际交往而言,却需要一些小恩小惠作为润滑剂,因为平常人的本性是好利,既然不是以义相交,自然要留一些恩惠来保持关系,因为人心是难以满足的,恩惠要留有余地,细水长流,才能维系无厌的人心。

处理事情要留有余地,智慧不可用尽,宁有不足,不要盈余,一旦遇到突发的事变,就有足够的精力和心智来对付了。

放以正敛　板以趣通

【原文】 才人之行多放,当以正敛之;正人之行多板,当以趣通之。

【译文】 有才华的人行为多洒脱不受约束,应当以正直来约束他;正直的人行为多过于刻板,应当以趣味使他融通一些。

【点评】 有才气的人往往性格洒脱,不拘形迹,因此就应当以正直来约束他,让他既才华横溢又言行堪做表率,这样才是锦上添花,人格也更圆满,否则容易受人指责,为人忌恨。

正直的人比较坚持原则,在行为方式上也许会显得刻板不近人情,因此就要以幽默诙谐来规劝他,使他的心变得活泼些。这样既坚持原则,又与人为善,外圆而内方,平易近人。

矫情不如直节　坦然处之是真

【原文】 市恩不如报德之为厚;要誉不如逃名之为适;矫情不如直节之为真。

【译文】 施舍给别人恩惠,不如报答他人的恩德来得厚道;邀取名誉,不如回避名誉来得闲适;装腔作势自命清高,不如坦诚做人来得真实。

【点评】 "市"者买卖也,故意施予别人恩惠,以求得对方的喜悦,这一定是一种有目的求取利益的行为,或者为了笼络人心,或者为了树立威望,其施舍是为了获取,虽然助了人,其出发点是为了助己,这样离真诚还有一段距离。而授人以恩,报之以德,则是传统的道德规范,这种以德报恩的行为是心存感谢,不求索取,"滴水之恩,当涌泉相报",透露着人性中的真诚与善良。

节操正直的人决不愿违背良心去做沽名钓誉之事，而宁可逃避名声带来的麻烦，因为有了名声，也许生活就失去了本来的平静，而在光圈的环绕下必须时刻战战兢兢，这样曲意矫情而为岂不是失去了真诚平和的本性。

所以俗语说：勤勤恳恳做事，本本分分做人，平平淡淡才是真实的人生。

事穷原初心　功成观末路

【原文】　澹泊之士，必为浓艳者所疑；检饰之人，必为放肆者所忌。事穷势蹙之人，当原其初心；功成行满之士，要观其末路。

【译文】　清静澹泊名利的人，往往会受到豪华奢侈的人猜疑；谨慎而行为检点的人，必定被行为放荡不羁的人所忌恨。对一个到了穷途末路的人，应当探究他当初的心志怎么样；对一个功成名就的人，要看他最后有怎样的结局。

【点评】　人之心志不同，所以对于事物的看法也不一样。爱好浓艳奢华的人，对于别人的平淡宁静无法理解，所以不免产生猜疑之心，认为别人是故作清高；行为放荡不羁的人，常常忌恨那些行为检点的人，因为这些人不同流合污，使他们不自在。

人生之路，有时不但要看结果，还要看其动机，如果一个人有着正直之心，追求事业成功，即使他遇到挫折和失败，其当初的用心是良好的，必然还会有成功之时；对于一个成功者，还要观察他能否保持住自己的方向，坚持不懈地继续努力，能够笑到最后，才是笑得最好的人。

轻财律己　量宽身先

【原文】　轻财足以聚人，律己足以服人；量宽足以得人，身先足以率人。

【译文】　不看重钱财足以将众人聚集在自己身边，约束自己足以使人信服，度量大足以得到他人的帮助，凡事率先去做，足以成为典范。

【点评】　这里讲的是为人处世之道，尤其是对待人的态度。轻财重义，众人就会聚集在你的身边，如果自己重视财利，将利益全部捞入自己腰包，他人得不到一点好处，自然就离你而去。能够自我约束，严于律己，宽以待人，有宰相肚里能撑船的气量，就会使人信服，也容易得到他人的帮助。身先士卒，率先垂范，为众人做出表率，那么又何愁大家不与你齐心协力，将事情办成呢？

看明世事透　认得当下真

【原文】　真放肆不在饮酒高歌，假矜持偏于大庭卖弄。看明世事透，自然不重功名；认得当下真，是以常寻乐地。

【译文】　真正地不拘形迹不一定要饮酒狂歌，虚假的庄重却偏在大庭广众中故作姿态。能将世事看得明白透彻，自然不会过于重视功名；认识到什么是真实，就能常常寻到心性愉悦的天地。

【点评】　性情中人往往不拘于常礼，或者纵酒高歌，或者狂放不羁，但是真性情既不在饮酒高歌，更不必故作姿态于大庭广众之中。唐代浪漫主义大诗人李白就是放荡不羁、不拘形迹之人，他曾经骑着毛驴经过华阴县，县令不认识李白，不准他骑驴过境，李白于是作诗云：“曾使龙巾拭唾，御手调羹，贵妃捧砚，力士脱靴。想知县莫尊于天子，料此

地莫大于皇都，天子殿前尚容吾走马，华容县里不许我骑驴。”知县大惊，向他谢罪。

议事者悉事理　任事者忘利害

【原文】 议事者身在事外，宜悉利害之情；任事者身居事中，当忘利害之虑。

【译文】 议论事情的人本身不直接参与其事，应该弄清事情的利害得失；办理事情的人本身就处在事情当中，应当放下对于利害得失的顾虑。

【点评】 对事物有议论资格的人，一定要充分考虑事情的利害得失，从各方面加以论证。因为这些考虑也许会作为决策的参考，如果考虑稍有失误，轻者在执行过程中会遇到难以解决的障碍，重者也许会造成大的损失。如果是指挥一场战斗，那么指挥员就应该将战斗双方的实力对比、地形的利弊，战斗中可能会出现的影响战斗进行的意外情况都考虑清楚，才能做出决策。

而直接参与其事的人，就要放下有关利害得失的包袱，轻装上阵，将决策者的谋略贯彻到底，以打赢这场战斗为目标，如果执行战斗的人瞻前顾后，畏首畏尾，那怎么能协调一致去赢得这场战斗呢？

宁以风霜自挟　毋为鱼鸟亲人

【原文】 苍蝇附骥，捷则捷矣，难辞处后之羞；茑萝依松，高则高矣，未免仰扳之耻。所以君子宁以风霜自挟，毋为鱼鸟亲人。

【译文】 苍蝇依附在马的尾巴上，速度固然快极了，但却难以避免依附在马屁股后的羞耻；茑萝缠绕着松树生长，高倒是高了，却免不了攀附依赖的耻辱。因此，君子宁愿以风霜傲骨而自我勉励，也不愿像缸中鱼、笼中鸟一般亲附于人。

【点评】 古书记载说：苍蝇这种小虫如果不停地飞舞，也飞不了数十米远，如果它依附在骏马的尾巴上，就可以跟随其到达千里之外；茑萝这种草本植物没有挺拔的枝干，如果它依附在松柏的枝条上，却可以攀援到很高的位置。

因此，自然界中各种生物之间，有着某种天然的生存关系，这对它们的生存发展来说是必需的，它们的生存方式有时也会给人一些启示。然而作为动物之灵长的人类，却更具思维和理性，宁可站着生，不愿坐着死，宁为鸡首，不为牛后，正是这种堪称高风亮节的东西鼓舞着人类奋进。

宁为真士夫　不为假道学

【原文】 宁为真士夫，不为假道学；宁为兰摧玉折，不作萧敷艾荣。

【译文】 宁可做一个真正的君子，也不做一个假道学先生；宁可做兰花美玉被摧折，也不做萧艾这样的野草而长得繁茂。

【点评】 读书人注重学问，也必须重视道德，如果空读诗书，品德不足，那么不过是一个假道学先生罢了。

追求美好的德行，宁可做兰花芳草被摧折，也不做贱草茂盛生长。晋代诗人陶渊明曾做过彭泽县令，他为官清正廉洁，不骚扰百姓，日子过得悠闲自在，一天郡里派督邮来彭泽视察，其他官员都劝他重礼相迎，陶潜抛掉官印，气恼地说：“我可不为五斗米折腰。”之后，他隐居终南山，过着淡泊的田园生活。

如今像陶渊明这样的清高之人不多了，但满口假话、满口“道德”，内心却充满邪念，只责怪他人而从不要求自己的“挂榜圣贤”还是很多的。

宁为薄幸狂夫　不作厚颜君子

【原文】　吟诗劣于讲书，骂座恶于足恭。两而揆之，宁为薄幸狂夫，不作厚颜君子。

【译文】　吟诗不如讲解书中的道理收获大，在座上破口大骂当然比恭敬待人要恶劣，但两相比较之下，宁愿做个轻薄的狂人，也不做个厚脸皮的君子。

【点评】　轻薄之狂人，也许在旁人看来违反了礼教，但与那些过分谦恭，矫揉造作，满口假话的假道学相比，来得率真。大家都有这样的人生经验，一个整天大大咧咧毫无城府的人，豪爽仗义，热情待人，只要你了解他，原谅他过于率真可能造成的尴尬情况，你们便会成为好朋友。而那种不苟言笑举止得体的人，常常让人敬而远之，这种人表面上很正经，但骨子里如何却是难料，说不定正是个伪君子。

清风好伴　明月故人

【原文】　幽堂昼深，清风忽来好伴；虚窗夜朗，明月不减故人。

【译文】　幽静的厅堂，在白天显得特别深长，忽然吹过一阵清风，仿佛是良伴来到身边；推开虚掩的窗子，看到夜色清朗，月光普照，就像老朋友一样，情意一点都没有减少。

【点评】　文人的雅趣，在于内心的情感丰富，情之所寄，顿觉天地皆有情，万物皆有意。人白天在幽静的厅堂中，如无良友做伴，是多么的寂寞难耐，所幸清风徐来，吹拂面颊，似有玉指拂面的快意；夜色之中，似有凄清之感，所幸月光如老友照在窗前，不减故人情意，这是多么的给人安慰。

李白有诗：“举杯邀明月，对影成三人。”明月作良伴，共饮这杯酒，是怎样的情怀和浪漫。

柔玉温香　可成白骨

【原文】　荷钱榆荚，飞来都作青蚨；柔玉温香，观想可成白骨。

【译文】　荷叶和榆荚，飞来都可成为金钱；柔美香艳的女子，在想象中也只是一堆白骨。

【点评】　荷钱，荷叶初生时，形小如钱，称为荷钱。榆荚，榆树尚未长叶时，枝间先生榆荚，色白，形状似钱，称为榆钱。青蚨：钱的别名。青蚨原是《搜神记》中记载的一种虫子，据说捉住母虫，子虫就飞来，捉住子虫，母虫就飞来，将母虫和子虫的血涂在八十一文钱上，无论是先使用母钱或先使用子钱，都会自动飞回来。

柔玉温香，指美丽的女子。

爱金钱和美女是人之常情，为了得到这些人们甚至想出种种办法来。因此古代就有人幻想金钱能够用过再飞回来，又编出美女佳人缠绵的故事。

实际上，钱只是身外之物，能够不为钱所迷是一种真境界。我若不爱钱时，自可将荷叶榆荚当作钱，这是一种超凡脱俗的情趣。至于美女虽令人销魂，可终有人老珠黄的一天，死后原不过是白骨一堆，事先能看破，就可从贪婪的痴迷中解脱出来了。

世人白昼寐语 苟能寐中作白昼

【原文】 世人白昼寐语，苟能寐中作白昼语，可谓常惺惺矣。

【译文】 世上有人常在白天里说梦话，如果能在睡梦中讲清醒时该讲的话，就可以说是能常常保持清醒状态了。

【点评】 有些人一天讲了不少话，其中有不少废话、昏话、空话、客套话，这些话很少有实际意义，如果回顾一天所讲的话，也许都仿若梦中呓语。如果在梦中能够知道这些都是梦，而不为梦所迷，就像处在一个喧嚣的世界，而不迷失方向一样，那么也许这个人才是清醒的。

禅定有相当功夫的人，在梦中也清清楚楚，毫不颠倒，处在如梦的世间，而不被纷杂的事物所迷惑，这才是常清醒了。可是能够达到这种境界的，又有几人呢？

第六篇 事理篇

微福须会受 微祸须会救

【原文】 天欲祸人，必先以微福骄之，要看他会受。天欲福人，必先以微祸儆之，要看他会救。

【译文】 上天要降灾祸给一个人，一定会先给他些许福分滋长他的骄慢之心，要看他是否懂得承受。上天要降福给一个人，一定会先给他些许祸事来稍做惩戒，要看他是否会自救。

【点评】 天道的变化总是祸福相依，祸事降临不必惊慌，要善于自救，得到福分不必得意，要善于承受。人生没有永久的福分，也没有永久的祸事，失意与得意总是交相而来的，有福时要居安思危，有祸时要摆脱厄运。

老子云："祸兮福之所倚，福兮祸之所伏。"又云："将欲歙之，必固张之；将欲弱之，必固强之；将欲废之，必固举之；将欲夺之，必固与之；是谓微明。"揭示出了天道变化的常理。

习忙销清福 得谤销清名

【原文】 清福上帝所吝，而习忙可以销福；清名上帝所忌，而得谤可以销名。

【译文】 上帝不会轻易给予人安逸清闲的福分，而习惯于忙碌可以消减这不吉的所谓福分；上帝不会轻易让人有清雅的名声，而受到他人的诽谤可以减少这种不吉的名声。

【点评】 清福是指清闲安逸的生活，人们有时希望能享清福，但实际上，清闲安逸不是人人都能消受的，也是为上帝所不允许的。清闲的环境，容易消磨人的意志，使人失去生命的活力，手足懒怠，脑力也会退化，失去追求，生命也就会走向尽头。君不见操劳一生的老人，是从来也闲不住自己的手脚的，一旦离开他们辛苦奋斗一生的地方，就会很快衰老而体力不济，出现令人悲哀的结局。所以在忙碌中，可以消除那种不应有的清福。

美好的名声，也不是人人都能承受得了的，得到名声又往往为名声所累，这也是司空

见惯的事。名声太大，会招来祸害，上帝吝惜名声，不愿随便给予，倒是遭到谤毁未必不是一件好事，可以避免被人嫉妒，得以保全自己。

善念随吉神　恶念生厉鬼

【原文】　一念之善，吉神随之；一念之恶，厉鬼随之。知此可以役使鬼神。

【译文】　心中有一个善的念头，可以让降福的吉神随之而来；心中有一个恶的念头，就会使为祸的恶鬼随之而来。明白这一点便可以差使鬼神了。

【点评】　佛家讲究善有善报，恶有恶报，善恶之分，全在于心头之念。心怀善念的人，其行为处事总是从善良的愿望出发，故如有神助般，事事能成功；心怀恶念的人，对世界充满恨意，处处行非分之想，结果总是害人害己，似有恶鬼附身一样。

了解了行善与行恶的道理，那么就不用担心厉鬼害人而总能使吉神附己，那还有什么鬼神不能驱使呢？

形骸为桎梏　情识是戈矛

【原文】　云烟影里见真身，始悟形骸为桎梏；禽鸟声中闻自性，方知情识是戈矛。

【译文】　在云影烟雾中显现出真正的自我，才明白肉身原来是拘束人的东西；在鸟鸣声中听见了自然的本性，才知道感情和识见原来是攻击人的戈矛。

【点评】　佛家认为色身是幻，就如梦幻、泡影一般，看到云影烟雾，悟见肉身也如云烟一般易逝，明了生命实在不应为肉身所缚，而应如云烟般不羁，自由自在，才能体会到生命的本意。

鸟儿的鸣声，本出于自然，所以使人悟到人的本性应该清纯，而不应该有种种爱憎之情，由于心性为尘世爱憎所牵，所以感情和识见成了保护自己、攻击他人的武器。

放得世俗心　方为圣贤人

【原文】　放得俗人心下，方可为丈夫；放得丈夫心下，方名为仙佛；放得仙佛心下，方名为得道。

【译文】　能够将世俗名利之心放下，才能成为真正的大丈夫；放得下大丈夫之心，才能称为仙佛；放得下成仙成佛之心，才能彻悟世间的真理。

【点评】　从世俗之人到大丈夫，从大丈夫到成仙佛，从成仙佛到得道，这是修炼心性的几个层次。

所谓大丈夫，就是富贵不能淫，威武不能屈者，他们渴望立大功成大业，干一番惊天动地的事业，成为千古之英雄。但佛家认为世事纷争，战火频繁往往是名利之心太重的人引起的，只有他们的英雄之心有所收敛，放下屠刀，立地成佛，百姓才会安宁。

更进一层说，虽然仙佛难成，但仙佛之心可及，只要心中平静，把世间的种种争名夺利视作过眼云烟，把世间功业视如梦幻，那么仙佛就在心中了。继续自己的修养，连成仙成佛的心也放下，那么就悟出了宇宙的真相，可以算是得道了。

刚不胜柔　偏岂及融

【原文】　舌存，常见齿亡；刚强，终不胜柔弱。户朽，未闻枢蠹；偏执，岂及乎圆融。

【译文】 当牙齿都掉光了时，舌头还存在；可见刚强终是胜不过柔弱。门已经朽坏时，却没有听说门轴被虫所蛀蚀；可见偏执岂能比得上圆融。

【点评】 这是告诉人们柔弱胜刚强，圆融胜偏执的道理。其实老子早已经指出："天下莫柔弱于水，而攻坚强者，莫之能胜，以其无以易之。弱之胜强，柔之胜刚。"柔，并非柔弱不堪，而是示柔以制其刚；弱，并非怯弱不振，而是示弱以制其强。所以说，柔是一种好品行，外示以弱，则人们愿意帮助，外示以刚强，则易成为人们怨恨的目标。

圆融胜偏执，也是同样的道理。圆融将真意藏在心中，伸展自如，而偏执则棱角毕露，容易碰伤棱角。出头的椽子先烂，古人的话往往很有道理。

伏久者　飞必高

【原文】 **伏久者，飞必高；开先者，谢独早。**

【译文】 藏伏很久的事物，一旦腾飞则必定飞得高远；太早开发的事物，往往也结束得很快。

【点评】 事物的本来准则就是蓄久必高飞，因为蕴藏深厚，就会积蓄充足的力量，爆发而出。故楚国曾有寓言说：有一凡鸟，呆在山上，三年不飞，三年不鸣，但一飞则冲天，一鸣则惊人。如果没有长久的潜伏蓄积，又何来高飞的力量呢？

事物是辩证的，先生者常先灭。因为事物是不断发展变化的，先开发的事物，随着环境的变化发展，必定失去存在的条件，后来者常居上，是自然的法则，如欲不落伍于时代，只有不断充实提高，才能适应社会发展的潮流。厚积薄发，大器晚成，往往能脱颖而出，取得令人羡慕的成绩。

以道窒欲　则心自清

【原文】 **以理听言，则中有主；以道窒欲，则心自清。**

【译文】 以理智的态度来听取各方面的意见，那么心中就会有正确的主张；用道德规范来约束心中的欲望，那么心境就自然清明。

【点评】 如果不用理智思考，而仅仅听信言辞，那么往往会判断失误，只有将听到的言语通过自己的思索来判断正误，才不会失去分辨是非的能力。有时候，人的言语受感情的影响较多，由于情绪的影响，言语会离客观事物很远，偏听偏信会使自己失去主张，只有全面分析判断，才能不乱主心骨。

人的欲望很多，如果任其发展就会离开合理的正道，因为不用大道来约束，就只能使欲魔恣意而行，于自身于社会都有百害而无一利。只有正确判断合理的欲求，得到合理的满足，才会保持心清脑明，做一个正人君子。

至音不合众听　至宝不同众好

【原文】 **至音不合众听，故伯牙绝弦；至宝不同众好，故卞和泣玉。**

【译文】 格调最高的音乐不合一般人的口味，所以伯牙便摔断了琴弦；最珍贵的宝物不能被一般人所发现，因此卞和为宝玉而哭泣。

【点评】 曲高和寡，知音难觅。春秋时，伯牙善于弹琴，可是能听懂的人不多，只有钟子期善于聆听，伯牙意在高山，钟子期就说巍巍乎如高山，伯牙意在流水，钟子期就说

潺潺如流水，钟子期死后，伯牙于是摔断了琴弦，再也不弹琴了。

卞和是战国时楚国人，他在荆山上得到一块璞玉，相继献给楚厉王、楚武王，厉王、武王不识玉，认为他欺君，分别砍去他的左、右脚，卞和为玉不被人所识而在荆山下痛哭，后文王让人琢磨出美玉，遂称为和氏璧。

伯牙绝弦、卞和泣玉也说明比音乐更珍贵的是知音，比和氏璧更珍贵的是理解和信任。

尘情终累理趣　理趣转为欲根

【原文】　昨日之非不可留，留之则根烬复萌，而尘情终累乎理趣。今日之是不可执，执之则渣滓未化，而理趣反转为欲根。

【译文】　过去的错误不可再留下一点，留下会像死灰复燃一样使错误再度萌生，从而因俗情而使理想趣味受到连累。今天认为正确的东西不可太执着，太执着就意味着未得到事物的精髓，反而使充满趣味的事理追求变成了欲望的根源。

【点评】　昨日之非，指过去的错误，陶潜有诗"实迷途其未远，觉今是而昨非"。

苦海无边，回头是岸，既然前事已非，何必再留些牵挂，有牵挂说明抛弃得不够彻底，还有再次复燃的可能，痛改前非才是上策。今天正确的事情，也不能过于执着，陷得太深，就会加重欲望，痴迷不舍，所以"舍不得夕阳，就会失去满天繁星"。

佛家说："过去事，丢掉一节是一节；现在事，了去一节是一节；未来事，省去一节是一节。"对任何事都不必太执着，太执着可能会走向事物的反面。

玄奇之疾　医以平易

【原文】　玄奇之疾，医以平易；英发之疾，医以深沉；阔大之疾，医以充实。

【译文】　卖弄炫耀的毛病，要用简易平实来纠正；好表现聪明才智的毛病，要用深厚沉着来纠正；言行迂阔、随意的毛病，要用充实来纠正。

【点评】　爱炫耀是出于一种浮夸取悦于众的心理，在生活中表现为不能脚踏实地做事情，而是靠夸夸其谈地胡吹，来满足自己的虚荣心，这种人应该用平淡朴实的作风来加以纠正，使之放弃虚荣之心。喜欢卖弄才智锋芒毕露的人，缺乏深厚沉着的功底，应该劝其收敛自己的锋芒，避免树大招风，受人嫉妒。爱不切实际说大话的人，内心不够充实，有浅薄肤浅之心，无真实卓然之见，应该充实其内涵，使其加强学问品行的修养。

人非圣贤，孰能无过？一个人性格或才智方面的表现往往也是辩证的，在这方面突出，在另一方面也许会存在一些缺点，如果能主动予以纠正，仍然会是一个出色的人。

自悟之了了　自得之休休

【原文】　事理因人言而悟者，有悟还有迷，总不如自悟之了了；意兴从外境而得者，有得还有失，总不如自得之休休。

【译文】　事物的道理经过他人的提醒才领悟，那么即使暂时明白了，但一定还会有迷惑的时候，总不如由自己领悟来得清楚明白；意趣和兴味由外界环境而产生，得到了也还会再失去，总不如自得于心那样真正地快乐。

【点评】　由心外而来的悟总不如自内心而发的悟来得透彻明白。外界施之于己，只

能指点迷津,能否于心中保持长久,还要靠自己消化,所以人常说求人不如求己,我心自明才是真正明白。人云"如人饮水,冷暖自知"就是说的这个道理。

由环境所得的兴趣,也许会由于环境的改变而全然消失,发自内心的快乐心境,才是真正的快乐。所以使自己心情愉快的方法,不是要借助于环境,而是从心中生出自得其乐的情怀,这样才真正领悟了快乐的真谛。

尘世之扳援　道人之魔障

【原文】　招客留宾,为欢可喜,未断尘世之扳援;浇花种树,嗜好虽清,亦是道人之魔障。

【译文】　招呼款待宾客,在一起欢聚十分可喜,却是无法了断尘情的牵挂;浇花种树,是十分清雅的嗜好,却也是修道人的魔障。

【点评】　交朋结友,给以十分热情的款待,在一起开怀畅饮,享受酒逢知己千杯少的乐趣,确实是难得的好事;可是纵情过后,留下的只是杯盘狼藉,烂醉如泥,如果宾客频繁往来,贪杯过度,就难免会成为一件难于应付的苦差,此时你是否会觉得清静才是你最终的追求呢?

浇花种树可谓闲情逸致,是十分高雅的嗜好,可是潜心修道,就必须对一切事物无牵无挂,如果情志过于执着,岂不是与万念皆空背道而驰了吗?所以即使是浇花种树也是求"道"的障碍。

有誉于前　不若无毁于后

【原文】　有誉于前,不若无毁于后;有乐于身,不若无忧于心。

【译文】　追求当面的赞美,不如避免背后的诽谤;追求身体上的快乐享受,不如追求无忧无虑的心境。

【点评】　人总免不了有功利之心,希望能够为人所称道,得到各方面的赞誉,虚荣心得到满足,但是真正的赞誉能有多少呢?有的是真心的赞誉,有的是假意的敷衍,还有的是当面赞誉,背后诽谤,所以与其求取赞誉的名声还不如少让别人在背后议论自己的是非。

快乐是人所追求的,但追求一时感官的刺激,却不是真正的快乐,声色犬马也会使人惹官司,出人命,让人担惊受怕,不如心中没有恐惧、没有企求、平平静静、心安理得来得快乐。

无稽之言　是在不听听耳

【原文】　会心之语,当以不解解之;无稽之言,是在不听听耳。

【译文】　能够用心神领会的言语,应当不用言语点破而理解它;没有根据的话,不听也就是听了它。

【点评】　语言能够表达的意境终究有限,有些语言,对于能够理解的人,自会心领神悟,对于不理解的人,即使道破天机也无法领悟,有时用语言点破反而失去了其中的意趣。所以古诗云"身无彩凤双飞翼,心有灵犀一点通"。

对于一些无稽之言,切不可为此听人心中生出烦恼,而是最多把它当作笑谈而已,左

耳朵进右耳朵出。所以不听也就是听,听也就是不听。

可言了心　堪论出世

【原文】 **完得心上之本来,方可言了心;尽得世间之常道,才堪论出世。**

【译文】 完全认识到自己本来的面目,才算是明了心的本体。理解透世间不变的道理,才足以谈论出世之道。

【点评】 世间的万物是迷乱的,而心则是宁静的,只有认识到自己的本来面目,用心灵体会生命,明白自己在干什么,在想什么,才能拨去迷乱。佛家认为,一切众生的本性是佛,倘若能领悟到这一点,才可以超越虚妄的心识,了悟到自己不生不死的本来面目。

世间的常道就是“变”与“空”,无论多么伟大或渺小的事物都在变,最后成空,了解这个道理,才能超脱人世。出世并非要逃离尘世,而是要透悟“变”与“空”的常道。

破除烦恼　见澈性灵

【原文】 **破除烦恼,二更山寺木鱼声;见澈性灵,一点云堂优钵影。**

【译文】 要想破除心中的烦恼,只要聆听二更时山中寺庙的木鱼声即可;要想对人性和智慧得到透彻的领悟,只要看佛堂里的青莲花即可。

【点评】 木鱼,寺庙中和尚敲击的法器,相传鱼的眼睛昼夜睁着,所以用木头刻成鱼的形状借以警醒人们。人的烦恼很多,只有夜深人静时,佛寺中传来的木鱼声可以警醒人们放弃心灵的纠葛,放弃迷失的自我,充实宽广慈悲的胸怀。

云堂,指僧人的禅房或佛堂。优钵影即指优钵罗,梵语,又译为乌钵罗、优钵剌,意译为青莲花。青莲花在佛家被喻为清净智慧,所以说,从青莲花中能够彻悟生命的真相,彻底洞见自己的本性。

泉下骷髅　梦中蝴蝶

【原文】 **无端妖冶,终成泉下骷髅;有分功名,自是梦中蝴蝶。**

【译文】 无论多么妖冶艳丽的美人,最终会成为黄土下埋着的一堆白骨;纵然是获得功业名分,也只是像梦蝶一样虚幻。

【点评】 梦中蝴蝶是指庄周梦蝶之事,意味着是虚幻一场。《庄子》载:庄生梦见自己变化为蝴蝶,栩栩如生在天空中飞舞,觉得这正是自己的志向,完全不觉得自己是庄周了,可是突然醒来之后,自己仍然躺在那里,所以庄周感叹,不知是自己化为蝴蝶,还是蝴蝶化为庄周了。

美色与功名,也只是过眼云烟。佳人再艳丽,终究会有美人迟暮的一天;功名再高,也如庄生梦蝶一样,只是虚幻一场。既然如此,为何人们对美女、名利仍然孜孜以求?是虚荣之心蒙蔽了人们的心灵。虚荣是心灵的樊篱,只有让心灵重现本性,才能认识到一切美女、功利都是可以抛弃的东西。

不白之衷　托之日月

【原文】 **圣贤不白之衷,托之日月;天地不平之气,托之风雷。**

【译文】 通达事理的圣贤之人所不曾表明的心意,已托付与日月昭示;天地之间因

不公平而生的怒气，已托付给风雷显示。

【点评】 日月亘古不变，给人类带来光明；天地万古常新，使人类生生不息。圣贤之人通达天地之间的事理，他们的心境也有欢乐和哀愁，其间无法表达之处，只能寄托于日月，要人们弃黑暗而趋光明，使日月昭昭，永远运行不息，为人类带来无尽的幸福。

人间有不平之事，天地有不变之气，不平则鸣，人间为不平而掀起的除恶诛暴的革命，犹如天地之间的风雨雷电一样，轰轰烈烈，急风暴雨之后，就是晴朗的祥和之气，使天地人间共享太平。

烦恼之场　何种不有

【原文】 **烦恼之场，何种不有，以法眼照之，奚啻蝎蹈空花。**

【译文】 在世间这个烦恼场中，什么烦恼都有，用法眼来观察，只不过是像蝎子攀附在虚幻的花上。

【点评】 法眼，佛家认为的五眼之一。佛家五眼是指肉眼、天眼、慧眼、法眼、佛眼，肉眼和天眼仅能见事物幻相；而慧眼和法眼能洞见实相，仅次于佛眼；佛眼即如来之眼，无事不知，无事不见。《诸经要集》曰："五眼精明，六通遥飙。"《无量寿经》曰："当眼观察，究竟诸道。"宋人严羽《沧浪诗话》曰："须从最上乘具正法眼，悟第一义。"

一切烦恼都像蝎子趴在虚幻的花上，蝎子对虚幻的花能有什么伤害呢？正如佛祖参悟到人有心才有烦恼，无心何来烦恼呢？

宽不白之事　化不从之人

【原文】 **事有急之不白者，宽之或自明，毋躁急以速其忿；人有操之不从者，纵之或自化，毋操切以益其顽。**

【译文】 有些事在情急之中不能辩白时，宽缓下来，事情或许会自然澄清，不要急躁而引起更大愤怒；人有刚愎不听劝告的时候，放纵他或许他会自然明白而改正，不要太急切反而会使他更为顽固。

【点评】 "欲擒故纵，欲急故缓，欲强先弱，欲弱先强"，这也是一种行之有效的处事策略；而"欲速则不达"则是失败的教训。遇到紧急又无法辩白的事情时，不妨相信，随着时间的推移，自然会水落石出，真相大白，而急着想辩白清楚，又没有足够的证据使对方相信，也许会乱上添乱，疑上助疑。

有的人性情急躁，一时不能听从正确的劝阻，这时也不妨给他一点时间，让他有机会自己思索，自我认识，这样的效果也许比强行地劝阻好得多。

士隐岩穴　祸患焉至

【原文】 **鸟栖高枝，弹射难加；鱼潜深渊，网钓不及；士隐岩穴，祸患焉至。**

【译文】 鸟儿栖息在高高的枝条上，弹弓难以射到它；鱼潜在水深的地方，渔网和鱼钩不能达到；有学问的人隐居在山岩里，祸害怎么能降临到他身上呢？

【点评】 古代士人躲避祸患的方法就是归隐山林，逃避俗世的纷扰。或者采菊东篱下，悠然见南山，或者耕樵桃花源，不知有汉，无论魏晋。其实这也是人生经验的总结，因为在一个不提倡竞争的环境下，就会出现枪打出头鸟、出头的椽子先烂的现象，为了不招

致弹丸加身，自然就要鸟栖高枝、鱼潜深渊了。

然而现代社会则不提倡这种逃避生活的消极态度，既要尽量避免祸患降临，不招祸，不惹祸，更多地要倡导积极进取的生活态度，珍惜生命，创造人生价值。

俭为贤德　贫是美称

【原文】　俭为贤德，不可着意求贤；贫是美称，只在难居其美。

【译文】　俭朴是贤良美好的品德，但不可着意去求取这贤的名声；安贫往往为人所赞美，只是能安于贫穷的人很少。

【点评】　节俭是美德，但为求取俭的名声而故意做出俭的姿态也大可不必。生活本来是多姿多彩的，奢侈不好，过于节俭而变得吝啬也失去了俭的本意。

安贫乐道，是传统的美德，可是能够安于贫困，以守道为乐却是很难的。《论语》载，颜回有贤德，一碗饭食，一瓢饮水，居住在简陋的房屋中，人们忍受不了这种贫困，可是颜回却不改变这种乐趣。颜回之所以不改变这种乐趣，是因为他潜心修道，抛弃了名利之心的缘故，但是有多少人能安于贫困不改初衷呢？

按现代观点，要勤劳致富，尽快脱贫，只是脱贫还要乐道，不要物质生活丰富了，而心灵却贫乏了。

第七篇　情趣篇

胜事不可萦恋　雅事不可贪痴

【原文】　山栖是胜事，稍一萦恋，则亦市朝；书画赏鉴是雅事，稍一贪痴，则亦商贾；诗酒是乐事，稍一曲人，则亦地狱；好客是豁达事，稍一为俗子所挠，则亦苦海。

【译文】　居住在山林中是很快意的事，如果对山居生活有了贪恋，那也与俗世一样了；欣赏书画是高雅的行为，如果有了贪求和迷恋，就跟商人一样了；作诗和饮酒本来是很快乐的事情，如果有一点屈从他人的意志，那就如在地狱中一样难受；好客是宽容大度的好事，但是稍为那些粗俗的人搅扰，也就成了苦海。

【点评】　事物都有合适的度，如果过了“度”，就会发生质的变化，也许就走向了事物的反面。

爱好丰富多彩的生活，享受生活中各种各样的乐趣，本是人生的雅事，山中观松海，吟诗作画，与客清谈，这都是大雅之趣，但如一味痴迷，失去当初本意，大雅则变大俗，大俗则变桎梏。

明霞可爱　流水堪听

【原文】　明霞可爱，瞬眼而辄空；流水堪听，过耳而不恋。人能以明霞视美色，则业障自轻；人能以流水听弦歌，则性灵何害。

【译文】　美丽的云霞十分可爱，往往转眼之间就无影无踪了；流水潺潺十分动听，但是听过也就不再留恋。人们如果以观赏云霞的眼光去看待美人姿色，那么贪恋美色的恶

念自然会减轻。如果能以听流水的心情来听弦音歌唱，那么弦音歌声对我们的性灵又有什么损害呢？

【点评】 美是人们所喜欢的东西，但欣赏美是有距离的，也是有分寸的。正如美丽的云霞纵然绚丽多姿，但往往转瞬即逝，流水的声音固然美妙动听，但却过而难留。所以美好的事物如果能存留在你的心中，保存在心中一隅，已是难得，不要有更深的占有之心。

实际上贪心不足也是很痛苦的，得不到的东西拼命去追求，必然会身心交瘁，疲惫不堪。

贪恋之心如作茧自缚，一旦除去，则身心俱得到净化，蔚蓝的天空，朵朵的白云，潺潺的流水，婉转的鸟鸣，哪一样不让人快意呢？

平生云水心　春花秋月语

【原文】 初弹如珠后如缕，一声两声落花雨；诉尽平生云水心，尽是春花秋月语。

【译文】 落花时节所下的雨，初落下时像珠玉弹击，之后像绵绵细线一样不断绝；似乎要将平生似水柔情全部倾诉，仔细谛听又都是春天百花齐放或秋天月朗星稀下的情话。

【点评】 心中恋于情，则感受到外界处处是情。落花时节的雨声，像在倾诉着人们对良辰美景的眷恋，南唐后主李煜有词："春花秋月何时了，往事知多少？小楼昨夜又东风，故国不堪回首月明中。雕栏玉砌应犹在，只是朱颜改。问君能有几多愁，恰似一江春水向东流。"可见春花秋月能勾起人们多少的情思。

丝丝细雨，滴落在美丽的花瓣上，令人心碎，触景生情，不由得使人联想到自己曾经拥有的浪漫，细细品味，温馨仍在心头。

着履登山　乘桴浮海

【原文】 着履登山，翠微中独逢老衲；乘桴浮海，雪浪里群傍闲鸥。才士不妨泛驾，辕下驹吾弗愿也；诤臣岂合模棱，殿上虎君无尤焉。

【译文】 脚穿草鞋攀登高山，在青翠的山色中独自行走时遇见一老僧；坐着小船泛舟海上，雪白的浪花里有成群的海鸥飞翔。有才能的人不妨到处悠游，像车辕下之马驹那样的生活不是我所愿意的；直言敢谏的臣子怎能说一些模棱两可的话呢？面对殿上如老虎一般威风的君王你不要怨尤。

【点评】 行千里路，读万卷书。到山川江海泛游，体会大自然最美好的情趣，是多么浪漫自在的心灵享受啊！独自行走在山间小道上，遇到高僧的指点，这是怎样富有意味的生活啊！乘船泛游海上，与飞翔的海鸥嬉戏，这是多么浪漫的情趣啊！所以宁可做一个潇洒自由的人，也不愿做朝廷的高官，去受那种车辕下马驹所受的束缚。

直言敢谏的人，从国家大利出发，不计较个人生死，虽说是伴君如伴虎，却敢当面直言君主的过失。既然生死都置之度外了，那么还需说话吞吞吐吐吗？

阮家无鬼论　刘氏北风图

【原文】 魑魅满前，笑著阮家无鬼论；炎嚣阅世，愁披刘氏北风图。气夺山川，色结

烟霞。

【译文】 世上充满了阴险如鬼之徒，因此对阮瞻主张无鬼论觉得可笑；看着这纷乱攘攘的人世，在心中充满忧愁时观览刘褒的《北风图》，只觉得它的气势盖过了山川，墨色凝结了烟霞的绚烂。

【点评】 这里是借阴间之"鬼"来谴责人间如鬼的阴险之徒，借《北风图》来反衬人间热衷于争名夺利的喧嚣。

魑、魅都是传说中鬼的名字。阮家指晋代人阮瞻，他曾提出无鬼论的主张，认为天下的人辩驳不过他，一天有位客人与他辩论有鬼，双方论战很艰苦，情急中那位客人说："古今圣贤都认为鬼神的存在，为什么唯独你说没有？我就是鬼。"于是倒在地，不一会就幻灭了，阮瞻大为惊恐，一年后就病死了。

刘氏指汉代刘褒，他曾画《北风图》一幅，其中意趣深远，笔墨精练，人们看了这幅图都觉得很凉爽。世人都在为名利奔走，犹如置身于热火沸汤中，可否去看看刘氏的《北风图》，试试心头的火是否会熄灭。

浮云转有常情　流水翻多浓旨

【原文】 观世态之极幻，则浮云转有常情；咀世味之昏空，则流水翻多浓旨。

【译文】 观察世间种种情态急剧变化，会感觉到天上浮云之变动反而比人情世态的剧变还更有常情可循；体味世间人情昏沉空洞，倒不如看潺潺的流水浪花旋转更能使人品味其中深厚的意趣。

【点评】 浮云飘在蓝天，似奔马，似群羊，似高山，似游丝，一切尽收眼底；清澈的泉水潺潺，叮叮咚咚，似吟似唱，一路而去。自然界的变化就是这样明明白白地展现在我们面前。

人世的变化却令你无法捉摸，沧海变成桑田，而何时桑田又成沧海？昔日王谢堂前燕，如今飞入寻常百姓家；叱咤风云的英雄豪杰，荣华富贵的帝王将相，倾国倾城的佳人美女如今在哪里？白云告诉我们"变"才是常情，"空"才是真旨。

世间情态变化莫测，天地万物何时始、何时灭已经琢磨不定，而大地的沧海桑田变化更奇妙若幻景，人间的朝代也更迭不定，人似乎无法把握世间情态，找不出世态变幻的规律。相反，近在眼前的浮云漂动在空中，却让人似乎可以找出其变化规律。

世间昏昧虚空，充斥于头脑中，反觉无趣，而流水浪花翻转似乎蕴含了无尽的旨趣，令人兴味颇浓。

眉上几分愁　心中多少乐

【原文】 眉上几分愁，且去观棋酌酒；心中多少乐，只来种竹浇花。

【译文】 眉间凝结几许愁容时，就暂且去观棋或品酒；心中的许多快乐，都可以在种竹浇花之间享受到。

【点评】 愁从何来，从对世态炎凉变化的感受中来，这时不如去找一剂消愁的良药。世事如棋局局新，观人下棋，可以从棋局的厮杀中感受你争我夺的变化，享受坐山观虎斗的乐趣。酒逢知己千杯少，在浅酌慢饮中，可以发现许多事因过分在意才烦恼缠身，不如无事一身轻，酒作知己度人生。

乐在何处，乐在懂得生活的情趣，找快乐不如体会快乐。种竹浇花，其中就有无限的闲情雅趣，只要细心品味，则其乐也融融。

好香用以熏德　好纸用以垂世

【原文】　好香用以熏德，好纸用以垂世，好笔用以生花，好墨用以焕彩，好茶用以涤烦，好酒用以消忧。

【译文】　好香用来熏陶自己的品德，好纸用来写传世不朽的文字，好笔用来写下美好的篇章，好墨用来描绘光彩夺目的图画，好茶用来涤除心灵的烦闷，好酒则用来化解心中的忧愁。

【点评】　生活的艺术，就是要使任何事物都能有最美好的用途。古人用香草比喻美德，在修行时，一定要熏燃香草来提醒自己加强品德培育，而不朽的文字，也要记录在最好的纸上，以流传后世。推而广之，好笔，自然要写下文采飞扬的篇章，一块好墨，也要画出光彩夺目的绚丽图画。这样才能物尽其用，物有所值。

对于人们心灵的烦忧，也要以最好的香茗、最醇的美酒来涤除，这样才会使我们忘却忧愁，感到无比的清爽。

佳思忽来　书能下酒

【原文】　佳思忽来，书能下酒；侠情一往，云可赠人。

【译文】　好情绪来时，可以读书下酒；豪放情思出现时，可信手将白云作礼物赠送他人。

【点评】　饮酒重在情趣，不一定非得佳肴、佳酒不可；好书是心灵的美食，以书下酒，情趣甚浓。李白诗云："花间一壶酒，独酌无相亲。举杯邀明月，对影成三人。月既不解饮，影徒随我身。暂伴月将影，行乐须及春。"据说苏东坡曾以诗下酒，饮到酣处，急呼童子取诗来，急将佳句读一遍，连酒一同饮下。

侠情无拘，赠人何须俗物，只要心意所到，江月、白云皆可信手拈来相赠。

独坐禅房　心静神清

【原文】　独坐禅房，潇然无事，烹茶一壶，烧香一炷，看达摩面壁图。垂廉少顷，不觉心静神清，气柔息定。蒙蒙然如混沌境界，意者揖达摩与之乘槎而见麻姑也。

【译文】　独自坐在禅房中，清静无事时，煮一壶茶，燃一炷香，观看达摩面壁图。将眼睛闭上一会儿，不知不觉心情平静，神智清新，气息柔和而稳定，仿佛回到了最初的混沌境界，就像拜见达摩祖师，和他一同乘着木筏渡水而见到了麻姑一般。

【点评】　达摩是禅宗的始祖，梁武帝时由天竺来到中国，曾在嵩山少林寺面壁而坐九年，将法衣传给了二祖慧可。麻姑，《神仙传》载，东海中有仙女名叫麻姑。据说麻姑能撒米成珠。

独坐禅房，把壶香茗，燃一炷香火，静静地观看达摩面壁图，不知不觉进入了一种新境界，这种新境界是什么，是了悟。静坐参禅，是佛家的功夫，静心思过，也是我们凡夫俗子应有的功夫。

净几明窗　名山胜景

【原文】 **声色娱情，何若净几明窗，一生息顷；利荣驰念，何若名山胜景，一登临时。**

【译文】 在声色娱乐中去求得心灵愉快，哪里比得上在洁净的书桌和明亮的窗前，陶醉在宁静中的快乐；为荣华富贵而思前想后，哪里比得上登高望远赏名山美景来得真实。

【点评】 荣华富贵只是过眼云烟，声色的刺激也是短暂而易于消失的，倒是在窗明几净的环境中，临窗而坐，摒除声色财利的烦恼，留一方宁静的天地在心，感受人生平和的喜悦，何乐而不为呢？

人们在为名利而奔忙，往往不知道自己真正追求的是什么。当你面对名山大川，在登临的刹那，才会顿悟：回归自然，返璞归真才是自己真正追求的目标。

若能行乐　即今快活

【原文】 **若能行乐，即今便好快活。身上无病，心上无事，春鸟是笙歌，春花是粉黛。闲得一刻，即为一刻之乐，何必情欲，乃为乐耶。**

【译文】 若能行乐，立刻就可以获得快乐。身体无病，心中也无事牵挂，春天的鸟鸣是动听的乐曲，春天的花朵是最美丽的装饰。有一刻空闲，就能享受一刻的欢乐，为什么一定要在情欲中寻求感官刺激，才是快乐呢？

【点评】 人生的快乐在赏心乐事，不一定要在感官刺激中去寻求。当身体健康没有病痛，心中舒坦没有忧虑时，会感觉到无比的轻松快乐，会把春天的鸟鸣当作婉转的笙歌，把春天的鲜花当作对大地的装点。

快乐并不需要寻找，快乐就在我们心中。外在感官的刺激是短暂的，甚或是冒险的，短暂的快乐后面也许是无穷无尽的麻烦，这些怎么能与心中的闲适、心安理得相比呢？

风流得意　鬼胜顽仙

【原文】 **风流得意，则才鬼独胜顽仙；孽债为烦，则芳魂毒于虐祟。**

【译文】 说到举止潇洒、风雅浪漫的情趣，那么有才气的鬼胜过冥顽不灵的仙人；说到感情孽债的烦恼，那么美丽女子的芳魂却比凶恶的神鬼还要厉害。

【点评】 风流得意，不在名而在实，如果名为神仙，实则木讷无半点风流气质，谈何潇洒，即使是冥冥中的鬼魂，假若具备风流意趣，也会有很多闲情逸致，故不在外表的名相，而在实际的内容。

至于感情，则是一段很折磨人的孽债，发之于心，无所依托，则由情生怨，由怨生恨，如魔如痴，外界无法帮助，内心不能解脱，必然会失魂落魄甚而致死，所以称之为孽债，孽债不除，比恶鬼更毒。

闭门阅书　开门接客

【原文】 **闭门阅佛书，开门接佳客，出门寻山水，此人生三乐。**

【译文】 关起门来阅读佛经，开门迎接最好的客人，出门游赏山川景色，这是人生三大乐事。

【点评】 人生乐趣很多，在于各人追求如何。佛经中充满生命的智慧，读后使人的杂念得到净化，灵魂得到升华，读之自然乐趣无穷；有好朋友来访，品茗谈禅，可享受思想共鸣的快意，自然会倒屣相迎；走遍天下寻找山水名胜，领略大自然的造化，体会其中无限的生机，其乐无穷。所以从与自己心灵相契合者中，就会得到“乐”的享受。

天地为衾枕　古今属蜉蝣

【原文】 **兴来醉倒落花前，天地即为衾枕；机息忘怀磐石上，古今尽属蜉蝣。**

【译文】 兴致来的时候，喝醉倒卧在落花前，天作被子地作枕头；在大石上忘记了各种心机，古往今来都像蜉蝣一样短暂。

【点评】 在大自然中，任我心自由自在地驰骋；在物我两忘的意境中，将天地万物置于空灵之中。这是何等快意、何等无拘无束的心境啊！

天作被衾地作枕，是多么豪放无拘的举动，万物都如落花一样，盛开过后就走向凋零，在短暂的时空中尽情享受这无尽的乐趣，人生无所取，又何必执迷而不醒悟呢？

蜉蝣是一种极小的生物，生命不过数小时之短，虽然朝生暮死，然而也却是有生有灭，人生就如这蜉蝣小虫一样，有什么不能忘怀的呢？

意亦甚适　梦亦同趣

【原文】 **上高山，入深林，穷回溪幽泉怪石，无远不到。到则拂草而坐，倾壶而醉；醉则更相枕藉以卧。意亦甚适，梦亦同趣。**

【译文】 登上高山，进入茂密的森林，走尽充满怪石的曲折小溪和幽深山泉，不论多远，都要走到。到了之后就坐在草地上，倒出壶中的酒，尽情地喝，喝至大醉；醉了以后，就互相以身体为枕头睡觉。心境是多么的愉快，连做梦的情趣都相同。

【点评】 古语说：行千里路，读万卷书。实际上大自然也是一本无字的书，深入到自然中，寄情山水，忘记凡俗的种种争斗与心机，看幽谷清泉、奇石怪草，或醉卧草地，或赋诗山间，其中有不尽的乐趣。如果有好友做伴，心意相通，佐以佳酿，那种喜悦的心情也许就如梦幻一般了。

云中世界　静里乾坤

【原文】 **茅帘外，忽闻犬吠鸡鸣，恍似云中世界；竹窗下，唯有蝉吟鹊噪，方知静里乾坤。**

【译文】 茅草编织的门帘外，忽然传来几声鸡鸣狗吠，让人仿佛生活在远离尘世的高远世界中；竹窗下的蝉鸣鹊唱，令人感觉到静中的天地如此之大。

【点评】 茅屋外、田野中鸡犬之声相闻，好似逃离尘世的世外桃源，人在喧嚣的尘世中生活久了，自然就有跳出界外，躲在高远之处的念头。然后意到心随，才能境随人意。内心感觉到了几分宁静，才能真正领悟到静的神韵。

静也非死寂，有衬托的静更显得静，如果在万籁俱寂中有几只虫儿的浅吟低唱，才更显得静中乾坤无限。正因为静，才能听到竹窗下蝉吟鹊噪，蝉吟鹊噪又反衬出静的意境。

梦中之梦　身外之身

【原文】 听静夜之钟声，唤醒梦中之梦；观澄潭之月影，窥见身外之身。

【译文】 聆听寂静的夜里传来的钟声，唤醒了生命中的虚无缥缈的世界；观看清澈潭水中的月影，仿佛窥见了超越肉体之外的自己。

【点评】 人生如一梦，何时是梦醒时分。从无边无际、无始无终的宇宙空间来看，人类生命的出现只是宇宙中极短的一瞬，文明只不过是其中一梦。生命在阔大的宇宙时空中如此渺小，芸芸众生也只是世界中的细微尘埃，当夜阑人静万籁俱寂时，夜空中传来悠扬的钟声，往往能使人顿悟，仿佛觉察到，生命中无论多大的喜怒哀乐，都不过是梦中之梦，何必执着不忍舍弃呢？

肉身的我之外，还有一个自在的我，当明月将自己的身影投映在清澈的潭水中时，似乎可以感觉到身外之真我的存在，使人想要去探索那生与死永恒的刹那。

但识琴中趣　何劳弦上音

【原文】 对棋不若观棋，观棋不若弹琴，弹琴不若听琴。古云：但识琴中趣，何劳弦上音。斯言信然。

【译文】 与人下棋不如观人下棋，观人下棋不如自己弹琴，自己弹琴不如听人弹琴。古语说："只要能体味琴中的趣味，何必一定要有弹琴的声音呢！"这句话说得很对。

【点评】 俗语说："当局者迷，旁观者清。"关键在于如何用心，与人下棋，固然有互相厮杀的乐趣，然而沉溺局中还不如观看别人下棋，旁观斗心斗志有兴味，可是观人下棋太过投入，难免抑制不住想指点迷津，破了观棋不语的规矩，所以还不如自己回去弹琴沉浸在旋律之中有趣，自我弹琴又不如用心听弹更能进入境界。

弹琴是用心来弹呢还是无心来弹呢？先哲以为，"无弦之音"才是琴中的真境界。

云霞青松做伴　稚子老翁闲谈

【原文】 累月独处，一室萧条，取云霞为侣伴，引青松为心知；或稚子老翁，闲中来过，浊酒一壶，蹲鸱一盂，相共开笑口，所谈浮生闲话，绝不及市朝。客去关门，了无报谢。如是毕余生足矣。

【译文】 在连续几个月的独居生活中，虽然满屋子萧条冷清，但常将浮云彩霞视作伴侣，将青松引为知己；有时候老翁带幼童过来拜访，这时以一壶浊酒、一盘大芋招待客人，谈着一些家常话，会心地开口大笑，绝不谈及市肆朝廷方面的俗事。客人离开便关门，不需要起身送客或言谢。能这样过一辈子我就很满足了。

【点评】 生活未必都要轰轰烈烈，其实平平淡淡才是真。"云霞青松作我伴，一壶浊酒清淡心"，这种意境不是也很宁静悠然，像清澈的溪流一样富于诗意吗？晋代陶潜似乎早已体会到其中的真意，其诗云："结庐在人境，而无车马喧。问君何能尔？心远地自偏。山气日夕佳，飞鸟相与还。采菊东篱下，悠然见南山。此中有真意，欲辩已忘言。"

生活本于平淡，归于平淡，而其中的热烈渴望或者痛心的失望其实是心灵的失落和迷茫。

听水声泠泠　天然之乐韵

【原文】　**从江干溪畔箕踞，石上听水声，浩浩潺潺，粼粼泠泠，恰似一部天然之乐韵。疑有湘灵，在水中鼓瑟也。**

【译文】　在江岸或小溪边的石上屈腿而坐，聆听着水声，时而潺潺流水声势浩大，时而浅吟低唱粼粼细波，时而却沉默寂静，恰似一部大自然的旋律。我不禁怀疑是否有湘水的女神，在水中弹琴。

【点评】　这是一曲美妙的自然歌谣，充满了迷人的神韵。江边的巨涛，溪中的清流，与天宽云阔、远人近影合而为一，体现了自然的神韵。更富浪漫色彩的是，作者自己融入这美妙的景致中，幻想着那神奇的湘水女神在鼓瑟弹奏，为自己助兴，这如何不令人向往。大自然就是交响乐，也是小夜曲，只有内心宁静的人，才能听懂这部无声的旋律。

山之胜　妙于天成

【原文】　**自古及今山之胜，多妙于天成，每坏于人造。**

【译文】　从古到今的名山胜景，其绝妙之处大多在于天然生成，而破坏常常由于人工修造引起。

【点评】　人们自古以来都认为美景天成，天然去雕饰的本来面目比人造景观更有返朴归真的意趣。这是因为人类仰赖自然提供的万物而生存，自然有它自己的生命，人类没有理由去破坏它，去损坏自己的生存环境。同时自然也因其朴实而有天然的审美意趣，天然胜景若鬼斧神工，非人力所能及。

陈公在这里体现出对自然的热爱，同时也表现了对破坏自然的厌恶。人类在改造自然的同时，往往也容易对环境造成破坏，使山不再宁静，水不再清澈，更为恶劣的是作为万物之灵的人类常常有意污染自然环境，破坏天然景观，使天然胜景受到玷污，既无妙趣，又给人矫揉造作之感。

月榭凭栏　飞凌缥缈

【原文】　**月榭凭栏，飞凌缥缈；云房启户，坐看氤氲。**

【译文】　在月光下，倚靠在台榭的栏杆上，心思早已飞向那恍惚缥缈的虚无之境；在高山云间居住时打开门扉，坐看山间云烟弥漫的气势。

【点评】　天上明月普照，人凭栏而立，遥望着如烟笼雾罩的缥缈夜景，恍若梦境一般。古诗《春江花月夜》云："江畔何人初见月？江月何年初照人？人生代代无穷已，江月年年只相似。不知江月待何人，但见长江送流水。"是啊，大自然何时开始，江上谁最先见到这月光，这月光又在何时照见古人，在科学还不发达的古代，神秘的自然起始与人类起始问题一直萦绕在人类的心中，人们百思不得其解，因此生出无限遐思和种种推测，也创作出大量的吟咏诗文。

坐在山间，推门看山中烟云变幻，其间是否也蕴含了大自然的答案呢？

有会于心　不知尘埃

【原文】　**鸟啼花落，欣然有会于心，遣小奴，挈瘿樽，酤白酒，饮一梨花瓷盏，急取诗**

卷,快读一过以咽之,萧然不知其在尘埃间也。

【译文】 听到鸟儿鸣叫,见到花儿飘落,心中有所领悟而由衷欣喜,便教小僮带着酒瓮买回白酒,以梨花瓷盏饮下一杯酒,并马上取来诗卷,快读一遍以助酒兴,这时胸中清爽快意,仿佛离开了凡俗的人间。

【点评】 抛却名利之欲求,就能超然于尘世之上。有些人整天生活在苦闷中,一掷千金寻求感官刺激,却感叹找不到生活的乐趣,实际上生活靠自己安排,情调要自己创造,与其苦苦地去追寻,不如先体会眼前实在的快乐。试想,鸟语花香之下,以诗佐酒,是怎样的雅趣啊!

坐卧随心　一尘不淡

【原文】 清闲无事,坐卧随心,虽粗衣淡饭,但觉一尘不淡。忧患缠身,繁扰奔忙,虽锦衣厚味,只觉万状苦愁。

【译文】 清闲无事时,要坐要躺随自己的心意,即使穿粗布衣服吃清淡的饭菜,却没有觉得一丝平淡。那些忧愁烦恼而患得患失的人,整日都在繁忙中奔走劳顿,即使穿华贵的锦衣,吃美味佳肴,也觉得愁苦万状。

【点评】 人的快乐有多种多样,关键在于自己的感受,物质的享受固然重要,但闲适无忧也应该是一种快乐。人如果能找到放松自己的方法,在闲情逸致中享受安宁平实的生活,虽然是粗茶淡饭,也不会觉得愁苦。如果整天为名利所累,万事扰心,不得安宁,即使物质生活上锦衣玉食,但精神压力不能排解,也只能愁苦万端。

所以佛家说,“安详何须山水,减去心头火亦凉”。

不拥有一切的人,才能享用一切,要有超凡脱俗的修养功夫,才能进入不享用而拥有的高超境界。

舞蝶游蜂　落花飞絮

【原文】 舞蝶游蜂,忙中之闲,闲中之忙;落花飞絮,景中之情,情中之景。

【译文】 款款飞舞的蝴蝶,盈盈飞舞的蜜蜂,它们在忙碌中有着闲情,在闲情中又显得十分忙碌。飘落的飞花,飞扬的柳絮,这景色蕴含着情意,这情意中又有着景致。

【点评】 事物的法则就是动中有静,静中有动,景中有情,情中有景。寓动静于一体是一种高超的境界,体会情景交融是无尽的乐趣。

蜂飞舞游戏,似忙而闲,闲中有忙,其妙处在于将为生活的忙碌与对生命闲情的追求合而为一,捕食采蜜似在不急不徐中,得来全不费功夫。人生之道也大体类似,在闲散无事时,要发愤自强,有应变之心,在忙碌的生活中也要有闲适的雅趣,追求生命的安宁。

杨柳飞絮,落花翻飞,则是如诗如画情景交融的写照,是从中体会出浪漫,还是从中体会出零落,就要看个人的心境如何了。

清风徐来　甘雨时降

【原文】 取凉于扇,不若清风之徐来;汲水于井,不若甘雨之时降。

【译文】 用扇子煽风求得凉爽,不如清风慢慢吹拂;在井中汲水,不如上天降下及时雨。

【点评】 大自然给了我们许多,人们在发展自身的同时,也在改造世界,虽然古人早已提出过人定胜天,但实际上,面对大自然雄奇无比的威力,人有时显得渺小,无能为力,因为大自然的规律是无法抗拒的,所以改造自然还不如适应自然。

当我们用扇子扇取凉风时,是多么盼望大自然清风徐来,给人以清新凉意;当我们需要在井中汲水时,多么盼望上天能降下及时雨,如甘露洒向人间。毕竟自然的神奇与伟大,赐予了人类许多取之不尽、用之不竭的财富。

童子智少　少而愈完

【原文】 童子智少,愈少而愈完;成人智多,愈多而愈散。

【译文】 孩子们接受的知识很少,但他们知识越少天性却越完整;成年人接受的知识丰富,但是他们知识越多,思维却越分散杂乱。

【点评】 少与多,这是事物的辩证法。孩童知识少,感情单纯,充满天真的情趣,智慧不受陈见的束缚,所以更能体现生命的向上与美好,有些孩童常常提出一些能令成人受到启发的问题,就是这个道理。而成人的知识丰富,智慧也很多,所受的束缚也愈多,所以知识愈多,天性愈易迷乱。

老子说:“为学日益,为道日损。”知识一旦累积得多了,便成为一种负担,人的自然天性便受到破坏,使得内心和外在不能统一。所以成人也不妨向儿童学习,感受一下其单纯向上的天性。

闲随老衲清谭　戏与骚人白战

【原文】 斜阳树下,闲随老衲清谭;深雪堂中,戏与骚人白战。

【译文】 斜阳夕照时,闲适地在树下和老僧清谈;大雪纷飞的时节,在厅堂内与诗人文士作诗取乐。

【点评】 生活的闲适与快乐在于自己寻找,自己感悟,有的人面对斜阳西照,发出“夕阳无限好,只是近黄昏”的感慨,有的人面对大雪纷飞,感到的只是无限的凄凉与冷清,然而热爱生活的人,会找到斜阳树下与老僧谈论佛理的闲适,会在大雪纷飞之中找到与文人墨客吟诗作赋的雅趣。闲适与快乐处处存在,关键看心如何去体悟。

名山乏侣　不解壁上芒鞋

【原文】 名山乏侣,不解壁上芒鞋;好景无诗,虚怀囊中锦字。

【译文】 如果在知名的山川胜地,没有合意的旅伴,那么宁可将草鞋挂在墙上,也绝不出游;面对美好景致,如果没有好诗助兴,即使怀中抱着锦囊,收藏有好文字,又有什么用呢?

【点评】 游风景胜地,一定要与相知者结伴同游。因为感情需要交流和共鸣,与好友同游,才能体会人生至乐,所以纵有闲情与闲心,纵有美景如画,如果难得知己,仍然是游兴索然。

对于美景,需要好的心情来感受它,而咏物抒怀,吟诗作赋往往最能表达内心的感受,锦囊佳句应该歌咏这造物主的鬼斧神工,所以面对好景而无诗,岂不是辜负了这好山好水,浪费了锦囊中的好字吗?

有美景,无佳侣伴游不行,有佳侣伴游,无好诗吟诵也不行,看来古人旅游不像现代人,只是到风景点摆着姿势照张相,表示到此一游而已,一定要寻知己吟好诗。

第八篇　问学篇

从多入少　从有入无

【原文】　无事便思有闲杂念头否,有事便思有粗浮意气否;得意便思有骄矜辞色否,失意便思有怨望情怀否。时时检点得到,从多入少,从有入无,才是学问的真消息。

【译文】　闲来无事的时候要反省自己是否有一些杂乱的念头,忙碌的时候要思考自己是否有浮躁粗俗的意气,得意的时候考虑自己的言行举止是否骄慢,失意的时候要反省自己是否有怨恨不满的想法。时时这样自我检查到位,使不良的习气由多而少,由有到无,这才是学问修养的关键。

【点评】　行为处事都要常常警醒自己是否考虑周全,要防止只顾一面而失去了另一面。居安要思危,胜利要防骄,失意要防怨。

人在无事时,容易产生很多浮杂的念头,而在忙碌时又容易浮躁欠思考,这种时候如果能冷静地控制自己的情绪,不骄不躁,不浮不虚,办事有条不紊,忙而不乱,就会将事情处理得更妥当,与人相处得更好一些。

在得意时,容易产生骄傲自满情绪,目中无人,这样往往容易遭人嫉妒,受到打击。俗语说"高处不胜寒",正是此理。所以只有在得意时注意收敛,保持谦虚的本性才能立于不败之地。在失意时,人往往容易怨天尤人,甚至猜疑烦躁,这样往往会失去他人的同情,也使自己失去前进的信心,所以要注意多从自己这方面总结教训,使失败成为成功之母。

经常这样自我反省,那么就会减少自己的弱点,逐步走向完美了。

声应气求之夫　风行水上之文

【原文】　声应气求之夫,决不在于寻行数墨之士;风行水上之文,决不在于一句一字之奇。

【译文】　意气互相呼应的好友,绝不至于需要通过笔墨文章加以了解;如行云流水一样通畅美妙的好文章,绝不在于一字或一句的奇特上。

【点评】　交朋结友,重在意气相投,一个人的举手投足之间,互相都能理解,一个人的心意志向,互相都能支持,他们之间的默契,是不能用语言来形容的,也不必运用笔墨来表达这种心意相通的心情,可谓心有灵犀一点通。

好的文章,是有感而发,是内心灵感的爆发,文章妙在天成,而不在作成之后的刀砍斧削。力求文句佳美的文章,不免有矫揉造作之态,最多是文字游戏而已,难以表达深刻的思想内容,更难看到作者思想的火花。

闭门是深山　读书有净土

【原文】　闭门即是深山,读书随处净土。

【译文】 关起门就如同住在深山中一样；能够读书就觉得处处都是净土。

【点评】 关上门户，将尘俗挡在门外，犹如深居山林；将心门关上，把欲念放在心外，心里皆是净土。心在深山并不一定非要身在深山，只看我们如何处理自己的时空。真正得道之人，处处是深山，处处是乐土，何须关门关心。

至于读书明白人生至理，更可以净化灵魂，故文人不可离书。北宋诗人黄庭坚说："士大夫三日不读书，自觉语言无味，对镜亦面目可憎。"

出一言解之 是无量功德

【原文】 **士君子贫不能济物者，遇人痴迷处，出一言提醒之；遇人急难处，出一言解救之，亦是无量功德。**

【译文】 读书人贫穷没有能力以物质接济他人，但遇到他人糊涂迷惑之时，能够用言语来点醒他；遇到他人有紧急的危难时，用言语来解救他，也是无边的功德。

【点评】 济人之难，救人之急，是一种良好的美德，但助人不一定非得金钱不可，智慧的语言有时比物质的财富更为可贵，因为金钱可以帮助一个人暂渡难关，智慧却可以让一个人终身受益。俗语说"留下良田万顷，不如薄技在身"，即是这个道理。

读书人在物质上也许不富足，但精神上却很充实，有着比一般常人更多的智慧，他可以成为人们的航标灯，在他人困惑糊涂时指点迷津，在他人迷茫危急时解除其烦恼，这样也是无可比拟的善事和美德了。

以学问摄躁 以德性融偏

【原文】 **才智英敏者，宜以学问摄其躁；气节激昂者，当以德性融其偏。**

【译文】 才华和智慧敏捷出色的人，应该用学问来理顺浮躁之气；志向和气节激烈昂扬的人，应当加强品性道德的修养来消融他偏激的性情。

【点评】 头脑反应敏捷的人，天资聪颖，易于决断却疏于思考，因此容易犯浮躁不实的毛病，往往志大才疏，因此要从做学问上下功夫，奠定扎实的基础，天分加上勤奋，才能成为真正的栋梁之材，否则会出现智者早夭的悲剧。

气性急迫高昂的人，疾恶如仇，但也往往容易走极端，因此应该有意识地消磨一些个性，培养沉着稳重的品德，纠正偏激的毛病，这样才能得到社会更多地了解与接纳。

少言语以当贵 多著述以当富

【原文】 **少言语以当贵，多著述以当富，载清名以当车，咀英华以当肉。**

【译文】 把少说话作为贵，把多著书立说作为富有，把好的名声当作车，把品读好文章当作吃肉。

【点评】 人以珠宝为贵，而我以沉默为贵。俗语云："沉默是金。"多言并不意味多才多智，相反，祸从口出，言多必失。在竞争激烈的社会中，重在干出实绩。如果一言能中的，字字珠玑，岂不是更有自尊，哪里需要不着边际地絮絮叨叨？将自己的学问不是停留在嘴上，而是著述在书中留传后世，成为人类文化的宝贵财富，那么精神上的富有才是真正的富有。

车马美食是物质享受的重要方面，但绝不是追求的目标。雁过留声，人过留名，把对

一世清名的追求当作车，把读有益的文章当作膏粱，让心灵之车载上丰盛的精神食粮，岂不是更高尚的追求！所以古人说："安莫安于知足，危莫危于多言，贵莫贵于无求。"

足登玉堂　堪贮金屋

【原文】 **才子安心草舍者，足登玉堂；佳人适意蓬门者，堪贮金屋。**

【译文】 有才华的人，如果能安心居住在茅草搭成的屋子中，那么他一定能登入华屋高堂；美丽的女子能安心于贫穷之家，那么，就值得建造金屋给她居住。

【点评】 世人有才之人很多，但有才又有德，才德双全的人却很难得。怀抱天下之才，却又能安于茅舍生活，潜心修身，视富贵为浮云，那么一旦能贡献于社会，登于玉堂之上为官，就不会为浮云遮望眼，必能以服务于天下大众为己任而有益于社会，造福于百姓。

美丽的女子往往自恃其美而疏于修德，易于投身富贵豪门而不愿下嫁贫贱之家，所以能嫁到门户低贱之家，看重将来的发展而不拘泥于当时的贫贱，是内心最为美丽的女子，其德行更胜过其外表的美，那么足以有资格让人为她造金屋而居。实际上贫贱之家出英才，富贵之家出逆子，敢嫁贫贱之家的女子也将更有可能住上金屋。

世间清福　读书之乐

【原文】 **人生有书可读，有暇得读，有资能读，又涵养之如不识字人，是谓善读书者。享世间清福，未有过于此也。**

【译文】 人的一生如果有书可读，又有闲暇的时间读书，又有资财读书，读了许多书又能使自己不被书中的文字所局限，保持了未读书人的单纯，就可说是善于读书的人了。所谓享受世上的清福，也没有比这种福气更大的了。

【点评】 古人说："古今世家无非积德，天下第一人品还是读书"，又说"为善最乐，读书最佳"，可见读书是人生乐趣的最高境界。读书自有无穷乐，但不是每个人都能享受如此乐趣。有的人奔忙于杂务之中，心中想读书却挤不出闲暇时间，美其名曰没有时间读书；有的想读书，却为生计操劳，无足够的金钱买书来读，更是望书兴叹；有的人即使有时间、有金钱来读书，可是被书中的文字所束缚，进入书中不能跳出，纵是读书也是书痴，将未读书时的几点情趣消磨殆尽，此种读书不如不读书。所以能有时间、有金钱读书，又不尽信书，博览群书却仍怀平常心，才是真正的读书乐趣，称其为世间之最大的清福确实不为过也。

贫士肯济人　闹场能笃学

【原文】 **贫士肯济人，才是性天中惠泽；闹场能笃学，方为心地上工夫。**

【译文】 贫穷的人肯帮助他人，才是天性中的仁惠与德泽；在喧闹的环境中能笃志学习，才是在静化心境上下了功夫。

【点评】 富有的人，能够施舍给人是比较容易的事，而贫穷的人能够以财物助人是很不容易的。更有的人在物质上非常富有，心灵上却十分贫乏，毫无助人之心甚或有坑人之意，这就是为富不仁了。贫穷的人之所以乐于助人，是因为他有一颗善良的心，这就是人的本性中仁惠与德泽的真实流露。

学习需要幽静的环境，但能否静下来在心不在身，有的人身子坐下来了，却心猿意马，根本看不进书中的文字，而有的人在喧闹的环境中，能沉下心来笃志于学，他人皆醉唯我独醒，这是十分难能可贵的。

眼里无灰尘　胸中没渣滓

【原文】 **眼里无点灰尘，方可读书千卷；胸中没些渣滓，才能处世一番。**

【译文】 眼中没有一点灰尘遮挡，才可以读尽千卷书籍；胸怀中没有一些成见，才能处世圆融。

【点评】 读书人如果带着一己之见读书，就永远只能接受适合自己心意的道理，而不能接受与自己意见不同的道理，因为"灰尘"挡住了自己的眼睛，看到的东西已经变形。所以要读尽天下书，必须摒弃一己之见，以宽阔的胸怀对待书中的道理，莫叫"灰尘"遮望眼。

为人处世也是这样，胸中应该清除不满或怨恨的成见，坦坦荡荡，没有任何阴暗的心理，这样与人相处时，才能十分快乐，即使有不如意之事，也能及时化解，公正对待，这样就能圆融地与世人相处。

登山耐仄路　踏雪耐危桥

【原文】 **读史要耐讹字，正如登山耐仄路，踏雪耐危桥，闲居耐俗汉，看花耐恶酒，此方得力。**

【译文】 读史书要忍受得了错误的字，就像登山要忍耐山间的隘路，踏雪要忍耐危桥，闲暇生活中要忍耐得了俗人，看花时要忍耐得了劣酒一样，这样才能进入史书佳境中。

【点评】 从对史书的要求来说，当然应该抛弃无错不成书的俗念，编印出一本完美的史书，这样读史的人就能纵情进入书中的境界，不致因为书中的错字或断简残篇而败人兴味，但是金无足赤，绝对的无讹是很难的，而且读书也要能沉得住气，发现讹误不妨批注在文字旁边，也是一种情趣，因此要在"耐"字上下功夫。

史书中发现了错讹还可以订正，生活中有些不如意的事却很难以人的意志为转移，登到山中险处，踏雪寻梅遇到危桥，遇到世俗之人，这些都不是人力所能改变的，试图改变反而会失去不少生活情趣，不妨也从"耐"字上做些文章。

胸中情趣　一笔写出

【原文】 **作诗能把眼前光景，胸中情趣，一笔写出，便是作手，不必说唐说宋。**

【译文】 写诗的人能够把眼前所看到的景致，胸中的意趣，一笔表达出来，便算是能作诗了，不必引经据典，说唐道宋。

【点评】 诗在于表达内心对客观世界的感受，不在于言之无物的呻吟。能够将眼前光景表达出来，直抒胸臆，就能做出好诗，否则，纵是引经据典，也未必能写出好诗。

王国维曾说："客观之诗人，不可不多阅世；阅世愈深，则材料愈丰富，愈变化，《水浒传》《红楼梦》之作者是也。主观之诗人，不必多阅世；阅世愈浅，则性情愈真，李后主是也。"故无论主客观诗人，都必须酣畅淋漓地书写出胸中情趣，才能留下千古绝唱。

仁者见仁　智者见智

【原文】　看书只要理路通透，不可拘泥旧说，更不可附会新说。

【译文】　读书重在理清书中的道理，不受旧有学说的束缚，也不可盲目信从新的学说。

【点评】　书是人类知识的载体，记载了人类文明发展的轨迹，读书贵在悟透书中所揭示的道理，举一反三，融会贯通，从而启发思维，增强理性。

但是任何学说，也只是具有相对性，随着时代变迁，客观环境的变化，以及人类认识的深化，旧的学说也呈现出局限性，所以哲人说“尽信书不如无书”，对书中记载的知识还要本着分析的态度，吸收正确的观点，摒弃不正确的观点，这样才既能进入书中，又能跳出书外。同时，又不能因盲目疑古，而轻易信从新的学说，尤其是不能人云亦云地附会新说，也许在某些学问方面，新说反不如旧说可靠。

读书的方法很多，古人曾这样总结：“读书贵能疑，疑乃可以启信。读书在有渐，渐乃克底有成。”读书既要发现问题，又要思考问题，还要解决问题，这就是认知的过程。

人事稍疏　一意学问

【原文】　夜者日之余，雨者月之余，冬者岁之余。当此三余，人事稍疏，正可一意学问。

【译文】　夜晚是一天所剩下的时间，下雨天是一月所剩下的时间，冬天则是一年所剩下的时间，在这三种剩余的时间里，人事纷扰较少，正好能够专心一意地读书。

【点评】　夜晚、雨天和冬日是人们容易休闲的时间，而这段时间对读书人而言正是黄金时间，此时人事纷扰较少，可以静心做学问，冬日之夜更长，充分利用更能发挥作用。关于古人珍惜时间的记载很多，班固的《汉书·食货志》载：“冬，民既入；妇人同巷，相从夜织，女工一月得四十五日。”一月怎么能有四十五日呢？颜师古为此注释说：“一月之中，又得夜半十五日，共四十五日。”这就很清楚了，原来古人除了计算白天一日外，还将每个夜晚的时间算作半日，一月就多了十五天，这是对时间十分科学合理地利用。古来一切有成就的人，都很严肃地对待自己的生命，当他活着一天，总要尽量多劳动、多工作、多学习，不肯虚度年华，不让时间白白浪费掉。

诗中有画　画中有诗

【原文】　画家之妙，皆在运笔之先；运思之际，一经点染，便减神机。长于笔者，文章即如言语；长于舌者，言语即成文章。昔人谓丹青乃无言之诗，诗句乃有言之画；余则欲丹青似诗，诗句无言，方许各臻妙境。

【译文】　画家的精妙构思，都在下笔之前；构思的时候有一丝杂念，便使灵妙之处不能充分表现。善于写文章的人，他的文章便是最美妙的言语；善于讲话的人，所讲的话便是最美好的文章。古人说画是无声的诗，诗则是有声的画；我希望最好的画如同诗一般，能尽情地倾诉；最好的诗却如画一般，能无尽地展现意境。这样诗和画才各自达到了神妙的境界。

【点评】　画是形象艺术，诗是语言艺术，然而其意境相通，诗情画意融为一体。好的

画,蕴含了画家无限深情,是情与景的有机结合,它表现出一种十分鲜明、可给人启示和想象的自然意象,同时又包含浓厚的、耐人寻味的意趣,虽然用的是线条和色调,可反映的是无言的诗情。而好的诗句通过语言艺术展示给人们的就是一幅画,其中有动静的交融,画面的起伏跌宕。如唐代诗人王维,既是山水诗大师,也是山水画高手,他的作品总是诗中有画,画中有诗,如“新晴原野旷,极目无氛垢。郭门临渡头,村树连溪口。……农月无闲人,倾家事南亩”,先随着目力所及,由远及近,再由近及远,有层次、有色彩、有高度,勾勒出一幅清幽秀丽、天然绝妙的图画,再用最后两句添上动态的人物,使整个画面活跃起来了。

徒号书厨　终非名饮

【原文】 有书癖而无剪裁,徒号书橱;惟名饮而少蕴藉,终非名饮。

【译文】 有读书的癖好,却对书中的知识不加选择和取舍,这样的人读了书只不过像藏书的书橱罢了;只有善饮酒之名,却不懂饮酒中蕴含的意趣,终不能算是懂饮酒之人。

【点评】 喜好读书是好习惯,然而喜读书还要善读书,善读书还要善用书。读书的目的在于选择对自己有用的知识并融会贯通运用于实际之中,如果毫无选择,不能根据实际应用,便是对书本知识毫无见解,空有满腹诗书却不能消化运用。正如大将不会领兵作战,只是空有十万甲兵一样,饱学之士不能运笔,只能被讥笑为两脚书橱了。

学会读有字之书是学问,学会读无字之书是大学问。如果说有字之书还只是一种经验,而无字之书就是一种智慧了。

饮酒之道,在于体会其中浓厚的意蕴内涵,意趣在酒外,如果不懂其中的情趣,只能谓之嗜酒之徒。

登台肖古人　为文现本心

【原文】 伶人代古人语,代古人笑,代古人愤,今文人为文似之。伶人登台肖古人,下台还伶人,今文人为文又似之。假令古人见今文人,当何如愤,何如笑,何如语。

【译文】 演戏的人代替古人讲话,代替古人笑,代替古人愤怒,就像现在文人写文章一样。演戏的人在戏台上很像古人,下了戏台还是演戏的人,现在的文人写文章又和这点很相似。假如让古人见到现在的文人,他们将如何愤怒,如何笑,如何讲话呢?

【点评】 当唱戏的在台上扮演戏中的角色时,他们惟妙惟肖的表演往往使人融入戏中,为戏中人愁,为戏中人喜,为戏中人悲,戏里戏外融为一体,但戏结束了,唱戏的仍然是唱戏的,观众仍然是观众,他们都有各自的身份和生活。但就生活这个舞台而言,台上的我也是生活中的真实,人生便是戏中之戏。

文人将自己的生命融入社会生活中,写下生活的篇章,反映火热的生活现实,文人也用文学作品表现古人的生活,思索历史演进的轨迹,探索社会发展的轨迹,所以常有人说他们是替古人担忧,为古人忧愁。其实他们并非一味模仿,而是在探索。

士不晓廉耻　衣冠狗彘

【原文】 人不通古今,襟据马牛;士不晓廉耻,衣冠狗彘。

【译文】 人不通晓古今变化的道理，那就像穿着长袍短衣的牛马一样；读书人如果鲜廉寡耻，那就是穿衣戴帽的猪狗。

【点评】 人和动物的根本区别在于人会劳动，有知识，有廉耻之心。从古到今，人类代代相传，留下了许多做人的道理，这是一笔宝贵的精神财富，如果人不去学习这些做人的道理，整天无所用心，无所作为，只做一个酒囊饭袋，那就宛如行尸走肉，和那些牛马有什么区别呢？其区别恐怕只在于徒然穿上一身衣服而已。

至于读书人，更应该严格要求自己，应该知礼仪，懂廉耻，走正道，如果心术不正，违背做人的道理，出卖自己的人格，甚至利用自己拥有的知识去违法犯罪，那就是衣冠禽兽了。

兢兢业业心思　潇潇洒洒趣味

【原文】 **学者有假兢业的心思，又要有假潇洒的趣味。**

【译文】 求学的人既要有认真对待学业的心情，又要有潇洒自由的趣味。

【点评】 学习需要有兢兢业业的态度和严谨的作风，这样才能学有所成，但是如果将学习看作是一种沉重的包袱，感到无尽的压力就没有必要了。读书既要爱读书，会读书，又不能读死书，变成书呆子，要有广博的知识，全面的才能，同时还要有多方面的生活情趣，如果饱读诗书却无一点应变能力，那只能是无用的"学究"了。

"假"非虚假，而是假借、凭借的意思。做学问就是要兢业与潇洒兼备，才能做得真学问。

要做男子　须负刚肠

【原文】 **要做男子，须负刚肠；欲学古人，当坚苦志。**

【译文】 要做个大丈夫，必须有一副刚直的心肠；要学习古人，应当坚定磨炼筋骨的志向。

【点评】 男子汉大丈夫，必须有一股立大志成大业的气概，所以"宁为玉碎，不为瓦全"。东汉赵温，担任京兆郡丞，尝叹曰："大丈夫当雄飞，安能雌伏！"遂弃官去。古人说："天将降大任于斯人也，必先苦其心志，劳其筋骨，饿其体肤。"司马光在宋哲宗朝为相，被封为温国公，宋范祖禹作司马温公《布衾铭》记载说："公一室萧然，图书盈几竟日静坐，泊如也，又以圆木为警枕，少睡则枕转而觉，乃起读书。"可见古人追求学问是何等艰辛。

第九篇　至情篇

多情必至寡情　任性终不失性

【原文】 **情最难久，故多情人必至寡情；性自有常，故任性人终不失性。**

【译文】 保持长久的情爱是最难的，所以多情的人反而会显得缺少情意；天性按一定恒常的规律运行，即使是放纵性情而为的人也还是没有丢掉他的本性。

【点评】 物极必反，万事一理，在感情和天性上都是如此，情至深则转化为无情，性

至极则终不失本性。

情爱难以持久，是因为情到深处人孤独，多情者反被情所误，情至极而不得呼应，故显得寡情难抑，寂寞难耐。情至执着，必然为情所苦，因为孤独的心找不到归宿。所以真正的多情是能得到对方的回报，才显得有情有义，情深意浓。

因为天性是遵循一定的常理，所以十分任性而为的人，任性就是其天性，唯其任性才没有失去本性。

枕梦心亦去　梦醒心不归

【原文】 **枕边梦去心亦去，醒后梦还心不还。**

【译文】 心随着梦境到达情人身边，醒来之时心却留在情人那边不肯归来。

【点评】 思念太多，寝食难安。一入梦境，心即随梦而去，如果是思念情人，心也就到达情人身边，在梦中尽情享受重逢的乐趣，可是梦醒之后，心却留在梦中情人处，不能收回。痴情能致梦中情，却更难回到现实之中，魂牵梦绕，醒来仍是梦，这是多么痛苦的事啊！

出相思海　下离恨天

【原文】 **慈悲筏济人出相思海，恩爱梯接人下离恨天。**

【译文】 用慈悲作筏可以渡人驶出相思的苦海，用恩爱做梯子可以使人走出离恨的天地。

【点评】 佛家讲慈悲，劝芸芸众生放弃满腹的情欲，慈悲为怀，故说以慈悲筏可以济人出苦海。

相思之深广辽阔，可称之为海，此海必未有涸时，其水全由情泪所成，味必极苦，凡俗之人，如何消受得起。爱极成恨，爱成泡影，梦幻破灭，如何能走出离恨之天，所以有情人只有在慈悲之下才能脱离苦海，在永远恩爱中才能走出离恨天。

当为情死　不为情怨

【原文】 **情语云：当为情死，不当为情怨。关乎情者，原可死而不可怨者也。虽然既云情矣，此身已为情有，又何忍死耶？然不死终不透彻耳。君平之柳，崔护之花，汉宫之流叶，蜀女之飘梧，令后世有情之人咨嗟想慕，托之语言，寄之歌咏。而奴无昆仑，客无黄衫，知己无押衙，同志无虞候，则虽盟在海棠，终是陌路萧郎耳。**

【译文】 情语说：应当为情而死，不应当为情而生怨。关于感情的事，本来就是只可为对方死，却不应当生出怨心的。虽然对情这么看，身已在情中，又有什么不愿死的呢？如果不到死这一步，总不见情爱的深刻。韩君平的章台柳，崔护的人面桃花，宫廷御沟的红叶题诗，蜀女题诗梧叶飘飞，这些故事都让后世有情人叹息羡慕，用文字记载下来，或者写成诗歌吟咏。既然没有能劫得佳人的昆仑奴，又无身着黄衫的豪客，没有古押衙这样的知己，又无像虞候一样志向相同的人，那么，即使是有海棠花下的誓约，终究不免成为陌路萧郎。

【点评】 这是对于情的感慨，为情而死是千古绝唱，的确感人至深。没有经过生与死的考验，又如何领悟情意的深刻呢？

君平柳，指唐代诗人韩君平的爱妾柳氏，柳氏在战乱中被番将夺走，同府虞候许俊为他将柳氏抢回。崔护之花说的是唐代诗人崔护曾在清明节那天到城外游玩，口渴而到一户人家要水喝，那家的女子情意非常深浓，来年清明崔护再到此家时，见门户紧锁，于是在门上题诗："去年今日此门中，人面桃花相映红。人面不知何处去，桃花依旧笑春风。"汉宫之流叶指唐僖宗时宫女韩翠屏曾在红叶上题诗，红叶被流水冲到宫外，学士于祐捡到后，又在红叶上题诗流回宫中，韩翠屏复捡得此叶。后来宫中放出三千宫女，于祐娶了韩翠屏，说起红叶之事，不胜感慨。蜀女之飘梧指《梧桐叶》中记述西蜀人任继图与妻李云英分离，后来李云英题诗在梧桐叶上，被任继图捡得而团圆。奴无昆仑是说传奇《昆仑奴》中记载，有一昆仑奴为主人抢得所爱的女子一事。客无黄衫指传奇《霍小玉传》中有一穿黄衫的壮士将负心郎劫去见霍小玉一事。知己无押衙指《无双传》传奇记有古押衙帮助无双与王仙客成亲事。萧郎，指女子所爱的男子。

吴妖小玉飞作烟　越艳西施化为土

【原文】 **吴妖小玉飞作烟，越艳西施化为土。**

【译文】 吴宫妖艳的美女小玉已经化作烟尘飘散了，越国美丽的西施也已成为黄土融入自然。

【点评】 美丽的女子往往薄命，红颜也终有褪尽的一天。即使是像小玉那么美丽的女子，也只能化作烟尘而去，纵然是越国西施那样的绝代佳人，最终也化为尘土一堆。情爱如同烟尘一般，不及时抓住就悔之晚矣，逝去之后再去追悔则属徒劳无益。

吴妖小玉：传说吴王夫差的小女儿名叫紫玉，爱恋着韩重，想嫁给韩重却没有实现，气绝而死。死后韩重前往吊丧，紫玉现出人形，韩重想抱住她，结果小玉化作烟雾不见了。越艳西施：越国美女西施为天下绝色，一举一动都惹动人心，曾留下东施效颦的故事。当时越王勾践战败，范蠡将西施献给吴王夫差，乱其心志，吴王疏于朝政，后来被越国打败。

杨柳沾啼痕　三叠唱离恨

【原文】 **几条杨柳，沾来多少啼痕；三叠阳关，唱彻古今离恨。**

【译文】 送别折下的几条柳枝，沾染了多少离人的泪水；阳关三叠的乐曲，唱尽了古今分离时的情怀。

【点评】 自古离别最是销魂，生离死别中饱含了多少哀怨。杨柳，自古以来是赠别之物，离别时折柳为赠，致以送别之情，《诗经》中有"昔我往矣，杨柳依依；今我来矣，雨雪霏霏"。刘禹锡有《竹枝词》："杨柳青青江水平，闻郎江上踏歌声。东边日出西边雨，道是无晴却有晴。"

《阳关三叠》是乐曲名，阳关是古地名，在今甘肃西南，是古代出关的必经之地。唐代王维作《渭城曲》，后人为之谱乐，作为送别之曲，至阳关句，反复咏唱，称为阳关三叠。

三千弱水　十二巫山

【原文】 **花柳深藏淑女居，何殊三千弱水；雨云不入襄王梦，空忆十二巫山。**

【译文】 美丽贤淑的女子深居在花丛柳荫处，与蓬莱之外三千里的弱水一样难以渡

过、抵达；布云行雨的神女，不入襄王的梦里，空想巫山十二峰又有什么用。

【点评】 落花虽有意，流水本无心。美丽的女子居住在令人羡慕的花柳丛中，就像那蓬莱远隔三千里，可望而不可即。巫山神女十二峰令人心生幻想，可是神女不入梦中又有什么办法呢？

三千弱水，传说古代蓬莱在海中，难以到达，有仙女泛海而来，一道士说："蓬莱弱水三千里，非飞仙女不可到。"雨云，指巫山云雨的典故。楚国宋玉作《高唐赋》，叙述了楚怀王于高唐梦见巫山神女自愿献身的故事，神女离去时赠言曰："妾在巫山之阳，高丘之阻，旦为行云，暮为行雨，朝朝暮暮，阳台之下。"据《神女赋·序》载，楚襄王游云梦，其夜梦与神女相遇，其情状甚为壮丽。

豆蔻不消心上恨　丁香空结雨中愁

【原文】 **豆蔻不消心上恨，丁香空结雨中愁。**

【译文】 豆蔻年华的少女心中的幽恨难消，只为那丁香花在雨中忧愁地开着。

【点评】 豆蔻，植物名，可人花，花生长在叶间，常用来比喻妙龄少女。丁香，植物名，一名鸡舌香，花淡红，可作香料。

豆蔻年华的少女，本应是天真纯洁的，不应有愁有恨，然而却对空结在雨中的丁香花生起气来，这该是多么纯真的情窦初开，若是情人有知，应该多么珍惜呵护啊！李伯玉诗云："青鸟不传云外信，丁香空结雨中愁。"丁香为结，已是令人惆怅，更何况是"娉娉袅袅十三余，豆蔻梢头二月初"的诗一般的大好年华。

填平湘岸都栽竹　截住巫山不放云

【原文】 **填平湘岸都栽竹，截住巫山不放云。**

【译文】 把湘水的两岸都填平种满斑竹，把巫山的浮云截住不让飘走。

【点评】 这是对情真意切的留恋和歌颂。竹，指湘妃竹，借指忠贞的爱情。相传上古时舜娶了尧的两个女儿娥皇、女英为妻，舜南巡到苍梧死后，娥皇、女英痛哭而死，死后化作湘水之神，她们的眼泪就成了湘竹上的斑点，故湘竹又称斑竹。白居易有诗"杜鹃声似哭，湘竹斑如血"。

巫山之云，意指男女相恋。楚国宋玉作《高唐赋》，叙述了楚怀王于高唐梦见巫山神女自愿献身的故事，神女离去时赠言曰："妾在巫山之阳，高丘之阻，旦为行云，暮为行雨，朝朝暮暮，阳台之下。"

大胆的想象，痴情的想象，填平湘水，截住巫山，都是为了表达心中的幽幽恋情，但最终湘水难填，巫山云雨难留，只是心有千千结罢了。

惆怅旧欢如梦　觉来无处追寻

【原文】 **黄叶无风自落，秋云不雨长阴。天若有情天亦老，摇摇幽恨难禁。惆怅旧欢如梦，觉来无处追寻。**

【译文】 黄叶在无风时也会自然飘落，秋日虽不下雨却总弥漫着阴云。如果天有情，那么因情愁天也会衰老，飘摇在心中的怨恨真是难以承受啊！寂寞哀怨回想旧日的欢乐，仿佛在梦中一般，醒来后却无处追寻往日的欢乐。

【点评】 为情所苦，所以愁怨难解，秋风吹来，黄叶凋零，更添几分愁情。天本无情，所以天不会老，人为情愁，哪能不愁肠寸断？旧时的欢欣已如梦不在，梦醒时分追寻不到梦中的情景，内心更是无比地惆怅伤感。加上窗外的秋风送来阵阵凉意，飘落的黄叶陡增肃杀之气，而今已知原来的无限哀愁是为情困苦，徒伤心神。

宋人范仲淹有词可表达这种意境，词云："纷纷坠叶飘香砌，夜寂静，寒声碎。珠帘卷玉楼空，天淡银河垂地"，"愁肠已断无由醉。酒未到，先成泪，残灯明灭枕头欹，谙尽孤眠滋味"。

那忍重看娃鬟绿　终期一遇客衫黄

【原文】 **那忍重看娃鬟绿，终期一遇客衫黄。**

【译文】 怎么忍心在镜前反复地赏玩这美丽的容颜和秀美的乌发，只希望能遇到一位黄衫壮士。

【点评】 娃鬟绿，指美丽女子的秀美头发。娃，是吴地对美女的称谓。

衫黄，黄色的衣衫。唐代传奇《霍小玉传》中记载霍小玉痴情于李十郎，可是李十郎却是一负心汉。后来有黄衫壮士强抱李十郎至霍小玉的寓所，使小玉见上了负心人一面，小玉对李十郎说："我为女子，薄命如斯！君是丈夫，负心若此！韶颜稚齿，饮恨而终。""我死之后，必为厉鬼，使君妻妾，终日不安！"

古语有云："痴情女子负心汉。"女子痴情，终归薄命，所以总是盼望着能得到解脱，可是在女子地位低下的古代，即使有黄衫客能帮得了霍小玉，又有谁能救得了那么多的薄命女呢？

蝶憩香风　尚多芳梦

【原文】 **蝶憩香风，尚多芳梦；鸟沾红雨，不任娇啼。**

【译文】 蝴蝶沐浴在春暖日和的气息中，会有芬芳美好的梦境；当落花无情地飘洒在鸟的羽毛上时，娇愁哀婉的鸣叫声就凄惨无比了。

【点评】 青春无限美好，在春光无限中享受着青春年少的芬芳之梦，充满对爱情的无限渴求，在融融暖意中享受造物主营造的柔情蜜意，是多么令人流连忘返啊！可是狂风疾雨不识这如梦的情趣，疯狂摧残盛放的花枝，致使落英缤纷，杜鹃为此泣血，其娇愁的啼声让人不忍心听下去。君不见林黛玉《葬花词》是何等的凄凉："尔今死去侬收葬，未卜侬身何日丧？侬今葬花人笑痴，他年葬侬知是谁？试看春残花渐落，便是红颜老死时。"

弄柳拈花　尽是销魂

【原文】 **弄绿绮之琴，焉得文君之听；濡彩毫之笔，难描京兆之眉；瞻云望月，无非凄怆之声；弄柳拈花，尽是销魂之处。**

【译文】 拨弄着名为绿绮的琴，怎样才能招引文君这样的女子来听；蘸湿了画眉的彩笔，难以描画像张敞所绘的眉线；举首遥望天山的云彩朗月，听到的无非是凄凉悲怆的声音；攀花摘柳，都是在让人丧魂落魄的地方。

【点评】 这是对爱情难求的感叹。

绿绮是司马相如的琴名。司马相如，字长卿，西汉辞赋家，他做了很多赋，至今尚有《子虚》《上林》等名篇传世。其为文首尾温丽，但构思淹迟。控引天地，错综古今，忽然而起兴，几百日而后成。司马相如与临邛令王吉善到富人卓王孙家做客，当时卓王孙的女儿卓文君新寡在家，司马相如弹奏了一曲《凤求凰》招引文君，当天夜里，卓文君就和司马相如私奔而去，因为卓王孙不同意他们的婚事，司马相如夫妇俩就以卖酒谋生。

京兆之眉，汉代张敞任京兆尹，夫妻之间很恩爱，他曾在家中亲自为妻子画眉，可见张敞的情意。

无端饮却相思水 不信相思想煞人

【原文】 **无端饮却相思水，不信相思想煞人。**

【译文】 无缘无故地饮下了相思之水，不相信相思真会教人思念至死。

【点评】 千里姻缘一线牵，缘本是天定，有缘无情，有情无缘，都很痛苦。

很多事是无法说清楚的，也许在无缘无故中，会心系某人，无缘无故认识他，无缘无故牵挂他，心中引起无尽的相思，却又无法摆脱，心不信缘，却落在缘中不能自拔。

缘而未了，想煞其人，真是“为伊消得人憔悴”，“衣带渐宽终不悔”。当初有缘饮相思水，陶醉其中一时，未知才饮一滴，便要纠缠一生，无端饮之，既无道理可言，也无结局可言，岂不令人愁肠寸断，哀怨无限。

恩爱吾之仇 富贵身之累

【原文】 **恩爱吾之仇也，富贵身之累也。**

【译文】 恩情爱意是我的仇敌；富贵荣华是身心的拖累。

【点评】 负心汉薄情女演绎了多少人间悲剧，多情郎痴心女的绵绵愁思令人洒下一掬同情泪。人们渴望恩爱甜蜜的感情，然而世间的恩爱情意在哪里呢？不是被物欲的苦海所淹没，就是被世俗的杂念所冲淡，想追求真正的恩情爱意却得不到，反被爱欲的苦果所牵挂，不如看破恩爱的本性，抛弃爱恨情仇的牵累，去寻求心灵中一方清静无为的世界，获得心灵的自由。

荣华富贵是很多人倾慕的，但追求荣华富贵的过程是劳作、艰辛，或许还昧着良知，或许还出卖灵魂；而想永葆荣华富贵更是难上加难，君且看往日声势显赫的大家族今都何在。荣华富贵是身外之物，抛弃它，梦稳心安，一生还何求。

千古空闺之感 顿令薄幸惊魂

【原文】 **幽情化而石立，怨风结而冢青；千古空闺之感，顿令薄幸惊魂。**

【译文】 一腔深情化为伫立的望夫石，一缕哀怨的幽情凝成坟上草；千古以来独守空闺的寂寞情怀，顿时令负心的男子心惊魂动。

【点评】 石立，指痴情的女子盼望夫君归来，整天在路口遥望，最后化为石头的故事。冢青，指昭君坟。汉代时湖北秭归人王昭君被选入宫中，由于她自恃美貌过人，不愿向宫中画师韩延寿送礼，因此使皇帝不得见，后来选送昭君塞外和亲，元帝见到昭君后才觉后悔，因此将韩延寿杀掉了。据说昭君死后，早晚都有愁云怨雾覆盖在坟上。

对夫君一往情深，遥望夫归，最终变成了石头而立；怨恨皇帝不识佳颜而远嫁，死后

坟上长满青草。痴情的女子为了心上人,倾尽心血,古来这样的故事感人至深,怎么不令薄情的男子羞愧难当,真正是痴情女子负心汉。

陌上繁华　闺中寂寞

【原文】 **陌上繁华,两岸春风轻柳絮,闺中寂寞,一窗夜雨瘦梨花。芳草归迟,青驹别易,多情成恋,薄命何嗟。要亦人各有心,非关女德善怨。**

【译文】 路旁盛开鲜花,河流两岸的春风吹起柳絮,深闺中的寂寞,宛如一夜风雨后的梨花,使人迅速消瘦。骑着马儿分别是很容易的事,望断芳草路途不归人,多情而依依不舍,嗟叹命苦又有何用。只是因为人的心中怀有情意,并不是女人天生就善于怨恨阿!

【点评】 离愁别绪千古哀怨,其寂寞之情非但令闺中女子难耐,须眉男子同样有着儿女情怀。

请看南宋诗人陆游描写他与前妻唐琬之间难圆爱情梦的词《钗头凤》,正表现情之难抑的痛苦:"红酥手,黄縢酒,满城春色宫墙柳。东风恶,欢情薄,一怀愁绪,几年离索。错!错!错!春如旧,人空瘦,泪痕红　鲛绡透。桃花落,闲池阁,山盟虽在,锦书难托。莫!莫!莫!"

芳草萋萋,美景虽依旧,但情人已去,心已追随,人已消瘦,愿远行的男儿能早早回归。

梦里不能张主　泉下安得分明

【原文】 **眉睫线交,梦里便不能张主;眼光落地,泉下又安得分明。**

【译文】 当人闭上双眼,进入梦乡时,就不能清醒地思考;眼光落到地下,于是想到在九泉之下怎么又能够彻悟呢?

【点评】 白日里,人们为名利而奔波忙碌,或争强斗胜,或玩弄手腕,千方百计去实现自己的诸多主张,可是一到夜间,两眼闭上,进入梦乡,头脑再也不能思考,各种意念至多带入梦中去幻想,梦中的人忘记了清醒时的事,身不由己,也许自己的亲人在梦中也素不相识,白日的故事在梦中大相径庭。到底梦中是真实的我,还是清醒时是真实的我,难以说得明白。

梦中既然都难以控制自己的主张,死亡时,哪里又放得下心中的迷幻呢?所以佛家劝人一了百了,这样在面对死亡时就可以彻底释怀了。

先达后近　交友道也

【原文】 **先淡后浓,先疏后亲,先达后近,交友道也。**

【译文】 先淡薄而后浓厚,先疏远而后亲近,先接触而后相知,这是交朋友的方法。

【点评】 人都渴望感情的交流,渴望有亲密的朋友,可是交朋友不是一件容易的事,选择得当,则可受益匪浅,交友不得当,则祸害非轻,所以要掌握交友的正确方法。一般是先有初步的了解,对合乎心意的朋友再进一步接触,在接触中加深感情,心灵和志趣逐渐接近,最后走到一起而相知。如果刚开始交往,只看表面的现象,不做深入的了解,短时间内打得火热,随即就会降温,那么不互相抱怨才是怪事。

所以"先择而后交"就会交到好朋友,"先交而后择"只能是形成更多的仇隙。

缩不尽相思地　补不完离恨天

【原文】 **费长房缩不尽相思地，女娲氏补不完离恨天。**

【译文】 即使有传说中费长房那样的缩地法术，也不能将相思的距离拉近；即使有女娲氏补天之术，也补不了离别的情天。

【点评】 《神仙传》中说，费长房向壶公学习道术，壶公问他想学什么，费长房说，要把全世界都看遍，壶公就给了他一根缩地鞭。费长房有了这根缩地鞭，想到哪里，就可用缩地鞭缩到眼前。女娲是传说中上古时代的人物，据说当时天上缺了一块，女娲于是炼出五色石将缺口补好。

相思最苦，即使有缩地鞭，也不能将相思的两人距离缩短。离恨最愁，即使有女娲的五色石，也难将离恨天补圆。所以情天恨海只能由相思的人儿去细细品味了。

呻吟语

【导语】

《呻吟语》是明代思想家吕坤的呕心沥血之作，是一部探讨人生哲理的语录体名篇，也是他留给后人的济世良方、处世宝典，历经30年方才完成，成书于万历二十一年(公元1593年)。

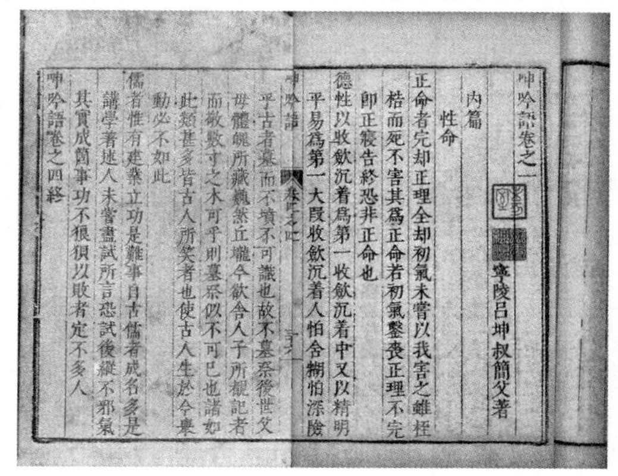

呻吟語卷之一
寧陵呂坤叔簡父著
内篇
性命
正命者完却正理全却初氣未嘗以我害之雖桎
梏而死不害其爲正命若初氣鑿喪正理不完
卽正寢告終恐非正命也
德性以收斂沉着爲第一收斂沉着中又以精明
平易爲第一大段收斂沉着人怕含糊怕深險

乎古者棄而不牘不可識也故不墓祭後世父
母體魄所藏纍然丘壠令欲含人子所報記者
而徼數寸之木可乎則墓祭似不可已也諸如
此類甚多皆古人所笑者也使古人生於今事
動必不如此
儒者惟有建業立功是難事自古儒者成名多是
講學著述人未嘗盡試所言恐試後縱不邪氣
其實成箇事功不狼狽以敗者定不多人
呻吟語卷之四終

《呻吟语》书影

吕坤在序文中对书名有过这样的解释：“呻吟，病声也。呻吟语，病时疾痛语也。”他记述下这些“病时疾痛语”的目的，绝不是自哀自怜，而是为了让人们记住病时的痛苦，寻找出治病的良药——当然，文中所指的“病”实际是国民的病、社会的病、国家的病、统治者的病。可以说，《呻吟语》是作者针对病入膏肓的明王朝发出的苦闷悲愤之言，忧国忧民之情溢于言表。同时，吕坤在其中还记录了许多宝贵而有益的经验之谈，例如怎样修养，怎样处世，怎样为官，怎样养生，怎样对待圣贤，怎样看待世界，等等，显示出非凡的智慧。

《呻吟语》全书共六卷，前三卷为内篇，后三卷为外篇，作者以儒家思想为基础，包容吸纳了道家、法家、墨家等思想精华，与其对世间人情冷暖的独特感受结合起来，从性命、存心、伦理、谈道、修身、问学、应务、养生、天地、世运、圣贤、品藻、治道、人情、物理、广喻、辞章等十七个方面，阐述了吕坤对人生与世情的观察、思考、体会、认识和求索，充满了哲理的睿智和对真理的不懈追求，形成了对人生、国家以及天地宇宙的独到见解和感悟。此次整理对每条都加上了概括全条内容的醒目标题，同时对每条原文进行翻译、点评和经典事例评析，并配以著名画家绘制的精美插图，使读者在闲适的阅读中感悟人生的真谛。书中收入的文章没有长篇宏论，大多言简意赅、意味深长的语录，即使是大力倡导和宣传社会主义荣辱观的今天看来，《呻吟语》也不失为一部启迪心扉、品味人生、规范道德、指导实践的好书。

第一篇　性命篇

只是一理　更无他说

【原文】　或问：“人将死而见鬼神，真耶？”曰：“人寤则为真见，梦则为妄见。魂游而不附体，故随所之而见物，此外妄也；神与心离合而不安定，故随所交而成景，此内妄也。故至人无梦，愚人无梦，无妄念也。人之将死，如梦然，魂飞扬而乱于目，气浮散而邪客于心，故所见皆妄，非真有也。或有将死而见人拘系者，尤妄也。异端之语入人骨髓，将死而惧，故常若有见。若死必有召之者，则牛羊蚊蚁之死，果亦有召之者耶？大抵草木之生枯，土石之凝散，人与众动之死生、始终、有无，只是一理，更无他说。万一有之，亦怪异也。”

【译文】 有人问："人将要死去时可见到鬼神，这是真的吗？"答道："人醒时所见是真的，做梦时见到的是虚假的。灵魂游离于身体之外，因此，它走到哪里就会看见东西，这是一种外在的虚妄；精神与内心分分合合而无法安心，所以，随着他所接触的事物形成景象，这是一种内在的虚妄。因此，德行高尚纯洁的人没有梦，愚笨的人没有梦，在于他们没有荒诞的想法。人将死去，就好像做梦一样，魂魄飞扬，眼见之物混乱不堪，精气飘浮涣散，心中充满邪气，因此所见都是荒诞之景，不是现实中真正存在的。有时候有的人将要死去却见有人来绑缚自己，这就更荒诞了。异端邪说进入到人的身心，即将死去时感到害怕，因此常常好像看见了一样。如果死后一定会有来召唤的鬼神，那么牛羊、蚊子、蚂蚁的死，就也有鬼神来召唤它们吗？总的来说，草木枯荣，土石聚散，人和各种动物的生死、始终、有无，都是一个道理，再没别的理论了。即使有，也是怪异之说。"

【点评】 鬼怪邪祟皆由心造，心无杂念，则鬼怪自灭。

真机真味　妙不可言

【原文】 真机、真味要含蓄，休点破，其妙无穷，不可言喻，所以圣人无言。一犯口颊，穷年说不尽，又离披浇漓，无一些咀嚼处矣。

【译文】 人生的机巧和味道要含蓄体会，不要说破，其中妙趣无穷，不能用语言文字来表达，所以圣贤之士没有对此有所说道。万一说出，就会一年也说不完，而且是支离破碎，不能深入浑厚，没有可细细品味之处，寡淡无味。

【点评】 《老子》说："大音希声，大象无形。"人生玄机不可道破，自己能体会到就够了。佛祖说："如饮杯水，冷暖自知。"正是此理。所以不要做一些徒劳的辩解，能感知到就适可而止。

性分不可亏　情欲不可余

【原文】 性分不可使亏欠，故其取数也常多，曰穷理，曰尽性，曰达天，曰入神，曰致广大、极高明。情欲不可使赢馀，故其取数也常少，曰谨言，曰慎行，曰约己，曰清心，曰节饮食、寡嗜欲。

【译文】 人的本性是不可以亏损欠缺的，因此其可取法之处也常常比较多，如有穷极物理，有尽心尽性，有通达天意，有定神静心，有达到广远宏大之境，有高洁聪慧。人的情绪欲念是不可以过剩的，所以其可效法之处也很多，如要谨慎言词，要小心行为，要约束自己，要清心，要节制饮食，要减少欲望和嗜好。

【点评】 人的天性应该是与大自然相通的，而肉体之欲往往成为堵塞这一通道的东西。其实，一个人生活在这个世界上，如果只着眼于自我情与欲的满足上，那么他就总是被外物所累，即使得到了一时的满足，也并不会快乐多久，因为奢望越多往往越难以达到。所以，人应该适当节制情欲以免其泛滥，并保持天性本分。

六合有情　圣人不与

【原文】 六合原是个情世界，故万物以之相苦乐，而圣人不与焉。

【译文】 天地自然原本是个有感情的世界，所以万物因它而愁苦和快乐，但圣人并不因外物而苦乐。

【点评】 世界上的万事万物都因为被情所困扰，所以才会产生痛苦与欢乐，因此才会使整个人生充满了喜怒哀乐。凡人总是为情所缚，所以永远不可能抛开困扰自己的情与物，凡事看得太认真，拿起了却放不下，所以永远超脱不了。而圣人却能“不以物喜，不以己悲”，没有大喜大悲，能抛开一切外物的困扰，心游于万物之外，得到身心真正的解脱，从而能驰心骋性，自由自在。

有所钟者　必有所似

【原文】 凡人光明博大、浑厚含蓄是天地之气，温煦和平是阳春之气，宽纵任物是长夏之气，严凝敛约、喜刑好杀是秋之气，沉藏固啬是冬之气，暴怒是震雷之气，狂肆是疾风之气，昏惑是霾雾之气，隐恨流连是积阴之气，从容温润是和风甘雨之气，聪明洞达是青天朗月之气。有所钟者，必有所似。

【译文】 有的人禀性光明博大，有的人浑厚含蓄，这都是苍天大地的气象；温煦和平的禀性是阳春的气象；宽容纵性任意是长夏旺盛的气象；严肃凝重、收敛简约、喜欢刑罚、爱好杀戮这都是秋天肃杀的气象；沉默冷静、固执吝啬这都是冬天的气象；暴怒是雷霆震荡的气象；狂放肆意是疾风的气象；昏庸糊涂是阴晦迷雾的气象；隐仇埋恨、流连难忘是阴气堆积的气象；从容不迫、温和细润是和风细雨的气象；聪明明智、悟性通达是青天朗月的气象。禀性有所倾向，就必定能找到与之相似的气象。

【点评】 天人应该是合一的。人有各种各样的禀性，天地自然也有各种各样的气象，人与自然相互对应，个性各异恰如气象万千。如何达到物斡合一？应该顺其自然，并随物赋形，在生活中做到既保持有个性中之优点，又能与客观规律相契合，这样才能上下畅通。

固有一死　死得其所

【原文】 兰以火而香，亦以火而灭；膏以火而明，亦以火而竭；炮以火而声，亦以火而泄。阴者，所以存也；阳者，所以亡也。岂独声色、气味然哉？世知郁者之为足，是谓万年之烛。

【译文】 兰草被点燃才有香味，也因火而使它消亡；膏油点燃才放出光明，也因有火而耗尽；鞭炮因有火而发出响声，也因有火而使之流泄。所以，阴暗正是它们赖以存在之因；光明之阳则是导致它们消亡的原因。难道只有声色、气味如此吗？世间知道沉郁而不发便是满足的人，才可谓是万年不灭的蜡烛啊！

【点评】 世间有两种截然相反的性格，即阳刚与阴柔，它们各有其美。阳刚之美在于力量与气势，阴柔之美在于沉潜与婉约。但试观古今，阳气太重往往触而即发，导致伤身害命或功败垂成。因此，学得遇事不愠不火，沉默静观其变，往往能抓住时机一举成功或顺利渡过难关，反而成就一番功业。不过阴、阳这两种不同的个性、气质各有短长，难分优劣。

火性发扬　水性流动

【原文】 火性发扬，水性流动，木性条畅，金性坚刚，土性重厚。其生物也亦然。

【译文】 火的本性焕发昂扬，水的本性流动不拘，木的本性条理畅通，金的本性坚强刚硬，土的本性凝重浑厚。这五行所生万物也是这样。

【点评】 中国人认为金、木、水、火、土这五行是构成宇宙万物的五种自然元素。五行存在于生命之体内，只有它们相互平衡和谐，生命才能健康平和，圆融通达。每个人性格中都有火的发扬、水的流动、木的流畅、金的坚刚与土的重厚等特点，只有这些性格特点相谐相生，才能使人生理与心理得以健康发展。

一则见性　两则生情

【原文】 **一则见性，两则生情。人未有偶而能静者，物未有偶而无声者。**

【译文】 独处时可以看出真正的本性，有相伴的了就会生出感情。只要是人没有能有了相伴之人而能安静下来的，万事万物有了相伴的就不可能安静无声。

【点评】 这句话暗含着很深的哲理意义。独自一人时，心神安静，自然本性分明，而有了另外一个人，不论他是友是敌，都会生出情感。人因有情才有烦恼喜乐的感受，更不可能平心静气地去思考和行为，本性自不可见了。

火无体质　其用不穷

【原文】 **声无形色，寄之于器；火无体质，寄之于薪；色无着落，寄之草木。故五行惟火无体而用不穷。**

【译文】 声音没有形状和色彩，所以寄托在物体上；火没有形体品质，所以寄托在柴薪上；颜色没有落足之地，所以寄托在草、树上。所以，五行中只有火没有形体却作用很大。

【点评】 生活中很多时候我们会发现，在我们看来很虚幻的东西却能在不同的场合发生巨大的作用。例如古圣先贤们的言论，虽然不能作为实际器物加以运用，但却往往给我们很大的启迪，在关键的时刻指导我们，使我们常常事半功倍。

念头气血　同为消长

【原文】 **人之念头与气血同为消长。四十以前是个进心，识见未定而敢于有为；四十以后是个定心，识见既定而事有酌量；六十以后是个退心，见识虽真而精力不振。未必人人皆此，而此其大凡也。古者四十仕，六十、七十致仕，盖审之矣。人亦有少年退缩不任事，厌厌若泉下人者；亦有衰年狂躁妄动喜事者，皆非常理。若乃以见事风生之少年为任事，以念头灰冷之衰夫为老成，则误矣。邓禹沉毅，马援矍铄，古诚有之，岂多得哉！**

【译文】 人的思想念头与气血同生同灭。四十岁以前有上进心，知识见解不确定还敢于有所作为；四十岁以后心意安定，知识见解已经稳定，处事酌情衡量；六十岁以后有退隐之心，知识见解即使真确切但精力不足。不一定人人都如此，但大多数人都是这样的。古时候的人，四十岁做官，六十、七十事业到达极致而思退隐，大概是因为认真思考了这个道理。也有年纪很轻的人退缩不前，无所作为，死气沉沉没有生气；也有老年痴狂暴躁、随意妄为的人，这都不是常理。如果把那些遇事意气风发的浮躁的年轻人当作可以担当重任的人，把那些已心灰意冷的衰退的人当作老成持重的话，就是错误的了。邓禹少年沉着坚毅，马援老来还精神焕发，古代的确有这样的人，但多么的不可多得啊！

【点评】 一般人在年少力壮时精力充沛，正是该有所作为的时期，所以应多学习，努力工作，争取干一番事业，待到年老力衰的时候则功成名就，于是退居二线，含饴弄孙，晚

年怡然自得,这又是另一番境界。

君子心泰 小人心劳

【原文】 命本在天。君子之命在我,小人之命亦在我。君子以义处命,不以其道得之不处,命不足道也;小人以欲犯命,不可得而必欲得之,命不肯受也。但君子谓命在我,得天命之本然;小人谓命在我,幸气数之或然。是以君子之心常泰,小人之心常劳。

【译文】 人的命由天掌握。但君子的命运由自己掌握,小人的命运也在自己手中。君子用道义对待命运,不用道义得来的命运就不接受,把命看得微不足道;小人用欲望侵扰命运,得不到却一定要得到它,不肯接受命运。但君子说命运在我掌握,这是得到了上天命运的本真;小人说命运由自己掌握,是侥幸气数的偶然。因此,君子之心常常平和稳定、悠闲自在,而小人之心常常劳碌不安。

【点评】 无论君子与小人,命运都是由自己掌握的。听天由命只是因循怠惰的表现而已。不过,君子与小人毕竟不同,因为君子取之有道,做事符合道义,合乎人情,最重要的是可以让自己处事泰然自若,不违背自己的本心。而小人则往往见机行事,时时处处瞄准时机,为了功名利禄,有时甚至不择手段,整日工于心计,自然为人处事权衡利弊,私心太重导致劳累困乏,即使富贵显达,难道就真的很快乐吗?

第二篇 存心篇

心要如天平 物忙衡不忙

【原文】 心要如天平,称物时物忙而衡不忙,物去时即悬空在此。只恁静虚中,正何等自在!

【译文】 一个人的心要像天平一样,称量物体时,物体上下动荡而衡杆不会随之摇摆不定,物体去掉时就空悬在这里。在那样的清静虚空中,真不知有多么自由自在!

【点评】 人心要能安定平衡,才能获得真正的自由。处于一个物欲横流的世界中,就应该能把心沉潜下来,面对纷纷攘攘的人与事,我能不为所动,清静独处时也不受诱惑,安心静气,才能活得潇洒自在。

心放不放 须论邪正

【原文】 心放不放,要在邪正上说。且如高卧山林,游心廊庙;身处衰世,梦想唐虞;游子思亲,贞妇怀夫,这是个放心否?若不论邪正,只较出入,却是禅定之学。

【译文】 人心放汲放纵,是就邪道正道上来说的。比如无忧无虑地栖息山林水泽,而心却常常游回到朝廷之上;身处衰败没落的朝代,却梦想着唐尧虞舜的盛世之况;在外流浪的人思念亲人,贞洁之妇怀念自己的丈夫,这些是放纵心灵了吗?如果不论邪道正道,只计较心灵是否出来进入,这却是佛家的禅定的学问了。

【点评】 儒家所谓的放心,并不是不让你心中无牵无挂,而是不让你的心灵放纵在那些不合道义的歪门邪道上,只要心系正道,那就不是放心,而禅所谓的定心,是指心中

无他事挂牵，一切都是烦恼之源，无论邪与正都是烦恼的，修禅的最高境界是抛除一切私心杂念，静心悟禅。但从另一个角度看，如果身居山林而心系朝廷算是光明正道，那么古来许多沽名钓誉者不是有了一个堂堂正正的说法了吗？看来，儒家关于放心之说的确也产生了一些负面作用。这正是老庄所说的"圣人不死，大盗不止。"

君子之心　时时敬畏

【原文】　**防欲如挽逆水之舟，才歇力便下流；力善如缘无枝之树，才住脚便下坠。是以君子之心无时而不敬畏也。**

【译文】　防止欲望就如同拉住逆水而行的船，才休息一下便往下流去；努力行善就好像攀缘没有枝的树，才停住脚就往下掉，所以君子无时无刻不心存敬畏。

【点评】　人人都有各种各样的欲望，锦衣玉食、香车美女。社会越发达，物质条件越优裕，欲望越泛滥。要想遏止它的确是很难的，必须再接再厉。行善恰如防欲，一刻都不能懈怠。一个人要想成就高尚的品质，必须从这两个方面入手。

修屋漏工夫　做宇宙事业

【原文】　**无屋漏工夫，做不得宇宙事业。**

【译文】　没有独处时能"慎独"的功夫，是做不得天下大事的。

【点评】　独处的时候最能够体现出一个人的本性。一个人要想成就一番大事业，必须首先学会做人，从小处着眼，从小事做起，不能好高骛远、夜郎自大。

一念收敛　万善来同

【原文】　**一念收敛，万善来同；一念放恣，则百邪乘衅。**

【译文】　一个念头收束了，则万种美好之物都来认同；一个念头有所放纵，则数百种邪祟乘机挑起事端。

【点评】　有的时候，人往往会因一念之差而误入歧途无法自拔，正所谓："一失足成千古恨。"心中所见为"万善"还是"百邪"，关键在于你的意志是否坚定。意志坚定的人总是心系一念，百毒难侵。能做到这一点才能有所成就。

杀身之者　自家私心

【原文】　**杀身者不是刀剑，不是寇仇，乃是自家心杀了自爱。**

【译文】　杀害自己身体的不是刀剑，不是仇敌，而是自己的心杀了自己。

【点评】　这句话很有道理。刀剑是伤害我们的肉体的器具，如果不被杀害自己的敌对者所使用，它是不会自己举起的；而自己何以会有仇敌呢？为什么敌对者对自己的仇恨到了非杀不可的地步？主要是因为自己私心、私欲太多，要想得到满足，就必然或多或少地危害到别人的利益，招来怨恨，甚至导致杀身之祸。所以，做人不能太自私、太重功名、太自负，而应该淡泊、谦恭、宽容，这样才能一生平安快乐。

得罪于理　没处存身

【原文】　**得罪于法，尚可逃避；得罪于理，更没处存身。只我的心便放不过我，是故**

君子畏理甚于畏法。

【译文】 违背法律法规还是可以逃脱的;违背了道理,就没有容身之地了。单只自己的心就无法宽恕自己,因此君子害怕道理更甚于害怕法律法规。

【点评】 天理良心实际上是无形之法。也许对于那些丧尽天良的人来说,根本不存在什么道理,因为他们没有道德观念。做了恶事,并不感到心理上过不去,所以对他们须采取法制的手段强制他们约束自己的行为。而道德修养好、品质高尚的人,往往从道理的角度来衡量自己的言行,做错一件事,就会心中煎熬不止,仿佛受到良心的监视,于是就能做到自觉自律。所以要想达到治世,须加强道德素质教育。

心中无物　此心贵虚

【原文】 目中有花,则视万物皆妄见也;耳中有声,则听万物皆妄闻也;心中有物,则处万物皆妄意也。是故此心责虚。

【译文】 眼花了,看一切东西都是虚妄;耳中鸣响不断,则听一切事物都不真实;心中已经被一件事所占据,则对待万事万物就失去了正确的意识和判断。因此,心灵贵在能虚静,不能先入为主。

【点评】 人的意识判断是对客观外物的一种反映。我们看一件事物是美还是丑,好还是坏,并非这个事物本身具有什么明显的性质,而只是从人的耳目心灵的角度来评判的。所以,如果你心中有成见,则看人生世界就没有正确的态度,其结果必然出现谬误。因此,心灵要虚无,才能接受更多的真理,正确地把握世界,认识自我。

静之一字　一离便乱

【原文】 静之一字,十二时离不了,一刻才离便乱了。门尽日开阖枢常静,妍蚩尽日往来镜常静,人尽日应酬心常静。惟静也故能张主得动,若逐动而去,应事定不分晓。便是睡时此念不静,作个梦儿也胡乱。

【译文】 静这个字,一天十二时辰都离不开,刚离开一会儿就麻烦了。把门扇整天开开关关,那个合页常常不发出声音,美丽与丑陋的人在镜前整日地走来走去,但镜子永远是很安静的;有人虽然整天应酬但心常安静。只有静才能掌握了动,如果追逐动去了,处事必定心中没有数。即便在睡觉的时候,如果心意不静,则做梦也乱七八糟的。

【点评】 圣贤之士修身养性在乎一个静字,但这并不是说单独一人在静处,周围没有声音,而是指心静。无论在清静之地还是热闹场合,只要你能平心静气,心有所属,不随波逐流,那么就不会胡思乱想,左顾右盼,就能待人处事一心一意,则万物都在我的掌握之中。

意念沉潜　志气奋发

【原文】 把意念沉潜得下,何理不可得?把志气奋发得起,何事不可做?今之学者,将个浮躁心观理,将个萎靡心临事,只模糊过了一生。

【译文】 如果能把心意沉潜下来,什么道理弄不明白?如果能志气奋发高扬,什么事做不到?现在的学者,用一颗浮躁之心来观察事理,用一颗萎靡不振的心去做事,只是糊涂度过了一生的光阴。

【点评】 许多人在年轻的时候有许多理想和抱负，志向高远，但由于心浮气躁，最终不能成事。在现今这个经济、科技不断发展的社会中，要想有所成就，必须要能静下心来去做一件事，踏踏实实，精神振作，不能萎靡不振，也不能急功近利，这样也才能真正弄懂事物之理。

含蓄以养深　浑厚以养大

【原文】 自家好处掩藏几分，这是含蓄，以培养深厚的气质；别人不好处要掩藏几分，这是浑厚以养大。

【译文】 自己的优点应掩藏几分，这是含蓄休养深；别人的缺点要替他遮掩几分，这是浑厚深沉，有宽宏大量的气度。

【点评】 《老子》说："持盈之道，损之又损。"对待自己的优长应该损几分，这样才不至于过分骄矜。过分表现自己的优长容易招致嫉妒。而对于别人的缺点则要尽量掩饰，不要到处宣扬，这不仅反映了一个人的品德修养，而且也表现出他大度的胸怀。俗话说："尺有所短，寸有所长。"每个人都有长处短处，我不仅要有信心看见自己的优点，同时也要看见自己的缺点，不要太自负；不仅要看见别人的缺点，还要看见别人的优点，这样才能处事平和。

胸中情景　我境观物

【原文】 胸中情景，要看得春不是繁华，夏不是发畅，秋不是寥落，冬不是枯槁，方为我境。

【译文】 自己心中的情形景象，就是要把眼前的春天看得不是繁花似锦，把眼前的夏天看得不是这样风发畅达，眼前的秋天不是寥落稀疏，眼前的冬天不是枯萎腐朽，这才是自己的境界。

【点评】 所谓"境由心造"，就是说情境是由人心创造出来的。外界环境的好坏往往取决于我们自己，如果你总认为它不好，那么，即使面前美景一片，你也总能找到暗淡之点，如果你心情舒畅，你眼中看到的一切都很灿烂。所以，我们应该以一颗平常心来对待万事万物，不要伤春悲秋，大喜大悲，而应该客观辩证地看待任何事物。要知道有生就有死，有荣就有枯，结果并不重要，重要的是过程。

去除我心　四通八达

【原文】 举世都是我心。去了这我心，便是四通八达，六合内无一些界限。要去我心，须要时时省察这念头是为天地万物，是为我。

【译文】 全世界都是我自己的心。除去这个我自己的心，就会四通八达了，天地和东西南北四方就没有任何界线隔阂了。要去掉自己的心思，就必须时刻反省审察，心中所想是为了天地万物，还是只为我自己。

【点评】 佛家说："三界唯心。"整个世界都是我们自己心灵的反映和表现。人们之所以不能让心灵自由自在地畅游，关键问题在于私心太重，只想着自己的生死富贵、名利得失，和天地自然处于对立的位置而不能和谐统一。其实，心怀天地万物，则何处不是我家园？

目不容一尘　齿不容一芥

【原文】　目不容一尘，齿不容一芥，非我固有也。如何灵台内许多荆榛，却自容得？

【译文】　眼里容不得一粒灰尘，牙齿上不留一片草芥，因为它们不是我本来就有的东西。为什么心灵中容得下那么多荆棘丛榛呢？

【点评】　对于我们每个人来说，外表、外物、外界都很重要，容不得玷污。但是，我们的心灵是否能够纯净无物呢？可惜，我们心灵中充塞着爱、欲、名、利、金钱、权势等等的东西，怎么可能清静无为，又怎么可能应物随心而灵明自在呢？

万事关心　守心最难

【原文】　心一松散，万事不可收拾；心一疏忽，万事不入耳目；心一执著，万事不得自然。

【译文】　用心一旦松散怠惰，什么事都整理不好；用心一旦粗略疏漏，什么事都无法进入自己的耳目；用心一旦固执己见，什么事都不能自然顺畅。

【点评】　我们一向强调做事要谨慎小心，要时时处处留意，不能粗疏，也不能太固执，这都是很有道理的。做一件事要采取一以贯之的态度，很多时候，一松懈或一不留心，就可能导致全盘皆输，或功败垂成，毁于一旦。还有的时候，我们做事不灵活，不虚心，刚愎自用，这些都是不可取的态度。

明人之迷　其觉也难

【原文】　迷人之迷，其觉也易；明人之迷，其觉也难。

【译文】　痴迷糊涂的人产生迷惑，要想觉悟也容易；聪明人产生迷惑，要想觉悟就难了。

【点评】　糊涂的人往往由于经验少所以容易产生迷惑，对许多事情不理解，但只要让他多接触一些，多一些经历，他当然很容易就觉悟了。聪明人就不一样，本来就智慧高，经验多，能使他们产生迷惑是不容易的，但一旦他们对某个问题搞不清楚了，他们就很难觉悟。为什么秦始皇要"焚书坑儒"？为什么许多帝王要实施愚民政策？就在于他们想更好地统治黎民百姓，而那些受过教育、有大智慧的人往往不容易转换思想。但在现今的社会中，飞速发展的经济、科技和文明解决了许多迷惑人的问题，尽管迷惑层出不穷，我们还是不能畏首畏尾，聪明人遇到了问题，应该学习糊涂人一窍不通的态度，虚心接受听取好的建议，千万不可故步自封。

殃咎之来　始于快心

【原文】　殃咎之来，未有不始于快心者。故君子得意而忧，逢喜而惧。

【译文】　祸患责难的到来，没有不从开心快乐的时候开始的。所以，君子在得意的时候就会感到忧虑，遇到喜事就会感到恐惧害怕。

【点评】　《老子》说："祸兮福之所倚，福兮祸之所伏。"任何事都是对立而又辩证统一的。幸福快乐的时候往往会忘记该再接再厉加以保持的道理，一时懈怠，就会被人乘虚而入，难免好事变成坏事，所以人在得意时更要有所忧虑。但失意时也不能过于悲观，

也许正因为处境不顺利了,才更加小心、勤奋,反而使事情发生转机。所以,人不仅要乐观自信,而且要有后顾之忧。

小人无忌惮　君子终身忧

【原文】　小人亦有坦荡荡处,无忌惮是已。君子亦有常戚戚处,终身之忧是已。

【译文】　小人也有坦荡之处,就在于他们对什么事都无所顾忌和害怕。君子也有常常忧虑的事,他们终身都为天下而忧患。

【点评】　小人何以坦荡荡?正因为他们不会考虑别人的感受。他们不论做什么事,往往只为自己着想,为达目的不择手段,满脑子功名利禄。而君子则除了不断加强自身的修养之外,往往为天下人着想,一心为公,自然整日忧虑。所以,私心与公心正是小人与君子的不同之处。

恶恶莫严　乐善欲亟

【原文】　恶恶太严,便是一恶;乐善甚亟,便是一善。

【译文】　厌恶丑恶之人之事过于严苛,就成为一种丑恶;急于乐善好施,则是一种善良品质。

【点评】　任何事情都不能做得太过分,物极必反。比如说细心是优点,但过于仔细就难免琐碎;热情待人能使他人心情舒畅,但过于热情就显得有些近于阿谀。疾恶如仇是应该的,因为人就应该有好恶之感,有好坏之分,有原则,但是疾恶态度过于激烈,对有过失的人或事一竿子打死,不给予任何改过的机会,这并不一定是一件好事。但行善却并非如此,积极行善的人一定会时时为他人着想,他的心灵一定很美好,他的所作所为影响着别人,使周围人也得到善的启发,这样,他行善结果事半功倍,这其实就是做了一件善事。所以,任何事情都是相对而言的。

见闻亦障　炼心当知

【原文】　投佳果于便溺,濯而献之,食乎?曰:不食。不见而食之,病乎?曰:不病。隔山而指骂之,闻乎?曰:不闻。对面而指骂之,怒乎?曰:怒。曰:此见闻障也。夫能使面而食,闻而不怒,虽入黑海、蹈白刃可也。此炼心者之所当知也。

【译文】　把好吃的果子扔进屎尿中,清洗一下给人吃,吃吗?回答是:"不吃。"如果没看见这果子曾掉进屎尿中而吃了,会得病吗?回答是:"不会生病的"。隔着山指骂一个人,他能听见吗?回答是:"听不见"。和他面对面站着,指着骂他,他会发怒吗?回答是:"会发怒"。所以说,这叫作是否亲自看见、听到的不同。假如有人能做到亲眼看见果子掉进屎尿中又拿出来洗过还能吃掉它,面对面听见对方骂自己而不发怒,那么他即使进入黑暗的海洋中,脚蹈发白光的利刃也可以做到。这是修炼心性的人应当知道的。

【点评】　人们常说:"眼不见心静。"对一些坏事,对别人的议论,没有亲眼亲耳看见听到,我们往往不以为然,一旦面对面地看见听到,就很难保持原来的镇定自若,有人大发雷霆,有人干脆甩手不干。特别是当有人当面指责自己的缺点时,没有几个人能平心静气地思考,有选择地加以接受。事实上,如果能做到在任何情况下都能泰然自若,那么,就没有干不成的事了。但对普通人来说,要做到这一点的确很难。

种瓜种豆　慎其所存

【原文】　种豆，其苗必豆；种瓜，其苗必瓜。未有所存如是，而所发不如是者。心本人欲，而事欲天理；心本邪曲，而言欲正直，其将能乎？是以君子慎其所存。所存是种，种皆是；所存非种，种皆非。未有分毫爽者。

【译文】　种的是豆子，长出的苗一定是豆子；种的是瓜，长出的苗一定是瓜。没有种下的是这个，而发出的苗不是这个的。自己心里本来是俗人的欲望，而做事却希望能符合天理；自己心理本来是邪秽扭曲的，说话却希望能够刚正不阿，这可能做到吗？因此，君子特别谨慎自己的心里所想。心中所想的是这个种子，种下发出的都是这个苗；心中所想不是这个种子，种下发出的都不是这个苗，没有丝毫差错。

【点评】　俗话说，种瓜得瓜，种豆得豆。心地善良必得善果，心肠恶毒，必得恶报，有因必有果。身正不怕影子歪。要想获得高洁的品质，必须保持正直光明的心灵和节操。

士君子做人　只要个用心

【原文】　士君子做人，事事时时只要个用心。一事不从心中出，便是乱举动；一刻心不在腔子里，便是空躯壳。

【译文】　要做个真正的士大夫和君子，就是对任何事，什么时候都要用心。有一件事不是从自己心中做出的，就是随意妄为；有一会儿心不在焉，就是一具空洞的躯壳。

【点评】　要想端端正正地做人做事，必须用心。一件事情如果不是出于自己的本心，就会导致随意而为，不能专心致志，苟且因循。所以，合乎本性、合乎良心的事才是应该做的。做事也一定要一心一意，品德的修养更是如此。如果整天心不在焉，魂不守舍，"小和尚念经有口无心"，那么永远不会修成正果。真正的君子应该不受外界物欲的诱惑，从自己的良心本性出发，一心一意做人修德。

出口无反悔　动手无更改

【原文】　士君子一出口，无反悔之言；一动手，无更改之事。诚之于思故也。

【译文】　士君子不说则已，说出门就没有反悔的话；不动手则已，一动就没有更改的事。这是因为说话做事之前，早已深思熟虑的缘故。

【点评】　君子慎言。古语有云，"君子一言，驷马难追"，这虽然是说君子重诺守信的品德，但换个角度，我们也可从中看出君子慎言，不轻易许诺的特点。因为人的能力总有个限度，总是轻易地许诺，又哪有那么多时间精力去实现？慎言还可以免祸，俗话说"祸从口出"，心直口快、口无遮拦的人，说话之间容易得罪人，自己虽然没有恶意，别人却会在心里记仇；而慎言之人，三思而后出口，便可以免去许多不必要的麻烦。人们常说"修身莫过于慎言行"，除了慎言，做事更需谨慎。要在还没做的时候，就反复斟酌，考虑周全，尽量做到万无一失的地步。否则轻举妄动，把事情做坏，再想修补就来不及了。

吴越一家　父子仇雠

【原文】　克一个公己公人心，便是吴越一家；任一个自私自利心，便是父子仇雠。天下兴亡、国家治乱、万姓死生，只争这个些子。

【译文】 保持大公无私之心，即使吴越这两个相互敌对的国家也可成为一家；任意自私自利，即便是父子也会反目成仇。天下兴亡、国家安定与变乱、百姓死亡还是生存，只是争夺这些东西。

【点评】 自古以来，由于私欲膨胀导致朋友、兄弟甚至父子反目为敌的例子不胜枚举，最有代表性的就是曹植的《七步诗》："本是同根生，相煎何太急！"——曹丕为争王位，想置自己的兄弟曹植于死地。

私欲重往往是杀人越货、国家衰败、民不聊生的根源，甚至战争，也都是因为自私自利。所以，任何人，君王或者平民百姓，保持一颗大公无私之心，不要太计较个人得失，则国家兴盛、人民安乐，朋友、亲戚等所有人之间和睦相处，亲如一家，那么还有什么办不成的事？有什么解决不了的矛盾？世界不是就不再有战争了吗？

小人为恶　惟恐人知

【原文】 **为恶惟恐人知，为善惟恐人不知。这是一副甚心肠，安得长进？**

【译文】 做了坏事生怕别人知道，做了好事生怕别人不知道，这到底是一副什么心肠，哪里会得到长进？

【点评】 一般人的心理都是，只要是自己的缺点、错误都要尽量遮掩着，不让别人知道，即所谓的"家丑不可外扬"。但做了好事，有了优点，大家都喜欢被人宣扬出去，或者自己当众炫耀，生怕别人不知道。前些年提倡做好事不留名，现在则大肆宣扬，到处演讲，以为他人做榜样，于是，有一些人乘机沽名钓誉，满足自己的私心。如果大家都是这样的心思，那么还有谁会默默无闻地为大众谋利益，还有谁会无私奉献呢？

要实要虚　要小要大

【原文】 **心要实，又要虚。无物之谓虚，无妄之谓实。惟虚故实，惟实故虚；心要小，又要大。大其心能体天下之物，小其心不偾天下之事。**

【译文】 心要实在，又要清虚。心中没有什么东西叫虚，没有胡思乱想叫实。只有心虚了才能充实，只有内心充实，才会清虚；心要谨慎，又要大度。大度之心能体察谅解天下万物，细心谨慎不会败坏天下事。

【点评】 人心不能虚浮，不能有狂妄不切实际的想法，而是要有实实在在的目标，并为实现这个目标而奋斗，不停留在一些外在的声名的获取上。但是只有心境空灵清虚，心无外物，不执着于某些华而不实的东西，我们的内心才能够真真正正充实起来，学所要学的知识，做所该做的事。同时，无论做什么事都要既能小心谨慎，遇事先思考观察后行动，事情发生后又要能心胸开阔，沉着稳重，还要不拘泥，不斤斤计较，以宽容之心包纳宇宙，度量宽广，这样才能成事。如果事事都小肚鸡肠，过于苛刻，求全责备，那么最终会一事无成。

心灵应该与自然是一体的，虚实也同体，所以不要人为地去痴心妄想。事有大小，心也应可大可小，这才符合自然规律。

第三篇 伦理篇

父兄之孽 莫过豢养

【原文】 **子弟生富贵家，十九多骄惰淫逸，大不长进。古人谓之豢养，言甘食美服，养此血肉之躯与犬豕等。此辈遢茸，士君子见之为羞，而彼方且志得意满，以此夸人。父兄之孽，莫大于是！**

【译文】 生于富贵家庭的子弟，十之有九都骄傲怠惰、淫荡放纵，很不知长进。古人称此为豢养，是说用美食华服，来养活这个肉体的躯壳，如同养狗和猪。这些卑鄙龌龊的东西，贤士君子看见他都觉得羞耻，而他们却还趾高气扬，心满意足，并以此来向人炫耀，父亲兄弟的罪孽，没有比这更大的了。

【点评】 生而富贵无可厚非，但生于富贵的家境中却不思进取，纵情任意，因循懒惰，这样就丧失了去奋斗的决心，但如果自己一事无成，反而凭靠钱财和权势作恶，并以此向人显夸，觉得自己比别人强，这就更加可悲了。这样的人如果有一天千金散尽，毕竟生活优裕惯了，他就无法适应困境，毫无自食其力的决心和能力，最终会一败涂地。所以，富贵家庭中，长辈们对儿孙的教育是很重要的，要让孩子从小就明白只有自己立志修德才是繁荣昌盛的根本途径，外在的财物与权势终不能长久地保有，这样才能居安思危，处事恭谦大度。

门户高一尺 气焰低一丈

【原文】 **《示儿》云："门户高一尺，气焰低一丈。华山只让天，不怕没人上。"**

【译文】 《示儿》一诗中说："如果家境门户高出一尺，人的气焰就要低下去一丈。华山因为只比天低，所以从不怕没人敢攀登。"

【点评】 门户高即社会地位高，一般来看，很多出于高门大户的人往往对待不如自己的人蛮横专断，气焰很高，其实这是非常不可取的。因为地位高的人往往是靠许多不如自己的人衬托的，如果过于骄矜，就会使众望难托，得不到大家的信服，就会失去威信，时间长了，这地位就很难确保。所以，地位越高的人越应该谦虚礼让，宽容大度，要时刻把自己放在和大家平等的位置上，真正体察人情，说话做事才能有信于民，并不断加强自身修养，做到德高望重。吕坤的这首《示儿》诗以华山之高而无人不敢上为喻，为我们启示了一个深刻的道理。

家风清正 众调归顺

【原文】 **门户可以托父兄，而丧德辱名非父兄所能庇；生育可以由父母，而求疾蹈险非父母所得由。为人子弟者不可不知。**

【译文】 自己的出身门第可以依靠父母兄长得来，而丧失德性、辱没名声则不是父母兄长所能庇护的；生命可以由父母所给，但遭受疾病，濒临危险境地则不是父母所能掌握的。为人子弟的人不能不懂得这个道理。

【点评】 “少壮不努力，老大徒伤悲。”一个人生而得福，自然值得庆幸，因为他并没有做什么就能承袭富贵，并不是人人都能如此幸运。但是生而富贵并不能保证会永久。古往今来，上至君王皇帝，下至富豪官僚，都是先辈昌盛，到了几世几代之后，甚至仅仅到儿孙这一代，就往往国衰家败，这是什么原因造成的？就在于其后辈不思进取，居安不知思危，整日虚度光阴，最终缺乏治世处事的能力，败家辱名。所以，不论你出身于多么富贵的家庭，或者不论门第多高，都应该时时奋进，警醒自己要吃苦耐劳，这样，当真正的疾苦祸患来临之时，能毫不畏惧地去承受，并不把小苦小祸看作是多么令人难以忍受的事，这样才能有所作为，才能使家风永远清正高洁，才能使众望归顺，从而消灾避祸，幸福安乐。

事心为上　事身次之

【原文】 人子之事亲也，事心为上，事身次之，其下事身而不恤其心，又其下事之以文而不恤其身。

【译文】 做子女的孝敬父母，以体恤父母心意为上，照顾父母身体次之，更差的照顾父母身体而不体恤他们的心意，再差的只是在表面上装装样子，其实连父母身体也不体恤。

【点评】 古人最重孝道，认为孝是百善之先，一切人伦的根本。子女对父母尽孝，有各种各样的方法。曾子说：“生，事之以礼；死，葬之以礼，祭之以礼，可谓孝矣。”把符合礼仪看成尽孝的基本要求。然而礼仪只是一些固定的程式，一个人即使没有孝心，也可以按照礼仪去做，这样一来，孝顺就变成可以装扮的东西了。所以，这样的孝只是孝的基本，还有更高更好的。体会父母的心意，把父母的要求当成自己的要求，这样的人可以说是真正的孝子，即使偶尔疏忽了礼仪，也不能说他不孝顺。让父母感受到子女的爱，感受到亲情的温暖，才是孝道的本义，而不仅仅是做到赡养而已。孔子感慨孝道之衰，说：“今之孝者，是谓能养。至于犬马，皆能有养。不敬，何以别乎？”

君子攻人　不尽其过

【原文】 责人到闭口卷舌，面赤背汗时，犹刺刺不已，岂不快心？然浅隘刻薄甚矣！故君子攻人，不尽其过，须含蓄以余人之愧悔，令其自新，方有趣味，是谓以善养人。

【译文】 责备别人，到了别人闭口无语，面红耳赤，汗流浃背时，还喋喋不休地数落，岂不痛快？但这样做也太狭隘刻薄了！所以君子批评人，不说尽别人的坏处，要留一些含蓄，好让别人自己后悔，让他自己改过，才是好办法，叫作以善养人。

【点评】 指出别人的错误，是为了帮助别人改正，而不是为了逞一己之快。人总是有自尊的，即使知道是自己错了，你若一味指责，不留余地，不给人台阶下，那别人也会产生逆反心理，反而固执不肯认错。结果，既没能帮到别人，还伤了人与人之间的和气。正确的做法是要尽量委婉，首先得替别人着想，然后才能引导他往正确的路上走。楚庄王继位三年不理朝政，大臣们都很担心，又不敢去劝谏。楚庄王喜欢猜谜语，右司马就出了个谜语给他猜，说有一只怪鸟，三年不鸣，三年不飞，是什么鸟？庄王会意，就回答说这鸟不鸣则已，一鸣惊人；不飞则已，一飞冲天。于是励精图治，三年而称霸诸侯。像右司马那样的，可说是善于责人，能够以善养人的人。

责善之言 不可不慎

【原文】 曲木恶绳，顽石恶攻，责善之言，不可不慎也。

【译文】 歪曲的木材难以用绳墨矫正，坚硬的石头不容易雕琢。责人劝善的话，不可以不慎言。

【点评】 见别人有过错，当然应该向他指出，劝他改正。但劝说别人时要认清对象，还要讲究策略。有的人生性顽固，属于至死不改的死硬分子；或者自以为是，刚愎自用，从来听不进别人的意见。对于这样的人，就不能死劝硬劝，不要以为道理都在自己这边，就把话说尽，结果不但是伤了和气，也没有达到劝说的效果。自古文臣有进谏的传统，即使遇上昏君，也不知转圜，宁愿被杀也要劝谏到底，就是所谓的"文死谏"。对这种愚忠，曹雪芹就很不以为然，他在《红楼梦》里借贾宝玉的口讽刺说："人谁不死，只要死得好。那些个须眉浊物，只知道文死谏，武死战，这二死是大丈夫死名死节，竟何如不死的好！必定有昏君他方谏，他只顾邀名，猛拼死，将来弃君于何地！"

不使有我所无 不使无我所有

【原文】 责善之道，不使其有我所无，不使其无我所有，此古人之所以贵有也。

【译文】 责人向善的道理，是不让人有我所没有的，不让人没有我所有的。这就是古人之所以崇尚有的原因。

【点评】 我们可以要求别人做得更好，可以指出别人的缺点，告诉他们努力的方向，但是，如果某些要求连我们自己也达不到，某些事我们自己也做不了，某些境界我们自己也不曾体会，那么我们就不应该以此来要求别人，否则就是苛责强求了。如今有些青年作家，以骂名人为荣，掀起那段痛苦的历史，举出别人在特定时期所犯下的不幸错误，然后疾呼：某某某，你为什么不忏悔！这就犯了上面所说的错误。对此，有识者指出，对普通人身上的人性弱点应予以谅解，而用"不是罪人就是圣人"的逻辑来评判别人，以圣人的标准来要求别人，对普通人来说非常不公平。我们首先应该有一颗宽容的心，而且在批评别人前，先得衡量一下自己，设身处地为他人着想一下，然后才可能得出公允的看法。

正己修身 尊长自修

【原文】 一家之中要看得尊长尊，则家治。若看得尊长不尊，如何齐他得？其要在尊长自修。

【译文】 一家之中要把长辈看得尊贵，那么家庭就治理得好。如果把长辈看得不尊贵，怎么能使家整齐安宁？关键在于长辈自己的修养如何。

【点评】 俗话说："上梁不正下梁歪。"在一个家庭中是这样，在一个社会中也是这样的道理。一个家庭中有长有幼，长辈们的言行往往投射到下一辈人的耳朵、眼睛里，尤其对孩子来说，长辈们的一言一行仿佛是他们的榜样，所以，长辈的谈吐、气质都影响着孩子们的品质的发展，甚至他们心理是否健全也是由上一辈影响熏陶的。因此，要想培养下一代，必须自己先立德树行。在一个社会中也是如此，为官为君者处处以百姓利益为重，多替别人着想，就会使百姓心服口服，从而使民风淳厚，带动一批人提高自身的修

养。所以,要正己、修身,才能齐家、治国、平天下。

第四篇　谈道篇

手舞足蹈　大叫垂泣

【原文】　谈道者,虽极精切,须向苦心人说,可使手舞足蹈,可使大叫垂泣。何者?以求通未得之心,闻了然透彻之语,如饥得珍馐,如旱得霖雨,相悦以解,妙不容言。其不然者,如麻木之肌,针灸终日,尚不能觉,而以爪搔之,安知痛痒哉?吾窃为言者惜也。故大道独契,至理不言,非圣贤之忍于弃人,徒哓哓无益耳。足以圣人待问而后言,犹因人而就事。

【译文】　谈道的人,就算谈得很精切,也必须向苦心向道的人说,才可以让他手舞足蹈,让他欢呼流泪,为什么呢?因为如果有一颗想通而未得通的心,听了清楚透彻的话,就像饿了而得美味,久旱而得甘霖,豁然开朗,欢喜不已,妙处难以形容。如果不是这样,就像麻木的肌肤,整日针灸,都不能有感觉,何况用指甲搔抓,哪里能知道痛痒?我私下为谈道的人感到惋惜。所以大道只能自己领悟,最深奥的道理不能言说,不是圣贤忍心弃人不顾,是因为光是喋喋不休也没有好处。所以圣人等到有人问了才说,而且因材施教,就事论事。

【点评】　道的奥妙,只可意会。在一个人将通未通之际,稍微加以点拨,往往可以让这个人豁然开朗。但这点拨的话,未必就说的是道本身。能够悟道的人,应该是心中已经大致明白,但还有一层隔膜未通,只缺人帮他最后捅开而已。如果心里本来就是懵懵懂懂,什么也不知道,那对他说再多,也是对牛弹琴。

不可意思　如何可言

【原文】　至道之妙,不可意思,如何可言?可以言皆道之浅也。玄之又玄,犹龙公亦说不破,盖公亦囿于玄玄之中耳,要说,说个甚?然却只在匹夫匹妇共知共行之中,除了这个,便是虚无。

【译文】　至道的妙处,尚且不可以用心领会,怎么可以说出来呢?可以说的,都是浅显的道。玄之又玄的道,老子也说不破,是因为老子钻进玄之又玄里了,要说,又说什么?但道却只在普通人日常的所知所行之中,除此之外,就是虚无。

【点评】　《老子》开篇就说:“道可道,非常道。名可名,非常名。……此两者同出而异名,同谓之玄。玄之又玄,众妙之门。”道的微妙之处,只可意会,不可言传,一旦用言语表达出来,就偏离了道的本身。但老子过于究玄理,明知不可以言说,却非要用言语来探究。六朝人崇尚清谈,就是堕入了这一末流。儒家则崇尚平常之道,从身边的事物开始,从日常生活的点点滴滴出发,而且主张知行合一,把理论和实践结合起来,就避免了空谈抽象道理的危险。孔子不谈怪、力、乱、神,通观一部《论语》,所说的话都从平常事物中来,所以能深入浅出,容易被人接受。

万事万物　种种是道

【原文】　学者只看得世上万事万物，种种是道，此心才觉畅然。

【译文】　学者只有在世上万事万物当中，都能看出道来，心里才觉得明畅。

【点评】　道无所不在，求道不必到险怪的地方去求，也不必玩弄深奥的术语，关注日常所见所闻就能够明白。有个姓东郭的人曾经问庄子："所谓的道，在什么地方。"庄子说："无所不在。"又问："举个例子看。"庄子回答："在蝼蚁。"东郭先生说："怎么举这么卑下的例子？"庄子又举："在草芥。""怎么更卑下了？"庄子答："在瓦罐。"东郭先生快要受不了了，说："越来越卑下了。"庄子说："在屎尿。"东郭先生不说话了，庄子心中感慨，知道这个人是不足以谈道的。我们现在有个成语叫"每况愈下"，是指情况越来越糟，但它本来作"每下愈况"，意思是越卑下说得越清楚，其出处就在《庄子》里的这段论述。

一事得中　一事尧舜

【原文】　或曰："中之道，尧舜传心，必有至玄至妙之理。"余叹曰："只就我两人眼前说，这饮酒不为限量，不至过醉，这就是饮酒之中。这说话不缄默，不狂诞，这就是说话之中。这作揖跪拜，不烦不疏，不疾不徐，这就是作揖跪拜之中。一事得中，就是一事的尧舜，推之万事皆然。又到那安行处，便是十全的尧舜。"

【译文】　有人说："'中'之道，从尧舜那里传下来，一定有非常玄妙的道理。"我感叹说："只就我们眼前的事情说，这喝酒不限制量，但又不喝得太醉，这就是喝酒的'中'。这说话不缄默，又不放诞，就是说话的'中'。这作揖跪拜，不烦琐，不轻疏，不快不慢，就是作揖跪拜的'中'。一件事情上得到'中'，在这一事上就是尧舜，推到所有的事上都这样。如果到了那安行自如的境界，就是十足的尧舜了。"

【点评】　儒家的道理，一般都浅显易懂，容易在生活中实践。比如"中庸"的"中"，就可以应用在喝酒说话、作揖跪拜当中。据《尚书》记载，帝舜曾经对大禹说："人心惟危，道心惟微，惟精唯一，允执厥中。"而孔子则提出，"允执厥中"是尧传授给舜，然后又传授给禹的。所谓"中"，就是不偏不倚，恰到好处，无过无不及的意思。孔子说自己"七十而从心所欲，不逾矩"，可见中道之难，孔子也要到七十岁才达到安行自如的境界。

理路直截　欲路多歧

【原文】　理路直截，欲路多歧；理路光明，欲路微暧；理路爽畅，欲路懊烦；理路逸乐，欲路忧劳。

【译文】　理的道路一条直通，欲望的道路分岔无数；理的道路光明，欲望的道路幽暗；理的道路畅快，欲望的道路烦闷；理的道路轻松快乐，欲望的道路忧愁劳苦。

【点评】　人为什么是万物灵长？人为什么不同于鸟兽？就是因为人有理性，能够明理。而欲望是人与鸟兽共有的，人若只知道从欲，而不懂得运用上天赐予的理性，那就会让人产生孟子那样的感慨，说"人之异于禽兽者几希"了。欲望之路，只看眼前似乎很好很有效，吃到山珍海味，穿上锦衣绸缎，就会让人很高兴；但长远地看，这些满足欲望的东西，未必不是捕捉鸟兽的陷阱，引诱它们上当的诱饵。宋儒把理和欲截然对立起来，乃至要"存天理，灭人欲"，似乎又太过了点。对待人欲，也应该像大禹治水那样，要用疏导的

办法，而不能堵塞它，否则也会适得其反。

万一二字　一时不离

【原文】　无万则一何处着落，无一则万谁为张主。此二字，一时离不得。一只在万中走，故有正，无邪万；有治一，无乱万；有中一，无偏万；有活一，无死万。

【译文】　没有万则一无处着落，没有一则万无从依傍。这两个字，一刻都分离不得。一只在万中彰显，所以有正一，则没有邪万；有治一，则没有乱万；有中一，则没有偏万；有活一，则没有死万。

【点评】　老子说："道生一，一生二，二生三，三生万物。"一也就是道，也就是宇宙的自然规律，万则是由一衍生出来的万事万物。所以万和一是不可分离的，没有一则万事万物都不能发生，没有万则一无处可以体现。老子看到天地万物都是一的体现，于是感慨说："天得一以清，地得一以宁，神得一以灵，谷得一以盈，万物得一以生，侯王得一以为天下贞。"是啊，当我们面对宇宙的伟大，就不能不为在这宇宙背后进行支配的自然规律而感动，两千多年前的老子，两千多年间的哲人，乃至今天的物理学家，都无不如此。

天欲不可无　人欲不可有

【原文】　有天欲，有人欲。吟风弄月，傍花随柳，此天欲也。声色货利，此人欲也。天欲不可无，无则禅。人欲不可有，有则秽。天欲即好底人欲，人欲即不好底天欲。

【译文】　有天欲，有人欲。吟风弄月，傍花随柳，这都是天欲。声色犬马，财货利益，这都是人欲。天欲不可没有，没有就成了禅了。人欲不可以有，有就不高洁了。天欲就是好的人欲，人欲就是不好的天欲。

【点评】　欲望是人生来就有的，理学家要"存天理，灭人欲"，把人的欲望一概抹杀，似乎过于极端了些。所以作者说，欲望也有好有坏，好的欲望是天欲，坏的欲望才是人欲，要灭就灭坏的人欲，而不能把好的天欲也灭了。像吟风弄月，傍花随柳，也是人自然的需求，也可以说是人的欲望，但这些高雅的欲望，非但能充实自己的精神，而且不会损害别人，甚至还有益于世道人心，又怎么能都灭了呢？一个人若一点欲望也没有了，那就成了佛家，流入枯寂一途了。儒家讲求人世，正是肯定了人欲有其合理的一面，因而需要加以引导，使之向善耳。

君子为善　性中如此

【原文】　朱子云："不求人知，只求天知。"为初学者言也。君子为善，只为性中当如此，或此心过不去。天知、地知、人知、我知，浑是不求底，有一求心便是伪。求而不得，此念定是衰歇。

【译文】　朱熹说："不求别人知道，只求上天知道。"这是对初学者说的。君子行善道，只是为了本性应当这样，或不这样心里就过不去。天知、地知、人知、我知，都不是君子所求的。只要心里有其中一求就是伪。求而不得，则为善的念头一定走入末途。

【点评】　人都会有为善的念头，孟子说过："人皆有不忍人之心"，有善心，然后才有善行。君子为善，尤其应该发自本性，为善的本身就是其目的，而不应是别的什么东西。如果为善是为了获取好名声，或是为了积德，为了换取鬼神保佑，那就不是发自本心，别

有所求，就有点做作了。但是对于普通人来说，不可能一下子达到君子的境界，所以不能一开始就以君子的标准来要求。

己欲立而立人　己欲达而达人

【原文】　己欲立而立人，己欲达而达人，便是肫肫其仁，天下一家滋味。然须推及鸟兽，又推及草木，方充得尽。若父子兄弟间，便有各自立达，争先求胜的念头，更那顾得别个？

【译文】　自己要立于世，而想让别人也：立于世；自己要显达，而想让别人也显达。这就是仁心纯厚，天下一家的滋味。但也得进而推及鸟兽，再进而推及草木，才是把仁心给扩充到头了。如果父子兄弟之间，就有只追求自己立达，争先求胜的念头，哪里还顾得着别的呢？

【点评】　这两句话出自《论语》，孔子说："夫仁者，己欲立而立人，己欲达而达人。"意思是，所谓仁就是以己及人，因为自己想要，就知道别人也想要；自己得到了想要的，就希望让别人也得到他们想要的。而反过来说，自己不想要的，也不希望落在别人身上，己所不欲勿施于人，也就是儒家所说的"恕"。仁和恕，其实只是一个道理的两面。仁和恕的核心既然都是推而广之，所以实行起来，也就得由近及远，由人而及鸟兽草木。如果连父子兄弟之亲，都不能以仁恕对待，那样的人，哪还能指望他会更远地推广？

静中真味　至淡至冷

【原文】　静中真味，至淡至冷，及应事接物时，自有一段不冷不淡天趣，只是众人习染世味十分浓艳，便看得他冷淡。然冷而难亲，淡而可厌，原不是真味，是谓拨寒灰，嚼净蜡。

【译文】　静里的真味，淡到极点，冷到极点，但等到应事接物时，却自然会有一段不冷不淡的天趣。只是众人习惯了俗世那股浓艳的味道，所以才觉得那样是冷淡。但如果冷到了难以亲近，淡到了让人厌恶，就不是冷淡的真味了，而是所谓的拨冷灰，嚼纯蜡。

【点评】　中国古代的各派哲学，几乎都崇尚静而淡泊的境界。孔子说："仁者静。"诸葛亮告诫儿子，"非宁静无以致远"。道家者流，尤其主静，从老子"致虚极，守静笃"，到庄子更上升到"夫虚静恬淡寂寞无为者，天地之平而道德之至也"。凡是有志于道，虚心向学的人，首先就得有一个宁静的心态。如果心中杂念纷扰，难以忘掉外面的繁华，又怎么能静下心来学习，细细体会思考的乐趣？但静中的冷和淡，只是如山中古潭，不受干扰，所以不起波纹。如果投入一块石头，它也能发出深幽的回声。所以静中的冷，不是死冷；静中的淡，不是枯淡。真要做到身如槁木，心如死灰，那就是坐禅，而不是宁静了。

不理会玄言　不害为圣人

【原文】　罕譬而喻者，至言也；譬而喻者，微言也；譬而不喻者，玄言也。玄言者，道之无以为者也。不理会玄言，不害其为圣人。

【译文】　很少打比方，而能让人明白的，是最高明的话；需要打比方，才能让人明白的，是隐微的话；打了比方，还不能让人明白的，是玄妙的话。玄妙的话，是说了也没有地方可用的话。不理会玄妙的话，不妨碍人成为圣人。

【点评】 最高明的话，就是最浅易直接、明白晓畅的话。孔子给人讲道理，从来不用深奥的言辞，也很少用打比方的办法，而是娓娓道来，如同家常闲语，直白显豁，让人感觉非常亲切，但话中的意思却非常深刻。孟子喜欢辩论，他在辩论时，就喜欢用上很多比喻，虽然也能把意思说出来，但总让人觉得隔了一层，就像古人形容的"微言"，虽然也有深意，却需要细细体会才能够领悟。《庄子》通篇都是寓言，可说是最喜欢打比方的，但他表达的内容却都很玄虚，让人摸不着头脑，是"譬而不喻"的玄言之类。儒家人世，关心世道人心，所以注重言语的实用意义，圣人不理会玄言，不妨碍成为儒家的圣人。但若当成文学作品来读，则《庄子》的价值亦不容抹杀，鲁迅的《汉文学史纲要》说它"汪洋辟阖，仪态万方，晚周诸子之作，莫能先也"，给予了极高的评价。

谋后当断　行后当断

【原文】 **断则心无累。或曰："断用在何处？"曰："谋后当断，行后当断。"**

【译文】 决断之后，心中就没有牵挂。有人问："什么时候应当决断？"回答说："谋划之后应当决断，行动之后应当决断。"

【点评】 古人说"谋定而后断"，其实谋定之后更是应当决断。当断不断，必为其乱。谋划之后还不决断的，毛病在瞻前；行动之后还无法决断的，毛病在顾后。瞻前顾后的人，是不足以成大事的。项羽摆下鸿门宴，是和范增谋划之后，已经定下计谋，想要借机杀掉刘邦。但项羽为人优柔寡断，后来听了别人的话，又不打算杀刘邦了。宴会上范增几次暗示，项羽都不作理会；派了项庄上前舞剑，借机行刺，项羽也没有表示。结果被刘邦从容逃去，范增气得直骂，说项羽是"竖子不足与谋"。后来项羽被刘邦打败，自刎乌江，正是当年当断不断的恶果。

举世尘俗　另识真趣

【原文】 **在举世尘俗中另识一种意味，又不轻与鲜能知味者尝，才是真趣。守此便是至宝。**

【译文】 在整个世俗社会中能够识得另一种与凡俗不同的意趣和滋味，又不轻易让不能懂得这种意趣和滋味的人品尝，这才是真正的趣味，有了这种品位和气质就要保持住它，这才是最宝贵的东西。

【点评】 什么叫品味？简单地说就是与庸俗、低级的生活情调和欣赏水平相反的对待生活的看法和态度。一条凡夫俗子的审美标准主要在于追求俗世的物质和功名，为了名和利，他们无休止地奔忙，追求一种外在的华丽和奢侈，但一个品味高雅的人则如周敦颐在《爱莲说》中所说的："无丝竹之乱耳，无案牍之劳形，谈笑有鸿儒，往来无白丁……斯是陋室，惟吾德馨。"他们虽身处凡尘俗世，但能"出污泥而不染"，这才是德行气质高洁，品味高雅的人。他们的审美水准绝不停留在外在的物质方面的吃喝玩乐的享受上，而是追求精神上、思想上的升华，追求人性中善良美好的一面，但这种品味并不是人人都能有的，而且，对一些审美水准低、差的人来说，这种高雅的品位并不能被他们所理解和接受，因此，处于凡俗之中而独具品味这本身就是很难得的，应该珍惜才对。

一任自然　成甚世界

【原文】　庄、列见得道理原着不得人为，故一向不尽人事。不知一任自然，成甚世界？圣人明知自然，却把自然阁起，只说个当然，听那个自然。

【译文】　庄子、列子懂得了自然宇宙之道，原本就不能是人为的，所以一直以来都不做什么人事。难道他们不知道什么事任其自由发展，还成什么世界？其实是，圣人明明知道有自然之道，却把自然之道放置起来，口里只说那个当然的道理，听任那个自然之道自由发展。

【点评】　道家和儒家学说的不同之点，其中之一就是他们的处世之道不同，老子主张"无为而治"，即凡事顺其自然，不要强迫去进行人为的改变；而孔子则主张知其不可为而为之，抱定"道不行，吾乘桴桴于海"的决心，他认为，世界可以改变，民众应当加以教化。当然，与老庄的道家学说相比，儒家学说明显地是以比较积极态度来对待社会、人生的。所以他们提倡"当然"的道理，即相信事在人为，但不刻意去有悖于自然之道。

上智去情　君子正情

【原文】　万物生于性，死于情。故上智去情，君子正情，众人任情，小人肆情。夫知情之能死人也，则当游心于淡泊无味之乡；而于世之所欣戚趋避，漠然不以婴其虑，则身苦而心乐，感殊而应一。其所不能逃者，与天下同其所；了然独得者，与天下异。

【译文】　世间万事万物都因天性自然而生，而又因人为情感而死。因此，有很高智慧的人能够抛弃情感因素，君子能够改正情感，一般的人则任情感的发展，而小人则放纵情感。如果知道感情会置人于死地，那么就应当使心灵在淡泊无味的境界中畅游；对于世俗人们所高兴和忧虑，趋附和躲避的东西，漠不关心，并不以此而使自己忧虑，那么身体虽然困苦，但内心快乐，感受各不相同但能以不变之心去应万变。他不能逃避的东西也是天下所有人不能逃避的；他独自得到的，则与天下众人不同。

【点评】　我们在生活中往往听到这样的话："人非草木，孰能无情。"这恰恰给许多不能专心致志的人提供了理由。其实，要想在世界上成就一番事业，就必须聪明而有德性，这是需要有理性的头脑的。遇事能冷静地进行一番理性分析，处事果断，不因循情而拖泥带水，这样才能不为外物所牵累，自然不必整日思虑过多而内心苦累；而一般的凡夫俗子则遇事往往不能控制、排除情感的因素，任其发展，所以有许多人处事优柔寡断，不经过冷静的思考，受情感因素的摆布，该了断的不能了断，该得到的却左右难为情，牵肠挂肚，这样处事则事常败，修养身心德性则思虑太多而无法静心。而小人则放纵情感欲望，使其自由发展，想干什么干什么，这样必定不得好的结果。由此看来，智者所得的这一处世态度不是一般人所能得到的，而生老病死这一自然生命过程是一般人都逃避不了的，包括智者在内。

一生不闻道　真是可怜人

【原文】　人一生不闻道，真是可怜！

【译文】　人这一辈子如果不能听说道，这是多可怜啊！

【点评】　孔子曾说："朝闻道，夕死可矣。"对于一些有大智慧的圣人来说，听说道是

人一生的重要之事。修养德性是君子之为人的根本,而听说道、追求真理则是头等大事。因为我们来到这个世界上,要遇到许多痛苦和不幸,我们必须面对,不能避开,所以,听道能使我们懂得宇宙万物之理,即一切顺其自然,不要因此害怕、退缩,甚至不敢面对。对于我们一般人来说,生老病死,名利地位,这些都是能左右我们的情绪的一些东西,如果多懂得一些宇宙自然之理,就会发现,一切都不能太曲意附和或者逞性而为,刻意强求往往会使事情失败。懂得了这个道理,人才不会被外物所烦恼,才能活得潇洒自在。

处人处事　知彼知我

【原文】　知彼知我,不独是兵法,处人处事一些少不得底。

【译文】　了解对方了解自己,这不仅是兵法,为人处事也一点离不了。

【点评】　在生活中,做人、做事能做到明白透彻,也就能处理好人际关系,做事成功。怎样才能了解别人?首先应该了解自己。常常反省,才能知道自己的长处短处。自己的长处应该继续保持和发展,短处则应该尽量改正,有优点不应该自鸣得意,有缺点不能够自暴自弃。了解自己的处境,了解自己的个性,只有比较透彻地了解自身,才能在与人相处的时候不被他人有机可乘,多思考,多观察,以己照人,以人照己,抓住对方的漏洞,立于不败之地。《三国演义》中蒋干之所以被杀,就在于他知道自己很聪明却不知道人不能过于显露招摇,而这恰恰是他的缺点,他不了解自己,所以也不了解别人会因此而嫉恨他,因此中计。所以《孙子兵法》上讲:"知己知彼,百战不殆。"我们说:"知己知彼,无事不兴。"

天地人物　原本一家

【原文】　天地人物,原来只是一个身体,一个心肠。同了便是一家,异了便是万类。而今看着风云雷雨都是我胸中发出,虎豹蛇蝎都是我身上分来。那个是天地?那个万物?

【译文】　上天与大地、人与物质,原来只是一个身体,只是一副心肠。大家都相同了,便就是融洽一家了;相异了,便就是分割万类了。而现在看着那风云雷雨,都是从我的胸中发生出来的,虎豹蛇蝎也都是从我自己的身上分裂出来的。这样一来,哪一个是上天和大地呢?哪一个是万类物质呢?

【点评】　天地与人物并称为三才,是宇宙中的三大精灵,这三大精灵又都共同生存在宇宙自然中。因为我们都来自宇宙这个大根本,所以我们的本来都是一样的,是一个身体,只要我们能够放开自己的胸怀,扩展到与天地宇宙同宽大,那么我们会发现,自然界的一切风云雷雨,都是从我自己的胸怀中流露出来的;那些豺狼虎豹、蛇蝎禽兽,也都是从我自己的身体上分裂出来的。既然如此,天地万物都成了我身体上的一部分,我们也自然不会再去争夺名利地位、金钱富贵了。因为整个大自然都已经为我所有,还有什么比这财富更大的呢?到了那个时候,谁还能够分别出来什么是天地,什么是万物呢?

爱欲与烦恼

【原文】　世间物一无可恋。只是既生在此中,不得不相与耳。不宜着情,着情便生无限爱欲,便招无限烦恼。

【译文】 世间的事物没有一样能去迷恋。只不过是已经生于世间，就不得不参与其中罢了。不应该投入感情，一旦投入感情就会生出无尽的爱恋和贪欲，这样便会招致无穷的烦恼。

【点评】 无论是功名，还是钱财美色，对我们每个人来说其实都是外物，没有什么东西值得我们恋恋不舍，生不带来，死不带去，这才是能够潇洒地往返于人间的处事态度。因此，生于人世又不得不沾染这些，最好的办法就是不要动情，看见金钱不要起贪财之情，看到功名不要起贪图权势之情，看见美人不要起贪爱迷恋之情，这样的话，即使得不到，他不至于使自己在感情上无法接受。当然，有所追求是应该的，但过分贪欲或急功近利都会导致烦恼不断。所以说，烦恼不快乐的根源在于人有七情六欲，有了七情六欲，就往往会贪恋外物，最好的办法是不要情动于心。

安而后虑　止水能照

【原文】 **安而后能虑，止水能照也。**

【译文】 安定之后才能思考，如同平静的水面能照见形貌一样。

【点评】 当你心烦意乱的时候，你是无法认真思考问题的。修行的人要静心，只有心静才能泯去自己的意识，而进入禅定的境界。我们要工作、学习，都必须首先能静下心来，遇到紧急事情要平心静气地想一想解决的办法，遇到困难也不要乱了阵脚，冒冒失失行事。研究学问的人更要能静下心来读书才能有所成就。怎样静心？主要是要做到不贪欲，不迷恋，不追求虚幻的东西。

宇宙之内　原来一个

【原文】 **宇宙内原来是一个。才说同，便不是。**

【译文】 宇宙中的事物原本是一个，不过当你要说是相同的时候，就不是同一个了。

【点评】 宋代大理学家程颢说过："天人本无二，不必言合。"自然与人其实是一体的，任何事物都产生于宇宙之中，从根本上说，万物都是相同的。也就是说，万物如同一棵大树，即使枝叶多么千差万别，根却只有一个。要懂得了这个道理，处事就能内心明了，透过表面可以看见内部的实质，则对于任何外物，任何欲念都会克制住，不贪婪，不急躁，这样就会少一些烦恼，活得悠闲洒脱。佛教一直强调"言语道断""张口必错"，即起心动念之间，便有无穷的是非出现，也就不是真正的真理了。叫作心生种种法生，心灭种种法灭。在明眼人来看，一切的一切都在这佛性的照耀之中，本来没有任何分别与尘埃的。尘埃与烦恼，都是那些本来有心理障碍的人的感觉，对于那些觉悟的人来说，是没有什么天人合一不合一的问题的。作为人，要想没有烦恼，就不要有什么相对立的概念。

千万病痛　一个根本

【原文】 **千万病痛只有一个根本，治千病万痛只治一个根本。**

【译文】 人生有千万种疾病、疼痛，但却只有一个根源，要治愈所有的疾病和痛苦只要治好那个根本就可以了。

【点评】 人生在世必然遭遇各种各样的病痛，有身体上的，有精神上的。身体的健康与否往往会使你的人生产生很大的不同。但身体是否健康归根溯源在于心理是否健

康。我们常说:“心病好,百病消。”“治病先治本,度人先度心。”如果心灵洁净,就会精神舒畅,内心平衡,则饮食处事都毫无障碍,自然身体健康,一切顺利。所以,心理上没有了固执和贪婪,就会使生理正常运行,自然不会有什么病了。疾病在于自己的心灵,心灵是万事万物的根本,让这个根本得到健康发展,无病无灾了,任何疾病都会消失得无影无踪了。

天地世界　我心作用

【原文】　世之治乱,国之存亡,民之死生,只是个我心作用。只无我了,便是天清地宁、民安物阜世界。

【译文】　社会安定还是混乱,国家存亡,百姓的生死,这都是自我心灵的作用。只要能做到心中没有了自我,就会是天地清静安宁,百姓平安,万物丰饶的世界了。

【点评】　心灵是万物之源。因为有了心灵,所以才会有产生烦恼和痛苦的土壤,才能与宇宙万物进行交流。把自我看得太重,为人君主则国乱民贫,与人处事,则争吵不宁,贪欲使私心加重,所以邻、友失和,不得安静。只要心中不要太自我,就不会处处遭遇险恶之境,天下无物不是我自己,这样心灵自由,欢乐幸福一生。

得于从容　而失急遽

【原文】　觅物者,苦求而不得,或视之而不见。他日无事于觅也,乃得之。非物有趋避,目眩于急求也。天下之事,每得于从容,而失之急遽。

【译文】　寻觅之时,苦苦搜寻却找不到,有时甚至视而不见。另外一天,等不找它的时候,却找到了。这并不是要找的东西有所趋向或回避,而是因为急于找到而使眼睛看不清。天下所有事情都是在从容的态度下有所收获,都是由于太着急而造成失误。

【点评】　俗话说:“心急吃不了热豆腐。”我们的感官也是听命于我们的心灵的,即心灵的意念主宰着我们的感觉趋向。过于着急,就不容易静心凝神,必定做不好某件事。所以,只有心灵清静了,才会全心全意地做一件事,行动起来从容不迫。一旦着急,心不能静,就会狭隘、偏激地看问题,出现差错;平心静气地面对问题,肯定有所收获。

物我两化　何有何无

【原文】　天地间惟无无累,有即为累。有身则身为我累,有物则物为我累。惟至人则有我而无我,有物而忘物。此身如在太虚中,何累之有?故能物我两化,化则何有何无?何非有?何非无?故二氏逃有,圣人善处有。

【译文】　天地之间只有“无”是没有什么拖累的,“有”就是为其所累了。有了这个身体,那么身体就是我的拖累,有了想着的东西,那么这个东西就是我的拖累。只有真正德行高尚的人才是有我却又没有我,想到某物却又心中不牵挂它。自己的身体如同在一个很大的虚空之中,有什么可拖累的?所以才能物质与自我相互转化,转化了之后还有什么有,什么无呢?什么不是有?什么不是无?所以佛、道提出要逃避现实的实有,而圣人则善于处于现实的“有”中。

【点评】　真正的得道之人并不是避开现实,而是身处俗世,心中清静。我们每个人都生活在一个熙熙攘攘,充满了物质名利各种欲望的诱惑的世界之中,如果想让自己活

得洒脱，就得首先让自己适应周围的环境，能身处其中却不为外界的名利声色所动，有所追求，有志向，却不固执贪婪，这样就会心无牵挂，仿佛心游于太虚之中。

要做到这一点关键要能够学会相互转化，既然万物与我为一体，那么就没有不同和差异，无所谓有还是无了。所以，关键要去除心中的私心，自我私心欲望太重太多，则即使身居深山老林，也一样不能安心修道。

第五篇　修身篇

名利地步　休要占尽

【原文】　我得人必失，我利人必害，我荣人必辱，我有美名人必有愧色。是以君子贪德而让名，辞完而处缺，使人我一般，不哓哓露头角、立标臬，而胸中自有无限之乐。孔子谦己，尝自附于寻常人，此中极有意趋。

【译文】　我获得，别人就可能失去；我获利，别人就可能受害；我荣耀，别人就可能受辱；我有美名，别人必有愧色。所以君子尊崇道德而谦让名声，宁可使自己不完美而有残陷，使别人和自己一样；不吵吵闹闹地去标新立异，表现自己，而使心里充满了无限欢乐。孔子十分谦虚，常将自己比作寻常之人，其中的确有非常深刻的含意。

【点评】　英国大哲学家罗素曾说："一个人应当把心思放到需要自己去做点什么事情上。"人生中最重要的并不是那些虚荣的光环，当离开这个世界的时候，人们就会发现身外的虚名原来并无价值，那样轻易地就烟消云散，可以一夜之间得到，也能在一夜之间失去。只有踏踏实实地做些自己该做的事情，不争名，不贪利，不陷媚，不嫉妒……如奥斯特洛夫斯基所言："一个人当躺下入睡时，能够说，这一天自己没有白白度过，由于一天的劳动而感到问心无愧，这个人就是最幸福的人了。"

人生天地间　有益于世人

【原文】　人生天地间，要做有益于世底人。纵没这心肠、这本事，也休作有损于世底人。

【译文】　为人生在世界上，就要做一个有益于世界的人。如果没有这样的想法，这样的本领，也不能去做会给世界带来危害的人。

【点评】　爱因斯坦在《我的世界观》中说道："人是为别人而生存的——首先是为那样一些人，他们的喜悦和健康关系着我们自己的全部幸福；然后是为许多我们所不认识的人，他们的命运通过同情的纽带同我们密切结合在一起。我每天上百次地提醒自己：我的精神生活和物质生活都依靠着别人的劳动，我必须尽力以同样的分量来报偿我所领受了的和至今还在领受着的东西。"人来到这个世界上，在成长时期享受的全部是别人的创造，当人具备生产与创造的能力时，难道仍然继续享受着别人的劳动果实而不付出吗？许多伟大的人物都将之称为猪的理想与生活。人生的意义，就在于你的创造与付出，唯有此才能在这星球上留下你的痕迹。

担当襟度　涵养识见

【原文】　大事、难事看担当，逆境，顺境看襟度，临喜、临怒看涵养，群行、群止看识见。

【译文】　遇到大事和困难的事情的时候，看一个人是否能担当起来；在逆境中与顺境中可以看出一个人的胸襟气度；面临喜悦和恼怒的时候，可看出一个人的涵养；和大家一起行动，一起居处，可以见出一个人的认识和见解。

【点评】　遇大事难事，没有一定魄力是担当不起的。而这种魄力是经历了大风大浪得来的，人不可能一生都一帆风顺，也不会永远坎坷，重要的是要有气度，处于逆境时不悲哀失落、怨天尤人，处于顺境时不要得意忘形、骄纵自负。而要看一个人的涵养如何，关键是要看他是否喜怒形于色。大喜大怒的人总爱暴露自己的情绪，不考虑别人是否能够接受，缺乏涵养。此外，要看一个人是否有识见，得看他在与人相处时的表现。能与大家和睦相处，凡事和大家商议，处理事情多考虑他人，顾全大局，这样的人是有识见的人；不能与大家平和相处，凡事只考虑自己，这种人必定不为大家所信服，他就是一个缺乏识见、缺乏担当大事的能力的人。总而言之，在具体、实际的生活中可以见出一个人的品质，在与人相处中见出其识见。

少年之情　老人之情

【原文】　少年之情，欲收敛不欲豪畅，可以谨德；老人之情，欲豪畅不欲郁阏，可以养生。

【译文】　少年人的感情，应当收敛而不应当豪放畅达，这样可以严谨道德观念；老年人的感情，应该豪放畅快而不要悒郁淤积，这样才可以颐养天年。

【点评】　少年人血气方刚，但又缺乏生活的阅历，容易意气用事，造成永久的悔恨。所以，少年人稍稍收敛自己的性情，遇事多加思考，保持理智，就会做事严谨，不至于犯太大的错误。

老年人血气衰竭，感情也随之减退或者压抑起来。感情压抑，血气就会更加沉郁，不利于养生。如果能豁达豪畅，反而可以使血气活跃一些，不失为一种颐养天年的好方法。

少年人意气风发，就要稍加约束，老年人沉郁郁闷，就要放达疏朗，这样才能修短合度，收纵有方，是为养生之道。

称人之善　我有一善

【原文】　称人之善，我有一善，又何妒焉？称人之恶，我有一恶，又何毁焉？

【译文】　称赞别人的好处，我就有了一个好处，又何必再去嫉妒别人呢？传播别人的恶行时，我自己也就有了一种恶行，又何必再去诋毁人家呢？

【点评】　嫉妒和诋毁从根本上讲，都是没有道理的行为，嫉妒常是由于人心理处于弱势，而诋毁是由于人自认为心理占了优势。但称赞别人，真诚地欣赏别人的长处，心胸宽广，这就是自己的优点，就不会感觉己不如人而去嫉妒别人。当在背后传播别人的恶行或弱点时，自己就已经有了污点，失去了评说别人的资格。所以遇事要多反省自身，注意加强自身的修养，而不要过多去苛求点评别人。

心要常操　身要常劳

【原文】　心要常操，身要常劳。心愈操愈精明，身愈劳愈强健。但自不可过耳。

【译文】　心灵要经常操练，身体要经常劳动。心越操练越精明，身体越劳动也就越强健，但不可以太过度。

【点评】　这里的操心相当于动脑子，遇事要多动脑。人常说，脑越用越灵，从科学的角度说，人的脑细胞只被开发到百分之八到百分之二十，要经常动脑，才能进一步提高脑细胞的利用率。从常识的角度说，经验积累多了，人遇事也就灵活自如了。但不可太过，操心过多会使人心力衰退，精神委顿。

身体越活动就越结实，因为筋骨得到锻炼，也就有了生命的活力。如果身体经常不活动，筋骨也就会衰弛而难以用力，但也不可太过。过强的运动量对身体并没有好处。进行高强度训练的运动员一旦退休下来往往是一身的病，器官被过度磨损，筋骨变形了。

俗念俗眼　错活一生

【原文】　只一个俗念头，错做了一生人；只一双俗眼目，错认了一生人。

【译文】　只因为生了一个庸俗的念头，做错了一生的人；只因为一双庸俗的眼睛，认错了一生的人。

【点评】　俗在这里是庸俗、恶俗之意。俗念头、俗眼目是指与人的尊贵身份不相配的念头和眼目。人之所以为人，是因为人类有否定自己和超越自身的意向。不是说生下来有了人的形状就可以称之为人，而是有了人的意识、人的准则才能称为是人。做不到这一点，便与动物没有什么区别，岂不是枉做了一世的人。所以说只是一个俗念头，就会让我们错活了这一生。

双眼蒙尘，是因为我们自己的素质和水平不高，所以眼光就会短浅和庸俗，从自己的狭隘的立场去看人，把仇人当恩人，把好人当仇敌，就因为这一双俗眼目，看错了一生的人。所以上当受骗时不是被人骗，而是自己骗了自己，如果我们的眼睛不那么善恶不明，就是有鱼饵，我们也不会上钩。

干些甚么事　成个甚么人

【原文】　少年只要想我现在干些甚么事？到头成个甚么人？这便有多少恨心！多少愧汗！如何放得自家过？

【译文】　少年只要想一想，我现在正在干些什么事，到头来会成为什么样的人？这样就会生出多少遗憾的心理！生出多少惭愧和汗颜！那么又怎么会放过自己呢？

【点评】　宰相刘罗锅去看身陷囹圄的和珅时说，一个人最后的结局是先前自己一砖一瓦铺就的。人在少年时的点滴作为就决定了自己最后的方向。在结局没有出现时，谁也不会在乎自己眼前的小小的过错。

人在年少时，因为血气方刚，精力旺盛，所以往往会漫无目的地发泄自己的精力和感情，放纵自己的意念和欲望。而且，少年人的智慧和经验又相对不足，最容易走错道路。这是在为自己最终的败局添砖加瓦。

所以我们少年人在做事时，如果能够想一想，我现在在干些什么，将来会成为什么样

的人，就不会在歧途上越走越远，白白浪费自己的时光和精力。树立一个长远的目标，所有的行为都会产生相应的结果，到了一定的时候，就会有所成就，这也是一个积累的过程。

智愚祸福　贫富毁誉

【原文】　凡智愚无他，在读书与不读书；祸福无他，在为善与不为善；贫富无他，在勤俭与不勤俭；毁誉无他，在仁恕与不仁恕。

【译文】　智慧和愚蠢的区别没有什么，只在于读不读书。灾祸与幸福的区别也没有什么，只在于做不做善事；贫穷和富足的区别没有什么，只在于是不是勤劳俭朴；受人诋毁与赞誉的区别也没有什么，只在于能否做到仁爱宽恕。

【点评】　智慧和愚蠢不是天生的，在于后天的教育。书籍是人类传播真理和智慧的工具，读书的人能以古人为鉴，透彻地明白事理，广泛地吸取知识，成为一个智慧的人。不读书的人囿于目力所及之处，见识浅陋，有可能堕为一个愚蠢的人。

人都愿意避祸而求福，但祸福有时是无法由自己控制的，唯一能由自己把握的，就是我们多做善事。多行善积德，心理也会安详宁静，就不会违背自然运行的规律，也就不会有灾祸了。那些不行善的人，只知道为非作歹，必然会招致祸患。

贫穷是人极力要摆脱的，富贵是人所热切向往的。要取得富贵的方式有许多种，儒家倡导的是“君子爱财，取之有道”。勤俭持家，开源节流，也就可以获得富贵了。勤勤恳恳地去做事，便能够有收入，节节俭俭地生活也就能够积攒，这样一来，岂不也就富贵了吗！

人在社会上生存，想得到大家的赞誉而防止被别人诋毁，完全取决于自己待人处世的方世。如果能宽厚待人，设身处地地为他人着想，不苛求责难别人，那么肯定会得到大家的赞扬；如果待人时包藏祸心，对人尖酸刻薄，自然会招人诋毁。

虽然说“死生有命，富贵在天”，但人所处的较宽松的环境，是由自己争取的。能够使自己处于最好的状态，其实也就赢得了最佳的生存环境。只有智慧的人，才能看透这一点而生活得自由自在。

一生罪过　自是自私

【原文】　人一生大罪过，只在自是自私四字。

【译文】　人一生最大的罪过，只在自以为是和自私自利这几个字。

【点评】　在最初的原始母系社会，是没有自私的概念的，大家共同占有生产资料，所以没有剥削，没有压迫，没有自私和争夺。有福同享，有难同当。这就是古圣先哲所向往的理想的大同社会。私有制产生后，人们才开始为自己的利益忙碌奔走，这是错误的吗？当然不是，否则私有制的产生就是历史的退步了。是利益驱动社会运转，而不是别的。所以自私的产生是有其历史必然性的。

人是社会的人，这个人是人人，而不是一个人，每个人都获得了充分的、自由的发展，社会才能真正地进步。所以每个人在积极发展的时候，决不能阻碍别人前进的脚步。因此，自私不能损害别人的利益；自我肯定，不能贬低别人的才学和能力。是为理想的人际关系。

贫不足羞　老不足叹

【原文】 贫不足羞，可羞是贫而无志；贱不足恶，可恶是贱而无能；老不足叹，可叹是老而虚生；残不足悲，可悲是死而无闻。

【译文】 贫穷并不足以让人感到羞愧，可以羞愧的是贫穷却没有志气；出身卑贱并不足以让人感到厌恶，可以厌恶的是卑贱却没有才能；老并不足以让人叹息，可以叹息的是衰老却虚度了一生；残疾并不足以让人感到悲哀，可以悲哀的是死了却默默无闻。

【点评】 前面提到，君子的含义由贵族过渡到有德之人，这其中隐含了一条信息。人的社会价值已不再仅以出身和财富为标准，而转向了德行，这同科学制度一样，其实是提升了下层人的社会地位，在等级森严的封建社会开了一扇天窗，肯定了人后天努力的有效。

由于出身和天生禀赋的差异，所以贫、贱、老、残是不能被改变和超越的生存条件。但后天的修养和操练可以使这人的生存状态得以提升。在等级社会，贫穷是很难改变的，但是穷得有志气，就会使人格得到升华，进入一个儒家思想铸造的贤人的境界。孔子在三千弟子中，最看重颜回，是因为“贤哉，回也！一箪食，一瓢饮，在陋巷，人不堪其忧，回也不改其乐。”

出身卑贱是不能改变的，但自身卑贱并不可恶，居于穷途末路，更能激发心中的斗志，苦心经营自己的事业，成就一番功业。

衰老本是正常的自然规律，是不可逆转的，它的价值在于身后是空还是实，有一生的功绩和伟业做底，虽临近死亡，也坚实平和。如果一生碌碌无为，衰老也就失去了任何价值，显得苍白。

人都怕死，所以一提到死亡便很悲哀，但是真正的悲哀不在于死亡本身，而在于死的时候默默无闻，人的一生，起码也应该像流星一样，在天空留下一道印迹。如果我们真正做了自己应该做的事，也就会在世间留下生命的痕迹，死而无憾了。

安于知足　死于无厌

【原文】 万物安于知足，死于无厌。

【译文】 万物安于知道满足，死于贪得无厌。

【点评】 天下万物所需要的生存条件是有限的，在所必需的生存条件满足之后，不要无限制地放纵自己的欲望，为那些可有可无之物透支生命，终会有提前结束生命的一天。人的道理也是一样，知足者常乐，不知足者恒苦，当满足于目前力所能及的生活状况时，人的心境才能平和，才能颐养身心。要是过于贪求更富足安逸的生活，总有一天会耗尽心力而死。

吉凶祸福　立身行己

【原文】 吉凶祸福是天主张，毁誉予夺是人主张，立身行己是我主张。此三者，不相夺也。

【译文】 吉凶与祸福是由天决定的，诋毁与赞誉、给予与夺取，这都是由他人所决定的；安身立命与修养身心是由我自己决定的。这三件事情，是不会互相剥夺的。

【点评】 中国的哲学思想是非常务实的，它更关注人在现实生活中的生存状态。在天、人、我三者之中，天、人是我无力控制的，我能掌握的唯有我自己的行为。包括孔子《论语》在内的先哲著述大都是讲述立身处世的道理，用一种以我为中心的由内向外的思路，探讨我以哪样心态面对世界，面对外物，重点是我应该做些什么。这三句话最终要说的是：立身行己是我主张。

这个主张吉凶祸福的天不是神，不是命，它的意义更接近于一种人力无法控制的外在因素。它的范围会随着科技的进步无限地缩小，但在一定阶段不会完全消失。它也包括一些偶然因素，比如说，一个人走在路上，好端端地被一块从高处落下的砖砸中了，这是谁的过错，是天的。天决定的，你我都无法改变。

社会中每个人都有自己的观点，我所坚持的，别人未必珍视，别人所看重的，我未必同赞，所以，被赞誉或诋毁是我无法避免、无力改变的事。我唯一能决定的是做好我自己的事，兢兢业业地做事，诚诚恳恳地做人。这是最有效的取得他人赞同、事业成功的途径。至于恶意的攻击和意外的灾祸，是躲也躲不开的，就由他去吧！

笑人不妨 笑到是处

【原文】 世人皆知笑人。笑人不妨，笑到是处便难，到可以笑人时则更难。

【译文】 世间的人都知道嘲笑别人，嘲笑别人没有关系，笑对地方就很难，达到可以嘲笑别人的地步就更难。

【点评】 嘲笑别人时是以一种优越的、高人一等的心态去点评别人的不足，殊不知嘲笑别人是要有一定资本的。做人处世和财力学识上高出别人许多，才能敏锐地看出那人的优点和不足，这时的嘲笑才是笑到是处。真正可以嘲笑别人时，自己要已经做到尽善尽美，才有了嘲笑别人的资本。当然，做人达到十全的境界也就不会嘲笑别人了。

世间多的是五十步笑百步。或出于嫉妒或由于自大，去攻击别人的不是和弱点，事实上，这些缺点是自己也没有避免的，这样做人就落到一个很低的档次，嘲笑之后也只能是相互攻击，相互谩骂。

毁我之言可闻 毁我之人不问

【原文】 毁我之言可闻，毁我之人不必问也。使我有此事也，彼虽不言，必有言之者。我闻而改之，是又得一受业之师也。使我无此事耶，我虽不辨，必有辨之者。若闻而怒之，是以多一不受言之过也。

【译文】 诋毁我的言论可以去听，但诋毁我的人是谁，也就不必追问了。假使我有这样的事，即使他不说，必定有说的人。我听到然后改正，这又是得到了一个授业的恩师了。假使我没有做这样的事，我虽然不辩白，必然有替我辩白的人。若是一听别人的诋毁，便勃然大怒，这就又多了一重不接受别人言论的过错啊！

【点评】 这是一种极俭省、极经济的待人处事的方法。人生存的目的不是被人仇恨或与人辩论，是要完善自己的灵魂，升华自己的人格，实现自己的人生价值，凡是有利于我在这条路上行走的，就是我要关注的。凡是会分散我的精力，无益于我自身修炼的，就是我应该抛弃的。

别人可能会有种种理由在背后议论我，与我唯一真正有关的是：他所议论一事是不

是我真的做错了。如果错了，就立即改正，还获得一个学习的机会，如果我没有做错，也不必去辩白。辩白或追究都只是徒然分散我的精力。谣言自有不攻自破的一天。

变换一下心态，任何事都是我可以获益的知识源泉，没有什么事是彻底糟得一塌糊涂的。

贪婪爱欲　克胜欲望

【原文】　只一个贪爱心，第一可贱可耻。羊马之于水草，蝇蚁之于腥膻，蜣螂之于积粪，都是这个念头。是以君子制欲。

【译文】　人只要存了一个贪婪爱欲的心理，就是第一件卑鄙可耻的事。牛羊驴马对水草，苍蝇蚊蚁对腥膻，屎壳郎对积粪，都只是这样一个念头。因此，君子要克制自己的欲望。

【点评】　人由动物发展而成，自然有着动物属性。“饮食、男女、人之大欲存焉。”但人之所以为人，在于能够超越自己的动物本性，而努力达到人的境界，动物只满足于食欲和性欲，人却不能。动物的生存目的，是保护自身的生存和物种的延续。羊马在大草原上生存，必须有水喝，有草吃，才能维持自己的生命。君子则不同，他要争取修身养性，使自己成为不为物欲所限制的人，从而进入那清静高尚的圣人行列。凡人只是顺着自身的欲望发展，成为爱欲的奴隶，自己一刻也做不了主。这样，也就与那些禽兽为伍了。

作本色人　说根心话

【原文】　作本色人，说根心话，干近情事。

【译文】　人要做一个本本色色的人物，要说那发自内心的话语，要干那近乎人情的事。

【点评】　人生下来，天赋的本性是什么就是什么，这叫率性而动，像李逵、鲁智深那样就是本色。没有什么伪装，不需要扭曲自己的个性和心理。做该做的事，说该说的话，这就是本色。西施美丽而东施丑陋，这丑陋也是与西施相对而言的，各有自己的特色。西施是谁也取代不了的，同样，这东施也是谁也取代不了的。结果，东施要学西施，丧失了自己的本色，反而就真正丑陋了。

真心的话，就是发自内心的话语。人们在社会交往中为达到自己的目的，常使用被伪装过的语言。所以有“逢人只说三分话，未可全抛一片心”。在说假话被众人认可的时候，说真话带给自己的可能是灾难性的后果。不过，能说真话的人至少有一点好处，心理不会不平衡。因为真话都是从心灵中流露出来的，不需要装饰，不需要割舍，不需要扭曲。一个要修行的人，就应该这样，先从这说真心话开始！

人应做合情合理的事。合情，就是合乎人情，人情有所不能的，我们就不去做，合理就是合乎一定的道德和法律规范，常理不容的事，我们也不去做。

这样才是做了一个真正的人。

有过不辞谤　无过不反谤

【原文】　君子有过不辞谤，无过不反谤，共过不推谤。谤无所损于君子也。

【译文】　君子做人，有了过错决不拒绝别人的诽谤；没有过错也不去反驳别人的诽

谤，与别人一起犯的错误也不推托诽谤。因此，诽谤并不能给君子带来任何损害。

【点评】 人所追求的人生目标不同，所采用的方式和道路也不会相同。能够做出别人不愿做或不能够做到的事，就是圣人君子。

人没有不犯错误的。君子的超出常人之处不在于不犯错误，而在能正视错误而后改之。所以有颜回的“不贰过”和子路的“闻过则喜”。

有了过错，肯定会给别人或者集体带来不良的影响，他人一定会有看法或者说道，这是很正常的事。君子就该承认自己的过错，听取别人的意见和批评，就会减少以后的损失。从这一点讲，别人的诽谤对我们来说，应是苦口的良药，值得我们记取和感激，但人们似乎都没有这样的耐心，所以只能是一个凡人而已。

如果自己没有犯什么错误而遭到他人的无意或恶意的诽谤，也不必因此心怀怨恨或竭力反驳。因为如果真正行事清白，谣言是不会伤害自己的。

有时候，工作中会出现一些失误，往往并不是某一个人所造成的。有的人就会推卸责任，说是某某干的，与自己无关。如果是君子，他一定会承担责任的，因为当时他也在场，他为什么不去阻止。

现实生活中的人往往不免会被流言所击中，会不会受到伤害往往取决于你对它的态度，如果你看重的是自身的行为，就会时时反省自己的过错，努力提升自己的修养，坦荡地面对别人，流言便不会伤害到你。如果你看重的是别人的说法，你会想方设法阻止它，最终可能会落入一个说不清道不明的尴尬境地。

人不自亡　谁能亡之

【原文】 **亡我者，我也。人不自亡，谁能亡之？**

【译文】 消灭我的人，只能是我自己。人如果自己不消灭自己，谁能够消灭他呢？

【点评】 毛泽东说清末所有的阵营都是从内部被攻破的，最典型的例子是明末李自成、太平天国，两个军事阵营坚不可摧，锐不可当，攻打京城，势如破竹。及掌握政权后，内部开始争权夺利，贪污腐化，一个坚强的集团就此土崩瓦解。作为个体的人也一样，如果不是内心的冲突、分裂和自身的缺陷，谁也不能将他摧垮。比如项羽，勇力过人，豪侠义气，如果不那么狂妄自大，心中没有妇人之仁，也不会有乌江自刎的悲惨结局。

现在，我们常说，将来毁灭人类只能是人类自己。其他的动物都是同类共存的，只有人类却是既残杀其他动物，又残杀自己的同类！我们同类相残，最终会两败俱伤。

刚而能婉　明而若晦

【原文】 **刚、明，世之碍也。刚而婉，明而晦，免祸也夫！**

【译文】 刚强与清明，是世界上的障碍。如果刚强的人能够委婉一些，清明的人能够隐晦一些，那么也就可以避免灾祸了。

【点评】 有一天，孔子去释访老子，问处世之道。老子伸出自己红润的舌头，又指指自己光秃的牙床。孔子心有所悟老子的意思是牙齿坚硬无比，但很早就脱落了；舌头柔软，却一直能保持完好无损。这就是道家提倡的柔弱处世，是一种全身远害的养生之道。这种思想并不只是我们通常所说的消极避世，而隐含了保全实力、顽强生存的智慧。这种精神几千年来在中国人血液中流淌，造就坚忍不拔、吃苦耐劳的民族性格，鲁迅反对无

谓的牺牲，提倡"韧的战斗"，其理由也源于此。

刚、明处世，于己来说，"至刚则摧，至满则溢"，于人来说，则有"人至察则无徒，水至清则无鱼"。这是一种很现实的待人态度。世间事本是混沌晦昧的，人类在发展过程中永远都不会达到至善至美的境界。以十全的标准去要求世界和他人，就是在剥夺别人存在的正当权利。所以说刚、明，是世界运行发展的障碍。

爱自身者　不贵声名

【原文】　蜗以涎见觅，蝉以身见粘，萤以光见获。故爱身者，不贵赫赫之名。

【译文】　蜗牛因为自己的涎迹而被人发现，知了因为自己的身体而被人粘住，萤火虫因为自己的亮光而被人捉获，所以那些爱惜自己身体的人，绝对不会看重那显赫的名声。

【点评】　人的眼睛常会被一些灿烂夺目的东西所吸引，花费一生的精力去追求，却不知道它可能毫无价值，甚至会危及自己的性命。

小孩要逮蜗牛，就会沿着蜗牛留下的涎线去寻找，可以说是它自己的涎线害了自己。那蝉声音嘹亮，小孩便用粘竿去粘，可以说，是它们自己的声音害了自己。萤火虫身体会发光，就会吸引住小孩的目光，最终因此而丧命，又有狐狸因自己的皮毛而被猎杀，大象由于自己的牙齿而被伤害。因此那些爱惜自己生命的人，绝不看重那显赫的名声。

多门室生风　多口人生祸

【原文】　多门之室生风，多口之人生祸。

【译文】　门户多的房子会生出风来，多嘴的人容易引来灾祸。

【点评】　由于某些特定的情境，有些话是绝对不该说的，这与诚实与否无关。比如说一个重病的人，家人都瞒着他的病情。唯有你，急乎乎地跑去说："你活不长了，快料理后事吧"别人苦心经营的一下全被你打破了。

更有恶意的多嘴之人，四处鼓动口舌，挑拨离间惹是生非。这固然是坏了别人的事，伤了别人的心，也会使自己惹祸上身。

殃及子孙　十者当戒

【原文】　士大夫殃及子孙者有十：一曰优免太侈；二曰侵夺太多；三曰请托灭公；四曰恃势凌人；五曰困累乡党；六曰要结权贵，损国病人；七曰盗上剥下，以实私囊；八曰簧鼓邪说，摇乱国是；九曰树党报复，阴中善人；十曰引用邪昵，虐民病国。

【译文】　官僚士大夫，殃及子孙后代的行为有十种：第一是优待赦免的地方太过奢侈，第二是侵略掠夺的东西太多，第三是相托私事而损害公家，第四是依仗权势而欺压百姓，第五是搅扰连累邻里街坊，第六是勾结那些权要和显贵，损害国家和人民，第七是偷盗国家剥削人民，中饱私囊；第八是鼓吹异端邪说，来扰乱国家的安定，第九是树立党羽进行报复，暗地里中伤善良忠厚之人，第十是任用奸邪，亲近小人，残害百姓危害国家。

【点评】　人们能留给子孙的是什么呢？权势？财产？巴金在《爱尔克的灯光》中感慨道：祖父用空空两手造就了一份家业，到临死还周到地为子孙安排了舒适的生活。他叮嘱后人保留着他修建的房屋和他辛苦地搜集起来的书画。但是子孙们回答他的还是

同样的字:分和卖。

权势也一样,翻看历史,古时帝王将相的显赫又能维持几代?真正能造福子孙的是一个优良的门风,清白的名誉,这种无形的财产才最能“长宜子孙”。但在位的显贵们却拼命地造恶,陷害忠良,巴结权贵,盘剥百姓,中饱私囊。祖先的这些恶行留给子孙的只能是无穷的灾难,祖先种下的恶果总有一天会在他的后人身上得到报应。

时时自反　才德俱进

【原文】　学者事事要自责,慎无责人。人不可我意,自是我无量;我不可人意,自是我无能。时时自反,才德无不进之理。

【译文】　学习做人的人,每件事情都要责备自己,千万不要责备别人。别人不合我的心意,自然是我自己没有肚量;我不合别人的心意,自然是我没有能力。时时刻刻反省自己,才能德性绝对没有不进步的道理。

【点评】　这是做人境界的高低,《菜根谭》有“立身不高一步立,如尘里振衣,泥中濯足,如何超达”,人我之间总会有种种矛盾和冲突,如果凡事斤斤计较,非要争个你长我短,那就是自甘堕入庸俗琐碎的境地中去。遇到冲突,要多反省自己的行为,尽量补足完善,这才是较高层次的立身之道。

真心真口　真耳真眼

【原文】　士君子只求四真:真心、真口、真耳、真眼。真心无妄念,真口无杂语,真耳无邪闻,真眼无错误。

【译文】　真正的君子士大夫只追求四个真实:真实的心,真实的口,真实的耳,真实的眼。真实的心灵不会有虚妄的念头,真实的口不会说出杂乱的话语,真实的耳朵不会听到邪恶的声音,真实的眼睛不会认错事物。

【点评】　四真其实只说了一个问题,就是君子要处于本真状态。按自己的本色做人,说发自内心的话,做合情合理的事心地清明坦荡,就不会起虚妄的念头,不会说乱七八糟的话内心安静,就能静观人世百相,知道什么是正,什么是邪,什么是真实,什么是虚妄,耳目就不会被嘈杂炫目的事物所迷惑。

福莫美于安常　祸莫危于盛满

【原文】　福莫美于安常,祸莫危于盛满。天地间万物万事未有盛满而不衰者也。而盛满各有分量,惟智者能知之。是故卮以一勺为盛满,瓮以数石为盛满;有瓮之容而怀勺之惧,则庆有馀矣。

【译文】　幸福没有比安于平常更美好的,灾祸没有比溢满更危险的,天地之间的万事万物,没有达到了溢满而不衰败的而溢满也各有自己的分量,只有那智慧的人能够知道和把握。因此,酒卮只要装上一勺水就会满;而那大瓮装数石才满;如果有了瓮的容量,却怀着勺的恐惧,那么就会庆幸还有余下的容量。

【点评】　幸福是一种心里的感受,生活安定,心里平静,没有灾祸,这就是幸福。但保有这一境界很难,人们常要被自己的欲望所驱使,永无休止地去追求事物的完满,“过满则溢”。孔子当年在宗庙里发现了倚器,水装到一定的时候,便会倾倒而溢出来。

容器的容量都是不同的，小酒杯最多能装上一勺，而瓮却可以装上几百斤。如果君子能够拥有大瓮的肚量，而始终保持着一勺容量的恐惧，而不敢自满，那么君子仍处于一种常态，能够永久地保有幸福。

第六篇　问学篇

喷叶学问　洗面工夫

【原文】　不由心上做出，此是喷叶学问；不在独中慎起，此是洗面工夫。成得甚事？

【译文】　不是从心中做出的，是肤浅的学问。修身时没有达到慎独要求的，只是表面的工夫。浮浅学问，表面功夫，能成就什么大事呢？

【点评】　有些人显得很博学，懂得东西很多，说起道理来头头是道，但要是让他们去解决具体的问题，他们就束手无策了，中国古代就有“纸上谈兵”的典故。因为他们只了解了表面的道理，对其内在的含义根本不理解。这些人把知识当作了装点门面的修饰，以此标榜自己，然而，这样最终只能成为人们的笑柄。东山魁夷说：“你不能说不是勤勉的。然而，你没有充分的时间摄取，只是一味发挥着吐的作用。要不了多久，你会变得身心交瘁的。”做学问是一项“种豆得豆，种瓜得瓜”的工作，你付出的汗水，必会收获甜美的果实；如果只忙着修饰自己的花朵，最终必定一无所获。

入耳出口　无益身心

【原文】　上吐下泻之疾，虽日进饮食，无补于憔悴；入耳出口之学，虽日事讲究，无益于身心。

【译文】　当上吐下泻时，虽然每天照常饮食，但身体依然会憔悴；把听到的话原样说出去而不加思考，虽然每日潜心研究学问，但也不会对身体精神有什么益处。

【点评】　学习学的是什么呢？我们从书本上了解到前人或同时代人卓越的思想与伟大的发现，然后将它们内化，得出自己的结论。这才是完整的学习过程。因为“知识并不能把光赐给一个原来没有光的人的灵魂，或者令盲人可以看见；它的职责并非供给他视觉，而是指导他、调节他的步伐，只要他自己有脚和健全敏捷的腿。”（蒙田语）如果看书就只看那些字，却不去深究字里行间的含义，这样读上一整天的书恐怕也是毫无收获。学习，不仅要勤奋，更要有正确的方法。只有转动自己的脑筋，外界的知识才能转化为自己的能量，为我所用，正像巴尔扎克说的那样：“打开一切科学的钥匙都毫无异议是问号。”其实，生活的智慧大概就在于逢事都问个为什么。

扶持资质　全在学问

【原文】　扶持资质，全在学问。任是天资近圣，少此二字不得。三代而下无全才，都是负了在天的，欠了在我的。纵做出掀天揭地事业来，仔细看他，多少病痛？

【译文】　培养一个人的资质，全在于学问的多少。哪怕一个人天资接近圣人，缺少了“学问”二字也不行。传说三代以下没有全才，那也是因为后来的这些人辜负了上天的

赐予，缺少了自己的努力。这样的人，纵使做出翻天覆地的事业来，仔细看去，这些事中还有多少毛病，多少隐患？

【点评】 歌德告诉我们："人不光是靠他生来就拥有的一切，而是靠他从学习中所得到的一切来造就自己。"有天生聪颖的人，但没有天生智慧的人。天生聪颖的人如果不踏踏实实地求知，逐渐也会变成愚钝之人。中国古代"伤仲永"的故事就是对世人的告诫，宋朝有个叫方仲永的小孩，五岁时候就能作诗，大家都十分好奇，有人就给他父亲一点礼物，要求见见仲永。他的父亲贪图小利，就带着仲永到处去作诗表演，却不让他好好读书。到了十八九岁，仲永已经和普通智力的人没有差别了。没有什么天生的神童，他们只是比普通人稍微聪明一点，若要出类拔萃必须依靠后天的学习。

劝学不以名利　劝善不以福祥

【原文】 **劝学者，歆之以名利；劝善者，歆之以福祥。哀哉！**

【译文】 劝学的人，用名利相引诱；劝善的人，以福祥相引诱。可悲啊！

【点评】 对知识的渴求，是人类的本性。求知问学，本应是人自发的需要，然而芸芸众生中，又有多少人能够不计名利追求的？只有君子，才能够好学不倦；至于普通人，好逸恶劳而已，谁能够静下心来读书？于是自古以来，就有很多劝学的人，劝学的文章。上者还能以君子相砥砺，下者就只能用功名富贵相引诱了。孟子说，仁义礼智之端，人人生而有之，都有一颗向善的心。然而人生世上，免不了受欲望驱使，被利益所诱惑，于是抛弃生而有之的善端，开始作恶来谋取私利。人性本善，但劝善之人，却不得不以因果报应来说服别人，让人弃恶从善，这真是人的悲哀。

德性坚定　可生可死

【原文】 **自德性中来，生死不变；自识见中来，则有时而变矣。故君子以识见养德性，德性坚定，则可生可死。**

【译文】 从德性中来的，至死也不会变；从识见中来的，有时会发生变化。所以君子靠识见来培养德性，德性坚定以后，则生死可以置之度外。

【点评】 "要有所成就，要成为独立自持、始终如一的人，就必须言行一致，就必须坚持他应该采取的主张，毅然决然地坚持这个主张，并且一贯地实行这个主张。"卢梭的《爱弥儿》中如是说。人的品格是灵魂的支柱，什么样的人会有什么样的举动，都是由他的价值观所决定的。英国沙普慈伯利曾说："道德在一切精华瑰丽之中是最可喜的，那是人间事事的支柱和严师，他维护团体、保护团结、友谊和人与人之间的交往……"一旦确立了自己的道德，也就等于确定了自己的灵魂，道德高尚的君子只会按照心灵指引的方向，古人云："君子之游世也以德，故不患乎无位。"孔子更是说："朝闻道，夕死可矣！"

无所为而为　圣学之根源

【原文】 **无所为而为，这五字是圣学根源。学者入门念头，就要在这上做。今人说话第二三句，便落在有所为上来，只为毁誉利害心脱不去，开口便是如此。**

【译文】 "无所为而为"，这五个字是圣人学问的根源。求学之人在入门时，就要在这上面做工夫。如今的人说话，才说到第二三句，就落到有所为上来，只是因为他们把毁

誉利害看得太重，放不开那颗心，所以开口就是功利。

【点评】 治学就是不断地学习自己不知道的知识，宇宙广袤无际，蕴藏了多少人类没有发现、不能理解的事理，即使穷尽几百辈人的生命与智慧也无法全部了解，用我们所了解的去对比我们所不了解的，就会发现我们几乎一无所知，这正是激发人类不断学习的动力，但在有些人那里，学问成了获取利益、权势的价码，故治学先治心，亚里士多德说过："人们追求智慧是为了求知，并不是为了实用。"必须正确认识知识的价值，才可能取得些许成绩。《痴儿西木传》的作者所言极为精辟："才智作为一种可能性，只有通过知识和学问，才能付诸实现；这就是说，人的理性有能力做到一切事情，但若没有勤奋不懈地实践，就一事无成。这种知识或者实践就是心灵的完美……"

为学之要　心平气和

【原文】 **为学第一功夫，要降得浮躁之气定。**

【译文】 做学问首要的功夫，就是要能克制浮躁之气，让心神凝定。

【点评】 马克思说过："在科学的入口处，正像在地狱的入口处一样，必须提出这样的要求：'这里必须根绝一切犹豫；这里任何怯懦都无济于事。'"其实任何学问都是如此，做学问靠的是积累，不能急于求成。巴鲁兹金就说"天才不是一切。要日积月累，持之以恒"。只有耐得冷板凳的毅力与勤奋，才可能发现别人看不到的东西。所以治学对于心灵素质的要求很高，一个人必须心平气和，不骄不躁，不气馁，不言败，持续地学习，持续地试验，才能博得灵感的青睐。爱迪生在发明电灯之前，试用了六千多种材料，试验了七千多次，才有了第一次突破性的进展。如果最初试验了几次都不成功，就失去了耐性，寻常人家要用上灯泡也不知要等到什么时候。

古之君子　病其无能

【原文】 **古之君子，病其无能也，学之。今之君子，耻其无能也，讳之。**

【译文】 古时的君子，以自己的无能为病，而努力学习；如今的君子，以自己的无能为耻，而忌讳掩饰。

【点评】 英国著名小说家毛姆说："知识是很深奥的东西，往往超出了涉猎者能力所及的范围，他获得知识之前，必须经过一段漫长而艰难的途程。只有当他深知自己幼稚可笑的时候，他才会有所醒悟。一个无知的人，总觉得天下没有什么可学的，因而自认为自己无所不知，所以，你很容易使他相信月亮是绿色圆盘组成的，但却无法让他清醒他并不是无所不知的。"一个人只有知道自己的无知，才可能学到更多的东西。相比起无穷的宇宙，所有的人都是一无所知，这是事实，有什么好耻辱的？耻辱的是看到了自己的无知，却还装作无所不知。

毁誉之是恤　荣辱之是忧

【原文】 **身不修而惴惴焉，毁誉之是恤；学不进而汲汲焉，荣辱之是忧。此学者之通病也。**

【译文】 为修身境界不够而惴惴不安，是因为顾虑他人的毁誉；因为学习没有长进而焦急，是担心将来地位的荣辱。这可以说是求学之人的通病。

【点评】 托尔斯泰说过:“不要把学问看作是用来装饰的王冠,也不要把学问看作是用来挤奶的奶牛。”学习可以说是人的本能,最基础的如向动物学习,是为了求生;吃饱穿暖以后是为了驱除心中的黑暗与迷惑,寻找人之为人的原因;再者,是为了指导未来,创造更美好的生活。培根说:“一切知识与好奇(好奇是知识的种子)本身就给人一种愉快的印象。”所以,千万不要在学习中带入功利色彩。学习知识是为了充实自己的心灵,而不是用来修饰自己的花冠,也不是换取功名利禄的手段,否则怎能将精神集中在为学上面?好像听到外面热闹就跑出去看的华歆,注定会一无所成。

口耳与身心

【原文】 **上吐下泻之疾,虽日进饮食,无补于憔悴;入耳出口之学,虽日事讲究,无益于身心。**

【译文】 得了上吐下泻的疾病,即使每日饮水进食,也无法补救身体的憔悴;做耳听口说的学问,即使整天去研究讲习,对身体和心灵也没有裨益。

【点评】 这是讲学习的方法问题。如果所学的东西,限于口耳就好比是得了上吐下泻的疾病的人吃进去的东西,无补于身体健康。人学习的时候,不思考,就好比是消化器官出了问题。所获取的知识是原生态的僵硬的一团,没有被理解,没有被吸收,不能与原有的知识网融会,也不能有效地指导自己的行动。按公刘先生的说法,这是把自己的头脑变成了别人思想的运动场,初看来繁荣异常,热闹非凡,实际上是一台内部没有一致性、协调性、不能运转的机器。

孔子说“学而不思则罔”,只吸取知识不思考就会迷惘,所以最有效的学习方法是积极地思考,用已有的知识去理解它,然后将之妥帖地并入自己知识网中去。

能见吾心　便是真悟

【原文】 **悟者,吾心也。能见吾心,便是真悟。**

【译文】 悟字从吾从心,就是我的心。能够见到我的心,就是真正的觉悟。

【点评】 佛家认为佛性就是人性,是自己的本来面目,但人的本来面目已被贪、痴、爱、欲所扭曲。宗教的悟就是要扫除心头的杂质,显出自己的本性,即佛性,有佛偈云:“身是菩提树,心如明镜台,时时勤拂拭,莫使有尘埃。”西方也有类似的思想:“小事求助于理性,大事求助于心。”

心与悟是中国美学特有的概念,心不能说是理智,也不能说是感觉,悟不是理性思维,也不是感性思维,而是超越了这两个阶段的悟性思维,能超越推理和论证阶段,达到对事物的本质性的认识。心是悟的器官,是人天生性情和后天修养、记忆的综合。当我们不能用感觉,也不能用理性解决问题时,就要求助于自己的内心,心会发出指令,告诉你出口,这个过程就是悟。

心与道俱　邪念不乘

【原文】 **读书能使人寡过,不独明理。此心日与道俱,邪念自不得乘之。**

【译文】 读书能使人少犯错误,不只是可以明白事理。这颗心整天与大道相吻合,邪恶念头自然不可能乘隙而入。

【点评】 人非生而知之，所以很难不犯错误，但错误或多或少总会造成损失，是不是非要跌了跟头，吃了苦才能吸取经验？当然不是，最明智的办法是从别人的经历中获取教训，防止自己走弯路。书籍中记载的是前人的生活感受和处世经验。这是获得间接经验的最重要的途径。我们可以从中获得帮助，减少错误的发生，即使是有失误，也会减少到最少的程度。所以说，读书可以使人寡过。

中字道理　敬字学问

【原文】 除了中字，再没道理；除了敬字，再没学问。

【译文】 除了一个中庸的中字，再也没有道理了；除了一个尊敬的敬字，再也没有学问了。

【点评】 中国人认识事物讲究一个中字，就是《尚书》中说的："惟精唯一，允执厥中。"也就是不偏不倚，恰到好处。这是做人行事都要遵循的一个准则。比如锻炼身体，运动量小了不足以达到健身的目的，运动量过了就会产生负面效应，比如身体机能过度损耗，所以只有当运动量正好达到与身体相适应的点时，才能产生最好的锻炼效果。所以做事遵循的"中"，就是让人的行为符合事物发展的规律，这是绝对的真理。

"学问"二字在儒家文化中有着独特的含义，孔子"贤贤易色，事父母，能竭其力；事君，能致其身；与朋友交，言而有信；虽曰未学，当必谓之学也"。其中的学是指实践中的德行的培养，而不是书面的诵读研究。这里的学问就是指现实生活中的伦理道德规范。

"敬"字在传统文化中是非常重要的，同为中国文化是崇古敬祖的文化。实行的是封建家法制度。家族中的祖先和父辈有着至高的权力，后辈不仅要"孝"，而且要"顺"，以保持家族的延续。所以"敬"就成为做人的第一要义。

学问之道　培养好处

【原文】 人生气质都有个好处，都有个不好处。学问之道无他，只是培养那自家好处，救正那自家不好处便了。

【译文】 人天生的脾气和本质，都有个好处，也都有不好的地方。做学问的道理没有别的，只是去培养那自己的好处，而纠正那自己的不好的地方，也就可以了。

【点评】 任何人都有短处，都有长处，人的长处就是他的优势，是他高于其他人的地方，但人的整体素质有一个"瓶颈效应"。简单地说，如果是一个口颈高下不齐的瓶子，那么这个瓶子的容量是由瓶心的最低点决定的。同样，人的整体素质，常是由人素质中的最短处决定的，所以人要尽力弥补自己的短处，使自己提升到更高的层次，这就是学问。

第七篇　应务篇

行年五十　悟五不争

【原文】 余行年五十，悟得"五不争"之味。人问之，曰："不与居积人争富，不与进取人争贵，不与矜饰人争名，不与简傲人争礼节，不与盛气人争是非。"

【译文】 我活到五十岁，悟出“五不争”的道理。有人问是哪五不争，我说：“不和重积蓄的人争贫富，不和追求显达的人争荣贵，不和矫饰矜持的人争名声，不和倨傲简慢的人争礼节，不和盛气好斗的人争是非。”

【点评】 孔子曰：“吾十有五而志于学，三十而立，四十而不惑，五十而知天命，六十而耳顺，七十而从心所欲，不逾矩。”到了五十岁，就明白了生活的本质和生命的意义，人生在世，不外乎自我完善和人与人之间的关系。人不是孤独的存在，可以说每时每刻都要与别人发生关系，《梅纽因谈话录》中说：“人们为了生存，因而产生了彼此防备、相互防备、相互竞争之类的事情。但是我们生来就具有某些协调的东西，我们应当重新回到协调的状态中去。”这协调的状态就是人们之间的相互理解与宽容。像池田大作说的那样：“只有那些不仅为了自己的幸福，也能为他人的幸福而出力的人，才能得到真正的幸福。”

理直婉出　善言善道

【原文】 理直而出之以婉，善言也，善道也。

【译文】 道理正确，还要委婉地表达，才是好的言辞，好的方式。

【点评】 爱因斯坦在《对苏联科学家的答复》一文中写道：“要在人类事务中理智地行动，只有做这样的努力才有可能，那就是努力充分了解对方的思想和忧虑，做到设身处地地从对方的角度去观察世界。一切善良的人都当尽可能献出力量来增进这种相互了解。”人最宝贵的品质是宽容，这个世界是多彩的，意味着要求人以宽容的胸怀才能包容这个世界，容忍异端的存在，是人类品德的表现。即使真理握在你的手中，并不意味着你拥有凌驾众人的权力，中国有句俗话说“有理不在声高”表达的也是这个意思，因为“谅解也是一种勉励、启迪、指引，它能催人弃恶从善，使歧路走入正轨，发挥他们的潜力”。

祸患生于安乐　而以忧勤得免

【原文】 凡祸患以安乐生，以忧勤免；以奢肆生，以谨约免；以觖望生，以知足免；以多事生，以慎动免。

【译文】 祸患生于安乐，而因忧思勤恳得以避免；生于奢肆，而因谨慎自律得以避免；生于奢求，而因知足得以避免；生于多事，而因行事慎重得以避免。

【点评】 苏联一位作家曾说：“一个人从已消逝的岁月中能够明显地看出，他所取得的一切成绩，在很大程度上取决于他是以何种心情开始独立走自己的路的，他追求的是什么目标，在向谁看齐；是否能真正严格要求自己。”一个人，对自己的生活必须有明确的把握，并且对每一发展步骤都有清醒的认识，制定出切实可行的计划，有针对的努力，才能取得预期的目的。虽然在此过程中没有人能十全十美，从不犯错误，但重要的是自己能及时意识到错误，并能正确地认识自己的错误，从错误中得到收获，而不让错误毁掉自己。就像歌德说的那样：“最大的幸福在于我们的缺点得到纠正，和我们的错误得到补救。”

无所低昂　唯理是视

【原文】 以时势低昂理者，众人也。以理低昂时势者，贤人也。唯理是视，无所低昂者，圣人也。

【译文】 以时势来衡量事理的，是众人。以事理来衡量时势的，是贤人。只讲求事理，而不为时势变化改变看法的，是圣人。

【点评】 “合理的信仰是扎根于自己思想或感情体验的一种坚定的信念。合理的信仰首先不是信仰什么东西，而是一种确认，这种确认是符合建筑在自己真实经历上的坚定的信念。信仰是全部人格的一个性格特点，而不是同某些被看作对的思想内容有关的东西。”弗洛姆所著《爱的艺术》中的这段话精辟地道明了信仰的本质。跟随绝大多数人，是大部分普通人的做法。当他自己不能判断的时候，他就看大多数人如何判断，然后加入他们；聪明的人能对任何局势做出自己的判断，根据局势变化行事；而智慧的人有自己坚定的信仰，不会随形势变化而动摇其价值观。文中所言正合《庄子·逍遥游》中说的：“至人无己，神人无功，圣人无名。”

只救枝叶　成得甚事

【原文】 **万弊都有个由来，只救枝叶，成得甚事？**

【译文】 任何弊病都有个根源，只救治枝叶，能够成什么事？

【点评】 遇到困难，正确的做法应当先理智冷静地分析问题，找出它的根源，理清它发展的脉络，找到它最薄弱的关节，再思考有效的解决办法。切忌一上来不问青红皂白，就先大刀阔斧地大干一番，停下来一看，也许有助于自己的因素已经全部被自己清除了。古希腊毕达哥拉斯告诫过世人：“思而后行，以免做出愚事。因为草率的行动和言语，均是卑劣的特征。”赤壁之战中周瑜使了反间计，故意让蒋干偷了伪造的书信，曹操一看是蔡瑁与张允写给周瑜通报军情的信，立刻下令把他们两人斩首。但曹操毕竟是大聪明的人，两人刚被处死，曹操就明白中计了，但两员大将已经白白折损了。

详问广问　不偏不倚

【原文】 **遇事不妨详问广问，但不可有偏主心。**

【译文】 碰到事情时，不妨详细广泛地询问，但心中不可以先有偏见成见。

【点评】 世界之大，无奇不有，一个人不可能掌握所有的知识，犯些过错是无可厚非的。关键是对于自己不知道的事情，自己做错的事情，能虚心听取别人的意见来补足、修改。休谟在《人性论》中说道：“一个没有犯任何错误的人，除了他的理解正确以外，不能要求得到任何其他的赞美；而一个改正了自己错误的人，则既表示他的理解正确，又表示他的胸襟光明磊落。”而事实上，世界上没有永远不犯错误的人。故我们应当做的是虚心听取别人的意见，有道理的，我们就改正自己的错误，没道理的就当过眼云烟，最忌讳的态度就是自以为是。

处处留余　此里难言

【原文】 **处人、处己、处事，都要有余，无余便无救性，此里甚难言。**

【译文】 对人、对己、对事，都要留有余地，不留余地就无从挽回，这里的道理很难说明白。

【点评】 《老子》有言：“持而盈之，不如其已；揣而锐之，不如长保。”这个世界远非完美，但正因它的缺憾才有不断发展的动力。世界上的事物也是如此，没有事物是完美

的，它的缺憾其实是它的余地，供自己发展、改进的余地。清初学者朱舜水先生曾说："满盈者，不损何为？慎之！慎之！"他的意思是说，任何事物，如果达到圆满，其实也就是覆灭的时候，所以一定要给自己留一点可以转身的空余。美国著名数学家怀特海在他的对话录中也说："没有完整的真理；一切真理都只有部分的真实性，把部分的真理当作完整的真理来对待，无异于跟魔鬼开玩笑。"

一介有必吝者　千金有可轻者

【原文】　有一介必吝者，有千金可轻者，而世之论取与，动曰所值几何，此乱语耳。

【译文】　有的情况下，细微如草芥也要吝惜争取；有的情况下，即使千金也不能顾惜。而世人谈论取与，动不动就说价值多少，这真是胡说八道。

【点评】　人们都知道钻石的珍贵，但是如果随手捡起一块石头都是钻石，那还有什么宝贵可言？如果有人诋毁真理、正义、道德，哪怕是一个字也要说个明白，要知道，"一件事不能因为说得巧妙，便成为真理，也不能因言语的朴拙而视为错误……智与愚，犹如美与恶的食物，言语的巧拙，不过如杯盘的精粗，不论杯盘精粗，都能盛这两类食物。"这是古罗马哲学家奥古斯丁对世人的警戒。在真理与道德的面前，任何钻石都与普通的石头没有区别。人的生命比钻石更可贵，但为了自己的理想，历史上有多少抛头颅洒热血的英雄志士？正如裴多菲那首人人皆知的诗："生命诚可贵，爱情价更高。若为自由故，两者皆可抛。"

君子无争　相让故也

【原文】　两君子无争，相让故也。一君子一小人无争，有容故也。争者，两小人也。有识者奈何自处于小人？即得之未必荣，而况无益于得，以博小人之名，又小人而愚者。

【译文】　两个君子之间没有争夺，是因为他们互相容让。一个君子和一个小人没有争夺，是因为君子能容小人。互相争夺，是两个小人之间才会发生的。所谓有识者为什么要自居于小人，而与他人争夺？即使得到了也未必光彩，何况参与那些无助于得失的争夺，而获得小人的名声，不但小人而且愚蠢了。

【点评】　毛姆著名的小说《月亮和六便士》中说过一段意味深长的话："生活中无论什么事都和别人息息相关，要想只为自己，孤零零地一个人活下去是十分荒谬的想法。早晚有一天你会生病，会变得老态龙钟，到那时候你还得爬着回去找你的同伴。当你感到需要别人的安慰和同情的时候，你不羞愧吗？你现在要做的是一件根本不可能的事。你身上的人性早晚会渴望同其他的人建立联系的。"谦谦君子能够以己度人，从他人的立场与角度来考虑问题，这样才能理解别人的意图，双方之间才能相互谅解相互包容，这正是良好的人际关系的基石。

其难其慎　开诚布公

【原文】　某平生只欲开口见心，不解作吞吐语。或曰："恐非其难其慎之义。"予瞿然惊谢曰："公言甚足。但其难其慎，在未言之前，心中择个是字，才脱口更不复疑，何吞吐之有？吞吐者，半明半暗，似于开诚心三字碍。"

【译文】　我平生只希望直说心里话，不懂得吞吐支吾。有人说："这样恐怕不合《尚

书》里的‘其难其慎’之义。”我猛然惊觉，道谢说：“您说得很对。但‘其难其慎’，是要在说话之前，在心里选好什么是对的，一旦话语出口就不必再疑虑，为何要支吾吞吐呢？支吾吞吐，说话半明半暗，似乎对于‘开诚心’三字有所违背。”

【点评】 《尚书》记载商代贤臣伊尹立下辅佐之功，将要告老还乡时，写下《咸有一德》告诫后人，说：“臣为上为德，为下为民。其难其慎，惟和惟一。”谈做事之难，不可不慎。这里引来用在待人说话上，也是一个意思。待人论事，固然很不容易，但因难而慎，也是应该做在说话之前。一旦明白了是非，想通了道理，再对别人说时，就应该像古人成语“开诚布公”所说的那样，心里想什么就说什么。陈寿在《三国志·蜀书·诸葛亮传》的末尾评价道：“诸葛亮之为相国也……开诚心，布公道。”后来加以概括，就有了我们今天常用的成语“开诚布公”。待人之道应当这样，如果心里明白，嘴上却吞吞吐吐，支支吾吾，就不是真诚的态度了。

鼓舞不见疲劳　衰竭便难振举

【原文】 **天下之事，常鼓舞不见罢劳，一衰竭便难振举。是以君子提醒精神，不令昏目；役使筋骨，不令怠惰。惧振举之难也。**

【译文】 天下之事，常在鼓舞之下而不见疲劳，但一旦气势衰竭，就难再振举。所以君子要时刻提点精神，不让耳目昏聩；锻炼筋骨，不让身体怠惰。就是因为担心难以重振的缘故。

【点评】 春秋时，齐国攻打鲁国，曹刿为鲁庄公做参谋，说：“夫战，勇气也。一鼓作气，再而衰，三而竭。”打仗是这样，做事也无不如此。我们在做一件事时，刚开始往往凭着新鲜劲儿，心怀宏图大愿，满腔热情，干劲十足，觉得哪怕有天大的困难也难不倒自己。但干了一段时间以后，尤其是事情进展不顺利时，懈怠的心就慢慢开始萌芽，以致越来越懒，越来越提不起劲，再也找不到一点开始时的感觉，甚至就此作罢，以半途而废收场。做事贵在持之以恒，而难也就难在这恒心毅力上。古人说“行百里者半九十”，不达到最终目标，前面做得再多也是白费。想做大事的人尤其要以此为戒，时刻提醒自己，不让自己有懈怠的念头。

任难任之事　处难处之人

【原文】 **任难任之事，要有力而无气；处难处之人，要有知而无言。**

【译文】 担当那些难以担当的事业，就要你有力量而不必要什么气魄；相处那些难以相处的人们，就是要你具备智慧而不必要什么言语。

【点评】 挑千斤重担，凭得是真实的力量，一个长相魁梧或爱吹嘘自己力量很大，却没有真实力量的人，凭什么巧舌如簧，也挑不起千斤重担。任难任之事，就如挑担子，看的是真本事，是否有实力把事情办好，而不是看气势能否把人吓倒，比如，一个人总爱吹捧自己如何如何能干，经验如何丰富，一旦让他做事，就会露馅，不过一只气势汹汹的纸老虎而已。任难任之事，要不得半点虚假和造作，即使一时有些困难，只要肯下苦功，积蓄力量，终会成功。

同难相处的人相处，需要用智慧，而不是动嘴，靠言语能解决得了的。难处之人多半是小人。小人本身争名夺利，工于心计，斤斤计较，常常暗箭伤人。你与他斗，即使一时

斗败了他们,他们一定会记恨在心,伺机报复的。与小人搭起了钩,就会有摆不尽的麻烦,君子们何必要把自己陷入他们的烦恼之中,坐失做事的大好良机呢?

察言观色　度德量力

【原文】 察言观色,度德量力。此八字处世处人,一时少不得底。

【译文】 考察别人的言论,并且观看他人的脸色;测度自己的德行,衡量自己的力量。这"察言观色"和"度德量力"八个字,在处世待人时,一刻也是缺少不得的。

【点评】 人生在世,天天都要与不同的人交往。与他们关系处得好,心情愉悦,生存环境也会顺利,关系处理不好,心情沮丧,就会感到世事艰难,因此,处理好人我关系非常重要。

处理人与自己的关系,理解别人是首要的。要理解别人,知人所想,知人所需,所好所恶,就得学会察言观色,"言为心声",一个人的心情好坏会自然流露在言语中或由表情显露出来,会察言观色,就能较为准确地把握别人的心理,从而调整自己的行为,形成较融洽的人际关系。比如,一个善于察言观色的下级往往会受上级的器重。

了解了别人的情况,还不一定就会有融洽的人际关系,自己的德行也相当重要。德行好,人们就会给予信赖和支持,受到拥护。德行不好,人们自然不会投入信赖和支持,所以,要有好的人际关系,还须常常慎重分析自己的德行,反省自己的品行,并努力修善其身。

应事接物　从容闲暇

【原文】 果决人似忙,心中常有馀闲;因循人似闲,心中常有馀累。君子应事接物,常赢得心中有从容闲暇时便好。若应酬时劳扰,不应酬时牵挂,极是吃累的。

【译文】 果断坚决的人看去很忙,其实心里头却常常有着裕余和闲暇;因循不决的人看上去似乎悠闲,其心中却常常留有多余的累赘。真正的君子应对事情,接待人物,常常要赢得一个心中从容、优游闲暇的境界,那个时候才好。若是应酬交际的时候操劳,不应酬交际的时候也一样牵肠挂肚,那就非常吃苦受累了。

【点评】 人的禀性不同,在待人接物时的态度也不尽相同,有的人干脆果决,做事风风火火,这样的人看似很忙,然而,他们做事是心里有事便了事,了了事情便无事。及早把应做的做完了,心里也就无牵无挂;有的人做事心里犹犹豫豫,拖泥带水,一件事情是左不行,右不行,前怕狼,后怕虎的。这样的人表面给人感觉很悠闲,其实心里很累。

身体的忙碌疲劳,最多休息一下就缓过来了。而况且,有时身体的劳碌反而是一种心灵的休息。但心里纠纠缠缠,永无止境,人的身体总有一天会被拖垮,所以,真正的君子,无论是做什么事情,都是要求得一个心理上的平衡与安详,只要心灵上清虚自在,身体再累都不会觉得累!

使气最害事　使心最害理

【原文】 使气最害事,使心最害理,君子临事平心易气。

【译文】 人遇事使动自己的义气,就最容易损害了事情;遇事使动自己的心眼,就最容易伤害了道理。君子凡是遇到事情,一定会平心静气。

【点评】 自古以来，好像讲义气，哥们才够朋友，于是关云长讲义气，结果大意失荆州，葬送了蜀汉八十万士兵的性命。可见，义气害事。因为一旦讲义气，人就会冲动，不辨是非，做出违背天理之事。所以，遇事应认真分析，弄清是非再做决断，尤其是大事临头，切不可盲目意气用事。

许多人遇事爱耍心眼，玩弄权术，借机生事，以谋私利，扰得天下不宁。这耍心眼，也许可得一时便宜，然而天下不定，你的好日子也不会长久，何必呢。

所以，君子遇事，一定会平心易气。

文章本天成　妙手偶得之

【原文】 字到不择笔处，文到不修句处，话到不检口处，事到不苦心处，皆谓之自得。自得者与天遇。

【译文】 文字写到了不选择笔法的时候，文章做到了不修饰句子的时候，话语说到了不检点的时候，事情做到了不劳苦心灵的时候，却可以说是自己得到了。奥妙自得的人，一定是与天地自然相际遇的。

【点评】 古人讲做人，做学问，都提到过三种境界：比如说，一开始见山是山，见水是水；第二步是见山不是山，见水不是水；到了最后，就又见山是山，见水是水了，这与西方人讲究的事物发展变化的三段论肯定、否定、否定之否定规律同出一辙，说的都是事物发展的辩证法。最初，事物肯定方面居于主导地位，处于肯定阶段，然后，矛盾进一步展开，否定因素战胜肯定因素，于是，事物发生质变，进入否定阶级。在前一次否定的基础上，保留各自的积极因素，克服各自的片面性，最终达到肯定方面与否定方面的对立统一，呈现出特定事物发展的完整过程。

写字的时候，先是小孩胡写乱画，后来老师教了章法，就会横是横、折是折地模仿欧、柳、颜、张等各种书法，写到这份上还不行，还要进一步。而到了孔子所说“从心所欲而不逾距”的地步，也就会不择笔的去写，自然就成为一体了。

写文章，说话，做事都是如此。

一切章法都是达到那个目的的手段而已。达到了那个目的，一切章法与规矩反而成了限制性灵的约束。等到放弃了约束，那也就进入了大自然的美妙境界，自然而然了。

无识见底人　偏识见底人

【原文】 无识见底人，难与说话；偏识见底人，更难与说话。

【译文】 没有认识和见解的人，是难以与他们说话的，而那些见解与认识偏激的人，也就更难以与其说话了！

【点评】 见解和认识是人们对人生和世界的理解和认识。有了见识就会明白其中的道理，少做一点蠢事，少走一点弯路。所以人们都一直在追求真理与认识。达尔文说过：无知者比有知者更自信。无知的人，由于没有见识到那个境界，自然会对你所说的东西产生怀疑，所以要想说服他们是很难的；而对于那些性情偏激的人，总以为自己是有见谅的人，往往固执己见，任你说破嘴皮，他们就是听不进去，反过来，还会用他的偏见说服你，这样就更难与其沟通了。

苟字世界　万事废弛

【原文】 **而今只一个苟字支吾世界，万事安得不废弛？**

【译文】 现在的世界，大家都是用一个苟且来支吾应付着世界，万般事情怎么能够不荒废松弛呢？

【点评】 事无大小，每做一事，总要竭尽心力，求其完美，这是成功之人的标记。人类历史上有不少悲剧是那些工作不可靠、不认真的人苟且作风所造成的！有些人对工作、事业，不求尽善尽美，却想得到最美好的结果，那自然是不可能的。狄更斯不到预备充分时，不肯在公众面前宣读他的作品，而在未曾当众宣读以前，他要每天把那篇选定的文章诵习一遍。巴尔扎克有时要费一星期的工夫，只写一页稿纸，然而他的声誉，远非现代的那些不严肃的作家所能企及的。许多人对于职务、工作的苟且、潦草，借口时间不够，那是不对的，这个世界给予我们的时间足够来完成它们。假使我们做事，都能有要求尽善尽美的习惯，那我们的生命，我们的世界一定能变得完美。

要我就事　非事就我

【原文】 **君子之处事也，要我就事，不令事就我；其长民也，要我就民，不令民就我。**

【译文】 君子处理事务的时候，只是要我自己去适应事务，而决不让事务来适应我，他们管理人民的时候，也只是要我自己去适应人民，而不是让人民来适应我。

【点评】 万事万物的发展，都有其自身发展的规律，这是不以任何人的意志为转移的。历史的发展一再证明，只有遵从事物发展的规律，按客观规律办事，才能取得成功。君子深明此理，所以他们在做事的时候，会以自己的果敢、博才亲自去体验考查事情，顺应发展规律，来做出决策；百姓是水，领导是舟，水能载舟，也可以覆舟，这是社会历史规律，谁也改变不了，所以管理人民只能让政策适应人民的需要，帮助百姓解决实际的问题，那么就会得到百姓的拥护，从而保有自己的权位。

退一步做　则免于祸

【原文】 **富贵，家之灾也；才能，身之殃也；声名，谤之媒也；欢乐，悲之藉也。故惟处顺境为难。只是常有惧心，退一步做，则免于祸。**

【译文】 富足和高贵，这是一个家族的灾难；才华和能力，这是一个人身的祸殃；声誉和名望，这是遭到诽谤的媒体，欢喜和快乐，这是产生悲哀的凭借，所以说，只有那顺利的环境是最难居住的。只是常常怀有一种恐惧的心里，凡事都退上一步去做，那么就一定会免于灾祸。

【点评】 富贵、才能、声名、欢乐是常人所追求的顺境。然而，当你拥有它们时，却也是烦恼的开始，比如，富贵了就有人会窥视你手中的钱财，引来杀身之祸；“匹夫无罪，怀璧其罪”，你有才了，就会成为别人攻击的目标；扬名是大家所想要的，但一旦有了名气，就有人想打倒你；欢乐是人生的最高理想，但乐极会生悲。所以身处顺境，千万不要陶醉其中，应经常提醒自己“居安思危”，什么事情都退后一步去思考或者从事，那么顺境始终会伴你左右。

死得其所　成仁取义

【原文】 **大丈夫看得生死最轻，所以不肯死者，将以求死所也。死得其所，则为善用死矣。成仁取义，死之所也，虽死贤于生也。**

【译文】 真正的大丈夫，把生存与死亡看得非常轻淡。之所以不肯随便去死，是因为将要求得一个死亡的地方。死亡的时候得到应该的地方，那就会善于使用死亡啊。成就了仁德而取得了道义，那就是死亡的真正地方啊。虽然死了，但却比那生存还要贤明啊！

【点评】 花开花落，生老病死，这是自然规律，人终有一死！但死的价值却有不同，或轻于鸿毛，或重于泰山。只有为了人类的正义战胜邪恶，为了共同的富强和幸福，成仁取义，才叫死得其所，这样的死重于泰山；而为了人类正义事业英勇献身的勇士们虽死犹生，他们比那些生在世间的人要伟大得多。

从是与不从不是

【原文】 **你说底是我便从，我不是从你，我自从是，何私之有？你说底不是我便不从，不是不从你，我自不从不是，何嫌之有？**

【译文】 你说的道理是正确的，我就听从。我不是在听从你，我自然是听从正确的道理，这有什么私情呢？你说的道理不是正确的，我就不会听从。不是我不听从你，我自然不听从那不正确的道理，这有什么嫌疑呢？

【点评】 寸有所长，尺有所短，人们在对人生和世界理解把握之时，由于出生的环境、条件、地位及后天的努力程度的不同，会对同一事物形成不同的认识，认识结果也会有对有错，古人说“人贵有自知之明”，但人们往往不能看清自己的弱点，不能对自己有正确的估计，这就需要别人的指点和帮助由此形成进谏与纳谏之分。身为领导者，应有宽阔的胸怀，对于职务比自己低的人的忠言，只要是对的，就应采纳。海纳百川，有容乃大。只有大肚容人，取人之长，补己之短，于人于己，皆大有益！身为被领导者，对于上级的“指教”，也应分清正误，且不可由于其职务在上，就奴颜婢膝，一味遵从！

第八篇　养生篇

惟仁者能泄　惟智者知泄

【原文】 **夫水遏之，乃所以多之；泄之，乃反以竭之。惟仁者能泄，惟智者知泄。**

【译文】 把水流挡住，就能够积聚得更多；把水疏泄掉，就能使它枯竭。只有仁者能够疏泄，只有智者懂得疏泄。

【点评】 清心寡欲是养生之道。而人的欲望，就像水一样，越是去遏制它，它的力量就越是强大。所以对待欲望，应该像大禹治水一样，要去疏导，而不是去遏制。遏制欲望，只能使欲望最终像洪水泛滥；疏导欲望，才可以使它由多到少，逐渐枯竭。疏导不是纵欲，虽然纵欲到了极点，也能使人产生厌倦，而至于无欲，但那是有害于人生的。应该

培养高尚的情操,高雅的趣味,以心灵的充实来代替物质的欲求。仁者爱人,能够为了别人而牺牲自己的欲求;智者明理,知道欲望的危害。向仁者和智者看齐,可以学到养生的道理。

非不爱美　惧祸之及

【原文】　天地间之祸人者,莫如多;令人易多者,莫如美。美味令人多食,美色令人多欲,美声令人多听,美物令人多贪,美官令人多求,美室令人多居,美田令人多置,美寝令人多逸,美言令人多入,美事令人多恋,美景令人多留,美趣令人多思,皆祸媒也。不美则不令人多,不多则不令人败。

【译文】　天地之间最害人的,莫过于"多";让人想更多的,莫过于美。美味让人想多吃,美色让人多欲,美声让人多听,美好的东西让人更贪心,美官让人多求,美室让人多居,美田让人多置,美好的睡眠让人更懒散,美言让人多入耳,美事让人多怀念,美景让人多留恋,美趣让人多花心思,这些都是祸患的媒介。不美就让人不想多要,不多要就不会让人多犯错。

【点评】　人性贪婪,喜欢多多益善,却不知多虑伤神,多欲伤身,"多"往往是养生的大害。老子说过,"五色令人目盲,五音令人耳聋,五味令人口爽,驰骋畋猎令人心发狂,难得之货令人行妨。是以圣人,为腹不为目,故去彼取此。"养心之要,正在于淡泊寡欲。人之所以喜欢多,正因为东西美,所以不勘破"美"这一关,不可以谈养生之道。老子曰:"天下皆知美之为美,斯恶矣。"

自爱陷于自杀　十人而有九人

【原文】　以肥甘爱儿女而不思其伤身,以姑息爱儿女而不恤其败德,甚至病以死大辟而不知悔者,皆妇人之仁也。噫！举世之自爱而陷于自杀者,又十人而九矣。

【译文】　给儿女吃好吃的而不考虑会不会对他们身体有害,纵容儿女而不顾及会不会让他们品德败坏,甚至儿女因吃生病乃至死亡,因败德犯罪而被杀头,还不知道后悔的,都可以说是妇人之仁。唉,因爱而陷入于死,相当于是自己亲手杀死的,世上之人十个有九个不懂这个道理。

【点评】　爱一个人,就要真正为他着想,要有长远地考虑,而不是一味依顺着他。很多父母不懂得这个道理,爱子女,最后变成宠爱子女,结果是害了子女。君不见,有多少父母放任孩子大吃大喝,结果小小年纪就得了肥胖症;有多少父母放任孩子大手大脚,结果培养出了好逸恶劳、没有本事却要享受、一不留神就会失足堕落的子女。而真正爱子女的父母,懂得去关怀子女,而不是去溺爱子女,让孩子从小就锻炼出强健的体魄,培养出高尚的情操。这样,才能让孩子在离开自己,步入社会以后,在竞争中立于不败之地。

养生之法多　养德第一要

【原文】　今之养生者,饵药、服气、避险、辞难、慎时、寡欲,诚要法也。嵇康善养生,而其死也却在虑之外。乃知养德尤养生第一要也。德在我,而蹈白刃以死,何害其为养生哉?

【译文】　如今的养生之人,方法如服药食气、避险辞难、四时谨慎、清心寡欲,这些可

以让人长寿，当然也都是重要的。三国嵇康善于养生，但却把生死置之度外。所以，养德才是养生中最重要的。只要有了高尚的品德，就算冒着刀枪而就义，对养生又有什么损害呢？

【点评】 养生固然是为了长寿，但又不是因为贪生怕死，而是为了追求人生的完善。嵇康是三国名士，“竹林七贤”之一。嵇康擅长养生之道，平日服食药物，还亲自采集上好的药材。他对养生的理论也很精通，著有《养生论》，阐发养生的道理。但嵇康身处乱世，却并不一味追求保全性命之道。嵇康娶曹操的曾孙女为妻，曾任“中散大夫”，司马昭为了夺权，曾经拉拢他，让他做官，但嵇康却不肯投靠，还写了《与山巨源绝交书》，斥责朋友山涛依附权贵，与司马昭结下仇隙。后来司马昭借故要杀嵇康，嵇康临刑前神色自若，弹奏《广陵散》一曲，从容赴死。向嵇康那样，为了美好的德操而甘愿就死，又哪里会违背养生的道理？孟子说，“养生者不足以当大事”，其实未必。

仁者生理完　默者元气定

【原文】 **仁者寿，生理完也；默者寿，元气定也；拙者寿，元神固也。反此皆妖道也，其不然非常理耳。**

【译文】 仁厚的人长寿，因为他们的天性得以保全；安静的人长寿，因为他们元气宁定。朴拙的人长寿，因为他们元神稳固。违背这些的都不是正道，这是因为它们都不合常理。

【点评】 孔子说过，“仁者寿”，“仁者不忧”。仁者爱人，爱是人类最美好的情感，爱人者总是能从爱中得到快乐。仁者宽厚，宽厚者心地坦荡，能容人所不能，所以没有忧愁。仁，可以说是孔子的养生之道，心胸宽广，不怨天尤人，并从中获得自足的境地。安静的人，不容易为外物所动，天生淡泊名利，任世间熙熙攘攘，我自冷眼旁观，能守住一颗静定的心。朴拙的人，思虑单纯，简简单单出世，而不必像那些精明人一样操心劳神。仁爱、宁静、单纯，养生的道理其实就这么简单。

自爱自全　自己留心

【原文】 **饥寒痛痒，此我独觉，虽父母不之觉也。衰老病死，此我独当，虽妻子不能代也。自爱自全之道，不自留心，将谁赖哉？**

【译文】 身上的饥寒痛痒，只有我自己能感受到，即使亲如父母，也不能够真正感受；自身的衰老病死，只有我自己能承担，即使爱我的妻子儿女，也不能够取代。人要爱护自己，自我保全，自己不留心，还能够靠谁呢？

【点评】 养生一事，“如人饮水，冷暖自知”，非局外人所能了解。老子说：“知人者智，自知者明。”“自知”二字，可谓道尽其中婉曲。正因为只有自己知道，所以才需要自己时时留意，因为身体的变化，别人是不能代为体察的。身体是自己的，生命也是自己的，自己的事情只能自己操心，别人就算想帮忙，也往往帮不到点子上。痒了，得自己挠；饿了，得自己吃；病痛得自己当心，体弱得自己锻炼。养生之道，在于自心。

第九篇 天地篇

星常在天 日入乃显

【原文】 天地原无昼夜,日出而成昼,日入而成夜。星常在天,日出而不显其光,日入乃显耳。古人云星从日生,细看来,星不是借日之光以为光。嘉靖壬寅日食既,满天有星。当是时,日且无光,安能生星之光乎?

【译文】 天地之间本来没有什么白昼与黑夜。太阳出来就形成了白昼,太阳落了就形成了黑夜。星辰常在天上,只是太阳出来了,显不出它们的光芒,太阳回去了便显出来了而已。古人说,星辰的光芒是从太阳出来的。现在仔细看来,星辰并不是借助于太阳的光芒来作为自己的光芒。嘉靖朝的壬寅那一天,出现了全日食,满天上便显露出星辰来。就在那个时候,太阳尚且却没有了光芒,又怎能够生出来星辰的光芒呢?

【点评】 人类对于任何事物的理解和认识,都是从自身的角度和观点出发的,因而所得出的结论肯定都是相对的和片面的。吕坤从我们现在所认为的一个错误的角度,论证了古人一个论点的错误性,发现了星星本身发光,并不是借太阳之光为己光的道理。可见,学问无止境,而且只要角度不同,就一定会发现很多真理,所以,只要我们人类的角度在变,观察到的现象和论证出来的真理都是暂时的一种假象而已,明白了这个道理,任何一个人在科学或者人生体验、认识方面,都是专家,都有发言权!

天祸小人 使其得志

【原文】 天欲大小之恶,必使其恶常得志。彼小人者,惟恐其恶之不遂也,故贪天祸以至于亡。

【译文】 上帝要把小人的罪恶扩大,一定要让他们的罪恶经常得到实现。而那些小人们,却只怕自己的罪恶得不到实现,所以贪婪上天的灾祸而至于死亡。

【点评】 古人云:“善有善报,恶有恶报,不是不报,时候未到”,世事便是如此,多少人犯罪都是从小处开始的,或者一只鸡蛋,或者一把同桌的小刀,一次得逞,尝到了甜头,于是步步深入,最后放纵欲望,丧失理智,逐渐走上犯罪的深渊,那时,已是悔之晚矣。

祸福生死,除了生理或者自然的死亡以外,其实完全掌握在自己的手里,即使是环境对你不利,也完全可以通过自己的努力而得到调整,私字当头,考虑过多时,就会咎由自取。

欺心便欺天 事心便事天

【原文】 心就是天。欺心便是欺天,事心便是事天,更不须向苍苍上面讨。

【译文】 人心就是苍天。欺骗自己就是在欺骗苍天,事奉心灵便是事奉苍天,更不必要向那青苍的天空去寻讨。

【点评】 世上本无天堂,地狱之分,只是由于原始社会的人们出于对自然力的恐惧,而把心灵中善良的部分外化成上帝和苍天,把心灵中恶的部分外化为最恐怖的地狱。天

不在心外。每个人心中都有一杆秤,这杆秤就是自己的良心,对得起良心,也就恭敬地事奉了上帝;违背了自己的良心,也就是在欺骗上帝和苍天。真正的苍天,就在我们的心中,决不要向苍天寻找上帝。

气化不停　不进则退

【原文】 **气化无一息之停,不属进就属退。动植之物其气机亦无一息之停,不属生就属死。再无不进不退而止之理。**

【译文】 气的化生没有一时一刻的停息,不是进就是退。动植物的气机也没有一时一刻的停息,不是生就是死。绝没有不进不退而停止的道理。

【点评】 "气化"之说,源自庄子,是中国古代一种朴素的唯物主义宇宙观。庄子谈到人的生命时说:"然察其始而本无生;非徒无生也,而本无形;非徒无形也,而本无气。杂乎芒芴之间,变而有气,气变而有形,形变而有生。""人之生,气之聚也。聚则为生,散则为死。"进而推广到宇宙万物,认为"万物一","通天下一气耳"。以我们今天的认识,再用"气化"这样的观点来认识客观世界固然已过于简单,但气化无一息之停的看法,却指出了一切都是运动的道理。运动是绝对的,世界处于不断的发展之中。运动中也有静止,否则我们就不能把握世界,但这静止不是绝对的,只是运动中的相对静止。

渐则能成　成不能顿

【原文】 **天地万物,只一个渐字,故能成,故能久。所以成物悠者,渐之象也;久者,渐之积也。天地万物不能顿也,而况于人乎?故悟能顿,成不能顿。**

【译文】 天地间万事万物,只因有一个"渐"字,所以能成,所以能久。所以事物成而能长,是渐的表现;能久,是渐的积累。天地万物不能一下子成就,何况人呢?所以"悟"能够一下子达到,但成功不能一下子达到。

【点评】 事物的形成、变化,都需要一个缓慢的积累过程,积累到一定程度,才能成功,才会变化。积累了足够的量变,就会发生质变;而质变的发生,不是凭空而来的,必须依靠量变的积累。求学之人,虽然到了某一天,会突然领悟某个道理,但在领悟之前,一定得有个学习的过程。如果整天游手好闲,不学不思,不去尝试经历,却指望哪天会突然顿悟,那无异于痴人说梦,是绝对不可能发生的。古代有一个笑话,说一个痴汉吃饼,吃到第七个时吃饱了,于是非常后悔,说早知吃第七个就能饱,就不必吃前面六个了。那些不肯下苦功积累,却指望一朝顿悟的人,和这个吃饼的痴汉其实并没有什么分别。

水能实虚　火能虚实

【原文】 **水能实虚,火能虚实。**

【译文】 水能够把虚空的地方充实灌满,火能够把充实的地方空虚变无。

【点评】 水是生命存在不可缺少的。水性柔软,随方就圆,只要有空隙,它就能够钻进去,把它填满。由此得到启示:只要你能够做到温柔和顺、不固执己见,就一定会有水一样的东西给你充实起来。但是只要有水,就一定有水灾泛滥,使人类遭受损失。

火可以造福人类,照明、熟食,但是火的威力大,破坏力也大,只要是实在的东西,都可以被大火烧成灰烬而不复存在,由此也启示我们:如果我们感到了生活的烦恼,心眼堵

塞，那就用智慧的火去烧烦恼薪，再怎么严实的堡垒，都可以被一把火烧得个干干净净。

水火都是自然力，都有益处，也有坏处，就看你如何运用了。运用得当，那就是智慧人生。

第十篇　世运篇

圣人每与势忤　不肯甘心从之

【原文】　势之所在，天地圣人不能违也。势来时即摧之未必遽坏，势去时挽之未必能回。然而圣人每与势忤，而不肯甘心从之者，人事亦然也。

【译文】　时势所趋，天地圣人也难以违背。势头来时，即使努力遏制也未必能立刻使之扭转；大势去时，努力挽救也未必能够挽回。然而圣人往往宁愿与时势相抵触，而不肯心甘情愿地顺从它，人事方面也是如此。

【点评】　孙中山先生有一段名言，“世界潮流，浩浩荡荡，顺之者昌，逆之者亡。”这虽然是说进步潮流，但这也是得等进步的潮流形成之后，才无法阻挡。推广开来说，一切潮流，一切势头，一旦已经形成之后，凭个人的力量是很难改变的，即使圣人也不例外。在社会发展时，进步的潮流无法阻挡；在王朝衰落时，衰败的潮流也无法阻挡。身处末世的人，即使心怀大志，想要挽回颓势，也常常有无力回天之感。孔子生当春秋末季，想要实现治世，施展抱负，最后也是处处碰壁。然而他的伟大之处，也正在于不甘心顺从颓势，而是“知其不可而为之”，这是一种关怀天下人，而置一己成败于度外的大慈悲情怀。

治之不古　非气化罪

【原文】　世界一般是唐虞时世界，黎民一般是唐虞时黎民，而治不古，若非气化之罪也。

【译文】　地球仍是和尧舜时一样的地球，百姓仍是和尧舜时一样的百姓，而治道不古，看来不是天运变化的责任。

【点评】　古人的历史观里，有一种退化论的思想，认为远古才是人类的黄金时代，后来就一代不如一代了。所以古人总是用“不古”，来论说“不治”。这里面当然有偏见，历史往往是治乱相间，远古未必最好，而总的来说是在进步的。古人常常以天意解释人事，世道衰颓了，就归因于老天，认为是老天的意思。吕坤的高明，在于从一个简单的事实出发，就是世界始终是一样的世界，人民始终是一样的人民，认识到治乱之因，不在于天意，而在于人治。国家动荡，人民流离失所，责任在统治者，而不在上天。

终极与始接　困极与亨接

【原文】　终极于始接，困极与亨接。

【译文】　事物发展到尽头，都会回到开始；困厄到了极点，就会转而通达。

【点评】　物极必反，事物发展到尽头，就会向相反的方向转化。事物运动的轨迹像一个圆，终点与起点相接，人生之事也往往如此。人会遇到不顺利的时候，也许会持续很

久，但最后总是会从困厄中走出来，走上顺利的道路。古人对此多有体会，每每形之于文，就表现在“乐极生悲”“否极泰来”这样的成语中。所以在古人看来，事物发展有一种循环的特点，人事、家事、国事乃至历史无不如此。但我们今天从马克思主义的观点看，就可以认识到这是一种“否定之否定”，在循环中也有发展，不是圆圈，而是螺旋。

顿可为也　渐不可为

【原文】　天下之势，顿可为也，渐不可为也。顿之来也骤，骤多无根；渐之来也深，深则难撼。顿著力在终，渐著力在始。

【译文】　天下大势，突然之间形成的，还可以改变；逐渐形成的，就无能为力了。突然的势头来得快，来得快的根源不深；逐渐形成的势头根源很深，根源深则难以撼动。突然的势头，只有最后才聚集了点力量；缓慢的势头，开始时就已聚集力量了。

【点评】　事物总是在发生变化，有时变幻不测，让人无法预料，但这种变化能否持久，却还得看它是否积蓄了很久，是否动摇了根基。地震来时，结实的房子虽然也可能震出几道裂缝，但只要它的根基牢固，就还不至于倒塌，事后修复也很容易。如果房子的根基已经动摇，梁柱也早已腐朽，那轻轻一震就可能坍塌，成为一堆瓦砾。唐初武则天掌权，死后李氏又夺回权力，经过一段时间的动乱，但那毕竟事出突然，而且前面还有贞观之治，所以不至于造成社会的大动荡，此后还能出现开元盛世。但到了晚唐，藩镇割据局面形成已久，一乱之下，就导致了唐王朝的覆灭。

人人知足　天下有余

【原文】　造物有涯而人情无涯，以有涯足无涯，势必争。故人人知足，则天下有余。造物有定而人心无定，以无定撼有定，势必败。故人人安分，则天下无事。

【译文】　物产有限，而人的欲求无限，以有限的物质来满足无限的欲求，必然会发生争夺。所以如果每个人都知足，那么天下物产就显得富余了。自然有其定规，而人心变化不休，以不定撼动确定，一定会失败。所以如果每个人都很安分，那么天下就太平了。

【点评】　欲壑难填，秦始皇拥有了天下；还是不能满足，还要求长生不老，派人渡海寻找神仙；还动用大量人力物力为自己建造庞大的陵墓，好让自己死后享用。经济学有一个思想，就是认识到相对于人的需求，资源永远是缺乏的。正是由于这个原因，才会有对资源的争夺，小到世人之间争权夺利，大到两国之间的战争，都无不如此。在这个资源有限的世界上，要实现无争夺的社会，那该怎么办呢？如果人人知足，那当然可以做到，但这样的愿望多少有点理想化，因为人的本性就是不知足的。所以我们也许只能退而求其次，努力去建立一个有秩序，并且合理分配资源的世界。

世人贱老　圣王尊之

【原文】　世人贱老，而圣王尊之；世人弃愚，而君子取之；世人耻贫，而高士清之；世人厌淡，而智者味之；世人恶冷，而幽人宝之；世人薄素，而有道者沿之。悲夫！世之人难与言矣。

【译文】　世俗的人都卑贱老人，但圣明的君王却尊重他们；世人都嫌弃愚拙，而君子却要做到那愚拙的境界；世人都以贫穷为羞耻，然而清高的人士却以此为清净；世人都讨

厌平淡，而智慧的人却会深长地品味它；世人都厌恶冷淡，但那些隐居的人却以此为宝贝；世人都会轻视朴素，但那些得到大道的人却对此无比崇尚。真是悲哀啊！世界上的人都是难以与他们交谈的啊！

【点评】 《红楼梦》中的《好了歌》言：世人都说神仙好，唯有功名忘不了，古今将相今何在？荒冢一堆草没了！世人都说神仙好，只有金银忘不了！终朝只恨聚无多，及到多时眼闭了！世俗之人，皆慕神仙，希望成仙为圣，然而生活中却摒弃老人，斤斤计较，追求肉体感官的享受，殊不知，幸福是一种心灵的感觉，超不出物欲的限制，也就得不到精神上的美妙感受。君子们崇尚的是心灵的境界、感受和体验。

君子与凡人的追求不同，对待人生的态度也就不同，道不同，不相为谋。所以面对小人，君子无法共鸣和沟通。

第十一篇　圣贤篇

穷居不害为仁　为仁之具在我

【原文】　孔、颜穷居，不害其为仁覆天下何则？仁覆天下之具在我，而仁覆天下之心，未尝一日忘也。

【译文】 孔子、颜渊一生贫困，却不妨碍他们以仁施予天下。是因为以仁施予天下的本领在自己，而施仁之心，没有一天敢忘的缘故。

【点评】 孟子说过，人都有仁、义、礼、智之端，而“人之有是四端也，犹其有四体也”。孟子见梁惠王，向他讲解仁政而王的道理，并打比方说：“挟着泰山跳过北海，对别人说‘我做不到’，这是真的做不到。为长辈按摩，对别人说‘我做不到’，这是不肯做，而不是真的做不到。”施行仁政，就像为长辈按摩，不是做不到，而是不肯做。仁心是每一个人天生所具有的，做好人，还是做坏人，选择在自己，责任也在自己。想做好人，却成了坏人，责任还是在自己，因为这只说明你没有做，而不是能够用“做不到”来搪塞的。

所贵乎刚者　贵能胜己也

【原文】　所贵乎刚者，贵其能胜己也，非以其能胜人也。子路不胜其好勇之私，是为“勇”字所伏，终不成个刚者。圣门称刚者谁？吾以为恂恂之颜子，其次鲁钝之曾子而已，余无闻也。

【译文】 刚的品德所以可贵，可贵在于用刚来战胜自己，并不是用刚来战胜别人。子路不能战胜自己好勇的缺点，被“勇”字所屈服，最终也没有成为刚者。圣人门下能称为刚者的是谁呢？我以为信实恭顺的颜渊可称为刚者，其次只有笨拙迟钝的曾参而已，其他的就没听说了。

【点评】 子路好勇，孔子评价他说：“由也好勇过我，无所取材。”子路曾问孔子：“君子尚勇乎？”由于子路过于好勇，孔子就诱导他说：“义之为上。君子好勇而无义则乱，小人好勇而无义则盗。”勇是次要的，关键是要合乎大义。孔子说，“知耻近乎勇”，大概也是针对子路好勇，以此来诱导他；而子路也能做到闻过而喜，没有辜负孔子的教导。颜渊是孔子最喜欢的学生，也是最好学的学生，孔子夸奖他说：“贤哉回也！一箪食，一瓢饮，在

陋巷，人不堪其忧，回也不改其乐。贤哉回也！"真正达到了无欲则刚的境界。曾子性格内向，天资鲁钝，但他善于发扬，教人有方，后世朱熹评价他，说他"过于刚，与孟子相似"。

圣贤之私书　可与天下见

【原文】　圣贤之私书，可与天下人见；密事，可与天下人知；不意之言，可与天下人闻；暗室之中，可与天下人窥。

【译文】　圣贤的私人信件，可以拿出来给天下人看；私事，可以让天下人知；随随便便说的话，可以让天下人听；在居室中的举动，可以让天下人窥见。

【点评】　有一种人，在人前道貌岸然，俨然为世人楷模；但一到没人的时候，就原形毕露，无所不为。这样的人，称之为伪君子。真正的圣贤君子，是表里如一，人前人后并没有两样的。所以修身之人，尤其要做好人后的工夫。《礼记》里说："莫见乎隐，莫显乎微，故君子慎其独也。"独处时没有旁人的监督，最容易疏忽，所以要格外注意，不可忘形逾矩。中国道教三大善书之一的《觉世经》劝谕世人道："故君子三畏四知、以慎其独、勿谓暗室可欺、屋漏（室内西北角，避人之所）可愧、一动一静、神明鉴察、十目十手、理所必至。"说的也是同样的道理。

无过之外　更无圣人

【原文】　无过之外，更无圣人。无病之外，更无好人。贤智者于无过之外求奇，此道之贼也。

【译文】　没有过错之外，再没有圣人了；就像没有疾病之外，再没有所谓的健康人了。贤人智者在没有过错之外，又去求奇，这就有背于大道了。

【点评】　人活在世上，要做到没有过错，可谓难之又难。只有在容易犯错的地方多加留意，尽量少犯错误，也就逐渐近于圣人之道了。所以圣人，也无非就是常人，与常人的区别，只在于不犯过错而已。贤人智者，或许也能像圣人那样，做到不犯错误，少犯错误。但他们却错误地与常人对立起来，认为有异于常人，就显出高明，所以要去求奇求异。却不知这求奇求异本身，便是一个错误，而在异于常人的过程中，也就离正道越来越远了。

积爱所移　至恶不怒

【原文】　积爱所移，虽至恶不能怒，狃于爱故也。积恶所习，虽至感莫能回，狃于恶故也。惟圣人之用情不用狃。

【译文】　由于长久喜欢的影响，即使做了最坏的事也不为之生气，是习惯了喜欢的缘故。长久沉浸在作恶当中，即使最大的感化力量也不能使之回头，是习惯了作恶的缘故。只有圣人，在内心中能避免因熟习而糊涂失察。

【点评】　父母爱子女，爱过了头就会变成宠，宠的时间长了，就会把宠爱当成自然而然的事，即使子女有什么不对，也不忍心批评；等到子女犯下大错，也不知道去指责子女，反而会去怪罪别人。这样的父母，在社会上可谓比比皆是。习惯成自然，人对于每时每日都要面对的东西，容易产生麻痹心理，久而久之，就失去辨别的能力了。孟子说过："行之而不著焉，习矣而不察焉，终身由之而不知其道者，众也。"众人的毛病，正在于缺乏反

省的能力,尤其对于平日习见惯为的事情,更是连反省的意识也不会有了。所以我们应该对习以为常的事物保持一份警惕,不要让习惯牵着鼻子走,尤其不能让恶习牵着鼻子走。

尽人事也　不言天命

【原文】 **圣人有功于天地,只是人事二字。其尽人事也,不言天命,非不知回天无力,人事当然,成败不暇计也。**

【译文】 圣人有功于天地的,只在于"人事"二字。他为尽人事,就不再考虑天命,不是不知道有的事已经回天无力,只是就人事而言应当这样做,成败就不在考虑之列了。

【点评】 孔子身当末世,周游天下,想寻找一个地方实行他的理想。他并非不知道在这样的时代,他的理想是不可能实行的,只是为了尽人事,所以不言天命罢了。当时有一个智者,评价孔子说:"是知其不可而为之者与?"孔子也有过隐逸的念头,曾说:"道不行,乘桴浮于海。"但终究没有这样做,也是人事还没有尽到的缘故。隐士长沮、桀溺一起耕田,孔子经过时,让子路向他们问渡口的位置。桀溺知道他是孔子弟子后,就劝他说:"与其跟从避人之士,不如跟从避世之士。"子路告诉孔子,孔子也为之黯然,但还是说:"天下有道,丘不与易也。"

不强人以太难　只是拨转肯心

【原文】 **圣人不强人以太难,只是拨转他一点自然的肯心。**

【译文】 圣人教化,不强人所难,只是将他本来就有的向善之心,稍加引导而已。

【点评】 人性本善,后来之所以变坏,是因为受了外界恶劣风气的沾染。所以引人向善,不是把善从外面灌输进去,而是要把人性中本有的善一点点引发出来。人心若没有善根,就算硬要灌输进去,别人也未必接受;而从人心中本有的善出发,加以巧妙耐心的诱导,别人不知不觉就已走上善的道路。梁惠王坐在堂上,有人牵着牛从下面走过,将要杀了用作牺牲。梁惠王不忍心看牛发抖,就让人放了它,换成羊作牺牲。虽然梁惠王只考虑牛可怜,不考虑羊也可怜,做法有些愚蠢,但孟子就从梁惠王有"不忍"之心出发,引导他将不忍之心推广开来,推广到天下百姓,进而阐发仁政的道理,取得了很好的效果。

不得不然　竟不能然

【原文】 **人于吃饭穿衣,不曾说我当然不得不然;至于五常百行,却说是当然不得不然,又竟不能然。**

【译文】 人对于吃饭穿衣,没有说过我当然不得不这样;对于五常百行,却说是当然不得不这样,而又竟然不能这样。

【点评】 吃饭穿衣也有不得不然的,饿了要吃,冷了要穿。不然就有损健康。但人心不知足,却在于吃饱了还要山珍海味,穿暖了还要锦衣华服。山珍海味,锦衣华服,当然不是非有不可的,但有多少人能够不为之所动?人伦道义,每个人都知道应该奉行遵守,然而在生活中,又有多少人能够始终如一地去做的?人总是在表面上讲理义,实际上却都做着违背理义的事。事实上,对于普通人来说,真正不得不然的,不是理义,而是利

欲。人们总是被利欲所左右,这不仅因为利欲的力量确实很大,但更重要的,是人们心中抵御利欲的力量太薄弱了。什么时候能不被利欲所左右了,就可以行理义之道了。

天道以无常为常　圣人以无心为心

【原文】 **天道以无常为常,以无为为为,圣人以无心为心,以无事为事。**

【译文】 天地宇宙运行的规律,是以无常为正常,以无所作为为作为的。圣人是以没有心意为心意,以没有事情为事情的。

【点评】 昼夜更替,四季更迭,宇宙的规律就在于运动,只要运动就不会有永恒不变的东西,所以无常就是正常。宇宙自然运动看似没有做任何事情,然而春生夏长,秋去冬来,宇宙运动无所不为,圣人道法自然,与宇宙规律相合,以平常心看得胜败,心中没有牵挂,心里也就没有负担。心如明镜,做事肯定会合乎情理,也就不会有日后的烦恼、后怕了,这就像天地宇宙一样,一切顺乎情理自然,就是无为而无不为,无事而无不事了。

第十二篇　品藻篇

小人荐为辱　君子弃为耻

【原文】 **为小人所荐者,辱也;为君子所弃者,耻也。**

【译文】 若是被小人推荐的话,那真正是一种羞辱啊;如果被君子给遗弃了的话,那真正是一种可耻啊!

【点评】 君子与小人不同,立身与处世,目的与手段,有着根本的差异和区别。小人追求的是自我私利的满足,君子所崇尚的是人类的共同幸福和安宁。二者的出发点不同,所以选择的道路也不同,引为同道的标准自然不一样。从君子的角度看,如果被小人来把自己给推荐上去,说明他们把自己与他们等同起来,自己绝不可能干净,所以说是一种耻辱;如果被君子所遗弃,那说明自己的德行有问题。那么自己的立身行事,做人处世岂不也是一种耻辱吗!古人尚明此理,而今人却不知,只要能捞一官半职,谁管他小人还是君子推荐!

士有三不顾　高下各不同

【原文】 **士有三不顾:行道济时人顾不得爱身,富贵利达人顾不得爱德,全身远害人顾不得爱天下。**

【译文】 那些士大夫们有三种顾不得:实践大道而救济时代的人,顾不得爱惜自己的生命,追求功名富贵而正飞黄腾达的人,顾不得爱惜自己的道路;成全生命而远离灾害的人,顾不得爱惜天下的生灵。

【点评】 士大夫现在一般可理解为知识分子,从古至今,可以说他们是知识的化身,德行的代言人。士人三不顾总的来说就是三类不同的士大夫的人生态度:

为天下得到安宁和幸福,舍生取义的,这样的人我们称之为人中君子。另一类是:将知识作为升官发财的手段,不惜丧失自己的道德良心的士大夫,他们是士大夫中的小人。

第三类是看破红尘，自己既然无力回天，改变现状，又不愿与小人为伍的隐士，为保全性命，避退山野，隐于山林。大丈夫做事，固可能伸能屈，然正义事业还需有人完成。现在的知识分子，你属何类，又愿成为何类士大夫呢？

忠臣孝子之心　知不可犹图之

【原文】　知其不可为而遂安之者，达人智士之见也；知其不可为而犹极力以图之者，忠臣孝子之心也。

【译文】　明明知道这个事情无能为力了，便安下心来顺其自然，这就是通达智慧的人们的见解；明明知道这个事情不可为力了，却还要极尽自己的力量要加以改变的人，那是忠良的大臣和孝顺的子女的心理啊！

【点评】　宇宙万物遵循着本身的客观规律，谁也无法左右。所以人类在自然面前总是显得渺小而无力。历史上的明达智者，深明此理，所以能把握时机，随机而动，该放手时就放手，免得白费力气。然而明智之举，有时会显得太不近人情，过于残酷，忠孝之人往往做一些尽人情，却不明智的举动。明智与忠孝实难以两全其美！

无心者公　无我者明

【原文】　无心者公，无我者明。当局之君子不如旁观之众人者，有心有我之故也。

【译文】　没有自己心意的时候，就会达到公道；没有自我概念的时候，就会得到聪明。那些当局下棋的翩翩君子，真正不如那在旁观看下棋的众人，其原因就是因为他们有私心、有自我的缘故啊。

【点评】　当局者迷，旁观者清。分析事情，本应站在一个全面的角度和立场审视局势，就如军事所言，知己知彼，百战百胜。但当局者们往往被私心所困，只关注自己的决策，而不能对全局进行把握，而旁观者作为局外人，胜负与他无关，没有私欲的困扰，所以能从全局，即从交战双方的联系去把握形势，自然可以看出其中的破绽和奥妙。

圣贤之乐在心　众人之乐在物

【原文】　乐要知内外。圣贤之乐在心，故顺逆穷通，随处比泰；众人之乐在物，故山溪花鸟，遇境才生。

【译文】　快乐要知道是有那内外之分的。圣人和贤者的快乐是在于自己内心的，所以无论是顺境逆境，还是贫穷通达，随处都可以泰然处之；一般人的快乐在于事物外界的，所以只有在那高山溪水，或者花香鸟语里，遇到了境界才会生出来的。

【点评】　快乐是人类追求的目标，但快乐也有不同。圣人们超越肉体的枷锁，追求心灵上的平衡和自由，“塞翁失马，安知非福”，有了顺境，他们会高兴，来了逆境，他们也不会为此而烦恼，心静平和，自然处处青山绿水，快乐无所不在！一般的人，追求的是肉体感官的享受，只有感官触及青山绿水，鸟语花香，才会有快乐，但这种快乐是暂时的，青山、绿水，这些感性的东西一旦消失，没有了感官的满足，快乐就会消失。罗丹说过，美到处都有，对于我们的眼睛，不是缺少美，而是缺少发现！只有淡泊的心，才能体验快乐的真谛。

好须知其恶　恶须知其美

【原文】 **见是贤者，就着意回护，虽有过差，都向好边替他想见；是不贤者，就着意搜索，虽有偏长，都向恶边替他想。自宋儒以来，率坐此失，大段都是个偏识见，所谓好而不知其恶，恶而不知其美者。惟圣人便无此失，只是此心虚平。**

【译文】 看到贤能的人，就加意回护，即使他有过错，也都向好的地方为他着想。看到不贤能的人，就可以寻找，虽然他也有一己之长，也都向坏处替他着想。从宋代以来的儒者，都有这个毛病，话里所透露的大多是偏颇的见解，所谓喜欢就不能知道别人的坏处，厌恶就不能知道别人的好处。只有圣人没有这个毛病，正因为心虚能容，中正公允。

【点评】 人无完人，我们说一个人好，并不是说他处处完美，没有丝毫缺点，只是他的缺点，不足以掩盖其优点而已。成语说“瑕不掩瑜”，也是先承认有瑕，而后才能衡量掩不掩瑜。宋朝以来的理学家，喜欢把事物看作截然对立的东西，结果好就全好，坏就全坏，所以看人的时候，也用善和恶进行二元对立的衡量，若先认为一个人是善人，就会以此成见去衡量他的其他方面，所以最后偏见会越来越深。反观孔子，就没有这个毛病，他对自己的弟子做过很多评价，总是既说优点，也说缺点，并不一概而论。这正是因为他不抱成见，所以能看得客观。

名无两成　相形后显

【原文】 **好名之人，名充其心，父母兄弟妻子都顾不得，何者？名无两成，必相形而后显。叶人证父攘羊，陈仲子恶兄受鹅，周泽奏妻破戒，皆好名之心为之也。**

【译文】 喜好名声的人，名的念头充斥其心，连父母兄弟妻子都顾不上，为什么？名与别的不可兼得，必须在取舍之下才能彰显。古书中记载，叶地的人证明父亲偷羊，陈仲子讨厌哥哥接受别人送的鹅，周泽上奏说他的妻子干犯他持戒，这都是好名之心让他们做的。

【点评】 叶地有人对孔子说，我们那儿有个行直道的，父亲偷了羊，儿子去作证。孔子则说，我们那儿行直道的与此相反，父亲为儿子隐瞒，儿子为父亲隐瞒。陈仲子是古代贤人，因为哥哥得官不正，连哥哥的房子也不肯住，有人送他哥哥鹅，他很厌恶，母亲做了给他吃，他吃了才知道那就是别人送哥哥的鹅，于是都吐了。但孟子却批评他，说他装模作样，是学蚯蚓钻到土里，来显示节操。《后汉书》记载周泽病中斋戒，他妻子见他老迈，放心不下，偷偷去探问，结果周泽上奏抓她治罪。儒家认为，亲情是人伦之本，为了名声而舍弃亲情，是本末倒置，最不可取的。

圣如孔子者　未尽可人意

【原文】 **平生无一人称誉，其人可知矣；平生无一人诋毁，其人亦可知矣。大如天，圣如孔子，未尝尽可人意。是人也，无分君子、小人皆感激之，是在天与圣人上？贤耶？不肖耶？我不可知矣。**

【译文】 平生没有一个人称赞的，他的人品可以知道了；平生没有一个人诋毁的，他的人品也可以知道了。大如天，圣如孔子，也不能够事事尽如人意。一个人，如果不分君子、小人都感激他，那他岂不是在老天和圣人之上？是贤人？是小人？我就不知道了。

【点评】 什么样的人,才会平生无一人诋毁?只能是放弃原则,人云亦云的超级老好人。子贡问孔子:“乡里之人都说他好,这人怎么样?”孔子说:“还不够。”“乡里之人都认为他坏,这人怎么样?”孔子说:“还不够。不如乡里的好人说他好,坏人说他坏。”做事要讲原则,讲原则就免不了得罪人。君子做事,义之所在,勇往直前,即使有千万人反对也要去做,而不会因为别人的毁誉放弃正确的立场。孟子说:“自反而缩,虽千万人,吾往矣!”

第十三篇　治道篇

学政不修　故无人才

【原文】 后世无人才,病本只是学政不修。而今把作万分不急之务,才振举这个题目,便笑倒人。官无不良,国家不受其福,苍生且被其祸,不知当何如处?

【译文】 后世缺少人才,病根就在于不重视教育。如今教育被当成最不重要的事务时,才有人来振兴这个题目,就不免让人笑话。没有贤良的官员,国家无从受益,百姓深受其苦,不知道该怎么办才好?

【点评】 《礼记》记载:“玉不琢,不成器;人不学,不知道。是故古之王者建国君民,教学为先。《兑命》曰:念终始典于学。其此之谓乎!”又云:“虽有佳肴,弗食,不知其旨也;虽有至道,弗学,不知其善也。是故学然后知不足,教然后知困。知不足,然后能自反也;知困,然后能自强也。故曰:教学相长也。《兑命》曰:学学半。其此之谓乎。”对于个人来说,教育是成材的必经之路。不仅要通过受教育才能掌握知识,更要通过受教育学会做人的道理;对于国家民族来说,教育是国家富强民族昌盛的根本保证,俗话说“十年树木,百年树人”,道出了教育的艰辛,更道出了教育的重要。

天下之患　苟可以也

【原文】 天下之患,莫大于苟可以而止。养颓靡不复振之习,成亟重不可反之势,皆“苟可以”三字为之也。是以圣人之治身也,勤励不息;其治民也,鼓舞不倦。不以无事废常规,不以无害忽小失。非多事,非好劳也,诚知夫天下之事,廑未然之忧者,尚多或然之悔;怀太过之虑者,犹贻不及之忧;兢慎始之图者,不免怠终之患故耳。

【译文】 世上的祸患,没有比“苟可以”更大的了。养成颓靡不复振作的习气,造成积重难返的形势,都是“苟可以”三个字害的。所以圣人修身,勤勉不知停息;治理百姓,鼓舞不知疲倦。不因为无事而忽略日常工作,不因为无害而忽略小的过失。不是多事,也不是喜欢辛苦,只是深刻认识天下之事,谨防可能出现的危害,还会因意外发生的变故而后悔;考虑得再仔细的,也会担忧还有疏忽的地方;这就是国为从一开始就提防的,也可能免不了在最后失败。

【点评】 天下并不缺少天才,却缺少勤奋严谨的天才。每个人的天赋其实相差无几,套用美国成功学学者拿破仑·希尔的一句话,“人与人之间只有很小的差异,但是这种很小的差异却造成了巨大的差矣异!很小的差异就是所具备的心态是积极的还是消极的,巨大的差异就是成功和失败。”一个智力平平的人,如果十分勤奋而且严谨,努力杜

绝无谓的错误，会比一个聪明却懒散的人取得更大的成就。

虐民自虐　爱民自爱

【原文】　势有时而穷，始皇以天下全盛之威力，受制于匹夫，何者？匹夫者，天子之所以恃以成势者也。自倾其势，反为势所倾。故明王不恃萧墙之防御，而以天下为藩篱。德之所渐，薄海皆腹心之兵；怨之所结，衽席皆肺腑之寇。故帝王虐民，是自虐其身者也；爱民，是自爱其身者也。覆辙满前，而驱车者接踵。可恸哉！

【译文】　势头到了一定的时候就会穷尽，秦始皇以一统天下的威势，却受制于平民百姓，为什么呢？百姓，是天子依仗而成其威势的。自己倾覆自己所依仗的，结果反被所依仗的力量倾覆。所以圣明的君主不依赖宫墙内的防御，而把天下作为屏障。德政所施，到了海边也都是腹心之兵；施行暴政，结天下之怨，那么卧榻旁也会出现敌人。所以帝王对百姓施虐，其实就是对自己施虐；爱护百姓，就是爱护自己。前面暴政的路上已满是翻车，而后车不鉴，还接踵向前，真让人感到可悲！

【点评】　西汉的贾谊写过一篇脍炙人口的《过秦论》，对秦朝的灭亡做了非常精彩的分析。他说，秦国偏居函谷关外的雍州，却能在战国群雄中崛起，并吞六国，一统宇内。但是等到拥有天下之大，却因为一个小小的陈胜起义，导致天下豪杰并起，最后倾覆了大秦王朝。陈胜的兵器不如六国利，军队不如六国强，秦国当年能灭六国，后来却因陈胜而覆亡，为什么呢？那正是因为“仁义不施，而攻守之势异也”。

公私两字　人鬼之关

【原文】　公、私两字，是宇宙的人鬼关。若自朝堂以至闾里，只把持得公字定，便自天清地宁、政清讼息。只一个私字，扰攘的不成世界。

【译文】　公、私二字，是天地间区别人与鬼的关口。如果上起朝廷，下至街巷，大家都能坚持一个“公”字，那天下自然太平，政治自然清明。就是这个“私”字，把世界搅得不成样子。

【点评】　法国作家乔治·桑在小说中这样写道，“如果对自己的爱未与对别人的爱紧紧联系起来，这种雄心壮志在待人忠诚的情况下本可以战胜一切，但当它处在自私的境地就会受到损害，变得乖戾，随时都有失败的危险。”当一个人被私心纠缠，他就看不到除了自己的利益以外的世界，他所做的一切都是为了牟取自己的利益，至于是否会伤害他人或者国家，也是不在他考虑范围内的。这对于外部世界来说是危险的，对于他自身来说也十分糟糕，因为他的眼睛只盯在自己身上，这就注定了他不会得到快乐。当他个人的力量无法与外界力量抗衡而无法满足欲望的时候，他就会陷入更严重的疯狂之中。

刻薄之见　君子不为

【原文】　既成德矣，而诵其童年之小失；既成功矣，而笑其往日之偶败。皆刻薄之见也，君子不为。

【译文】　别人的德行已经确立了，却非要宣扬他小时候的小过失；别人已经成功了，却非要笑话他过去偶然的失败。这都是刻薄人的见识，君子不会这样做。

【点评】　当别人取得成就时，不去祝贺赞扬，却故意提起对方过去的过失与失败，这

就是嫉妒。嫉妒是一种可怕的心理，它会毁掉嫉妒者自己。嫉妒给对方造成烦扰，也给自己带来痛苦。嫉妒别人的成就其实暴露了自己的自卑、不自信，由衷地赞扬别人取得的成绩，是尊重对方付出的劳动，也是肯定自己的眼光，只要付出努力，我们都能获得自己的成就。赞美不仅可以让别人快乐，也能让对方发挥出最好的状态。美国鲍文汽车公司的董事长山姆·佛真林说："只要肯尊重对方的特殊能力，给予严格要求，任何人都会乐于将其优点表现得淋漓尽致。"如果你希望自己能得到别人的赞赏，那么，先去赞赏别人吧。

事有大者　为而不顾

【原文】　事有大于劳民伤财者，虽劳民伤财，亦所不顾。事有不关利国安民者，虽不劳民伤财，亦不可为。

【译文】　有比劳民伤财更重要的事，那么即使要劳民伤财，也要去做而不必顾惜。而与利国安民无关的事，即使不劳民伤财，也不应该去做。

【点评】　一件事的好坏，往往不能孤立地看待，而应该把它放到与其他事的比较中来衡量。因为我们并不总能在好与坏中做选择，有时不得不在两个坏中选，那就得两害相权取其轻。如果不去选择，听之任之，那么上天就会替我们选择一个更坏的结果。比如对于国家来说，劳民伤财当然是坏事，但有时虽然是坏事也得去做。治理黄河要不要劳民伤财？如果不治理，黄河会泛滥，百姓会受更大的损失。修治武备要不要劳民伤财？如果武备不修，外敌就会入侵，百姓连安定的生活都会受到破坏。历史上有很多类似的例子，大禹治水要劳民伤财，李冰父子修都江堰也要劳民伤财，但这些都是功在当代、利在千秋的伟大业绩，哪怕劳民伤财也是不必顾惜的。

圣人之杀　所以止杀

【原文】　圣人之杀，所以止杀也。故果于杀而不为姑息，故杀者一二，而所全活者千万。后世之不杀，所以滋杀也。不忍于杀一二，以养天下之奸，故生其可杀而生者多陷于杀。呜呼！后世民多犯死，则为人上者，妇人之仁为之也。世欲治得乎？

【译文】　圣人杀人，正是为了阻止别人杀人。所以当杀则杀而不去姑息，是为了保全千千万万的人。后世主张不杀人，正助长了别人杀人。不忍心杀一两个坏人，而纵容了天下的奸恶之徒，让可杀之人活下来，却让应该活的人被杀。唉！后世百姓有很多犯了死罪，都是因为治理国家的人，以妇人之仁姑息养奸的缘故。这样，怎么可能治理得好呢？

【点评】　做事情，先要考虑手段和目的，将二者放在一起加以衡量，取舍然后做决定。手段只是工具，工具本身无所谓好坏，关键得看怎么运用。杀人是坏事，但如果杀人的目的，是为了救活更多的人，而且所杀之人也罪有应得，那就应该杀。因为如果不杀的话，会让更多无辜的人死亡，两害相权取其轻，所以选择前者。而之所以有人怀妇人之仁，宁愿姑息养奸，究其根源，还是因为那些人目光短浅。他们只能看到不杀的好处，而不能看到不杀的坏处，不能看到不杀的结果，是千万无辜的人将受到牵累。

宽人之恶者　化人之恶也

【原文】　宽人之恶者，化人之恶者也。激人之过者，甚人之过者也。

【译文】　宽恕他人的过错，可以促使人改正他的过错。对他人的错误采取激烈的态度，恰恰会加剧他人的错误。

【点评】　美国总统林肯说过："要想捕杀一只苍蝇，一加仑苦涩的胆汁，还不如一滴甜美的蜂蜜来得有效。"想让对方同意你的意见，你要先同意对方的意见。让对方感觉你是他的朋友，而非他的敌人，会令他更容易接受你的意见。有个故事说，风和太阳争论谁更有力量，刚好路上有个人走过，它们就打赌看谁能把他的大衣脱下来。风对太阳说：看着吧，我会证明比你强。于是风鼓足力气吹去，结果，风吹得越大，那个行人把大衣裹得越紧。这时，太阳露出笑脸，不一会，那位行人就热出汗来了，自然也把大衣脱了下来。任何时候，宽容友善的态度都要胜过愤怒与责骂。

贪生者死　忘死者生

【原文】　凡战之道，贪生者死，忘死者生；狃胜者败，耻败者胜。

【译文】　战争的规律，贪生怕死的人反而容易死，奋勇忘死的人反而能活下来。贪求胜利的反而容易失败，以失败为耻的就能获得胜利。

【点评】　战场之上，生死决于瞬间，只有先将自己置之死地，然后才可能得以生还。《孙子兵法》里说："投之亡地然后存，陷之死地然后生。"人的本性都是贪生怕死的，但如果在战场上还依然贪生怕死，那就不会产生战斗的勇气。所谓狭路相逢勇者胜，没有勇气的士兵，又怎么可能打败敌人？《黄帝阴符经》里有一句话，叫作"生者死之根，死者生之根"。战场上的生死之间，往往存在这样一种奇特的转化关系。怀必死之心的人是难以战胜的，所以兵法上说"穷寇莫追"，当一个人被逼入绝境，不再抱有生存的希望时，他能爆发出不同寻常的勇气和力量；如果放他一条生路，给他生存的希望，那这个人反而会不足畏惧了。韩信就是深知这个道理，所以在井陉之战中背水布阵，最后果然凭劣势兵力战胜了强大的敌人。

第十四篇　人情篇

世人喜谈人过　恶人规己过

【原文】　世之人，闻人过失，便喜谈而乐道之；见人规己之过，既掩护之，又痛疾之；闻人称誉，便欣喜而夸张之；见人称人之善，既盖藏之，又搜索之。试思这个念头是君子乎？是小人乎？

【译文】　世间的人，一旦听说了别人的过失，便喜欢谈论而且乐意于给人讲述；见到别人规劝自己的过失，既而掩盖遮护，却又痛恨疾首它；听到别人的称赞和扬誉，便欣欣然高兴，而且到处夸张它；见到有人称赞扬誉别人的善良地方，既而掩盖隐藏它，却又搜罗求索它。试想想，有这样的念头是个君子呢？还是个小人呢？

【点评】 社会对善良的奖励及对丑恶的惩罚,使得人趋善避恶。所以世人总愿意听别人说自己好,喜欢别人夸赞自己,而不愿听别人说自己的短处。为了让别人说自己好,做了好事就四处炫耀,甚至言过其实。这样做虽不妥,但也没必要多加指责,因为他本来是做了好事的。还有些人,为了夺得荣誉,见人做好事,或者掠夺占为己有,或者四处说别人的坏话,以搞臭别人抬高自己,这样的人即使侥幸获得了荣誉,但是小人、是君子一目了然。

窃人之美　吾党戒之

【原文】 露己之美者恶,分人之美者尤恶,而况专人之美、窃人之美乎?吾党戒之。

【译文】 显露自己美好地方的人是可恶的,分享别人美好的人就更为恶劣了,更何况那些把别人的美好全部占为己有、偷窃别人的美好的事情呢?我们这些人是应该警戒的!

【点评】 美是心灵深处发出的,是道德至善的象征。社会上,行为与道德美好的人会受尊敬,比如圣贤,便使人向往和敬爱。君子们修身养性是为了寻求内心的感受和体检,自得其乐,为人敬重,不是他们追求的目的。然而,小人们却将受人敬爱与美德同功利相连,为了得到别人的敬重,他们或者把美贴在脸上四处炫耀,以捞取政治资本;或者自己不出力,同人分享别人的劳动果实;或者仗着权势,以各种名义占有别人的劳动不劳而获,即使侥幸得逞也为君子所不齿,况且,真相还有大白之日,所以,君子不炫己美,分人之美,专人之美,窃人之美!

人有三妒　人之大戳

【原文】 己无才而不让能,甚则害之;己为恶而恶人之为善,甚则诬之;己贫贱而恶人之富贵,甚则倾之。此三妒者,人之大戮也。

【译文】 自己没有才能,但却占着位子不让给贤能的人,甚而还要残害他们;自己作恶为非,却厌恶他人行善积德,甚而还要诬陷他们;自己贫穷卑贱,却厌恶别人得到财富和尊贵,甚而却倾覆他们。这三大嫉妒,都是人的最大该杀戮的地方。

【点评】 物竞天择、适者生存。竞争本来是靠实力和本领的公平竞争,但人类是智能动物。智慧用到了恶处,就叫阴谋,竞争也就不再是公平的了:有些领导自己没有本事,却占着位子不让给贤能的人,为了保全自己的乌纱帽,拼命压制人才,排斥人才,让他有才也无法发挥!还有些领导,自己要做坏事,但却怕别人做好事,因为一是别人做了好事,得了荣誉就会反衬他无能;或者别人做好事,会使他恶行败露,所以这样的领导对别人做好事恨之入骨,想出各种法子,告你黑状,让你好事难做成!有的人贫贱,却嫉妒别人的财富和尊贵,我得不到,你也休想拥有,或盗之,或毁之。

嫉能、善、富贵,这三种嫉妒是人类最大的祸害所在,祸害能导致社会的落后;嫉善会使社会更黑暗,富贵的消灭只能带来社会的更加贫穷和文明的毁灭。

以患难时　心居安乐

【原文】 以患难时,心居安乐;以贫贱时,心居富贵;以屈局时,心居广大,则无往而不泰然。以渊谷视康庄,以疾病视强健,以不测视无事,则无往而不安稳。

【译文】 在身处患难的时候，心里仿佛居住在安宁欢乐的环境里；在贫穷卑贱的时候，心里却好似居住在富贵荣华的环境中；在受到屈辱而局促的时候，心里就像居住在那广阔高大的空间里。这样一来，也就无往而不能够感到泰然自若了。如果能够把深渊看作是康庄大道，把疾病衰弱当作是强壮健康，把出乎意料的事情看作是没事一样。那么，也就无往而不是安定平衡的感觉了。

【点评】 人们都习惯于正面的东西，所以一遇到反面事物时，就会因反差而受不了。人们往往习惯于顺利的境遇，而不适应于忤逆的境地。其实顺境、逆境都是人生的态度而已，你如何看待生活，生活就会是什么样子。以乐观态度处事，苦中也有乐。以悲观态度处事，顺境也会是苦的。

人心自炎凉　非世态之过

【原文】 一巨卿还家，门户不如做官时，悄然不乐，曰："世态炎凉如是，人何以堪"余曰："君自炎凉，非独世态之过也。平常淡素，是我本来事；热闹纷华，是我倘来事。君留恋富贵，以为当然；厌恶贫贱，以为遭际。何炎凉如之，而暇叹世情哉！"

【译文】 一个大官告老回家，门庭不如做官时热闹，闷闷不乐，说："世态炎凉到这个地步，如何能让人忍受！"我说："你自己心里炎凉，不光是世态的过错。平凡朴素，是我原本应该过的日子；热闹纷繁，是我碰巧能过的日子。你留恋富贵，以为那是当然的事；厌恶贫贱，认为那是碰巧的事。为何有一颗炎凉之心，却有时间去感慨世态人情？"

【点评】 人生各种状态中，有本然应然的，赤条条生，赤条条死，来去一无所有，这一无所有就是人生的本然应然。有倘然使然的，门庭若市，热闹非凡，一派繁华景象，这繁华景象就是人生的倘然使然。所谓富贵繁华如过眼云烟，终究归于平淡，而生活本来就平淡是真。不能认识这本来之真，而沉迷于梦幻泡影般的繁华假象，那么等到繁华散尽之后，迟早有一天要自食其果，承担失落所带来的痛苦。只有懂人生真谛的人，才能得人生真乐，子曰："饭疏食，饮水，曲肱而枕之，乐亦在其中矣。"

人皆忧少　智者忧多

【原文】 人皆知少之为忧，而不知多之为忧也。惟智者忧多。

【译文】 人都知道少是值得忧虑的，而不知道多也是值得忧虑的。只有智者能因为多而忧虑。

【点评】 天下的人好像都嫌自己的金钱少、权势少、名声少……于是拼了力气去追求。但很少有人考虑前人所说的"多藏者厚亡，故知富不如贫之无虑；高步者疾颠，故知贵不如贱之常安。"其实，什么东西并不是越多越好，财富很多，人就开始担心它们的安全，生怕有人要来算计；权高位重，又要担心被陷害被诽谤。有句话说，爬得越高，摔得越重。可见，并不是越多越好，而是适度才好。柳宗元写过一篇文章，题为《蝜蝂传》，文中描写了一种小虫子，在路上看到什么东西都背到自己背上，还爱往高处爬，被背上的重负压得没有力气，最终掉下来摔死。世人当以此为戒。

圣人不拂人　亦不求可人

【原文】 圣人之道，本不拂人，然亦不求可人。人情原无限量，务可人不惟不是，亦

自不能，故君子之务可理。

【译文】 圣人之道，本不是要违拗他人，但也不求迎合他人。人情本来就无可限量，想要迎合他人，不但不对，也不可能做到，所以君子只求满足事理。

【点评】 禅宗里有一“云门饼”公案，一些僧人从很远的地方不辞劳苦到赵州去参访赵州和尚，请教禅宗嫡旨。赵州问：“你来过吗？”一个人回答说：“来过。”赵州对他说：“吃茶去。”另一个人回答说：“没来过。”赵州还是说：“吃茶去。”与赵州和尚同一寺庙的一位僧人很奇怪，就问赵州说：“怎么来过的与没来过的你都让他吃茶去？”赵州说：“你也吃茶去。”禅宗就如品茶，茶的滋味如何，要看各自的体会。君子修身养性、追求道义，从某种程度上说也如同禅宗“如人饮水，冷暖自知”。从实践道义到遵从自己内心的声音，并没有一个要怎么做的规定，因为世界上具体的事物千差万别，怎么能有一个固定的行为规范呢？

攻人勿过　责者大戒

【原文】 攻人者有五分过恶，只攻他三四分，不惟彼有余惧，而亦倾心引服，足以塞其辩口。攻到五分，已伤浑厚，而我无救性矣。若更多一分，足贻之以自解之资，彼据其一而得五，我贪其一而失五矣。此言责家之大戒也。

【译文】 批评人的，见人有五分过错，而只批评他三四分，这样被批评的人不光心有忌惮，而且完全服气，足以塞住他狡辩的话头。批评到五分，已失之浑厚，而我也没有回旋的余地了。如果再多一分，是送他给自己辩解的理由，他靠这多出的一分批评，挽回了原先的五分过错，而贪那过多的一分批评，而失去那合理的五分。这是批评者的大戒。

【点评】 当你责备对方的时候，心里一定要先想一下自己也并非十全十美，再努力从对方的角度上考虑一下，然后再指责对方所犯的过错，这样对方才会乐意接受你的意见。车尔尼雪夫斯基说：“一个陷在错误中的人，不管他的思想多么顽固，假如另外有个修养更好，对事情认识得更清楚、理解得更透彻的人经常努力，把他从错误中引拔出来，错误也就不会再持续下去。”其实，在劝告的过程中，态度比事理更为重要，人的天性会维护自己，即使对方明白你说得对，但也许因为你的态度让他受到伤害而拒绝承认。同时，因为人总是下意识从自己出发去考虑别人，难免使自己的批评过于主观。批评是一门艺术，运用得当不仅能推动工作的进展，更可以为你赢得他人的尊敬。

凡事贵真　真不容掩

【原文】 情不足而文之以言，其言不可亲也。诚不足而文之以貌，其貌不足信也。足以天下之事贵真，真不容掩，而见之言貌，其可亲可信也夫。

【译文】 感情不充沛而用言语修饰，这样的言语不能使人亲近。诚意不足而用表情来修饰，这样的表情不足以令人信服。所以天下的事情贵真，真情实意无法掩饰，而在言语表情上表现出来，那就可亲可信了。

【点评】 内心冷漠而言辞热烈，这样的人就像是流泪的鳄鱼，把善良的过路人骗到嘴里。虚伪的人最终会遭到自己的报应，《卡拉马佐夫兄弟》中说：“骗自己和相信自己的谎话的人，会落到无论对自己对周围都分辨不出真理来的地步，那就会引起对自己和对他人的不尊敬。人既不尊敬任何人，就没有了爱，既没有了爱，又要让自己消磨时光，就

放纵淫欲和耽于粗野的享乐，以至在不断地恶行中完全落到兽性的境地，而这全是由于对人对己不断说谎的缘故。”而真诚的情感是掩饰不住的，《礼记》有言：“说之，故言之；言之不足，故长言之；长言之不足，故嗟叹之；嗟叹之不足，故不知手之舞之，足之蹈之也。”

圣人缘情制礼　众人以礼视礼

【原文】　礼是圣人制底，情不是圣人制底。圣人缘情而生礼，君子见礼而得情。众人以礼视礼，而不知其情，由是礼为天下虚文，而崇真者思弃之矣。

【译文】　礼是圣人制定的，情不是圣人制定的。圣人依循人情而得礼，君子见礼貌而知人情。普通人只把礼看作礼仪，而不知道其中包含的人情，因此礼成为天下一种虚设矫饰的东西，以致崇尚真实的人想要抛弃它。

【点评】　据说，苏轼有一次郊游，在一座庙中休息。主持见他衣着简朴，于是态度很是冷淡，只说：“坐”，然后对小道士说：“茶”。谈了几句以后，主持觉得对方才识出众，：于是口气缓和了许多，说：“请坐”，对小道士说：“敬茶”。又谈了一会，主持得知对方原来就是鼎鼎大名的大诗人苏东坡，连忙行礼，并说：“请上坐”，又吩咐小道士说：“敬香茶”。苏轼离开时，主持求一副对联，苏轼挥笔写道：“坐请坐请上坐，茶敬茶敬香茶”。主持看罢十分羞愧。圣贤制定的礼，本是为了表达内心的道德与情感，而在俗人那里，却变成了根据对方的地位、官爵等世俗的虚荣而奉承迎合的媚态，完全背离了圣贤之礼的本质。

好善恶恶　人皆同然

【原文】　称人以颜子，无不悦者，忘其贫贱而夭；称人以桀、纣、盗跖，无不怒者，忘其富贵而寿。好善恶恶之同然。如此而做人，却与桀、纣、盗跖同归，何恶其名而好其实也？

【译文】　说人是颜渊，听了没有不高兴的，却忘了颜渊的贫贱而早夭。说人是桀、纣、盗跖，听了没有不生气的，却忘了他们都富贵而长寿。人们喜好善而厌恶恶，都是这样。但具体到做人，却都选择桀、纣、盗跖的路，为何厌恶他们的名声，却喜好他们实际的好处呢？

【点评】　君子心中有着坚定的信仰，在追求道义的信念鼓舞激励下，无论艰难险阻、贫寒困窘都不会泄气，因为他们的信念就是他们力量的源泉。有多少仁人志士为了自己的信念甘愿忍受常人所不堪忍受的羞辱、折磨，甚至牺牲自己的生命。这些人才是真正的君子，他们有信仰，并且言行一致，他们的信仰就是他们的生命与灵魂，而不是像世俗之人那样，把所谓的信仰挂在嘴上，当作标榜自己的装饰。普通的人仰慕那些原则坚定的君子，但因为缺乏坚毅的品格、坚定的信念以及献身的精神，不能将道德准则融入自己的血液，所以在现实面前，他们选择了利益。这是令人悲哀的，因为“什么也不信的人不会有幸福”（雨果语）。

不怕多感　只怕爱感

【原文】　不怕多感，只怕爱感。世之逐逐恋恋，皆爱感者也。

【译文】　不怕多愁善感，只怕沉溺于多愁善感。世人之所以沦于追求贪恋而不可自

拔，都是因为沉溺于多愁善感的缘故。

【点评】 人可以醉心于思考，但不可沉溺与感伤。思考是人类独有的能力，也是人类最大的乐趣，雨果说过："一个专心致志思索的人并不是在虚度光阴。虽然有些劳动是有形的，但也有一种劳动是无形的。"而感伤则是另外一种情绪，英国作家D·H·劳伦斯在《长生鸟》中写道："多愁善感是用自己并非真正具有的感情消磨自己。"在很大程度上，我们会成为怎样一个人，取决于我们的思想。海伦·凯勒又瞎又聋，但在老师的帮助下，她顽强地依靠读唇语学会了写作，她说："我发现生命是这样美好。"相比较而言，有那么多人有健康的身体健全的思想，却整天感慨生命的空虚。弥尔顿说过："思想的运用和思想本身，就能把地狱造成天堂，把天堂造成地狱。"

第十五篇　物理篇

入钉惟恐不坚　拔钉惟恐不出

【原文】 入钉惟恐其不坚，拔钉惟恐其不出。下锁惟恐其不严，开锁惟恐其不易。

【译文】 锲入钉子的时候，只怕它不坚固；拔出钉子的时候，却又只怕它拔不出来。关下锁子的时候，只怕它锁得不严实；打开锁子的时候，又只怕它开得不容易。

【点评】 世上的事情都是矛盾的：有建设的，也就有破坏的，做的人，只怕它不牢固，破坏的人，就怕它太坚实。牢固与坚实，就看你站在什么立场上，比如锁门，锁门的人只怕门没有锁好或总嫌锁的不够牢固，无法防贼。于是锁子从明锁到暗锁，然后发展到单保险、双保险，好像锁子还是不够牢固，也是普通门上追加一扇防盗门，就像广告中的"盼盼到家，安全进万家"，结果防了贼，也苦了自己，某一天忘带钥匙，进不了门时，又会抱怨门窗锁得太牢固！

这个矛盾永远存在。立场不同，看问题的角度也会不同，心态当然不会一样。

火不自知其热　水不自知其寒

【原文】 火不自知其热，水不自知其寒，鹏不自知其大，蚁不自知其小，相忘于所生也。

【译文】 火苗自己不知道自己是热的，流水自己不知道自己是寒冷的，大鹏自己不知道自己是庞大的，蚂蚁自己不知道自己是微小的，都是因为它们各自忘记了自己所生出来的本性而已。

【点评】 所有的自然物或者动物、植物，因为没有感觉和分别，所以能够顺其自然，没有痛苦和烦恼。人类是感性动物，有分别的概念，所以才会烦恼：感觉伟大时，就会曲高和寡，孤独寂寞油然而起；感觉渺小，就会自卑。人类要想没有痛苦与烦恼，那就最好像火、水、鹏、蚁一样，不要生起什么分别心，以平常心看待事物，也就能够顺其自然了。

雀鼠无功而食　虎狼肆害而食

【原文】 无功而食，雀鼠是已；肆害而食，虎狼是已。士大夫可图诸座右。

【译文】 不付出劳动就取得食物的，是麻雀和老鼠；通过肆意伤害来取得食物的，是老虎和豺狼。做官的人，应该把这些话当作座右铭。

【点评】 《诗经》有一篇名为《硕鼠》，把不劳而获的人比作大老鼠："硕鼠硕鼠，无食我黍！三岁贯女，莫我肯顾。"比喻得既贴切又生动。与不劳而获相比，那些横行枉法的官吏更让人觉得可怕。贪官污吏，奸臣贼子，自古就被比作豺狼虎豹。奸臣掌权的时代，人们常常用"豺狼当道""虎豹横行"来形容它。这些人不懂得百姓才是"衣食父母"的道理，却甘愿向豺狼虎豹学习。如今进入民主社会，所有的公民都是国家的主人，政府官员就更应该具有"公仆"意识，尽职尽责，为纳税人服务，而不要贪污腐败，做对不起国家人民的事。

物者天能　圣人人能

【原文】 **圣人因蛛而知网罟，蛛非学圣人而布丝也。因蝇而悟作绳，蝇非学圣人而交足也。物者天能，圣人者人能。**

【译文】 圣人因见蜘蛛而懂得结网，蜘蛛并不是学习圣人，才去设网捕猎的。因见苍蝇而懂得结绳，苍蝇并不是学习圣人，才去搓手搓脚的。万物具有天赋的本领，圣人具有后天学习的本领。

【点评】 人类没有翅膀，却能够从鸟儿飞翔中获得启发，制造飞机飞上蓝天；人类没有蝙蝠那样灵敏的耳朵，却能够学习蝙蝠，掌握声纳雷达的技术。人类之所以为万物灵长，人类文明之所以伟大，正在于人有向自然万物学习的本领。千百年来，人类在学习自然的过程中，一点一滴地积累知识，发展科学技术，才有今天的地位。但我们不能因为今天的地位而自足自大，不再向自然万物学习。即使到了今天，自然的奥秘也仍然没有穷尽，仿生学还在源源不断地向自然寻找启发，我们还要像古代的圣人那样，哪怕蜘蛛苍蝇那样微不足道的事物，也要向它们学习，才能不断地获得进步。

执火不焦指　轮圆不及下

【原文】 **执火不焦指，轮圆不及下者，速也。**

【译文】 用手指捏火而不被烧伤，轮子滚动而不倾倒，都是因为速度快的缘故。

【点评】 孤立静止地看问题，就无法获得事情的真相。事物是运动的，在不同的情况下，会产生不同的结果。火是危险的，见了火就应该躲开，这固然是一个常识，但用手指很快地捏一下火焰，手指并不会因此烧伤。所以在有的情况下，应该勇敢地面对困难，而不要一味逃避。比如，被困在着火的房子里，逃出去的路上有一道火墙阻挡，我们就不能死抱见火则避的教条，而应该勇敢地冲出去。只要速度够快，就不会有大的伤害。

第十六篇　广　喻　篇

鉴不能自照　尺不能自度

【原文】 **鉴不能自照，尺不能自度，权不能自称，囿于物也。圣人则自照、自度、自**

称，成其为鉴、为尺、为权，而后妍媸、长短、轻重天下。

【译文】 镜子自己不能够照见自己，尺子自己不能够度量自己，秤子自己不能够称量自己，是受到了物体本身的限制。然而圣人却能够自己照见自己，自己度量自己，自己称量自己。等自己成了镜子、成了尺子、成了秤，然后才能够分别天下人的美丽与丑恶，断定天下事物的长处和短处，判明天下情理的轻和重。

【点评】 认识事物的过程，就是进行比较的过程。人类根据客观的标准制造出镜子、尺子、秤，用来度量别的物体。三者本身无法自照、自量、自称，但由于本身不带任何感情色彩，所以能够成为一定不变的标准。

人类就不同了，人类具有意识，所以认识事物时，必然会受感情的左右，即使是同一个人在不同的时间、不同的心理状态下对同一事物都会有不同的认识，所以普通人无法对任何事情做出公正、客观的评价，自然也就不可能成为公正地评价、判断、处理天下事的标准。

但圣人与凡人不同，圣人追求人格的完美，能够不断审视自己，反观自己的美丑，度量自己与长短，称量自己的轻重，等自己具有一面镜子、一把尺子、一杆秤的资格，才会照看别人的美丑、度量别人的长短、称量别人的轻重。

七尺之躯 不如一履

【原文】 **未有洗面而不闭目，撮红而不虑手者，此犹爱小体也。人未有过檐滴而不疾走，践泥涂而不揭足者，此直爱衣履耳。七尺之躯顾不如一履哉！乃沉之滔天情欲之海，拚于焚林暴怒之场，粉身碎体甘心焉而不顾，悲夫！**

【译文】 人们洗脸的时候，没有说不闭上眼睛的；在摘红花的时候，没有不考虑手的。这就是说，他还在爱惜着自己微小的身体；人们在经过滴着雨滴的房檐底下的时候，没有不急忙跑着走的；在践踏泥泞的道路时，没有不抬起脚跟走的。这个现象，说明他只是爱惜自己的衣服和鞋子而已。难道说，人的七尺躯体反而不如一只鞋子吗？却要把它沉溺在滚滚滔天的感情和欲望的大海里，用它在焚烧森林和狂暴发怒的战场上拼命，竟然甘心于粉身碎骨、毁坏身躯，却反而毫不犹豫，真是悲惨啊！

【点评】 人们有时表现出身体上的每一个小部位，从头到脚，从皮肤到胃肠。怕伤了眼睛，洗脸时没有不闭眼睛的；怕刺伤了手，没有摘花时不考虑手的，真是无微不至。

对于眼睛和手这样细小的部分，都照顾得如此周全，那么，对于整个身体和生命，就应该更加珍惜和爱护。但人类的行为却恰恰相反，比如，怕淋湿了衣服，在经过滴雨的房檐时，没有不快步跑的；在泥泞的路上，也会抬起脚跟走路，好像五尺身躯不如衣履珍贵！还有的人，不仅不爱惜自己的身体，还会用各种办法作践自己的身体；为得一时感官的享乐，沉醉于灯红酒绿之中，夜以继日寻欢作乐，今朝有酒今朝醉，哪管明天的死活。另一些人，为谋私欲，铤而走险，以身试法不惜丧失生命！

抓了芝麻丢西瓜的傻事，人间并不罕见！

丑好在我 爱憎在人

【原文】 **瓦砾在道，过者皆弗见也。裹之以纸，人必拾之矣；十袭而椟之，人必盗之矣。故藏之，人思亡之；掩之，人思检之；围之，人思窥之；障之，人思望之。唯光明者不令**

人疑，故君子置其身于光天化日之下。丑好在我，我无饰也；爱憎在人，我与无也。

【译文】 一块瓦砾扔在道路旁边，从跟前经过的人都不会看见的。但是用纸包裹上了，人一定会把它拾起来；围上十层的布再用盒子装起来，人一定会把它盗窃走的。所以说，只要把东西藏起来，人们便想把它盗走；只要把东西掩盖起来，人们便想把它捡回来；只要把东西包围起来，人们便想前来偷看一看；只要把东西遮障起来，人们便想着过来望一望。只有那些光明的东西不会让怀疑，所以君子便把自己的身体摆放在光天化日之下。是丑恶还是美好，那在于我自己，我自己却不会加以掩饰的；是爱戴还是憎恶，那在于别人，我自己不会干涉的。

【点评】 好奇是人的本性，瓦砾实验足以证明。

生活中，一些厂家为谋取暴利，不是通过正当手段，如提高产品质量等，而是，借瓦砾的启示，把目光瞄准于包装市场，于是"金玉其外，败絮其中"的假冒伪劣产品层出不穷。有些人为了扬名，用各种荣誉把自己层层包裹起来。人生绝不是一次性的交易，这样虽可以得到暂时的名利，但用不了多久，便会露出马脚来。

君子做事坦坦荡荡，没有私心杂念，所以，君子需要真正的光明，而不需包装，把自己立身于光明磊落的地方，接受大家的监督。

人各有特点，有缺点，也有优点，你喜欢也罢，不喜欢也罢，君子是不会在乎的。

天下之势　积渐成之

【原文】 **天下之势，积渐成之也。无忽一毫，舆羽折轴者，积也。无忽寒露，寻至坚冰者，渐也。自古天下国家身之败亡，不出"积渐"二字。积之微，渐之始，可为寒心。**

【译文】 天下大势，都是逐渐积累而形成的。不要轻忽一根羽毛，积累得多了，装在车上也会压断车轴。不要轻忽冬天的寒露，逐渐寒冷下去，慢慢地就会成为坚冰。自古天下国家乃至自身的败亡，无不由"积渐"二字造成。微小的积累，缓慢变化的开始，足以让人寒心。

【点评】 冰冻三尺，非一日之寒。然而当天气转冷的时候，又有多少人能够注意到水的变化？只有当某天水面都已成冰，才知道感慨寒冷的到来。人的局限，在于往往只见大而不见小，只见迅速地转变，而不见缓慢的积累。所以细微的事物，微小的变化，都容易被人所忽略。然而大无非由小积成，细小处不提防，迟早也会酿成大害。稻草很轻，但让骆驼背稻草，一根一根往上加，也总有一根会把骆驼压垮。而人言之所以可畏，也正在于积累，所谓众口可铄金，积毁可销骨。做人处事，不可不谨记"防微杜渐"这四个字。

火大无烟　情平无语

【原文】 **火之大烁者无烟，水之顺流者无声，人之情平者无语。**

【译文】 烧得旺的火没有浓烟，顺畅的水流没有声音，心情平和的人不言语。

【点评】 俗话说：半瓶子水晃荡。充实完善的东西，往往不会无故发声，瓶子里装满了水，晃也晃不出声音。老子说："大音希声，大象无形。"而做人修身，要注重内在的充实，不可以夸夸其谈，有了一点知识，就四处卖弄；有了一点进步，就向人夸耀。老子又说："知者不言，言者不知。"说得多并不意味着做得多，真正有成就的，是那些默默无闻，埋头苦干的人。孔子在自然面前，也曾发出过这样的感慨："天何言哉？四时行焉，百物

生焉。天何言哉!”

背上有物　不待自见

【原文】　背上有物,反顾千万转而不可见也,遂谓人言不可信。若必待自见,则无见时矣。

【译文】　背上有东西,转身向后看,就算转一千一万次也看不见,于是认为别人的话不可信。如果一定要靠自己来看见,就再也没有看见之时了。

【点评】　用眼睛看东西,只能看到面前的;背上贴一张纸,怎么转身也不可能看到上面写的什么字。所以对人来说,背就是目光所不能及的一个死角。同样,人的认识受制于见闻、知识、立场等种种因素,也有很多死角,靠自己是无论如何也不能认清事实的。但死角并不是不能认识,但需要借助外界的帮助。借助一面大镜子,我们就能看到背上的东西;借助他人的指点,我们就能扫清认识的迷障。所以人不可过于主观,要从不同的观点、角度看待事物,更要懂得听取他人的意见。唐太宗善于纳谏,能以人为鉴,所以能成为一代明君。

直指源头　智者独见

【原文】　水千流万脉,始于一源。木千枝万叶,出于一本。人千酬万应,发于一心。身千病万症,根于一脏。眩于千万,举世之大迷也。直指源头,智者之独见也。故病治一,而千万皆除;政理一,而千万皆举矣。

【译文】　河川千流万条,都始于一个源头。树上千枝万叶,都出于同一个根。人要应付千万种局面,都是用的同一颗心。身体各种病症,都是因为一个器官出了毛病。因千千万万的变化而眼花缭乱,举世之人大多如此。直接找到问题的根源,是智者独有的见解。所以疾病只需治一个病根,身体上的其他症状就都能消除;政务只需理出一个纲领,千千万万的具体事务就能得到解决。

【点评】　治病先治根,治乱先治本。处理事务要抓其根本,而不能被枝节小事绊住手脚。事物往往有一个关键,而其他种种,都只是过是它衍生出来的。解决了关键,就像抽丝剥茧,找到了线头,剩下的都能自然而然,水到渠成;找不到关键,就像理一团乱麻,而又没有快刀可用,只会越理越乱,纠缠不休。孟子论政,只讲一个仁字。只要仁政得以施行,天下自可太平,居上位者可以垂拱而治。仁政不行,法令再多,措施再繁,也只能是解决了一件事,而另一事又起,永无安宁之时。

用小者无取大　用大者无取小

【原文】　长戟利于锥,而戟不可以为锥;猛虎勇于狸,而虎不可以为狸。用小者无取大,犹用大者无取于小,二者不可以相消也。

【译文】　长戟比锥子更锋利,但戟不可以替代锥子;猛虎比狸猫更凶猛,但虎不能像狸猫那样捉老鼠。要用小物的人不取大物,就像要用大物的人不取小物一样,二者不可以互相取代。

【点评】　尺有所短,寸有所长,万事万物都各有其存在的价值,不能因为它们的不足,而抹杀它们的长处。战场厮杀,锥子当然派不上用场,不能与长戟相比;但钻孔纳鞋

底时，长戟就反而不如锥子了。事物的价值，不能孤立静止地看待，也不能只用一种尺度去衡量，关键在于人的运用。一件东西，对于不会运用它的人来说，是废品；对于会用它的人来说，是宝贝。在不同的场合，就得用不同的工具，就像不同的锁要用不同的钥匙来开一样。杀鸡不必用宰牛的刀，高射炮也打不下蚊子来，要使它们各得其所，才能够物尽其用。

无所不容　无所不与

【原文】　海投以污秽，投以瓦砾，无所不容。取其宝藏，取其生育，无所不与。广博之量，足以纳触忤而不惊；富有之积，足以供采取而不竭。圣人者，万物之海也。

【译文】　向大海扔脏东西，扔瓦块石头，大海无不包容。向大海索取宝藏，索取它生养的鱼虾，大海无不给予。宽广博大的胸怀，足以包容触动违拗而不惊；丰富的蕴藏，足以供人采取而不枯竭。所谓圣人，就是包容万物的大海啊。

【点评】　海纳百川，有容乃大。伟大的人，一定有博大的胸襟，容人的气量。蔺相如完璧归赵，立下大功，回来后被封为上卿，位置在老将廉颇之上。廉颇很不满，就向别人宣称，见了蔺相如一定要羞辱他。蔺相如听说后，就处处躲开廉颇，避免与他发生冲突。别人都以为他怕廉颇，其实蔺相如是不愿将相失和，而有损于国家。廉颇知道后，为蔺相如的气度所折服，负荆前来请罪。气量狭窄的人，成就不了大业。周瑜火烧赤壁，才能出众，却容不下诸葛亮比他高明，总是感慨“既生瑜，何生亮”，结果年纪轻轻就被气死，不能为东吴再立功勋。

钩吻砒霜　也都治病

【原文】　钩吻、砒霜，也都治病，看是甚么医手。

【译文】　钩吻、砒霜都是毒物，但也都是治病的药物，关键是看什么样的医生用药。

【点评】　物是死的，人是活的，运用在人，而不在物。刀子可以杀人，但拿在医生手上，就成了可以救人的手术刀。吗啡可以止痛，但落到毒贩手中，就变成了害人的毒品。所以事物本身无所谓好坏，关键在于运用它的人。放在科学理论上，也是一样。自从爱因斯坦发现了质能转换公式，核能就成为我们可以利用的新能源。有人利用它来造核弹，蘑菇云起处，生灵涂炭，城市化为灰烬。于是有人把核能视为洪水猛兽，把科学发现看成人类的灾难。然而，核能也可以用来发电，只需要一点点资源，就可以提供无穷无尽的能量。所以，对于物的运用，责任不在于物，而在于人。

无涵养之功　开口露本相

【原文】　无涵养之功，一开口动身便露出本象，说不得你有烁见真知。无保养之实，遇外感内伤，依旧是病人，说不得你有真传口授。

【译文】　没有平日涵养的功夫，一开口一动足，就会露出本来面目，装作有真知灼见也没有用。平日不注意保养身体，一遇风寒就会生病，再有高明的养生理论也没有用。

【点评】　人的学识修养，要靠平日一点一滴地积累；学识修养是伪装不了的，平日没有积累，言语之间就会原形毕露。张岱在《夜航船序》里讲过一个故事，说有一个和尚，和一个读书人一起坐夜航船，同宿船上。读书人高谈阔论，和尚心生畏惧，就把脚缩起来

睡。后来越听越不对劲,发现读书人的话里有破绽,就说:“请问相公,澹台灭明(字子羽,孔子弟子,七十二贤人之一)是一个人,还是两个人?”读书人说:“是两个人。”和尚又问:“那么,尧舜是一个人,还是两个人?”读书人说:“自然是一个人。”和尚于是笑着说:“这么说起来,且让小僧伸一伸脚。”

挞人者梃也　杀人者刃也

【原文】　挞人者梃也,而受挞者不怨梃;杀人者刃也,而受杀者不怨刃。

【译文】　鞭挞人的是木梃,然而受到鞭挞的人,却不会去埋怨那木梃;砍杀人的是刀刃,然而遭受杀戮的人,却不会去埋怨那刀刃。

【点评】　制造和使用工具是人与动物的区别之一。自人类产生以来,人类使用的工具发生了质的变化,极大的延伸了人类大脑、四肢的功能。但工具无论怎样发达,先进,工具本身是没有意识的,也要在人类意识的控制之下,比如高智能机器人,无论它多么有智商,仍是人类设计操纵的机器而已。

工具制造出来就是为人类服务的,好人使用了工具可以做好事,坏人使用了工具会去做坏事。工具之所以能发挥作用,还是人的作用。

第十七篇　词章篇

宁受一人面指　莫受天下背笑

【原文】　一先达为文示予,令改之。予谦让,先达曰:“某不护短。即令分笑我,只是一人笑;若为我回护,是令天下笑也。”予极服其诚,又服其智。嗟夫,恶一人面指,而安受天下之背笑者,岂独文哉!岂独一二人哉!观此,可以悟矣。

【译文】　一位长辈把他的文章给我看,让我为他修改。我推辞表示谦虚,长辈说:“我不护自己的短。即使我确实可笑,也只是你一个人笑;如果你为我回护,就是让天下人笑我了。”我非常服膺他的诚恳,又佩服他的智慧。可叹啊,世人讨厌被一人当面指摘,而宁愿让天下人在背后笑话,何止文章是这样!何止一二人是这样!由此事观之,就可以明白了。

【点评】　人非圣贤,孰能无过。犯了错误,就要勇敢地去面对错误。“知耻近乎勇”,子路听到别人指出他的错误,就会很高兴,所以孔子称赞他勇。以前的错误,是既成事实,只要勇于面对,就有改正的机会。如果不敢面对,甚至文过饰非,那么小错也会酿成大错。文章更是如此,有错误及时被人指出,便可及时改正;等到刊印成书,流布天下,改正也来不及了。与其到时被天下人笑话,不如开始只被一人笑话。可惜多数人的智慧,只能看到“面指”,而不能察及“背笑”,可笑亦可悲。

艰深险怪　文章之妖

【原文】　艰语深辞,险句怪字,文章之妖,而道之贼也,后学之殃,而木之灾也。路本平而山溪之,日月本明而云雾之,无异理有异言,无深情有深语。是人不诚,而是书不焚,

有世教之责者之罪也。若曰其人学博而识深，意奥而语奇，然则孔、孟之言，浅鄙甚矣。

【译文】 艰深晦涩的语句，偏僻生怪的字词，都是文章的妖孽，大道的蟊贼，对于后学者有害，对于雕版的木头是灾难。本来平坦的路，非要弄成深山险壑；本来明亮的日月，非要搞得云遮雾障；没有新异的理论，却非要使用新异的言语；没有厚重的感情，而非要使用厚重的语言。这样的人不去训诫，这样的书不去烧毁，是担负教育之责的人的罪过。如果非得说这样的人是博学多识，有深奥的理论而新奇的表达，那么孔子、孟子的话，岂不都成了浅陋鄙俗了。

【点评】 写文章务求平实，最忌艰涩。即使是很深奥的道理，还要力求深入浅出，尽量用浅显的话将它表达出来，何况并没有深刻的思想，却硬是要表达得晦涩难懂呢？凡是喜欢用生僻的字词，喜欢采取晦涩表达的文章，其内容是否有价值就值得怀疑。写这样文章的作者，矫揉造作，无病呻吟，可以说是他们的通病。孔子、孟子的思想，流传两千年，到现在还有其价值。他们要说的道理不可谓不深，但《论语》《孟子》二书的文字，在古文中却可以说是最浅显易懂的。

无用文章　圣人不作

【原文】 **圣人不作无用文章，其论道则为有德之言，其论事则为有见之言，其叙述歌咏，则为有益世教之言。**

【译文】 圣人不写没有用的文章，他们论道时，说出来的都是有德之言；论事时，说出来的都是有见识的话；他们说故事吟诗词，都是有益于教化的话。

【点评】 圣人立言，有所为而发，不做迂空之谈。比如鬼神之说，虽然难以证明它们一定没有，但谁也没见过，也观察不到它们对世界的影响，所以没有讨论的价值。《论语》里记载："子不语怪、力、乱、神。"《诗经》三百篇，自古就被人看重，后来更是被儒家视为经典。虽然三百篇所吟咏的内容各不相同，但或有益于教化，或有助于审美，都有其存在的价值。所以孔子对他的弟子说："小子何莫学夫诗？诗，可以兴，可以观，可以群，可以怨。迩之事父，远之事君。多识于鸟兽草木之名。"

不失中和　任其自然

【原文】 **真字要如圣人燕居，危坐端庄而和气自在。草字要如圣人应物，进退存亡，辞受取予，变化不测，因事异施，而不失其中。要之同归于任其自然，不事造作。**

【译文】 楷书要写得像圣人在家独处，虽然正襟危坐，神态庄严，而又不失平和自在。草书要写得像圣人待人处事，或推辞或接受，或收取或给予，变化万端，难以预料，根据情况采取措施，而都没有偏颇。总之要归于自然的境界，而不要矫揉造作。

【点评】 古人崇尚中和之美，孔子论《诗》，称赞它"乐而不淫，哀而不伤"，书法也当如此。楷书庄重整齐，但过于整齐，也会陷于呆板，所以还要求有一团和气在其中流动，有气韵才会生动。草书恣肆随意，但过于随意，也会失之散乱，或者流入偏颇，所以要不失其中，留一个重心，才能在变化莫测里存一个章法。艺术贵在自然，千万不可以矫揉造作。比如楷书中，宋徽宗的铁划银钩，虽然自成一家，不能说不好看，但终究太过生瘦，不是艺术的最高境界。楷书大家，首推的毕竟还是颜筋柳骨，浑厚自然。

先圣经旨 后世难得

【译文】 圣人作经，有指时物者，有指时事者，有指方事者，有论心事者，当时精意与身往矣，话言所遗，不能写心之十一。而儒者以后世之事物，一己之意见，度之不得，刚强为训诂。呜呼！汉、宋诸儒不生，则先圣经旨，后世诚不得十一。然以牵合附会，而失其自然之旨者，亦不少也。

【译文】 圣人撰写经典时，有的话是指当时的事物，有的指当时时间，有的指某一地方的事物，有的说内心的感受，而当时的精神意志身体都已不存在了，从话中遗留下来的，不到十分之一。而后世的儒者，以后世的事物，以及自己的见解，揣度过去的意思而不得，则强行为之注解。呜呼！如果没有汉代和宋代的儒生们，先圣经典里原意，后代的人恐怕连十分之一也理解不了。但他们牵强附会，而失去本来意思的情况，也有很多。

【点评】 语言是在不断地变化的，尤其像中国这样历史悠久的国家，在几千年中，哪怕是书面语，也有过很大的变化。儒家经典，都成书于先秦。先秦的语言，到了汉代，理解起来就有困难，所以学者们纷纷起而为之作注。汉人的注解，到了晋唐又难以看懂了，所以唐代又有很多学者为之作疏。没有这些学者的努力，我们现在大概根本看不懂那些书在说什么。但古人解释经典，也常常有牵强附会的地方，比如《关雎》一诗，明明是首爱情诗，毛公（毛传作者）的序里却硬是要说“后妃之德也”。

圣人开口近道 贤者深沉免过

【原文】 **圣人终日信口开阖，千言万语，随事问答，无一字不可为训。贤者深沉而思，稽留而应，平气而言，易心而语，始免于过。出此二者，而恣口放言，皆狂迷醉梦语也。终日言无一字近道，何以多为？**

【译文】 圣人整天张口说话，千言万语，不论是对某事的议论，还是对某人的回答，每一个字都值得注解。贤者就要经过深沉的思考，过一会儿才能回答，用平和的语气说出来，设身处地为他人着想，才能免于犯错。除了这两者，就都是信口开河，说的都是胡言乱语，醉话梦话。整天说话，却没有一个字接近大道，还说这么多干什么？

【点评】 有道是“言为心声”，圣贤的话往往有道理，正是因为他们心中有思想，而能形之于语言。心中有道，说话才能够近道；如果胸无点墨，尽是一腔俗心肠，当然不能指望他说出雅而近道的话来。要想议论中肯，谈吐高雅，就要勤学多思，提高自己的修养。最重要的当然是读书，宋人黄庭坚曾经说：“三日不读，便觉语言无味，面目可憎。”而早在先秦，孔子就曾说过：“不学诗，无以言。”如果换两个字，改成“不读书，无以言”，大概和圣人的教诲也是相去不远的。

写自得之趣 说见在之景

【原文】 **诗低处在觅故事，寻对头，高处在写胸中自得之趣，说眼前见在之景。**

【译文】 诗的低水平的地方，在于搜写典故，寻觅对偶平仄；诗的高水平的地方，在于抒发胸中感悟到的情致，叙说当下使人深有感触的景象。

【点评】 抒情写意是中国传统文学最突出的特征之一，如《毛诗序》说诗歌是“情动于中而形于言”，“在心为志，发言为诗”就是在强调诗歌的抒写情志的特点。

诗歌高妙的地方，就在于对自己的胸中感情的流露，真正做到最恰当地表达感情或心志。眼前景，胸中情，和谐共生，自自然然，毫不造作牵强。古今中外大量的抒情诗文，尽管年代久远，或属于不同的民族，但仍可打动我们的心，引起普遍共鸣，原因就在于此。相反，那些为作诗而作诗之诗，为文造情，全不顾及情感内涵的诗文必定是水平低下的，那些只在用典，对偶，平仄等诗歌形式方面力求精益求精的诗文，即使有一两句做得巧妙，但从整体上看，仍是不能动人至深，让人读来了无遗憾的。贾岛等人苦吟，有所谓"吟安一个字，拈断数茎须"的说法，其认真的精神虽可嘉，但诗中真味，又岂仅在形式的工巧，字句的镂刻上？

王夫之曾说："情景名为二，而实不可离，神于诗者，妙合无限。"情景相生，情景交融就是有意境，这才是诗歌所追求的境界。

幽梦影

【导语】

明代后期到清代前期，是清言小品这种文体的黄金时代，产生了像屠隆的《娑罗馆清言》、陈继儒的《小窗幽记》、吕坤的《呻吟语》、洪应明的《菜根谭》等一大批优秀之作。这类作品一般采用简洁的格言、警句、语录形式，表现哲理思考或生活情趣，在经传、史鉴、诗文之外别立一体。张潮所著《幽梦影》也是其中有代表性的作品。

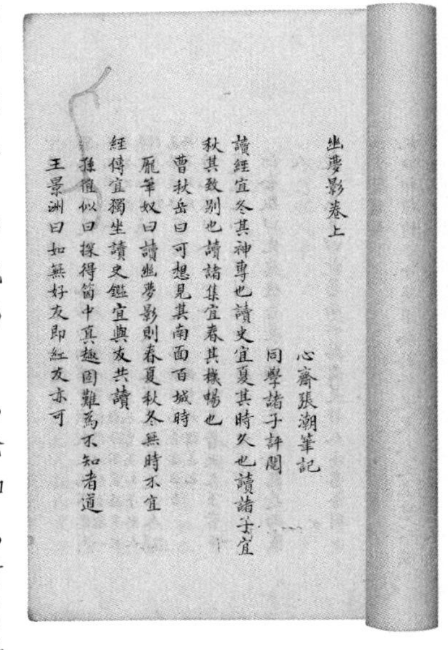

幽夢影卷上
心齋張潮筆記
同學諸子評閱
讀經宜冬其神專也讀史宜夏其時久也讀諸子宜
秋其致別也讀諸集宜春其機暢也
曹秋岳曰可想見其南面百城時
龐筆奴曰讀幽夢影則春夏秋冬無時不宜
經傳宜獨坐讀史鑑宜與友共讀
孫愷似曰探得箇中真趣固難爲不知者道
王景洲曰如無好友即紅友亦可

《幽梦影》书影

张潮学识广博，多才多艺，儒、道、佛、诗词文章、琴棋书画、花鸟虫鱼等无有不通。仕途既不得志，便穷愁著书。他的著作很多，主要有《心斋诗钞》《心斋聊复集》《花影词》《心斋杂组》《幽梦影》《花鸟春秋》《酒律》等。

《幽梦影》清丽雅致，全书表里如一。内容包罗万象，于琴棋书画、诗酒风流、风俗民情、经史哲学等，皆有所论及，所涉知识面极其丰富深广，均不可多得美文名篇。比如“梅令人高，兰令人幽，菊令人野，莲令人淡……松令人逸，桐令人清，柳令人感”。“梅边之石宜古，松下之石宜拙，竹旁之石宜瘦，盆内之石宜巧”。“镜中之影，著色人物也；月下之影，写意人物也。镜中之影，钩边画也；月下之影，没骨画也……”文笔优美，意境超逸，深富见地才情。“文章本天成，妙手偶得之。”《幽梦影》是彰显古代文坛很少沾染人间烟火气的神品。尤以谈书籍和读书的篇章即所谓书话出类拔萃，别有洞天，独具妙解、匠心与风情。

概括来讲，《幽梦影》有三奇：内容奇，形式奇，语言奇。

内容奇。其笔触所及，范围甚广，春花冬雪，日月星辰，虫鸟蚁兽，山川胜景，文学艺术，民俗风情，大千世界一切有生命、无生命的东西，在作者笔下都成了表现某种人生感悟、某种处世哲学的媒介。“言人所不能言，道人所未经道”，令人回味无穷。

形式奇。正文之后大多附有同时代文人雅士妙趣横生的评语，这些评语与正文珠联璧合，交相辉映。

语言奇。整部书采用的是语录体的形式，以及灵光一现的断想式内容，善于比喻的写作风格。其中警句、格言、妙论俯拾即是，精辟、精粹、精确，妙语连珠，引人入胜。林语堂称《幽梦影》是“文人的格言”，在他的英文版《生活的艺术》中，向西方读者介绍具有东方情调的生活方式时，所引用的就是《幽梦影》中的一句话：“花不可以无蝶。”

不妨把《幽梦影》与另外两种清言小品的代表作《菜根谭》《呻吟语》做个比较：《菜根谭》主旨在谈修身处世，可以说是求善之作；《呻吟语》时有深刻之思，可以说是求真之作；而《幽梦影》主要着眼于以优雅的心胸、眼光去发现美的事物，可以说是求美之作。当然这只是粗略的划分，修身处世、人生思考这样的内容，在《幽梦影》中也有不少。《幽梦影》中没有强烈的、尖锐的批评，只有不失风度的冷嘲热讽。而这些不平、讽刺，其表现形

式也都是温和的。《幽梦影》这样的书绝不是匕首投枪,而更像中药里的清凉散。

《幽梦影》是一本幽静,聪慧,丰富的书。繁花,明月,饮酒吹笙,喝茶阅读,才子佳人,山水园林,参禅悟道……种种细微见闻感受,汇集成这么一本精妙的书。笔记小品具备其他文字体裁所不具备的随性和精简。想到什么就记录下来,不必花心思构思情节,不必刻意修饰语句。可是这并不影响文字的质量,少少几十个字也同样深刻,有时比长篇大论累累赘言更见功底。一些句子印象深刻。比如:“人莫乐于闲,非无所事事之谓也。闲则能读书,闲则能游名胜,闲则能交益友,闲则能饮酒,闲则能著书,天下之乐孰大于是。”正所谓:春有百花秋有月,夏有凉风冬有雪。若无闲事挂心头,便是人间好时节。有了闲心,自会出现愉悦之事。又比如:“水为至污之所会归,火为至污之所不到。若变不洁为至洁,则水火皆然。”两种不相容的事物也有同样的作用,自然本身就蕴含了无限哲理。再比如:“看晓妆宜于傅粉之后。”可见作者既有男子饱读诗书的才气,又有女人风花雪月的细腻。这样的书,雅俗共赏,有一种特殊的张力,或者说弹性十足。古人的思想,价值观,审美观,人生观,待人接物,言行举止,都带着些许诗意。

奇情异彩,丰神耀眼的《幽梦影》,博古通今,字里行间时时闪烁灿烂思想火花,是清代文人遗留人间一块具奇异美质的宝玉。诚如知堂老人言,《幽梦影》是“那样的旧,又是那样的新”。“咳唾随风生珠玉”,《幽梦影》几乎字字珠玑,秀色可餐。日日诵读一段当能美容明目清心慧思。

读经宜冬

【原文】 **读经宜冬①,其神专也②;读史宜夏③,其时久也④;读诸子宜秋⑤,其致别也;读诸集宜春⑥,其机畅也⑦。**

【评语】 **曹秋岳曰⑧:可想见其南面百城时⑨。**

庞笔奴曰⑩:读《幽梦影》,则春夏秋冬,无时不宜。

【注释】 ①经:经、史、子、集是中国传统的图书四大部类,这种分类法是以儒家思想为指导的。经部包括儒家经典(主要是十三经)和小学(文字、音韵、训诂等学问的总称)著作。宜:适宜,应该。②其神专也:精神专注。③史:史部包括各类历史著作(如二十四史)和一些地理著作(如《水经注》《元和郡县志》)。④其时久也:夏天昼长夜短,可以用来读书的时间长。唐文宗与柳公权联句诗有这样的句子:“人皆苦炎热,我爱夏日长。”⑤诸子:子部中的诸子百家著作,如道、释、法、墨、兵、农、医等家,是哲学、科学和艺术类的著作。⑥诸集:即集部,是诗、文、词、赋等文艺作品的总集和别集。⑦其机畅也:生机畅适。⑧曹秋岳:曹溶(1613~1685),字洁躬,号秋岳,别号金陀老圃、倦圃、钮菜翁,秀水(今浙江嘉兴)人。明崇祯十年(1637)进士,官御史。入清,历官户部右侍郎,降广东布政使,再降山西阳和道。康熙三年(1664)裁缺归里。康熙十七年(1678)举博学鸿词,未赴。家富藏书。工诗,有《静惕堂集》。⑨南面百城:古代以坐北朝南为尊位,谓居王侯之高位而拥有广阔土地,形容统治者的尊荣富有。《魏书·逸士传·李谧》:“丈夫拥书万卷,何假南面百城?”后即以南面百城喻坐拥书城。⑩庞笔奴:人名,不详。

【译文】 读经书适宜在冬季,万物静止,思想专一;读史书适宜在夏季,时日较长,尽可慢慢品味;读诸子百家适宜在秋季,纵横捭阖,别有一番情趣;读杂著适宜在春季,万物

勃发，思路畅通。

【评语译文】 曹秋岳说："由此可想其藏书丰富。"

庞笔奴说："读《幽梦影》，可以不择时令，春夏秋冬读来各有所得。"

【点评】 所谓经、史、子、集，是我国古代图书分类的一种分法。经指经典，儒家有十三经；史为历史类著述；诸子原指先秦时期各家学派，这里则称儒家以外的各家著述；集指总集、别集之类的作品。

书有不同的内容、写法，阅读的方法自当有别。在张潮看来，经书简奥深邃，虚心平气静，耐心咀嚼，冬季天寒，不思起动，人的精神易于集中，故为读经书的最佳季节。史书纪事，兴衰治乱、人事复杂，要前后观照，通盘把握，才能正确认识，夏季日永，时间充裕，读史正得其时。诸子百家风格各异，思想各别，需有海纳百川的胸襟、纤尘不染的心境，才能权衡其得失，吸收其优长，秋季天高气爽，云淡风轻，"秋水文章不染尘"，此时人思绪明净，显然是阅读的合适时机。诗文辞赋类乃文学创作，所谓"精骛八极，心游万仞"，阅读时非调动丰富的情感与想象便不能入其境中，恐难与作者发生共鸣，从而无法把握作者的思想情感脉搏。春季万物复苏，生机盎然，是人情感最充沛的季节，读集部创作，不亦宜乎！

这当然是张潮自己读书经验的总结。但经验不能视作教条，是否对每一个人都能适用，这必须要用每个人的读书实践来验证。

独读经与共读史

【原文】 经传宜独坐读，史鉴宜与友共读。

【评语】 孙恺似曰："深得此中真趣，固难为不知者道。"

王景州曰："如无好友，即红友[①]亦可。"

【注释】 ①红友：指酒。宋代罗大经《鹤林玉露》卷八："常州宜兴县黄土村，东坡南迁北归，尝与单秀才步田至其地。地主携酒来饷，曰：'此红友也。'"

【译文】 儒家经典适宜独自读，思想专一；史书适宜与朋友一起读，共同评论。

【评语译文】 孙恺似说："此言深得读书的旨趣，所以很难为那些不善读书的人谈论。"

王景州说："如果没有好友，那么饮酒读史也是一番豪情。"

【点评】 经传都属于上面一条所说的经部书，需要独自静坐研读。而史鉴使人明白历史得失，则适合与朋友共同研读探讨。这两条指明适合读书的天时环境、人文环境，并非强求人们照本宣科，而是努力营造一种清雅的读书情调。明吴从先《赏心乐事》中有一段谈读书，其中说："读史宜映雪，以莹玄鉴；读子宜伴月，以寄远神……读《骚》宜空山悲号，可以惊壑；读赋宜纵水狂呼，可以旋风；读诗词宜歌童按拍。"可与这两条参看。

经书等这类书籍最好一个人品味欣赏，这样可以集中精力品味领悟书中的精神实质；历史传记要与好朋友一起研读，这样可以一起分析讨论，看问题就更全面。

无善无恶是圣人

【原文】 无善无恶是圣人（如"帝力何有于我"[①]、"杀之而不怨，利之而不庸"[②]、"以直报怨，以德报德"[③]、"一介不与，一介不取"[④]之类），善多恶少是贤者（如"颜子不贰过"[⑤]、"有不善未尝不知"[⑥]、"子路，人告有过，则喜[⑦]"之类），善少恶多是庸人，有恶无善是小人（其偶为善处，亦必有所为），有善无恶是仙佛（其所谓善，亦非吾儒之所谓善也）。

【评语】　黄九烟曰："今人一介不与者甚多。普天之下皆半边圣人也。利之不庸者亦复不少。"

江含征曰："先恶后善是回头人，先善后恶是两截人。"

殷日戒曰："貌善而心恶者是奸人，亦当分别。"

冒青若曰："昔人云：'善可为而不可为。'唐解元[⑧]诗云：'善亦懒为何况恶。'当于有无多少中，更进一层。"

【注释】　①帝力何有于我：见《击壤歌》。相传唐尧时有老人击壤而歌："吾日出而作，日入而息。凿井而饮，耕田而食。帝力何有于我哉？"一作"帝何力于我哉？"②"杀之而不怨"句：庸：酬功。见《孟子·尽心上》。③"以直报怨"句：直，公平正直。见《论语·宪问》。④"一介不与"：介通"芥"，草芥。一介，指轻微的东西。《孟子·万章上》："一介不以与人，一介不以取诸人。"⑤颜子不贰过：《论语·雍也》："有颜回者好学，不迁怒，不贰过。"⑥有不善未尝不知：不善，指过失。见《周易·系辞下》。⑦"子路"句：《孟子·公孙丑上》："子路，人告之以有过，则喜。"⑧唐解元：唐寅，字伯虎，一字子畏，号六如居士、梅花庵主等。吴（今江苏苏州）人。明代画家、文学家。与沈周、文征明、仇英合称"明四家"。

【译文】　既无美好行为又无罪恶的是圣人（像"帝王的力量对我怎么样呢""杀民民还不怨恨，加利于民民还不以为功""用宽容对待怨恨，用嘉言懿行回报恩德""轻微的东西不给予别人，一点点东西不向别人索求"等等之类），美好行为多罪恶少的是贤人（像"颜回一种错误不犯第二次""有过失没有不察觉""子路，别人指出他的错误就高兴"等等之类），美好行为少罪恶多的是庸人，只有罪恶没有善行的是小人（这种人偶然做一次好事，也必然有一定的目的），只有善行没有罪恶的是上界的神仙（他们所行的善事，是施恩泽于人间，并不是我们儒家所称道的仁义德治的境界）。

【评语译文】　黄九烟说："现在能做到一点点东西不给予别人的人很多，一点点东西不索求的人却没有，所以，普天之下都是半边圣人了。给予别人好处而不求回报的人也不少。"

江含征说："开始作恶后来行善的是回头人，开始行善后来作恶的是品行不一的人。"

殷日戒说："外貌善良而心怀罪恶的是奸诈的人，对此亦应当加以分辨。"

冒青若说："古人说：'善行有可以做和不可以做两重境界，不可做即无为而治。'唐寅诗中说：'到了善行大家都懒得去做的时候，谁还会去作恶呢！'这只是以行善多少而论，这里说的是更高一层的境界。"

【点评】　普天之下，莫非王土，在权力社会，要漠视帝力的存在，过自己隐居的生活，这只能是一厢情愿的幻想；被杀而不怨恨，得到好处也不以为应该酬劳，在凡人辈想来，是否恩怨香臭不分？而拿公平正直来回报怨恨，拿恩惠来酬答恩惠，不合道义，一点不给予别人，一点不从别人处索取，都是理想的做人原则，可以追求，但做到很难。相比较，贤者能正确充分地认识自己的不足，不犯同样的过错，欢迎人家指出自己的缺点，这些品德，只要"毋意，毋必，毋固，毋我"（《论语·子罕》），还是可以努力去做的。做平庸的人缺点多优点少，但较之小人的一意害人，性质截然不同。所以做不了贤者，宁可做一个庸人，千万不能沦为小人。

作者从儒学思想出发，认为儒家关于"善"的概念，与道释两家提倡的积累善行以修仙成佛的"善"的概念不一样。他心目中的最高境界是"无善无恶"的圣人：没有善与恶这样的概念，只是顺其本心自然而为。而黄周星的评语则辛辣地指出，当时的现实根本不是这样,而是"普天之下,皆半边圣人也","一介不与"变成了一毛不拔,"利之不庸"变成了贪图安逸。

天下有一物知己,可免恨

【原文】 **天下有一人知己,可以不恨。不独人也,物亦有之。如菊以渊明[①]为知己,梅以和靖[②]为知己,竹以子猷[③]为知己,莲以濂溪[④]为知己,桃以避秦人[⑤]为知己,杏以董奉[⑥]为知己,石以米颠[⑦]为知己,荔枝以太真[⑧]为知己,茶以卢仝、陆羽[⑨]为知己,香草以灵均[⑩]为知己,莼鲈以季鹰[⑪]为知己,蕉以怀素[⑫]为知己,瓜以邵平[⑬]为知己,鸡以处宗[⑭]为知己,鹅以右军[⑮]为知己,鼓以祢衡[⑯]为知己,琵琶以明妃[⑰]为知己。一与之订,千秋不移。若松之于秦始[⑱],鹤之于卫懿[⑲],正所谓不可与作缘者[⑳]也。**

【评语】 **查二瞻曰:"此非松、鹤有求于秦始、卫懿,不幸为其所近,欲避之而不能耳。"**

殷日戒曰:"二君究非知松、鹤者,然亦无损其为松、鹤。"

周星远曰:"鹤于卫懿犹当感恩,至吕政[㉑]五大夫之爵,直是唐突十八公[㉒]耳。"

王名友曰:"松遇封、鹤乘轩,还是知己。世间尚有劚[㉓]松煮鹤者,此又秦、卫之罪人也。"

张竹坡曰:"人中无知己而下求于物,是物幸而人不幸矣;物不遇知己而滥用于人,是人快而物不快矣。可见知己之难,知其难,方能知其乐。"

【注释】 ①渊明:即陶渊明,一名潜,字元亮,浔阳柴桑(今江西九江)人。东晋诗人。其诗多咏菊句,如《饮酒二十首》之五:"采菊东篱下,悠然见南山。"②和靖:即林逋,字君复,钱塘(今浙江杭州)人。北宋诗人。隐居西湖孤山,赏梅养鹤,终身不仕不娶,旧时人称其"梅妻鹤子"。卒谥和靖先生。③子猷:即王徽之,字子猷,东晋琅邪临沂(今属山东)人。王羲之之子。性傲不羁,尚清淡,爱竹。南朝宋刘义庆《世说新语·任诞》云:"尝暂寄人空宅住,便令种竹。或问:'暂住何须尔?'王啸咏良久,直指竹曰:'何可一日无此君。'"④濂溪:即周敦颐,字茂叔,道州营道(今湖南道县)人。北宋哲学家。筑室庐山莲花峰下的小溪上,取其生地濂溪为名,后人遂称为濂溪先生。其文《爱莲说》脍炙人口。⑤避秦人:指陶渊明《桃花源记》中的桃花源中人。⑥董奉:三国吴侯官(今福建福州)人。善医道。晋代葛洪《神仙传》卷六曰:"奉居山不种田,日为人治病,亦不取钱。重病愈者,使栽杏五株,轻者一株。连续多年,计得十万余株,郁然成林。"⑦米颠:即米芾,初名黻,字元章,世居太原(今属山西),后定居润州(今江苏镇江)。北宋书画家。因举止癫狂,与众不同,人亦称米颠。创米点山水之画法,表现烟云迷蒙的江南景色。喜爱收藏金石古器,尤嗜好奇石,有元章拜石的说法。⑧太真:即唐杨贵妃,字玉环。初为寿王妃,后为女道士,号太真。入宫后得玄宗宠爱,封为贵妃。喜食荔枝。唐杜牧《过华清宫绝句三首》其一曰:"长安回望绣成堆,山顶千门次第开。一骑红尘妃子笑,无人知是荔枝来。"⑨卢仝:自号玉川子,范阳(今河北涿州市)人。唐代诗人。他在《走笔谢孟谏议寄新茶》诗中曰:"仁风暗结珠琲瓃,先春抽出黄金芽,摘鲜焙芳旋封里,至精至好且不奢……柴门反关无俗客,纱帽笼头自煎吃。碧云引风吹不断,白花浮光凝碗面。一碗吻润;两碗破孤闷;三碗搜枯肠,唯有文字五千卷;四碗发轻汗,平生不出事,尽向毛孔散;五碗肌骨清;六碗通仙灵;七碗吃不得也,唯觉两腋习习清风生。蓬莱山,在何处?玉川子,

乘此清风欲归去。"后世奉为茶仙。陆羽,字鸿渐,复州竟陵(今湖北天门)人。唐学者。性诙谐,闭门著书,不愿为官。以嗜茶著名,对茶道很有研究,撰有《茶经》。旧时被称为"茶神"。⑩灵均:即屈原,字灵均,战国楚人。伟大的爱国主义诗人,骚体诗的创始者。他在《离骚》中写道:"扈江离与辟芷兮,纫秋兰以为佩。""余既滋兰之九畹兮,又树蕙之百亩。畦留夷与揭车兮,杂杜衡与芳芷。"江离、芷、兰、蕙、留夷、揭车、杜衡都是香草名。屈原在诗中反复用香草比兴,象征不与世俗同流合污,追求纯洁高尚的品行。⑪季鹰:即张翰,字季鹰,吴(今江苏苏州)人。西晋文学家。齐王司马冏时为大司马东曹掾。后知冏将败,托辞思念故乡菰莱、莼羹、鲈鱼脍,辞官回吴。见《晋书·文苑传·张翰》。⑫怀素:唐代僧人,玄奘弟子,书法家,以狂草出名。广植芭蕉万余株,以蕉叶代纸练字,相传秃笔成冢。⑩邵平:即召平。秦之东陵侯。秦亡不仕,隐居长安城东,种瓜为业。所种的瓜又大又甜,人称"召平瓜",又谓"东陵瓜"。后以此为安贫隐居的典故。见《史记·萧相国世家》。⑭处宗:晋人宋处宗。传说他养有一鸡,能说人语,并能与他交谈,极有言智,终日不辍,处宗因此言巧大进。见《艺文类聚》卷九十一引《幽明录》。⑮右军:即东晋著名书法家王羲之。官至右军将军,人称王右军。性喜鹅。《晋书·王羲之传》云:"会稽有孤居姥养一鹅。善鸣,求市未能得,遂携亲友命驾就观。姥闻羲之将至,烹以待之,羲之叹息弥日。又山阴有一道士,养好鹅,羲之往观焉,意甚悦,固求市之。道士云:'为写《道德经》,当举群相赠耳。'羲之欣然写毕,笼鹅而归,甚以为乐。"⑯祢衡:字正平,平原般(今山东临邑东北)人。汉末文学家。长于笔札,性刚傲物。曹操召为鼓史,大会宾客,欲当众辱衡。衡裸身击鼓,面不改色,曹操反被祢衡所辱。见《后汉书·文苑传·祢衡》。⑰明妃:王昭君,名嫱,西汉南郡秭归(今属湖北)人。汉元帝时宫人。晋避司马昭讳,改称明君或明妃。竟宁元年(公元前33年)被遣嫁匈奴呼韩邪单于,以结和亲。《文选·王明君词序》载:"昔公主嫁乌孙,令琵琶马上作乐,以慰其道路之思。其送明君,亦必尔也。其造新曲,多哀怨之声。"相传她在匈奴,常弹琵琶以寄怨。⑱秦始:秦始皇,姓嬴名政,秦王朝的建立者。《史记·秦始皇本纪》载,二十八年,始皇"上泰山,立石,封,祠祀。下,风雨暴至,休于树下,因封其树为五大夫"。《艺文类聚》卷八十八应劭《汉官仪》载其树为松树。⑲卫懿:春秋卫国国君卫懿公。《左传·闵公二年》载,卫懿公好鹤,其所养之鹤享有大夫之俸禄与车乘。狄人伐卫时,国内被征作战者纷纷说:"应该让鹤去应战,因为它们享有俸禄和地位。"《史记·卫康叔世家》张守节正义引《括地志》:"故鹤城在滑州匡城县西南十五里……俗传懿公养鹤于此城,因名也。"⑳不可与作缘:典见南朝宋刘义庆《世说新语·方正》:"刘真长、王仲祖共行,日旰未食,有相识小人贻其餐,肴案甚盛。真长辞焉。仲祖曰:'聊以充虚,何苦辞?'真长曰:'小人都不可与作缘。'"㉑吕政:指秦始皇。据传秦始皇是吕不韦之子,故称。㉒十八公:指松树。因松字可析为十八公,故称。㉓劚:砍、斫。

【译文】 普天之下有一人作为自己的知己,可以免却遗恨。不仅人是如此,万物也是这样。如菊花把陶渊明作为知己,梅花把林逋作为知己,竹子把王徽之作为知己,莲花把周敦颐作为知己,桃花把避秦人作为知己,杏把董奉作为知己,奇石把米芾作为知己,荔枝把杨贵妃作为知己,茶把卢仝、陆羽作为知己,香草把屈原作为知己,莼羹、鲈鱼把张翰作为知己,芭蕉把怀素作为知己,瓜把召平作为知己,鸡把处宗作为知己,鹅把王羲之作为知己,鼓把祢衡作为知己,琵琶把王昭君作为知己。他们一旦与钟爱之物结缘,便终

生寄情不变。而像秦始皇泰山封松树、卫懿公喜鹤乘轩之类，正是人们所说的不可与他们相交往的例子，因人废物。

【评语译文】 查二瞻说："这并不是松树和鹤向秦始皇、卫懿公要求这样做，而是不幸被他们所亲近，想躲避也躲避不了的事。"

殷日戒说："秦始皇和卫懿公终究不能算了解松树、鹤品格的人，但松树和鹤并没有因他们的亲近名誉受到伤害。"

周星远说："鹤应当感谢卫懿公的知遇之恩，至于秦始皇封松树为'五大夫'的官位，算是冒犯松树。"

王名友说："松树遇到封官、鹤能够乘车，这还算是知己。世上还有掘倒松树、煮杀鹤的人，这应当是与秦始皇和卫懿公作对的人。"

张竹坡说："在人中没有知己，于是向物中寻求，是物的幸运，人的不幸；在物中寻求不到知己，胡乱地用情到人的身上，是人快乐，物不快乐。可以想见寻求知己的艰难，懂得知己的难得，才能更深刻地体会友情的珍贵和快乐。"

【点评】 知己难觅，这是千古以来文人墨客诉说不尽的话题。唯在张潮看来，所谓知己，除了得到赏重推尊，还要能量才而用，使人尽其能，物得其用。如陶渊明与菊，林和靖与梅，王子猷与竹，周敦颐与莲，避秦人与桃，董奉与杏，米芾与石，杨贵妃与荔枝，卢仝、陆羽与茶，屈原与香草，张翰与莼鲈，怀素与蕉，召平与瓜，宋处宗与鸡，王羲之与鹅，祢衡与鼓，王昭君与琵琶。而像秦始皇对松、卫懿公对鹤，尊则尊矣，均未能使之得其所哉。这段文字在表现手法上，欲说知音难寻，不以正面申说，而假物为譬，诚如张竹坡评："人中无知己，而下求于物，是物幸而人不幸矣。"物能有知己人却不能，人的悲哀愈彰。

因缘相生，无缘相灭。伯牙与子期以音相识，惺惺相惜；陶潜"采菊东篱下，悠然见南山"，深刻体现了人与自然的和谐；琵琶与王昭君演绎了一曲千古佳话。鹤之于卫懿，实乃无缘，无缘则灭。人与人结缘，在于知遇；人与动物结缘，在于关爱；人与植物结缘，在于顺其自然生长规律；人与物质东西结缘，在于长久相伴。

为月忧·为花忧

【原文】 为月忧云，为书忧蠹，为花忧风雨，为才子佳人忧命薄，真是菩萨心肠。

【评语】 余淡心曰："洵如君言，亦安有乐时耶？"

孙松坪曰："所谓'君子有终身之忧'[①]者耶。"

黄交三曰："'为才子佳人忧命薄'一语真令人泪湿青衫。"

张竹坡曰："第四忧恐命薄者消受不起。"

江含征曰："我读此书时，不免为蟹忧雾[②]。"

竹坡又曰："江子[③]此言，直是为自己忧蟹耳。"

尤悔庵曰："杞人忧天，嫠妇忧国[④]，无乃类是。"

【注释】 ①君子有终身之忧：见《孟子·离娄下》："是故君子有终身之忧，无一朝之患也。"②为蟹忧雾：元池《说林》："明日大雾中，人见巨蟹死于道。至今大雾中蟹多僵者。"③江子：指江含征。④嫠妇忧国：嫠，寡妇。《左传·昭公二十四年》："嫠不恤其纬，而忧宗周之陨，为将及焉。"寡妇不怜惜她的纺纱而忧虑国家社稷的兴亡，为官从政者能够做到吗？后用来比喻忘私怀国。

【译文】 替月亮担忧被云儿遮住，替书籍担忧被虫儿所蛀，替花儿担忧风雨摧残，替才子佳人担忧命运多舛、红颜薄命，好一副菩萨心肠。

【评语译文】 余淡心说："诚然像你说的那样，哪有快乐的时候！"

孙松坪说："这正是孟子所说的'君子终生都在忧患之中'那类的人吧。"

黄交三说："'替才子佳人担忧命运多舛、红颜薄命'这句话，真让人潸然泪下，打湿衣衫。"

张竹坡说："'为才子佳人忧命薄'，只怕真正命薄者享受不了。"

江含征说："我读这段话时，不由得替螃蟹担忧大雾的侵凌。"（只是又多一忧。——注译者）

竹坡又说："江含征这话，简直是替自己担忧享受不了这许多螃蟹啊！"

尤悔庵说："杞人忧天、寡妇忧国，正是这一类。"

【点评】 月能不为云遮，朗照乾坤；书能不为蠹蚀，永葆墨香，一字不残；花能不遭风雨摧残，芳香久驻，绽放四季；才子能够尽展才华，佳人能够富贵尊荣，这些，都是圆满而令人惬意的。但"人有悲欢离合，月有阴晴圆缺，此事古难全"（苏轼《水调歌头·明月几时有》），圆满固然为人人向往，但事事圆满，人间没有。

月盈必亏，此是自然规律；水满不溢，则是有时可以做到的。为人亦然，只要一日三省，经常省察自身，不断总结教训经验，人生中多点圆满，少点缺陷，也并非不能做到的目标。而如果再多些张潮辈具"菩萨心肠"者，多患缺陷，少做或不做不利于人的事，明月朗照的社会也不难实现。

本条所说的"四忧"，都是出于爱惜美好事物的用意，所以说是菩萨心肠。但这种情怀、用意，未免太过纤弱，类似今人所说操闲心。所以尤侗半开玩笑地说，这样忧来忧去，岂非近于"杞人忧天"了？

人不可以无癖

【原文】 **花不可以无蝶，山不可以无泉，石不可以无苔，水不可以无藻，乔木不可以无藤萝，人不可以无癖。**

【评语】 **黄石闾曰："事到可传皆具癖，正谓此耳。"**

孙松坪曰："和长舆[1]却未许借口。"

【注释】 ①和长舆：和峤，字长舆，西晋汝南西平（今河南西平）人。《晋书·和峤传》云：他"家产丰富，拟于王者，然性至吝，以是获讥于世，杜预以为峤有钱癖"。

【译文】 鲜花离开彩蝶飞舞，就显不出芬芳怒放，勃勃生机；高山离开淙淙泉水，就不会有山清水秀，显露神气；顽石上不生苔藓，便没有生命；流水中不载浮萍和水藻，就显不出广阔和丰富；高大的乔木失去藤萝的缠绕，就衬托不出曲直和紧密；人若没有癖好，便失去追求和情趣。

【评语译文】 黄石闾说："某种嗜好达到可以传言的程度就是一种癖好，这话是对的。"

孙松坪说："和峤却不能以癖好为借口，遮掩他吝啬的本性。"

【点评】 彩蝶翩翩花间，花蝶相映；青泉流出山间，淙淙穿过；奇形异石，满缀苍翠欲滴的绿苔；一泓碧水，长满绿油油的萍藻；百年乔木，爬满了密密的青藤，这是多么富有诗

意、妙趣横生的意象。相反,若花间无蝶,山中无泉,石上无苔,水中无藻,乔木身上没了藤萝,清爽固然,却不免单一、乏味,无了生气,失了妙趣。张潮在此一气举出了许多相映相衬的例子,目的还是在于末一句的譬人:人若无癖,情景亦同。癖的崇尚,在晚明以来便已勃然兴起。这是伴随着资本主义萌芽而起的新人文思潮的响应,是对程朱理学禁欲的反动,读者不可不察。

世上万物皆有灵性,大自然造化之神奇,让相伴之物真实相依相存,引申至人,人也需要相依相伴,相互帮助,相互关心,人类才能不至于脱离社会,感到孤单。有了共同爱好,就有了做朋友的基础。有了自己的理想和追求,并努力奋斗而完成,才能实现人生的价值与意义。

春听鸟·夏听蝉·秋听虫·冬听雪

【原文】 春听鸟声,夏听蝉声,秋听虫声,冬听雪声,白昼听棋声,月下听箫声,山中听松风声,水际听欸乃[①]声,方不虚生此耳。若恶少斥辱、悍妻诟谇[②],真不若耳聋也。

【评语】 黄仙裳曰:"此诸种声颇易得,在人能领略耳。"

朱菊山曰:"山老[③]所居,乃城市、山林,故其言如此。若我辈日在广陵[④]城市中,求一鸟声,不啻如凤凰之鸣,顾可易言耶?"

释中洲曰:"昔文殊选二十五位圆通[⑤],以普门耳根为第一[⑥]。今心斋居士[⑦]耳根不减普门,吾他日选圆通,自当以心斋为第一矣。"

张竹坡曰:"久客者欲听儿辈读书声,了不可得。"

张迂庵曰:"可见对恶少、悍妻,尚不若日与禽虫周旋也。"又曰:"读此方知先生耳聋之妙。"

【注释】 ①欸乃:摇橹声。②诟谇:辱骂斥责。③山老:指张潮,字山来。④广陵:指江苏扬州。⑤文殊:佛教大乘菩萨。为释迦牟尼佛的左胁侍,专司"智慧",与司"理"的右胁侍普贤并称。圆通:佛教语。圆,无偏依;通,无阻碍。《楞严经》记载,楞严会上有二十五位大士,按照佛的提问,陈说圆通的法门,由文殊评判。"尔时观世音菩萨即从座起,顶礼佛足而白佛言:由我所得,圆通本根,发妙耳门,然后身心微妙含容,遍周法界,能今众生,持我名号。"最后以观世音的耳根圆通为第一,故亦称观世音为圆通大士。⑥普门:佛教语,谓普摄一切众生的广大圆融的法门。见《法华经·观世音菩萨普门品》。隋吉藏《法华义疏》卷十二:"所言普门者,普以周普为义,门是开通无滞之名。"耳根:佛教语。六根之一。即眼、耳、鼻、舌、身、意为六根。指对声境而生耳识者。⑦心斋居士:指张潮,字山来,号心斋,新安(今安徽歙县)人。

【译文】 春天听鸟儿欢唱,夏天听蝉儿长鸣,秋天听草丛中夜虫低吟,冬天听窗外雪花簌簌,白天对弈只闻棋子清脆,月下听箫声悠扬、如泣如诉,隐居深山听风吹松涛阵阵,行走江河听摇橹声咿呀动听。耳畔常闻悦耳声音,才不白生这副耳朵。假如整日充斥恶少的无理叫骂声、悍妻泼妇蛮横的斥责声,真不如耳聋了更好。

【评语译文】 黄仙裳说:"这几种声音很容易听到,并且人们能够接受。"

朱菊山说:"张老先生居住在城市或山林,所以他这样说。像我们这些人整天待在扬州城中,听到一声鸟叫,就像是听到凤凰的叫声一样,哪里还能说出容易听到的话。"

释中洲说:"当年文殊菩萨评判二十五位大士的圆通之论,以观世音菩萨耳根圆通为

第一。现今心斋居士的耳根这么多清音妙语，不比观世音之论逊色，如果有一天再选圆通之论，自然要评选心斋为第一了。”

张竹坡说：“常年在外漂泊的人，想听到儿孙们的读书声，是绝不可能的。”

张迂庵说：“由此可见整日面对恶少、泼妻，还不如同鸟儿虫儿做伴。”又说：“读此文才理解张老先生耳聋之妙论。”

【点评】 这一条从听觉的角度，列举作者认为生活中优美、清雅的事物。比如春天百鸟歌唱，象征着气候回暖、生机萌动，使人心喜，古今诗文对此多有描述，《诗经·豳风·七月》有“春日载阳，有鸣仓庚”之句，仓庚就是黄鸟。南朝宋谢灵运《登池上楼》：“池塘生春草，园柳变鸣禽。”唐孟浩然《春晓》诗：“春眠不觉晓，处处闻啼鸟。”韩愈《送孟东野序》文中也有“以鸟鸣春”之说。

而秋虫在清冷的秋夜鸣唱，就很容易撩起人们的愁思，触动骚人墨客的灵感。比如杜甫《促织》诗：“促织甚细微，哀音何动人。”据五代王仁裕《开元天宝遗事》记载，开元年间已经有宫人每到秋天用小金笼关起蟋蟀，晚上放在枕席畔听其鸣声。宋词人姜夔与友人听到屋壁间有蟋蟀声，他“仰见秋月，顿起幽思”，填了一阕凄婉动人的《齐天乐》词（“庾郎先自吟愁赋”），把秋虫引发的情思表现得淋漓尽致。

又如弈棋时，四下幽静，唯闻落子之声，这种情景令人心旷神怡，许多诗人都曾描绘过。如唐白居易诗：“山僧对棋坐，局上竹荫清。映竹无人见，时闻下子声。”司空图诗：“棋声花院闭，幡影石坛高。”本条中所称许的“白昼听棋声”，大概取材于宋苏轼《观棋》诗及序，序文说：“尝独游庐山白鹤观，观中人皆阖户昼寝，独闻棋声于古松流水之间，意欣然喜之。”诗中说：“五老峰前，白鹤遗址。长松荫庭，风日清美。我时独游，不逢一士。谁欤棋者？户外屦二。不闻人声，时闻落子。纹枰坐对，谁究此味？”写的正是白昼听棋的雅趣。元人黄庚有《棋声》一首：“何处仙人爱手谈，时闻剥啄竹林间。一枰玉子敲云碎，几度午窗惊梦残。”将棋声写得很美。

至于箫声，其声清越，易发人幽思。传为李白所做的《忆秦娥》词起句就说：“箫声咽，秦娥梦断秦楼月。”突出箫声幽咽的一面。苏轼《前赤壁赋》写月白风清的夜晚，“客有吹洞箫者，其声呜呜然，如怨如慕，如泣如诉。余音袅袅，不绝如缕。舞幽壑之潜蛟，泣孤舟之嫠妇”，也是突出其凄清幽咽的一面。

以上种种声音，在现代社会当然都变成了难求难遇的境界。而在作者生活的年代，正如黄云所说，并不难听到。至于能不能领略其中美妙，则要看个人兴致、修养了。南宋倪思《经钼堂杂志》中说：“松声、涧声、山禽声、夜虫声、鹤声、琴声、棋子落声、雨滴阶声、雪洒窗声、煎茶声，皆声之至清者也。”与本条所列多相合，可以参看。

任何事物都是相对存在的，善与恶、美与丑、多与少、成与败，有了对立的一方，也才有相对立的另一方。有对立存在，便有了比较，有了映衬，这也是文艺创作中普遍运用这种手法的基础。这则文字同样也运用了对立比较的手法。鸟声、蝉声、虫声、雪声、棋声、箫声、松声、船橹声，在特定的时间、空间中去感受，都有着诗一样的灵感，古来诗人咏及者，也不乏人在；但相反，遭恶少辱骂，被悍妻纠缠，却只能令人羞愤、沮丧、厌恶、烦恼。作者将造成截然相反感受的同一物——声音放在一起，以对比造成的巨大反差相映衬，艺术效果十分突出。

饮酒须择豪友

【原文】 上元须酌豪友，端午须酌丽友，七夕须酌韵友，中秋须酌淡友，重九须酌逸友。

【评语】 朱菊山曰："我于诸友中当何属耶？"

王武征曰："君[1]当在豪与韵之间耳。"

王名友曰："维扬[2]丽友多，豪友少，韵友更少，至于淡友、逸友则削迹矣。"

张竹坡曰："诸友易得，发心酌之者为难能耳。"

顾天石曰："除夕须酌不得意之友。"

徐砚谷曰："唯我则无时不可酌耳。"

尤谨庸曰："上元酌灯，端午酌彩丝[3]，七夕酌双星[4]，中秋酌月，重九酌菊，则吾友俱备矣。"

【注释】 ①君：指上文朱菊山。②维扬：古代指扬州。③彩丝：过去端午节系于脖间的彩色丝带。④双星：指牛郎星和织女星。

【译文】 元宵节应当与性情豪爽的朋友畅饮，端午节应当与眉目清秀的朋友对饮，七夕应当与风雅有情趣的朋友对饮，中秋节应当与性情淡泊恬静的朋友对饮，重阳节应当与超然脱俗的朋友对饮。

【评语译文】 朱菊山说："我在这几种朋友中应当属于哪一类？"

王武征说："你应当属于性情豪放和风雅有情趣之间。"

王名友说："扬州俊逸漂亮的朋友多，性情豪放的朋友少，风雅有情趣的朋友更少，而性情淡泊恬静、超然脱俗的朋友就绝无仅有了。"

张竹坡说："这几种朋友很容易得到，而真正发自内心、推心置腹的朋友却很难得。"

顾天石说："除夕应当与不得志的朋友对饮。"

徐砚谷说："只有我从不选择时令，随时都可对饮。"（那就更超脱了。——注译者）

尤谨庸说："元宵节赏灯而饮，端午节对着彩色丝带而饮，中秋节邀明月而饮，重阳节对着菊花而饮，那么我各种朋友就都有了。"

金鱼紫燕　物类神仙

【原文】 鳞虫中金鱼，羽虫中紫燕[1]，可云物类神仙。正如东方曼倩避世金马门[2]，人不得而害之。

【评语】 江含征曰："金鱼之所以免汤镬者[3]，以其色胜而味苦耳。昔人有以重价觅奇特者，以馈邑侯。邑侯他日谓之曰：'贤所赠花鱼，殊无味。'盖已烹之矣。世岂少削圆方竹杖者哉[4]？"

【注释】 ①紫燕：燕子的一种，多在屋檐下筑窝。宋代罗愿《尔雅翼·释鸟》："越燕小而多声，颔下紫，巢于门楣上，谓之紫燕，亦谓之汉燕。"②东方曼倩：东方朔，字曼倩，平原厌次（今山东陵县东北）人。西汉文学家。武帝时，为太中大夫，性情诙谐滑稽。《史记·滑稽列传》：东方朔"时座席中，酒酣，据地歌曰：'陆沈于俗，避世金马门。宫殿中可以避世全身，何必深山之中，蒿庐之下。'金马门者，宦（者）署门也，门傍有铜马，故谓之曰'金马门'"。③汤镬：大锅。④削圆方竹杖：方竹，竹之一种，外形微方，质坚。古人多用

以制作手杖，称方竹杖。宋张表臣《珊瑚钩诗话》卷二："李卫公镇南徐，甘露寺僧有戒行，公赠以方竹杖，出大宛国，盖公所宝也。及公再来，问：'杖无恙否？'僧欣然曰：'已规圆而漆之矣。'公嗟惋弥日。"

【译文】 鱼类中的金鱼，飞禽中的紫燕，可以称为动物中的神仙。一因色美而味苦免却烹饪之灾，一因体态娇小而免害。正像东方朔待诏金马门，隐居官场，人们不能伤害他一样。

【评语译文】 江含征说："金鱼能够免除烹煮的命运，只因外观漂亮而肉味苦。从前有人用高价购买到奇珍异品，把它送给地方官。有一天，地方官对他说：'你送的金鱼，很没味。'大概他已经把它烹煮了。世上哪能少了这些庸俗不解事的人呀！"

【点评】 金鱼色胜味苦，可作观赏而不宜食用，故人家有养之者，无杀之者；紫燕在民间俗称宜鸟，象征吉祥，虽多筑巢人家室内梁上，也无人捕杀。从这一点看，它们与东方朔身在朝廷，伴君之侧，却无不测之虞，庶几近之。

神仙自在，多在山中，远离社会，与险恶世风隔绝；而东方朔伴如虎之君，金鱼、紫燕与世人混处，其神仙更不易做。

这节文字在比喻上有几处称奇：一、神仙由人修成，称物类神仙，此一奇；鳞、羽类动物无数，不言其他，独说金鱼、紫燕，此二奇；再将金鱼、紫燕比东方朔，此三奇。

金鱼和紫燕因被人养起来欣赏其外观和声音而得以保命，东方朔则因为滑稽机敏、不贪权位而得以自保。他"变诈锋出"，善于应对，很快得到宠幸。又善于韬光养晦，身处勾心斗角的宫廷之中，却得以避祸全身。东方朔认为古人是避世于深山之中，而自己则是避世于朝廷之间，并作歌说："陆沉于俗，避世金马门。宫殿中可以避世全身，何必深山之中，蒿庐之下。"这个意思，就是后人所说的"小隐隐山林，大隐隐朝市"。身处易代之际，文人自然而然会佩服这种处世之道。

入世·出世

【原文】 人世须学东方曼倩，出世须学佛印了元[①]。

【评语】 江含征曰："武帝高明喜杀，而曼倩能免于死者，亦全赖吃了长生酒耳。"

殷日戒曰："曼倩诗有云，'依隐玩世，诡时不逢[②]，此其所以免死也"。

石天外曰："入得世然后出得世，入世出世打成一片，方有得心应手处。"

【注释】 ①佛印了元：宋代高僧。名了元，号佛印，字觉老。曾住持庐山归宗寺等著名寺院，与苏轼、黄庭坚相交往，能诗。②依隐玩世，诡时不逢：见《汉书·东方朔传》："首阳为拙，柱下为工；饱食安步，以仕易农；依隐玩世，诡时不逢。"

【译文】 进入官场应当学东方朔，以诙谐保全自身；出家应当学佛印了元，六根清净，彻底摆脱人世束缚。

【评语译文】 江含征说："汉武帝有治国之才，明晓事理，但爱用酷吏杀伐异己。东方朔能够免除被杀害的命运，全靠吃了长生酒了。"

殷日戒说："东方朔诗中云：'靠诙谐处世，能够不遇到危险。'这也是他能够不被杀害的原因。"

石天外说："能够入得世俗，而又保持超脱的境界，将入世与出世两种人生态度完全融合在一起，才能在人生旅途中得心应手，应对自若。"

【点评】 俗语说伴君如伴虎，稍有不慎，便会招致杀身之祸，这在历史上有大量事实证明。又说宦海不测，随时有翻船之虞，这在古时官场，同样可以有很多例子说明。而如东方朔，官太中大夫，"常在侧侍中"，为武帝"数召至前谈语，人主未尝不说"，终生为帝所宠，的确鲜见。究其原因，还在于他身在庙堂，却能以朝廷间为避世之所，如他所说的"陆沉于俗，避世金马门，宫殿中可以避世全身，何必深山之中，蒿芦之下"，正此之谓。既然以朝廷为避世之所，他自然不会去与人争竞争，不择手段；不会为功名得失、个人荣辱而坑人伤己、身心俱累；不会太过执着，斤斤计较；不会太重身份与形象，时时掩饰自己。如此，加上其佯狂滑稽，同僚欢喜，君主欢喜，皆大欢喜，东方朔也得其所哉。此可为做官之座右铭。

所谓"出世须学佛印了元"，乃是对出家逃禅者言。了元十五岁出家，十九岁往庐山参见开先善暹，"凡四十年间，德化缁素，缙绅之贤者多与之游"（《佛祖历代通载》卷十九）。而与苏轼兄弟的交往，相互"以诗颂为禅悦之乐"，更传为文坛佳话。修佛在于修心，并不一定过于拘于形式，非在深山丛林中足不出户方可。或者说，出世又须入世，为勘破世相故，为救世故。所以如了元者，真可为大师。此可作为出家者座右铭。

水中的金鱼，空中的紫燕，虽然同为各自族中之一类，但它们却凭着自己独特的生存方式和自身条件躲避开来自人和其他物类的侵害。东方朔能避世于朝廷，可见其有异于常人的生活方法。金鱼优哉游哉，紫燕入哉出哉，东方朔戏哉谑哉都是一种巧妙地避世方法。

赏花·醉月·映雪

【原文】 赏花宜对佳人，醉月宜对韵人，映雪宜对高人。

【评语】 余淡心曰："花即佳人，月即韵人，雪即高人。既已赏花、醉月、映雪，即与对佳人、韵人、高人无异也。"

江含征曰："'若对此君仍大嚼，世间那有扬州鹤。'[①]"

张竹坡曰："聚花、月、雪于一时，合佳、韵、高为一人，吾当不赏而心醉矣。"

【注释】 ①此君：指竹子。扬州鹤，比喻欲望多。苏轼《于潜僧绿筠轩》："可使食无肉，不可使居无竹。无肉令人瘦，无竹令人俗。人瘦尚可肥，俗士不可医。旁人笑此言，似高还似痴。若对此君仍大嚼，世间那有扬州鹤。"王十朋注引李厚曰："有客相从，各言所志，或愿为扬州刺史，或愿多货财，或愿骑鹤上升。其一人曰：'腰缠十万贯，骑鹤上扬州。'盖欲兼三人者之所欲也。"

【译文】 美丽漂亮的人相陪才宜赏花，风雅有韵味的人相陪才宜对月醉酒，超然脱俗的人相陪才宜映雪。

【评语译文】 余淡心说："花就是美丽漂亮的人，月就是风雅有韵味的人，雪就是超然脱俗的人。既然已经赏花、醉月、映雪，那就是面对美丽漂亮的人、风雅有韵味的人、超然脱俗的人了。"

江含征说："如果面对竹子举止仍然粗俗不堪，那么世间哪里会有扬州鹤般十全十美的事情。"

张竹坡说："将花、月、雪聚合在同一景中，把美丽漂亮、风雅趣味、超然脱俗集中在一人身上，我相信不用观赏就醉了。"

【点评】 宋朝乐史《太真外传》里说，开元年间宫中爱重木芍药（即牡丹），花盛开时唐明皇带杨贵妃等玩赏，唐明皇说："赏名花，对妃子，焉用旧乐词为？"于是召李白作新词，命李龟年等梨园子弟演唱，李白所做的就是著名的《清平调》三首，其第三首云："名花倾国两相欢，常得君王带笑看。解释春风无限恨，沉香亭北倚阑干。"这正是"赏花宜对佳人"的经典例子。"醉月"即对月饮酒直到酣醉，这个词用得最早最多的是李白，他的《春夜宴从弟桃李园序》说："开琼筵以坐花，飞羽觞而醉月。"《赠孟浩然》诗则云："醉月频中圣，迷花不事君。"他的《月下独酌》中"举杯邀明月，对影成三人。我歌月徘徊，我舞影零乱。醒时同交欢，醉后各分散"等诗句写的也正是"醉月"的美景。与高人逸士共同赏雪，也是很有韵味的事。本书第四〇条有"因雪想高士，因花想美人"，"因月想好友"之说，可以参看。良辰、美景、赏心、乐事，古来皆认为难以兼及，而此条正表达了作者"四美并"的愿望。

漂亮，一起赏花的人亦漂亮。月醉，一起对月饮酒的人吟诗作赋，飘然有醉之感。雪高洁，一起赏雪之人亦高雅。相得相益，人与物两全，还有什么比这更舒适如意的呢？

读书·择友

【原文】 对渊博友如读异书①，对风雅友如读名人诗文，对谨饬②友如读圣贤经传，对滑稽友如阅传奇小说。

【评语】 李圣许曰："读这几种书，亦如对这几种友。"

张竹坡曰："善于读书取友之言。"

【注释】 ①异书：珍贵或罕见的书籍。李贤注引晋袁山松《后汉书》："充所作《论衡》，中土未有传者，蔡邕入吴始得之，恒秘玩以为谈助。其后王朗为会稽太守，又得其书，及还许下，时人称其才进。或曰：'不见异人，当得异书。'"②谨饬：谨慎。

【译文】 面对知识渊博的朋友如同在读一本珍贵而罕见的书，面对风度高雅的朋友好像在读名人笔下的诗词文章，面对谨言慎行的朋友好像在读圣贤们的经传，面对诙谐有趣的朋友好像在读传奇小说。

【评语译文】 李圣许说："读这几种书籍，也好像面对这几种朋友。"

张竹坡说："这是善于读书和选择朋友之谈。"

【点评】 "书籍不仅是人们交往的工具，不仅是信息的传播者，而最主要的——是洞察周围现实生活的渠道，是自然界中有理智的一分子——人的自我见解。"读书万卷始通神。读书是人们获取知识的主要手段。其实，人作为生活的主体，人生也是一部大书，同样包蕴着丰富、翔实的内容。世事洞明皆学问，人情练达即文章。人生这部大书里有着比书本更鲜活、更实用的知识。所以，在与人交往中，尤其是与朋友交往也会受益匪浅。朋友也是自己为人处事的参考书。"人各有其性情，各有其声口"，不同的朋友有着不同的风格。渊博者见多识广，天南海北，古今中外，鲜有不知，与知识渊博的朋友交往，好像在读一部无所不包的奇书，让人耳目一新。风流儒雅者才情不凡，风度翩翩，举手投足间透露着潇洒与雍容，与风流儒雅的朋友在一起，恰似在欣赏名人诗文创作。圣经贤传讲人生、谈大道，教人以规范，而品行端正，为人严谨者当然具有典型示范意义，与此等人交往，其言传身教，以身说法，也更具感染力。诙谐多趣者言多趣谈，行为诡异，与诙谐滑稽的朋友相处，像在读一部妙趣横生的传奇小说，令人捧腹。

朋友不同,韵致各别,愿我们每个人都有几个风格不同的朋友,为我们的生活增加色彩。

交友如读书确实言之不虚,书上学的东西,朋友之处同样可学得。不过交友得慎重选择,应交文中渊博之友人,风雅之友人,谨饬之友人,风趣幽默之友人,还应有个前提:就是几种友人首先必须是品行良好者,那么一旦结交必为诤友,受益无穷。

楷书·草书·行书

【原文】 楷书须如文人,草书须如名将,行书介乎二者之间,如羊叔子缓带轻裘[①],正是佳处。

【评语】 程chan老曰:"心斋不工书法,乃解作此语耶!"

张竹坡曰:"所以羲之必做右将军。"

【注释】 ①羊叔子缓带轻裘:羊祜,字叔子,西晋大臣。他"在军常轻裘缓带,身不披甲",一派儒将风度。见《晋书·羊祜传》。

【译文】 写楷书应当像会做文章的读书人那样沉稳有力,字正腔圆,一丝不苟;写草书应当像叱咤疆场的有名将领,雄风勃发,一往无前;写行书在于二者之间,既沉稳又要流转有势,像羊祜在威严的军营中穿轻便华丽的服装那样潇洒自如,从容不迫,正是恰到好处。

【评语译文】 程chan老说:"张先生不擅长书法,仍然能说出这般深刻的话来。"

张竹坡说:"由于这个缘故,王羲之一定要做右将军了。"

【点评】 书法艺术是中国传统文化中具有悠久历史又取得辉煌成就的艺术门类之一。其体分真、草、隶、篆、行诸种,在各种字体间,既相互借鉴,相互影响,风格上又存在质的不同。张潮这则文字,则专谈楷、草、行风格上的区别与联系。

楷书即真书,又称正书,以形体方正,可作楷模,故称。孙过庭《书谱》中说:"真以点画为形质,使转为情性。"说的是楷书书写,既要端庄凝重,又要圆润利落,沉静有致,方为得法,仿佛文人,秀雅端庄。

草书又有章草、独草、连绵草诸多称法。其产生,在于流便省简。宋高宗《翰墨志》中说:"草书之法昔人用以趣急速而务简易,删难省烦,损复为草。"正说明了这一特点。孙过庭《书谱》中说:"草贵流而畅。"又说:"草以点画为情性,使转为形质。"这说出了它与楷体恰然相对的特征。草书最讲流畅,要写得舒卷浩荡,冲折起伏,气势磅礴,淋漓酣畅,这也如雄猛洒脱的名将。

行书是介于楷隶与草书之间的一种书体。关于其特点,有口诀说:"行笔而不停,著纸而不刻,轻转而重按,若水流云行,永存乎生意也。"行书的书写,须驾驭自如,笔势流畅,笔墨精到,气度安闲,书韵隽永,张潮文字中以"羊叔子缓带轻裘"作比,可谓恰切。

人们品评书法,多以"文人气息""将军气息"作判语,张潮以文人、名将等区别不同书体间相别的风格,可谓得其三昧。

楷书法则执圆行方,规范自身,端庄正直,就像文人的立身做人准则。而指挥千军万马的将军则要静如处子,动如脱兔,该豪放时且豪放,要洒脱时便洒脱,临危不乱,泰然自若,便如草书一般。而行书介于楷、草之间,要所对应的正是羊叔子般以德行服众,才是治国上策。

入诗与入画

【原文】 人须求可入诗,物须求可入画。

【评语】 龚半千曰:"物之不可入画者,猪也、阿堵物也[1]、恶少年也。"

张竹坡曰:"诗亦求可见得人,画亦求可像个物。"

石天外曰:"人须求可入画,物须求可入诗,亦妙。"

【注释】 ①阿堵物:指钱。南朝宋刘义庆《世说新语·规箴》:"王夷甫雅尚玄远,常忌其妇贪浊,口未尝言钱事。妇欲试之,令婢以钱绕床不得行。夷甫晨起,见钱阂行,呼婢曰:'与却阿堵物。'"宋张耒《无咎》:"爱酒苦无阿堵物,寻春奈有主人家。"

【译文】 人应当追求能入诗的心境,物类应当追求能够入画的形态。

【评语译文】 龚半千说:"物类不堪入画的有猪、钱,品行恶劣、胡作非为的年轻人。"

张竹坡说:"诗也希求能够见得人,画也希望形状像个物。"

石天外说:"人也应当追求能够入画(形象美),物也应当追求富于诗意(意境美),也很妙啊!"

【点评】 张潮是一个文人,颇有些唯美主义思想倾向。在他看来,人应有可以入诗的韵味,物应有可以入画的美感。人可入诗,物可入画,只是张潮的美好理想。

人要入诗,必须具备诗的灵动的特质,要热情洋溢、生动活泼、情感丰富、神采飞扬,有冰清玉洁的高贵品质。只有这样,才会被人在诗里吟咏、赞颂。因诗的格调是清新俊雅、刚健向上的,所以诗里所咏之人必须是飘逸高洁的,一个人若能入诗,定然是超凡脱俗的。

绘画作为一门艺术,讲求气韵生动,高雅脱俗。物要入画,必须美丽、有神韵。如山川、鲜花、陶瓷、雪景等。

其实,在生活中,可入诗之人凤毛麟角,物,只要实用便满足了人们的基本要求,可入画之物也是屈指可数的。但张潮这则文字为我们描绘了如诗如画的人类理想生活境界,启示人们不断加强修养,做一个高品位的人;物,不仅要实用,还要美观。正如高尔基所言:"照天性来说,人都是艺术家。他无论在什么地方,总是希望把'美'带到他的生活中去。"

物品成为绘画的对象,它可以根据画家需要随便被选入画,不必名山大川,奇景秀水,只要为画家所取,哪怕枯枝落叶皆可入画。而人若成为诗所歌咏的对象却非常不容易,第一,诗中所表现出来的人物肯定是有些虚拟,那便不是真实自我;第二,若没有一番可以被别人记住、造福于人的事业,诗人为什么要拿你当作吟诵歌唱的对象呢?

少年人和老成人

【原文】 少年人须有老成[1]之识见,老成人须有少年之襟怀。

【评语】 江含征曰:"今之钟鸣漏尽[2]白发盈头者,若多收几斛麦,便欲置侧室,岂非有少年襟怀耶?独是少年老成者少耳。"

张竹坡曰:"十七八岁便有妾,亦居然少年老成。"

李若金曰:"老而腐板[3],定非豪杰。"

王司直曰:"如此方不使岁月弄人。"

【注释】 ①老成：指老年人。《诗·大雅·荡》："虽无老成人，尚有典刑。"又指阅历多而稳重的人。②钟鸣漏尽：指深夜。汉崔元始《政论》："永宁诏：钟鸣漏尽，洛阳城中有不得行者。"引申人到暮年。《三国志·魏志·田豫传》："年过七十而以居位，譬犹钟鸣漏尽，而夜行不休，是罪人也。"③腐板：迂腐刻板。

【译文】 年轻人应当具有老年人的见多识广、稳重干练，老年人应当具有年轻人率真坦荡的朝气和胸怀。

【评语译文】 江含征说："现在有些已到暮年、满头白发的老人，如果多收了几斛粮食，有了几个钱就打算娶年轻的妻妾，这难道是具有年轻人的胸怀吗？只是年轻而能沉稳干练、见多识广的人太少了。"

张竹坡说："才十七八岁就妻妾满室，这也算年轻老成吧！"

李若金说："年老而又迂腐刻板的入，必定不是豪迈杰出的人物。"

王司直说："像这样年轻而沉稳干练、年老而不失率直朝气，才不虚度时光。"

【点评】 少年人与老年人相比，各有所长，亦各有所短。少年人意气风发，血气方刚，大胆革新，勇于进取，颇有"初生牛犊不怕虎"的气概，这是其优势。缺陷在于少年人涉世不深，阅历较浅，缺乏磨炼，做事无所顾忌，感情容易冲动，对问题的处理也会因缺乏理智而失之偏颇。而老年人经过了数十年的人生沧桑，积累了丰富的人生经验，所以处事老到。不足的是老年人多有暮气，有时会因循守旧，不思进取，不容易接受新事物，缺少激情与热忱。张潮主张老少互补，少年人学习老年人的老成稳重，办事就会少一些浮浅与鲁莽。老年人应当有年轻人朝气蓬勃的胸怀，乐观向上，积极进取，观念更新，这样就会少一些暮气。若少年人与老年人能互取所长克己所短，少年人有老成之识见，老年人又有少年之襟怀，那么，少年人与老年人都可成为时代的弄潮儿。

少年人应学习吸取老年人的成熟稳重；但不可心机过重城府过深。老年人应尽量减少身上的迟暮之气表现得年轻一些，但不要故作单纯。少年的宽容与老年的凝重应相互调和互动互补，便可以不断完善。

春秋之怀调

【原文】 春者，天之本怀；秋者，天之别调。

【评语】 石天外曰："此是透彻性命关头语。"

袁江中曰："得春气者，人之本怀；得秋气者，人之别调。"

尤悔庵曰："夏者，天之客气；冬者，天之素风。"

陆云士曰："和神①当春，清节②为秋，天在人中矣。"

【注释】 ①和神：谦虚祥和的神气。②清节：纯洁高尚的节操。

【译文】 春天，生机勃勃，这是大自然本来的情怀；秋天，万物凋零，这是大自然的又一种情调。

【评语译文】 石天外说："这是透悟宇宙人生的精辟之言。"

袁江中说："获得春的气质是人的本来情怀；获得秋的气质是人的另一种情调。"

尤悔庵说："夏天，是上天的虚骄之气；冬天，是上天的质朴风格。"

陆云士说："具有谦虚祥和的神气就像是春天，具有纯洁高尚的情操就像是秋天，这就是上天的品质在人中的体现。"

【点评】 春天是一年四季之始。经过冰封雪冻的漫漫寒冬，伴随着醉人的春风吹来，小草吐出了新绿，树的枝条冒出嫩芽，万物复苏，百鸟鸣唱，到处莺歌燕舞，一派生机勃勃欣欣向荣的景象。天有好生之德，在张潮看来，这旺盛的生机，崭新的气象，正是大自然本有的特色，故曰"春者天之本怀"。

秋天则是另一种景观。春华秋实，秋天是丰收的季节，果树压弯了腰，漫山遍野的玉米、高粱、大豆、水稻喜煞了企盼丰收的老农。若在一日之中，春天是早晨的太阳，夏天是正午的太阳，秋天是下午的太阳，日落时的景致同样美丽，唐诗说"夕阳无限好"便是对此发出的由衷礼赞。但接着又说"只是近黄昏"，对它的行将落山，也表示出深深的叹惋。秋正如是，天高云淡，北燕南飞，金子般的颜色美则美矣，但飒飒秋风已显萧杀之气，预示着寒冬即将来临。这时的大自然，恰如人生暮年，气力已竭，虽有黄昏之美，惜其不永，故张潮曰"秋者天之别调"，以"别调"许之，可谓确当。

自然的襟怀本来是博大深远的，春天有春天的魅力，秋天有秋天的特点，其实这都是大自然不同的体现。两种状态表现着两种不同的人生。人生来都是一样的，并无大的区别，关键在于如何把握，是让生命如春天般充实，还是如秋天般萧索、孤高。人性应融于自然之中。

若无花月美人，不愿生此世界

【原文】 昔人云：若无花月美人，不愿生此世界。予益一语云：若无翰墨棋酒，不必定作人身。

【评语】 殷日戒曰："枉为人身生在世界者，急宜猛省。"

顾天石曰："海外诸国，决无翰墨棋酒，即有，亦不与吾同，一般有人，何也？"

胡会来曰："若无豪杰文人，亦不须要此世界。"

【译文】 古人说：假如没有鲜花、月色、美人，就不愿在这个世界上生存。我也说上一句：假如没有文章、棋、酒，没有必要一定要作为一个人存在。

【评语译文】 殷日戒说："白白作为一个人的形体而生活在这个世界上的人，应当赶快觉悟。"

顾天石说："在海外的一些国家里，一定没有文章、棋、酒，即使有，也不会同我们国家的一样，但同样有人存在，为什么？"

胡会来说："假如没有才能出众的英雄和能写文章的读书人，就不必要有这个世界。"

【点评】 花、月、美人作为美的自然存在，可以给人精神上的愉悦，是毋庸赘言的。这个世界上若没有争妍斗艳的鲜花、高洁圣灵的月亮、靓丽迷人的佳人，那将是充满缺憾的。

花、月、美人，作为审美对象，是客观存在。诗文书画及弈棋饮酒则不同。它们固然能够抒情言志，宣泄郁闷，颐养性情，但更重审美主体的参与，要人在挥毫抒写、对弈、对饮中才能实现，这是创造或劳动中的愉悦。从事劳动与创造也是人与动物的重要区别。张潮所谓"无翰墨棋酒，不必定作人身"似乎已朦胧意识到了这个道理。

当然，花月美人、翰墨棋酒之类，为封建文人恣意宣扬，标榜文酒风流，不无病态，但也给我们两点启示：一、人类需要一个美的世界、美的生存环境；二、人应有高情雅趣，高情雅趣的培养在于劳动与创造，人在劳动与创造中享受到精神的愉悦，这正是人高于动

物的本质所在。

鲜花、美人只不过可为我们的生活增加一些美丽的色彩,有亦可,若没有,也没什么可遗憾的。但是文房四宝却是我们传承先人优秀文化和开拓新知识不可缺少的工具,至于棋酒,可以陶冶情操,丰富人生,同样是不可少的。

愿在木而为樗

【原文】 **愿在木而为樗[①](不才终其天年),愿在草而为蓍[②](前知),愿在鸟而为鸥[③](忘机),愿在兽而为廌[④](触邪),愿在虫而为蝶[⑤](花间栩栩),愿在鱼而为鲲[⑥](逍遥游)。**

【评语】 **吴园次曰:"较之《闲情》一赋,所愿更自不同。"**

郑破水曰:"我愿生生世世为顽石。"

尤悔庵曰:"第一大愿。"又曰:"愿在人而为梦。"

尤慧珠曰:"我亦有大愿,愿在梦而为影。"

弟木山曰:"前四愿皆是相反,盖前知则必多才,忘机则不能触邪也。"

【注释】 ①樗:臭椿树。樗栎,《庄子·逍遥游》:"吾有大树,人谓之樗,其大本拥肿而不中绳墨,其小枝卷曲而不中规矩。立之涂,匠者不顾。"《人间世》:"匠石之齐,至于曲辕,见栎社树,其大蔽数千牛,絜之百围……散木也,以为舟则沉,以为棺椁则速腐,以为器则速毁,以为门户则液樠,以为柱则蠹。是不材之木也,无所可用。"喻才能低下,多用作自谦之词。②蓍:蓍草。古代用来占卜。③鸥:水鸟名。鸥鹭忘机,源于《列子·黄帝》:"海上之人有好沤鸟者,每旦之海上,从沤鸟游。沤鸟之至者,百住而不止。其父曰:'吾闻沤鸟皆从汝游,汝取来,吾玩之。'明日之海上,沤鸟舞而不下也。"指没有心机者,异类亦与之相亲。后以指隐居自乐,不以世事为怀。④廌:通豸。同解豸、獬豸。传说中的神兽名。能辨曲直,见人斗,即以角触不直者;闻人争,即以口咬不正者。见《异物志》。⑤蝶:典见《庄子·齐物论》:"昔者庄周梦为胡蝶,栩栩然胡蝶也……俄然觉,则蘧蘧然周也。不知周之梦为胡蝶与,胡蝶之梦为周与?"⑥鲲:传说中的大鱼。《庄子·逍遥游》:"北冥有鱼,其名为鲲。鲲之大,不知其几千里也。化而为鸟,其名为鹏。鹏之背,不知其几千里也。怒而飞,其翼若垂天之云。"以喻至大之物。

【译文】 假如作为树木,我愿做臭椿(因为它不是使用的材料,而能够得以长生);假如是草,我愿做蓍草(因为它能够未卜先知);假如是鸟类,我愿做鸥鸟(因为它能忘却心机,亲近异类,快乐地生活);假如是兽类,我愿做獬豸(因为它能辨别是非曲直,用角牴邪恶之人);假如是昆虫,我愿做只蝴蝶(因为它能在花丛中蹁跹起舞,既美丽又自由);假如是鱼类,我愿做鲲(因为它能化作鹏鸟,胸怀大志,展翅万里)。

【评语译文】 吴园次说:"这些愿望与《闲情》赋相比较志向大为不同。"

郑破水说:"我愿意千秋万世为顽石。"

尤悔庵说:"这些都是最大的愿望。"又说:"假如是人,我愿成为梦。"(人生如梦,转眼即是百年——注译者)

尤慧珠说:"我也有一个最大的愿望,假如是梦,我愿成为影子。"(梦影,更虚无缥缈也。——注译者)

弟木山说:"前边四种愿望说的都是反话,因为能够未卜先知的必然有才(材),假如

真的忘却心机，又怎能识别曲直而触不正之人呢。”

【点评】 这里明说物，实喻人。增一“愿”字，以物喻人的用意更昭然若揭了。至于作者为何选择这些物来表达其人生愿望，在其小字夹注中有明确交代，如樗“不才终其天年”，蓍草能够“前知”，鸥鸟“忘机”，解豸“触邪”，蝴蝶“花间栩栩”，鲲鹏可“逍遥游”。而要阐明作者为何会有这些人生理想而不是其他别的理想，却要从作者的时代人生遭遇中去挖掘。因才华横溢多招忌被害，才子因才而丧生，故作者说愿做不才无用的臭椿不被人斫而得享天年；因人生前途难料，茫茫莫测，故作者说愿为蓍草，可以卜知前事，以防不测，因人心不足，常为得失否泰、荣辱穷通烦恼，故作者说愿为无忧无虑的鸥鸟，自由自在地翱翔；因世情险恶，人心叵测，善恶难辨，故作者说愿为解豸，能够明察秋毫，辨别奸小良善，不为恶人蒙蔽；因人世蝇营狗苟，混浊肮脏，故作者说愿为蝴蝶，起舞于花间香径；因人生多不如意，多有拘牵，每为物累，故作者说愿为逍遥遨游的鲲鹏。

以物况人，显示了作者的无奈。但对于强者来说，只要积极进取，勇于拼搏，有耕耘定有收获。消极逃避带来的只能是永远的遗憾。

木、草、虫、鱼、鸟、兽六类生物中，都选择了平实而比较有代表性的一个物种，这是一个自我的定位。假如选择做人，那又该如何呢？这六愿刚好相反，前知必多才，忘机则不能触邪，遨游于天地之间则必不能流连于尺寸花园之间。我想做人还是应该选择进取，积极的方向、做有用的人。

古今人必有其偶

【原文】 黄九烟[①]先生云：“古今人必有其偶，只千古而无偶者，其惟盘古[②]乎！”予谓盘古亦未尝无偶，但我辈不及见耳，其人为谁？即此劫[③]尽时最后一人是也。

【评语】 孙松坪曰：“如此眼光，何啻出牛背上耶[④]。”

洪秋士曰：“偶亦不必定是两人，有三人为偶者，有四人为偶者，有五六七八人为偶者，是又不可不知。”

【注释】 ①黄九烟：黄周星，字九烟，上元（今江苏南京）人。清代文学家。有《刍狗斋集》。②盘古：我国古代神话中开天辟地的人物。③劫：佛经言天地的形成毁灭谓之一劫。④“如此眼光”句：比喻目光短浅。

【译文】 黄九烟先生说：“古人现代的人一定要有一位志同道合的人，从古至今没有志同道合者的只有一人，那就是盘古吧！”我说盘古也不是没有志同道合的人，只是我们这些凡人不曾看见罢了。他的志同道合者是谁呢？那就是天崩地陷这一劫难后的最后一人。

【评语译文】 孙松坪说：“这样短浅的眼光，只当是出自牛背上罢了。”

洪秋士说：“志同道合者也不一定只是两个人，有三个人志同道合，有四个人志同道合，有五六七八人志同道合的，这是应当知道的。”

【点评】 这则文字幽默风趣而富有智慧。黄周星用的是反问，在问而不答中，答案似乎已经明确：盘古为千古来第一人，无人能比。张潮则用设问，在一问一答中，对黄周星这看似无可辩驳的结论提出否定。认为盘古也有人与他匹配，这便是劫尽时最后一人。盘古为始，此最后一人为终，以终配始，谁说不妥！由此我们联想到，做人做事虽不必一味中庸，但也千万不可目中无人，妄自尊大，过于绝对，以盘古氏创世纪之伟大，尚不

能千古无匹,俗世凡人,一点成绩的取得,些许功名的到手,又有何理由自骄骄人?而不可一世、唯我独尊、欺凌弱小者,读此段论述,岂能不生惭愧?

自古与炎帝相对的有黄帝,与孔子相对的有孟子,与苏秦相对的有张仪,还有秦皇汉武等等,相对相映,由此创造了悠久的文化与灿烂光辉的历史。

予谓当以夏为三余

【原文】 古人以冬为三余[①],予谓当以夏为三余。晨起者夜之余,夜坐者昼之余,午睡者应酬人事之余。古人诗云:"我爱夏日长。"[②]洵不诬也。

【评语】 张竹坡曰:"眼前问冬夏皆有余者能几人乎?"

张迂庵曰:"此当是先生辛未年以前语。"

【注释】 ①三余:《三国志·魏志·王肃传》裴松之注引《魏略》:"人有从学者,遇(董遇)不肯教,而云:'必当先读百遍。'言:'读书百遍而义自见。'从学者云:'苦渴无日。'遇言:'当以三余。'或问三余之意。遇言:'冬者岁之余,夜者日之余,阴雨者时之余也。'"后以三余泛指空闲时间。②我爱夏日长:《唐诗纪事》中载唐文宗、柳公权《夏日联句》:"人皆苦炎热,我爱夏日长(帝)。熏风自南来,殿阁生微凉(柳公权)。"宋代苏轼作《戏足柳公权联句》:"一为居所移,苦乐永相忘。愿言均此施,清阴分四方。"

【译文】 古代的人把冬天作为三种读书的余暇之一,我说应该把夏天作为三种读书的余暇之一。早起的人夜间是余暇,熬夜的人白天是余暇,午睡的人在应酬各种人来往之后是余暇。古人有诗说"我爱夏日长",此话不假呀。

【评语译文】 张竹坡说:"问问现在冬天夏天都有余暇的能有几人呀?"

张迂庵说:"这应当是张先生在辛未年以前说的话。"

【点评】 从古到今有许多关于时间的格言警句。如"人生天地之间,若白驹之过隙,忽然而已","花有重开日,人无再少年"等劝人惜时。"一寸光阴一寸金,寸金难买寸光阴","今天太宝贵,不应该为酸苦的忧虑和辛涩的悔恨所销蚀。把下巴抬起来,使思想焕发出光彩,像春阳下跳跃的山泉。抓住今天,它不再回来"等则言时间的无价,劝人珍惜光阴。这则文字同样是关于时间的议论。

古人以冬为三余,张潮以夏为三余。冬为三余也好,夏为三余也罢,对于善于利用时间、能主宰时间者来说并无关紧要。如欧阳修所言:"余平生所作文章,多在三上,乃马上、枕上、厕上也。盖惟此尤可以属思尔。"珍惜时间者,总能找到学习充电的机会,做到闲而不闲。"辛勤的蜜蜂永远没有时间的悲哀",当我们身上惰性作祟,又以"太忙"替自己逃避读书开脱时;当我们感叹时间不足无暇学习时,我们有没有反问过自己:你见到过蜜蜂采蜜吗?你是否真正做了时间的主人?

时间的利用要合理,在事业工作之余享受闲暇的乐趣,把宝贵的时间投入到工作中去,不断获得新知,取得发展,时间才是有意义的,生命才是有价值的。

庄周之幸梦蝴蝶

【原文】 庄周梦为蝴蝶,庄周之幸也;蝴蝶梦为庄周,蝴蝶之不幸也。

【评语】 黄九烟曰:"惟庄周乃能梦为蝴蝶,惟蝴蝶乃能梦为庄周耳。若世之扰扰红尘者,其能有此等梦乎?"

孙恺似曰："君于梦之中又占其梦耶?"

江含征曰："周之喜梦为蝴蝶者,以其入花深也。若梦甫酣而乍醒,则又如嗜酒者梦赴席而为妻惊醒,不得不痛加诟谇矣。"

张竹坡曰："我何不幸而为蝴蝶之梦者?"

【译文】 庄周梦见自己变为蝴蝶,是庄周的幸运;蝴蝶梦见自己变成庄周,是蝴蝶的悲哀啊。

【评语译文】 黄九烟说:"只有庄周才能梦见自己变为蝴蝶;也只有蝴蝶才能梦见自己变成庄周。像那些在纷杂的人世间追逐名利的人,他们能做这样的梦吗?"

孙恺似说:"张先生是在梦中又做梦吧?"

江含征说:"庄周为在梦中变成蝴蝶而高兴,是因为他喜欢在万花丛中飞舞。假如你正做美梦突然醒来,或者贪酒的人正梦见去赴宴,突然被妻子惊醒,一定大为恼火,痛加责骂的啊。"

张竹坡说:"我为什么这么不幸,不能做一个做梦变成蝴蝶的人呢?"

【点评】 这则文字语本《庄子·齐物论》:"昔者庄周梦为蝴蝶,栩栩然蝴蝶也,自喻适志与!不知周也。俄然觉,则蘧蘧然周也。不知周之梦为蝴蝶与,蝴蝶之梦为周与?"文中本意,在强调万物等同的思想。也就是说,我即梦中之物,物即梦中之我,达到一种物我两忘的意境。而张潮这里所说的,却与此并不相同。

在张潮看来,红尘纷扰,世情浇薄,人心叵测,在名缰利锁的束缚中,人很难随性地生活,无法企及"心无挂碍,无有恐怖,远离颠倒梦想"的境界。所以,他羡慕蝴蝶的栩栩然花间的从容与闲适。基于此,他认为庄周所说的梦为蝴蝶,倘若是真,那倒是莫大的幸福。相反,以蝴蝶之自由自在,若梦为庄周,沦落于红尘中,受人生诸多苦痛,那也确实是蝴蝶的悲哀。

庄周在梦中化为蝶,可以翩然起舞于花丛绿叶之上,自由自在,无忧无虑,与花草相依相伴,多么幸运呀!因为他可以忘却繁纷复杂的尘世,抛却生活的压力与劳顿。若蝴蝶化为庄周,庄周的烦恼,忧愁当然也随之而来了,蝴蝶当然不幸了。

不论庄周还是蝴蝶及任何人物的梦,醒来皆是空,还要面对当下生活,正确面对是最好的方法。

艺花可以邀蝶,植柳可以邀蝉

【原文】 艺花可以邀蝶,累石可以邀云,栽松可以邀风,贮水可以邀萍,筑台可以邀月,种蕉可以邀雨,植柳可以邀蝉。

【评语】 曹秋岳曰:"藏书可以邀友。"

崔莲峰曰:"酿酒可以邀我。"

尤艮斋曰:"安得此贤主人?"

尤慧珠曰:"贤主人非心斋而谁乎?"

倪永清曰:"选诗可以邀谤。"

陆云士曰:"积德可以邀天,力耕可以邀地。乃无意相邀而若邀之者,与邀名邀利者迥异。"

庞天池曰:"不仁可以邀富。"

【译文】 种植花儿可以迎来美丽的彩蝶，堆砌高高入云的山石可以使云儿驻足，栽下松树成林可以邀请风吹松涛阵阵，蓄满一池碧水可以滋生浮萍，修筑高台可以邀下明月，种植芭蕉可以唤来雨丝阵阵，种植柳树可以让蝉儿隐身。

【评语译文】 曹秋岳说："收藏书籍可以邀到文人笔友。"

崔莲峰说："酿造美酒可以邀请我。"

尤艮斋说："哪里能遇到这样贤惠的主人？"

尤慧珠说："贤惠的主人不是张先生又会是谁呢？"

倪永清说："选编诗集可以招来毁谤。"

陆云士说："积累功德可以邀到上天的降福，努力耕作的农夫可以邀到土地的厚赐。这些都是不邀自到的，与那些一心追逐名利的人完全不同。"

庞天池说："不仁爱可以邀到财富。"

【点评】 蝶舞花间，云浮山上，风过松林，萍浮水面，月洒高台，雨滴芭蕉，蝉鸣柳枝。凡物以类聚。蝶与花、云与山、风与松、萍与水，月光与高台、雨与芭蕉、蝉与柳树，其相互因依，因果共存，由各自因缘决定。人亦如是，以群相分，君子交君子，小人交小人，英雄相惜互爱，奸小臭味相投。正是佛法云：种瓜得瓜，种豆得豆，无因便无果，果由因而生。张潮这则文字启示人们，只要有辛勤的耕耘，才会有收获。有了自助，才会有人助、天助。

无意相邀，却似有意赴约。相邀的不是名与利，而是世上一种美丽的和谐，人与自然共同构筑了这些美好，人类的心情亦随之心旷神怡，与自然相拥相伴，无疑是幸福的。

景有言之极幽而实萧索者，烟雨也

【原文】 景有言之极幽而实萧索者，烟雨也；境有言之极雅而实难堪者，贫病也；声有言之极韵而实粗鄙者，卖花声也。

【评语】 谢海翁曰："物有言之极俗而实可爱者，阿堵物也。"

张竹坡曰："我幸得极雅之境。"

【译文】 有些景致有人说它极其幽雅、实际很缺乏生机的，那就是烟雨迷蒙；境遇有人说它极其不俗、实际无法忍受的，那就是贫穷病困；声音有人说它极其有情趣的、实际粗俗卑劣的，那就是叫卖花的声音。

【评语译文】 谢海翁说："物类有人说它极其俗气、实际招人喜爱的，那就是钱呀。"

张竹坡说："我有幸遭遇极其不俗的境遇，那就是贫病潦倒。"

【点评】 烟雨、贫病、卖花声，在古代文人墨客笔下，都有过精彩描写，留下了千古绝唱。叹雨如杜甫《春夜喜雨》、张志和《渔父》、韦应物《赋得暮雨送李胄》、王建《雨过山林》、韩愈《早春呈水部张十八员外》、刘禹锡《竹枝词》，多不胜举；叹贫病者如杜甫《茅屋为秋风所破歌》《自京赴奉先县咏怀五百字》《登高》，孟云卿《寒食》，韩愈《左迁至蓝关示侄孙湘》，韦应物《寄李儋元锡》，王禹偁《对雪》，苏舜钦《城南感呈永叔》，美不胜收；而咏及卖花声者，以陆游"小楼一夜听春雨，深巷明朝卖杏花"句最为驰名。

在诗人笔下，烟雨之幽，贫病之雅，卖花声之韵，都不难见出。但这都是艺术美的显现，是诗人艺术加工的精神产物。具体到实境，蒙蒙细雨是否确有迷人的意境，则取决于感受者的心态。若人处于生活的窘迫中，烟雨亦会使其忧愁悲伤。而人处于优裕状态下，在迷蒙细雨中散步也会神清气爽，别有滋味在心头。如此烟雨便具有了诗意。贫病

在古人诗中之所以有“雅”的美感，与“君子固穷”的旧知识分子观念有关。君子远离富贵污浊，免去曲意逢迎之事，贫病也是极清雅的。他们蔑视为富不仁之辈，崇尚颜回“一箪食，一瓢饮”的安贫乐道生活。当然，旧知识分子审美观念有点畸形，他们欣赏的不是健壮，而是蒲柳弱质。在现实生活中，贫寒疾病对任何人，都只能带来痛苦。至于卖花声，因与鲜花共存，共同形成意象，自然韵味无穷，在诗人笔下卖花声也成了清丽婉转的天籁。

烟雨之景，贫病之境，卖花之事，说起来幽雅可写，富于情调，可实际上在它们这些美丽的外表后面的清冷、尴尬、粗俗才是其真正的本质，没有人真正愿意拥有这些。钱财说起来庸俗，而实际上却是从来都少不得的东西，只要取之有道，不能说是俗气。

才子富贵，福慧双修

【原文】 才子而富贵，定从福慧双修得来。

【评语】 冒青若说：“才子富贵难兼。若能运用富贵才是才子，才是福慧双修，世岂无才子而富贵者乎？徒自贪著，无济于人，仍是有福无慧。”

陈鹤山曰：“释氏[①]：‘修福不修慧，像身挂璎珞[②]；修慧不修福，罗汉[③]供应薄。’正以其难兼耳。山翁发为此论，直是夫子自道。”

江含征曰：“宁可拼一付菜园肚皮，不可有一副酒肉面孔。”

【注释】 ①释氏：谓佛。佛姓释迦氏，简称释氏。②璎珞：古代用珠玉穿成戴在颈项上的装饰品。③罗汉：佛教语。梵文的音译。也译作阿罗汉。释迦牟尼的弟子，有十八、一百零八和五百之数。

【译文】 有才气而且富有高贵，一定是从行善积德和聪明智慧两方面的修行得来的。

【评语译文】 冒青若说：“既有才又富贵很难同时具备。假如能够恰当地使用财富，才是真正的才子，才是真正做到行善积德和聪明智慧双修。人世间怎么会没有有才而且富贵的人呢？只是自己贪求，不舍救助别人，是有福德没有智慧。”

陈鹤山说：“佛说：‘只行善积德，不谋求智慧，就像身上挂满珍贵的珠宝；只追求聪明智慧，不讲求行善积德，罗汉所接受的供奉也该很少了。’正是因为才子和富贵难以同时得到啊。张先生发出这番议论，真是他自己在自言自语。”

江含征说：“宁可要一副青菜肚囊，也不愿要一副只会吃喝的面孔。”

【点评】 《易经》云：“积善之家必有余庆。积不善之家必有余殃。”佛教更讲三世因果。这辈子富有，是上辈子积德行善所致。今生富贵，由前世修行而得。才子而富贵，乃世上十全之美的事，定是上世福、慧双修才得到的。

在现实生活中，才子、富贵似乎不可兼得。才高招忌，若高才者恃才傲物，锋芒过露，则必然因此而害己。古人诗中说“志士幽人莫怨嗟，古来材大难为用”，材大难用，自古而然。既不被用，何来富贵？杨修、李白、苏轼等都是例子。才高者只有将自己的才能发挥出来，才会实现其人生价值，从而推动社会的发展。随着社会的进步，材大难用的现象会越来越少，具有远见卓识的用人者会给才高者提供广阔的平台，而才高看也要收敛锋芒，圆融变通，不难为世所用，才子而富贵，也将不难再见。

才子有智慧，有学问，但多半不具福分，富贵者多不具智慧。既为才子，又富贵，二者

兼而有之，确实是不可多见的。假若天下才子都富贵了，便没有了才子，不知这是不是好事。当然，拿现代的观点来看，科学知识是第一生产力，可推动人类发展，增强经济建设，自然是好事。

新月易沉，缺月迟上

【原文】 新月恨其易沉，缺月恨其迟上。

【评语】 孔东塘曰："我唯以月之迟早为睡之迟早耳。"

孙松坪曰："第勿使浮云点缀，尘滓太清足矣[①]。"

冒青若曰："天道忌盈，沉与迟请君勿恨。"

张竹坡曰："易沉迟上可以卜君子之进退。"

【注释】 ①浮云：浮动在空中的云。浮云点缀：用浮云加以衬托和装饰。太清，太空。尘滓太清：天空蒙上尘土。

【译文】 每月初出的月亮怨恨它很快沉落，每月十五日以后的月亮怨恨它上升的太晚。

【评语译文】 孔东塘说："我只是按照月亮上升的早晚而睡的早晚而已。"

孙松坪说："千万不要使飘浮的云彩遮蔽明月，飞扬的尘土污染太空就足够了。"

冒青若说："上天忌讳太满，沉落或上升的早晚请你们（月亮）都不要怨恨。"

张竹坡说："很快沉落和较晚上升可以用来占卜仕子们的升迁和贬谪。"

【点评】 明月朗照大地，遍洒银辉。围绕着月亮，古来有许多动人的神话传说。如嫦娥奔月、蟾蜍蚀月、吴刚斫桂、灰飞轮阙、仙人乘鸾等。历代诗人亦用明月作为寄托情怀、抒发情感的意象载体，留下许多妙词佳句。如李白的"举杯邀明月"；苏轼的"人有悲欢离合，月有阴晴圆缺，此事古难全，但愿人长久，千里共婵娟"；张若虚的"江天一色无纤尘，皎皎空中孤月轮。江畔何人初见月？江月何年初照人？人生代代无穷已，江月年年只相似。不知江月待何人，但见长江送流水"等。人们热爱明月，欣赏明月，所以对新月易沉、缺月迟上有着深深的感伤。然而，天有阴晴，月有圆缺，是自然规律，天道忌盈，君子当遵循自然法则，顺乎自然，心中有一轮月，正如禅诗云"无限野云风扫尽，一轮明月照天心"。这样，生活就会少些缺憾，多些圆满。

新月容易沉没，使人遗憾；缺月迟上，使人惆怅。人生也是这样，人过于顺利完美，容易衰落，而不具备某些条件的人若想完成某一事业，却是难上加难。怨恨不得，也消沉不得，自己努力，任凭千辛万苦，沿着人生必然之轨迹去努力，无妨！

躬耕吾所不能学

【原文】 躬耕[①]吾所不能学，灌园[②]而已矣；樵薪[③]吾所不能学，薙草[④]而已矣。

【评语】 汪扶晨曰："不为老农而为老圃，可云半个樊迟[⑤]。"

释菌人曰："以灌园薙草自任自待，可谓不薄，然笔端隐隐有非其种者锄而去之之意。"

王司直曰："予自名为识字农夫，得毋妄甚？"

【注释】 ①躬耕：亲治农事。三国蜀诸葛亮《出师表》："臣本布衣，躬耕于南阳，苟全性命于乱世，不求闻达于诸侯。"②灌园：从事田园劳作。《史记·商君列传》："君之危

若朝露,尚将欲延年益寿乎？则何不归十五都,灌园于鄗。”③樵薪:打柴。《诗·小雅·白华》:“樵彼桑薪,卬烘于堪。”④薙草:除去野草。同“剃”。⑤樊迟:春秋时鲁国人。名须,字子迟。孔子弟子。《论语·子路》:“樊迟请学稼。子曰:‘吾不如老农。’请学为圃。曰:‘吾不如老圃。’樊迟出。子曰:‘小人哉,樊须也!’”

【译文】 亲自从事农田劳动是我无法做到的,浇灌田园还能做到;上山砍柴是我不能够学习的,除去杂草还可以做到。

【评语译文】 汪扶晨说:“不做耕田的老农而做浇灌田园的老圃,可以说是半个樊迟。”

释菌人说:“用浇灌田园、除去杂草来自己评价自己,可以说并不菲薄,但是笔墨之间隐隐约约含有不是种田的均要排除在外的意思。”

王司直说:“我把自己命名为识字的农夫,大概不算狂妄吧?”

【点评】 古代读书人以读书中举、出仕做官为一生追求,于稼穑之道,并不熟稔,也无力去做。然而,他们在不得志时,或官场失意,或致仕家居时,以躬耕、樵薪自命,来标榜其隐逸山林的志趣。其实,读书人是不堪稼穑之苦的,稼穑只是作为他们心理失衡时的调剂与寄托。这则文字非常含蓄地点破了所谓儒者“躬耕樵薪”的本质。作者认为自己亲自去耕田种地,可能做不到,可学浇花灌园还是可以做到的;砍柴樵薪同样无力做到,所能做的是锄锄草而已。灌园圃与治农事,除草与打柴,相去甚远。作者形象地用“不能”“学”道出他的诚挚。所谓儒者“躬耕樵薪”,是无时则隐,待时而起,人在草野,心悬魏阙。无论从何种角度讲,其所谓的“躬耕樵薪”都不可能与农者的辛苦劳作相提并论。

做任何事情,要尽最大努力去干好每一件事。对于那些的确超乎自己能力之上的事不必勉强去做,量力而行,以免失败。不能耕种,弄园可也,不能砍柴,除草也行。事无论大小,关键是要去做,才能实现自我,超越本我。

十 恨

【原文】 一恨书囊易蛀,二恨夏夜有蚊,三恨月台易漏①,四恨菊叶多焦,五恨松多大蚁,六恨竹多落叶,七恨桂荷易谢,八恨薜萝藏虺②,九恨架花生刺,十恨河豚多毒。

【评语】 江药庵曰:“黄山松并无大蚁,可以不恨。”

张竹坡曰:“安得诸恨物尽有黄山乎?”

石天外曰:“予另有二恨:一曰才人无行,二曰佳人薄命。”

【注释】 ①漏:指夜漏,古计时器。②虺:古书上说的一种毒蛇。

【译文】 一是怨恨书籍容易被虫蛀,二是怨恨夏天的夜晚有蚊虫,三是怨恨登平台赏月时间过得很快,四是怨恨菊花的叶子干枯,五是怨恨松树下有太多的大蚂蚁,六是怨恨竹子爱落叶,七是怨恨桂花、荷花容易凋谢,八是怨恨薜荔和女萝中间藏有毒蛇,九是怨恨攀架的花儿生刺,十是怨恨河豚有毒。

【评语译文】 江药庵说:“黄山的松树下并没有大蚂蚁,可以不怨恨了。”

张竹坡说:“不知道这几种怨恨之物是否包括黄山在内吗?”

石天外说:“我另外还有两种怨恨:一是有才能的人却没有品行,二是美貌多才的女子命薄。”

【点评】 人生在世，有得有失，有圆满，亦有缺憾，自然规律是这样，人生命运的轨迹也是如此。

书蠹蛀书、蚊子叮人、大蚁损松，或危害人类，或破坏人的生存环境，或消减人的财富，而月台易漏、河豚多毒，或因赏月而费时，或以享美味而担生命风险，于人有得亦有失。至于菊叶多焦、竹多落叶、桂荷易谢、薜萝藏虺、架花生刺，则属于美中不足。

随着文明的发展、科学的进步，人类对自然的驾驭能力不断加强，今天，书蠹、蚊子、大蚁、毒蛇，人们都可以有效防御甚至消灭。人工养殖的河豚味美无毒，温室里植物四季常青，张潮生活在今天，大概会少些遗憾。人类总是在不断发展，生命的意义就在于不断地追求。正因为人生有许多缺憾，才促使我们去奋斗，去改变。

世上何止此十恨，恨事千万。但应认识到存在是客观事实，不可能万事万物都如自己所想、所要的去发展演变。大自然的神秘未全部研究透彻，只要在自己的能力范围之内，把恨事变为喜事，亦无不可。反之，也不应有恨，不可有恨，有点遗憾是很正常的事。

楼上看山，月下看美人

【原文】 楼上看山，城头看雪，灯前看月，舟中看霞，月下看美人，另是一番情境。

【评语】 江允凝曰："黄山看云更佳。"

倪永清曰："做官时看进士，分金处看文人。"

毕右万曰："予每于雨后看柳，觉尘襟俱涤。"

尤谨庸曰："山上看雪，雪中看花，花中看美人亦可。"

【译文】 登上高楼观看山色，爬上城头观看雪景，在灯前赏月，在船中观看落霞，在月光下欣赏美人，又是一种情景和心境。

【评语译文】 江允凝说："在黄山观看云雾更加壮观。"

倪永清说："做官时看进士，在分配金钱时看文人。"（在做官和发财时刻看得最真。——注译者）

毕右万说："我每次在雨后观看柳树，顿时感到沾满尘土的衣服都被洗干净了。"

尤谨庸说："在山上观看雪景，在雪景中观看花儿，在鲜花中观看美人，也是一种胜景。"

【点评】 楼上看山，看得高；城头观雪，极目远望，一片白茫茫；灯前看月，灯光与月光相映成趣；舟中看霞光，水天一色，水映霞光，更见迷离；月下看美人，平添几分朦胧之美。由于选择了较佳的角度，便获得较好的审美效果。这很容易使人联想到苏轼的《题西林壁》"横看成岭侧成峰，远近高低各不同。不识庐山真面目，只缘身在此山中"。欣赏山景，站在不同的角度，便会有不同的观感。横看是绵延起伏的山脉，侧看是耸入云霄的高峰。而距离的远近，脚下地势的高低，景观也不尽相同。身在庐山之中，目睹一隅，自然难识其真正面目。由此可知欣赏山水和自然景色，需要一个角度。为人处事，也有一个角度问题。人们常说"当局者迷，旁观者清"便是这个道理。关键是人们要顾全大局，认清事物本质，不为物障，达到"山高岂碍白云飞，竹密何妨流水过"的境界。

"横看成岭侧成峰，远近高低各不同"，不同的位置，不同的角度即使观赏同一景物，感觉也不一样。做人做事只要注意换个角度，定会产生不一样的效果。

摄召魂梦　颠倒情思

【原文】 **山之光、水之声、月之色、花之香、文人之韵致、美人之姿态，皆无可名状、无可执著[①]，真足以摄召魂梦、颠倒情思。**

【评语】 **吴街南曰："以极有韵致之文人与极有姿态之美人共坐于山水花月间，不知此时魂梦何如？情思何如？"**

【注释】 ①执著：又做"执着"，原为佛教用语，指对某一事物坚持不弃，不能超脱，后来泛指固执或拘泥。

【译文】 高山的回光掠影，溪水的潺潺流声，月光的皎洁颜色，鲜花的沁人芳香，读书人的风雅情致，美人的千姿百态，都难以用语言表述、不可拘泥，真是能够使人神魂颠倒，忘乎所以。

【评语译文】 吴街南说："让极其风雅有情趣的读书人和极其有姿色神韵的美人共同坐在有山有水、有花有月之间，不知道这时你的魂魄怎样？情思怎样？"

【点评】 山光、水声、月色、花香，大自然神奇的造化，给人许多美的遐想；文人、美人，万物之灵中的佼佼者，文人的神韵气质、美人的婀娜姿态，总使人销魂落魄，心旷神怡。

山光富于变幻，水声、花香亦有多种，月色朦胧，文人的风神韵致与美人的姿态都是无法具体把握、不可名状的。唯其如此，人们更易于展开想象，对美的对象进行加工创造。又因为加工创造，更使人神往、仰慕。如写美人的"顾盼神飞"用"巧笑倩兮，美目盼兮"，"回眸一笑百媚生，六宫粉黛无颜色"，都是空灵出神，绝妙无穷。空灵往往给人似是而非，若有所得，又确乎没有得到，若有所悟，其实又没彻底领悟的感觉，山光、水声、月色、花香、文人之韵致、美人之姿态魅力正在于此。

作者没有将自己的理解诉诸文字强加读者，只是将这些事物罗列出来，给读者提供了广阔的想象空间。

山光、水声、月色、花香、文人之才思、美人之绝貌，极致而恰到好处的美是震撼人心的，不能刻意去描述，只有睡也傍之，梦也想之，才是对其最美好的赞叹。

假使梦能自主，虽千里无难命驾

【原文】 **假使梦能自主，虽千里无难命驾，可不羡长房[①]之缩地；死者可以晤对，可不需少君[②]之招魂；五岳可以卧游[③]，可不俟婚嫁之尽毕。**

【评语】 **黄九烟曰："予尝谓鬼有时胜于人，正以其能自主耳。"**

江含征曰："吾恐'上穷碧落下黄泉，两处茫茫皆不见'[④]也。"

张竹坡曰："梦魂能自主，则可一生死，通人鬼，真见道之言矣。"

【注释】 ①长房：费长房，汝南（今河南平舆北）人。东汉方士，曾为市掾。传说从卖药翁壶公入山学仙，未成辞归，翁给以竹杖和符。从此能医众病，鞭笞百鬼，驱使社公。据说他有缩地术，一日之间，能到达千里之外。后失其符，为众鬼所杀。见《后汉书·方术列传下》。②少君：李少君。西汉方士。据说有延年益寿之术，可以长生不老。见《史记·孝武本纪》。③五岳：指东岳泰山、西岳华山、南岳衡山、北岳恒山和中岳嵩山，是我国历史上的五大名山。卧游：原指以欣赏山水画代替游览，此处指睡梦中游玩。④"上

穷”句:见唐代白居易《长恨歌》。碧落:道家称天界为碧落。

【译文】 假如梦能够由自己主宰,虽然千里之遥也不难驱驾赶到,可以不羡慕费长房的缩地术;假如死去的人可以面对面地交谈,可以不需要李少君的招魂术;假如五岳可以在睡梦中游玩,那么不到婚嫁的时候都已游览完毕。

【评语译文】 黄九烟说:“我曾经说鬼有时比人强,就是因为它能够自己主使自己呀。”

江含征说:“这样的好事我恐怕‘上穷碧落下黄泉,两处茫茫皆不见’啊。”

张竹坡说:“在梦中的魂魄能够自己主使自己,就可以使生死不异,沟通人世和鬼蜮,真是达到道的最高境界啊。”

【点评】 人生有许多缺憾,而这些缺憾不是人们用主观意志就可以弥补的,其中生离死别就是人们黯然神伤之憾事。古代有“劝君更尽一杯酒,西出阳关无故人”“十年生死两茫茫,不思量,自难忘。千里孤坟,无处话凄凉。纵使相逢应不识,尘满面,鬓如霜。夜来幽梦忽还乡。小轩窗,正梳妆。相顾无言,唯有泪千行。料得年年肠断处,明月夜,短松岗”等绝唱。亲人、朋友千里相隔,交通不便,需时多日才能到达,这对于异乡为客、思乡欲归,或急于赶往远处的人,最是难熬,因此便有了“长房缩地”这一神话的产生。死者已去,但对生者,伤悼亲人的哀痛一时很难消除,“少君招魂”的神话应运而生。而遍游五岳,对古人来讲,更是一种奢望。蹇驴牛车,舟行徒步,耗资费时,所以只好卧以神游了。这样,千里之行可在刹那,遍观五岳可在瞬间。

可惜,这三件事在现实中是做不到的,是作者美好的设想。作者以此为憾,世上众生也永存遗恨。

假使毕竟是假使,这都只是一些一厢情愿的话,时间是公平的,不要那么多假使,抓紧有限的光阴,把自己的人生走得更好。

昭君以和亲而显,谓之不幸

【原文】 昭君以和亲而显,刘蕡[①]以下第而传,可谓之不幸,不可谓之缺陷。

【评语】 江含征曰:“若故折黄雀腿而后医之亦不可。”

尤悔庵曰:“不然,一老宫人,一低进士耳。”

【注释】 ①刘蕡:字去华。唐代昌平(今北京昌平)人。他在唐文宗太和二年应贤良对策,极言宦官祸国,考官害怕得罪宦官,不敢录取。同考的李郃说:“刘瀻不第,我辈登科,实厚颜矣!”令狐楚、牛僧儒都上书推荐蕡为幕府,授秘书郎。由于宦官诬陷,后贬为柳州司户参军。见《新唐书·艺文志·刘蕡策》一卷。

【译文】 王昭君因为和亲一事使名声显赫,刘蕡因为直言落第得以广为流传,可以说是他们的不幸,不能够说是他们的欠缺或不够完备的地方。

【评语译文】 江含征说:“假如故意折断黄雀的腿,然后再医治它,也是不可以的。”

尤悔庵说:“不对,假如他们不是因此而改变命运,一个不过是老死宫中的宫女,一个是地位很低的进士。”

【点评】 昭君出塞,在古代文学创作中,多赋予悲剧色彩,如《乐府诗集》所收《昭君怨》写到“翩翩之燕,远集西羌”,“父兮母兮,道里悠长。呜呼哀哉,忧心恻伤”。敦煌石室藏《王昭君变文》中说:“昭君一度登山,千回下泪。慈母今何在?”“遂使望断黄沙,悲

连紫塞，长辞赤县，永别神州。”元人马致远《汉宫秋》杂剧更为悲剧的绝唱，人所熟知，耳熟能详。无论是“永别神州”，不见慈母的悲哀，还是为国力衰弱、忍痛割爱的凄切，昭君在这些作品中都是悲剧的主角，是“不幸”的直接承担者，这也正是张潮所说的“可谓之不幸”。

唐代的刘蕡，在考试对策中，直言极谏，论宦官之祸，终为考官黜退不取。这对于以读书中举、做官显达为正途的文人来说，同样“可谓之不幸”。

昭君未能侍君而远嫁匈奴，刘蕡未及第而才能埋没，这些在当时看来都是不幸，可祸兮，福所倚；福兮，祸所伏。昭君以和亲而显贵，刘蕡的铮铮硬骨和浩然正气，也为世人所称道。他们的扬名后世、名存青史，同样是人们孜孜以求的。他们的“不幸”成就了他们的“圆满”，这就是不幸中之大幸，不可谓缺憾。

个人所遭遇的不幸，不能够说明他们自身的不完善。正是因为他们的不幸而成就了他们的英名，因为不幸他们有了动力，有了理想和意志以及空间。又怎能说是他们的缺陷？文王拘而演周易，仲尼厄而作春秋，左丘失明，著有国语，孙子膑脚，兵法修列。这些都是在不幸中干的大事，给后人留下了宝贵的知识财富。

以爱花之心爱美人

【原文】 以爱花之心爱美人，则领略自饶别趣；以爱美人之心爱花，则护惜倍有深情。

【评语】 冒辟疆曰：“能如此，方是真领略，真护惜也。”

张竹坡曰：“花与美人何幸遇此东君[①]。”

【注释】 ①东君：司春神。唐代成彦雄《柳枝词》之三：“东君爱惜与先春，草泽无人处也新。”

【译文】 用爱花的心去爱美人，那么自然感觉到别有韵味；用爱美人的心情去爱花，那么爱护惋惜的感情加倍深刻。

【评语译文】 冒辟疆说：“如果能够这样做，才是真正的理解，真正的爱护惋惜啊。”

张竹坡说：“鲜花和美人怎么会这么幸运地遇到如此体谅、如此呵护的司春神。”

【点评】 宋元以来，程朱理学为统治阶级推尊，遂成为一统天下的思想。他们主张存天理，灭人欲，非礼勿视，非礼勿听，非礼勿言，非礼勿行。到了明代中晚期，随着资本主义的萌芽，出现了新的社会倾向，好货好色作为个人的正常欲望，得到理论家的肯定，人们不仅讲美食，嗜茶酒，建园林，赏花草，甚至好女色、重情爱。这则文字所披露的思想，正是承此一脉而来。

作者既爱花草，又恋美人，并提出以爱悦花之心去怜惜美人，用爱美人之心去欣赏花的主张。由此可见，作者并不赞同放纵情欲。对美人的爱要像欣赏鲜花一样有内涵，有情趣，侧重精神上的愉悦。对花，不仅要将它作为美的欣赏对象，还要在其中寄托情思，对花的喜欢就会更深情。这与他“花即美人”的主张是一致的。古今中外的文学作品，都将花与美人有机连在一起。娇媚艳丽的花与光彩照人的美人都是生活中亮丽的风景，为人平添诸多美丽与妙趣。

爱花与爱美人之心，同样是爱，心情不一。爱花是一种高雅的兴趣，是一种持久而稳定但不着目的的喜欢。爱美人是一种欣赏，表现为热烈奔放、忘我的精神，但易来去匆

匆,不长久。看这两种爱美之心互换,爱美人长久稳定,爱护花木,珍惜家园不也很好吗?

美人之胜于花者

【原文】 美人之胜于花者,解语[①]也;花之胜于美人者,生香也。二者不可得兼,舍生香而取解语者也。

【评语】 王勿翦曰:"飞燕[②]吹气若兰,合德[③]体自生香,薛瑶英[④]肌肉皆香,则美人又何尝不生香也。"

【注释】 ①解语:懂得理解话语。五代后周王仁裕《开元天宝遗事·解语花》:"明皇秋八月,太液池有千叶白莲数枝盛开,帝与贵戚宴赏焉。左右皆叹羡久之,帝指贵妃示于左右曰:'争如我解语花?'"后以"解语花"比喻美人。②飞燕:赵飞燕。汉成帝宫人,先为婕妤,后立为皇后。初学歌舞,以体态轻盈,故称"色燕"。《飞燕外传》:"幼聪悟。家有彭祖分脈之书,善行气术。长而纤便轻细,举止翩然,人谓之'飞燕'。"③合德:赵合德,即赵昭仪。赵飞燕妹妹。与赵飞燕专宠十余年,后自杀。汉成帝曾说:"后虽有异香,不若婕妤体自香也。"④薛瑶英:唐代元载宠姬。幼时,她母亲赵娟让她饮食异香。长大后肌肤生香,体态轻盈,尤擅歌舞。

【译文】 漂亮的人儿能够超过美丽的鲜花是因为她们通解语言;美丽的鲜花能够胜过漂亮的人儿,就在于它们散发出芳香。通解语言和散发芳香二者不可能同时具备,应该舍弃芳香、求取通解语言啊。

【评语译文】 王勿翦说:"赵飞燕吐出的气息像兰花般清香,赵合德体内自然生出芳香,薛瑶英肌肤都是香的,所以漂亮的人儿怎么会不生发香气呢。"

【点评】 "鱼我所欲也,熊掌亦我所欲也,二者不可得兼,舍鱼而取熊掌者也。"鲜花与美人,更加如此。鲜花生香为人喜欢,美人解语更为重要。人们在观赏鲜花时聊发闲情逸致,但花只给人美的享受,终不解人意,更不会与人进行情感交流。而当夜深孤寂时,解语美人会给人温馨与抚慰;当悲伤失望时,解语美人会给人劝解与宽慰;当遭受挫折、壮志难酬之际,解语美人会给人带来鼓励。所以,作者说,鲜花与美人不可兼得,愿舍鲜花而取美人。

明末清初,人们欣赏美人、热爱花草,作者将二者进行形象比较,得出结论。由此可见,人们之间心有灵犀的思想、情感交流仍是第一位的。

有解语美人相伴左右,实乃人生一大乐事,人们要进行心灵交流,当然以相互理解、互相尊重、情投意合为前提。要是河东狮子吼于耳畔,倒不如以鲜花为伴,梅妻鹤子。

孟轲有感:"鱼,我所欲也;熊掌,亦我所欲也。二者不可得兼,舍鱼而取熊掌者也。生,亦我所欲也;义,亦我所欲也。二者不可得兼,舍生而取义者也。"两样美好的事物如果不能同时拥有,只能选其一,那就只好舍弃鲜花而追美人了。

窗内人于窗纸上作字

【原文】 窗内人于窗纸上作字,吾于窗外观之极佳。

【评语】 江含征曰:"若索债人于窗外纸上画,吾且望之却走矣。"

【译文】 窗户里边的人在窗纸上写字,我在窗外观看感到特别漂亮。

【评语译文】 江含征说:"假如讨债的人在窗户外边的纸上画画,我看见他就会马上

逃走。”

【点评】 这则文字的妙处在于它本身即构成一幅生动的画面:一所旧式老房,木格窗子。窗棂上糊着素纸,一个人在室内窗前就素纸上挥毫泼墨;室外,又一个人在悄然观瞧,看到妙处,情不自禁手舞足蹈。

室内人煞有介事,室外人隔着窗户,静心旁观,看到妙处自会浮想联翩,增加了审美情趣。

这观字之人定然是一闲适文人,善于捕捉生活中的闲趣。若是一介农夫,肯定无暇欣赏室内人的写字景况。当然,也与他看到的内容有关,若看到追索债务之人在室内写字,想必他也会逃之夭夭。

人的内心活动,经常表现在其外部表情和行动上,观察一个人的外部形态,也可推知其心灵之一二。

人生与读书

【原文】 少年读书如隙中窥月,中年读书如庭中望月,老年读书如台上玩月,皆以阅历之浅深为所得之浅深耳。

【评语】 黄交三曰:“真能知读书痛痒者也。”

张竹坡曰:“吾叔此论直置身广寒宫[①]里,下视大千世界[②]皆清光似水矣。”

毕右万曰:“吾以为学道亦有浅深之别。”

【注释】 ①广寒宫:月宫。②大千世界:泛指整个人间社会。为“三千大千世界”的简称。以须弥山为中心,以铁围山为外郭,是一小世界。一千个小世界合起来就是小千世界,一千个小千世界合起来就是中千世界,一千个中千世界合起来就是大千世界。

【译文】 少年时读书像从缝隙处偷偷地窥视月亮,中年时读书像在庭院中观赏月亮,老年时读书像在楼台上琢磨体味月亮。这都是根据一个人阅历的深浅决定从书中得到的深浅。(即博大精深。)

【评语译文】 黄交三说:“真是一位能够了解读书精华所在的人啊。”

张竹坡说:“我的长辈这番议论简直像处身在广寒宫中,向下俯瞰整个芸芸众生世界,就像水一样清澈透明。”

毕右万说:“我认为学习天道也有浅和深的区别。”

【点评】 任何书本文字都是人类文化知识的结晶,是作者对社会、自然、人生领悟的总结。而读书可开阔视野,陶冶性情,从书本上汲取营养,掌握知识技能,为立足社会做准备。丰富的人生阅历对作者对读者都是至关重要的。不同的人生阶段,对事物的理解、感受是截然不同的。

所谓“隙中窥月”“庭中望月”“台上玩月”形象说明了读书的三种境界。随着人生阅历的不断丰富,读书的境界会愈来愈高。少年时,阅历尚浅,领悟能力有限,其读书,多就字面作解,恰如缝中窥月;到了中年,有了相当的阅历,其读书,可触类旁通,举一反三,如庭中望月,既见月轮,又见光华;人生也是一部书,老年人经历了人生的酸甜苦辣,其读书,不仅能解字外寓意,甚至对书本的理解,多超乎作者的命意,恰似月台观月,从容潇洒,所见至广。

这则文字只是泛泛而论。人的经验,有的得之于人生经历,更多则来自书本,生有涯

而书海无涯，博览群书也是获取较人生阅历更丰富知识的有效途径。

读书需要积累，阅历也需要积累，读书是学习知识，阅历是不断总结经验得来的，吸取教训也是对知识的丰富。故少年如窥月，中年如望月，老年如赏月，随着阅历的增长，其对事物的认识便会更深更精。

致书雨师

【原文】 吾欲致书雨师[①]：春雨宜始于上元节后（观灯已毕），至清明十日前之内（雨止桃开），及谷雨节中。夏雨宜于每月上弦之前及下弦之后（免碍于月）[②]。秋雨宜于孟秋季秋之上下二旬[③]（八月为玩月胜境）。至若三冬[④]，正可不必雨也。

【评语】 孔东塘曰："君若果有此牍，吾愿作致书邮也。"

余生生曰："使天而雨粟，虽自元旦雨至除夕亦未为不可。"

张竹坡曰："此书独不可致于巫山雨师[⑤]。"

【注释】 ①雨师：古代神话中司雨之神。②上弦：指夏历每月初八九的月相。《诗·小雅·天保》："如月之恒。"孔颖达疏："八日九日，大率月体正半，昏而中，似弓之张而弦直，谓上弦也。"下弦：夏历每月二十二三日，因月相如弓而得名。③孟秋：秋季的第一个月。季秋：秋季的最后一个月。④三冬：指冬季的三个月，即冬季。⑤巫山雨师：指巫山神女。据《文选·宋玉〈高唐赋序〉》记载，楚襄王与宋玉游云梦台馆，望高唐宫观，言先王（怀王）梦与巫山神女相会。神女辞别时说："妾在巫山之阳，高丘之阻。旦为朝云，暮为行雨。朝朝暮暮，阳台之下。"后称男女幽会为巫山云雨，高唐、阳台，皆本此。

【译文】 我想给司雨的神写信：春天的雨适宜在元宵节过后（观赏彩灯已结束），到清明节前10天之间下（春雨停止，桃花开了），或者谷雨节时也可以。夏天的雨适宜在夏季每月初八九日之前，或者每月二十二三日之后下（免得妨碍观赏月亮）。秋天的雨适宜在秋季的第一个月的上旬和下旬、秋季最后一个月的上旬和下旬（八月是观赏月色的最好时辰）。到了冬季的三个月，正好不需要下雨了。

【评语译文】 孔东塘说："张先生假如真写了这封书信，我情愿做一个传递书信的人。"

余生生说："假如让天上下粮食雨，从元旦下到除夕也没有不可以的。"

张竹坡说："这封信只不能寄给巫山神女。"

【点评】 花好月圆是人间美景。然花开月出有时而落雨无常。花好月圆常因阴雨或遭摧折或被遮不显，这对嗜好赏花玩月的有闲者来说，确实大煞风景，此即本则文字立意的出发点。

作者说，上元节为观灯之日，清明前后桃花盛开，这是春季中两大盛事，不可下雨。夏季的雨应在上弦之前或下弦以后，不可耽误赏月良机。秋季三月，仲秋为观月最佳时机，不可下雨。至于冬季，气候阴寒，会下雪，当不必下雨了。

这诸多想法，都从自己赏花玩月的角度出发，实乃一厢情愿。表现了作者的闲情及对劳动者的隔膜。上天是不以人的意志为转移的，大自然对人仍有不小的威慑力。田野干旱，百姓当然祈盼有"及时雨"而不去在乎花月。若余生生云："使天而雨粟，虽自元旦雨至除夕，亦未为不可。"若天能雨粟，百姓也要像张潮那样抒发雅兴了。

雨与不雨，不能全凭一己所愿。农民希望按时令下雨，以利庄稼生长；游人根据出

行、观景来希望下雨，以利观赏景物。但大自然是不以人们的意愿为转移的，否则，那就不是自然了。

浊富不若清贫

【原文】 为浊富不若为清贫，以忧生不若以乐死。

【评语】 李圣许曰："顺理而生，虽忧不忧；逆理而死，虽乐不乐。"

吴野人曰："我宁愿为浊富。"

张竹坡曰："我愿太奢，欲为清富，焉能遂愿？"

【译文】 做一个混混浊浊的富人，不如做一个清清白白的穷人；因忧愁而生存，不如因快乐而死去。

【评语译文】 李圣许说："顺应天理生活，虽然有忧愁却不感到忧愁；违逆天理而死，虽然快乐却不是真正的快乐。"

吴野人说："我宁愿做一个混浊的富人。"

张竹坡说："我希望享受，想做一个清白富有的人，怎样才能实现愿望呢？"

【点评】 人生在世，若真正看破了苦乐、生死、名利三关，便获得了解脱。但芸芸众生，有几人能清心寡欲，得以超脱？应采取什么样的人生态度，这是一个值得思考的问题。这则文字就贫与富、生与死发表的看法，就是传统人生价值观的具体体现。

所谓"为浊富不若为清贫"是讲不义而富，不若清贫而保有节操。《论语·述而》中说"不义而富且贵，于我如浮云"，古人鄙视为富不仁者，讲究"君子重财，取之有道"。《百喻经》上云："夫富贵者，求时甚苦；既获得已，守护亦苦；后还失之，忧念复苦。于三时中，都无有乐。"所以佛家教化众生：宁可清贫自乐，不作浊富多忧。所谓"以忧生不若以乐死"，则是说人生要快乐达观，而不要悲观消沉。终日忧伤、郁闷，为烦恼而困惑，则失去了生命的意义。人命无常呼吸间，人生在世，要达观生活，抱着"随缘消旧业"的态度，遭受挫折、身处逆境时，要泰然处之，战胜自己，消除障碍，创造出生命的辉煌。

为富为贫均应清正高洁，心怀一片爱心，有一颗美好的心灵，这样富或贫的生活都必是快乐的。不一定富人就肮脏污浊，穷人就清白无污。

只要生存下来，就说明你仍有面对生活的勇气，这样总比死了强。忧国、忧民，甚至忧己身都没错，没忧哪来的解决问题的办法。

天下惟鬼最富最尊

【原文】 天下惟鬼最富，生前囊无一文，死后每饶楮镪[1]；天下惟鬼最尊，生前或受欺凌，死后必多跪拜。

【评语】 吴野人曰："世于贫士辄目为穷鬼，则又何也？"

陈康畴曰："穷鬼若死即并称尊矣。"

【注释】 ①楮镪：祭祀时焚化的纸钱。

【译文】 天下唯鬼最富有，活着时口袋中没有一文钱，死后每次祭祀时能赚到很多纸钱；天下只有鬼最受尊崇，活在人世上不时受欺负凌辱，死了之后一定受到无数的叩跪礼拜。

【评语译文】 吴野人说："世上的人们常常把贫穷的读书人看作穷鬼，这又是为什

么呢?"

陈康畴说:"这些贫穷的读书人如果死了,立即被称道尊敬。"

【点评】 这则文字以人的生前身后遭遇处境的巨大反差,对世俗愚昧进行了辛辣调侃,对世态炎凉、人情冷暖做了犀利指责。

红尘俗世,偏多这样的现象:腰缠万贯,拔一毛济天下而不为,却愿捐重资以修寺观,以求来世更加富贵;见有人啼饥号寒而不顾,却出重金办道场以超度亡灵。一人生前,或穷困潦倒举步维艰而得不到济助,或贫贱位低而受人冷眼欺凌,但死后,祭奠者有之,跪拜者有之,灵位前,坟茔前,香烟缭绕,纸钱飘飘。

敬鬼是惧鬼来"作祟",祈求神鬼保祐,用意昭然。神鬼无灵,若九泉有知,当不会健忘其生前所受诸苦。而豪横者欺人自乐,富有者见贫不施,却望被欺受贫者死后佑之,这也太过愚蠢!敬鬼神不若修人事,奉劝世人多些侠肝义胆,多些仁爱之心,扶弱济困,积善利众,自会福寿绵绵。

不求死后闻达,但求生前清白。人鬼殊途,怎可以你穷我富、你尊我耻呢?最重要的是为人者需厚爱人生。

蝶为才子之化身

【原文】 **蝶为才子之化身,花乃美人之别号。**

【评语】 **张竹坡曰:"蝶入花房香满衣,是反以金屋贮才子[①]矣。"**

【注释】 ①金屋贮才子:古代有"金屋贮娇"的典故。据说汉武帝刘彻封胶东王时曾表示若得阿娇为妇,定建金屋让她居住。这里是戏用此典。

【译文】 蝴蝶是才子变成的,花儿是美人的另一种称号。

【评语译文】 张竹坡说:"蝴蝶飞入花房中浑身沾满芳香,这样反而是金屋藏才子了。"

【点评】 每当风和日丽时,人们可经常看到蝴蝶在百花丛中翩翩起舞,那轻盈的舞姿,那怡然自得的神态,着实令人喜爱。美丽而悠闲自在的蝴蝶与花为伴。这种可爱的小精灵总让人想起风流潇洒的才子。才子颇具灵性,才华横溢,风流不羁,才子尤爱美人。才子与蝴蝶有着相近的特性,所以说,蝶为多情才子之化身。

花是大自然里的精华。花艳丽、多姿、娇美、芳香,招蜂引蝶。鲜花的这般特性惟美人近似。自古以来,描写美人多用鲜花形容,可知以花代美人,以花为美人之别号是自然而然的。

蝴蝶、鲜花、才子、美人,蝴蝶比才子,鲜花喻美人,绝妙的比拟。但事物固然美好,却要百倍珍惜,才能长久。

因雪想高士,因花想美人

【原文】 **因雪想高士,因花想美人,因酒想侠客,因月想好友,因山水想得意诗文。**

【评语】 **弟木山曰:"余每见人一长一技,即思效之,虽至琐屑亦不厌也,大约是爱博而情不专。"**

张竹坡曰:"多情语令人泣下。"

尤谨庸曰:"因得意诗文想心斋矣。"

李季子曰："此善于设想者。"

陆云士曰："临川[①]谓：'想内成，因中见。'与此相发。"

【注释】 ①临川：汤显祖，字义仍，临川（今属江西）人。明代戏曲作家、文学家。著名作品有《牡丹亭》《南柯记》《邯郸记》等。

【译文】 因为雪的洁白而思念高洁志士，因为花的美丽而思念漂亮的人儿，因为酒而想到豪爽的侠义之士，因为皎洁的月色而思念真心的朋友，因为高山秀水而思想称心如意的诗词文章。

【评语译文】 弟木山说："我每当见到别人有一特长或一技艺，就想立刻仿效，虽然到了烦琐细微的地步也不厌烦，大概是喜爱博览致使感情不能专一。"

张竹坡说："这些多情的话让人落泪。"

尤谨庸说："因为称心如意的诗词文章而想念心斋啊。"

李季子说："心斋是个善于想象的人。"

陆云士说："汤显祖说：'内心思想而成为形象，因此好像眼前看到一样。'同这些话相互生发。"

【点评】 艺术家有极丰富的形象思维能力。人与物、物与物两者若有一定的联系、相近的特征、本质上相似，很容易引发他们联想。这则文字由雪、花、酒、月、山水分别联想到高士、美人、侠客、好友、得意诗文，正在于他们彼此之间有割舍不断的关系与相通的特性。

雪高洁纯净，与隐居避世不与浊世同流合污的高士相通；鲜花娇艳美丽，恰如秀媚绝妙之美人；酒使人想起豪气冲天、仗义执言、侠肝义胆、扶弱济困的侠士；皎洁月光令人想起身处两地的好友；名山胜水本身是天工巧构之杰作，充满诗情画意，置身山水间总使人想起文人墨客巧夺天工的神来之笔。

正因有了这样的联想，生活就多了些情调与妙趣。这种联想非张潮独创，也为多人言及，也许是约定俗成吧，这些联想颇具经典意味，令人把玩不已。

借景抒情，托物言志。因雪的洁白无瑕，想到与世无争的高人隐士；因酒的浓烈，想到性情豪爽的侠士；因月的皎洁，想到知己友人；因山水的美丽，想到得意诗文。物性与人性相通，不过人却可以通过自身努力，使自己人生的性格品质更上一层楼。

闻声如境

【原文】 闻鹅声如在白门[①]，闻橹声如在三吴[②]，闻滩声如在浙江，闻骡马项下铃铎声如在长安[③]道上。

【评语】 聂晋人曰："南无观世音菩萨摩诃萨[④]。"

倪永清曰："众音寂灭时，又作么生[⑤]话会。"

【注释】 ①白门：南京的别称。②三吴：古地名。有四解：一曰吴郡、吴兴、会稽；一曰吴郡、吴兴、丹阳；一曰苏州、常州、湖州；一曰苏州、润州、湖州。③长安：即今陕西西安。④南无：一种梵文音译。意为"归敬""归命""敬礼"。佛教徒常用来加在佛、菩萨或经典题名之前，表示对佛、法的尊敬和虔诚。观世音：又作观音。因唐人避"世"字讳，略称观音。佛教大乘菩萨之一。摩诃萨：一种梵文音译，应为菩提萨埵，意译即"上求菩提（觉悟），下化有情众生"的人。⑤作么生：口语，怎么样，做什么。

【译文】 听到鹅的叫声恍如在南京城中，听到摇橹的声音好像在三吴之境，听到水激滩石发出的声音好像在浙江，听到骡马脖子下边的铃铛声好像置身在长安的驿道上。

【评语译文】 聂晋人说："归敬观世音菩萨发大善心的人。"

傀永清说："当众多的声音平息消逝时，又用什么样的话作答。"

【点评】 与上则文字一样，这则文字亦属于联想一类。金陵多鹅；三吴水乡舟多；浙江有钱塘江潮，涛击滩头；长安古道以骡马为主要交通工具。于是，鹅声、小舟欸乃声、涛击滩头声、骡马铃铛声也分别成为白门、三吴、浙江、长安道上各自独特而又显著的景观，好像成了它们各自的象征。而无论有无到过这些地方，是否身在其地，一旦这些声音传入耳中，就能联想到这些声音发生的典型环境，并会有身临其境之感。记得有人说过，感人的歌声留给人的记忆是长远的。听到某首老歌时，我们便会闻声忆旧，往昔的诸多美好情形会浮现在脑海里，从而带来情感上的愉悦。现代医疗上运用联觉的特点为患者进行治疗。通过视觉与听觉之间的联觉关系，产生概念，进而形成联想，展现出五彩缤纷的世界。也就是说，作曲家将客观事物的形象转化为音乐——把视觉形象转化为听觉形象，而音乐的接受者则是把听觉得到的音响再转化回到视觉形象（客观事物形象）中去。这种联想成果对疾病的治疗与心身健康起着积极作用。

听声就要听大自然中一切与之和谐的声音，这就需要人类爱护、保护大自然，人们便能快乐地生活在美丽、和平、绿色的地球之上。

一岁诸节，以上元为第一

【原文】 一岁诸节，以上元为第一，中秋次之，五日①、九日②又次之。

【评语】 张竹坡曰："一岁当以我畅意日为佳节。"

顾天石曰："跻上元于中秋之上，未免尚耽③绮习。"

【注释】 ①五日：指阴历五月初五端午节。②九日：指阴历九月初九重阳节。③耽：沉溺。

【译文】 一年中的几种节日，把元宵节列为第一，中秋节排在第二，端午节、重阳节依次再往后排。

【评语译文】 张竹坡说："一年中应当把我心情舒畅、意气通达的日子作为最好的节日。"

顾天石说："把元宵节放在中秋节的上面，不免尚有沉溺绮靡的习气。"

【点评】 一年之中有许多节日，节日又有大小之别。而何者为大，何者为小，哪些节日在人们心目中更受重视，由诸多方面因素决定，但其表现却只有一点：约定俗成。如以春节为一年最隆重的节日，普天同庆，在中华民族，几无例外。具体到不同的阶层、不同的个人，则对节日的感受各有区别。如每个人有自己的具体爱好，文人、商人、军人各有自己的审美倾向，这样，形式上的隆重与否与个人心中的分量轻重便出现不一致的情况。张潮这里对一年诸节的次序排列，便首先是他内心对诸节日不同地位的具体评价。

上元节为民俗颇为看重的一个节日，闹花灯是当夜最大的节目。词人辛弃疾《青玉案·元夕》具体描写了观灯盛况。就气氛的热闹言，它较春节有过之而无不及，推此节为第一，不无道理。中秋月圆，取其圆满之意，传说为合家团圆的日子。此夜以赏月为主要节目。据南宋孟元老《东京梦华录》载："中秋夜，贵家结饰台榭，民间争占酒楼玩月。"明

人田汝成《西湖游览志余》载："是夕，人家有赏月之燕，或携榼湖船，沿游彻晓。苏堤之上，联袂踏歌，无异白日。"可见古来中秋赏月风气之盛。以中秋排第二，也有其根据。端午节无论是祭祀屈原还是其他，节日里赛龙舟、食粽子、饮雄黄酒、挂香袋、戴荷包、插菖蒲、斗百草及采药等诸多活动，可谓丰富多彩；重阳节登高野游、赏菊、放风筝、佩茱萸、食蓬耳、饮菊花酒，如同端午具有意趣，也都带点神话浪漫的色彩，将此二节排在中秋之后，列于三、四位次，也在情理之中。张潮在一年诸多节日中独选此四节，自是出于他情有独钟；另方面，也确实是基于民俗习惯，代表了众人的看法。

佳节需要心情来陪衬。若没有好的心情，心忧衣食住行、上下关系、子女事业，再好的佳节也没有什么好过的。若是心绪好，每天愉悦，那每天即是佳节。所以节日好不如心情好。

雨之为物

【原文】　雨之为物，能令昼短，能令夜长。

【评语】　张竹坡曰："雨之为物，能令天闭眼，能令地生毛，能为水国广封疆。"

【译文】　雨这个东西，能够使白天变短，能够使黑夜变长。

【评语译文】　张竹坡说："雨这个东西，能够让上天闭上眼睛，能够使地上长出长毛，能够把大地变成水泽，使疆域扩大。"

【点评】　雨天天亮晚而天黑早，作为一种自然现象在今天看来，很容易理解，也不足挂齿，因为它并没有给人的工作、生活带来太多的不便。但在尚未用电照明的古代，情形就大不一样了。因为下雨阴暗，白昼变短，许多工作受时间限制无法继续，再者下雨天，人们精神状态不及阳光明媚的晴天，容易昏昏欲睡，这些都影响到人们的生活。

张潮对这一现象如此重视，将它专门拈出，正说明它在当时非一般及对当时人们生活所产生的重要影响。

雨作为自然界的一种自然现象，可以润物，可在暑中消温，却也可诱发洪水，有利有弊。可遮天蔽日，却使白日缩短，夜间延长。雨之为物，有善雨、恶雨，正如世上有好人、坏人一样。

古之不传于今者

【原文】　古之不传于今者，啸也、剑术也、弹棋[1]也、打球[2]也。

【评语】　黄九烟曰："古之绝胜于今者，官妓、女道士也。"

张竹坡曰："今之绝胜于古者，能吏也、猾棍也、无耻也。"

庞天池曰："今之必不能传于后者，八股[3]也。"

【注释】　①弹棋：也作"弹棊""弹碁"。古代博戏之一。《后汉书·梁冀传》："（梁冀）性嗜酒，能挽满、弹棊、格五、六博、蹴鞠、意钱之戏。"李贤注引《艺经》："弹棋，两人对局，白黑棋各六枚，先列棋相当，更先弹之。其局以石为之。"至魏改用十六棋，唐又增为二十四棋，宋代失传。②球：即鞠。古代习武、游戏之具。《汉书·枚乘传》颜师古注："鞠，以韦为之，中实以物；蹴蹋为戏乐也。"③八股：明清科举考试的文体之一。八股文以四书的内容作题目，文章发端为破题、承题，后为起讲。由于其体式限制，影响自由发挥，被视为封建统治者扼杀人才、统治思想的工具。

【译文】 古代没有流传到现代东西，有撮口发出清越的长啸、击剑之术、弹棋、打球。

【评语译文】 黄九烟说："古代绝对胜过现在的东西是官妓、女道士。"

张竹坡说："现代绝对胜过古代的东西是能干的吏员、狡诈的恶棍、无耻之徒。"

庞天池说："现代一不能流传后代的东西是八股文。"

【点评】 物竞天择，适者生存，按进化论的理论讲，优胜劣汰，人、物皆然。从文化艺术的承传、发展来讲，文化艺术总是在汲取前人成果的基础上，不断更新、不断嬗变，有的东西在今天其原始形式已不能再见，它或化为营养，滋生了新的形式；或变革改进，成了另一种东西，作为一种文化积淀，已经永生。也正因为有了啸、剑术、弹棋、打球的存在，今天的声乐、剑术、棋类、球类才愈见高超、发达。所以，张潮这里所说的"不传"纵然是事实，却未道中根本。在他作为古人，不懂得事物发展的客观规律，不懂得事物内部演进的固有特质，我们不必做过多的苛求。

古代的优良文化传统、精湛的技术工艺能流传下来，想必是现代所需要的，随着时代的进步，社会上的文化、技术也不断更新换代，历史上的一些不为人们接受的东西自然要被淘汰，不必为之惋惜。

道士之能诗者，不啻空谷足音

【原文】 诗僧时复有之，若道士之能诗者，不啻空谷足音，何也？

【评语】 毕右万曰："僧道能诗亦非难事，但惜僧道不知禅元[①]耳。"

顾天石曰："道于三教[②]中原属第三，应是根器[③]最钝人做，那得会诗？轩辕弥明[④]，昌黎[⑤]寓言耳。"

尤谨庸曰："僧家势利第一，能诗次之。"

倪永清曰："我所恨者，辟谷[⑥]之法不传。"

【注释】 ①禅元：宗教的本原。②三教：指儒、道、佛三教。《北史·周高祖纪》："帝升高座，辨释三教先后。以儒教为先，道教次之，佛教为后。"③根器：佛教语。指人的禀赋、气质。④轩辕弥明：唐代韩愈《石鼎联句诗》中虚构的衡山道士，能诗。⑤昌黎：韩愈，字退之，河阳（今河南孟州市南）人。祖籍昌黎，世称韩昌黎。唐代著名思想家、文学家。"唐宋八大家"之首，古文运动的倡导者。有《昌黎先生集》。⑥辟谷：古称行导引之术，不食五谷，可以长生。道家方士，乃附会为神仙入道之术。

【译文】 会作诗的僧人不时地还有所出现，像道士能够作诗的，就像荒无人烟的山谷中听到了脚步声那样极其难得。这是为什么？

【评语译文】 毕右万说："僧人和道士能够作诗也并非困难的事情，只可惜僧人和道士并不懂得宗教的本原。"

顾天石说："道士在儒、道、佛三教中原来属于第三位，应该是禀赋最迟钝的人去做的，哪里会作诗？像轩辕弥明这种会作诗的道士，只是韩愈作品中虚构的人物罢了。"

尤谨庸说："僧人把势和利放在第一位，能够作诗则在次要的地位。"

倪永清说："我所以痛恨的是道家的辟谷这一修仙之术没有流传下来。"

【点评】 "诗僧时复有之"，这是事实；"道士之能诗者，不啻空谷足音"，却有违事实，在古代典籍中，道士诗并不少见，历代都有，唯与诗僧诗相较，道士显得量少质差。

在我们看来，僧、道诗相比较，问题质量悬殊。僧诗不乏佳作，而道士诗能稍有称道

者，已是“空谷足音”，为什么会出现这种情况？这主要与释道二家的特质有关。佛教传入中国后，在中国产生一个佛教宗派——禅宗。禅，表现在艺术上，是既具象又抽象；表现在文学上，更是既写实又超脱。诗与禅不乏相通之处，都讲究内心体验，都注重启示与象喻，都以追求言外之意为旨归，禅便影响了诗歌创作。“学诗浑似学参禅”，诗人以诗的形式参禅谈玄。“诗为禅客添花锦，禅是诗家切玉刀。”在古代诗歌史上，不仅尘俗诗人以诗表现禅趣、揭示禅理，更有大量僧人借谈禅或抒写其人生体验。诗僧不少见。道教经典中固不乏与文艺理论相关的内容，但其更注重的是清修或从事斋醮活动，追求长生不老，它与音乐或许有更多的因缘，与诗歌，则缺少沟通基础。因此，道士为诗者少，其诗作缺少韵味、意象，不为人称道，实属必然。

不论僧人还是道士，要想成为一名诗人、文学家，他必须具备一定的条件。僧人从各方面来讲距离诗的环境较道士为近，应该是具备了这种条件，再通过个人努力，就可写出许多好诗来。

花中之萱草，鸟中之杜鹃

【原文】 **当为花中之萱草①，毋为鸟中之杜鹃②。**

【评语】 **袁翔甫补评曰：“萱草忘忧，杜鹃啼血。”③**

【注释】 ①萱草：又名鹿葱、忘忧、宜男、金针花。三国魏嵇康《养生论》：“合欢蠲忿，萱草忘忧，愚智所共知也。”②杜鹃：鸟名。又作杜宇、子规、鶗鴂等。相传为古蜀王杜宇之魂所化。白居易《琵琶引》：“其间旦暮闻何物？杜鹃啼血猿哀鸣。”③此则评语据《啸园丛书》本补。

【译文】 应当做花中使人忘忧的萱草，不要做鸟类中悲鸣啼泣的杜鹃。

【评语译文】 袁翔甫补评说：“萱草可以忘忧，杜鹃悲怨啼血。”

【点评】 人有许多生存的痛苦和无奈，忧愁总是人们难以回避的生活阴影。特别是在封建专制时代，人们或以政治高压有履冰之危，或以人情浅薄、世态险恶而生恐忧之心。忧愁之多，令人有如重负在身，心力交瘁。而解脱苦境，从忧虑之中走出，为人们神往心驰。萱草，又名忘忧，传说能解人忧愁，于是，种植此花，成了罹忧者的理想寄托；而吟咏此花，成了诗人企图排解忧愁的一种途径。张潮所说的“当为花中之萱草”表达人们的共同心声：过一种无忧无虑的自在生活。

张潮所以说不做鸟中杜鹃，缘于杜鹃恰与萱草相反。萱草使人忘忧，杜鹃则增人哀感。据《文选·蜀都赋》刘渊林注引《蜀记》：“昔有人姓杜名字，王蜀，号曰望帝。宇死，俗说云：宇化为子规。子规，鸟名也。蜀人闻子规鸣，皆曰：望帝也。”又《尔雅翼·释鸟二》说：“子嶲出蜀中，今所在有之，其大如鸠。以春分先鸣，至夏尤甚，日夜号深林中，口为流血。”杜鹃啼声，在历代诗人的笔下，都是一种哀愁凄楚的意象。如唐代诗人杜甫《杜鹃》中说：“杜鹃暮春至，哀哀叫其间。”吴融《子规》诗中说：“他山叫处花成血，旧苑春来草似烟。……湘江日暮声凄切，愁杀行人归去船。”宋词人辛弃疾《定风波·百紫千红过了春》词中说：“百紫千红过了春，杜鹃声苦不堪闻。”子夜鹃啼令人增忧，正是“毋为鸟中之杜鹃”的命意所在。

萱草虽然在花丛中显得微小，但同样供人观赏，给人以美的享受。杜鹃在鸟类中虽有一席之地，但其声如啼，给人以心酸悲伤的感觉。所以宁做让人感到愉悦的萱草而不

愿为让人心愁的杜鹃鸟。

物之稚者，惟驴独厌

【原文】 物之稚者皆不可厌，惟驴独否。

【评语】 黄略似曰："物之老者皆可厌，惟松与梅则否。"

倪永清曰："惟癖于驴者则不厌之。"

【译文】 物类在幼小的时候都不让人感到厌恶，只有驴单独除外。

【评语译文】 黄略似说："物类到老了以后都让人讨厌，只有松树和梅树除外。"

倪永清说："只有对驴有癖好的人才不讨厌它。"

【点评】 在中国古代，驴不仅是人们主要的生产工具，还是重要的交通工具。但驴为人所用却不讨人喜爱。俗话有驴头驴脸、蠢笨如驴、驴脾气、驴不知自丑等说法，都表明了这种倾向。十二生肖没有驴，若称人属驴，则为詈词。

出现这种情况，大概与驴的生相、习惯有关。驴脸长而丑，驴笨而缺少灵气，性情倔强固执。又与民俗禁忌不无关系，如安徽一带，忌讳夜间驴叫，以为是将有灾病的征兆。《广阳杂记》中说："驴叫似哭，马嘶如笑。"可见驴鸣深为人所厌闻。

由此我们可想到，为人有各种风格，不可强求一律，然而陋习与缺点则当克服，"驴脾气"要不得，不然，驴的遭遇，在所难免。而用人者切忌以貌取人，更不可"卸磨杀驴"。

幼小稚嫩的生物，因其纯洁、稚嫩，易引起人们关爱之心，乖巧的形象、怜人的模样无不让人产生怜惜之情，因它们幼小而想保护它们，怎会讨厌？幼驴同样也是这样，为什么"惟驴独否"？是它们长得不漂亮吗？实是一种偏见。

耳闻不如目见

【原文】 女子自十四五岁至二十四五岁，此十年中无论燕、秦、吴、越[①]，其音大都娇媚动人，一睹其貌，则美恶判然矣。耳闻不如目见，于此益信。

【评语】 吴听翁曰："我向以耳根之有余，补目力之不足，今读此乃知卿言亦复佳也。"

江含征曰："帘为妓衣，亦殊有见。"

张竹坡曰："家有少年丑婢者，当令隔屏私语、灭烛侍寝，何如？"

倪永清曰："若逢美貌而恶声者，又当如何？"

【注释】 ①燕：古国名，在今河北北部和辽宁西端。秦：古国名，在今陕西中部和甘肃东南端。吴：古国名，在江浙一带。越：古国名，在江苏北部运河以东、江苏南部、安徽南部、江西东部和浙江北部。

【译文】 女子从十四五岁到二十四五岁这十年中，不论是燕、秦、吴、越哪个地区的，她们的声音大多数都婉转动听，但是一旦亲眼看到她们的相貌，那么美丑一下子就区别开了。听说不如眼见，由于上述原因，我更加相信这句话。

【评语译文】 吴听翁说："我一向用听到的去弥补不能亲眼看到的不足之处，现在读了这段话才知道张先生的话很对。"

江含征说："帘子是妓女的衣裳，这话也很有水平。"

张竹坡说："家中有年轻难看的婢女，应当让她隔着屏风与你讲话、熄灭了灯烛再侍

候你入睡,怎么样?”

倪永清说:“假如遇到相貌漂亮,但声音难听的,又如何呢?”

【点评】 世上女子,貌美音妙最佳,可世上又不可能有那么多的完美,不少人音、貌判若两人。这则文字以人声与貌的不能一致,听与见的不相统一,还说明了事物耳见为实的道理。

其实,声音与相貌不一致,存在差别,这也是很自然的现象;在现实生活中,闻声不如见人、听景有利于看景,比比皆是。

以景论,如人说某地风景绝好,或许他确实亲眼见过,那景色正符合他个人的审美标准,所以把景描绘得风光无限。而听景者则会随说景者的叙述展开想象,在心中描绘出一幅胜景,待日后到实地观光,陡然发觉那景与别人描绘的不尽一致,甚至差别较大,遂发出“看景不如听景”的感叹。

以人论,不光是女子声、貌不能和谐统一。有的人善于标榜、伪装,虽有令名却无美行,盛名之下其实难副。仅“耳闻”不目睹,不相处,是难识人的真面目的。“百闻不如一见”乃人生至理名言。

无论声音好听与否,相貌美丑,只能用亲耳听、亲眼见的方式识别。在固定的标准之上,每个人还有自己的审美标准,你说丑,我说不丑。喜则美,不喜则恶,全凭自己亲自眼见之后才可下属于自己的结论。

极乐世界,众苦之所不倒

【原文】 寻乐境乃学仙,避苦趣[①]乃学佛。佛家所谓极乐世界者[②],盖谓众苦之所不到也。

【评语】 江含征曰:“着败絮[③]行荆棘中,固是苦事,彼披忍辱铠者,亦未得优游自到也。”

陈云士曰:“空诸所有,受即是空[④],其为苦乐不足言矣,故学佛优于学仙。”

【注释】 ①苦趣:佛教指地狱、饿鬼、畜生这三种“恶道”,均为轮回中的受苦之处。②极乐世界:俗称西天。佛经说是阿弥陀佛成道时依着愿力所建,远在西方十万亿佛土以外的世界。那里没有苦难,可以尽情享受快乐,称为极乐。③败絮:破旧,腐烂。此指破旧的衣服。④空:佛教语,谓万物从因缘生,没有固定,虚幻不实。《维摩经·入不二法门品》:“色即是空,非色灭空,色性自空。”

【译文】 要想寻找快乐的境地就去学习神仙之术,要想逃避苦难之地就去学佛。佛教所称道的极乐世界,是众多的苦难不能到达的地方。

【评语译文】 江含征说:“穿着破烂的衣服在荆棘中行走,固然是痛苦的事情,你披着忍受欺辱的铠甲在此行走,也是没有得到悠然自在的境界。”

陈云士说:“所有的存在物都是空的,人的感受就是空,作为苦和乐也是空的就不用说了,因此学佛就优越于学仙。”

【点评】 道教与佛教有着不同的理论与追求。

道教是一种以生为乐,重生恶死,甚而追求长生不死的宗教。讲求得道成仙,是中国道教的一大特征。道教宣扬人得道成仙,可以外生死,极虚静,超脱自在,不为物累,过无忧无虑的生活。

佛教则认为人生是一大苦海。“人命甚短，安少苦多。”佛教讲求三世因果，六道轮回，所以佛教教化众生诸恶莫做，众善奉行，苦苦修行，修成正果，跳离苦海，往生西方极乐世界。《阿弥陀经》中具体描绘了极乐世界的美丽庄严。佛教净土宗认为专心念佛，便可排除苦恼，求得心净，往生西方极乐世界。

“宗教是被压迫生灵的叹息，是无情世界的感情，正像它是没有精神的制度的精神一样，宗教是人民的鸦片。”张潮认为学仙可寻乐，学佛可避苦，是否可以进入神仙境界及极乐世界，则不得而知。

在生活中，若能参透人生，常乐起慈心，积善养德，烦恼不就顺成菩提了吗？消除了烦恼，也就得到了极乐。

仙家追求的是自由飘逸的快乐，佛家讲的是如何使劳苦众生脱离苦海，摆脱痛苦和烦恼。道为遁世，佛为救世，所以，佛的思想较流行。

富贵劳悴，不若安闲贫贱

【原文】 **富贵而劳悴，不若安闲之贫贱；贫贱而骄傲，不若谦恭之富贵。**

【评语】 **曹实庵曰：“富贵而又安闲，自能谦恭也。”**

许师六曰：“富贵而又谦恭，乃能安闲耳。”

张竹坡曰：“谦恭安闲乃能长富贵也。”

张迂庵曰：“安闲乃能骄傲，劳悴则必谦恭。”

【译文】 虽然富贵却疲惫辛劳，不如安然悠闲的贫贱；虽然贫贱却骄傲，不如谦虚恭谨的富贵。

【评语译文】 曹实庵说：“富有高贵而且又安然悠闲，自然能够谦虚恭谨。”

许师六说：“富有高贵而且又谦虚恭谨，就能安然悠闲呀。”

张竹坡说：“谦虚恭谨、安然悠闲才能够长久地富贵。”

张迂庵说：“安然悠闲才能够骄傲，劳累憔悴那么一定会谦虚恭谨。”

【点评】 这则文字乃针对现实有感而发，并非平常而谈，读者亦不可单从文字表面理解。

在现实生活中，不乏这种情况：有的人富有而位尊，但富贵成了他人生的最高追求。为了富贵，费尽心机，损人利己；为了富贵，牺牲了人生的许多乐趣，为形所役。又有一种人，虽然贫困位卑，却既保素贞，又心安理得，无忧无虑，闲适自在。张潮认为，若要在二者做出选择，他会选择后者。

在为人处世方面，也有两种人：一种是贫困位卑，却不能有颗平常心，待人骄横傲慢，这种人为位卑贫穷所役使，不能心安，不得闲适。另一种人，虽富有尊贵，却不以此挂怀，不自炫，也不傲人，心境平和。在这两种人中，后者倒更让人尊敬。

从以上可以看出，张潮推崇的是安闲谦恭，得自然之趣。生命原本无高下，能自得、自适，不为物累，不为形役，才是幸福的人生。正如人们说的，无论顺境还是逆境，若能保持一份安然的心境，那绝对比百万富翁还富足。

富贵贫贱，关键是生活要有质量。劳神伤身的富贵是不如无愁绪、有欢乐的贫贱生活。贫而知进取，知图强也是一种财富，所以无论贫富要有一个好的心态，良性循环下去，才能永葆欢乐。

惟耳能自闻其声

【原文】 目不能自见，鼻不能自嗅，舌不能自舐，手不能自握，惟耳能自闻其声。

【评语】 弟木山曰："岂不闻'心不在焉'、'听而不闻'乎？兄其诳我哉。"

张竹坡曰："心能自信。"

释师昂曰："古德[1]云：眉与目不相识，只为太近。"

【注释】 ①古德：佛教徒对年高有道的高僧的尊称。

【译文】 眼睛不能自己看见自己，鼻子不能自己闻到自己，舌头不能自己舐自己，手不能自己握住自己，只有耳朵能够听到自己发出的声音。

【评语译文】 弟木山说："难道没有听说'心不在焉'、'听而不闻'的话？老兄你这是在诳骗我呀。"

张竹坡说："心能够自己信任自己。"

释师昂说："年高有道的高僧云：眉毛与眼睛互相不认识，只因为离得太近。"

【点评】 这则文字表面上谈人的自然生理现象，其实蕴涵着一定的人生哲理。

所谓当局者迷，每个人都有自己的缺点与不足，都有自己的局限，但人们往往只看到别人的错误而对自己的缺点习而不察。事实上，缺点终归是缺点，赘疣不能当桃花。所以，人应学会反观自省。人若肯反省、自忏，就能够不再把错误延续下去。也要发挥耳朵的优势，善于倾听，虚心接受别人的意见，这样，就可以发现个人失察的各种问题，不断改进，不断完善自我。而故步自封、妄自尊大、固执己见、自以为是，听不得别人的批评，则对自己百害而无一益。这就是这则文字给我们提供的人生启示吧。

"目不能自见，鼻不能自嗅，舌不能自舐，手不能自握"。以自身暗喻自己所不能及之事，可见世上最难的事，便是自己战胜自己，明白了这一道理，就可在事业上取得成功。

听琴远近皆宜

【原文】 凡声皆宜远听，惟听琴则远近皆宜。

【评语】 王名友曰："松涛声、瀑布声、箫声、笛声、潮声、读书声、钟声、梵声皆宜远听，惟琴声、度曲声、雪声非至近不能得其离合抑扬之妙。"

庞天池曰："凡色皆宜近看，惟山色远近皆宜。"

【译文】 凡是声音都适宜在远处听，只有听弹奏琴的声音无论远处和近处都很适宜。

【评语译文】 王名友说："松涛的声音、瀑布的声音、箫的声音、笛声、潮水的声音、读书的声音、钟声、念经的声音都适宜在远处听，只有琴声、按曲谱唱歌的声音、雪花落下来的声音非得在近处才能欣赏到它那分离、合聚、苦闷、激扬的美妙之处。"

庞天池说："凡是颜色都适宜在近处观看，只有山色或远或近观看都很适宜。"

【点评】 声音有多种，人们喜听悦耳之音，而对危害人身心健康的噪音避之唯恐不及。若将声音作为审美对象，那么，听音距离的远近则直接影响到审美效果了。一般的声音，如松涛声、潮声、瀑布声、钟鼓声、读书声，都适宜远处听，若在近处，则太过热闹杂乱，震耳欲聋。而悠扬、清越的琴声则是远近皆可。

音乐是一种特殊的声音，构成音乐的一系列要素——旋律、节奏、和声、音色、调式等

和谐地结合在一起，成为复合的听觉信息，由听觉细胞将信息通过神经中枢传到大脑，从而产生知觉上与情感上的共鸣。听音乐是一种美的享受，伴随人们的心理活动，当人们听到低音时会产生深色的感觉，听到高音时会产生浅色的感觉，听到欢乐、节奏感强的乐曲时，使人斗志昂扬，听到轻柔、节奏缓慢的乐曲时，会产生稳定情绪的作用。琴声悠扬、激荡、清脆、缥缈，远听近听各得其妙，娴于声乐的朋友自有深刻的体会。

悠扬空旷的声音宜远听，宛转缠绵的声音宜近听，远听近听各有特点，不怕听不到，就怕感受不到。听到的是一种声音，感受的却是另一种滋味，听人说话也是这样，要听出话里的意思。

目不能识字，其闷尤过于盲

【原文】 目不能识字，其闷尤过于盲；手不能执管，其苦更甚于哑。

【评语】 陈鹤山曰："君独未知今之不识字不握管者，其乐尤过于不盲不哑者也。"

【译文】 有眼睛却不能够认识字，这种苦闷能超过瞎子；有手却不会握笔写字，这种痛苦能超过哑巴。

【评语译文】 陈鹤山说："你唯独不知道现在不认识字不会写字的人，他们比那些不瞎不哑的人更快乐。"

【点评】 文字的发明是人类一大进步。有了文字，人类历史有了传播的载体，文化得以世代承传。对个人而言，能认识文字，可以了解历史、接受前人的科技文化成果，可以及时掌握各种信息、学习最新的知识。而能写字，可以与外界沟通、交流；可著书立说，记录下自己的思想认识，表达自己的思想情绪。总之，文字给人类带来了进步与便利。但文字发明以后，则成为统治阶级的专利，劳动人民被剥夺了读书识字的权利。文字是全社会的需要，劳动人民同样有思想感情，有求知的欲望，有文化的追求。他们有目不识字，有手不会书写，不能表达交流，这种痛苦较之目盲不能见物、口哑不能说话，有过之而无不及。读书识字，执笔写作是人生存的基本技能，人学会识字、写字，就能表达意愿、宣泄情绪，减少些做人的郁闷与苦恼。张潮替人道出了渴慕识字、要求掌握文字的呼声。

读书识字可开阔眼界，增长见识，知日常之所不知。写作可以表述己见，不断升华提高自己，使心智开通，不用说话，即可将自己的思想传递出去。如"目不能识字，手不能执管"无疑会失去许多欢乐。

并头联句，交颈论文

【原文】 并头联句，交颈论文，宫中应制，历使属国，皆极人间乐事。

【评语】 狄立人曰："既已并头交颈，即欲联句论文恐亦有所不暇。"

汪舟次曰："历使属国殊不易易。"

孙松坪曰："邯郸旧梦①，对此惘然。"

张竹坡曰："并头交颈乐事也，联句论文亦乐事也，是以两乐并为一乐者，则当以两夜并一夜方妙，然其乐一刻胜于一日矣。"

沈契掌曰："恐天亦见妒。"

【注释】 ①邯郸旧梦：即黄粱梦。唐沈既济《枕中记》载：卢生在邯郸客店中昼睡入梦，历尽富贵繁华。梦醒，主人炊黄粱尚未熟。后人因以"黄粱一梦"喻富贵之无常。后

人由此脱胎出的戏剧剧本《黄粱一梦》《梦中缘》等，出世思想极其典型。

【译文】 大家在一起共同作一首诗，或者亲密无间、开诚布公地评论文章，以及奉皇帝之命写作诗文和多次出使附属国，这些都是人世间最快乐的事情。

【评语译文】 狄立人说："既然已经头颈相依，如此亲热，就是想联句作诗评论文章恐怕也顾不上啊。"

汪舟次说："多次出使附属国太不容易了。"

孙松坪说："黄粱梦，对这些事情都不感兴趣。"

张竹坡说："大家在一起亲密无间是快乐的事，联句作诗评论文章也是快乐的事，于是把两件快乐的事合并成一件，那么也应当把两夜合并成一夜才好，然而这种快乐只有短暂一会儿胜过一天啊。"

沈契掌说："恐怕上天看到这样快乐也要妒忌了。"

【点评】 "并头"两句说的是诗文风流；"宫中"两句说的是尊荣宠贵。这集中体现了古代文人的人生价值观。在他们心目中，赋诗作文显才情、见风雅，是文人应有的资质。而才子配美人，诗词酬唱，奇文共赏，则更具风流。但学富五车，才高八斗，也只为"学优则仕"，显亲扬名。能宫中应制，给君王作诗，为君王赏识，自不愁荣贵；至于身为钦差，代表天朝大国出使属国，指手画脚，更是风光无限。

然诗穷而后工，温柔富贵乡里的应制之作，不免浮靡绮艳、雍容板滞，难有传世佳作。六朝宫体与明初台阁体是最好的例证。而文人为功名富贵所累，灵魂受摧残，人格遭扭曲，身心之苦，让人叹惋。章回小说《儒林外史》对此有生动的描绘，值得一看。

人生由来苦多乐少，难得高兴一次，其实只要做事潇洒，不拘泥于一章一节，不执着于某一件事，有所为有所不为，自然在其中能找到许多欢乐，这要比什么"并头联句，交颈论文，宫中应制"等事快意多了。

为何不姓李？

【原文】 《水浒传》武松诘蒋门神云：为何不姓李[①]？此语殊妙。盖姓实有佳有劣，如华、如柳、如云、如苏、如乔，皆极风韵。若夫毛也、赖也、焦也、牛也，则皆尘于目而棘于耳者也。

【评语】 先渭求曰："然则君为何不姓李耶？"

张竹坡曰："止闻今张昔李，不闻今李昔张也。"

【注释】 ①为何不姓李：见《水浒传》第二十九回。

【译文】 《水浒传》中武松责问蒋门神说：你为什么不姓李呢？这话问得太奇妙了。因为姓确实有好听难听之分，像华、柳、云、苏、乔，都极其雅致有趣味；像毛啊、赖啊、焦啊、牛啊，那么看起来既丑陋看，听起来又刺耳。

【评语译文】 先渭求说："可是你为什么不姓李呢？"

张竹坡说："只听说现在姓张好，过去姓李好，没有听说过现在姓李好，过去姓张好啊。"

【点评】 这则文字所引武松话出于百回本《水浒传》第二十九回，非武松问蒋门神，而是问酒保："过卖，你那主人家姓什么？"酒保答道："姓蒋。"武松道："却如何不姓李？"原武松本意，无非是有意找茬，以激蒋门神出来，好代为施恩打抱不平。张潮在这里，则

是断章取义，借题发挥，来阐发他所谓的“姓实有佳有劣”的见解。其实，姓也只是表明家族系统的称号，姓本身应无优劣之分。只不过从语意学角度讲，每个汉字有多种义项，人们容易从汉字的某个义项生发开来展开想象，比如姓华、姓柳、姓云、姓苏、姓乔，听起来悦耳，可能会使人觉得风韵雅致点。而赖、焦、毛、牛却不能使人抒发美好的联想。所谓的“佳”“劣”，无非是由其中一个义项产生或佳或劣的联想，这种联想有极大的主观性，没什么科学根据。再说姓继自于祖宗，人别无选择，张潮的这一理论，也无太多意义。

姓华、姓柳、姓苏，富有诗意，听起来叫起来都朗朗上口，而毛、赖、焦、牛等姓只是听来音韵不美罢了。总之无论姓什么，都不能决定一个人的事业及功绩，良姓也出小人、歹人，劣性也出圣人、贤人，如同乐曲能分孰优孰劣吗？姓氏实在是无足轻重的，只不过是代号而已。

论　花

【原文】　花之宜于目而复宜于鼻者：梅也、菊也、兰也、水仙也、珠兰也、莲也。止宜于鼻者：橼[①]也、桂也、瑞香也、栀子也、茉莉也、木香也、玫瑰也、腊梅也。余则皆宜于目者也。花与叶俱可观者，秋海棠为最，荷次之，海棠、酴醾、虞美人、水仙又次之。叶胜于花者，止雁来红、美人蕉而已。花与叶俱不足观者，紫薇也、辛夷也。

【评语】　周星远曰：“山老可当花阵一面。”

张竹坡曰：“以一叶而能胜诸花者，此君[②]也。”

【注释】　①橼：枸橼，也叫“香橼”，常绿乔木，初夏开花，白色。果实有香气，味很酸。②君：指竹子。

【译文】　花既好看又好闻的有：梅花、菊花、兰花、水仙花、珠兰、莲花。只好闻的有：香橼花、桂花、瑞香花、栀子花、茉莉花、木香花、玫瑰花、蜡梅花。其余的都适宜观看。花和叶子都值得观赏的以秋海棠为最好，荷花第二，海棠、荼蘼、虞美人、水仙花又略次一些。叶子比花好看的只有雁来红、美人蕉罢了。花和叶子都不值得观赏的是紫薇花和辛夷花。

【评语译文】　周星远说：“假如摆花阵，张先生可以抵挡一面。”

张竹坡说：“凭着一片叶子就能胜过这么多种花的是竹子。”

【点评】　花，色彩缤纷，妩媚多姿，芳香袭人，令人喜爱，它的独特性格，令人起敬，许多国家把人们最喜欢的花作为国家与民族的象征，尊为国花。如樱花，轻柔色美，是日本的国花，它象征美好、智慧、友谊和幸福；百合花宁静和谐，美丽大方，芳香四溢，法国人尊它为国花；象征坚若磐石精神的金达莱是朝鲜的国花；而紫荆花为我国香港特别行政区的区花。由此可知，人们对花的喜爱达到了无法比拟的地步。花的形状、颜色、香味、意态是人们观赏花的标准。

张潮堪称赏花高手，把花归为诸类：一方面是花卉本身，以色、香为标准，可分三类，既有美丽的外观，又有浓郁的芳香，如梅、兰、菊等，此其一；而外观不太显眼，却香气怡人，如茉莉、瑞香等，此其二；第三类就是大自然中花态炫人的供观赏的花。二方面从花与叶的比衬看，有的花叶俱美，交相辉映，相映成趣；有的叶比花还重要，大有喧宾夺主之势；有的叶、花都很一般。从这则文字我们可看出张潮在花木鉴赏方面的造诣。

当今，人们种花、送花已成为时尚，养花可由个人审美情趣决定，而送花则大有学问。

花木种类繁多，有些外表美丽，适宜观赏；有些具有很高的药用价值；有些具有很强的生命力，所有这些都给人们以快乐、益处与启发，无论美丑都有其自身价值。没有必要人为地为之划分等级层次。欣赏取决于个人性情，性情所至，花才具品位。

高语山林者，辄不喜谈市朝

【原文】 **高语山林者[1]，辄不喜谈市朝[2]。事审[3]若此，则当并废史、汉诸书而不读矣。盖诸书所载者，皆古之市朝也。**

【评语】 **张竹坡曰："高语者必是虚声处士，真入山者方能经纶[4]市朝。"**

【注释】 ①高语山林：指高谈隐居。②市朝：指世事。③审：果真、确实。④经纶：整理丝缕。引申为治理国家大事。

【译文】 高谈隐居的人，总是不喜欢谈论世事。事情果真这样，那么应当一起废除《史记》《汉书》这类书籍，不再阅读。因为这类书所记载的，都是古代的历史啊。

【评语译文】 张竹坡说："高谈隐居的人一定是虚有隐居之名的人，真正能够隐居的人才能研究和治理国家世事。"

【点评】 古人曾说："空破情根，必先走入情内，走入情内，见得世界情根之虚，然后走出情外，认得道根之实。"从这一角度讲，古代的大隐，其所以走出市朝，保其素贞，正在于他们从浑浊的现实中来，充分认清了社会的本质，深深厌恶其中的勾心斗角，才毅然决然地走向隐逸，应该说，高隐们对现实社会有着深刻的认识，如此，其隐退才是真隐，而不是以此为标榜，走终南捷径。明白了这一道理，我们便不难理解张潮这则议论所包蕴的含义。

张潮并不同意当时有人所说的山林隐者必不了解人间纷争这一看法。古人云：大隐于朝，中隐于市，小隐于野。佛教云：十字街头好修行。隐者身处红尘俗世，却修得清静、自然之真心。隐者对俗世纷争有深刻、透彻的认识。作《史记》的司马迁，作《汉书》的班固，身处滚滚红尘中，对社会现实有清醒精辟的认识，他们较之于那些身在江湖心悬魏阙的人更有隐者风范。而不喜谈市朝事的高语山林者只是虚张声势罢了。

隐逸之人大多明晓事理，不喜官场一些尔虞我诈、勾心斗角的政治斗争，为免殃及自身，遂隐入山林，不问世事。既知山林隐逸，又通市井、政治，才是世外高人。

天下万物皆可画，惟云不能画

【原文】 **云之为物，或崔巍如山，或潋滟[1]如水，或如人，或如兽，或如鸟毳[2]，或如鱼鳞。故天下万物皆可画，惟云不能画，世所画云亦强名耳。**

【评语】 **何蔚宗曰："天下百官皆可做，惟教官[3]不可做，做教官者皆谪戍耳。"**

张竹坡曰："云有反面正面，有阴阳向背，有层次内外。细观其与日相映，则知其明处乃一面，暗处又一面。尝谓古今无一画云手，不谓《幽梦影》中先得我心。"

【注释】 ①潋滟：水波相连的样子。②毳：鸟兽的细毛。《汉书·晁错传》："鸟兽毳毛，其性能寒。"③教官：古代掌管学务的官员。

【译文】 云作为一种物体，有时像山那般高大，有时像水波光相连，有时像人，有时像兽，有时像鸟的细毛，有时像鱼鳞。所以天下许多东西都可以画，只有云无法画。世上所画的云也不过勉强有其名而已。

【评语译文】 何蔚宗说:"天下百种官员都可以做,只有掌管学务的官不能够做,做这种官的人都被贬谪防守边疆了。"

张竹坡说:"云有正反两面,有阴面和阳面,有内外层次。仔细观察它在阳光照射下,就可以知道它明处是一面,暗处又是一面,我曾经说从古代到现在没有一位画云的高手,没想到《幽梦影》中对云的一番论述首先使我的心折服。"

【点评】 这则文字对"云"的种种描述,可见出作者对自然造化的细微体察,这也是画家应具备的素质。清初复古派提倡摹写古人名画,师古人而不师造化。张潮这里从自然体察入手谈画,与此相反。惟其所谓的"惟云不能画。世所画云,亦强名耳",不免幼稚、偏激。

绘画源于自然、生活,又高于自然生活。任何画幅都不能包罗万象,画云亦如此。绘画的成功,形似固然重要,而能否传神,及再现出物的本质、精魂,则更显关键。南齐谢赫所说的"穷理尽性,事绝言象",便是指要研究掌握对象的本质规律,尔后再从事创作。苏东坡《书鄢陵王主簿所画折枝二首》中说:"论画以形似,见与儿童邻。"说明了斤斤于形似的肤浅。沈括说:"书画之妙,当以神绘,难可形器求也。世之观画者,多能指责其间形象位置,彩色瑕疵而已;至于奥理冥造者,罕见也。"批评了世间品画者拘泥于形似。张潮所论,无疑正犯了这样的错误。

画云难,因为云变幻不定,不可捉摸,似有万物,而无一物。所以天下最难以看透的事与人,便是变化不定、左右摇摆的事与人了。能为则为,不必勉强。

人生全福

【原文】 **值太平世,生湖山郡[①],官长廉静,家道优裕,娶妇贤淑,生子聪慧,人生如此,可云全福。**

【评语】 **许筱林曰:"若以粗笨愚蠢之人当之,则负却造物[②]。"**

江含征曰:"此是黑面老子要思量做鬼处。"

吴岱观曰:"过屠门而大嚼,虽不得肉亦且快意。"

李荔园曰:"贤淑聪慧尤贵永年,否则福不全。"

【注释】 ①湖山郡:指山清水秀的地方。②造物:指天:

【译文】 遇到太平之世,生长在山清水秀的地方,那里的地方官廉洁奉公,家庭生活充实富足,娶到的媳妇贤惠淑贞,生下的儿子聪明智慧,人的一生如果这样,可以说是福气完备齐全,没有缺憾了。

【评语译文】 许筱林说:"假如让一个粗劣愚笨的人享有这一切,那么就辜负上天的一番美意。"

江含征说:"这是黑脸的人盘算着怎样去做鬼。"

吴岱观说:"路过屠户的门口而大吃大嚼,虽然得不到肉也感到快乐得意。"

李荔园说:"贤惠淑贞、聪明智慧特别重要的是长寿,不然就不是福气完备齐全。"

【点评】 此则文字主要为"人生全福"一词做出具体的内涵定义。

从作者所举的六个方面看,有着突出的共性,无论从哪方面看,均涉及人的生存环境与空间,太平世为社会时代环境(大气候);湖山郡,为生存地理环境;官长廉静,为地方政治环境(小气候);家道、娶妇、生子为具体家庭环境。无论是大气候还是小环境,都与人

生休戚相关。

作者生活在顺康时期，清初动荡的政局不可能不在他少年的心中投下阴影。他深知乱离之苦，对太平安定格外看重，故举"值太平世"为人生全福之首。又封建社会吏治腐败，官吏滋事扰民普遍存在，作者深知，没有"官长廉静"，人生全福很难实现，故也将此列入其中。至于能生"湖山郡"，固是文人性喜山水的雅好，"家道优裕、娶妇贤淑、生子聪慧"，则是个人生活幸福的具体体现，为世人共同观念，不必多说。

人们对于美好生活的向往是生来就有的，古今中外莫不如此，古有陶渊明的"桃花源"，外有莫尔之"乌托邦"。随着社会的进步，人们离这样的生活越来越近了，但还应付出很多努力，不断改善环境，改善自我。

惑乎民之贫

【原文】 天下器玩之类，其制日工，其价目贱，毋惑乎民之贫也？

【评语】 张竹坡曰："由于民贫，故益工而益贱。若不贫，如何肯贱？"

【译文】 天下的器具玩物之类，它们的制作一天比一天精细，它们的价格一天比一天低廉，我困惑于是不是老百姓越来越贫穷了？

【评语译文】 张竹坡说："因为老百姓越来越贫穷，所以制工越来越精细，但价格越来越低贱。假如不贫穷，怎么舍得低价就卖出去呢？"

【点评】 清玩器皿制作日趋精细，制作者花费的心思、投入的劳动自然越多，而价钱不但没提高反而下降，收入远不同与投入等值，劳动者的贫穷便成为必然。

为什么会出现这种情况？原因无非是供大于求。或是盲目生产，货物过剩；或是购买力低下，社会需求量小。从明清之际的社会情况看，后者更显重要。

如果社会贫富差距严重，金银货币集中于少数人手里，而这些人作为剥削者，不仅在生产过程中剥削劳动者，在商品流通中再加盘剥，这样，财富更集中于他们手中。在平民百姓，糊口已是不易，购买器玩则为奢望。既然有钱阶级依恃有钱而压价，无钱者为生存不得不贱售劳动成果以维持生计，社会便在恶性的怪圈中畸形循环。

价格高昂的器具珍玩并不是一般人家所能拥有的，而制作器玩的却是一些贫苦人家，价格之高低，自不是平民百姓所能决定，这也在一定程度上反映出社会制度的问题。

养花胆瓶

【原文】 养花胆瓶[①]，其式之高低大小须与花相称，而色之浅深浓淡又须与花相反。

【评语】 程穆倩曰："足补袁中郎[②]《瓶史》所未逮。"

张竹坡曰："夫如此，有不甘去南枝[③]而生香于几案之右者乎？名花心足矣！"

王宓草曰："须知相反者，正欲其相称也。"

【注释】 ①胆瓶：颈长腹大，形状像是悬胆一样的花瓶。②袁中郎：袁宏道，字中郎，号石公，湖广公安（今属湖北）人。明文学家。与兄宗道、弟中道，并称三袁，为公安派的创始者。有《袁中郎全集》。③南枝：南向的树枝。《古诗十九首》之一："胡马依北风，越鸟巢南枝。"后多指思念家乡。

【译文】 养花用的胆状花瓶，它样式的高低大小一定要同花相匹配，它的颜色的浅深浓淡一定要同花的颜色相反。

【评语译文】 程穆倩说："这番话足可以补充袁宏道《瓶史》中所没有提及的。"

张竹坡说："如果这样，就没有不甘心被攀折下来放在茶几桌案的右边散发芳香的花了。那些品种高贵的花卉也心满意足了啊！"

王宓草说："应当知道花瓶的颜色与花相反时，相互对比，正好使它们互相配衬。"

【点评】 在美学分析的角度上，极讲究适应、整齐、对称等，这些因素直接影响到审美的效果。就插花而言，插花者是否具有美学细胞，从他对花与花瓶的选择以及花瓶与花在大小、颜色的搭配上，可见一斑。这则文字所论，可谓当行，张潮对插花的在行及其出色的审美眼光，得到了具体体现。

花瓶须与花的高低大小相称，这是值得注意的。否则，以硕大的花瓶插上几株细瘦的小花，或小巧的花瓶插上花繁叶茂的大花，都失去协调，让人感到可笑。即使花与花瓶作为局部再美，也无法让人产生美感。

从花瓶与花的颜色搭配上看，同样很有讲究，而张潮所说的"相反"，显然是理想的选择。惟相反，才能以色差形成鲜明对比，相互映衬，更见艳丽；惟相反，才不致喧宾夺主。

张潮所论，当然是经验之谈，喜欢插花的朋友不妨如法炮制。

是先有瓶后择花养，还是先有花而后择瓶插，总之需瓶花相依相衬，相得益彰，显出格调品位来。人的品位当可在花与瓶的搭配中展示出来。

春雨·秋雨·夏雨

【原文】 春雨如恩诏，夏雨如赦书，秋雨如挽歌。

【评语】 张谐石曰："我辈居恒苦饥，但愿夏雨如馒头耳。"

张竹坡曰："赦书太多亦不甚妙。"

【译文】 春天的雨像得以升迁的诏书，夏天的雨像皇帝特别赦免罪犯的命令，秋天的雨像悲哀的挽歌。

【评语译文】 张谐石说："我们这些人常年受苦挨饿，只希望夏天的雨像馒头聊以充饥就行了。"

张竹坡说："赦免罪犯的命令太多了也不太妙啊。"(夏天雨水太多也会成灾。)

【点评】 这里连用三个比喻，分别形容春雨、夏雨、秋雨，道出了人们对不同季节雨的不同感悟。

春天万物复苏，需雨的滋润。而春雨是极难得的，俗话说春雨贵如油。杜甫的"好雨知时节，当春乃发生。随风潜入夜，润物细无声"，描绘春雨的轻柔可爱，表达出喜悦之情。封建帝王高居龙庭，金口玉言，其能降恩颁旨，或减租免税，或征召在野臣下，对百姓、对外放或失志被遣的臣下，无疑如久旱遇甘霖，作者把春雨喻做皇上的诏书，可谓惟妙惟肖。

夏季酷热难当，古时又无现代化的制冷设备，人们只有忍受炎热与郁闷的煎熬。在人闷热难耐之际，有倾盆大雨从天而降，一洗人们的闷倦，那酣畅淋漓的情景是可以想见的。这就像戴罪或锒铛在监的犯人得到了赦罪的诏书，重新获取自由与解放。所以说，以赦书喻夏雨，也不无道理。

秋风萧瑟，在秋风秋雨中，树上枝叶激响，如泣如诉，一场秋雨一场凉，随着秋雨连绵，寒冬步步逼近。秋雨时节，让人感到寒意，易萌生凄苦的意境，这与挽歌的凄切悲怨

不乏相似之处，以挽歌喻秋雨，也妥帖。

雨在不同的时节起着不同的作用，春天万物复苏，充满生机，急需甘霖雨露来浸润万物；夏天酷热难当，夏雨清爽宜人，给人解却热的烦恼；秋季万木萧索，秋雨也飘零而落，让人心悲。雨无语，人心却可分辨待之。

何谓全人

【原文】 **十岁为神童，二十三十为才子，四十五十为名臣，六十为神仙，可谓全人矣。**

【评语】 **江含征曰："此却不可知。盖神童原有仙骨故也，只恐中间做名臣时，堕落名利场中耳。"**

杨圣藻曰："人孰不想？难得有此全福。"

张竹坡曰："神童、才子由于己，可能也。臣由于君，仙由于天，不可必也。"

顾天石曰："六十神仙似乎太早。"

【译文】 人在10岁的时候成为特别聪明的儿童，20到30岁的时候成为有才华的人，40到50岁的时候成为辅国治政的有名大臣，60岁的时候成为超脱尘世、长生不老的神仙，可以说这是一位完美无缺的人啊。

【评语译文】 江含征说："这种说法是不可以预知的。因为特别聪明的儿童原本就具有神仙的禀赋，只恐怕40到50岁做到有名的辅国大臣时，堕落到个人名位和利益的追逐中啊。"

杨圣藻说："人谁不想有这种想法，只是很难得到这种尽善尽美的福气。"

张竹坡说："成为特别聪明的儿童和有才华的人是由自己决定的，只要努力，就有可能实现。成为辅国大臣是由皇帝决定的，成为得道的神仙是由上天决定的，不可能一定会实现。"

顾天石说："60岁成为超脱尘世、长生不老的神仙好像太早了吧。"

【点评】 前文张潮曾谈到全福，所包括的内容侧重人生活的各种环境；这里谈全人，则都围绕人生自身。

人的一生，从自然年龄可划分为几个阶段，即：童少年、青年、中年、老年。不同的阶段有不同的表现，其所谓最佳的含义也有区别。童少年以天资聪颖为最佳；青年以才情超群、风流倜傥为最优；中年以功业卓著、英名远扬为极致；老年人最令人羡慕的便是颐养天年，无牵无挂，自得其乐。但能否为神童才子，一靠天赋禀质，二靠后天培养教育，非人人都具备这些条件；能否为名臣，才干固然重要，但机遇、环境也很重要，专制时代任人唯亲，不少人才能被埋没；老为神仙，需多方面条件保证，非一厢情愿能成。可见，这些人生理想是很完美的，世人谁不想有此全福，但万事难由人做主，"全人"之说，只能是作家的梦想。

天道忌全，世上没有时时如意之人，人生道路上充满艰辛与挫折，一个人能不虚度光阴，发愤努力，对社会做点贡献，这样的人生可谓无憾矣。

金无足赤，人无完人。十岁为神童，二三十岁为才子，四五十岁为名臣，之后为神仙，可谓一帆风顺。试想能做到这些若不经风历霜，受许多磨难，怎能成就？历史上许多伟大人物又有哪一个不是历经坎坷的呢？其在风流场上、名利场上、政治斗争中都未待过，怎么能成为神仙呢。

武人不苟战，文人不迂腐

【原文】 **武人不苟战，是为武中之文；文人不迂腐，是为文中之武。**

【评语】 **梅定九曰："近日文人不迂腐者颇多，心斋亦其一也。"**

顾天石曰："然则心斋直谓之武夫可乎？笑笑。"

王司直曰："是真文人必不迂腐。"

【译文】 从事军事活动的人不随便打仗作战，是为武中的文人之举；从事读书做文章的人不拘泥于陈旧的准则，是为文中的武人之举。

【评语译文】 梅定九说："最近一段时期从事读书做文章的人不拘泥于陈旧准则的人很多，张先生也是其中之一啊。"

顾天石说："然而把张先生直接称作武夫可以吗？只会令人发笑。"

王司直说："是真正的读书做文章的人一定不拘泥于陈旧的准则。"

【点评】 武将有两种：一种是鲁莽型，这种人在古代小说中多有描写，如李逵、张飞等。一种是智勇双全型，如岳飞、宋江等。在这两种人中，张潮赞赏的不是勇而无谋徒知逞匹夫之勇的赳赳武夫，而是智勇双全大智大勇的将帅。而用来衡量两种人的标准则是看其对待战争的态度，看其能否"不苟战"，不以好战为乐事。战争乃不得已而为之事，出于保卫国家，是民族英雄；为反抗压迫而战，是民主斗士；出于一己之私或为某个人、某家族的利益，为民族国家的罪人。这里所称道的"不苟战"者"为武中之文"，即是说作为将帅，要有正确的判别能力，要为正义而战，知己知彼而战。

文人也有两种，一种是迂腐文人，尽信书本，一切以书本为依据，不解世故，不知变通，拘泥俗套，又刚愎自用、自命清高。另一种人博览群书，满腹经纶，然不拘泥于书本，世事洞明，人情练达，办事有主见，有分寸。无疑作者赞赏的是后者，许之为"文中之武"。

文人与武将，都要扬长避短，文人少些酸腐，武将多些谋略，无论是战争还是吏治，都会少些遗憾。

文人、武将应当相互取长补短，文而不迂，武而不率性，这样才能文武一体，达到文治武功的最佳处，治理国家，为民造福。

纸上谈兵与道听途说

【原文】 **文人讲武事大都纸上谈兵，武将论文章半属道听途说。**

【评语】 **吴街南曰："今之武将讲武事亦属纸上谈兵，今之文人论文章大都道听途说。"**

【译文】 读书做文章的人谈论军事大部分都是纸上谈兵，脱离实际；带兵打仗的将领谈论文章一半属于人云亦云，一知半解。

【评语译文】 吴街南说："现在带兵打仗的将领讲论用兵作战也属于纸上谈兵；现在读书做文章的人评论文章大部分都是道听途说，一知半解。"

【点评】 文人精于文章，不精通，武将通晓军事，不谙为文之道，那么文人谈论军事。大多是纸上谈兵了；武将评论文章，恐怕也是道听途说了。

《三国演义》有"孔明挥泪斩马谡"，马谡"自幼熟读兵书，顿知兵法"，但因丢失街亭被斩。推究他街亭之失的原因，正在于他尽信书本，不知变通，只能纸上谈兵，一到具体的实际作战，他的夸夸其谈是不堪一击的，终因自以为是，拒纳建议而大败。由此可知，仅靠读了几本兵书的人，谈用兵之道，只能是纸上谈兵，于实无补。

文人无临战经验，只能纸上谈兵。武将论文，能有独到见解者也鲜见。古时文武分科取士，出身武科或由战场拼杀起家的武将，对于文章，知之甚微，间有附庸风雅者，也多不能系统研习，深切揣摩，纵能偶称雅兴，吟诗作文，对于文章的演变、技巧却知之甚少，其论文，多是一知半解，人云亦云。

当然，张潮的这一结论也不无片面性。正如吴街南评此条说："今之武将论武事，亦属纸上谈兵；今之文人论文章，大都道听途说。"武将不作战，不免纸上谈兵；文人视八股外概为杂览，八股以外，一无所获，其论文，也只是道听途说。

文武之道，不应如此严格区分开来，文者能武，武者能文，历史上儒将辈出，不一定文人就不会武，武将必不懂文，文武双全者才是栋梁之材。

斗方止三种可存

【原文】　斗方[1]止三种可存。佳诗文一也，新题目二也，精款式三也。

【评语】　闵宾连曰："近年斗方名士[2]甚多，不知能入吾心斋彀中否也？"

【注释】　①斗方：书画所用的一尺见方的纸。亦指一尺见方的册页书画。清李渔《闲情偶寄·器玩·屏轴》："十年之前，凡作围屏及书画卷轴者，止有中条、斗方及横批三式。"②斗方名士：指自命不凡的无聊文人。

【译文】　一尺见方的册页书画只有三种可以保存。一是好的诗词文章，二是新颖的命题，三是精美的落款和式样。

【评语译文】　闵宾连说："近几年自命风雅的无聊文人很多，不知道能不能进入张先生欣赏之围？"

【点评】　古典小说名著《儒林外史》中曾写到一批斗方名士，如赵雪斋、景兰江、支剑峰、匡超人等，并对他们的"雅集"、拈韵、写斗方有具体的描绘。

对他们所写斗方，由匡超人所见所闻，做了介绍交代。如十八回景兰江送斗方与匡超人，匡超人"看见纸张白亮，图画鲜红，直觉可爱，就拿来贴在楼上壁间"。又写匡超人在接到斗方名士的邀约，准备赴会时，想到尚不会作诗，便买了本《诗法入门》，点起灯来看，"看了一夜，早已会了。次日又看了一日一夜，拿起笔来就做，做了出来，觉得比壁上贴的还好些"。由此可知这批所谓的斗方名土作品的拙劣。

看了这些，读者也许会萌生对斗方作品的不足挂齿。如此，却未免片面且有失公平。《儒林外史》所写，仅是附庸风雅的伪诗人。其实，在中国古代社会，文酒诗会、诗人宴集唱和，是十分普遍的现象。宋代所掀起的集社之风，在明清愈演愈烈。文人雅集，或结社唱和，相互切磋，探求诗艺，对提高创作水平、激发创作热情不无助益；同时，对创作群体及创作流派的产生，也有推动作用。而在他们的宴集唱和中，自不乏新颖的题目、出色的作品。至于斗方的款式，其争奇斗妍，标新立异，也多让人赏心悦目。这在《红楼梦》中有所表露。但斗方诗的值得称道处，总不外张潮所说三个方面。

拙劣的画技如同涂鸦不可取用，画中之物是作者心灵的再现，情感的显露。选用的诗文需佳，题目要新颖有创意，款式要精致漂亮。其实是舍是取，还由作画人自定。

情必近于痴，才必兼乎趣

【原文】 情必近于痴而始真，才必兼乎趣而始化。

【评语】 陆云士曰："真情种、真才子能为此言。"

顾天石曰："才兼乎趣，非心斋不足当之。"

尤慧珠曰："余情而痴则有之，才而趣则未能也。"

【译文】 情感一定要接近痴的程度才是真的；才华一定要兼有趣味才有变化。

【评语译文】 陆云士说："真正有情的人、真正有才华的人才能说出这种话来。"

顾天石说："有才华同时带有趣味，只有张先生很难担当此说。"

尤慧珠说："我的感情接近痴的程度是有的，但有才华兼有趣味不能做到啊。"

【点评】 晚明出现了尚真崇情的思潮，他们张扬个性，又认为情的极致乃是痴癖，对痴癖多有鼓吹。如李贽自赞："其心狂痴，其行率易。"汤太史称"人不可无癖"。袁宏道称"人不可无痴"。（均见吴从先《小窗自纪》转述）张岱称："人无癖不可与交，以其无深情也。"（《嫏嬛文集》卷四）都表露了这一思想。这里所说的"情必近于痴而始真"，正是对这种思潮的传承。

对"趣"的提倡，也为晚明新人文思潮的重要内容。袁中道说："凡慧则流，流极而趣生焉。天下之趣，未有不自慧生也。……至于人，别有一种俊爽机颖之类，同耳目而异心灵，故随其口所出，手所挥，莫不洒洒然而成趣，其可宝为何如者？"

具体到为人，如祝枝山、唐伯虎的狂狷，李贽的滑稽排调，徐渭的诙谐谑浪，王思任的好谑成性，不胜枚举，都体现了谐趣。

"趣"与矫情做作相对而与自然、率真相关联，故张潮所主张的才而必兼乎趣，实为此新思潮之一脉。

情感达到痴迷，可谓一心集中于此，旁无他念，魂牵梦萦，可谓真情。才华需要机智幽默，才不显得古板，易于为人接受，才情并茂，才算达到一种高境界、高层次的知识素养。

全才之难

【原文】 凡花色之娇媚者，多不甚香；瓣之千层者，多不结实。甚矣，全才之难也，兼之者其惟莲乎！

【评语】 殷日戒曰："花叶根实无所不空，亦无不适于用，莲则全有其德者也。"

贯玉曰："莲花易谢，所谓有全才而无全福也。"

王丹麓曰："我欲荔枝有好花，牡丹有佳实方妙。"

尤谨庸曰："全才必为人所忌，莲花故名君子[①]。"

【注释】 ①莲花故名君子：北宋周敦颐《爱莲说》："莲，花之君子者也。"

【译文】 凡是花的颜色娇艳妩媚的，大多数不太香；花瓣重叠、层次很多的，大多数不结果实。具有完备的才能实在难得，花的颜色既好看，又香，果实又能食用的只有莲花啊！

【评语译文】 殷日戒说："花、叶子、根、果实无处不是空的，也没有什么部位不适合于用的，莲花全部具有这些高贵品德啊。"

贯玉说："莲花容易凋谢，可以说是有完备的才能，但寿命短，不能说是十全十美啊。"

王丹麓说："我想荔枝有好看的花朵，牡丹有美味的果实才美妙啊。"

尤谨庸说："具有完备的才能一定会被人忌妒，莲花因此被称为品格高尚的君子。"

【点评】 花，色泽娇媚艳丽者，多不太香；花瓣多层者，大多不结果实。只有莲花才是花中的全才：花色美丽，花香袭人。其叶、花、莲蓬、藕均可食用或药用。"出淤泥而不染，濯清涟而不妖；中通外直，不蔓不枝；香远益清，亭亭净植。"莲花也成了高尚品质的象征，人们把莲花称为花中君子。

在花的世界里，像莲花这样品貌俱佳者不可多得。同样道理，在茫茫人之海中也难觅全才。明白了这一道理，我们对人便不会求全责备了。不必以己之长攻人之短，也不必因人有某种短处，而忽略或不用其所长。有一技之长，应合理使用，做到人尽其才，社会才会发展。

全才是难得、宝贵的，人应把自己的才华贡献给社会，不居功自傲，不恃才傲物，像莲花那样谦恭、高洁，这样的人会更令人尊重。

花色娇艳而不香，花多瓣而不结实。正是上天公正示人，花色娇艳但没有香气，有了美丽的外表，却没有内在的涵养，有香的花反过来大多不是色彩艳丽；花多瓣但不结实，结实者瓣必不多。要想达到色、香、瓣、实俱有，须具备莲一样高洁的品格。人品与花品一样，如想做一个有才有识之士，造福社会，更需要莲那样高尚的品格。

新书与古书

【原文】 **著得一部新书，便是千秋大业；注得一部古书，允为万世宏功。**

【评语】 **黄交三曰："世间难事，注书第一。大要于极寻常书，要看出作者苦心。"**

张竹坡曰："注书无难。天使人得安居无累，有可以注书之时与地为难耳。"

【译文】 写成一部新的著作，就是一件千年的大事业；校注完一部古代的书籍，诚然为万年的丰功伟绩。

【评语译文】 黄交三说："人世间很难做的事情，校注书籍为第一。主要的是在极其一般的书中，要体察出作者的良苦用心。"

张竹坡说："校注书籍没有什么困难的。上天让人在那里安安静静地生活，也不劳累，只是有可以用来校注书籍的时间和合适的地方较为难找罢了。"

【点评】 古人说"文章者，千古之大业，不朽之盛事。"又说："太上有立德，其次有立功，其次有立言，虽久不废，此之谓不朽。"对著书立说、立论著文，都给予了很高评价。这里所谓的"著得一部新书，便是千秋大业"，如出一辙。著作与文章，或探讨治乱兴衰的经验教训，或阐发社会历史的发展规律，或讲道德，或言法律，或论思想文化，或谈科学教育，既给当前的社会以直接服务，又对未来发展做了文化积淀，称其为"大业"，并非溢美。

人类历史的每一步发展，都以前人既有的成果为基础，都汲取了前人的精华，包括思想文化科学技术种种，这是人所公认的事实。而前人诸多成就的具体表现，便在以文字为载体流传下来的各种古书中。要学习继承前人的成果，必须阅读这些古书；要阅读旧籍，首先要穿越文字障碍、读懂领会。如此，为古书做笺注，就显得格外重要。张潮所说的"注得一部古书，允为万世宏功"，也正是从这一角度立论。

著新书是现代人之观点，总结过去展望未来，注古书是深功体会古人当时之心情、思

想等状况，启发后人，引导其不走弯路。新书、古书都是给后人开蒙启智，为后人谋利的好事。

延名师训子弟

【原文】 延名师训子弟，入名山习举业，丐名士代捉刀[1]，三者都无是处。

【评语】 陈康畴曰："大抵名而已矣，好歹原未必着意。"

殷日戒曰："况今之所谓名乎！"

【注释】 ①丐：乞求。捉刀：南朝宋刘义庆《世说新语·容止》："魏武将见匈奴使，自以形陋不足雄远国，使崔季珪代，帝自捉刀立床头。既毕，令间谍问曰：'魏王如何？'匈奴使答曰：'魏王雅望非常，然床头捉刀人，此乃英雄也。'"所以"捉刀"指代人作文。

【译文】 延请有名望的老师教导年轻晚辈，隐入有名的山中研习应举的学业，乞求有名的文士替自己写文章，这三项事都没有正确的地方。

【评语译文】 陈康畴说："大致说来只是名声罢了，名声的好坏原本就没有必要刻意追求。"

殷日戒说："何况是当今所说名声啊！"

【点评】 先说首句。"延名师训子弟"，一来为家长望子成龙心切，希望子弟能有所成；二来可显家庭身份与经济实力，以示非同寻常。但其于实际或无大补甚或有害。子弟的学习收获，并不与师名的大小成正比，此其一；名师与学生悬殊太过，所授难以为学生所领悟，此其二。如此，有了名师，学生倒不能得循序渐进之法，由浅入深地系统掌握知识，甚至会因无法系统的学习，影响以后的进步。这可谓弄巧成拙。

再说次句。名山风景秀丽，本身就是天造的一部绝妙文章、精美画卷。游览名山大川，自能开阔胸怀，助人才思。历代诗人画家对名山有深挚的眷恋，从中寻找灵感，提取素材。但八股文则不同。诗文创作讲抒写性灵，讲自然灵动；八股文写作则要求代圣人立言，不允许有个人见解，甚至忌讳"风花雪月字样"。要精熟八股制艺，只需熟背墨卷，精心钻研。名山之中，则不免为自然山水感染，灵气一生，便犯了八股文写作的大忌。入名山习举业，注定了其举业的不能成功。

最后说"丐名士代捉刀"一句。"名士"风流潇洒，才情出众，其为文，必个性鲜明，汪洋恣肆。但名士之文，往往不按规范，令其代作公文，不免有违体式，招上司之责，再者亦不能与主人的身份、声气、修养相吻合。这样，"丐名士代捉刀"自无益处。

"延名师训子弟"，有条件者请名师并无不可，"入名山习举止"，大可不必，举止是个人的品行决定的，品行是养成的，并不是学得来的。至于"代捉刀"那是欺世盗名之举，但凡正人君子均不屑此行为。但做这种事的人仍是很多，原因就是功名利禄所诱，世风日下。正直人均应坚决抵制此不良行为。

文体贵在创新

【原文】 积画以成字，积字以成句，积句以成篇，谓之文。文体日增，至八股而遂止。如古文[1]、如诗、如赋、如词、如曲、如说部[2]、如传奇小说，皆自无而有。方其未有之时，固不料后来之有此一体也。逮既有此一体之后，又若天造地设，为世必应有之物。然自明以来，未见有创一体裁新人耳目者。遥计百年之后必有其人，惜乎不及见耳。

【评语】 陈康畴曰："天下事从意起，山来今日既作此想，安知其来生不即为此辈翻新之士乎？惜乎今人不及知耳！"

陈鹤山曰："此是先生应以创体身得度者，即现创体身而为设法。"

孙恺似曰："读心斋别集[3]，拈《四子书》[4]题，以五七言韵体行之，无不入妙，叹其独绝。此则直可当先生自序也。"

张竹坡曰："见及于此，是必能创之者。吾拭目以待新裁。"

【注释】 ①古文：原指先秦两汉以来用文言写的散体文，相对六朝骈体而言。唐代韩愈、宋代欧阳修等皆曾大力提倡古文，反对骈骊的文体与文风。②说部：古代笔记、杂著之类文体：③别集：古代收录作家个人诗文的集子。④《四子书》：指《四书》，即《大学》《中庸》《论语》《孟子》。

【译文】 积累笔画用来组成文字，积累文字用来形成句子，积累句子用来构成篇章，这就叫文章。文章的体裁日益增加，发展到八股文时就停止了。像散体文、诗、赋、词、曲、笔记杂著、传奇小说，都是从无到有。当它们还没有形成的时候，原本不曾料想到后来会有这么一些体裁。到既然有了这些体裁以后，又好像天生的，成为人世间一定应该具有的东西。然而自从明代以来，没有见到一种新创造的体裁，使人耳目一新。远远地预想一百年之后一定会有创造新体裁的人，可惜见不到了啊。

【评语译文】 陈康畴说："天下的事情都是从愿望开始，张先生今天既然有这种想法，怎么知道他下一世不是这创新的人呢？可惜当今的人不能料想得到啊！"

陈鹤山说："这是张先生应当以创新体裁者而得以超度，就会以创新体裁者出现于世并为之设立规范。"

孙恺似说："阅读张先生的诗文集，拿来《大学》《中庸》《论语》《孟子》做题目，用五言七言有韵律的诗体写出来，无不美妙入微，慨叹这是独一无二的绝作。上面的议论就可以直接当作张先生的自序了。"

张竹坡说："见解这般高明，一定是能够创新的人，我擦亮眼睛等待新体裁的出现。"

【点评】 一代又一代的文学，如楚骚、汉赋、六朝骈文、唐诗、宋词、元曲，各领一代之胜，毋庸赘言。从这一点讲，这里所说的"遥计百年之后"，必有新体产生，昭示了文学发展的必然。

但任何文学体裁的产生，又都有其基础，绝不是无中生有。正因此，也才会有一种新体产生后的"若天造地设，为世必应有之物"。对此，只要就文学史的发展稍做排比，便不难见出。

张潮的局限在于他只能感知文学体裁发展的必然，却不懂得文体演进的内外在规律，所以他只能仅就字、句、篇等外在形式来谈文体的形成。至于他所说的"明以来，未见有创一体裁新人耳目者"，既不符合文体发展的实际，也出现概念混淆的毛病。众所周知，有明一代，除原有的诸多文体继续存在，说部中长篇章回、白话短篇也相继形成，曲中更有传奇剧诞生，它们较之八股，则更能代表时代文学的成就。

虽然如此，张潮这里特举曲、说部、传奇小说，将其与古文、诗、赋、词并列，也可看出他十分开明又颇具慧眼的思想见解。在清代以前，像他持有的这种观念，并不太多见，故显得难能可贵。

新文体的产生与社会时代的环境有着密切的联系。文学也是为社会服务的，当社会

发展到一定的阶段，就会产生与其相匹配的文体。而文体自身也有其自身渐变的过程，当文体自身完成了这种过程，新文体自会应运而生的。

友道可贵

【原文】 云映日而成霞，泉挂岩而成瀑，所托者异而名亦因之，此友道之所以可贵也。

【评语】 张竹坡曰："非日而云不映，非岩而泉不挂，此友道之所以当择也。"

【译文】 云被太阳照射形成彩霞，泉水挂在岩石上形成瀑布，它们所依托的对象不同因此名字也不相同，这就是交朋友的可贵之处。

【评语译文】 张竹坡说："没有太阳，云彩不会被映射；没有岩石，泉水无法挂下来，这就是交朋友应当选择啊。"

【点评】 在中国传统著作中，论及交友的文字很多，单从交友的得人与不得人对人的影响这一角度言，如《颜氏家训》中说："与善人居，如入芝兰之室，久而自芳也；与恶人居，如入鲍鱼之肆，久而自臭也。"明薛瑄《读书录》中说："人之邪正，必谨于所习。习与正人居，则正；与不正人居，则不正。"清金缨《格言联璧》中说："人若近贤良，譬如纸一张；以纸包兰麝，因香而得香。""人若近邪友，譬如一枝柳；以柳贯鱼鳖，因臭而得臭。"清乾隆时中州李绿园小说《歧路灯》通过主人公谭绍闻的堕落及浪子回头，形象地说明了择友之重要。

世间最美好的东西，莫过于有几个头脑和心地都很严正的朋友。云映日而成霞，泉挂岩而成瀑，有正直、善良的朋友交往，人生会大放异彩。《论语》中说益者三友，友直，友谅，友多闻，益矣。每个人都应掌握交友之道：公正、诚恳、谅解。

"云映日成霞，泉挂岩为瀑"，依托者不一样，所成就的事业亦不一样。交友与此理相通，与小人在一起，恐怕只能做一些名不见经传的小事；与君子在一起可修业养性，把握机会，成就大事业。物以类聚，人以群分，有选择地交朋友是很关键的。

画虎不成反类狗

【原文】 大家之文，吾爱之慕之，吾愿学之；名家之文，吾爱之慕之，吾不敢学之。学大家而不得，所谓刻鹄不成尚类鹜[①]也；学名家而不得，则是画虎不成反类狗矣。

【评语】 黄旧樵曰："我则异于是，最恶世之貌为大家者。"

殷日戒曰："彼不曾闯其藩篱，乌能窥其阃奥[②]，只说得隔壁话耳。"

张竹坡曰："今人读得一两句名家便自称大家矣。"

王安节曰："大家是学问，名家是才华。"[③]

【注释】 ①刻鹄不成尚类鹜：鹄，天鹅；鹜，鸭子。雕刻天鹅不成功好像鸭子。《后汉书·马援传》："学龙伯高不就，犹为谨饬之士，所谓刻鹄不成尚类鹜者也。效季良不得，陷为天下轻薄子，所谓画虎不成反类狗者也。"②阃奥：内室深隐处，引申指隐微深奥的境界。③此则评语据清刊本补。

【译文】 著名作家的文章，我喜爱仰慕它们，愿意学习它们；有专长而自成一家的作家的文章，我喜爱仰慕它们，我不敢学习它们。学习著名作家的文章虽然不能够得到，但雕刻不成天鹅还像鸭子；学习有专长而自成一家的作家的文章虽然不能够获得真谛，但

画虎不成反像狗了。

【评语译文】 黄旧樵说:“我与这种看法不同,最厌恶世上那些貌似著名作家的人。”

殷日戒说:“你没有闯过著名作家的禁地,怎么能看到他们学问、事理的精奥处,只能说这些墙外话。”

张竹坡说:“现在的人读了一两句有专长作家的话就自己称自己为著名作家了。”

王安节说:“著名作家靠的是学识,有专长自成一家的作家靠的是才能。”

【点评】 从事文章写作,暂不论大家、名家,能有所创新,已非轻而易举。至于阅读,则大家、名家虽有层次的区别,其作品,却一样给人以享受。但如果作为学习写作的范本,取名家显然不如取大家。原因很简单,能成为大家,说明其创作已具有成熟的风格,其成就众所周知,能为广大的读者接受,有鲜明突出的堪称典范的特质,得到理论家总结或为世人共知,从而成为某种典范。学习大家,可学的内容极多,方向也相对明确,作为规范,更适宜作基础训练,正如习书法取大家法帖作临摹,道理相同。名家却不同,他们虽然以个别文章出名,但创作风格也许尚在摸索发展中,而其将来形成的风格是否能够为世人认可,尚有待于实践检验。以尚未得到确认的东西作摹本,已属冒险,而学习中能否得其神髓,也不能不令人怀疑,这样,学习名家,便难免会出现“画虎不成反类狗”的局面。学作文与习书法有相通之处。这则文字所论,的确有其道理。

不论大家,还是名家,都应学习其独到之处,不必有学而不成的畏惧心理,要功夫下到,吸取各家之长,融会贯通,肯定会自成一家的。

由戒得定

【原文】 由戒得定,由定得慧,勉强渐近自然[①];炼精化气,炼气化神[②],清虚有何渣滓。

【评语】 袁中江曰:“此二氏[③]之学也,吾儒何独不然?”

陆云士曰:“《楞严经》[④]、《参同契》[⑤]精义尽涵在内。”

尤悔庵曰:“极平常语,然道在是矣。”

【注释】 ①戒、定、慧:佛教指防非止恶曰戒,息虑静缘曰定,破惑证真曰慧。《楞严经》六:“所谓摄心为戒,因戒生定,因定发慧,是则名为三无漏学。”自然:天然,非人为的。《老子》:“人法地,地法天,天法道,道法自然。”②炼精化气,炼气化神:道教修炼法。道教徒以静功、气功锻炼自身内在的精、气、神。《潜确类书》:“以精化气,以气化神,以神化虚,名三华聚顶。”③二氏:佛教和道教。④《楞严经》:全称《大佛顶如来密因修证了义诸菩萨万行首楞严经》,又称《首楞严经》。10 卷。⑤《参同契》:全称《周易参同契》。东汉魏伯阳撰,道教奉为“丹经王”。

【译文】 从防止错误制止罪恶到消除一切思虑、安静归缘,从息虑静缘到破除迷惑、追求真实,竭尽全力地去接近天然;修炼人之原气变化为呼吸引导之气,修炼呼吸引导之气变化为精灵,到达清净虚无的境界,还有什么多余的东西。

【评语译文】 袁中江说:“这是佛教和道教的学问,我们儒家为什么独独没有可遵循的教法教义?”

陆云士说:“《楞严经》《参同契》的精华要义全部包含在里边了。”

尤悔庵说:“这是极其普通的话,然而道理却在其中啊。”

【点评】 这则文字前边谈佛教戒、定、慧三学;后边谈道教内丹学精、气、神修炼之理。

佛教认为,要领悟佛法,修成正果,首先要恪守规律,如此修行,方可制心一处,进入禅定状态,也只有进入禅定状态,才能逐步认识真理,领悟佛法,从而证佛,具大智慧,进入不为物累的自然状态。

道教以成仙为终极追求。他们认为要成仙便须修炼。其中内丹学理论把《老子》“道生一,一生二,二生三,三生万物”的宇宙生化说与内丹的虚化神、神化气、气化精、精化形之说相配,作为“道”顺生天地万物的程序;说万物既生之后,都禀因道而有的精气神三宝;而要返本归根,便要逆其顺生程序炼化归元,即炼精化气,炼气化神,炼神还虚,这便与道合真,结丹成仙,超出生死,归于虚寂的“道”,便无任何沉滓,不受尘世污染。

张潮所以把佛、道修持的过程、结局并列而论,无非是想说明两家道路不同,结果仿佛:一是自然,一是清虚而无渣滓。所以会出现这惊人相似的结局,既与佛、道二教宗旨都在探讨人生理想归宿相关,更在其彼此的交互影响、渗透,以及道教内丹学的向佛借鉴。

“由戒得定,由定得慧,勉强渐近自然”,这是一个历经磨难,追求真理的复杂而痛苦的过程。这不是一般人所能达到的,只有一些大智慧、大毅力的人才可以实现,这一道理同样也渗透在人生道路上,为学、为政皆需此道理。

南北东西,一定之位也

【原文】 **南北东西,一定之位也;前后左右,无定之位也。**

【评语】 **张竹坡曰:“闻天地昼夜旋转,则此东西南北亦无定之位也。或者天地外贮,此天地者当有一定耳。”**

【译文】 东西南北,有固定的方位;前后左右,因人而异,不断变化,没有固定的方位。

【评语译文】 张竹坡说:“听说天地日夜不停地旋转,那么这东西南北也没有一定的所在啊。也许天地之外还有一个大空间,这天地应当有固定的方位啊。”

【点评】 东西南北作为四个方位,乃以日出方向作参照而确定。《说文解字》释“东”:“动也,从木。官溥说,从日在木中。”西则为日落之处。又面对日出的东方,左手为北,右手为南。而前后左右的确定,则以人为中心,随人面部的转移而发生变化。《说文》释“前”:“不行而进谓之歬(前),从止在舟上。”《玉篇》释“后”:“后,前后。”与前相对。《说文》释“左”:“手相左助也。从𠂇从工。”以手在边,故在面向的侧边,如面向南时东边为左,面向北时西边为左。右则与左相对。

作为方位,东西南北之所以为固定方位,在于它以外物为参照,日总是升于东方,所以其方位固定不移;而前后左右之所以为不固定方位,在于它以人自我为中心,人的体位可随时变化,以它为参照来确定的方位随之发生变化,前后左右只能是相对的不固定的。

从这里我们领悟到,客观规律必须遵循,个人意志必须服从客观规律,如此,才不会逆天而行,做好每一件事情。

不管是有定之位还是无定之位,都给人以方位感,让人感觉立在何处,站在何方。有定与无定,相辅相成,无中生有,有即是无,无即是有。

道观和佛寺

【原文】 予尝谓二氏不可废，非袭夫大养济院①之陈言也。盖名山胜境，我辈每思褰裳就之。使非琳宫梵刹②，则倦时无可驻足，饥时谁与授餐。忽有疾风暴雨，五大夫果真足恃乎？又或丘壑深邃，非一日可了，岂能露宿以待明日乎？虎豹蛇虺，能保其不为人患乎？又或为士大夫所有，果能不问主人，任我之登陟凭吊而莫之禁乎？不特此也，甲之所有，乙思起而夺之，是启争端也。祖父之所创建，子孙贫，力不能修葺，其倾颓之状反足令山川减色矣！然此特就名山胜境言之耳。即城市之内，与夫四达之衢，亦不可少此一种。客游可做居停，一也；长途可以稍憩，二也；夏之茗、冬之姜汤，复可以济役夫负戴之困，三也。凡此皆就事理言之，非二氏福报之说③也。

【评语】 释中洲曰："此论一出，量无悭檀越④矣。"

张竹坡曰："如此处置此辈甚妥。但不得令其于人家丧事诵经、吉事拜忏、装金为像、铸铜作身，房如宫殿、器御钟鼓，动说因果。虽饮酒食肉、娶妻生子，总无不可。"

石天外曰："天地生气⑤大抵五十年一聚。生气一聚，必有刀兵、饥馑、瘟疫，以收其生气。此古今一治一乱必然之数也。自佛入中国，用剃度⑥出家法绝其后嗣，天地盖欲以佛节古今之生气也。所以唐、宋、元、明以来，剃度者多而刀兵劫数稍减于春秋、战国、秦、汉诸时也。然则佛氏且未必无功于天地，宁特人类已哉。"

【注释】 ①养济院：唐肃宗至德二年（757年）在长安、洛阳各置普救病坊。宋南渡后在临安改原有病坊为养济院，委钱塘仁和县官，登录老疾孤寡、贫乏不能自存及丐者，官给钱米。明英宗天顺元年（1457年）于大兴、宛平二县，每县设养济院一所，收养贫民。明代陈继儒称佛教为大养济院。②琳宫：道观。梵刹：佛寺。③福报之说：因果说。今世的善恶行为，必导致后世的罪福报应。④檀越：佛教指向寺院施舍财物、饮食的世俗信徒。⑤生气：使万物生长发育之气。⑥剃度：佛教徒出家时剃除须发、接受戒条的仪式。

【译文】 我曾经说佛教和道教不可以废弃，并不是承袭大养济院的旧话。因为有名气的山川和壮观的景致，我们这些人常常思想着去登攀周游。假如没有道观和佛寺，那么疲倦的时候就没有停下来休息的场所，饥饿的时候有谁供给您饭菜。忽然间来一阵狂风暴雨，松树果然真的能够抵挡得住吗？又或者遇到山沟深幽，不是一天可以游览完的，怎么能够露天住宿以便等待第二天呢？那些老虎、豹子、毒蛇，能够保证它们不给人带来危害吗？又有些山川和优美的境地被官僚阶级所拥有，果真能够不经过主人允许，任凭我们登攀和对着遗迹、坟墓等怀念古人、往事却不加阻拦吗？不光是这些，本来某处是甲方所拥有的，乙方想占有就动手夺取它，因此引起争端。祖父那辈人创建下来的产业，到了儿子、孙子辈贫穷下来，缺乏财力进行修缮整理，这些道观佛寺倾斜坍塌的样子反而足以使山川减少光彩啊。然而这些就只是指在山川和优美的境地内的道观佛寺而言，即使在城市中和四通八达的道路旁，也不可以缺少这些建筑。一是游客可以作为居住的地方；二是在漫长的旅途中可以稍微休息；三是夏天供应茶水、冬天供应姜汤，又可以接济那些服役人的负重之苦。大凡这些都是指事情的道理来说的，并不是佛教和道教以福报福、以怨报怨的因果报应说啊。

【评语译文】 释中洲说："这番议论一发出，估计不会有吝啬的施舍者了。"

张竹坡说："像这样安置这些出家人非常妥当。但不得让他们在别人办丧事时诵经、吉祥事时忏悔、替佛像镀金、用铜铸造佛身，或是把道观佛寺装修的像宫殿一样豪华，敲击钟鼓，陈述因果报应的事理。虽然他们喝酒吃肉，娶老婆生孩子，都没有什么不可以的。"

石天外说："天地间使万物生长发育之气大概五十年聚合一次。使万物生长发育之气聚合在一起，一定会有战事、饥荒、瘟疫，以此用来收集天地间使万物生长发育之气。这是从古代到现代有一次大的治理必定会有一次大的动乱的天数；自从佛教传入中国，用剃除须发、接受戒条的方法来杜绝他们的后裔，天和地大概想用佛教节制从古到今的使万物生长发育之气。正因为这样，唐、宋、元、明以来，剃除须发出家的人越来越多，战事劫难次数比春秋、战国、秦、汉这些朝代稍微有所减少。然而佛教并不是对天地没有功劳，难道只限于人类吗。"

【点评】 这则文字，张潮声明并不是谈因说果，只是从现实生活的实际需要，来分析佛寺道观存在的必要性。

名山胜水，人人都想一游，前往领略一下山光水色。有了寺院道观，疲倦时可借此休憩，饥饿时可以找口饭吃，遇到狂风暴雨，可以在此躲避，夜幕降临可以借宿。有了寺院道观的食宿保障，还可以免遭毒蛇猛兽的侵害。这只是就寺院道观为佛、道所有而言。

假如为官绅所拥有，却不能任凭游客观光，以上的一切作用都将失去。此外，个人拥有还有弊端。如为甲拥有，乙希望强取，如此便引发争斗；有祖、父辈手有余钱，财产丰裕，建造堂皇，或家道中落，无钱修整，不免倾颓毁坏，断垣残壁，势必影响名山胜境的形象。这都是就名山胜境处的寺院道观而言。

城市通衢，有了寺院道观，益处也多：一是外出旅游可以借作旅社；二是长途跋涉，可以在此稍歇；三是役夫困苦中可以从此处讨得清茶、姜汤，解暑暖身，解除劳累。寺院道观确实为人们带来诸多便利，它的存在，确有必要。

当然，张潮所论，仅就一般情况而言，世上不乏势利的和尚、道士，深山游历或长途跋涉遭遇此辈，恐食宿之便，非轻易可得。

济世接贫，与人方便，慈悲为怀乃是佛、道二教对人类的贡献，也是对人类的大功劳。佛度人，道超人，佛、道皆为世人想。众生方便，便会礼佛、拜道，那么就会世道太平，百姓安居乐业。

虽不善书，而笔砚不可不精

【原文】 虽不善书，而笔砚不可不精；虽不业医，而验方不可不存；虽不工弈，而楸枰[1]不可不备。

【评语】 江含征曰："虽不善饮，而良酝不可不藏，此坡仙[2]之所以为坡仙也。"

顾天石曰："虽不好色，而美女妖童[3]不可不蓄。"

毕右万曰："虽不习武，而弓矢不可不张。"

【注释】 ①楸枰：用楸木制作的棋盘。②坡仙：苏轼，字子瞻，号东坡居士，眉州眉山（今属四川）人。北宋文学家、书画家。唐宋八大家之一。宋黄庭坚《次韵宋懋宗三月十四日到西池出遨》："还作遨头惊俗眼，风流文物属苏仙。"苏轼文章纵横奔放，诗飘逸不群，词开豪放一派，书画亦有名。有《东坡七集》110卷。③妖童：清秀的男童。

【译文】 虽然不善于书法，但是笔墨砚台不可以不精致；虽然不从事医道，但是药方

不可以不收存；虽然不精通棋艺，但是楸木制作的棋盘不可以不拥有。

【评语译文】 江含征说："虽然不善于饮酒，但是好酒不可以不贮藏，这是苏东坡之所以成为坡仙的原因。"

顾天石说："虽然不喜好女色，但漂亮的女子和清秀的男童不可以不蓄有。"

毕右万说："虽然不学习武功，但弓箭不可以张不开。"

【点评】 纸墨笔砚旧时被称为文房四宝，琴棋书画则被视为文人风雅四艺。有了文房四宝，室中雅趣横生。四艺中得擅其一，可获雅人之称。文人交往，颇重情调，笔砚、楸枰是不可缺少的工具。即使自己"不善书"，也要准备有精良的笔砚。"不工弈"，也须有楸枰。一则表现自己的艺术品位与审美情趣，二则表示对朋友的尊重和厚爱。朋友往来，或有书画家友人到来，磨墨铺纸，请其挥毫泼墨，供人尽兴。爱好下棋者，主人陪上二局，不亦乐乎。而"验方不可不存"，谓人有旦夕福祸，疾病总是不期而至，成为困惑人的一大问题。不论是自己或是家人、邻里、朋友，偶染疾病，最重要的是为病人消病去灾，除却痛苦，这时若有神奇有效的药方，真可谓及时雨。

张潮这则文字告诉我们：自己爱好的，应武装精良，自己不擅长的，也要精心装备，以待不时之需。

即使学问不多，寻常的学习、娱乐用的东西却不能不齐备。第一，书到用时方恨少，如想读时，随手拿来即可；第二，奇效的药方一定要保存着，生病是很自然的现象，说不定什么时候就用上了；第三，如友人来，要对弈一盘，没有岂不无趣。所以尽管自己都不精通，却不可不备。

不必戒酒须戒俗，不必通文须得趣

【原文】 方外[1]不必戒酒，但须戒俗；红裙[2]不必通文，但须得趣。

【评语】 朱其恭曰："以不戒酒之方外，遇不通文之红裙，必有可观。"

陈定九曰："我不善饮，而方外不饮酒者誓不与之语。红裙若不识趣亦不乐与近。"

释浮村曰："得居士此论，我辈可放心豪饮矣。"

弟东囿曰："方外并戒了化缘方妙。"

【注释】 ①方外：指僧、道。②红裙：指美女。

【译文】 僧人和道士不一定非要戒酒，但必须戒除世俗；美女不一定非要精通文字，但必须识趣。

【评语译文】 朱其恭说："让不戒酒的僧人或道士，遇到不通晓文字的美女，一定有可以观赏的趣事。"

陈定九说："我不善于饮酒，但僧人或道士不喝酒的我发誓不和他说话，美女如果不知趣的也不乐于和她接近。"

释浮村说："得到居家信佛的人的这番议论，我们这些人可以放心畅饮了。"

弟东囿说："僧人和道士一并戒除了向人求取施舍才好啊。"

【点评】 道教戒规中有"不得荤酒"，佛教也以"不饮酒"作为五戒之一。这里却说："方外不必戒酒，但须戒俗"，显然其视"俗"较饮酒更为严重。为什么作者对僧道的"俗"如此痛心疾首？这里有着现实的原因与理论的根据。作为方外，僧道都以超脱尘俗相标榜，以不贪无欲为追求，这是证道成佛修炼成仙的基础。但现实中，剃度皈依的僧人与寄身道观的道士，却未必脱离尘缘，更有甚者，俗念重重，势利万分，较之尘世中人，更显世俗气。这种情况，在明清野史稗说中时能见到，在当时社会也可见及。正因此，张潮才有此说。

"红裙不必通文，但须得趣"，则反映了作者所持的妇女观。在作者看来，女子通不通文墨并不重要，重要的是有无情趣。对趣的追求，与宋元以来程朱理学所鼓吹的"存天理，灭人欲"、灭绝个性相对立，反映了晚明以来新的思潮，有其进步合理的一面。只是独独用来作为对女子衡量的标准，却不能不说其中仍有视女子为男人附庸或玩物的封建陋习。

方外之人就要跳出三界外，不在五行中，不与俗尘相染，不为俗事烦心，但方外之人也是人，五谷杂粮还要吃，酒就不一定要戒。女人不通文墨，不懂诗词韵律无所谓，但必须有情趣，善解人意。

论 石

【原文】 梅边之石宜古，松下之石宜掘[1]，竹旁之石宜瘦，盆内之石宜巧。

【评语】 周星远曰："论石至此，直可作九品中正[2]。"

释中洲曰："位置相当，足见胸次。"

【注释】 ①掘：粗笨。②九品中正：魏晋南北朝时保证世族特权的官僚选拔制度。每个州郡由有声望的人担任中正官，将当地士人，按才能分为九品，每十万人举一人，由吏部授予官职，无关紧要"九品官人之法"。

【译文】 梅树旁边的山石适宜古朴，松树下的岩石适宜拙朴，竹子旁边的石头适宜瘦削，花盆内的石头适宜纤巧。

【评语译文】 周星远说："评论石头到这里为至，简直可以做按才能分九等的中正官。"

释中洲说："张先生能够按不同事物搭配不同岩石，恰到好处，由此可以看出他的不凡胸怀。"

【点评】 园林造景作为一门艺术，其极致是体现出自然景观与人工创造的完美交融。而要达到这种效果，造景者的审美见解、艺术才能起着关键作用。即以这则文字所举景观言，梅、松、竹、盆景各有独自的神韵、风骨，而与之搭配的石头，能否与它和谐，便要看能否准确把握它们不同的内涵，并巧搭配置。梅，春天先开花后长叶，独具神韵，应以古雅之石相配；松，傲岸苍劲，配之以粗拙之石，更显阔壮朴实；竹，修长清瘦，与瘦剥之石相配，益显清奇潇洒的风姿；盆景面积大小有限，人工雕琢痕迹明显，盆景中的石头适宜于巧妙，才会显示盆景的玲珑别致。

美在和谐。石与梅、松、竹、盆景的外在形式与内在神韵达到和谐、统一，才会有圆融、美妙的审美效果，从这则文字我们可看出张潮在园林造景方面的艺术品位。

梅、松、竹各具品性，选择陪衬之物，自然选择接近它们品位的石头了。这样才能相映成趣，更见品性和谐而完美。

律己宜带秋气

【原文】 律己宜带秋气，处世宜带春气。

【评语】 孙松楸曰:“君子所以有矜群[1]而无争党[2]也。”

胡静夫曰:“合夷惠为一人,吾愿亲炙之。[3]”

尤悔庵曰:“皮里春秋[4]。”

【注释】 ①矜群:同情大众。②争党:朋党之间的纷争。③夷:伯夷,商末孤竹君长子。相传孤竹君以次子国叔齐为继承人。孤竹君死后,叔齐让位,伯夷不受,后二人投奔周国。周武王伐纣,两人曾叩马谏阻。武王灭商后,他们耻食周粟,逃到首阳山,采薇而食,饿死在山里。封建社会里把他们当作高尚守节的典型。惠:柳下惠,即展禽,名获,字禽,又字季。春秋时鲁国大夫,食邑在柳下,谥惠,故称柳下惠。任士师时,三次被黜。为人清高廉洁,以善于讲究贵族礼节著称。见《孟子·尽心下》。亲炙:谓亲承教化。④皮里春秋:表面不做评论,心里却有所褒贬。《晋书·褚裒传》:“裒少有简贵之风……谯国桓彝见而目之曰:‘季野有皮里阳秋。’言其外无臧否,而内有所褒贬也。”

【译文】 约束自己应该带着秋天的肃杀之气;与别人相处应该带着春天的和煦之气。

【评语译文】 孙松楸说:“品格高尚的人因此有同情大众之心,没有朋党之间的纷争。”

胡静夫说:“把伯夷的高尚守节、柳下惠的清高廉洁合在一起,成为一个人,我愿意亲身接受他的教化。”

尤悔庵说:“表面不做评论,心中有所褒贬。”

【点评】 严于律己,宽以待人,为君子处世为人之道。律己严则寡过。严格要求自己,在生活中不贪图安逸,发奋努力,常为别人着想,这样的人品德日臻完善。相反,若一个人对自己要求不严,常生怠慢之心,放纵自我,贪图享受,苟且偷生,得过且过,这种人经受不住痛苦、挫折的打击,是不会有所成就的。事实证明只有严格要求自己的人才会成就大事业。宽以待人者,胸襟豁达,个人修养良好,这是理想人格不可或缺的内容。人生活于社会群体中,要与各种人交往,而和谐的人际关系是人生活幸福、事业成功的基础与保障。温良恭谨让是古人崇尚的,其实也是人际交往中时时都应遵循的法则。“律己宜带秋气,处世宜带春气”可作为人们为人处世的箴言。若人人都能够律己带秋气,处世带春气,那我们的社会不就是一个和谐的世界?若真能如此,世界将变成最美好的人间。

约束规范自己要像秋天般严肃,修炼德行,以使自己达到很高的境界。春天,春机盎然温馨一片,像春天般为人处世,对待朋友一片至诚,充满热情,这也是一种谦恭礼让的美好品德。以季节比喻言行,自然规律亦与人的品行和谐。

厌恶和喜好

【原文】 厌催租之败意,亟宜早早完粮;喜老衲[1]之谈禅,难免常常布施。

【评语】 释中洲曰:“居士辈之实情,吾僧家之私冀,直被一笔写出矣。”

瞎尊者曰:“我不会谈禅,亦不敢妄求布施,惟闲写青山卖耳。”

【注释】 ①老衲:老僧。

【译文】 讨厌前来催促交纳租税的人败坏人的心情,应该早些把征收的粮食交上去;喜好听老僧谈论禅机,却免不了经常施舍财物。

【评语译文】 释中洲说:“这是居家信佛的人的真情实感,我们僧家的暗自期望,被他一下子写出来了。”

瞎尊者说：“我不善于谈论禅机，也不敢妄然渴求施舍钱财，只有闲暇时画些山水画变卖罢了。”

【点评】 催租是件扫兴败意的事，完租则能避免催租者打扰；喜听老僧谈禅说法，总要布施财物于老僧。张潮轻松道来，颇合他士大夫的身份。士大夫家有余财，布施老僧，听听说经，感受禅机，了解些佛法，乐在其中，是一件轻松悠闲事，不必赘言，唯其“亟宜早早完粮”一语，不免为局外人之谈，不中肯綮。明、清时代，耕作技术仍很落后，家有几分薄田，能糊口度日已属不易；租人田地，完粮交租，要维持生计，更见艰难。对于租田耕作的农夫，最大的心愿莫过于风调雨顺，挥洒血汗后有个丰收，除交租完粮，尚有余存，保全一家免受饥饿之苦。倘不幸遭遇旱、涝、虫灾，颗粒无收，则不免妻子啼饥号寒，地主催逼完租，不知演了多少妻离子散、家破人亡的悲剧。那时，生存尚且难顾，何论“败意”？由此可看出张潮没能体会到稼穑的艰难。

有破坏自己意兴的事，最好早早将之了却，防范败兴于未然。喜爱某件事，那就要早做准备，供其所需，才能顺接喜兴。即使因某些原因完成不了，也不可因败兴而沮丧，因高兴而忘形。“不以物喜，不以己悲”，范仲淹先生早有先见，这样才能静心养性。

松下听琴

【原文】 松下听琴，月下听箫，涧边听瀑布，山中听梵呗[1]，觉耳中别有不同。

【评语】 张竹坡曰：“其不同处，有难于向不知者道。”

倪永清曰：“识得不同二字，方许享此清听。”

【注释】 ①梵呗：佛教作法事时的赞叹歌咏之声。

【译文】 在松树下赏听弹琴的声音，在月色下倾听如泣如诉的箫声，在涧水边听瀑布的冲击声，在深山中聆听佛教徒的赞叹歌咏声，听起来格外不同。

【评语译文】 张竹坡说：“这种不同之处，很难向不能领会的人表述出来。”

倪永清说：“能够认识到不同二字，才可以享受这清雅的声音。”

【点评】 音乐是人类的第二语言。音乐之美，在于它能拨动人的心弦，引起人心灵上情感上的共鸣，把人的思想带入一种美妙的境界。悠扬的琴声，凄美婉转的箫声，清远的梵乐都给人一种难以描述的美的享受。选择最适合的空间来感受音乐，藉江山自然之助，更添听音的妙趣。松下听琴，松的高洁与琴的幽雅使人有一种远离尘世超然物外的感触。月下听箫，朦胧的月色使箫声更显深沉、清悠。梵乐作为一种特殊的音乐形式，凡人听之亦会有醍醐灌顶之感。在幽静的山里听梵呗，更让人体味到空灵、静寂、天地幽渺。而在涧边听轰鸣的瀑布声，那深涧大壑更让人体味到博大深远，在涧边听瀑声，恰如欣赏大自然发出的协奏曲。选择适当的地方，耳中听乐，眼中观景，会心处所达到的境界定然妙不可言。

环境不一样，感受肯定不一样。松下听琴，月下听箫，山中听梵呗，环境各异，乐器不一，感悟自然不同，用心灵去倾听，去感悟，声声都有净化人心的效果。此皆雅人高士所喜之事。

月下听禅

【原文】 月下听禅，旨趣益远；月下说剑，肝胆益真；月下论诗，风致益幽；月下对美人，情意益笃。

【评语】 袁士旦曰："溽暑中赴华筵，冰雪中应考试，阴雨中对道学先生[①]，与此况味何如？"

【注释】 ①道学：原指宋明时期的唯心主义哲学思想，现形容古板迂腐者。

【译文】 在月色下听谈论禅机，旨意趣味更加深远；在月色下磋商剑法剑术，侠义肝胆更加真实；在月色下议论诗篇，风韵兴致更加幽雅；在月色下面对美貌佳人，情意更加纯真。

【评语译文】 袁士旦说："天气最热的时候前赴繁华的筵席，在冰天雪地中去应对考试，在阴雨天气中面对古板迂腐的人，在这种情况下味道怎么样？"

【点评】 禅宗以心灵空明澄澈、清静如水为最高境界，而月光如水，空明宁静，与此境相通，故而在禅诗中，便多有以月光比心或以月光参禅者。如《续传灯录》卷二二《漳州保福本权禅师》下引寒山偈云："吾心似秋月，碧潭清皎洁。"《五灯会元》卷十五有泐潭灵彻说西来之意："乐庵每见西庵雪，下涧长流上涧泉；半夜白云消散后，一轮明月到窗前。"而谓"月下听禅，旨趣益远"正取此意。

剑与侠相关，侠意味着仗义执言，舍己为人，在皎洁的月光下，心如月光明净，谈剑说侠，剑的寒光与月的清辉相交融，肝胆相照。

人们赋予月亮许多美好的传说，古往今来，以月亮为题而吟咏的诗篇数不胜数。而月光的皎皎、滟滟、蒙蒙都有无限的诗意。在这充满诗意一片朦胧的月光下论评古今诗作，会平添几多韵味。

月下观美人，美人的意态与月的神秘、朦胧相映生辉，美人在温柔的月色下更有韵致，恰如面对画中之美人，情感会进一步升华，这就是"月下对美人，情意益笃"之意吧。

在合适的环境下做每一件事，有如锦上添花，不但使事情顺利发展，还会使事情增添许多情趣，加深感情。所以，做事选择环境很重要。

胸中山水，妙在位置自如

【原文】 有地上之山水，有画上之山水，有梦中之山水，有胸中之山水。地上者，妙在丘壑深邃；画上者，妙在笔墨淋漓；梦中者，妙在景象变幻；胸中者，妙在位置自如。

【评语】 周星远曰："心斋《幽梦影》中文字，其妙亦在景象变幻。"

殷日戒曰："若诗文中之山水，其幽深变幻更不可以名状。"

江含征曰："但不可有面上之山水。"

余香祖曰："余境况不佳，水穷山尽矣。"

【译文】 山水有存在于大地之上的，山水有存在于画间的，山水有存在于梦中的，山水有存贮于胸间的。地上的山水绝妙之处在于丘壑深幽陡峭，画上的山水绝妙之处在于笔墨的酣畅淋漓，梦中的山水绝妙之处在于景象变幻多姿，胸中的山水绝妙之处在于远近高低起伏、位置错落有致。

【评语译文】 周里远说："张先生《幽梦影》中的文章，也妙在景物气象变化无定。"

殷日戒说:“假如是诗词文章中的山水,它的深远幽静的变化更是不可以描摹的。”

江含征说:“但是不可以有颜面上的山水。”

余香祖说:“我的处境状况不好,水也干涸,山也到了尽头。”

【点评】 “仁者乐山,智者乐水”,山水永远是人们钟爱的寄托情感的事物。张潮很形象地将山水分为四种:地上山水、画中山水、梦中山水、胸中山水。四种山水各有韵味。

地上山水乃自然造化,重峦叠峰,绵延山脉,深沟巨壑,淙淙溪流,岩泉瀑布,碧波万顷,本身就是绝美画卷。自然山水有着其他山水不可比拟的深广博大、神秘莫测。

作为自然山水的主观反映,画上的山水经过了作家的提炼,画家往往藉画笔表达某种情绪,在浓墨重染、纵情泼墨时,其主观倾向也淋漓尽致地表现出来。画中山水是在通过笔墨浓淡、笔力强弱、景观布置、比例安排,体现其艺术的表现。

梦中山水具有很大的变化空间。它随起随灭,随意组合,可以是自然山水的再现,可以是自然山水的变形,它变幻不定,难以捉摸。

与上述有所不同的是胸中山水。地上山水为自然造化,不易变更;画上山水一经画出也无法更改;梦中山水变幻莫测,人不能自主;而胸中山水是人理想境界的表达,可由自己组合、布置、调整、绘制。

山水在于地,可以再现于画,再现于梦,再现于心,各有妙处。山水在于地,妙于真切实在;山水在于画,妙在余意无穷;山水在于梦,妙在幻化无穷;山水在于胸,妙在随意自如。

一日之计种蕉,百年之计种松

【原文】 一日之计种蕉,一岁之计种竹,十年之计种柳,百年之计种松。

【评语】 周星远曰:“千年之计,其著书乎?”

张竹坡曰:“百世之计种德。”

【译文】 一天的计划就种植芭蕉,一年的计划就种植竹子,十年的计划就种植柳树,一百年的计划就种植松树。

【评语译文】 周星远说:“一千年的计划,你写书吗?”

张竹坡说:“一百世的计划应该培植道德。”

【点评】 古人对栽种植物的作用的认识,远不及现在科学。但出于实用的目的,或为自己,或为儿孙,在这一点上,可以说古今如出一辙。从这则文字所谈,便可看出这种意思。

所谓一日之计种蕉,指蕉这种植物,从栽种之日起便具观赏价值。一岁之计种竹,指竹一年可成材,四季常青,给人清奇飘逸之感;十年之计种柳,指柳要经十年寒霜酷暑才能成材,柳条青青,绿荫蔽日,可供人纳凉休憩;百年之计种松,指松无百年,不能成参天大树,百年老松苍劲葱茏,历来为世人所仰慕。

种蕉、竹、柳能立竿见影,可以为己所用;而百年之松,则纯为后世子孙计。眼前之效、现实之利固然重要,而远景规划更不可少。社会的进步,人类的发展,要兼顾眼前利益与长远利益,那就应制定好短暂计划与长远计划,要有发展的眼光,为子孙后代做些铺垫。

植蕉、栽竹、插柳、养松,因其所需,为一日计与为百年想自是各有不同,要选择适

合的事干，才能顺理成章、良性发展。长远计划与短期计划相互补充，事业才能完善。

春雨·夏雨·秋雨·冬雨

【原文】 春雨宜读书，夏雨宜弈棋，秋雨宜检藏，冬雨宜饮酒。

【评语】 周星远曰："四时惟秋雨最难听，然予谓无分今雨旧雨，听之要皆宜于饮也。"

【译文】 春天下雨的时候适宜读书，夏天下雨的时候适宜下棋，秋天下雨的时候适宜检点收藏，冬天下雨的时候适宜喝酒。

【评语译文】 周星远说："春夏秋冬四季的雨只有秋雨最难听，但是我认为无须分别现在的雨和过去的雨，听着它都适宜喝酒啊。"

【点评】 春雨淅沥、轻柔、细密，像轻音乐，当此之时，静心坐在家中，或史书、或经书、或诗文，娓娓读来，十分惬意。

夏天下雨，电闪雷鸣、风狂雨骤，如催征战鼓，使人难以平静，对弈则是最好的活动，既可消遣，又使人平心静气，舒缓心情。

秋雨连绵，清冷萧飒，使人烦愁，当此时，翻检收藏，将思绪带回往事中，陷入温馨回忆里，既消磨时光又冲淡冷寂凄清中的愁苦意绪。

冬雨天寒，手脚也不大想动，更觉无聊，若与朋友觥筹交错，则能助人雅兴，即使自斟自饮，亦能消寒暖身，也是件增人兴致之事。

其实，下雨是种自然现象，人们无法支配，该做什么还要去做，而张潮却分门别类，反映出他个人的情调，也表现了古代士大夫优游自得的生活观念，间接反映了他们闲适无忧的日常生活状态。

春雨飘柔、夏雨急骤、秋雨萧索、冬雨寒峭，在不同季节雨天的闲暇时间，选择事情做。飘柔宜读书，急骤宜弈棋，萧索宜检藏，寒峭时饮酒最佳。对心境的助益无疑颇有益处。

诗文之体得秋气为佳

【原文】 诗文之体得秋气为佳，词曲之体得春气为佳。

【评语】 江含征曰："调有惨淡悲伤者，亦须相称。"

殷日戒曰："陶诗[1]、欧文[2]亦似以春气胜。"

【注释】 ①陶诗：陶渊明的诗。②欧文：欧阳修的文章。欧阳修，字永叔，号醉翁、六一居士，吉州吉水（今属江西）人。北宋文学家、史学家。

【译文】 诗歌和文章这种体裁具有秋天的悲凉、肃杀之气为好；词和曲这种体裁具有春天温暖蓬勃向上之气为好。

【评语译文】 江含征说："曲调惨淡而且悲伤的，也应当选择与它相匹配的体裁。"

殷日戒说："陶渊明的诗、欧阳修的文章也好像以清新流畅的春天之气赢得盛名。"

【点评】 这两句话包含了如下两层含义：一、旧有诗庄词媚一说，以为诗言志，以庄重蕴藉为正宗；而词则可以写艳情，用语直白明快。在他们看来，词曲与诗文相比，前者俗，后者雅。所谓春气，即指词曲能写春情，风格灵动；所谓秋气，则指诗文应该严肃，不可轻佻油滑。二、朱彝尊《紫云词序》中说："昌黎子曰：欢愉之言难工，愁苦之言易好。……斯亦善言诗矣。至于词或不然，大都欢愉之词，工者十九，而言愁苦者，十一焉耳。"也就是说，诗宜写穷愁，词宜写欢愉。所谓"诗文之体，得秋气为佳"，便含有诗文宜写穷愁的意思。因秋的特征是悲，是苦；而"词曲之体，得春气为佳"，则含有词曲写欢愉、写儿女私情的含义，因为春天的主调明快。

春夏秋冬四季都可创作，不必强求春作诗，秋作词。作词作诗全在于作者的感性与灵气。只要有了灵气与感性，在春季也可作词，秋季亦可作诗。这里只是说春季宜作词，秋季宜作诗罢了，讲的是舒适一词。

笔墨·书籍·山水

【原文】 抄写之笔墨，不必过求其佳，若施之缣素①，则不可不求其佳；诵读之书籍，不必过求其备，若以供稽考②，则不可不求其备；游历之山水，不必过求其妙，若因之卜居③，则不可不求其妙。

【评语】 冒辟疆曰："外遇之女色，不必过求其美，若以作姬妾，则不要不求其美。"

倪永清曰："观其区处条理④，所在经济⑤可知。"

王司直曰："求其所当求，而不求其所不必求。"

【注释】 ①缣素：供书画用的白色细绢。②稽考：查考。③卜居：择地居住。④条理：思想、言语、文字的层次；生活工作的秩序。⑤经济：经国济民。

【译文】 抄抄写写所用的笔和墨不一定过于追求它质量好，如果在白色细绢上书写，就不可以不追求它质量上乘；吟诵阅读的书籍不一定过于追求它的完备，如果用来提供查考的，就不可以不追求它的完备；游玩观览的山水不一定过于追求它的美妙，如果为了择地居住，就不可不追求它的美妙。

【评语译文】 冒辟疆说："在外面遇到的女子，不一定过于追求她的美貌，如果用来娶作姬妾的，就不可不追求她的貌美。"

倪永清说："观察张先生区别对待的层次，可以知晓他在经世济民方面的胸襟。"

王司直说："追求你所应当追求的，不要追求你不必追求的。"

【点评】 一般抄写不同于书法，前者仅备临时使用，后者则要传于后世；前者重适用，后者则讲美观。所以，对笔墨的要求自然有差异，用作抄写的笔墨不需太过讲究，而用作书法的笔墨必须讲究。

对书籍来说，供诵读的书籍出于喜爱与消遣，不必过于追求完备，供稽考的书籍则要求其完备。要搞研究，必须旁征博引才能治学严谨，书多才可备急需之用。故说"诵读之书籍，不必过求其备；若以供稽考，则不可不求其备"，可谓深得读书治学三昧。

至于山水风景，各有千秋，从欣赏的角度言，有可观处便不枉一行。但对于择地而居，则一定求其秀丽美妙。因为游历可以跑遍天下山水，尽览天下景色，而居住则要朝夕相对，寄身其中。

从这则文字，不难见出作者的经济头脑与务实观念。"求其所当求，而不求其所不必求"（王司直评），我们在生活、工作、学习中亦可奉此为信条。

做什么样的工作，需要什么样的人，能力大的干大事，能力小的干简单的事，这就是人尽其才。一般的笔墨用来在纸上抄抄写写，优良的笔墨用在细绢上会更加具有美感，这些道理都是一样的。

人非圣贤,安能无所不知

【原文】 人非圣贤,安能无所不知。只知其一,惟恐不止其一,复求知其二者,上也;止知其一,因人言始知有其二者,次也;止知其一,人言有其二而莫之信者,又其次也;止知其一,恶人言有其二者,斯下之下矣。

【评语】 周星远曰:"兼听则聪,心斋所以深于知也。"

倪永清曰:"圣贤大学问不意于清语[①]得之。"

【注释】 ①清语:清雅的言谈议论。

【译文】 人不是圣人和贤人,哪里能无所不知。只知道其中之一,还怕不只有这些,再求取另外的人是上等人;只知道其中之一,因为听别人说才知道还有其他的人是次等人;只知道其中之一,人家说还有其他的但不相信的人是下等人;只知道其中之一,厌恶别人说还有其他的人是下下等人。

【评语译文】 周星远说:"能够听取多方面的意见就能够通晓事理,聪明智慧,张先生对此有深刻的见解。"

倪永清说:"圣人和贤人的大学问没想到从清雅的言谈议论中得到。"

【点评】 孔子说:"生而知之者上也,学而知之者次也;困而学之,又次也;困而不学,民斯为下矣。"(《论语·季氏》)以拥有知识的途径及对待知识的态度,将人分为四等。相比较,张潮这里认为"人非圣贤,安能无所不知",认为人的知识均后天学习所得,取消"生而知之"一种,则显得较为客观。

按照对待新知的不同态度,张潮也将人区分为四种。一种是知其一,并主动去知其二,不满足已有知识,渴望获取新知,这种人积极进取,自觉追求发展与提高,张潮许其为最上一等。二种是知其一,听人说才知道有其二,这种人亦能接受新知,但没有太多的热情去追求新知,只是被动、慢慢地提高,张潮称之为次一等的人。三种是只知其一,别人说起新的内容,却仍不相信。这种人有点故步自封,难有发展与进步,张潮说这是又次一等的人。最下等的是第四种,这种人只知其一,又心胸狭隘,唯恐别人胜过自己,厌恶别人说出他所不知道的东西,这种人不会开拓新知,又嫉恨别人超过自己,是最没出息也最危险的人。

"人不能像走兽那样活着,应该追求知识与美德。"要为人类文明与社会发展多做贡献,不虚度人生,就应取法张潮所说的上等之人,努力学习,不断从知识中找寻力量。

只知其一不知其二,并不可怕,可怕的是知其一就满足了,不再去学,去寻求。求知应求源求脉,循其规律,努力追求找出因果,才是最好的求知做学问的人。

史官所纪与职方所载

【原文】 史官[①]所纪者,直世界也;职方[②]所载者,横世界也。

【评语】 袁中江曰:"众宰官[③]所治者,斜世界也。"

尤悔庵曰:"普天下所行者,混沌世界也。"

顾天石曰:"吾尝思天上之天堂何处筑基,地下之地狱何处出气,世界固有不可思议者。"

【注释】 ①史官:古代朝廷中专门负责整理编纂前朝史料史书和搜集记录本朝史实

的官。②职方：官名。《周礼》夏官有职方氏，掌天下地图，主四方职贡。隋置职方侍郎，唐宋至明清都在兵部设职方官史，主要掌管舆图、军制、城隍、镇戍等事。③宰官：县令。

【译文】 史官所记录的是纵向发展的历史；职方所记载的是横向发展的历史。

【评语译文】 袁中江说："众多县令所治理的是倾斜的世界。"

尤悔庵说："普天之下所行走的是一个混沌的世界。"

顾天石说："我曾经想天上的天堂在什么地方打下地基，地下的地狱从哪里出气，世间原本存在着无法想象的事情啊。"

【点评】 史官修史，从古到今，举凡历朝帝王后妃、名臣大儒，乃至历代制度及经济、政治、军国大事沿革，都有叙写。从通史可见出上下几百年或千年的历史风云，见出诸多王朝的兴衰交替；从断代史也能见出数百年或几十年某一个或某几个王朝的发展。所谓"直世界"是纵向的，指历史所展现的是不断发展的世界。

与史官修史司掌不同，职方绘制疆域图籍，只是就一定时期的疆域现状、风景名胜，进行描绘，它所体展现的，只能是一个个横断面，是某个王朝特定时期的地域风物，也就是所谓的"横世界"。

张潮这则文字，区别史官修史与职方所制疆域图籍的不同，仅用"直""横"加以区分，以"直世界""横世界"分别形容史书与疆域图籍，可谓形象逼真、生动恰切。

史官所载之历史，要由后人来延续来评价，因为历史在不断演变，从原始社会到现代是纵深发展的。而风土人情各地都不一样，彼此不同，是平面的。当然在历史的某一点上也可平面展开，风土人情的传统习俗也可世代相传，纵向发展。其实世界就是一个立体的世界。每个人或物都有一个各自的位置。

先天八卦与后天八卦

【原文】 先天八卦[①]，竖看者也；后天八卦[②]，横看者也。

【评语】 吴街南曰："横看竖看，皆看不着。"

钱目天曰："何如袖手旁观。"

【注释】 ①先天八卦：八卦是《周易》中的八种符号。相传为伏羲所作。八卦即乾（天）、震（雷）、兑（泽）、离（火）、巽（风）、坎（水）、艮（山）、坤（地），八卦由阴（--）阳（—）两种线形组成，阴阳是八卦的根本。八卦又以两卦相叠演为六十四卦，以象征自然现象和社会现象的发展变化，具有朴素的辩证法因素。北宋邵雍根据《周易》关于八卦形成的解释和道教思想，制定一宇宙构造的图式即先天八卦图。据说这种图式及其所根据的"象数"原理，在没有天地前就已存在，故称先天八卦。另一说先天八卦失传，北宋时从彝区传入，由道士整理创造的。②后天八卦：相对先天八卦而言，指北宋前所见的八卦。

【译文】 先天八卦是竖着看的；后天八卦是横着看的。

【评语译文】 吴街南说："横看竖看，都看不到。"

钱目天说："还不如袖手旁观。"

【点评】 先天八卦图，离在西，坎在东。离表示日，坎表示月。日指阳，月指阴，由阴到阳，即由东到西，此是竖看。后天八卦图，离在北，坎在南。由离到坎，由日到月，由阳到阴，呈竖线状，此谓横看。

张潮于易学很有研究，兴趣亦多。其《檀几丛书》收尤侗《负卦》、王晫《谄卦》；又录

其自撰《贫卦》,可以为证。这则文字对先天、后天八卦的论说,同样说明了这一点。

先天八卦,后天八卦,都是人为编制出来的,横看、竖看都需要眼睛看,八卦再神奇,离开人这个主体,它就不再神奇了。人神奇还是八卦神奇可以知晓了。

藏书不难,能看为难

【原文】 藏书不难,能看为难;看书不难,能读为难;读书不难,能用为难;能用不难,能记为难。

【评语】 洪去芜曰:"心斋以能记次于能用之后,想亦苦记性不如耳。世固有能记而不能用者。"

王端人曰:"能记能用方是真藏书人。"

张竹坡曰:"能记固难,能行尤难。"

【译文】 收藏书籍容易,能够看完它们很困难;看完它们不困难,能够把它们吟读下来很困难;吟读下来不困难,能够使用它们很困难;使用它们不困难,能够把它们记住很困难。

【评语译文】 洪去芜说:"张先生把能记住它们放在能使用的后面,可以想见他也苦于记性不如意啊。世间原本有能够记住它们但不能够使用它们的人。"

王端人说:"能记住也能够使用,才是真正的收藏书籍的人。"

张竹坡说:"能够记住固然困难,能够做到更为困难。"

【点评】 高尔基说,书籍是人类发展的阶梯。读书,这个我们习以为常的过程,实际上是人的心灵和上下古今一切民族的伟大智慧相结合的过程。古今中外不少人对书青睐有加。买书则可以阅读,阅读需要理解领悟,领悟了才可学以致用。

只要有钱就能买书,关键是买回来是否认真阅读。不少人买回来后束之高阁,无暇去看,倒不如借来的书看的多,所以"藏书不难,能看为难"颇有道理。

看书或许不难,我们出于好奇,可能见书就大致翻翻,走马观花,好读书不求甚解;是否真正领悟了书的要义精髓很难说。要对书的内容融会贯通,定要精读,"看书不难,能读为难",一般翻阅与精读读懂是两种不同的境界,"能读"并不简单。

读书的最终目的是为益智博学,学以致用,用知识服务于社会人生。但理论与实践是两回事,有的人,也许学富五车,但死搬教条,不能灵活地将知识用于实际操作中,尽信书不如无书,真正能将知识与实践有机结合并灵活运用者为数不多,"读书不难,能用为难",可谓一语中的。

书海无涯,人生有涯,人的记忆力极其有限,能记住书中的智慧,不再遗忘,对于每个人来说都绝非易事,所以张潮只有徒然感叹"能记为难"了。

"学以致用",这是读书人的最高理想,学而不用,不会用,那就枉读圣贤书了,藏书、看书、读书,都是为了将所学的知识用到为国为民服务的实际行动中去,所以要善于学习,巧妙用书,不能死读书,要从中悟出道理,懂得真谛,能取各家之长为已用。

求知己于朋友易

【原文】 求知己于朋友易,求知己于妻妾难,求知己于君臣则尤难之难。

【评语】 王名友曰:"求知己于妾易,求知己于妻难,求知己于有妾之妻尤难。"

张竹坡曰："求知己于兄弟亦难。"

江含征曰："求知己于鬼神则反易耳。"

【译文】 在朋友中寻求知己容易，在妻妾中寻求知己困难，在帝王大臣中寻求知己尤其困难。

【评语译文】 王名友说："在姬妾中寻求知己容易，在妻子方面寻求知己困难，在已经娶妾的妻子方面寻求知己尤其困难。"

张竹坡说："在兄弟中寻求知己也困难。"

江含征说："在鬼神中寻求知己反而比较容易。"

【点评】 鲁迅说："人生得一知己足矣，斯世当以同怀视之。"可知知己难觅。张潮认为在朋友中找知己容易，在妻妾中找知己困难，在君臣中间寻找知己便难上加难。

朋友指同师同志、志同道合、情谊相投的人，《易经·兑卦》说："君子以朋友讲习。"孔颖达疏："同门曰朋，同志曰友。"既然志同道合，情谊甚笃，彼此间互相尊重，志趣相投，那容易成为知己。

妻妾不同于朋友。旧婚姻以父母之命、媒妁之言而成，男子有广阔的活动空间，女子则深处闺中，男子与其妻妾不可能有许多了解、沟通，在许多方面难以达成共识，谈何志趣相投，何况重男轻女观念根深蒂固，男子求知己于妻妾间较难。

专制社会等级森严，君主操生杀予夺大权，君让臣死，臣不得不死，君臣间无任何平等可言，伴君如伴虎，稍有不慎，就会招致飞来横祸，所以，求知己于君臣间，近乎痴人说梦。张潮说："求知己于君臣之间尤难之难。"

若成为知己必看淡名利，求知己在妻中是困难的，因为妻要对丈夫有所求，丈夫对妻要有所需。君臣之间更是存在上下等级、法制纪律的关系，这些都是一成不变的。而朋友之间可以无所求，无所欲。君子之交淡如水，可以敞开心灵，互诉苦闷遂引为知己。

善人与恶人

【原文】 何谓善人？无损于世者，则谓之善人；何谓恶人？有害于世者，则谓之恶人。

【评语】 江含征曰："尚有有害于世而反邀善人之誉。此实为好利而显为名高者，则又恶人之尤。"

【译文】 什么叫善人？对社会没有损害的就叫善人；什么叫恶人？对社会有所损害的就叫恶人。

【评语译文】 江含征说："尚且有一些对社会有所损却得到善人名声的人。这些人的确是既贪财又求名，那么比恶人还要坏。"

【点评】 善恶观念古已有之，人确有善恶之别，张潮认为对社会对他人没有损害者称为善人，反之称为恶人。从这一社会评判标准看，张潮颇有些超前意识。

要做一个"有利于社会"的善人，却是一种很高的思想。起码要具有以下几方面的条件：一、加强修养、砥砺情操，具有完善的人格。二、有鲜明的是非善恶观念。三、严于律己，高度理智，能经得起各种诱惑，不单纯为欲念驱动。四、慎于言行，对自己的一言一行，都要抱负责的态度，三思而后行。然而有时候动机与结果并不一致，甚至会截然相反。如以良好的动机做出有损于世的举措，人们可以给予适当的谅解，却不能将其饶恕。

因为它毕竟危害到了社会。这则文字以有损或无损于世作为判别恶人与善人的唯一标准,很有点以法治人的观念。是对传统的人治观念的大胆否定。

善与恶的界限泾渭分明,但无损于世者不一定就可叫作善人,善人应给世间物、人以洗涤,并且无害于世,积德行善,贵在长远,才能谓善。恶人对社会、人民造成损害,不论到什么时候人们对之必不能放纵。

善恶本在一线间,为善为恶的刹那间,要冷静把握住自己,要知道善恶到头终有报。

福之何来

【原文】 有工夫读书谓之福,有力量济人谓之福,有学问著述谓之福,无是非到耳谓之福,有多闻直谅[①]之友谓之福。

【评语】 殷日戒曰:"我本薄福人,宜行求福,事在随时儆醒而已。"

杨圣藻曰:"在我者可必,在人者不能必。"

王丹麓曰:"备此福者,惟我心斋。"

李水樵曰:"五福骈臻固佳,苟得其半者,亦不得谓之无福。"

倪永清曰:"直谅之友,富贵人久拒之矣,何心斋反求之也?"

【注释】 ①多闻直谅:指正直、诚实、见闻广博。《论语·李氏》:"益者三友……友直、友谅、友多闻,益矣。"

【译文】 有工夫读书是福,有人力物力帮助人是福,有足够的学问著书立说是福,耳边没有是非闲言是福,有正直、诚实、见闻广博的朋友是福。

【评语译文】 殷日戒说:"我本来是一个福分微薄的人,适宜做求取福分的事,只是在于随时让自己觉悟,不犯过错罢了。"

杨圣藻说:"对于自己可以强迫去做,对于别人却非如此。"

王丹麓说:"具备这五种福分的人,只有张先生。"

李水樵说:"五福同时具备固然很好,假如得到其中一半,也不能说是无福。"

倪永清说:"对于正直诚实的朋友,富贵的人长期拒绝与他们交往,为什么张先生反而求取他们呢?"

【点评】 吴从先《小窗自纪》中说:"读书可以医俗。"能有空闲,一卷在手,与智者进行心灵的对话,听圣贤讲大道,谈立身,说学问源流,阐道明理,增广识见,学习做人,陶冶情操,的确是一种享受。"有工夫读书",对终日为俗事缠绕不得清闲者来说更具魅力,令人神往。

对于有善心的人来说,有力量有条件去扶危济贫,也是一种莫大的福分。

《左传》中说:"太上有立德,其次有立功,其次有立言,虽久不废,此之谓不朽。"古人将立言与立德、立功并称为三不朽,可见立言著述的重要。"有学问著述",阐述自己的社会人生真知,抒发一己的情志,为文化积累添砖加瓦,这是值得羡慕赞许的事功。

人生社会,五色杂陈。人生活在是非场中,当你还没修行到"八风吹不动"的境界,最好是眼不见为净,不听是非,不管是非,这也是避免烦恼的最佳方式。但树欲静而风不止,是是非非多少事躲也躲不开。张潮说:"无是非到耳,谓之福。"身心的清净多么难得。

人生活于社会,总要与人交往、沟通。若拥有多闻直谅之友,可以增长见识,不断提高自己,在直谅之友的感染下,不断完善自己。在与多闻直谅之友交往中收益颇多。有

多闻直谅之友，可谓人生一福。

福是人们心态快乐的一种态度，不论什么事情，只要我们以乐观的态度对待。那么，享乐是福，吃苦也是福；机巧是福，吃亏也是福，世间万物生灵和谐相处即是最好、最大的福分。

人莫乐于闲，非无所事事之谓也

【原文】 人莫乐于闲，非无所事事之谓也。闲则能读书，闲则能游名胜，闲则能交益友，闲则能饮酒，闲则能著书，天下之乐孰大于是？

【评语】 陈鹤山曰："然则正是极忙处。"

黄交三曰："闲字前有止敬[①]功夫，方能到此。"

尤悔庵曰："昔人云：忙里偷闲。闲而可偷盗，亦有道矣。"

李若金曰："闲固难得，有此五者方不负闲字。"

【注释】 ①止敬：尊重、恭敬。《诗·大雅·文王》："穆穆文王，于缉熙敬止。"《礼记·大学》："为人君，止于仁；为人臣，止于敬；为人子，止于孝；为人父，止于慈；与国人交，止于信。"

【译文】 人没有不喜欢清闲的，但是清闲并不是所说的无所事事。有了闲暇就能读书，有了闲暇就能游览天下有名的风景胜地，有了闲暇就能广交对自己有帮助的朋友，有了闲暇就能喝酒，有了闲暇就能写书，天下还有比这更快乐的事吗？

【评语译文】 陈鹤山说："然而这些闲暇所做的事情，正是最忙的时候。"

黄交三说："这个闲字的前边必须有恭敬戒慎的修养，才能去做这些事情。"

尤悔庵说："前人云：忙里偷闲。闲暇可以用偷去获得，也有一定的道理啊。"

李若金说："闲暇固然难以得到，有这五件事情可做才不辜负了这个闲字。"

【点评】 人有许多生存的艰难与无奈。或为工作，或为生意，或为烦琐的家务，终日忙碌，不得清闲。出于事业的需要，出于生计的需要，出于日常生活的需要，出于作为父母子女兄弟姐妹应尽义务的需要，人疲于奔波，苦于应酬，心力交瘁。人，完全成了各种需要的奴仆而难能主宰自己。若能有空闲的时间由自己支配，那定是十分令人愉快的。

有了空闲的时间属于自己，则能享受平素难以享受到的各种人生乐趣。静心读书，修身养性，游览名胜，赏心悦目，广交益友，增长见识，开阔胸怀，饮酒品茗，自得清闲，著书立说，更是人生一盛事。有了闲暇，人可自适其性地安排。由此可知张潮所说的闲，绝不是无所事事，而是做些适情顺性、恬然自得的事，不为物役，不为形牵，身心泰然，天下的快乐，莫非如此。

工作之余，闲暇时间，有人感到无事可做，碌碌无为，浪费时间。其实只要把握住时间，利用好时间，还是大有可为的，不说游览名胜，著书立说，仅只用来学习，便可使自己的水平不断提高。正确对待自己，自然无忧皆喜。

文章山水，山水文章

【原文】 文章是案头之山水，山水是地上之文章。

【评语】 李圣许曰："文章必明秀方可作桌上山水，山水必曲折乃可名地上文章。"

【译文】 文章是书案上的山水（起伏跌宕，掩映含蓄）；山水是地上的文章（妙笔天

成，自然成章）。

【评语译文】 李圣许说："文章必须明快秀丽才可以作书案上的山水；山水必须弯曲有变化才可以称作地上的文章。"

【点评】 "文章乃经国之大业，不朽之盛事。"文章的内容种类繁多，它浓缩了人类的历史，描写出人世的沧桑。它写尽了人间的悲欢离合，有着一波三折、引人入胜的情节，使读者心驰神往、荡气回肠。不同的文章有不同的风格。正如游览山水，或奇峰突兀，或深涧大壑，或小溪淙淙，或碧波万顷，使人观之不尽，回味无穷。读好文章会读不舍手。称"文章是案头之山水"可谓妙比。

文章出于人工创作，山水则为天工造化。何处为山，何处为水，何处是高耸入云的山峰，何处是蜿蜒连绵的伏脉，何处为涓涓小溪，何处为汪洋大海，布局巧妙，风景宜人，正似上天的神来之笔。观赏山水，使人流连忘返，似在诵读妙文，使人心旷神怡。以"山水是地上之文章"，喻自然安排的有序、新巧、独特、宜人，可说是巧喻。

好文章描写的山水应险峻、雄伟、明秀、苍茫，应曲折有致，让人欣赏，让人敬仰心慕，放在案头上，读过之后，如同身临其境一般。好的山水给人以充满灵性、情韵、深远的感觉，富有诗意，就如诗词般内涵无限。

论音韵

【原文】 平上去人乃一定之至理，然入声之为字也少，不得谓凡字皆有四声也。世之调平仄者，于入声之无其字者，往往以不相合之音隶于其下。为所隶者苟无平上去之三声，则是以寡妇配鳏夫，犹之可也。若所隶之字自有其平上去之三声，而欲强以从我，则是干有夫之妇矣，其可乎？姑就诗韵言之，如东冬韵无人声者也，今人尽调之以东、董、冻、督。夫督之为音，当附于都、睹、妒之下。若属之于东、董、冻，又何以处夫都、睹、妒乎？若东、都二字俱以督字为入声，则是一妇而两夫矣。夫三、江无入声者也，今人尽调之以江、讲、绛、觉，殊不知觉之为音，当附于交、绞、教之下者也。诸如此类不胜其举，然则如之何而后可？曰：鳏者听其鳏，寡者听其寡，夫妇全者安其全，各不相干而已矣。（东、冬、欢、桓、寒、山、真、文、元、渊、先、天、庚、青、侵、盐、咸诸部，皆无入声者也。屋、沃内如秃、独、鹄、束等字，乃鱼、虞韵内都、图等字之入声；卜、木、六、仆等字，乃五、歌部之入声；玉、菊、狱、育等字，乃尤部之入声。三觉、十药，当属于萧、肴、豪；质、锡、职、缉，当属于支、微、齐；质内之桔、卒，物内之郁、屈，当属于虞、鱼，物内之勿、物等音，无平上去者也。讫、乞等，四支之入声也。陌部乃佳、灰之半、开、来等字之入声也。月部之月、厥、阙、谒等及屑、叶二部，古无平上去，而今则为中州韵内车、遮诸字之入声也。伐、发等字及曷部之括、适及八黠全部，又十五合内诸字，又十七洽全部，皆六麻之入声也。曷内之撮、阔等字，合部之合、盒数字，皆无平上去者也。若以缉、合、叶、洽为闭口韵，则止当谓之无平上去之寡妇，而不当调之以侵、寝、缉、咸、喊、陷、洽也。）

【评语】 石天外曰："中州韵无入声，是有夫无妇，天下皆成旷夫①世界矣。"

【注释】 ①旷夫：没有妻子的成年男子。《孟子·梁惠王下》："内无怨女，外无旷夫。"

【译文】 声调分为平上去入四声是有一定的正确道理，然而入声字甚少，不能够说所有的字都有四声。世上的平仄之调，因为没有读入声的字，往往把与入声读音不相符

的字附属于入声的下面。被附属的字假如没有平上去三声，那就是让寡妇匹配鳏夫，尚还可以。假如所附属的字自己有平上去三声，但是想迫使让它服从我，这就是干涉有丈夫的妇人了，这样可以吗？姑且就诗的韵律来说，像东冬韵没有入声，现在的人尽量把它调为东、董、冻、督。督的读音，应当附在都、睹、妒之下。假如附属于东、董、冻，又怎么处理都、睹、妒呢？假如东、都二字都把督字作为入声，就是一个妇人有两个丈夫了。江、讲、绛没有入声字，现在的人尽量把它们调配成江、讲、绛、觉，难道不知道觉的读音，应当附在交、绞、教的下面。像这类情况的例子很多，那么应当怎样处理才算可以呢？（干脆）说：鳏夫任凭他为鳏夫，寡妇任凭她为寡妇，夫妇双全的就让他们双全，各自互不干涉罢了。（东、冬、欢、桓、寒、山、真、文、元、渊、先、天、庚、青、侵、盐、咸诸部，都没有入声字。屋、沃部像秃、独、鹄、束等字，是鱼虞韵部里都、图等字的入声；卜、木、六、仆等字是歌部的入声；玉、菊、狱、育等字，是尤部的入声。觉部、药部，应当归属于萧、肴、豪；质、锡、职、缉，应当归属于支、微、齐；质内的桔、卒，物内的郁、屈，应当归属于虞、鱼，物内的勿、物等音，没有平上去三声。讫、乞等，是支部的入声。陌部是佳、灰的半、开、来等字的入声。月部的月、厥、阙、谒等以及屑、叶二部，古代没有平上去三声，如今成为中州韵中车、遮等字的入声。伐、发等字以及曷部的括、适及八个黠音，还有十五个合音诸字，十七个洽音，都是六个麻音的入声。曷部的撮、阔等字，合部的合、盒数字，都没有平上去三声。假如把缉、合、叶、洽作为闭口韵，那么只当称作没有平上去三声的寡妇，而不应当调在侵、寝、缉、咸、喊、陷、洽的下面。）

【评语译文】 石天外说："中州韵没有入声，是有丈夫没有媳妇，天下都成没有老婆的世界了。"

【点评】 这则文字可以说是一篇音韵学专论，所谈的中心内容是平仄运用中，当遇到该用入声却没有相应的入声字时，能否以音近的字代替这一问题。作者认为，用于充代的字，如果同为入声，勉强可以；如果不是入声，则绝不可以。而最理想的办法是顺其自然，不生搬硬套。文中，作者结合诗韵，就时人生拉硬派的做法做了具体说明，并进行了辛辣的调侃与讽刺。

作为说理文字，这则文字在议论说理中，既重视事实，又巧用比喻。如举"督"字"觉"字为例，说"督"本与都、睹、妒归属一类，不能将它再派入东、董、冻之中。否则，将对都、睹、妒无法处置。如果"督"同时并属于东、都两韵部，则无疑一妇两夫，十分荒唐。再如"觉"字，既属交、绞之下，如果再将它派入江、讲、绛之中，同样如此。以事实说话，便显得力有千钧，不可辩驳。以比喻的连用来加强形象生动性，如将同为入声之字替代比况为寡妇配鳏夫，将有平上去三声的字硬充入声比为干有夫之妇、一妇两夫，这都增添了说理的分量，也显示出真理在握者的诙谐幽默、轻松自然，具有极佳的艺术效果。

将社会上的伦常说来类比文要与音韵，纯属一家之说，汉字学与音韵之律自有其发展的过程与规律，用心钻研，当可明了。

怒书·悟书·哀书

【原文】 《水浒传》是一部怒书，《西游记》是一部悟书，《金瓶梅》是一部哀书。

【评语】 江含征曰："不会看《金瓶梅》而只学其淫，是爱东坡者但喜吃东坡肉[①]耳。"殷日戒曰："《幽梦影》是一部快书。"

朱其恭曰："余谓《幽梦影》是一部趣书。"

庞天池曰："《幽梦影》是一部恨书，又是一部禅书。"[②]

【注释】 ①东坡肉：一种煮得极为酥烂的猪肉。传说这种煮法创自苏东坡。清代翟灏《通俗编》卷十四："《东坡集》食猪肉诗：'黄州好猪肉，价贱如粪土。富者不肯吃，贫者不解煮。慢着火，少着水，火候足时他自美。每日起来打一碗，饱得自家君莫管。'按今俗谓烂煮肉曰'东坡肉'，由此。"②此则评语据清刊本补。

【译文】 《水浒传》是一部激起义愤、使人发怒的书；《西游记》是一部使人向善、说禅悟道的书；《金瓶梅》是一部哀痛堕落的书。

【评语译文】 江含征说："不会看《金瓶梅》，但只学习它的淫荡，是仰慕苏东坡的人只是喜欢吃酥烂的东坡肉罢了。"

殷日戒说："《幽梦影》是一部使人快乐的书。"

朱其恭说："我说《幽梦影》是一部很有趣味的书。"

庞天池说："《幽梦影》是一部令人怨恨的书，又是一部讲论佛教的禅书。"

【点评】 这则文字对三大小说名著内涵的概括，是明清时代有关这三部书的主题的代表性意见。

说《水浒传》是宣愤之书，以李贽《忠义水浒传叙》为先。《叙》中说："《水浒传》者，发愤之所作也。""施、罗二公身在元，心在宋；虽生元日，实愤宋事。是故愤二帝之北狩，则称大破辽以泄其愤；愤南渡之苟安，则称灭方腊以泄其愤。"

称《西游记》是参禅悟道之书，以谢肇淛《五杂俎》所说的"以猿为心之神，以猪为意之驰，其始之放纵，上天下地，莫能禁制，而归于金箍一咒，能使心猿驯伏，至死靡他，盖亦求放心之喻"为较早。其后，后来《西游证道书》、陈士斌《西游真诠》、张书绅《新说西游记》、刘一明《西游原旨》、张含章《西游正旨》，则以批点形式，专门抉其微言大义，阐述其作为悟书的具体内涵。

说《金瓶梅》是哀时伤世抒发哀愁的书，欣欣子《金瓶梅词话序》中已见端倪，与其说"寄意于时俗，盖有谓也"，便有此意。至张竹坡评《金瓶梅》，则将此说发挥到极致。如《竹坡闲话》中说："悲愤呜咽，而作秽言以泄愤也。"又其《苦孝说》云："故作《金瓶梅》者一曰含酸，再说抱玩，结曰幻化，且必曰幻化孝哥儿，作者之心，其有余痛乎！"

尽管如此，却不能不承认张潮概括的精简扼要，集中精练，故其后论及三书主题，便有人引用张说，而张说也为小说资料收录，这便是对他的认同。

《水浒传》一怒而反者十之八九，天怨人怒，揭竿而起，除暴安良；《西游记》唐僧之三徒弟，悟空、悟能、悟净，悟得了一切，悟得为民求福是正果；《金瓶梅》哀封建旧社会之女子，埋没青春、感情受束、上欺下压、苦痛缠身，谁能免之？

读史书喜少怒多

【原文】 读书最乐，若读史书则喜少怒多，究之，怒处亦乐处也。

【评语】 张竹坡曰："读到喜怒俱忘是大乐境。"

陆云士曰："余尝有句云：'读《三国志》，无人不为刘[①]**；读南宋书，无人不冤岳**[②]**。'第人不知怒处亦乐处耳。怒而能乐，惟善读史者知之。"**

【注释】 ①刘：刘备，字玄德，涿州市人。三国蜀汉政权的建立者。②岳：岳飞，字鹏

举，宋相州汤阴人。宋代爱国名将。

【译文】 读书最快乐，如果读历史类的书籍时，高兴少、怒气多，仔细一想，使你愤怒之处也是快乐之处。

【评语译文】 张竹坡说："读书读到把高兴和愤怒都忘记了，这才是最美好的境界。"

陆云士说："我曾经有句话说：'读《三国志》没有人不倾向于刘备；读南宋的书，没有人不为岳飞叫冤。'但人们不知道愤怒之处也是快乐之处。愤怒而能使人快乐，只有善于读史书的人才能理解。"

【点评】 潜心读书是人生一大乐事。读经书、史书、子书、集部都会使人受益匪浅。因读书的类别不同，内心的感受自然也就不一样了。

张潮说，读史书喜少怒多。因为史书记历朝兴废，记忠奸之争。其中既不乏忠臣遭谗离忧，受屈被害；奸小恶贯满盈，逍遥法外；也每有山河残破，小朝廷苟且偷安，不思恢复；更有君昏臣佞，国是日非，政局动荡，黎民涂炭，所有这些，都不能不让读者拍案而起，义愤填膺。

所谓"怒处亦乐处"，则指当你读到贤良被害，奸小猖狂，看到天下混乱，国将不国，你的心灵受到震撼，书中内容深深拨动了你的心弦，使你为之愤怒，有忧国之思，激发你爱国热忱。读史书，使你在怒多喜少的状态下，明辨了是非，陶冶了情操，培养了刚直正义的品德。史书的魅力充分显示出来，这也是一件乐事。

读史书要以一种平和的发现问题的心态去读，在愤怒之处正确看待之，恰能找准问题之所在，所以怒处亦乐处也。

奇书与密友

【原文】 发前人未发之论，方是奇书；言妻子难言之情，乃为密友。

【评语】 孙恺似曰："前二语是心斋著书本领。"

毕右万曰："奇书我却有数种，如人不肯看何？"

陆云士曰："《幽梦影》一书所发者皆未发之论，所言者皆难言之情，欲语羞雷同，可以题赠。"

庞天池曰："前句夫子自道也，后句夫子痴想也。"①

【注释】 ①此则评语据清刊本补。

【译文】 能够抒发前人没有发出过的议论，才是奇异的书；能够说出连妻子都难以言状的情感，才是亲密的朋友。

【评语译文】 孙恺似说："前边两句话是张先生写书的才能（即发前人没有发出过的言论，写出来的当然是奇书）。"

毕右万说："稀奇罕见的书我有一些，假如人们不愿意看怎么办？"

陆云士说："《幽梦影》这本书所发出的都是前人没有发出过的议论，所说的话都是难以用语言表达的情感，我也想说这一类的话，但又害怕与此相同，可以用来相互题词赠答。"

庞天池说："前边一句是张先生的自我道白，后边一句是张先生的痴人梦想。"

【点评】 古人视著书立说为人生大事。任何一本书要传之后世，必须经得起考验。要有创新意识，有深刻独到的见解，在思想上有所建树。张潮这则文字用来评价奇书的

标准即是如此。能发“前人未发之论”才是奇书，才会与世长存，永垂不朽。

朋友不同于妻、子，将朋友与妻、子比，用意在于强调朋友感情的真挚、笃厚。所谓“言妻子难言之情”，意指作为密友，必须既有妻、子对夫、父那样真诚的情谊，又有夫妻情、父子情所不能取代的别的内容。作为夫妻、父子，其情固然深厚，但作为密友之间，有着夫妻、父子不能替代得更为广阔的沟通面，不囿于家长里短，他们有着更深层面的交往与沟通。他们肝胆相照，情投意合，弥补了夫妻、父子间交流的缺憾。所以说，言妻子难言之情，可称得上密友，人生有密友相伴，也可称为无憾的人生了。

看书立说就要创立新意，有自己独到客观的见解，拾人牙慧，有何意思？交友要交互相忠诚，惺惺相惜，文字第一的友人。在一起敞开心扉，无话不谈，才能称得上交友不虚。

密友不必刎颈之交

【原文】 一介之士必有密友，密友不必定是刎颈之交。大率虽千百里之遥，皆可相信，而不为浮言所动。闻有谤之者，即多方为之辨析而后已。事之宜行宜止者，代为筹画决断。或事当利害关头，有所需而后济者，即不必与闻，亦不虑其负我与否，竟为力承其事。此皆所谓密友也。

【评语】 殷日戒曰：“后段更见恳切周详，可以想见其为人矣。”

石天外曰：“如此密友，人生能得几个，仆愿心斋先生当之。”

【译文】 一个普通的人也一定会有亲密的朋友，亲密的朋友不并非是生死之交。大概虽然相距千百里之远，都可以相信，并且不因为流言蜚语所动摇。听到有诽谤自己朋友的人，立刻竭力替他辩明清楚后才罢休。遇到应该去做或应该不做的事情，代替朋友谋划决断。有时在事情的利害关系的紧要关头，有所需要帮助以后才能解除困境的，当时不一定让朋友知道，也不考虑将来他是否有负于自己，全力应承这件事。这都是所说的亲密朋友。

【评语译文】 殷日戒说：“后边一段写的更为恳切周详，可以想见张先生地做人行事。”

石天外说：“像这样亲密的朋友，人的一生中能遇到几个，我愿意张先生做我的密友。”

【点评】 这则文字对什么样的人会拥有密友以及密友的概念作了具体的说明。

作者认为，正直的人才会有密友，因为他真诚待人，不存私心。而必须具备以下几方面的特质才可称之为密友。一、彼此绝对信任，不因天各一方，相距遥远，而听信别人的不实之词，疏淡友情；二、虽不生活在一地，听到有人对朋友进行诽谤，一定尽力为朋友辩白，尽力去澄清事实，维护朋友的声誉；三、朋友有事，宜行宜止，代为筹划决断；四、朋友有事关涉利害，虽需花费重资，不必通知朋友就毫不犹豫地替他办妥。而这四点，归结起来，实仅一点，即朋友一体，以待己待友。

颂赞友谊，在明清时代文学创作中，是普遍的主题。所以会出现这种创作现象，在于当时社会伦常废弛，人心不古，世态炎凉，人情险恶，于是，人们对友情格外神往。而文学创作顺应潮流，反映了人们内心的呼唤。

密友无疑是知心好友，知己难寻，不必刻意去寻找，只要平时善待周围的人，知己就会出现。首先自己要真诚，能为他人着想助人为乐，不求回报，以心换心，何愁知己不至。

风流自赏与真率谁知

【原文】 风流自赏，只容花鸟趋陪；真率谁知，合受烟霞供养。

【评语】 江含征曰："东坡有云：'当此之时，若有所思而无所思。'"

【译文】 风流倜傥自我欣赏，只许花儿和鸟儿前来陪伴；真诚直率有谁知晓，应该接受云烟霞雾的供奉。

【评语译文】 江含征说："苏东坡有话云：'在这种时刻，好像有所思想却又没有什么可想的。'"

【点评】 风流才子、风流人物、风流倜傥、风流儒雅、风流潇洒、风流蕴藉，这种种与风流相关辞藻所显示的意象，都令人羡慕、称赏，但"风流自赏"却并非如此。风流自赏者自命清高，不容于世，顾影自怜。他们自鸣得意、孤芳自赏，在社会上得不到认可，只好与花鸟相伴了。花开花落无心，鸟飞鸟止随意，在风流自赏者看来，花鸟是出尘拔俗之物，花开娇艳，小鸟啁啾，花鸟无世俗污浊机心，正可与他们的风流品格合拍。

真率，即真诚率直，不矫揉造作，无一点矫情。真率是一种值得称赏的品格。然世上为了各自的利益，尔虞我诈，争强斗狠，蝇营狗苟，率真之人与污浊的社会小人不容，不能媚俗，也只有避世了。既无人知晓，无人理解自己的真率，那只好隐栖山林，不食人间烟火，在深山老林之中，接受烟霞的供养。

宜倾听，宜观赏，关键是要宜于心。心若不喜，任你多么好听的妙声美音，任你多么赏心悦目的景色，也不过是噪声一片，废景满目。心灵才是一切行为的主宰者。

难忘者名心一段，未淡者美酒三杯

【原文】 万事可忘，难忘者名心①一段；千般易淡，未淡者美酒三杯。

【评语】 张竹坡曰："是闻鸡起舞②，酒后耳热气象。"

王丹麓曰："予性不耐饮，美酒亦易淡，所最难忘者名耳。"

陆云士曰："惟恐不好名，丹麓此言具见真处。"

【注释】 ①名心：求名之心。②闻鸡起舞：《晋书·祖逖传》："（祖逖）与司空刘琨俱为司州主簿，情好绸缪，共被同寝。中夜闻荒鸡鸣，蹴琨觉曰：'此非恶声也。'因起舞。"后以闻鸡起舞比喻志士奋发之情。

【译文】 天下一切事都可以遗忘，只有求取功名的心事难以忘怀；天下千般万般事都容易淡忘，只有美酒三杯难以淡忘。

【评语译文】 张竹坡说："这是听到鸡叫起来舞剑，喝了酒后耳边发热的现象。"

王丹麓说："我生性不能喝酒，美酒也容易淡忘，所最难以忘记的还是求取功名的心啊。"

陆云士说："唯恐不喜好追求功名，丹麓这话最能看出真实之处。"

【点评】 众所周知的《红楼梦·好了歌》述说了世人不能忘怀的四件事：功名、金银、娇妻、儿孙。又以功名放在首位，可知功名在人心目中的位置。这则文字所说的"万事可忘，难忘者名心一段"，也说明了功名的分量。人们如此重视功名，与传统价值观念有关，古代知识分子格外看重名分，认为"名"是对一个人行为的评价与认可，是一个人价值观念的体现。也与古代用人不公，才而不得其用，故益加热望扬名的心理密切联系。

为了“名”,不知累煞了天下多少英雄豪杰。

生活的坎坷,命运的多舛,人们愁肠百结。“何以解忧?惟有杜康”,借酒消愁便成人们求得解脱的主要方式。负荷过重的人,喝几杯美酒,酒精麻痹了神经,飘飘然忘乎一切,心灵得到暂时的解脱,仿佛进入了轻松自由的神仙境界。“难忘名心”“未淡者美酒”,说得轻松,实则沉重。世人又有几个可勘破“名利”二字。

过去的名誉只不过让你一时为尊,既然过去了,怀念又有何用呢?美酒虽好,醉后还不是醉,美酒又能代表什么?荣辱俱忘,淡泊名利,才是人生的崇高境界。

芰荷可食可衣,金石可器可服

【原文】 芰荷可食而亦可衣,金石[1]可器而亦可服。

【评语】 张竹坡曰:“然后知濂溪不过为衣食计耳。”

王司直曰:“今之为衣食计者果似濂溪否?”

【注释】 ①全石:金银玉石之类。道教有炼丹术,在炉鼎中烧炼金石药物,能够制取长生不死的丹药。

【译文】 菱藕既可以食用,叶子也可以当做衣裳;金石既可以制作器玩,也可以炼制金丹服用。

【评语译文】 张竹坡说:“读此话后才明白周敦颐喜爱莲花不过为了穿衣吃饭之计罢了。”

王司直说:“现在为了衣食之计的人果真像周敦颐那样喜爱莲花吗?”

【点评】 道家以食用花卉、断绝烟火之物为修炼成仙的重要手段。如晚明小说名篇《灌园叟晚逢仙女》:“自此以后,秋公日饵百花,渐渐习惯,遂谢绝了烟火之物。”

其实,早在屈原《惜颂》中,便已经谈到以花为粮,如其所说:“持木兰以矫蕙兮,凿申椒以为粮。播江离与滋菊兮,愿春日以为糗芳。”又《离骚》中也说:“朝饮木兰之坠露兮,夕餐秋菊之落英。”至于以芰荷制衣,见于《离骚》,有“制芰荷以为衣兮,集芙蓉以为裳”。在古人,以芰荷制衣,称隐者之服,喻志行高洁,这与以花为餐,都能显示人的洁身自好、不为浊世所染。

金石可以制成各种器物,不胜枚举。从日常生活所用的锅碗瓢勺,到钟磬钵铙各种乐器,再到兵器、国鼎,无不与金有关。宝石的能为器物,如玉斗、玉尺、玉卮,所在多有。而其能够为服,也不鲜见,如金甲可以穿,金缕、金蝉可以为饰;玉块、玉佩、玉珥、玉珠能为佩,都可供人装扮。金玉以喻坚贞,这也是人们喜欢它的原因之一。

芰荷象征高洁,金玉象征坚贞,两者有共同的特质,所以张潮在此将它们相提并论。

宜于耳复宜于目者,弹琴吹箫也

【原文】 宜于耳复宜于目者,弹琴也、吹箫也;宜于耳不宜于目者,吹笙也、擪管[1]也。

【评语】 李圣许曰:“宜于目不宜于耳者,狮子吼之美妇人也[2];不宜于目并不宜于耳者,面目可憎、语言无味之纨袴子也。”

庞天池曰:“宜于耳复宜于目者,巧言令色也。”

【注释】 ①擪管:争,用手指按压。擪管,按奏管乐器。②狮子吼之美妇人:指凶悍而又漂亮的女人。宋代洪迈《容斋三笔》卷三载,陈慥字季常,自称龙丘先生。其妻柳氏

凶妒，故苏东坡有诗云："龙丘居士亦可怜，谈空说有夜不眠。忽闻河东狮子吼，拄杖落手心茫然。"

【译文】 适合听又适合观看的是弹琴和吹箫；适合听不适合观看的是吹笙和按奏管乐器。

【评语译文】 李圣许说："适合看不适合听的是凶悍而又漂亮的女人；不适合看也不适合听的是面孔令人厌恶、语言庸俗乏味的有钱人家的子弟。"

庞天池说："适合听又适合看的是好听的话、谄媚的面容。"

【点评】 作为音乐演奏，让人耳、目皆能欢悦的，有弹琴与吹箫。琴、箫之声悠扬舒缓，余音袅袅。弹琴、吹箫的动作也轻松潇洒、优雅大方。相比之下，吹笙、按管只适宜耳听。吹笙、按管同样有美妙的旋律。那激越的声音同样给人美感。可作为演奏的乐师，却费尽了力气，一呼一吸，两腮或胀或瘪，有时用形体动作来配合演奏，看起来不大雅观。

张潮是一个古代文人，凡事都要讲情调，追求完美。其实，现在人们的欣赏角度、欣赏水平呈多元化趋势。张潮若生活在现代，来听听摇滚乐，看看霹雳舞，不知做何感想？

不过从此我们可领悟一个道理，世上人事，从外观到内容能够协调，既有美的形式，又有美的内质的，并不多见，两者不可兼得时，人们总是毫不犹豫地舍外在而取内质。作为音乐欣赏，只要音色优美，便基本上满足了人们的审美需求。

晓　妆

【原文】 看晓妆宜于傅粉之后。

【评语】 余淡心曰："看晚妆不知心斋以为宜于何时？"

周冰持曰："不可说，不可说。"

黄交三曰："水晶帘下看梳头，不知尔时曾傅粉否？"

庞天池曰："看残妆宜于微醉后，然眼花撩乱矣。"

【译文】 观看早上的梳妆打扮适合在涂了粉以后。

【评语译文】 余淡心说："观看晚上的装束不知道张先生认为适合在什么时间？"

周冰持说："不可以说出来，不可以说出来。"

黄交三说："在水晶制作的帘子外面观看梳头，不知道这时你是否涂过粉了吗？"

庞天池说："观看残妆适合在稍微喝醉之后，然而这时眼花缭乱，又看不真切了。"

【点评】 南朝宫体诗人以轻靡为人诟病，其中普遍以女子衣领、绣鞋为吟咏目标，更遭人批评。这句文字专谈看女子晓妆，应该说，也不无变态心理。但它又不尽同南朝诗作，而有其新的时代特点。这便是晚明以来勃兴的崇尚声色的社会思潮。

当时，人们尤其是士人，爱美女、爱花草、爱园林、爱声伎、爱美食、爱茶酒、爱旅游、爱山水、爱闲书。在此种情况下，爱看女人梳妆，便也不足为奇。所谓"看晓妆宜于傅粉之后"，无疑指早起美人睡眼蒙眬、面带慵困，傅粉之后，白净 细腻，粉里透红，眉黛弯弯，兼有睡意蒙眬美与修饰整容之妙，既自然又不露痕迹。所谓："宫粉轻轻按，一点樱桃绽。看，眉黛画来湾，远山模范。七尺青丝，绾出兰花瓣，一半宫妆一半懒。"（张潮《南中吕驻云飞·晓妆》曲）即说明了此点。

看晓妆，时间限定在早晨新起，傅粉之后，可谓是深得其中三昧者之语。

相思之者

【原文】 我不知我之生前，当春秋[①]之季，曾一识西施[②]否？当典午[③]之时，曾一看卫玠[④]否？当义熙[⑤]之世，曾一醉渊明否？当天宝[⑥]之代，曾一睹太真否？当元丰[⑦]之朝，曾一晤东坡否？千古之上，相思者不止此数人。而此数人则其尤甚者故，姑举之以概其余也。

【评语】 杨圣藻曰："君前生曾与诸君周旋亦未可知，但今生忘之耳。"

纪伯紫曰："君之前生或竟是渊明、东坡诸人亦未可知。"

王名友曰："不特此也。心斋自云愿来生为绝代佳人，又安知西施、太真不即为其前生耶？"

郑破水曰："赞叹爱慕，千古一情。美人不必为妻妾，名士不必为朋友，又何必问之前生也耶？心斋真情痴也。"

陆云士曰："余尝有诗曰：'自昔闻佛言，人有轮回事。前生为古人，不知何姓氏？或览青史中，若与他人遇。'竟与心斋同情，然大逊其奇快。"

【注释】 ①春秋：公元前770年~公元前476年为春秋时代。②西施：一作先施，又称西子。春秋末年越国苎罗（今浙江诸暨南）人。原为一浣纱女子，色美艺绝，被勾践进献夫差，施美人计战胜吴国，后从范蠡入五湖而去。③典午：司马的隐语。典，掌管，与司同义；午，在十二生肖中是马。典午即晋朝的代称。④卫瑜：字叔宝，晋安邑（今山西夏县西北）人。风姿秀异，有玉人之称，人们争相观睹。不久遂卒，时人称"看杀卫玠"。⑤义熙：晋安帝年号（405年~418年）。⑥天宝：唐玄宗年号（742年~756年）。⑦元丰：宋神宗年号（1078年~1085年）。

【译文】 我不知道在我降生之前，在春秋时代是否曾经与西施相识？在晋代是否欣赏过玉人卫玢？在晋安帝时是否曾经与陶渊明醉饮？在唐天宝时是否曾经一睹杨贵妃的姿色？在宋神宗朝代是否曾经与苏东坡见过面？千百年来相思念的不止这几个人，但对这几个人特别思念的缘故，姑且列举出来以说明其他人。

【评语译文】 杨圣藻说："张先生前生是否曾经与这几个人有所交往已经不可能知道，只是现在已经把他们忘记了啊。"

纪伯紫说："张先生前生或者就是陶渊明、苏东坡这些人也无法得知。"

王名友说："不仅如此。张先生自己说希望来生做个绝代美人，又怎么能知道西施、杨贵妃不是他的前生呢？"

郑破水说："赞美敬叹爱慕是千古以来的一段情怀。美貌佳人不一定成为自己的妻妾，名人侠士不一定成为自己的朋友，又何必探寻前生呢？张先生真是一位感情专注的人。"

陆云士说："我曾经有一首诗说：'自昔闻佛言，人有轮回事。前生为古人，不知何姓氏？或览青史中，若与他人遇。'居然与张先生有同样的感受，但是与他的奇特爽快相比大大逊色了。"

【点评】 明代中晚期以来，一方面，随着统治阶级的愈加糜烂荒淫，封建道统的虚伪面纱被揭开，人们对它的迷信开始消失；另一方面，在新生资本主义萌芽的催发下，以情抗礼、以追求欲望的满足来对抗理学的禁锢，渐成滚滚洪流。其中，对美色的癖好，便是一个重要方面。如袁宏道称自己有"青娥之好"，张岱称自己"好美婢，好娈童"，王稚登与马湘兰、冯梦龙与侯慧卿、钱谦益与柳如是、冒襄与董小宛、侯方域与李香君，更以缠绵哀怨传为一时佳话。而张潮这里所谓"一识西施""一看卫玠""一睹太真"，或美女、或美男，正是续此一脉而来，而所谓的"一醉渊明""一晤东坡"，则表明了他对陶渊明、苏东坡人格才情的神往。陶、苏二人的思想，都以冲澹、达观、淡泊及胸襟豁达见称，这较之他们的创作，也许更能让张潮产生共鸣。

仰慕古人，学习他们的长处与特点，并无坏处，但若追怀古人太过，近乎痴情，那就大可不必了。虚幻的想念只能带来更大的落寞，还不如在今生今世多结交几个知心朋友，也是快意之事。

眉公、伯虎诸君，曾共我谈笑几回

【原文】 我又不知在隆万①时，曾于旧院中交几名妓。眉公②，伯虎、若士、赤水③诸君，曾共我谈笑几回？茫茫宇宙，我今当向谁问之耶？

【评语】 江含征曰："死者有知，则良晤非遥。如各化为异物，吾未如之何也已。"

顾天石曰："具此襟情，百年后当有恨不与心斋周旋者，则吾幸矣。"

【注释】 ①隆万：明代隆庆（明穆宗年号）、万历（明神宗年号）年间。②眉公：陈继儒，字仲醇，号眉公、麋公，华亭（今上海松江）人。明代文学家、书画家。有《陈眉公全集》。③赤水：屠隆，字长卿、纬真，号赤水、鸿苞居士，浙江鄞州区人。明代戏曲作家、文学家。有传奇《昙花记》等3种，诗文《白榆集》等。

【译文】 我又不曾知道明代隆庆、万历年间，在金陵秦淮河畔的烟花酒楼中交往过几位有名的妓女。陈继儒、唐伯虎、汤显祖、屠隆几位君子，曾经与我共同谈论欢笑过几回？无边无际的空间和时间，我今天应当向谁去寻问呢？

【评语译文】 江含征说："死去的人如果有知觉，那么见面也不是很遥远。如果各自变化为其他的物类，我又该怎么办呢？"

顾天石说："张先生具有这种胸襟情怀，百年之后应当有怨恨不曾与张先生交往的人，那么我非常幸运了啊。"

【点评】 这则文字所谓的交名妓，表露了如同上则的意思。而所谓的与唐寅、屠隆、汤显祖、陈继儒谈笑，则披示了他对名士风流的神往心情。按之文献记载：唐寅才气奔放，风流放荡；屠隆以仙令自许，放浪诗酒；汤显祖志意激昂，风骨遒紧，宾朋杂坐，萧闲咏歌，俯仰自得；陈继儒通明俊迈，名倾寰宇。他们在明代均享名极盛，以文章才情为人所称道。作为文酒风流的代表，能与他们结交，自是文人学士的至愿。

在表现手法上，这则文字与上则文字具有共同的特点。这便是用佛教轮回思想，逞其奇思妙想。用问句格，加强其虚幻之感。

最后需要指出的是，由于张潮的疏于考订，将卒于嘉靖二年的唐寅误放在几十年后的隆、万时代，以至出现了很不应该的常识性错误。

与名人雅士一起，他们的才情当可学之，与名妓一起，纵情享乐过又能如何呢？与前人结交就是错过也无遗憾，那是改变不了的，一味想着与古人相交，而错过与今世之名人相识，才是最大的憾事。

文章与锦绣,两者同出于一原

【原文】 文章是有字句之锦绣,锦绣是无字句之文章,两者同出于一原。姑即粗迹论之,如金陵①、如武林②、如姑苏③,书林④之所在,即机杼⑤之所在也。

【评语】 袁翔甫补评曰:“若兰回文⑥是有字句之锦绣也,落花水面是无字句之文章也。”⑦

【注释】 ①金陵:旧指南京。②武林:旧指杭州。③姑苏:旧指苏州。④书林:书店。⑤机杼:织机。⑥若兰回文:若兰指前秦窦滔的妻子苏蕙。苏蕙因其夫被徙流放,而织锦为《回文璇玑图诗》以赠。⑦此则评语据《啸园丛书》本补。

【译文】 文章是由字句织出的锦绣,由彩色丝线织出的锦绣是无字句的文章,二者同出于一源,那就是精心编织,光彩夺目。暂且就粗略的事情来说,像南京、杭州、苏州既是藏书的所在地,又是丝织品的盛产地。

【评语译文】 袁翔甫补评说:“苏蕙的《回文璇玑图诗》是有字句的锦绣,花瓣飘落在水面是没有字句的文章。”

【点评】 文章是人用文字连缀而成的绚丽多彩的作品,锦绣是由丝而织就的精美鲜艳的丝织品。二者所用原料不同,但在手法上颇有相似之处。所以,我们形容一个人满腹文章、才华横溢时,多用锦口绣心称之;赞文章之妙,也多说锦绣文章。

文章与锦绣的相通处,大致有二:一、锦绣与文章同出于人的精心巧构,同为人的杰出创作,都可见出人的心灵慧性,所谓“同出一源”,即指此。二、精妙的文章与美轮美奂的锦绣都是人创造力的出色表现,都是人创造出来的美的现实存在,都给人美的享受与愉悦。这则文字所谈到的南京、杭州、苏州,在明清时代,不仅以织锦著称,且为图书刻印出版中心。江南,山清水秀,桑蚕业很发达,到此,苏州、杭州的丝绸也是全国闻名的。

灵秀的山水孕育了一代代才子,文章高手也多出自江南,所以说,人杰地灵,江南乃人间之胜地。

《千字文》中诗家常用之字未备

【原文】 予尝集诸法帖字为诗。字之不复而多者,莫善于《千字文》①。然诗家目前常用之字,犹苦其未备。如天文之烟霞风雪,地理之江山塘岸,时令之春宵晓暮,人物之翁僧渔樵,花木之花柳苔萍,鸟兽之蜂蝶莺燕,宫室之台槛轩窗,器用之舟船壶杖,人事之梦忆愁恨,衣服之裙袖锦绮,饮食之茶浆饮酌,身体之须眉韵态,声包之红绿香艳,文史之骚赋题吟,数目之一三双半,皆无其字。《千字文》且然,况其他乎?

【评语】 黄仙裳曰:“山来此种诗竟似为我而设。”

顾天石曰:“使其皆备,则《千字文》不为奇矣。吾尝于千字之外另集千字而已,不可复得,更奇。”

【注释】 ①千字文:法帖名。唐人以王羲之字集《千字文》帖。

【译文】 我曾经收集许多规范笔帖上的字写诗。字多而又不重复的没有比《千字文》更完备的。但写诗的人目前经常使用的字,还苦于它并不具备。像天文方面烟霞风雪这几个字,地理方面江山塘岸这几卜字,时令方面春宵晓暮这几个字,人物方面翁僧渔樵这几个字,花本方面花柳苔萍这几个字,鸟兽方面蜂蝶莺燕这几个字,宫室方面台槛轩窗这几个字,器用方面舟船壶杖这几个字,人事方面梦忆愁恨这几个字,衣服方面裙袖锦绮这几个字,饮食方面茶浆饮酌这几个字,身体方面须眉韵态这几个字,声色方面红绿香艳这几个字,文史方面骚赋题吟这几个字,数目方面一三双半这几个字,《千字文》上都没有。《千字文》尚且如此,何况其他的笔帖呢?

【评语译文】 黄仙裳说:“张先生这种诗居然好像是为我设计的。”

顾天石说:“假如其他的字帖每个字都具有,那么《千字文》就不算稀罕的了。我曾经在《千字文》之外另收集了一千个字,不可能再得到新的字了,因此更加稀罕。”

【点评】 诗言志,歌咏言,在心为志,发言为诗,诗者,用来抒发情绪者也。这是诗所以产生的原因。但随着诗歌史的发展,诗人对诗的形式愈趋讲究。以作诗方式论,有独吟,有联唱,有集古,有限韵;以诗的形式论,有律、绝、歌、行,有五言、七言、杂言,有离合诗、回文诗、璇玑图、盘中诗、建除体、八音歌、神智体、辘轳体、藏头诗等。这则文字所谈,则是作诗的又一种手段,类同于限韵,将诗歌用字限制在法帖所用字的范围内。这当然是一种文字游戏。真正的创作应当是我手写我口,笔下流淌的是无法抑制的感情的跃动,是思想感情的自然流露,它所反映的内容是十分广泛的。所以说,把写诗用字局限于法帖内,仅在形式上打转,只能使一种文体走向衰败。

万事皆求自备,只是一种美好心愿,事实上万事并不完善完美。有些事刚认识时似乎很完备,但随着认识的加深,事物的发展,会表露出一些缺陷来,这并没有什么,人们认识了不足,不断改正弥补,事物就会顺利发展。

花不可见其落

【原文】 花不可见其落,月不可见其沉,美人不可见其夭。

【评语】 朱其恭曰:“君言谬矣!洵如所云,则美人必见其发白齿豁而后快耶?”

【译文】 花儿最不堪看到的是它的凋落,月儿最不堪看到的是它的沉没,美人最不堪看到的是她的夭折。

【评语译文】 朱其恭说:“张先生这话错了啊!诚然像你说的那样,那么美人一定要看到她头发白了、牙齿掉了之后才快乐吗?”

【点评】 鲜花,色彩缤纷,千娇百媚,把人间装点得异常美丽。人徜徉于花的世界,心旷神怡。明月,皎洁,遍洒清辉,象征着纯洁、圆满,古往今来,明月寄托了人们不尽的情思。美人,仪态万方,光彩夺目,人们对美人的偏爱,也是人的天性,不必多言。

鲜花、明月、美人作为三种美的形式,确实给人带来了美的享受,美的回忆。也许是它们在人心目中形象过于美好,人们又在它们身上寄寓了自己的人格意志,于是人们总希望花好月圆,美人青春永驻,而很不情愿看到花落月沉、美人年老色衰或者夭折。一旦目睹了美的东西遭毁灭,总令人心生悲哀。

其实,花开花落,月升月沉,人或寿或夭,都是自然现象,张潮过于追求完美,不愿见花落月沉,美人夭逝。当然,追求完美也是人类的目标,然自然规律也是应当遵循的。只不过,在生活中要持平常心,“落红不是无情物,化作春泥更护花”,也如一首歌所唱的:花谢花会再开。平常心是道,有了平常心,人们的精神恬静,心态平和,自然会减少诸多遗憾。

美的事物很容易逝去吗?花落、月坠、美人薄命,果真这样人类的悲剧便不算少了。

但人类仍坚强健康地活着，因为花落花会开，月下月还会出，美人早逝却仍有千万美人生出来。只要面对，不见其悲，要树立生活的信心。

种花须见其开

【原文】 种花须见其开，待月须见其满，著书须见其成，美人须见其畅适，方有实际，否则皆为虚设。

【评语】 王璞庵曰："此条与上条互相发明，盖曰花不可见其落耳，必须见其开也。"

【译文】 种花必须看到它开放，赏月必须看到它圆满，写书必须看到书写成，美人必须看到她欢乐畅快舒适，才算真真切切，否则这一切都是虚妄不实的。

【评语译文】 王璞庵说："这一条与上面一条互相启发阐释，因为说花儿不可以看见它凋落，就一定要看到它开放。"

【点评】 人们种花是为了赏花，花灿烂开放让人赏心悦目；待月是为赏月，一轮明月，遍洒银辉，使人心安神泰；著书是为了抒情言志、阐述自己的见解，成就不朽的事功；美人在舒心快意时更惹人怜爱。假如，养花不待花开，无花可赏；待月不到月圆，不见极致；著书半途而废，未成全璧；美人忧痛伤悲，难给人娱悦。那么，种花、待月、著书及美人都没有看到现实效果，也就失去了实际意义。称其"虚设"可谓贴切。

美的事物，要显示出审美效果，才有价值。人欣赏美，要见到极致才能兴。所以，种花者要看到花开满园；待月者要看到圆月；著书者看到书成才算心满意足；看美人要在她畅意时欣赏。

这则文字也启示我们，无论做什么事，都不可浅尝辄止、半途而废，而应有恒心，有毅力，朝着目标，义无反顾地走下去。只有这样，才会达到极致，走向辉煌，圆满"功德"。

自然之物是不以个人意志为转移的，当然做事要努力按照计划、目的来进行，要求圆满。但因某些不可抗拒之力而完成不了，就不能强求了。只要自己尽力了，成与不成，了无遗憾，最重要的还是其间的过程。

惠施、虞卿，今皆不传

【原文】 惠施[①]多方，其书五车；虞卿[②]以穷愁著书。今皆不传，不知书中果作何语。我不见古人，安得不恨？

【评语】 王仔园曰："想亦与《幽梦影》相类耳。"

顾天石曰："古人所读之书、所著之书，若不被秦人烧尽，则奇奇怪怪可供今人刻画者知复何限，然如《幽梦影》等书出，不必思古人矣。"

倪永清曰："有著书之名而不见书，省人多少指摘。"

庞天池曰："我独恨古人不见心斋。"

【注释】 ①惠施：宋国人。战国时哲学家、名家的代表人物之一。与庄子为友。见《庄子·天下》。②虞卿：战国时游说之士人。因进说赵孝成王，为上卿，故称虞卿。他穷愁著书，上采《春秋》，下观近世，以刺讥国家得失。世传《虞氏春秋》，已佚。

【译文】 惠施知识渊博，他的藏书非常丰富；虞卿在生活穷困愁苦的情况下著书立说。如今他们的著作都没有流传下来，不知道他们在书中都说了些什么话。我不能与古人相见，怎么会不遗恨呢？

【评语译文】 王仔园说："想必这些书也与《幽梦影》相类同吧。"

顾天石说："古代的人所读的书、所写的书，假如不被秦始皇烧尽，那么许许多多离奇的、能够让现代人刻画描述的事情就不知道有多少了。然而像《幽梦影》这样的书一出现，就没有必要去思念古人了。"

倪永清说："有写书的名声但见不到他们所写的书，省去人们多少指责评论。"

庞天池说："我只恨古代的人不能见到张先生。"

【点评】 秦始皇要独裁天下，江山永固，传之千世万世，最怕者人心动荡，最忌者思想家摇唇鼓舌，于是便罢黜百家；还心虚，就连前人著述也一把火焚之，惠施、虞卿辈，在劫难逃。但被焚者惠子、虞卿之书籍，其思想已植根于人心，其大名早著于青史，千余年后，张潮们仍仰慕心仪之，美名不衰，传之久远，而秦朝的江山，二世即亡，始皇暴君的骂名，也将永无法洗掉。此可为史鉴也。

古代的博学之士很多，因各种原因，他们的学识、见解传承下来的不多，并不能是算多大的憾事，毕竟人类是在不断进步着的。当然借鉴古人、古事做好每个工作，还是要积极提倡的。

山居得乔松百余章

【原文】 以松花为量[①]，以松实为香，以松枝为麈尾[②]，以松阴为步障[③]，以松涛为鼓吹。山居得乔松百余章，真乃受用不尽。

【评语】 施愚山曰："君独不记曾有松多大蚁之恨耶？"

江含征曰："松多大蚁，不妨便为蚁王。"

石天外曰："坐乔松下如在水晶宫中，见万顷波涛总在头上，真仙境也。"

【注释】 ①量：同粮。明代吴从先《小窗自纪》："数亩松花食有余，绝胜钟鸣鼎食。" ②麈尾：拂尘。古书上指鹿一类的动物，尾巴可以当作拂尘。 ③步障：用来遮蔽风尘或障蔽内外的屏幕。

【译文】 用松树的花作为粮食，用松树的果实作为香烛，用松枝作为拂尘，用松树的树荫做遮蔽风尘的屏幕，用松涛作为鼓乐的吹奏。在深山隐居得到高大的松树百余株，真是享受使用不了啊。

【评语译文】 施愚山说："张先生只不曾经记得有过松树下有许多大蚂蚁的怨恨呢！"

江含征说："松树下多有大蚂蚁，不如就做个蚂蚁王。"

石天外说："坐在高大的松树下就好像在水晶宫中一样，只看见万顷波涛一直在头上，真是仙境啊。"

【点评】 用松花做粮，用松子做香料，用松枝做拂尘，把松树的枝干叶子当屏障，把风吹松林的涛声当音乐演奏，不知山中高士当真有否这种感觉。但萌生此等思想，显然是厌倦了尘世的喧嚣与芜杂，所展示的是对回归自然的渴望及企盼。而专慕自然之松，又别有深意存焉。松的傲霜雪、耐严寒、挺立不屈，向来为节烈志士称说，这里或许正包蕴着张潮的寄托和对污浊社会的控诉。

以松树的某一部分作食、作香、作拂尘、作步障、作乐器，可见情之所钟至此地步，是谓情根深系于松树这样一个品质高洁的树种之中，也可见爱松人品质之高洁了。

赏　月

【原文】　玩月之法，皎洁则宜仰观，朦胧则宜俯视。

【评语】　孔东塘曰："深得玩月三昧[1]。"

王安节曰："皎洁，则登高冈峻岭，抚孤松，歌咏以观之；朦胧，则游平陆，与一二密友话旧以观之，似宜之中更有所宜。"[2]

【注释】　①三昧：奥妙，诀窍。②此则评语据清刊本补。

【译文】　赏玩月亮的方法是，月光皎洁时则适宜抬头观望，月色朦胧时则适宜低下头来观赏。

【评语译文】　孔东塘说："真正懂得了赏玩月亮的奥妙。"

王安节说："月光皎洁时，就登上高高的山岗，峻拔的山岭，轻轻抚摸着一棵孤独的松树，唱着歌吟着诗来观赏它；当月色朦胧时，就在平坦的陆地上游玩，同一两个亲密的朋友叙谈旧情往事来观赏它，似乎是适宜中的更为适合。"

【点评】　明月皎洁，碧空如洗，翘首望天，静观默望，诸种传说浮现脑际：嫦娥奔月，蟾蜍蚀月，吴刚斫桂，玉兔对嬉，多么诗情画意。而月的皎洁，还让人感受到真纯明洁，所有俗念都被滤尽，得到净化和升华。月光朦胧，便为另一种景观，如云遮雾罩，似见未见，似真不真，虚虚实实，真真假假，多一份神秘，有雾中赏花之美。张潮真能赏月。

赏月亦要得法："皎洁宜仰观，朦胧宜俯视。"要观其境，顺其意，其实做事之法也如此，顺境而行。

孩提之童，一无所知

【原文】　孩提之童，一无所知。目不能辨美恶，耳不能判清浊，鼻不能别香臭。至若味之甘苦，则不第知之，且能取之弃之。告子[1]以甘食悦色为性，殆指此类耳。

【评语】　王子直曰："可以不能者，天则听其不能；不可不能者，天即使之皆能。可见天之用心独周至。若告子之所谓食色，恐非此类。以五官之嗜好，皆本于性也。"[2]

袁翔甫补评曰："于禽兽又何异焉。"[3]

【注释】　①告子：战国时人，名不详，一说名不害。提出性无善恶论，又说："食色，性也。"见《孟子·告子上》。②此则评语据清刊本补。③此则评语据《啸园丛书》本补。

【译文】　尚在襁褓中的婴儿，什么都不知道。眼睛不能辨别美好与丑恶，耳朵不能判断是清脆的声音还是低沉粗重的声音，鼻子闻不出是香的还是臭的。至于像味道的甜美还是苦涩，则一尝便知，而且能够加以选择。告子把吃美好的食物和喜好漂亮的人儿作为人的本性，差不多就是指这一类的人啊。

【评语译文】　王子直说："可以不具备的能力，天就任凭他不具备；不可以不具备的能力，天就让他具备。可以看出天的用心特别周到备至。像告子所说的食欲和性欲，也许不属于这一类。因为五官的喜好，都是出于本性啊。"

袁翔甫补评说："和禽兽又有什么不同呢？"

【点评】　尚在襁褓，初知发笑的婴儿，眼睛看不出美丑，耳朵不能分辨清音浊音，鼻子不能识别香臭，却能够辨别甘苦，弃苦取甘，这正如告子所说的"食色性也"，乃是人天生具备的能力。正因为天生而具备了吃的能力，存活并发展才有了基础。这也就是人们在生存的诸多要素中将吃饭列于首位的道理。也唯此,使我们明白,社会的发展,应当以提高丰富人们的生活水平为第一要素,所谓首重生存权,是毫无疑问的。而穷折腾,以种种理由要人们勒紧裤腰带,置人之天性于不顾,便显得何等荒谬。

"食色,性也",爱吃美食,喜欢美色是人的本性,本无不利之处,但若贪恋美食,贪恋美色,置其他事情于不顾,就得不偿失了。要知道人生在世除了美食、美色,还有很多更重要的事等你去做,怎能沉迷于食色之中?

凡事不宜刻

【原文】 凡事不宜刻,若读书则不可不刻;凡事不宜贪,若买书则不可不贪;凡事不宜痴,若行善则不可不痴。

【评语】 余淡心曰:"读书不可不刻,请去一读字,移以赠我,何如?"

张竹坡曰:"我为刻书累,请并去一不字。"

杨圣藻曰:"行善不痴是邀名矣。"

【译文】 不论什么事情都不应当太刻薄,但如果读书就不可以不刻薄(苦);不论什么事情都不应当太贪多,但如果买书就不可以不贪多;不论什么事情都不应当太痴迷,但如果做善事就必须入迷。

【评语译文】 余淡心说:"读书不可不刻,请去掉一个'读'字,书不可不刻,转赠给我,怎么样?"

张竹坡说:"我因为刻书劳累,请再去掉一个'不'字,书可不刻。"

杨圣藻曰:"做善事不入迷是只追求名声啊。"

【点评】 凡事不可太过执着,太过较真,欲速则不达,任何事情都需要一个过程,心急吃不成热豆腐。然而,若读书,不认真便无法彻底领悟,不执着,就难能积少成多,成就大学问,这是显而易见的道理。凡事不宜贪,一成贪人,人神共愤,便要成孤家寡人;于己,贪心不足,欲壑难填,既有无量烦恼,也不可避免地因了贪心,触犯法律,终于毁灭自己。然而,若买书,贪多务得则未必坏事。只有贪多,才不计较贵贱,才不做功利的得失之想,才能得天下好书而聚之,读之,从而极大地丰富自己。凡事不宜痴呆懵懂,不明事理,不通人情世故,便妄为人生,虚度光阴,然而,行善做好事,却必须有点痴心。有了这痴心,便不做世俗想,为善不求人报,以行善为乐事,为追求,为事业,修人生大功德。

"读书一定要严格要求自己,要是买书就不能不多买一些了,行善一定要时存长远。"其实读书只要领会内涵精神,也不能死读书,要灵活一些;贪书则不可取,每次多买,一则看不完,二则浪费钱;痴于某一件事,即使行善也不可痴,否则就会使自己陷入此情感之中不能解脱,怎能干好其他事呢?所以,需刻意时即刻意,需洒脱时且洒脱。

酒可好,不可骂座

【原文】 酒可好,不可骂座;色可好,不可伤生;财可好,不可昧心;气可好,不可越理。

【评语】 袁中江曰:"如灌夫使酒[①],文园病肺[②],昨夜南塘一出,马上挟章台柳[③]归,亦自无妨。觉愈见英雄本色也。"

王宓草曰:"可以立品,可以养生,可以治心。"[④]

【注释】 ①灌夫：字仲孺，西汉颍阴（今河南许昌）人。吴楚七国之乱，与父俱从军，以功任中郎将。建元元年，任太仆，次年徙为燕相。夫为人刚直不阿，任侠，好使酒，家财千万，食客日数十百人。与魏其侯窦婴相善，婴置酒延丞相田蚡，夫使酒骂座，为蚡所劾，以不敬罪族诛。②文园：司马相如，字长卿，汉成都人。善赋体。曾为孝文园令，后因称文园。他患有虚痨消渴症。《史记》《汉书》有传。③章台柳：唐代韩翃有姬柳氏，安史之乱时两人奔散，柳出家为尼。韩为平卢节度使侯希逸书记，使人寄柳诗曰："章台柳。章台柳，昔日青青今在否？纵使长条似旧垂，亦应攀折他人手。"后柳氏被蕃将沙吒利所劫，韩翃用虞候许俊计夺还，重得团圆。见《太平广记》四八五卷引唐许尧佐《柳氏传》、唐孟棨《本事诗·情感一》。④此则评语据清刊本补。

【译文】 可以好酒，但不可以醉后骂人；可以好色，但不可以伤害身体；可以好财，但不可以贪婪昧心；可以好意气，但不可以不讲道理。

【评语译文】 袁中江说："像灌夫因喝多了酒骂座，司马相如贪色虚痨，唐代韩翃用计赚出姬妾柳氏后、马上携其返家，也自然没有妨碍。反而愈能显露出英雄本色。"

王宓草说："此番议论，可以树立品格，可以摄养身体、延年益寿，可以医治心理上的疾病。"

【点评】 酒、色、财、气于人，不可或缺：酒能助兴，能舒筋活血，能添文思，能打破人与人之间的隔阂，能密切人和人的关系，有这诸多好处，自不可缺少；食色性也，君子好色如好德，好色乃人的天性，天性不可扼杀，好色也无可厚非；财既是人生存的基础，也是人创造性劳动的物化体现，财富的积累，更为社会发展的具体表现，聚财求财，当然是积极而值得肯定的；义气、骨气，更是人作为社会人与具体人的重要内容，讲义气是为他为群，讲骨气是维护一己做人的自尊，都为人所必备。然而，好酒而不可成瘾，纵酒既伤身，要酒疯骂座，更破坏与人的关系；好色而至于纵欲，势必伤生，伤生，则与天性相悖；好财而丧失良心，不讲社会公德，或因财而使人相互残杀，也与人类的进化及社会发展不符；因义气不讲原则，或一味强调自尊，置公理或法律于不顾，既有害于社会，又不利于个人的自立。过犹不及，不仅酒色财气，其他也同此理。

酒色财气，人们所好，是人之本能，但要适可而止，不能太过。要知酒是穿肠毒药，色乃刮骨钢刀，财易迷人本性，气能使人违法，人于其中确应谨慎行之。

文名可以当科考

【原文】 **文名可以当科第，俭德可以当货财，清闲可以当寿考。**

【评语】 **聂晋人曰："若名人而登甲第，富翁而不骄奢，寿翁而又清闲，便是蓬壶三岛[①]中人也。"**

范汝受曰："此亦是贫贱文人无所事事自为慰藉云耳，恐亦无实在受用处也。"

曾青藜曰："'无事此静坐，一日似两日。若活七十年，便是百四十。'此是'清闲当寿考'注脚。"

石天外曰："得老子[②]退一步法。"

顾天石曰："予生平喜游，每逢佳山水辄留连不去，亦自谓可当园亭之乐，质之心斋以为然否？"

【注释】 ①蓬壶三岛：古代传说东海有蓬莱、方丈、瀛洲三山，为神仙所居，山形如

壶,故称。②老子:即老聃。春秋战国对楚国苦县人。曾为周藏书室吏官。相传著《道德经》五千余言。见《史记·老子传》。

【译文】 以文章而闻名可以当作科第,有节俭的品德可以当作钱财货物,清静悠闲可以当作长寿。

【评语译文】 聂晋人说:"如果有名望的人甲科中第、家中富有而不骄淫奢侈、年高长寿而又清静悠闲,就是蓬莱三岛中的仙人。"

范汝受说:"这也是贫穷低贱的读书人没有事情可做,自我安慰罢了,恐怕也没有实实在在可以用得上的地方。"

曾青藜说:"'无事此静坐,一日似两日。若活七十年,便是百四十。'这首诗就是'清闲当寿考'的注解。"

石天外说:"这种议论深得老聃后退一步的说法。"

顾天石说:"我生平喜欢周游,每当遇到美妙的山水胜境,总是流连忘返,也自称为可以当作园林亭榭之乐,请问张先生是不是这样呢?"

【点评】 寒窗苦读,为的是"一举成名天下知",由此言之,盛有文名,文章传世,广播天下,庶几近之。勤俭为致富之本,挥霍能坐吃山空,在此意义上,俭德自身就是一笔宝贵的财富。追求长寿,是为了更多更好地享受人生,而得以清静闲适,有颗平常心,既享受了人生的乐趣,也为身体健康生命长寿的重要前提,故说清闲可当寿考,很有道理。然万言不值一杯水,亦古人所言;文章雕虫小技丈夫不为,亦古人言。以文名当科第,只能是张潮们的自我宽慰。勤俭胜于挥霍,但勤俭不是目的,发展才是最终的目标,如无发展,一味勤俭,于己愧于人生,于社会不会有任何发展。只讲清闲,不劳动创造,既不免无事生非,影响清闲,寄生他人,有害社会,长寿也了无意趣。

"文名可以当科第",如具有较高的文才和名气,即使没有科举及第,也没有什么好遗憾的,真才实学处处可用。

"俭德可以当货财",勤俭节约是一种美德,也是一种精神财富,实际勤俭就能持家,就可以致富。

"清闲可以当寿考",此语不实,一个人碌碌无为,大好时光白白浪费,浪费时间就等于浪费生命,还说什么长寿,岂有此理!

尚友古人

【原文】 不独诵其诗读其书是尚友古人①,即观其字画亦是尚友古人处。

【评语】 张竹坡曰:"能友字画中之古人,则九原②皆为之感泣矣。"

【注释】 ①尚友古人:上与古人为友。尚,通"上"。②九原:九州。

【译文】 不只是吟诵古人的诗、读古人的书是上与古人为朋友,就是观看古人的字和画也是上与古人做朋友的办法。

【评语译文】 张竹坡说:"能够与字和画中的古人做朋友,那么九州都会为之感激涕零啊。"

【点评】 《孟子·万章下》中说:"以友天下之善士为未足,又尚论古之人。颂其诗,读其书,不知其人可乎?是以论其世也,是尚友也。"尚通上,尚友古人即上与古人为友。读书如交友,读好书如听益友言,能开阔胸襟,澡雪精神,增长知识,扩大视野。其我所未

曾认识者令我豁然开朗;其深得我心言我欲言而讲不出的,令我击节叹赏;其讲道德说教训在我如听诤言。只要能读懂,就和与友人交谈无异。读今人书,即是与今人交友;读古人书,即是与古人交友。读书如此,观字画,听音乐,无不如是,其中都包蕴了写作者的智慧、思想、认识、情绪,能理解作品,能产生共鸣,便为作者知音,也等于自己交了益友良师。

诗书显学识,明思想,传道德;字画有其境界、品位。无论诗书、字画都能体现出古人的精神,所以无论读诗品画都能与古人成为朋友。

无益之施舍,莫过于斋僧

【原文】 **无益之施舍,莫过于斋僧;无益之诗文,莫甚于祝寿。**

【评语】 **张竹坡曰:“无益之心思,莫过于忧贫;无益之学问,莫过于务名。”**

殷简堂曰:“若诗文有笔资,亦未尝不可。”

庞天池曰:“有益之施舍,莫过于多送我《幽梦影》几册。”

【译文】 没有益处的施舍,莫过于把斋饭施舍给僧人;没有益处的诗词文章,没有比祝贺寿诞之文更无聊。

【评语译文】 张竹坡说:“没有益处的心思,没有比忧虑贫困更无用;没有益处的学问,没有比求取功名更大的过失。”

殷简堂说:“假如写祝贺寿诞的诗词文章有稿酬,也没有不可以的。”

庞天池说:“有益处的施舍,没有比多送给我几本《幽梦影》更好的了。”

【点评】 斋僧是为求得福报,但佛国虚幻,终等于白白施舍;诗文之作,乃为了抒发情志,写无聊奉承的祝寿之作,编出些寿比南山福如东海的空话套话,既无益于主人也不出于真诚。所以张潮说斋僧与撰写祝寿之文同属无益。虽然如此,斋僧布施的不绝如缕,写无聊文字的不乏其人。而肯将钱财用于人事,用于解救危难,用于希望工程者稀;肯写为民请命,关怀民瘼,直面人生者亦鲜。张潮如能活到今天,不知当作何等感想!

斋僧无用吗?僧人可以让人修身养性、爱惜生命、教人行善,既然僧人在世上有这么大的用处,怎能说斋僧无用呢?这倒是什么思想?

钱多不如境顺

【原文】 **妾美不如妻贤,钱多不如境顺。**

【评语】 **张竹坡曰:“此所谓竿头欲进步者,然妻不贤安用妾美,钱不多那得境顺。”**

张迂庵曰:“此盖谓二者不可得兼,舍一而取一者也。”又曰:“世固有钱多而境不顺者。”

【译文】 妾漂亮不如妻子贤惠,钱很多不如处境顺利。

【评语译文】 张竹坡说:“这就是所说的百尺竿头更进一步,但是妻子不贤惠哪里用上漂亮的妾,钱财不多哪里能得到处境的顺利。”

张迂庵说:“这大概说二者不可以同时获得,舍去一种求取一种啊。”又说:“世上本来就有钱财多但处境不顺利的。”

【点评】 视女人为祸水,显然是荒谬之谈,荒谬之论,但妻贤夫祸少,这句古训,在今天仍有着它的道理。贤妻能为你营造一个幸福的家庭港湾,能给你提供一个舒适安逸温

馨宁静的安乐窝,在遭受挫折或失意的时候,这便能给你安慰和力量,使你振作。若妻不贤,终日闻狮子吼,或家反宅乱,后院起火,一切都毫无意趣。相比较,不仅妾的美丑次于一等,妾的有无,都无关紧要。拥有钱财,可以使人衣冠楚楚,体面十足,恣意享用人生等等,然而,如果疾病缠身,或丧妻夭子,或众叛亲离,或终日遭人算计,倍受精神或肉体的折磨,富有钱财,也失去了任何意义,而处境和顺,在这时必然成为他最大的奢求,而两者孰重孰轻,当不难辨别。

妻若不贤,境遇再不顺,那么纵然有美人如花,钱可铺路,那也不会开心。家是一个人心灵永远的归宿,若无家,心何在!

读生书不若温旧业

【原文】 创新庵不若修古庙,读生书不若温旧业。

【评语】 张竹坡曰:"是真会读书者,是真读过万卷书者,是真一书曾读过数遍者。"

顾天石曰:"惟《左传》、楚辞、马[①]、班[②]、杜[③]、韩[④]之诗文及《水浒》《西厢》《还魂》等书,虽读百遍不厌,此外者皆不耐温者矣,奈何?"

王安节曰:"今世建生祠又不若创茅庵。"

【注释】 ①马:司马迁,字子长,汉夏阳人。西汉中书令,著《史记》。②班:班固,字孟坚,汉扶风安陵人。著《汉书》。③杜:杜甫,字子美,原籍湖北襄阳,生于河南巩义市。唐代诗人。有《杜工部集》。④韩:韩愈,字退之,河南河阳(今河南孟州)人。唐代文学家、诗人。有《昌黎先生集》。

【译文】 建造新的茅屋不如修葺古代的庙宇;读未读过的书不如温习从前的学业。

【评语译文】 张竹坡说:"张先生是真正会读书的人,是真正读过万卷书的人,是真正一本书曾经读过数遍的人。"

顾天石说:"只有《左传》、楚辞、司马迁、班固、杜甫、韩愈的诗和文章,以及《水浒》《西厢》《还魂》等书,虽然读了上百遍也不感到厌烦。除此以外都没有温习的必要,怎么办?"

王安节说:"当今之世为活着的人建造祠庙又不如盖茅庵。"

【点评】 创建新的寺庵乃白手起家从零开始,投入必多;而维修旧有之庵有基础在,自然节俭。读书亦然。生书要从句读识字开始,已读之书则无须这些工程。而省却工序,直入文理,读一遍即可有更新的收获,更多的领悟,起事半功倍之功效。张潮这话,并非排斥新知,实在是针对读书走马观花者言,走马观花,不求甚解,为读书大忌,读书者当以此为鉴。

创建新庙有创建新庙的好处,修旧寺有修旧寺的利益,建庙是为供佛,修庙是为敬佛,若不建,到哪里敬,若不敬,又为何建。

读新书与复习旧书,要视自己的学业而定,若旧业未固,学得不扎实甚或不懂,当然要反复复习了。若已了解学通,还不读新书、求新知,自囿其中,那岂不永无长进?

字与画同出一原

【原文】 字与画同出一原,观六书[①]始于象形则可知已。

【评语】 江含征曰:"有不可画之字,不得不用六法也。"

张竹坡曰:"千古人未经道破,却一口拈出。"

【注释】 ①六书:汉代学者分析小篆的形、音、义而归纳出来的六种造字规则。分别为指事、象形、形声、会意、转注、假借。

【译文】 字和画同出于一个渊源,观察六书造字起始于象形就可以知道了。

【评语译文】 江含征说:"因为有不能够画出来的字,譬如形声、会意、转注等,所以不得不使用六种方法来造字。"

张竹坡说:"千百年来,没有人曾经说出的道理,被张先生一语说中。"

【点评】 字画同源,这在古人,已不乏论述,如《易经·系辞》中说:"古者庖牺氏之王天下也,仰则观象于天,俯则观法于地,观鸟兽之文,与地之宜,近取诸身,远取诸物,于是始作八卦。"就是说伏羲上观天象,下察地文,及动物踪迹,山川形貌,而后画出八卦。其实,象形固然是"画成其物,随体诘诎"(《说文解字叙》),如日像太阳,月像月亮,但其仅为六书之一。况且,字画的产生,既不同时,目的功用也不一样,绘画产生于五六十万年前的旧石器时代,旨在表达某种思想或情绪,而文字则出现在原始社会向奴隶社会的过渡时期,目的则是出于记事之需要。但绘画毕竟是文字的先驱,为文字的产生,具有着重要的先导作用。张潮的这个论述,显然是拾人牙慧,而且被现代研究证明是不正确的。

字画同源,原来就是结绳记事,以画化字,才有象形、会意、指事、形声、转注、假借,慢慢发展至今,便形成了独特的汉字体系。

忙人园亭和闲人园亭

【原文】 忙人园亭宜与住宅相连,闲人园亭不妨与住宅远。

【评语】 张竹坡曰:"真闲人必以园亭为住宅。"

【译文】 繁忙人的园林亭榭适合与住宅相连接;清闲人的园林亭榭可以距离住宅远一些。

【评语译文】 张竹坡说:"真正的清闲人一定把园林亭榭当作住宅。"

【点评】 明清时代园林艺术的兴起,是对自然的向往回归。园林的山水林木,静谧恬适,对疲于奔命,被生活或事业压迫得喘气艰难的人们,对厌倦尘世喧嚣,甚恶社会污浊的人们,既带来了消闲休憩放松调整的便利,也提供了一片清净安逸的乐土。但欣赏享受园林之乐,需要时间,忙于事务者,忙中偷闲,咫尺之地,便可抽闲观赏,若距离太远,就难有整块的时间去消受,所以张潮说忙人园亭,宜与住宅相近。清闲之人不同,有的是时间,园亭不妨建的远些,最好远离闹市,或就在郊外,因为这更本真,更自然,更能得自然之趣。

忙人的住宅与园亭相连,便于休息玩乐;闲人的园亭与住宅相远,休息不便,那就可以去工作了吗?忙、闲自是人为,与园亭无关。若有进取心,则忙,若无则闲。忙也不是时刻皆忙,忙中有闲,忙闲相间,自有其乐!

酒可以当茶,诗可以当文

【原文】 酒可以当茶,茶不可以当酒;诗可以当文,文不可以当诗;曲可以当词,词不可以当曲;月可以当灯,灯不可以当月;笔可以当口,口不可以当笔;婢可以当奴,奴[①]不可以当婢。

【评语】 江含征曰:“婢当奴则太亲,吾恐忽闻河东狮子吼耳。”

周星远曰:“奴亦有可以当婢处,但未免稍逊耳。近时士大夫往往耽此癖,吾辈驰骛[2]之流,盗此虚名亦欲效颦相尚,滔滔者天下皆是也,心斋岂未识其故乎?”

张竹坡曰:“婢可以当奴者,有奴之所有者也;奴不可以当婢者,有婢之所同有,无婢之所独有者也。”

弟木山曰:“兄于饮食之顷,恐月不可以当灯。”

余湘客曰:“以奴当婢,小姐权时落后也。”

宗子发曰:“惟帝王家不妨以奴当婢,盖以有阉割法也。每见人家奴子出入主母卧房,亦殊可虑。”

【注释】 ①奴:指男仆。②驰骛:奔走。

【译文】 酒可以当作茶,茶不可以当作酒(不够浓烈);诗可以当做文章,文章不可以当作诗(不够浓缩和精练);乐曲可以当作词,词不可以当作乐曲(词,体裁之固定);月亮可以当作灯,灯不可以当作月亮(荧荧烛光);笔可以当作口(用笔记述),口却不可以当作笔(没法留下文字);婢女可以当作奴婢,男仆不可以当作婢女(男女有别)。

【评语译文】 江含征说:“婢女当作男仆就太亲近了,我恐怕耳边忽然听到妻妾的怒骂声。”

周星远说:“男仆也有可以当作婢女的理由,但不免稍稍逊色。最近一段时期文人、士族往往沉溺于这种癖好(男妓),我们这辈人中那些奔走之流,为了窃取这种虚名也互相仿效,像大水一样遍天下都是,张先生难道没有看出这其中的缘故吗?”

张竹坡说:“婢女可以当作男仆的,具有做奴仆的共同点;男仆不能够当作婢女,除了具有与婢女的共同点(就是服侍主子)外,不具备婢女的独有之处,就是女人。”

弟木山说:“张兄在吃饭的时候,恐怕月亮不能够当作灯。”

余湘客说:“把男仆当作婢女,小姐也暂且落后了啊。”

宗子发说:“只有皇帝王侯家没有什么不可以把男仆当作婢女的,因为具有阉割法。我每次看到别人家的男仆出入女主人的卧室时,也特别为此担忧。”

【点评】 酒与茶均可解渴,酒能发挥茶的功效,故说酒可当茶。茶能提神明目,却不具备酒之激烈,不能令人神经麻木,激动兴奋,飘飘然,故说茶不能当酒。诗可以叙事,可以抒情,可以表达文所能表现的一切,所以诗可以当文阅读;文不如诗含蓄,缺乏诗的平仄押韵,不能如诗那样思想跳跃,必须连贯周密,所以文不能当诗。曲由词演变而来,是词的发展,自由化,一些曲与词并无太大的分别,所以曲可以当词;但词较曲更含蓄,曲以字词重叠见长,曲用韵更密,词却以字词重叠为忌,大曲与词判然有别,所以词不可当曲。月的光亮可以照明,能读书做事,故月可以当灯;灯之光星星点点,仅可照一隅,不如月的遍照九州,辉洒大地,所以灯不能当月。笔能写下口想说的一切,笔能当口;但空口无凭,在没有录音的时代,口说无凭,笔则能留下墨迹,白纸黑字,斑斑可寻,所以口不能当笔。女奴亦奴,能做奴仆可做的一切,所以婢可以当奴;而男仆不能出入内室,不能与女主人相近,所以奴不能当婢女。甲可以乙,反之不立,此段文字能为例证。

茶清心,酒壮胆;诗有韵,文无韵;曲俗,词艳;月明,灯稀。要说代替,全凭个人主观情绪,想让代即代,不想让代替能代亦不能代。运用纯是在乎一心,没有什么可与不可,茶可代酒,以酒代茶也可。

胸不平酒消;世不平剑消

【原文】 胸中小不平,可以酒消之;世间大不平,非剑不能消也。

【评语】 周星远曰:"看剑引杯长,一切不平者皆破除矣。"

张竹坡曰:"此平世的剑术,非隐娘辈[1]所知。"

张迂庵曰:"苍苍者未必肯以太阿[2]假人,似不能代作空空儿[3]也。"

尤悔庵曰:"龙泉[4]太阿,汝知我者,岂止苏子美以一斗读《汉书》耶[5]?"

【注释】 ①隐娘:唐代裴铏传奇《聂隐娘》中的主人公。书中聂隐娘是位女剑侠,屡助陈许节度使刘昌裔脱险。②太阿:古代宝剑名。也作"泰阿"。③空空儿:即妙手空空儿。《聂隐娘》中的剑侠名。④龙泉:古代宝剑名。⑤苏子美:苏舜钦,字子美,梓州铜山人。宋代诗人。据宋代龚明之《中吴纪闻》载,苏舜钦每晚读书都要喝一斗酒,读《汉书》时,常常一大杯一大杯地喝。他岳丈杜衍听说后,笑道:"有如此下酒物,一斗诚不为多也。"

【译文】 胸中有小小的不平之气,可以用酒消除它;人世间有很大的不公平的事,必须用剑才能消除。

【评语译文】 周星远说:"观看舞剑,举杯饮酒,一切不平之气都被除去了。"

张竹坡说:"这平定世道的剑术,不是聂隐娘之流的人物所能够知晓的。"

张迂庵说:"苍天啊不一定肯把太阿宝剑借给人,似乎也不能代替妙手空空儿。"

尤悔庵说:"龙泉和太阿,你们是最了解我的,哪里只有苏舜钦读《汉书》时喝一斗酒呢?我喝得更多。"

【点评】 "何以解忧,唯有杜康",酒能消愁,几杯老酒,麻醉了神经,飘飘然欲仙,一切都暂时忘却,天地间唯我为大,只有自己才是唯一的主宰,所有得失荣辱,都成为过去,都抛却脑后,所有重负枷锁,都暂且搁置退避,虽然闭上了看现实的眼睛,逃避了现实,毕竟偷得片刻摆脱了忧愁的煎熬。但酒的消愁,也只能是一己的曲曲折折,小的沟沟坎坎,若民族阶级压迫,异族入侵,匪人骚扰欺凌等,却非借酒所能消去的烦恼愁苦,必须奋起反抗斗争,以刀剑等武器,在血与火的拼搏中求取解放自由,此所谓世间大不平,非剑不能消也。

能忍则忍,不能忍就奋起反击,对于一些不违背原则的无聊小事,喝杯酒消消气就算了。而对于违法乱纪的行为,则要给予坚决的制止,要勇于拿起法律这把利剑,给坏人以制裁。

宁以口毋以笔

【原文】 不得已而谀[1]之者,宁以口毋以笔;不可耐而骂之者,亦宁以口毋以笔。

【评语】 孙豹人曰:"但恐未必能自主耳。"

张竹坡曰:"上句立品,下句立德。"

张迂庵曰:"非惟立德,亦以免祸。"

顾天石曰:"今人笔不谀人更无用笔之处矣,心斋不知此苦,还是唐宋以上人耳。"

陆云士曰:"古笔铭曰:'毫毛茂茂,陷水可脱,陷文不活。'正此谓也。亦有谀以笔而实讥之者,亦有骂以笔而若誉之者,总以不笔为高。"

【注释】 ①谀：谄媚，用假话奉承人。

【译文】 没有办法非要去谄媚的人，宁可用口不要用笔；不能忍耐要骂人的人，也要宁可用口不要用笔。

【评语译文】 孙豹人说："只怕不一定能够自控啊。"

张竹坡说："上句树立品质，下句树立道德。"

张迂庵说："不只是树立道德，也可以免除祸端。"

顾天石说："现在的人手中的笔不谄媚便没有可用之处，张先生不了解其中的苦衷，还是唐宋以前的人啊。"

陆云士说："古笔铭曰：'毛笔的毛很丰满，陷落水中还可以摆脱，陷落文章中就不能活命了。'正是这种说法。也有用笔去谄媚但实际上是讥刺的，也有用笔去辱骂但实际上像称誉的，总归以不用笔为高明。"

【点评】 铁肩担道义，妙手著文章，古人对于手下的这支笔，非常看重，所谓立德、立功、立言，将立言与立德、立功并举，正可以见出此点。但生活于尘世，不免有无奈，有怨愤。处关系，要违心给人捧场，说不合实际的话。既不能避免，但说无妨，却不可诉诸笔墨。遭不公待遇，遇不平事情，憋着难受，宣泄未尝不可，尽可以骂娘，做泼妇骂街，但也不可诉诸笔墨。诉诸笔墨，既亵渎了文字，也不仅让时人看轻，传之后世，还要让后人笑话。同时，诉之于口，空口白话，查无实证，算不得凭据；而一旦用笔写下，白纸黑字，便是永久的把柄。滑头主义论者绝不会将不得已之谀与不可耐之骂诉诸笔墨文字。

在没有办法的情况下奉承别人，不可以用笔，笔书可传世，说奉承话只不过一时所迫，若传世于己声名不利；不满别人言行时，口头教训就行了，用笔谴责那就让其污名永存了。所以做事不可太极端，于人于己留下退路，人生在世，不仅要立言，还要立德。

多情者必好色，好色者未必多情

【原文】 多情者必好色，而好色者，未必尽属多情；红颜者必薄命，而薄命者，未必尽属红颜；能诗者必好酒，而好酒者，未必尽属能诗。

【评语】 张竹坡曰："情起于色者，则好色也，非情也。祸起于颜色者，则薄命在红颜，否则亦止曰命而已矣。"

洪秋士曰："世亦有能诗而不好酒者。"

【译文】 富于感情的人一定贪爱女色，但贪爱女色的人，不一定都是多情人；容貌艳丽的女子一定是生命短促，命运不好，但生命短促，命运不好的人不一定都是容貌艳丽的女子；会写诗的人一定喜好饮酒，但贪爱饮酒的人不一定都能够写诗。

【评语译文】 张竹坡说："看到女子容颜漂亮而动情，这是好色，不是感情。灾祸由容貌漂亮所引起，这是红颜薄命，如果不是这样也只能说命该如此罢了。"

洪秋士说："世上也有能够写诗却不喜好喝酒的人。"

【点评】 多情者富于感情，其好色，实出必然；而其好色，也出于真诚，出于至爱，是赏其美艳的爱美之心。但好色却不都出于真情，好色者未必都属于多情，其好色，是动物的本能冲动，是占有欲驱使，故不同于多情者的好色，显得非常丑陋。红颜薄命，在男尊女卑的社会制度下，几乎是一种必然。作为生儿育女传宗接代的工具，既缺乏自主性与独立性，薄命的悲剧，就在所难免。但薄命者又何止于红颜？怀才不遇的才人，潦倒穷

愁，坎壈人生，志比鸿鹄，却身为下贱，这何尝不是命薄。李白斗酒诗百篇，酒助诗兴，能诗者多好酒；但脑满肠肥的富商、官宦，赳赳武夫，好酒者也多，终日沉湎于觥筹交错，然其满脑的俗念，与诗相去甚远。能诗者多好酒，好酒者未必都能诗，信然。

多情与好色，红颜与薄命，诗者与好酒之间其实并没有什么必然的联系，多情者不一定好色，美丽的女人不一定薄命，能诗的不一定好酒。重要的是个人的心性与意志，如若有理想有目标，并为之努力，即使无酒无色，也能功成名就。

梅·兰·菊·莲

【原文】 梅令人高，兰令人幽，菊令人野，莲令人淡，春海棠令人艳，牡丹令人豪，蕉与竹令人韵，秋海棠令人媚，松令人逸，桐令人清，柳令人感。

【评语】 张竹坡曰："美人令众卉皆香，名士令群芳俱舞。"

尤谨庸曰："读之惊才绝艳，堪采入《群芳谱》[①]中。"

吴宝崖曰："《幽梦影》令人韵。"[②]

陈留溪曰："心斋种种著作，皆能令人馋。"[③]

【注释】 ①群芳谱：明代王象晋撰。全称《二如堂群芳谱》，30卷，分类记谱，详于艺文，略于种植。②③此两则评语据清刊本补。

【译文】 梅花使入高洁，兰花使人幽静，菊花使人野放，莲花使人淡泊，春海棠使人艳丽，牡丹使人豪放，芭蕉和竹子使人有风韵，秋海棠使人娇美，松树使人安逸，桐树使人纯净，柳树使人感叹。

【评语译文】 张竹坡说："美丽的人使众多的花卉生香，知名之士使众多的芳龄女子起舞。"

尤谨庸说："读了它使才子震惊、美人绝尘，足以采纳入《群芳谱》中。"

吴宝崖说："《幽梦影》使人有情趣。"

陈留溪说："张先生的每种著作，都能使人倾慕。"

【点评】 由于现实与理想总存在着较大的距离，人在生活中，就会有不如意不满足的时候。不满于现实，不满于周围的俗世俗人，便将目光转投向所生活的自然，在那里，在异类的花鸟草虫动植物中，根据所需，发现知己同调，于是，异类就拥有了人类所具有的文化的内涵，而约定俗成，某种代表何义，也渐被确定。张潮在这段文字中所描述的梅花令人感到高古，兰花让人感到清幽，菊花让人感到疏野，莲花让人感到恬淡，春海棠让人感到绮艳，牡丹让人感到豪气，蕉与竹让人感到风韵，秋海棠让人感到妩媚，松树让人感到放逸，梧桐让人感到清澈，柳让人多生感慨，便都与它们所承载的文化人格内涵密切相关。人作用于物，物亦反作用于人，此也投桃报李一类。

根据花木的生理特点与生长习性，人们便以人的各种性格赋予了花木以品德。梅高、兰幽、莲淡、竹韵、桐清、松逸、柳感。人与花木志趣相合，情趣相谐，花木品质影响人的品质，人们便抒发情怀，以花喻人。

物之能感人者

【原文】 物之能感人者，在天莫如月，在乐莫如琴，在动物莫如鹃，在植物莫如柳。

【评语】 王宓草曰："于垂柳下对月弹琴，或闻杜鹃啼数声，此时令人百感交集。"[①]

袁翔甫补评曰:"问之物而物不知其所以然也,问之人而人亦不知其何以故也。"②

【注释】 ①此则评语据清刊本补。②此则评语据《啸园丛书》本补。

【译文】 自然界能使人感动的,在天上没有能比得上月亮,在乐器中没有能比得上琴,在动物中没有能比得上杜鹃,在植物中没有能比得上垂柳。

【评语译文】 王宓草说:"在垂柳树下对着月亮弹琴,偶尔听到几声杜鹃的啼叫声,这时使人各种感受融合在一起。"

袁翔甫补评说:"向物询问,物不知什么道理;向人询问,人也不知道什么原因。"

【点评】 古代有清言传统,在我看来,清言者,神侃也,张潮就颇能得其神髓。今人编写"世界之最","中国之最"者多多,不知有否将物之感人之最者列入。物中感人之最看,张潮于天上举月,于乐中举琴,于动物中举杜鹃,于植物中举柳,细思之,确有其道理。如月,其阴晴圆缺,给人带来的感受是不尽相同的,由圆想到圆满,想到鼎盛,由缺想到独处,想到客居不能与家人团圆等等,文人墨客们也因此写下了许多关于月的华章,月成为古代文学中一个极为重要的主题。如琴,铮铮之音,抒幽怨、相思、企慕,志或在高山,或在流水。关于琴,也流传着许多脍炙人口的佳话:司马相如琴调卓文君,携其私奔;俞伯牙因钟子期死,失去知音,将琴摔碎,不复弹奏。如杜鹃,由于子鹃啼归的传说,其鸣啭,让客地漂流者伤感思归,让深闺思妇想到别离之苦。如柳,依依枝条让人流连忘返,折柳赠别让人感受到亲友的挽留至情,而且睹杨柳依依,也让人想到异地的亲人,盼望着早日团聚。以四物为物中感人之最,堪列于"之最大全"。

世间能感人者,天上、地下、水中比比皆是,根据它们的自身内涵所表现出来的精神,人们给以人性化,使之更加贴近现实,贴近生活。

梅妻鹤子

【原文】 **妻子颇足累人,羡和靖梅妻鹤子;奴婢亦能供职,喜志和①樵婢渔奴。**

【评语】 **尤悔庵曰:"梅妻鹤子、樵婢渔童可称绝对,人生眷属得此足矣。"**

【注释】 ①志和:张子和,唐代诗人。《新唐书·隐逸传·张志和》:"帝尝赐奴婢各一,志和配为夫妇,号渔童、樵青。"

【译文】 妻子相当使人劳累,羡慕林逋把梅花当作妻子、仙鹤当作子女;男仆和婢女也能担任职务,乐于成人之美的张志和把皇帝赏赐的男仆婢女配为夫妇。

【评语译文】 尤悔庵说:"把梅花当作妻子、仙鹤当作子女,男仆和婢女配合绝妙的一对,人生有这样的眷属,就可以满足了。"

【点评】 家庭是归宿,是港湾,在家里能够享受到亲情的温暖,能享受到天伦之乐,但有了家室,也多了份责任,谋生不易,为了家室,就得去做稻粮谋,去尘世中拼命奋斗,去混个出人头地,去做违心的事,讲违心的话,于是便有了林和靖的梅妻鹤子,独处自乐;有了张志和的看破红尘,从不测宦海中急流勇退,避开现实的污泥浊水,走归隐之路。林和靖厌倦家室负累,故以梅为妻,以鹤为子;张志和厌倦官场蝇营狗苟,自己归隐,封奴婢樵青渔童,让他们也以渔樵为志,得隐居的安逸。

一个人的生活有贤惠的妻子、聪明的儿子相伴,过着无忧无虑的生活,那是多么幸福的事,此处却嫌妻子颇足累人,羡慕什么不存在的梅妻鹤子、樵青渔童。生活是实际的,就应从实际的观点出发,走好每一步路。

清高可嘉，莫流于不识时务

【原文】 涉猎虽曰无用，犹胜于不通古今；清高固然可嘉，莫流于不识时务。

【评语】 黄交三曰："南阳抱膝[1]时，原非清高者可比。"

江含征曰："此是心斋经济[2]语。"

张竹坡曰："不合时宜则可，不达时务奚其可？"

尤悔庵曰："名言名言。"

【注释】 ①南阳抱膝：南阳：代指诸葛亮。抱膝：手抱膝而坐，有所思貌。《三国志·蜀·诸葛亮传》："惟博陵崔州平、颍川徐庶元直与亮友善。"注引《魏略》："（亮）每晨夜从容，常抱膝长啸。"此处指隐居。②经济：经国济民。

【译文】 广泛读书却不专精虽然说没有什么用处，但还胜过那些不懂得古今的人；清洁高尚虽然值得赞美，但不要流于不识时务。

【评语译文】 黄交三说："诸葛亮在南阳隐居时，并非清廉高尚的人可以比拟的。（他是躬耕苦读，磨砺志向，以待时日啊。）"

江含征说："这是张先生的经国济民之说。"

张竹坡说："不合乎当时的需要或风尚还可以，不通达当世要事又怎么可以呢？"

尤悔庵说："名言名言。"

【点评】 好读书不求甚解，博览群书而不求专精，于举业，缺乏揣摩，不能熟记四书朱注，自然不能够攀桂折月，中举人取进士；于学问，不精研深求，粗知皮毛或梗概，也难有发明创造。但蜻蜓点水毕竟沾水，多见皮毛，也能够开阔眼界，虽不能在学业上有所建树，却能够知古今演变，明白人生社会的一些道理，且丰富了修养，涵养了精神，已俨然为文化人、文明人，与不读书的粗人，判然有别。这是讲的读书。自尊自爱，洁身自好，不与世浮沉同流合污，是值得嘉许的美德，但如果流于自命不凡、自以为是、目中无人，甚或抱残守缺，顽固不化，不能认识到社会的发展，跟上形势的步伐，这便是自绝于时代，不识时务，就难成为俊杰，更不会成社会之精英、时代之弄潮儿。

学识广而不精，却胜于什么都不懂。开卷有益，在一定的时候，是可以用得上的，遇到任何情况，都不会感到陌生和无策。清高但不要孤傲，清高表现为不同流合污，不附庸风雅，过于清高就是一种迂腐的表现，即不识时务，能成何事？

论美人

【原文】 所谓美人者，以花为貌，以鸟为声，以月为神，以柳为态，以玉为骨，以冰雪为肤，以秋水为姿，以诗词为心，吾无间然矣[1]。

【评语】 冒辟疆曰："合古今灵秀之气，庶几铸此一人。"

江含征曰："还要有松檗[2]之操才好。"

黄交三曰："论美人而曰以诗词为心，真是没听说过。"

【注释】 ①吾无间然矣：意谓，我没有什么可挑剔的了。《论语·泰伯》："禹，吾无间然矣。"②檗：木名，即黄檗。或作"蘗"。

【译文】 所谓美人，要有花儿般的容貌，鸟儿般的声音，月亮般的神情，柳树般婀娜多姿，玉石般骨骼，冰雪般肌肤，像秋水般清澈，有一颗诗词般抒情之心，如果具备这些品

质,就没有什么可挑剔的了。

【评语译文】 冒辟疆说:“这样的美人是集合古代和现代的灵秀之气,差不多铸为一人。”

江含征说:“还应该有松柏的挺拔直立和不畏严寒的品操才好。”

黄交三说:“评论美人以诗词为心,真是从来没有听说过的。”(这样就才貌俱全了。——注译者)

【点评】 不同的时代在审美上也都存在着观念的差异,即以对美人的欣赏,楚王好细腰,说明战国时起码在楚国,以瘦为美;而从唐人画看,唐代则又以丰腴为美。尽管选美的标准有别,但如张潮所说的花为貌、鸟为声、月为神、柳为态、玉为骨、冰雪为肤、诗词为心,仍给人耳目一新的感觉。这不仅表现在他既重形体又重内质,还在于其比喻清新,想人所不及:如嘤嘤鸟声,如月神态,如诗词为心,果如黄评:“真是闻所未闻。”虽如此,凭我的感觉,总觉得在读一篇相马经,这自然是视妇女为玩物时代的产物。

这样的美人只有天生地造,恐怕只有神仙中才有这样的美人。人类中就不能奢求了,其实只要心善、貌美、行端就已经很好了。人心不足蛇吞象,任何事情应根据情况而定,不能要求太高,这只是作者妙笔生花而已!

蝇与蚊

【原文】 蝇集人面,蚊嘬[①]人肤,不知以人为何物。

【评语】 陈康畴曰:“应是头陀[②]转世,意中但求布施也。”

释菌人曰:“不堪道破。”

张竹坡曰:“此南华[③]精髓也。”

尤悔庵曰:“正以人之血肉,只堪供蝇蚊咀嚼耳。以我视之,人也,自蝇蚊视之,何异腥膻臭腐乎!”

陆云士曰:“集人面者,非蝇而蝇;嘬人肤者,非蚊而蚊。明知其为人也,而集之嘬之,更不知其以人为何物。”

【注释】 ①嘬:聚缩嘴唇而吸取。此指叮咬。②头陀:行脚乞食的和尚。③南华:即《南华经》,也叫《南华真经》,是《庄子》的别称。唐天宝元年二月号庄子为南华真人,始称他所著书为《南华真经》。

【译文】 苍蝇聚集在人的脸上,蚊子叮咬人的皮肤,不知道它们把人当作何物了。

【评语译文】 陈康畴说:“应该是行脚乞食的和尚转世变幻而成的,意愿中只是求取施舍罢了。”

释菌人说:“不能够说破。”

张竹坡说:“这正是《南华经》的精华啊。”

尤悔庵说:“正是因为人的血肉,只能供给蝇蚊吮吸。在我们看来是人,在苍蝇、蚊子看来,与腥膻臭腐有什么区别呢?”

陆云士说:“聚集在人的脸上的,不是苍蝇却像苍蝇一样;叮咬人的皮肤的,不是蚊子却像蚊子一样。明明知道他是人,却聚集在他的脸上、叮咬他的皮肤,更不知道这种人把人当作什么东西了。”

【点评】 苍蝇落在人的脸上,蚊子叮咬着人的皮肤,在它们,不知是将人视为何等样

物品。苍蝇逐臭,是真以人为臭皮囊吗?蚊子生于污淖,是以人的皮肤为垃圾场吗?腥膻臭腐之躯,所计较的蝇头微利,些许微名,为之奔竞,为之呕心沥血,为之骨肉相残,为之昧去良知,纵使得到,又与猫头鹰逮着死老鼠,如获至宝,唯恐被人夺去何异?人知笑猫头鹰的愚,岂不知在蚊蝇看来,其竞争也如猫头鹰之获得死老鼠。可悲也夫!

蚊蝇叮人,是其本身生理需要所致,不管你是富贵人、贫穷人,是神仙还是鬼怪,只要让它们碰上,照叮不误。人要有正气,不要带异味,蚊蝇认味不认人,所以人要整洁干净。

有山林隐逸之乐而不知享

【原文】 **有山林隐逸之乐而不知享者,渔樵也、农圃也、缁黄[①]也;有园亭姬妾之乐而不能享、不善享者,富商也、大僚也。**

【评语】 **弟木山曰:"有山珍海味而不能享者,庖人也;有牙签玉轴[②]而不能读者,蠹鱼也、书贾也。"**

【注释】 ①缁黄:代指僧道。和尚穿缁衣,即黑色衣服;道士戴黄冠,合称缁黄。②牙签玉轴:象牙制作的图书标签,玉石制作的书画卷轴,都是很贵重的文化用品。代指书籍。

【译文】 拥有山林隐居快乐而不知道享受的是渔夫、樵夫、种菜的农夫、僧人、道士;拥有园林亭榭、姬妾的快乐却不能够享受、和不善于享受的是富有的商人、权力较大的官僚士子。

【评语译文】 弟木山说:"拥有山珍海味却不会享受的是厨师;拥有珍贵的书籍却不能懂阅读的是蛀虫和书商。"

【点评】 突然想起《我想去桂林》这首歌来:我想去桂林,没钱的时候有时间,有钱的时候却没了时间。人生偏就这样无奈。对于渔夫樵子、僧人道士,身处名山大川,周围就是旖旎无限的美好风光,但或为生活困扰,疲于奔命;或为参禅悟道、了悟人生而苦修苦证,难得一份清闲,更没有游山玩水的雅兴,故身在美中而不自知。对于达官显贵、富商大贾,拥有园亭美姬,却或为权为名追逐不休殚精竭虑,或为蝇头微利、无尽的财富欲而奔走不歇,园亭美姬形同虚设,一样没有享受的余暇。而有时间有闲暇有足够的资本能够去自在追求美的愉悦,看来真是一种奢侈的享受。

山林隐逸之乐并不是渔樵、农圃、缁黄所不愿享也,不知享也,细究一下便知这六类人属于社会的最底层,生活比较艰苦,要想方设法解决穿衣、吃饭这些最基本的生存问题,又怎能有心情去享受这山林隐逸之乐呢?富商、大僚之所以成为富商、大僚,是因为他们每日投身于商场、官场,这些机谋重重之所在,劳神劳心,虽有园亭姬妾又哪有那么多心思去享受。

物各有偶,拟必于伦

【原文】 **黎举云:欲令梅聘海棠,枨子(橙)臣樱桃,以芥嫁笋,但时不同耳。[①]予谓物各有偶,拟必于伦。今之嫁娶,殊觉未当。如梅之为物,品最清高,棠之为物,姿极妖艳,即使同时,亦不可为夫妇。不若梅聘梨花,海棠嫁杏,橼[②]臣佛手,荔枝臣樱桃,秋海棠嫁雁来红,庶几相称耳。至若以芥嫁笋,笋如有知,必受河东狮子之累矣。**

【评语】 **弟木山曰:"余尝以芍药为牡丹后,因作贺表一通。兄曾云,但恐芍药未必**

肯耳。"

石天外曰:"花神有知,当以花果数升谢蹇修[3]矣。"

姜学在曰:"雁来红做新郎,真个是老少年[4]也。"

【注释】 ①"黎举云"句:见唐代冯贽《云仙杂记》引《金城记》。原文为"黎举常云:'欲令梅聘海棠,枨子臣樱桃,及以芥嫁笋,但恨时不同耳。'"臣:奴隶。男曰臣,女曰妾。②橼:枸橼,即香橼,也作"香圆"。果实入药。③蹇修:代称媒人。④老少年:即雁来红。

【译文】 黎举说:想让梅花与海棠订婚,橙子做樱桃的丈夫,让芥菜嫁给竹笋,但遗憾的是时令不同啊。我说万物各自都有配偶,打算让它们相互匹配,一定要合乎天伦。现在这种搭配,觉得很不恰当。像梅花作为物类,品质最清正高洁,海棠容貌极其妖冶艳丽,就是同一时令,也不可以作为夫妇。不如梅花与梨花定亲,海棠嫁给杏花,枸橼做佛手的丈夫,荔枝做樱桃的丈夫,秋海棠嫁给雁来红,差不多相互配称啊。至于如果让芥菜嫁给竹笋,竹笋若有感知,一定受悍妇的欺负了。

【评语译文】 弟木山说:"我曾经让芍药作为牡丹的王后,并为此作了一篇贺词。张兄曾经说,只怕芍药不一定答应啊。"

石天外说:"司花之神有所知觉,当用数升花果礼品来感谢媒人了。"

姜学在说:"让雁来红做新郎,真正是个老少年啊。"

【点评】 物有其偶,故黎举以梅聘海棠,枨子臣樱桃,芥嫁笋。但在张潮看来,虽物有偶,却拟必于伦,必须般配。如梅之品格清高,棠则姿态妖冶,其配不伦;而梅聘梨花,海棠嫁杏,橼臣佛手,荔枝臣樱桃,秋海棠嫁雁来红,方物以类聚,彼此相称。张潮的这段戏说,有滑稽为文的一面,也不无现实的感慨在内。他对当时社会上金钱之于门第的冲击,必看得多,听得更多,对世家大族的衰微,及其与富商的联姻,愤愤不平。这是士大夫阶层的通病,张潮也不能幸免。

"梅娶海棠,枨子臣樱桃",物与物相对相配,表现了人们一种美好的愿望,但比拟只可在同类中进行,相悖逆就违反了自然规律,物我失衡。还是要服从自然规律,保持自然的和谐,世界才能永恒。

五色有太过

【原文】 五色[1]有太过,有不及,惟黑与白无太过。

【评语】 杜茶村曰:"君独不闻唐有李太白[2]乎?"

江含征曰:"又不闻'元之又元'[3]乎?"

尤悔庵曰:"知此道者,其惟弈乎?老子曰:'知其白,守其黑。'[4]"

【注释】 ①五色:原指青黄赤白黑,也泛指各种颜色。②李太白:李白,字太白,陇西成纪人。唐代大诗人。有《李太白集》30卷。此处借"太白"谐音。③元之又元:元,本作"玄",即"玄之又玄",清代避圣祖(玄烨)讳改。本指深奥、神妙,此处借指"玄"黑色义。④知其白守其黑:老子《道德经》:"知其白,守其黑,为天下式。"道家主无为,言处世对是非黑白,虽白当如暗昧无所见。如是可以全生免祸,为天下法式。

【译文】 各种颜色有过分之处,有达不到之处,只有黑色和白色没有过分之处。

【评语译文】 杜茶村说:"你难道不曾听说唐代有李太白(白色也有超过限度之处)吗?"

江含征说："又不曾听说过'玄之又玄'（黑色也有超过限度之处）吗？"

尤悔庵说："知道这方面学问的，只有围棋吧？老子说：'知晓白方，固守黑方。'"

【点评】 这句话通过颜色的亮艳深浅，太过与不及，指出惟黑白二色执中，也说明了人生处世的一些博大精深的道理。黑白为两种最基本的颜色，五色令人目盲，太亮丽的颜色让人眼花缭乱，感到不适，而黑白二色，却本色朴质。做人也如是。本色乃立世根基，哗众取宠则终为人厌弃。平和客观易为人接受，激烈偏执必招人反感。待人过苛要成孤家寡人，宽严相济必可成事。中庸之大，确不可测其深浅际涯。

五色之中有的过浓，有的过淡，而其本色黑与白就无所谓浓淡。黑就是黑，白就是白，黑白分明，明辨是非知黑守白，是一种谋略和境界。

《说文解字》分部

【原文】 许氏[①]《说文》分部，有止有其部而无所属之字者，下必注云，凡某之属皆从某。赘句，殊觉可笑，何不省此一句乎？

【评语】 谭公子曰："此独民县到任告示耳。"

王司直曰："此亦古史[②]之遗。"

【注释】 ①许氏：许慎，字叔重，汉召陵人。东汉经学家、文字学家。著有《说文解字》。②古史：宋代苏辙所撰。60卷。他认为司马迁的《史记》不得圣人之意，于是根据《史记》写《古史》。

【译文】 许慎的《说文解字》划分部类，有只有其部类却没有所附属的字的，下边一定注释说，凡是某部所属都归某某部。废话，觉得很可笑，为什么不省去这一句呢？

【评语译文】 谭公子说："这只是县令到任的告示罢了。"

王司直说："这也是苏辙写《古史》的遗风，多余。"

【点评】 "凡某之属皆从某"，这在《说文解字》申乃固定体式，每部首字均有，如"一"部"一"下云："凡一之属皆从一。"而像张潮所说的"有止有其部而无所属之字者，下必注云：凡某之属，皆从某"，《说文》中同样存在，如"才"部独"才"字，注："凡才之属皆从才。"此等情况，是否赘句，是否十分可笑？窃以为不然。首先，作为字书，要有固定的统一的格式体例，否则，此部与他部，便易于相混；其二，文字代有发展演进，今之只字独部，日后便可能不断有新字产生补入，以今之事实反观，即可证明。以其为赘，也可赘也。

多余的形式在古代文学中并不鲜见，这也是中国优良传统文化中的一点弊端，相信当时的文人学士并不认为是弊处所在，但在文学艺术的发展中，会被一步步淘汰。

人生必有一桩极快意事

【原文】 阅《水浒传》，至鲁达打镇关西、武松打虎。因思，人生必有一桩极快意事，方不枉在生一场。即不能有其事，亦须著得一种得意之书，庶几无憾耳。（如李太白有贵妃捧砚[①]事，司马相如有卓文君当垆[②]事，严子陵有足加帝腹[③]事，王涣、王昌龄有旗亭画壁[④]事，王子安有顺风过江作《滕王阁序》事[⑤]之类。）

【评语】 张竹坡曰："此等事必须无意中方做得来。"

陆云士曰："心斋所著得意之书颇多，不止一打快活林、一打景阳冈称快意矣。"

弟木山曰："兄若打中山狼[⑥]更极快意。"

【注释】 ①贵妃捧砚：李白性情豪放不羁，一次唐玄宗与杨贵妃在沉香亭赏牡丹，召李白作诗，李白沉醉，迫高力士拂纸磨墨，杨贵妃捧砚，立成十余章。②文君当垆：卓文君私奔司马相如后，因家贫，他们二人到卓文君家乡临邛开酒店，由卓文君卖酒。③足加帝腹：严子陵，严光，字子陵，东汉会稽余姚（今属浙江）人。曾与刘秀同学。《后汉书·逸民传·严光》记载，刘秀"复引光入，论道旧故，相对累日。……因共偃卧，光以足加帝腹上。明日，太史奏客星犯御坐甚急。帝笑曰：'朕故人严子陵共卧耳。'"④旗亭画壁：唐代诗人王之涣、王昌龄等人在旗亭（酒楼）饮酒，听歌妓唱各人的诗歌，每唱一首在壁上画一下作记号，看谁的诗被唱得多。见唐代薛用弱《集异记·王之涣》。⑤王子安：王勃，字子安，绛州龙江人。唐代文学家。初唐四杰之一。27岁时前往交趾探父，在马当长江边，得老船工相助，一夜顺风到达洪州（今江西南昌）。遇都督阎公九月九日在滕王阁大会宾客，即席作《滕王阁序》。全文辞藻华丽，对仗工稳，满座大惊，宾主极为推崇。⑥中山狼：明代马中锡《中山狼传》中的角色。战国时赵简子在中山打猎，有狼被追逐甚急，向东郭先生求救。东郭先生帮狼脱险后反而要吃掉他。此文寓意要防备像中山狼那样以怨报德、本质凶恶的人。

【译文】 读《水浒传》，到鲁达智打镇关西和武松打虎处，不由地想到人生一定要有一件极其快乐得意的事情，才算不白活一场。即使不能有这样快乐的事，也必须写一部满意畅快的书，才没有遗憾啊。（像李白醉酒，命高力士拂纸磨墨、杨贵妃捧砚的事；司马相如和卓文君夫妻二人开店卖酒的事；严光把脚放在皇帝刘秀的肚子上的事；王之涣、王昌龄在酒楼饮酒，听歌妓演唱自己的诗词在墙壁上做记号的事；王勃顺风夜行赶到南昌，作《滕王阁序》，语惊四座的事诸如此类。）

【评语译文】 张竹坡说："这样的事情必须在没有意识要去做的时候，才做得出来。"

陆云士说："张先生所写的满意畅快的书很多，（他的一生）不仅只有一打快活林、一打景阳冈这样一件得意快乐的事啊。"

弟木山说："张兄如果去打凶恶残暴、忘恩负义的中山狼就更加快乐得意了。"

【点评】 《水浒传》中鲁智深的三拳打死镇关西，武松的景阳冈徒手肉搏击毙白额虎，打得淋漓尽致令人拍手称快；其为民除害，剪除祸患更是让人称道的原因。这都可谓扬眉吐气又有益社会的快事得意事，有了此等举措，便不枉为人生了，不枉来到人世一场。而手无缚鸡之力的文人，做鲁智深、武松般的壮举自不能够，但兴利除弊，造福人类，也非一概要诉诸武力，起码，以生花妙笔，著得意之文，写民生疾苦，为政府建言，或以思想道德，陶冶人的情操，同样为有益社会得意人生之笔，君不见王之涣们听到自己的诗作广为流传时的兴头吗？

要说快意之事，古往今来，历史上的每一次社会制度的革新，一个阶级推翻另一个阶级建立一个新制度，人民减轻一些痛苦，当属快意之事，特别是1949年打败国民党反动派，推翻压在人民头上的三座大山，当属最快意之事。

春风·夏风·秋风·冬风

【原文】 春风如酒，夏风如茗，秋风如烟，冬风①如姜芥。

【评语】 许筠庵曰："所以秋风客气②味狠辣。"

张竹坡曰："安得东风固夜夜来。"

【注释】 ①冬风:《昭代丛书》本《幽梦影》无“冬风”,据邹弢《三借庐笔谈》卷三《幽梦影》引文补。②客气:谓言行虚骄,并非出自真诚。③东风:即春风。

【译文】 春风像酒一样使人醉,夏风像茶一样耐人回味,秋风像烟一样虚无缥缈,冬风像姜和芥末一样老辣猛烈。

【评语译文】 许筠庵说:“因此秋风虚傲凶狠毒辣。”

张竹坡说:“希望东风夜夜来,每夜都可以喝酒啊。”

【点评】 春风如酒,指的是其风轻柔、和煦,风中裹挟着解冻泥土与新生花草树木的芬芳,既吹得人痒痒的、暖暖的,嗅着,又觉得肺腑五脏都像淘洗了过滤了,飘飘然,像醉了酒,身子顿觉轻了许多。夏风如茗,在溽暑盛夏,太阳像硕大无比的火炉,烤得大地都要焦了,汗流浃背、酷热难当,气都喘不过来的当儿,几缕风吹来,与吃一杯上好的茶水何异。秋风瑟瑟,吹落了树叶,吹枯了绿草,吹走了葳蕤的生机,大地变得土黄。秋风中,人觉得干燥难当,有烟熏火燎吃了姜芥的感觉,比之如烟如姜芥,也称得上恰切。

春风和煦,在无限的春光里,春风吹得令人醉;夏风清爽,在炎炎夏日,一阵夏风使人神清气爽;秋风萧瑟,让人不忍去想,有诗说“秋风秋雨愁煞人”。无论春风、夏风、秋风,都要有“不以物喜,不以己悲”的风度。

冰裂纹极雅,然宜细不宜肥

【原文】 冰裂纹[①]极雅,然宜细不宜肥。若以之作窗栏,殊不耐观也。(冰裂纹须分大小,先作大冰裂,再于每大块之中作小冰裂方佳。)

【评语】 江含征曰:“此便是哥窑[②]纹也。”

靳熊封曰:“‘一片冰心在玉壶’[③],可以移赠。”

【注释】 ①冰裂纹:瓷器方面的术语。瓷器烧制过程中由于温度的不同,使瓷器表面产生裂纹,按裂纹的稀密和形状,分别称为冰裂纹、鱼子纹、蟹爪纹等。②哥窑:宋代著名瓷窑之一。一般认为窑址在浙江龙泉,但至今未发现确切窑口。传南宋时有章姓兄弟二人在龙泉烧造瓷器,兄章生所烧产品比弟弟略高一筹,被称为哥窑。③“一片”句:唐代王昌龄《芙蓉楼送辛渐》之一:“洛阳亲友如相问,一片冰心在玉壶。”玉壶,玉制的壶,常比喻高洁。

【译文】 瓷器上的冰裂纹极其雅致而不落俗套,但适宜细碎,不适宜宽大。假如用这种纹路做窗下的栏杆,就很不美观了。(冰裂纹在结构上应分大小,先做出大的冰裂纹,然后再在每一大块的冰裂纹中做出细小的冰裂纹,观看起来才美观。)

【评语译文】 江含征说:“这就是宋代著名的哥窑纹。”

靳熊封说:“‘一片冰心在玉壶’这句诗,可以转赠给这高雅艺术的欣赏者。”

【点评】 这则文字谈瓷器冰裂纹的鉴赏与应用。冰裂纹原本是烧造中的次品,但歪打正着,却有着极美的观感,于是工匠艺人便转而有意用它来作为瓷器的装饰,如此,它便成为瓷器制造上一种重要的文饰特征。张潮认为,冰裂纹宜细不宜肥,在制作上,应先做大冰裂,再于每块大冰裂中制小冰裂,这样才能有上佳的效果。而带冰裂纹的瓷器,用作窗栏,殊不雅观,自是对艺术的糟蹋。这些看法,在我们,可以作为瓷器鉴赏的金针。

冰的裂纹不论多么雅致,也不可以去做窗栏的,以此喻藏书虽多,但若不读,就没有什么用处了。因为藏书的目的不是摆设充门面,而是提供知识的源泉。

鸟 声

【原文】 鸟声之最佳者，画眉第一，黄鹂、百舌[1]次之，然黄鹂、百舌世未有笼而畜之者。其殆高士之俦[2]，可闻而不可屈者耶。

【评语】 江含征曰："又有'打起黄莺儿'[3]者，然则亦有时用他不着。"

陆云士曰："'黄鹂住久浑相识，欲别频啼四五声。'来去有情，正不必笼而畜之也。"

【注释】 ①百舌：鸟名，即反舌，也称鹊鹕。以其鸣声反复如百鸟之音，故名。②俦：同伴，伴侣。③打起黄莺儿：唐代金昌绪诗《春怨》："打起黄莺儿，莫教枝上啼。啼时惊妾梦，不得到辽西。"

【译文】 鸟儿的声音最好听的，画眉鸟第一，黄鹂、百舌鸟第二，但是黄鹂、百舌鸟世间没有用笼子喂养的。黄鹂、百舌鸟也许是高洁之士的伴侣，只可以听到它们的声音却不可以使它们屈尊啊。

【评语译文】 江含征说："然而还有'打起黄莺儿'的人，可见有时也用不着它。"

陆云士说："有诗说，黄鹂相处久了好像相互认识，临飞走时频频鸣叫四五声。归来离去都有感情，恰好不需要用笼子圈着喂养它。"

【点评】 鸟品有无高下，角度不同，会有不同的判定；而何为第一，何为第二，在不同的欣赏者，也一定会有相当的差异，因此，对张潮的结论，我们不必也没必要说三道四。张潮的本意也并非要给鸟定出高下优劣，其目的，显然是托物喻人，借讲鸟，来说明他对人的看法。鸟声之佳否，纯是形式的外在的，人也如之。黄鹂、百舌，其鸣啭虽不如画眉，但其不受牢笼羁束，保持独立自主，与世之不为统治者利用，不做朝廷王宫达官显贵鹰犬的高隐之士，仿佛都是事实上的第一流品格。这才是张潮所要表达的真正思想。

黄鹂、百舌与隐士一样，均是身负才技，而不肯为人所利用者。越是自由自在，越能使自身之潜能发挥得淋漓尽致，提高得更快。而屈就于某一方、某一地，只能扼杀其灵性，反而埋没了天才。

不治生产，专务交游

【原文】 不治生产，其后必致累人；专务交游，其后必致累己。

【评语】 杨圣藻曰："晨钟夕磬[1]，发人深省。"

冒巢民曰："若在我虽累己累人亦所不悔。"

宗子发曰："累己犹可，若累人则不可矣。"

江含征曰："今之人未必肯受你累，还是自家隐些的好。"

【注释】 ①晨钟夕磬：晨钟，寺院早晨报时的钟声；夕磬，晚上和尚敲击铜乐器的声音。后多指对人及时的警戒。

【译文】 不创造各种生产和生活资料，这种后果一定会使他人受害；专门从事交结朋友，这样做一定会牵累自己。

【评语译文】 杨圣藻说："像寺院里早晨报时的钟声、晚上和尚敲击磬的声音，使人及时警醒。"

冒巢民说："如果对我来说，虽然牵累自己，或使别人受害也不后悔。"

宗子发说："牵累自己还可以，假如使别人受害就不可以了。"

江含征说："现在的人不一定肯受到你的牵累，还是自己不显露、不张扬些好。"

【点评】 不从事生产创造，在年富力强的时候不抓紧时机努力工作，多积累些财富，一旦年老力衰，不再能够从事劳动，便将完全寄生于他人。而寄生于他人，就失去了自主尊严，听凭别人的摆布，仰人鼻息。在自己，吃人家的嘴软，心虚不踏实；在他人，视其为累赘负担、多余无用的人。所谓"不治生产，其后必致累人"，良有以也。多个朋友多条路，友情能给人带来温暖，让人感受到世界的温暖，但不务正业，终日沉湎在交游，荒废了学业、事业，不能有所建树，不能实实在在为社会做些事情，将有愧人生的意义。而且，无选择，不讲原则的滥交，鱼龙混杂，不可避免所交坏人。与小人为友，终将受其坑害或为其牵累。"专务交游，其后必致累己"，也可为人生座右铭言。

不从事生产，只会使自己在经济上愈发贫穷，势必影响生存质量，没有衣穿饭吃，将会牵累别人。交游太多，事情必多，也只会牵累自己。所以最好多劳动、少交游，于人于己都有利。

淫秽，非识字之过也

【原文】 昔人云："妇人识字，多致诲淫。"[①] **予谓此非识字之过也。盖识字则非无闻之人，其淫也，人易得而知耳。**

【评语】 张竹坡曰："此名士持身不可不加谨也。"

李若金曰："贞者识字愈贞，淫者不识字亦淫。"

【注释】 ①"昔人云"句：见明代徐学谟《归有园麈谈》："妇人识字，多致诲淫；俗子通文，终流健讼。"诲，教。

【译文】 过去有人说："妇女识字，大多数会导致奸淫。"我说这并不是认识字的过错。大概因为妇女能够识字，她就不会是一个无名的人，她的淫秽，人们更容易发觉罢了。

【评语译文】 张竹坡说："这是有名声的人士保持自身高洁不可不加以谨慎的。"

李若金说："贞洁的人认识了字更加贞洁，奸淫的人不认识字也会奸淫。"

【点评】 女子无才便是德，在封建社会，由于妇女地位的低下，她们是不能与男子相提并论的，而读书识字，也成了男人的专利，女子识字，则被认为是诲淫之端，这真是荒谬的奇谈怪论。显然，张潮对这一说法并不认可。在他看来，女子识字者凤毛麟角，自是社会的佼佼者，所谓有名之人。有名之人，人们就格外关注她们的所有，她们的隐私，也分外容易被人捕捉，但其实，淫不分男女，淫也都是极个别极鲜见的，所以，称女子识字多致诲淫，并不能成立。作为封建士夫，张潮能为女子识字辩护，难能可贵，令人敬佩。唯其辩护，仅从名人非名人角度观，不能看清此乃社会制度所致，就不免皮毛之讥。

毒药可以害死人，不能说持有毒药便是杀人者，毒药可害人，亦可救人。文字是文化艺术的基础，怎能说识字就致人淫荡呢？识字只会让人懂得更多的道理，更有思想道德基础。贞洁与否是个人的行为，若是不贞洁与识不识字全无关联。

善读书与善游山水

【原文】 善读书者，无之而非书。山水亦书也，棋酒亦书也，花月亦书也。善游山水者，无之而非山水。书史亦山水也，诗酒亦山水也，花月亦山水也。

【评语】 陈鹤山曰:"此方是真善读书人,善游山水人。"

黄交三曰:"善于领会者当作如是观。"

江含征曰:"五更卧被时有无数山水书籍在眼前胸中。"

尤悔庵曰:"山耶、水耶、书耶,一而二,二而三,三而一者也。"

陆云士曰:"妙舌如环,真慧业文人[1]之语。"

【注释】 ①慧业文人:慧业,佛教指生来赋有智慧的业缘。慧业文人,即生来赋有智慧业缘会做文章的读书人。《宋书·谢灵运传》:"太守孟颛事佛精恳,而为灵运所轻。尝谓颛曰:'得道应须慧业文人,生天当在灵运前,成佛必在灵运后。'颛深恨此言。"

【译文】 善于读书的人,(在他眼里)没有什么东西不是书。山水是书,棋、酒是书,花儿、月亮也是书。善于游览山水的人,(在他眼里)没有什么不是山水。典籍是山水,诗和酒是山水,花儿和月儿也是山水。

【评语译文】 陈鹤山说:"这才是真正善于读书的人,善于游览山水的人。"

黄交三说:"善于领略事物而有所体会的人,才有这样的见识。"

江含征说:"五更天还在睡梦中时就有无数的山水、书籍在眼前胸中呈现。"

尤悔庵说:"山啊、水啊、书啊,从一到二,从二到三,三者合而为一啊。"

陆云士说:"妙语连篇,真是生来赋有智慧业缘会写文章的读书人的话。"

【点评】 人生是部大书,社会是部大书,宇宙自然更是部大书。它们有书本包容不下的内容,有远比书本丰富复杂得多的内涵。较之书本,它们的内容直观又深邃,生动而精彩、山水自然、饮酒下棋、风花雪月等等,都可作书看,惟读自然人生之书要有敏锐的感悟能力,要悉心体察,处处留心皆学问。游山水也如之。善游山水者赏览山水的形式为其次,得山水之精神,参悟出自然人生的大道理及要妙,乃其目的。书史、诗酒、花月,都有这样的内蕴,从中都能感受到山水的精神,故也为山水,故无往而非山水。

善读书者,何时何地都有书,这才是善于学习的人。善于读书的人,善于游览山水者,即使卧床不动,亦有无穷瑰丽雄峻的山水以供游览。山水可当书籍来阅读,书籍可作山水来观赏,善于领会的人,应当是这么看的。

园亭之妙,在丘壑布置

【原文】 园亭之妙,在丘壑布置,不在雕绘琐屑。往往见人家园亭,屋脊墙头,雕砖镂瓦,非不穷极工巧。然未久即坏,坏后极难修葺。是何如朴素之为佳乎!

【评语】 江含征曰:"世间最令人神怆[1]者,莫如名园雅墅一经颓废,风台月榭埋没荆棘,故昔之贤达有不欲置别业者。予尝《过琴虞留题名园》句有云:'而今绮砌雕阑在,剩与园丁作业钱。'盖伤之也。"

弟木山曰:"予尝悟作园亭与作光棍二法:园亭之善在多迴廊,光棍之恶在能结讼。"

【注释】 ①怆:悲伤。

【译文】 园林亭榭的美妙之处,在于错落有致的布局,不在雕刻彩绘的精巧琐碎。经常看到别人家的园林亭榭,屋脊墙头的砖瓦,雕刻得极其细致精巧。但时间不长就损坏了,损坏之后极难修复。这样还不如不加雕饰的好啊!

【评语译文】 江含征说:"人世间最让人悲伤的,莫过于有名的园林、雅致的别墅,一旦荒废,观风赏月的楼台亭榭淹没在野草荆棘之中,一派颓败景象。所以过去有贤德见识的人不再置办住所以外的园林。我曾经在《过琴虞留题名园》诗中说:'而今绮砌雕阑

在，剩与园丁作业钱。’为此感伤啊。”

弟木山说：“我曾经悟出建园亭和做光棍的法则：园亭的最妙处在于众多曲折回转的长廊，光棍的最恶处在于用刁滑顽劣的手段与人了结诉讼。”

【点评】 这则文字阐述了张潮自己对园林亭阁的独到见解。园林亭阁修建风气在晚明的勃兴，是人们厌倦了尘世的喧嚣芜杂之后，对回归自然的向往，所以修建园林，不能忘记其本质精神，即模仿自然，让休憩于中的人们感受到自然之趣、自然之无拘无束、自然之天然去雕饰。而随着园林建筑的发展，人们渐渐忘掉了这种本原，而成为攀比摆阔的形式，竞相精雕细琢，豪华高贵，园林艺术的内涵由此丧失殆尽，这正可谓之买椟还珠。再进一层，过于雕镂，太精则易毁坏，毁坏又难以修复，此园林不成人放松休憩的场所，反成为人的又一累赘。

建筑要统筹全局，最基础的便是主要之处，不要太刻意于细枝末节，否则便痛失全局。做人也一样要操守大节，胜过烦琐小节，但小节也要注意。

清宵独坐，良夜孤眠

【原文】 清宵独坐，邀月言愁；良夜孤眠，呼蛩[①]语恨。

【评语】 袁士旦曰：“令我百端交集。”

黄孔植曰：“此逆旅无聊之况，心斋亦知之乎？”

【注释】 ①蛩：蟋蟀。

【译文】 清冷的夜晚一个人独自静坐，邀请月亮诉说愁绪；美好的夜晚一个人独自入眠，呼唤蟋蟀来诉说怨恨。

【评语译文】 袁士旦说：“使我各种感慨相互交错聚集。”

黄孔植说：“这是在旅途的客舍中无事可做的景况，张先生也知道这种情景吗？”

【点评】 清幽的夜晚独自一人静坐，对一轮孤月倾吐愁绪；美好的夜间孤身独眠，向唧唧的蟋蟀诉说离恨，活生生写出一逆旅孤客忧态。晴明的夜，皎洁的月，本应有三五友人，把酒赏月，乐也融融，却独自一人，更衬托出游客的孤寂。孤眠本已落寞抓单，听蟋蟀声声，更加倍感到寂寞。不说愁恨，只说对月言愁、呼蛰语恨，写愁写恨更见力透纸背。

寂寞是人类的一大心理弱点，能耐得住寂寞之人，即为一个有毅力和志气的人。孤独与失意相伴，失意而不失志，在失意时与月做伴与虫为友，倾谈心事，树立信心，也是在人生低谷中生存的一种最佳方式。

官声采于舆论

【原文】 官声采于舆论，豪右[①]之口与寒乞之口俱不得其真；花案[②]定于成心[③]，艳媚之评与寝陋[④]之评，概恐失其实。

【评语】 黄九烟曰：“先师有言：‘不如乡人之善者好之，其不善者恶之。’[⑤]”

李若金曰：“豪右而不讲分上[⑥]，寒乞而不望推恩者，亦未尝无公论。”

倪永清曰：“我谓众人唾骂者，其人必有可观。”

【注释】 ①豪右：豪强大族。②花案：指涉及色情、奸淫的事件。③成心：偏见，成见。《庄子·齐物论》：“夫随其成心而师之，谁独且无师乎。”④寝陋：丑陋。⑤“不如乡人”句：见《论语·子路》。⑥分上：情分、情面。

【译文】 官方的声音是从众人的议论中提炼的,从豪强大族和贫寒乞丐口中都不能得到真实的情况;审理涉及色情、奸淫的案子如果出于偏见,依据女子容貌的艳丽娇媚或丑陋来评判,大概恐怕要失去真实性。

【评语译文】 黄九烟说:"孔子说:'应该是一乡之中善良的人都喜欢他,那些不善良的人都厌恶他。'"

李若金说:"虽是豪强大族却不讲情面,虽是贫寒乞丐却不指望别人施以恩惠的人,也不一定没有公正的议论。"

倪永清说:"我说被众人唾弃辱骂的人,这人肯定有令人欣赏之处。"

【点评】 官的清浊政声,自然要反映在舆论中,对吏员的考察注重舆论,是绝对正确的。但舆论也有不尽确切处,如清官,不畏强梁,坚持真理,秉公执法,必然开罪于富豪劣绅,要从他们口中得到对清官的评价,势必极坏。如赃官,与豪绅勾结,官绅一体,欺压良善,但出于豪绅之口,赃官必为最好的清官。所以,采官声,豪右之口不能得其真。而寒乞者,衣不能裹体,食不足以果腹,人穷志短,盼官恩赐不敢讲真话,而一旦得到些许小惠,希望得更多的实惠,又不愿讲真话,所以,采官声于寒乞之口,也不能得其真。正如判花案,说某妓如何娇柔美艳或何等丑陋不堪,都可能是情人眼里西施,或掂酸吃醋之言,均不足为据。将官与妓并举,以妓说官,可见出张潮对封建官吏的鄙视。

做官就是要"乡人之善者好之,其不善者恶之"。一个人的名声如何要看大众对他的评价,任何一件事的谁是谁非都应由群众来评价,群众的眼睛是雪亮的。

胸藏丘壑,兴寄烟霞

【原文】 胸藏丘壑,城市不异山林;兴寄烟霞,阎浮[①]有如蓬岛。

【评语】 袁翔甫补评曰:"'旷达'二字由于天性,先生之风,山高水长。"[②]

【注释】 ①阎浮:梵语,树名。此处应作阎浮提。即南赡部洲。借指人世间。②此则评语据《啸园丛书》本补。

【译文】 胸中怀有山林丘壑,虽然身居城市与隐居山林都一样;兴致寄托于山水胜景,虽然身居人世间如同生活在蓬莱仙岛。

【评语译文】 袁翔甫补评说:"'旷达'二字是出自天性,张先生高洁的人品和节操像高山流水般长存。"

【点评】 城市与山林,尘世与仙境,本没有太大的区别,关键在于观赏者的感受。生活在城市,如果能够胸襟开阔,心里坦荡,无拘无束,不压抑自己,热爱生活,满怀愉悦,那就同样可以发现许多胜景、许多福地,城市也就是山林。而如果身在山林,却心浮气躁,耐不住寂寞,渴望繁华,恋慕红尘,艳羡尘世的享乐,满肚子功名利禄,虽在山林,也丝毫无法享受山林之趣。而出世入世,道理亦然。身在尘世,淡泊人生,心明虑净,不沉湎酒色财气,不陷于儿女情长,不慕功名富贵,不因钱财殚精竭虑,虽在尘世,心灵已经超脱,这便与在蓬莱仙岛无异。反之,寄迹仙岛,却六根不净,俗念重重,那又与尘世何别。

只要兴之所至,即使处于穷山恶水、破房茅屋,都如置身于幽雅的环境中。以事物的外形来分析事物,是不客观的,这样往往忽略掉事物内在的本质,让人们认识不到其真正的价值。

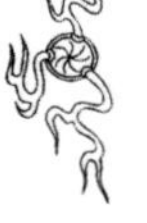

梧桐为植物中清品

【原文】 梧桐为植物中清品，而形家[1]独忌之甚。且谓梧桐大如斗，主人往外走。若竟视为不祥之物也者。夫剪桐封弟[2]，其为宫中之桐可知。而卜世[3]最久者莫过于周。俗言之不足据，类如此夫。

【评语】 江含征曰："爱碧梧者遂艰于白镪[4]，造物盖忌之，故靳[5]之也，有何吉凶休咎之可关？只是打秋风时光棍样可厌耳[6]。"

尤悔庵曰："'梧侗生矣，于彼朝阳。'[7]《诗》[8]言之矣。"

倪永清曰："心斋为梧桐雪千古之奇冤，百卉俱当九顿[9]。"

【注释】 ①形家：即堪舆家，为人相地看风水的人。②剪桐封弟：《吕氏春秋·重言》："成王与唐叔虞燕居，援梧叶以为珪，而授唐叔虞曰：'余以此封女。'叔虞喜以告周公。……于是遂封叔虞于晋。"后为分封的典故。③卜世：用占卜预测传国的世数。④白镪：白银。⑤靳：吝惜。⑥打秋风：旧称拉关系求财曰打秋风。⑦"梧桐"句：《诗·大雅·卷阿》："凤凰鸣矣，于彼高岗；梧桐生矣，于彼朝阳。"⑧《诗》：即《诗经》，我国最早的一部诗歌总集。⑨九顿：即九顿首，以头叩地的礼节。

【译文】 梧桐是植物中高洁的品种，但堪舆家特别忌惮它。并且说梧桐叶像斗那样大，主人就要离家出走。如此这般竟然把它当作不吉利的东西。周朝有周成王剪一张梧桐叶送给他的弟弟叔虞，叔虞因此得封的故事。周成王所剪的梧桐肯定是宫中种植的，用占卜预测传国世数时间最长的没有超过周朝的。所以，俗言不能够充当依据，大概就像此类。

【评语译文】 江含征说："喜爱碧绿梧桐的人却又缺少白银，这大概是造化忌恨他们，所以不给予他们，与吉祥凶险善恶有什么关联呢？只是他们在拉关系求钱财时的地痞流氓样让人憎恨啊。"

尤悔庵说："'梧桐生矣，于彼朝阳。'《诗经》上是这样说的。"

倪永清说："张先生替梧桐洗去千古之冤，众多的花卉植物都应当行九叩头的大礼啊。"

【点评】 张潮在这则文字中例说了俗言的不可相信。梧桐为植物中清品，凤凰栖其上，木可制琴，但阴阳风水先生们却以为忌讳，所谓"梧桐大如斗，主人往外走"，认为梧桐妨主，会让主人死去。这显然是无稽之谈。张潮对此就不肯苟同。他举历史上酷信占卜又享国最久的周朝为例，说周成王在宫中能剪桐封弟，宫中植桐可知。宫中植桐却能长久享国，以梧桐为忌，就显然不切实际。晚明心学提倡破心中贼，抛开其特有的用意，私以为很有其科学性。

所有忌讳都有心生，心生魔生，心净无鬼。

多情者不以生死易心

【原文】 多情者不以生死易心，好饮者不以寒暑改量，喜读书者不以忙闲作辍。

【评语】 朱其恭曰："此三言者皆是心斋自为写照。"

王司直曰："我愿饮酒读《离骚》[1]，至死方辍，何如？"

【注释】 ①《离骚》：战国时楚国屈原所作。

【译文】 多情的人不因为生存或死去而变心，喜好喝酒的人不因为天气寒冷或炎热而改变酒量，喜欢读书的人不因为繁忙或清闲而休息。

【评语译文】 朱其恭说："这三句话都是张先生的自我写照。"

王司直说："我愿意喝着酒读《离骚》，到死方休，怎么样？"

【点评】 真多情者情起则一往而深，虽天长地久、海枯石烂不变易，情与生命同在，不会因时间而变，不会因地位而变，也不会因生死而变，此所谓之有情人。好酒者寒冷天气能饮，盛夏酷暑也不会改量，酒成为生命的部分，生命在，酒便不可缺少。喜读书者亦然。读书在其已不再是休闲或打磨时光，闲时当然要读，忙时也能忙中抽闲，得片刻功夫即读。读书成为必备的功课，成为每日须进的饭菜。叶公好龙，所好者壁龙，非其好龙，真好龙者不分壁上龙与天上龙，都一视同仁。

多情、好饮、喜读书，爱到极致，形成一种习惯、一种精神并执着于此，不会因环境、时间、心情的变化而产生变化。情感自始至终都充满了热情，不见异思迁，实为吾等当学之典范。

蛛为蝶之敌国

【原文】 蛛为蝶之敌国，驴为马之附庸。

【评语】 周星远曰："妙论解颐。不数晋人危语隐语。"

黄交三曰："自开辟以来未闻有此奇论。"

【译文】 蜘蛛是蝴蝶的天敌，驴是马的附属。

【评语译文】 周星远说："妙论使人开颜。不亚于晋人故作惊人之语和隐晦暗示的话。"

黄交三说："自开天辟地以来没有听到过这种奇谈怪论。"

【点评】 蝴蝶翩翩起舞，栩栩然花草间，适意自然，历来被生活在尘世深受各种负累的人们羡慕。但蝴蝶无知，没有心机，从不设防，又不免遭遇机关，随时有丧生之忧。在大自然中，蜘蛛是蝴蝶最大的天敌。蜘蛛之网，随处而结，蝴蝶一旦触网，则无疑飞蛾投火，葬身难逃。此所谓"蛛为蝶之敌国"。驴与马，虽非一种，却关系甚密。驴马杂交能生骡，即见其不同凡响。虽然如此，驴却不如马之更被人喜，也不如马的作用更大，马为主流，驴为非主流，龙马精神为褒，驴头驴脸为贬。称"驴为马之属国"，也堪称妙比。

万物之造化，相生相克，相类相附。自然的竞争法则是残酷的，优胜劣汰，相克才能相生，才有新发现。

驴不如马，但像马，处于依附的地位。人有敌人不怕，但不可以沦为附庸，以免失去自己的个性，消磨了心志。

立品须发乎宋人之道学

【原文】 立品须发乎采人之道学，涉世须参以晋代之风流。

【评语】 方宝臣曰："真道学未有不风流者。"

张竹坡曰："夫子自道也。"

胡静夫曰："予赠金陵前辈赵容庵句云：'文章鼎立庄骚[①]外，杖履[②]风流晋宋间。'今当移赠山老。"

倪永清曰:“等闲[3]地位却是个双料圣人。”

陆云士曰:“有不风流之道学,有风流之道学,有不道学之风流,有道学之风流,毫釐千里[4]。”

【注释】 ①庄骚:指战国庄周之《庄子》,与屈原之《离骚》。②杖履:也作“杖屦”。指扶杖漫步。③等闲:寻常,随便。④毫釐:比喻细微的事物或微小的数量。

【译文】 树立品德一定要发始于宋代理学,经历世事一定要参悟晋代的风情。

【评语译文】 方宝臣说:“真正的道家学说没有不具有风韵的。”

张竹坡说:“这是张先生的自我道白。”

胡静夫说:“我曾经赠给金陵前辈赵容庵一句诗:‘文章鼎立庄骚外,杖履风流晋宋间。’现在应当转而赠送给张先生。”

倪永清说:“寻常地位却是个具有两面特色的圣贤之人。”

陆云士说:“有不具风韵的道家学说,有具有风韵的道家学说;有不是道家学说的风韵,有道家学说的风韵。二者区别细微,却相差很远。”

【点评】 以怎样的面貌怎样的品格生存于世间,才能裕如从容,又不枉人生,自古以来,这一直是人们长谈不衰,又聚讼纷纭的题目。所谓理想人格的探讨,所涉及的就是这样的内容。张潮所言立品当取法宋人道学,处世应参酌魏晋人的名士风度,正可谓合之双美。这的确是绝妙的构思。道学端庄,持重,言行不苟,正襟危坐,做人要做正人君子,立品取法道学,应该是理想的取向。但水至清则无鱼,道学的呆板让人难以接受,用于处世,原则固有,灵便则无,人活得累,过得苦,效果也不一定就很理想。而运以魏晋风流,就更多了点凡人气,烟火气,潇洒倜傥,自然天成。然而,兼美一说终竟是理想的设计,人并非简单的一加一,或一加二,而是一个复杂的整体,所以张潮的理想也终究只能是一种理想。

宋人以“理”为法为本,讲求心性。树立品行,就应该秉承发扬宋人的理学思想,用一种博大的胸怀认识世界。立身处世不要太拘泥于世俗,应参照晋代士大夫们的清淡脱俗、特立独行的品格。

草木亦知人伦

【原文】 古谓禽兽亦知人伦,予谓非独禽兽也,即草木亦复有之。牡丹为王,芍药为相,其君臣也[1]。南山之乔,北山之梓,其父子也[2]。荆之闻分而枯,闻不分而活,其兄弟也[3]。莲之并蒂,其夫妇也。兰之同心,其朋友也[4]。

【评语】 江含征曰:“纲常伦理今日几于扫地,合向花木鸟兽中求之。”又曰:“心斋不喜迂腐,此却有腐气。”

【注释】 ①“牡丹为王”句:明代李时珍《本草纲目·草部·牡丹》:“群花品中,以牡丹第一,芍药第二,故世谓牡丹为花王,芍药为花相。”②“南山之乔”句:乔、梓,二木名。《尚书大传·周传·梓材》载:“伯禽康叔见周公,三见而三笞。乃见商子而问。商子曰:‘南山之阳有木焉,名乔。’二子往观之,见乔实高高然而上,反以告商子。商子曰:‘乔者,父道也;南山之阴有木焉,名梓。’二子复往观焉,见梓实晋晋然而俯。反以告商子。商子曰:‘梓者,子道也。’”后以乔梓比喻父子。③“荆之闻分而枯”句:南朝梁吴均《续齐谐记》:“京兆田真兄弟三人,共议分财,生赀皆平均,惟堂前一株紫荆树,共议欲破三片。明日就截之,其树即枯死,状如火然。真往见之,大惊,谓诸弟曰:‘树木同株,闻将分斫,所

以顣頞,是人不如木也。'因悲不自胜,不复解树,树应声荣茂。兄弟相感,合财宝,遂为孝门。"后世以"紫荆花"称誉兄弟同居不分家。④"兰之同心"句:见《易·系辞上》:"同心之言,其臭如兰。"

【译文】 古人说禽兽也知道人伦关系,我说不但是禽兽,即使是草木也还是有的。牡丹做花王,芍药做花相,它们是君臣关系。南山的乔木,北山的梓树,它们是父子关系。紫荆树听到要把它分为三片就枯死了,听到不把它分开又活了,它是兄与弟的关系。莲花有两朵长在一起的,它们是夫妻关系。兰花同根,它们是朋友关系。

【评语译文】 江含征说:"三纲五常、伦理道德现在几乎荡然无存,应该向花木鸟兽中求取它。"又说:"张先生不喜欢迂腐刻板,这话说得却有股呆气。"

【点评】 所谓人伦,其实是维持人种生存所必须具备的一些道德规范,有了准则的约束,彼此的关系才能保证不被破坏,也才有了社会的有序发展。而这些准则,有不断完善的新添设的内容,更大量有着人类作为种的存在原始就具备的东西。人是这样,动物也然,植物也然。这是生物进化的需要,是秩序发展的需要。只是所谓的君臣父子兄弟夫妇,这些名目,乃将人伦关系的扩展。从所有的关系,都既表露了物竞天择适者生存的一面,也表现出和谐团结,才能更具实力,更具竞争能力,更有发展前途的道理。这也是事物发展的潮流。从这里,我们也更充分地认识到人类社会发展的一些规律。

草木、禽兽似乎都有秩序,它们按着一定的发展规律衰衰荣荣、繁衍生息。而人之秩序,现在几乎扫地,"合向花木鸟兽中求之"。

豪杰易于圣贤

【原文】 **豪杰易于圣贤,文人多于才子。**

【评语】 **张竹坡曰:"豪杰不能为圣贤,圣贤未有不豪杰,文人才子亦然。"**

【译文】 当豪杰比当圣人和贤人容易,世间的文人多过才子。

【评语译文】 张竹坡说:"豪杰不能成为圣人和贤人,但圣人和贤人没有不豪杰的,文人与才子也是如此。"

【点评】 有一才一艺,能峥嵘显露,可出人头地,便堪当豪杰之誉。悠悠岁月,一部二十五史,豪杰之数,可谓车载斗量,无法胜计。但圣贤却既要为豪杰,又须道德文章,为当今师范,为后世仰瞻,千古不磨灭,代代为师表。正因为难做,我泱泱文明古国,几千年传统,能被称为圣贤的,也就寥若晨星,屈指可数。文人与才子,也如豪杰与圣贤。能读几卷书,写上几篇文,便都可称作文人,所以,无论古往今来,文人遍处能找。但才子,玲珑剔透,水晶心肠,才情盖世,风华绝代,锦心绣口,其为文,如神来之笔,让人惊叹企羡,却无法模仿。文人是才子的基础,故易寻;才子乃文人中精华,凤毛麟角,故难得。

豪杰以胆气、武力服人,圣贤以智慧、道德服人。历史上豪杰多如过江之鲫,而圣贤却屈指可数,能称得上圣贤的,一定对当时及后世有过较大的促进作用或留下了珍贵的思想财富。而豪杰只能造福于一时一方之民。文人可以是庸才,而才子肯定是有能力、学以致用的人。

牛与马,一仕而一隐也

【原文】 **牛与马,一仕而一隐也;鹿与豕[①],一仙而一凡也。**

【评语】 杜茶村曰:“田单之火牛[2]亦曾效力疆场,至马之隐者则绝无之矣,若武王归马于华山之阳[3],所谓勒令致仕者也。”

张竹坡曰:“谚云:莫与儿孙作马牛。盖为后人审出处语也。”[4]

【注释】 ①豕:猪。②“田单之火牛”句:田单,战国时齐将。齐燕交战时,他把灌了油的苇把系于牛尾,然后点燃,纵牛攻入敌阵,大获全胜。见《史记·田单列传》。③“武王归马”句:武王,即周武王。他联合各族力量于牧野大胜,灭商。建立周朝后,“纵马于华山之阳,放牛于桃林之虚;偃干戈,振兵释旅,示天下不复用也”。见《史记·周本纪》。④此则评语据清刊本补。

【译文】 牛和马,一做官一隐居;鹿和豕,一是仙品,一是凡物。

【评语译文】 杜茶村说:“田单驱赶着点燃苇把的牛也曾经在战场上效力,而对于马这位隐居者就绝对不会遇见这种事情。像周武王在华山向阳之处放马,就是命令它辞官归居。”

张竹坡说:“谚语说:不要替儿女作马牛。大概是后人研究的根据。”

【点评】 牛任劳任怨,沉默少言,无论耕田负重,听凭主人的驱使,要东要西,惟主人马首是瞻,缺乏自己的主见意愿,故比之官吏。马可耕田,可负重,可奔驰,但其倔烈、飘逸、狂奔、长嘶,更近于不为牢笼的隐逸,故比之隐士。鹿仙风道骨,餐自然之草,饮山泉之水,轻盈体态,寄籍山林,与仙仿佛。猪贪吃好睡,懒惰狼犺,图享受,厌活动,从体态到习性,都与凡人相邻,都显得凡俗平庸。

牛耕田、马从军,众人皆知,倒不如说马为仕、而牛为隐。马从军作战,是将军必不可少之代步,出入于官场;而牛与乡农做伴,山中耕田,水中戏漱,有隐士之风,需要时,亦能如田单之火牛,出而击敌。

鹿劲昂扬,奔跑迅捷,飘逸洒脱确有仙家风范;猪态笨拙,懒惰贪吃,是凡中之凡也不为过。

古今至文血泪成

【原文】 古今全文,皆血泪所成。

【评语】 吴晴岩曰:“山老《清泪痕》一书,细看皆是血泪。”

江含征曰:“古今恶文亦纯是血。”

【译文】 从古到今的名篇佳作,都是血和泪完成的。

【评语译文】 吴晴岩说:“张先生《清泪痕》这本书,仔细观看都是血和泪。”

江含征说:“从古代到现在的坏文章也纯粹是血做成的。”

【点评】 至文,即最好的文章。天下最好的文章都是用血泪写成,此言极是。《史记·太史公自序》中说:“昔西伯拘羑里,演《周易》;孔子厄陈、蔡,作《春秋》;屈原放逐,著《离骚》;左丘失明,厥有《国语》;孙子膑脚,而论兵法;不韦迁蜀,世传《吕览》;韩非囚秦,《说难》《孤愤》;《诗》三百篇,大抵圣贤发愤之所作也。”曹雪芹《红楼梦》也是“满纸荒唐言,一把辛酸泪”。惟忍受了大苦难,对社会方有了透彻的认识,对人生方有了深刻的领悟,其为文,乃不得不发,不吐不快,字字浸透着血泪,语语出于至诚,非无病呻吟、敷衍应制,人读之,也便容易激起共鸣,引起心灵的震撼。

能给人以心灵震撼,拨动心灵之弦的好文章,无不是用心血提炼而成,只有作者用血泪般的真实情感,才能铸写出令人感慨万千的好文章。

才 情

【原文】 情之一字,所以维持世界;才之一字,所以粉饰乾坤。

【评语】 吴雨若曰:“世界原从情字生出,有夫妇然后有父子,有父子然后有兄弟,有兄弟然后有朋友,有朋友然后有君臣。”

释中洲曰:“情与才不可或缺。”

【译文】 情这个字,是用来维持世界的;才这个字,是用来打扮乾坤的。

【评语译文】 吴雨若说:“世界原本是从情字产生出来的,有情才能有夫妻,有了夫妻之后才能有父和子,有了父和子之后才能有兄弟,有了兄弟之后才能有朋友,有了朋友之后才能有帝王和臣子。”

释中洲曰:“情感和才能缺一不可。”

【点评】 冯梦龙《情史序》中说:“天地若无情,不生一切物。一切物无情,不能环相生。生生而不灭,由情不灭故。……万物如散钱,一情为线索。散钱就索穿,天涯成眷属。”情乃维系世界万物的纽带,人类有了情,乃有夫妇、父子、母女、亲眷、朋友等关系,于是有了人间的秩序;动物有了情,乃有繁衍生息、绵绵不绝。有情才有世界万物,才有了有序发展。情之维持世界,信然。才乃上天作育,钟灵毓秀,为天地精华。有了才,世界有了亮点,有了灵动,有了勃勃生机,其发之为文,为发明创造,以及言谈行事,形成合力,带动了社会发展,推进了历史进程。其为精英,亮点,故粉饰乾坤;其影响社会的演进,故又不只是粉饰。

无情亦无物,情生万物。因为情,便有了夫妇、兄弟、父子、朋友,因为情便有了爱国心、民族心、团结心。若无情世界将冷漠,将暗淡,将灭亡。

才,可以使世界多姿。不断发现新事物,才能创造出先进的生产工具、生活用品。无才世界将故步自封。

孔子和释迦

【原文】 孔子[①]生于东鲁,东者生方[②],故礼乐文章,其道皆自无而有;释迦[③]生于西方,西者死地,故受想行识[④],其教皆自有而无。

【评语】 吴街南曰:“佛游东土,佛人生方,人望西天,岂知是寻死地。呜乎!西方之人兮之死靡他。”

殷日戒曰:“孔子只勉人生时用功,佛氏只教人死时作主,各自一意。”

倪永清曰:“盘古生于天心,故其人在不有不无之间。”

【注释】 ①孔子:名丘,字仲尼,鲁国人。春秋末期思想家、政治家、教育家,儒家的创始者。②生方:赋予生命的方位、地域。③释迦:释迦牟尼,佛教始祖。④受想行识:佛教把色、受、想、行、识称为五蕴。这里提到四蕴,少色蕴。即色(形相)、受(情欲)、想(意念)、行(行为)、识(心灵)。“识”为认识的主观要素,其余四蕴为认识的客观要素。

【译文】 孔子生在东方的鲁国,东方是赋予生命的方位和地域,因此他主张礼仪、音乐、文章,其道理都是从无到有;释迦牟尼生长在西方,西方是死亡之地,因此他认为人身并没有一个自我实体,只是由“色受想行识”五种东西集合而成的,其教理都是从存在到非存在。

【评语译文】 吴街南说:“释迦牟尼佛游历东方的国度,他就进入了赋予生命的方位和地域,人们向往西方的天地,哪里知道是寻找死亡之地。呜呼!西方的人啊死了就消失了。”

殷日戒说:“孔子只勉励人活着的时候要用功,释迦牟尼只教诲人死的时候自己做主,各抒己见。”

倪永清说:“盘古生长在天的中心,所以他这个人在存在与非存在之间。”

【点评】 以孔子与释迦牟尼出生地的不同,以东方者生地,西方者死地,来比较儒家思想与佛家思想的“自无而有”或“自有而无”,可谓别出心裁,耳目一新。儒家知其不可而为之,积极人世;佛家谈空,讲虚无,此无疑义。但东方也有老庄的虚寂及齐万物等生死的齐物论,今日西方社会的进取与高度文明更是客观的存在,所以以日出之地、日落之地来比较其思想差异,实在没有太多的道理。思想家的产生都有其时代社会出身教养以及个人性格等多种因素,将其简单化,便不免出现片面极端。

并不是因为地方不同而产生的教义就不同了。儒、佛二家只是因为在当时各自的地理环境中、人的思想观点形成的过程中,找到发现符合生命规律的东西才不断加以完善的。

儒家主张入世,即修身、齐家、治国、平天下,就是在没有背景的情况下,通过自身努力来达到立世扬名的功绩。佛家主张出世,即普度、接引、极乐。就是在现实生活中,要脱离尘俗,修养正果,以求多福。

不管出世入世都是人们创造了儒、佛二家,没有人民大众的参与,都是办不到的,而群众参与的,本质都是为民众着想的。

有青山方有绿水,有美酒便有佳诗

【原文】 有青山方有绿水,水惟借色于山;有美酒便有佳诗,诗亦乞灵于酒。

【评语】 李圣许曰:“有青山绿水,乃可酌美酒而咏佳诗,是诗酒又发端于山水也。”

【译文】 有青翠的山才有绿色的水,水只有向青山借来绿色;有美味的酒就有好诗,诗也向酒乞求灵感。

【评语译文】 李圣许说:“有了青山绿水,才可以饮美酒、吟咏好诗,这是诗和酒又从山水中生发起始啊。”

【点评】 有山无水,或有水无山,都难免单调;有山有水,山水相间,山光水色,交相辉映。山得水衬,更显苍翠;水借山色,更见澄澈。酒与诗,同样有着极深的因缘。诗中多提到酒,诗人更每每在饮酒中,凭酒力的训示,发酵着诗兴,孕育出灵感,激情喷薄,笔下生风,写出华星秋月般篇章,所谓李白斗酒诗百篇,正可印证。

山水、诗酒,古代文人最爱之物。青山秀水,微风拂面,心旷神怡,诗兴勃发。面对美酒,畅饮一杯,佳句自会脱口而出。领山水之美妙,饮美酒如甘露,吟诗抒怀实乃人生之乐事。

严君平以卜讲学者也

【原文】 严君平[①]以卜讲学者也,孙思邈[②]以医讲学者也,诸葛武侯[③]以出师讲学者也。

【评语】 殷日戒曰:“心斋殆又以《幽梦影》讲学者耶。”

戴田友曰:“如此讲学,才可称道学先生。”

【注释】 ①严君平:名遵。汉蜀郡人。西汉隐士。汉成帝时,卜筮于成都,日得百钱即闭门读《老子》,著书十万余言。他不愿做官,为文学家扬雄所敬重。著有《道德真经指归》。②孙思邈:唐华原人。唐代医学家。一生致力于医药研究,著有《千金方》《千金翼方》。③诸葛武侯:诸葛亮,字孔明,阳都人,隐居隆中。三国蜀汉政治家、军事家。有前后《出师表》。

【译文】 严君平是以占卜作为讲学的人,孙思邈是以医药作为讲学的人,诸葛亮是以《出师表》作为讲学的人。

【评语译文】 殷日戒说:“张先生差不多又以《幽梦影》作为讲学的人。”

戴田友说:“像这样讲习学问,才可以称作道学先生。”

【点评】 一般所说的讲学,指设帐授徒,师讲徒听,子曰诗云,仅此而已。张潮这里的讲学,却别出心裁有别于是。严君平占卜为业,孙思邈行医治病,诸葛亮带兵打仗,都不同于玄言清谈,而见诸行动与事功。较之清谈,行,其于社会更见有益,而身教,较之侃侃空言,也更能给人以教益。重行而称之为讲学,显然是受明末清初诸大师重践履反浮夸不实思想熏陶而来,其进步性不言而喻。

在职须以传人,做什么职业,就要将本身之职技传给学生。佛以经传人,圣人以道德传人。传人需身体力行,须有真学识。

人·禽·兽

【原文】 人则女美于男,禽则雄华于雌,兽则牝牡[1]无分者也。

【评语】 杜于皇曰:“人亦有男美于女者,此尚非确论。”

徐松之曰:“此是茶村兴到[2]之言,亦非定论。”

【注释】 ①牝牡:牝,雌性的兽;牡,雄性的兽。②茶村兴到:饮茶后的兴致。

【译文】 人类是女的比男的漂亮,飞禽是雄的比雌的华美,走兽雌性和雄性美、丑没有区别。

【评语译文】 杜于皇说:“人类也有男的比女的漂亮的,这一点还不是确切的定论。”

徐松之说:“这些是茶后兴致的话,也不能作为定论。”

【点评】 此也一般而言,不可以以偏概全。女中有嫫母,奇丑;男中潘安,俊美。兽中狮子、麋鹿,也雄美于雌,并非不分高下。但大体言,无论高级动物的人,还是低级动物的鸟兽,确也存在着资质的差异。因了不同,便有了异性的相吸,有了配偶,又有了结合,繁衍了后代,保持了生物种的衍续。达是生物赖以进化的前提。但美丑云云,是相对存在,如人的美丑,只是人种的观念,在其他物种,并不存在。

人类与禽兽之美不能相提并论。禽兽的美是自然法则使然,只是本能认识。人类之美是有思想思维的,有自己的审美观、审美标准,美与不美在于心之所系。况且女有美于男的,男也有美于女的,相对而言。

无可奈何之事

【原文】 镜不幸而遇嫫母[1],砚不幸而遇俗子,剑不幸而遇庸将,皆无可奈何之事。

【评语】 杨圣藻曰:"凡不幸者皆可以此概之。"

闵宾连曰:"心斋案头无一佳砚,然诗文绝无一点尘俗气,此又砚之大幸也。"

曹冲谷曰:"最无可奈何者,佳人定随痴汉。"

【注释】 ①嫫母:古代传说中的丑妇。

【译文】 镜子不幸遇到丑陋的妇女,砚台不幸遇到平庸的人,宝剑不幸遇到没有作为的将士,这都是无可奈何的事啊。

【评语译文】 杨圣藻说:"凡是不幸者都可以用这种说法描述。"

闵宾连说:"张先生的书案上没有一方好砚台,但写出的诗词文章绝对没有一点世俗平庸之气,这又是砚台的极大幸运之事啊。"

曹冲谷说:"最没有办法的事是,漂亮的女人注定要嫁给丑陋的男人。"

【点评】 用来照人、助人梳妆打扮的镜子遇到奇丑女子嫫母;供人挥毫泼墨、著书立说的砚台遭遇不识只字的文盲;锋利无比、削铁如泥、能取万人首级、所向披靡的宝剑到了平庸无能的将领手中,都是无可奈何的事情。而有感有知的才人,纵有才华横溢,盖世学问,王佐之才,不被赏识,也如千里马不遇伯乐,唯空鸣长嘶而已。高才偃蹇,志士落魄,古来多有,所以感士不遇便成了古代文学中一个常咏常新,屡咏不衰的主题。张潮这里明写物,实写人,写其一己不得意的苦恼,也写千古失意文人的抱怨。

"镜不幸而遇嫫母,砚不幸而遇俗子,剑不幸而遇庸将",无所谓幸与不幸,丑女也用镜,俗子也用砚,庸将也用剑,只要供人使用,镜、砚、剑一样能实现自己的价值。

天下无书则已,有则必当读

【原文】 天下无书则已,有则必当读;无酒则已,有则必当饮;无名山则已,有则必当游;无花月则已,有则必当赏玩;无才子佳人则已,有则必当爱慕怜惜。

【评语】 弟木山曰:"谈何容易,即吾家黄山几能得一到耶?"

【译文】 天下没有书就罢了,有的话就一定要读;天下没有酒就罢了,有的话就一定要喝;天下没有著名的山就罢了,有的话就一定要去游览;天下没有花儿和月亮就罢了,有的话就一定要观赏玩乐;天下没有才子和美人就罢了,有的话就一定要爱慕怜惜。

【评语译文】 弟木山说:"说起来哪能这样容易,即使是我们家乡的黄山又什么时候能到那里游玩呢?"

【点评】 读书、游名山、游山玩水、爱慕怜惜才子佳人,都可谓赏心乐事,而赏心乐事也何止于数端?生有涯而欲无涯,"以有涯追无涯,不亦殆乎"。其次,读书须有书,买则需要资费,借则要有人肯借或有处借;游名山既所费不赀,也需得其清闲;赏花玩月,爱慕怜惜才子佳人更是有闲者所为,非一般人能成。从此不难看出张潮辈社会闲人、社会多余人的百无聊赖,无所事事,而生产社会闲人的社会制度的弊端,也暴露无遗。

天下万物齐备,当读、当饮、当游、当赏玩、当爱慕者比比皆是,但如此之多,怎忙得过来。要善于利用环境、时间尽力去完成罢了。别的不说,天下之书,要想读完,谈何容易,这也是不可能的,只要能选择其中最好的来读就可以了。万事都须如此,方不误为人之道。

秋虫春鸟,尚能调声弄舌

【原文】 秋虫春鸟,尚能调声弄舌,时吐好音。我辈搦管[①]拈毫,岂可甘作鸦鸣

牛喘[2]？

【评语】 吴园次曰："牛若不喘，宰相安肯问之？"

张竹坡曰："宰相不问科律而问牛喘，真是文章司命[3]。"

倪永清曰："世皆以鸦鸣牛喘为凤歌鸾唱，奈何？"

【注释】 ①搦管：搦，握，拿着。搦管：执笔。②牛喘：牛因热而气喘。《汉书·丙吉传》："吉又尝出，逢清道群斗者，死伤横道，吉过之不问，掾吏犹怪之。吉前行，逢人逐牛，牛喘吐舌。吉止驻，使骑吏问：'逐牛行几里矣？'掾吏独谓丞相前后失问，或以讥吉。吉曰：'民斗相杀伤，长安令、京兆尹职所当禁备逐捕。……方春少阳用事，未可太热，恐牛近行用暑故喘，此时气失节，恐有所伤害也。三公典调合阴阳，职当忧，是以问之。'"③司命：神名。《礼·祭法》称宫中所祀小神有司命，《风俗通义·祀典》称民间所祀小神有司命。转为和生命有关的事物。

【译文】 秋天的昆虫、春天的鸟儿，还能够调整声音鼓弄口舌，不时地发出好听的声音。我们舞文弄墨的人，怎能只甘心做出像乌鸦叫、牛喘气那样浅尝辄止、吹毛求疵的文章呢？

【评语译文】 吴园次说："牛假如不喘气，丙吉宰相又怎么肯去动问它呢？"

张竹坡说："身为宰相不问法令条律却问牛为什么喘气，真是一位只会做文章的小神。"

倪永清说："世上的人如果都把乌鸦叫、牛喘气当作凤凰和鸾鸟的歌唱声，怎么办呢？"

【点评】 秋虫春鸟，尚且能够调声弄舌，发出动听的鸣啭，作为文人，耍笔杆者，能鸦鸣牛喘，为社会制造噪音吗？这里，张潮提出了一个十分严肃也极有现实代表性的命题：即作家应该具有强烈的社会责任感与历史使命感，应该慎重对待自己手中的那支笔，诬陷诽谤辱骂恐吓要不得，渲染暴力恐怖欣赏玩味色情淫烂同样为大忌，即使文字游戏无病呻吟也浪费笔墨，误人误己。文章合为事时而著，为反映民瘼而著，为净化美化人类心灵而著。如此，方无愧于作家的称号，方对得起自己的良心。

秋虫春鸟尚能调声弄舌，逗人开心，令人一笑。作为一介文人，理应以笔为剑，仗义立言，为民请命，写出留传后世的佳作。岂可甘于匿在乡间做些鸡鸣狗盗的小事？

媸颜陋质，不与镜为仇

【原文】 媸颜[1]陋质，不与镜为仇者，亦以镜为无知之死物耳。使镜而有知，必遭扑破矣。

【评语】 江含征曰："镜而有知，遇若辈早已回避矣。"

张竹坡曰："镜而有知，必当化媸为妍。"

【注释】 ①媸颜：面貌丑。

【译文】 那些面貌丑陋、资质粗劣不把镜子当作仇敌的人，是因为把镜子当作没有生命的东西。假如镜子有知，一定会遭到被摔破的厄运啊。

【评语译文】 江含征说："假如镜子有感知，遇到这类面貌丑陋的人早就回避了。"

张竹坡说："假如镜子有生命，一定要把丑陋的女子变为漂亮女子。"

【点评】 镜子无知，不会隐恶扬善，只能客观反映，是即是，非即非，美即美，丑即丑。

虽如此,丑陋者不会因镜子显示其丑陋而仇视镜子,他知道镜子反映的是客事实在,不是有意出其丑。这启示了我们,对人,如能客观,公心,虽揭人短,显得无情,人也终会理解;对己,人指出不足或缺点,只要人家出于公心,无恶意,再尖锐,都应该耐心听取。

丑陋不是错,错在不能正确对待自己的丑陋,丑只是一种感觉。只要心存自信,面对镜子也无妨。

忍而至于百

【原文】 **吾家公艺[①],恃百忍以同居,千古传为美谈。殊不知,忍而至于百,则其家庭乖戾睽隔[②]之处,正未易更仆数[③]也。**

【评语】 **江含征曰:"然除了一忍,更无别法。"**

顾天石曰:"心斋此论,先得我心。忍以治家可耳,奈何进之高宗,使忍以养成武氏[④]之祸哉。"

倪永清曰:"若用忍字,则百犹嫌少。否则以剑字处之足矣。或曰出家二字,足以处之。"

王安节曰:"惟其乖戾睽隔,是以要忍。"

【注释】 ①公艺:张公艺,唐代寿张(今山东阳谷)人。九世同居。唐高宗封泰山,路经寿张,亲幸其宅,问他九世能够同居的缘由,张公艺书"忍"字百余以进。②乖戾:抵触,不一致。今称急躁、易怒为性情乖戾。睽隔:隔离。③未易更仆数:《礼记·儒行》:"孔子对曰:'遽数之不能终其物,悉数之乃留,更仆未可终也。'"后以"更仆难数"形容事物繁多,数不胜数。④武氏:指武则天,名曌,唐并州文水人。曌 14 岁时选为唐太宗才人。太宗死,出为尼。高宗复召入宫,永徽六年立为皇后,代决政事,由是掌握国政。高宗死,天授元年自称神圣皇帝,是我国历史上唯一的女皇帝。见新、旧《唐书·则天皇后纪》。

【译文】 我们家族的张公艺,依靠着一百个忍字九世同居,成为千百年来被人称道的好事。只是不知道,"忍"到了一百个的程度,那么他们家的抵触、隔阂的地方,正是多得数不胜数了。

【评语译文】 江含征说:"然而除了一个'忍'字外,再无可奈何了。"

顾天石说:"张先生这番议论,首先得到我心中的赞许。用'忍'字治理家庭还可以,怎么能进献给唐高宗,用'忍'字治理国家,结果造成武则天夺取李氏政权的大患啊。"

倪永清说:"假如用'忍'字,一百还嫌少,不然用'剑'字相处就完全可以了。或者说弃家削发为僧,完全可以相处。"

王安节说:"只是他的家庭相互抵触、分歧,所以要忍耐。"

【点评】 唐人张公艺家九世同居,在当时传为佳话。一次,唐高宗去祭泰山,途经郓州,见公艺,问他九世聚居不分家的奥秘,公艺讨纸笔,连书百余"忍"字。忍者,刀在心上,何其不易,何等痛苦。偶尔之忍,尚可承受,数年,十数年,数十年,怎一个忍字了得。其结果,要么制造虚伪,要么在抑郁中崩溃。而一忍再忍至于百忍,大家族内部的矛盾冲突,勾心斗角,明争暗斗,争风吃醋,所谓"乖戾睽隔",不知几何!既然不和,又何必强扭一起,这正暴露了封建伦常的虚伪及弊端。

为了维持没有意义的九代同居,而持百忍,忍到太过,中间的问题解决不了,慢慢地

不融洽之处会越来越多。所以忍不如破，不破不立。破之可以重新再来，忍却只能过一时，不能长久。

九世同居，诚为盛事

【原文】 九世同居，诚为盛事，然止当与割股庐墓[①]者作一例看，可以为难矣，不可以为法也，以其非中庸[②]之道。

【评语】 洪去芜曰："古人原有父子异宫之说。"

沈契掌曰："必居天下之广居而后可。"

【注释】 ①割股庐墓：割股，割下自己的股肉来治疗父母的重病。庐墓：父母或老师死后，服丧期间在墓旁搭盖小屋居住，守护坟墓。《宋史·选举制一》："上以孝取人，则勇者割股，怯者庐墓。"这些都是封建社会的愚孝行为。②中庸：不偏叫中，不变叫庸。儒家以中庸为最高的道德标准。

【译文】 九代人居住在一起，诚然是一件不易的事情，但只能把它当作像割股肉给父母治病，父母、老师死后，在墓旁盖屋守丧这样同一类的例子来看待。可以视为难得，不可以当作法则规定，因为它不是儒家中庸的最高的道德标准。

【评语译文】 洪去芜说："古代的人原本有父子可以分开居住的说法。"

沈契掌说："一定要有天下最宽敞的住所之后才可以九世同居。"

【点评】 张潮在这则文字中对张公艺九世同居这古人传为盛事美谈的事情明白阐述了自己的观点：称其与割股庐墓一例，虽然难得，不可以为效法。理论根据便是它与中庸之道有悖。在我们看来，多世同居，虚伪而不合情理，以扼杀人性为代价，纵获美名，毫无意义。在今天，它的滑稽可笑，也显而易见，既不必效法，也没有了效法的基础。张潮以不合中庸为批判的武器，似乎迂腐，却正是以子之矛攻子之盾，以儒家始祖的思想，批判儒家伦常的不近情理，力有千钧，锐利无比。

难能而可贵的事是值得赞赏的，但不可以把这些事例当作典范来效仿学习，事虽然难得，却不能作为我们常人的行为准则，不偏不倚的中庸之道，才是我们应学习的最好方法。

作文之裁制

【原文】 作文之法，意之曲折者，宜写之以显浅之词。理之显浅者，宜运之以曲折之笔。题之熟者，参之以新奇之想。题之庸者，深之以关系之论。至于窘[①]者舒之使长，缛[②]者删之使简，俚者文之使雅，闹者摄之使静，皆所谓裁制[③]也。

【评语】 陈康畴曰："深得作文三昧[④]语。"

张竹坡曰："所谓节制之师。"

王丹麓曰："文家秘旨和盘托出，有功作者不浅。"

【注释】 ①窘：困乏。②缛：繁多。③裁制：规划、安排。④三昧：奥妙、诀窍。

【译文】 写文章的方法，意思比较曲折的，适合用浅显易懂的词语来表达。道理浅显的，适合使用曲折的笔法。题目为大家所熟知的，就加上一些新鲜奇特的想象。题目比较平庸的，加上一些有关的议论使之深化。至于那些贫乏的，应该伸展舒通使它变长；繁多堆砌的，应该删除冗长多余的章节词语使它变得简洁；通俗的可以加上些文言词语，

使它变得有趣味不俗气；喧闹的要整顿治理使它安静。这里所说的，都是文章的规划安排。

【评语译文】 陈康畴说："这是深得写文章的诀窍的话。"

张竹坡说："这就是所说的调度管制导师。"

王丹麓说："把写文章的秘旨全盘拿出来，作此文的人功劳不小。"

【点评】 文无定法但不等于无法，创作甘苦经过总结，可以为经验，可以做借鉴。正因为此，从古到今，文章学著作层出不穷，世代不衰。张潮这段文字，即是他写作经验的总结，也堪称一篇创作方法论。

"意之曲折者，宜写之以显浅之词"，谓内容隐晦深奥、抽象蒙眬者，应当浅出，用通俗浅显的形式，讲得明白具体，让人易懂。"理之显浅者，宜运之以曲折之笔"，谓道理浅显、明白易解者，应当正反左右，层层深入，将表面上人人皆知的道理讲得深细透彻，挖出深层次的内涵。"题之熟者，参之以新奇之想"，谓人们熟悉的题目，要另辟蹊径，别出心裁，以新的论证思路，新的构思，从而才能推陈出新。"题之庸者，深之以关系之论"，谓烂俗一般的题目，应当努力发掘事物间的关系，找出其本质，加强认识的穿透力，从而变腐朽为神奇。"窘者舒之使长""缛者删之使简""俚者文之使雅""闹者摄之使静"，分别讲述了纠正文章促迫、繁缛、粗陋、热闹等弊端的具体办法，即展开论述，使其迂徐从容；删削繁文缛节，使其精简明晰；修饰润色，斟酌辞藻，加强形式之美；控制节奏，动静相宜，得中和之要。

这些总结，都是文章写作的具体手段，金针度人，张潮的用意值得认同。

作文要有法，作文之法很多，要立新意，处处兼顾中心，以中心思想为主，才写得出好文章来。做人也有很多方法，但要以良心为本，时时刻刻围绕良心去做，就不会出差错。

词曲为文字中的尤物

【原文】 笋为蔬中尤物①，荔枝为水果中尤物，蟹为水族中尤物，酒为饮食中尤物，月为天文中尤物，西湖为山水中尤物，词曲为文字中尤物。

【评语】 张南村曰："《幽梦影》可为称书中尤物。"

陈鹤山曰："此一则又为《幽梦影》中尤物。"

【注释】 ①尤物：珍贵的物品。

【译文】 竹笋是蔬菜中的珍品，荔枝是水果中的珍品，螃蟹是水族类的珍品，酒是饮食中的珍品，月亮是天文中的珍品，西湖是山水中的珍品，词和曲是文字中的珍品。

【评语译文】 张南村说："《幽梦影》可以作为书中的珍品。"

陈鹤山说："上边的议论又是《幽梦影》中的珍品。"

【点评】 尤物者，在人谓之佳人，在物谓之佳物。竹笋的脆甘爽口，味道鲜美，为蔬菜中名贵佳品，可称为蔬中尤物。荔枝果肉色如脂，甘美多汁，苏轼云："日啖荔枝三百颗，不辞长作岭南人。"古来就深得人们青睐，可称果中之尤物。螃蟹肉嫩鲜美，今人更深知其价值，价格不菲，为水族中尤物，当之无愧。酒为粮食的精华，能舒筋活血、助人文思，为饮食中尤物，也理所当然。月之皎洁、朦胧，可给人带来光明，可供人赏玩，为天文中尤物，的无疑问。"若把西湖比西子，淡妆浓抹总相宜。"西湖的湖光山色，陶醉了多少的文人骚客，称为山水中尤物，也不为过。词曲迂曲舒缓，可吟可唱，抒情写景，都能摹写

尽致，视之文中美人，也可谓恰如其分。

一切物品都有上乘之物。尤物只是代表了它在同类中比较出色一些，并不说明它的价值比其他同类高，所以不必以尤物为中心，要公平看待尤物与其他同类物品。

好花应惜

【原文】 买得一盆好花，犹且爱护而怜惜之，矧[1]其为解语花乎？

【评语】 周星远曰："性至之语，自是君身有仙骨，世人那得知其故耶？"

石天外曰："此一副心令我念佛数声。"

李若金曰："花能解语，而落于粗恶武夫，或遭狮吼戕贼[2]，虽欲爱护何可得。"

王司直曰："此言是恻隐[3]之心，即是是非之心。"

【注释】 ①矧：况，况且。②戕贼：伤害，损害。③恻隐：指对遭难的人的同情怜悯。

【译文】 买了一盆好花，尚且爱护和怜惜它，何况它是通解语言的花呢！

【评语译文】 周星远说："极有性情的话，自然张先生身上具有仙骨，世上的人哪里能知道其中的原因呢？"

石天外说："如此心肠使我念几声佛，祈求保佑。"

李若金说："花虽然能够通解语言，但落在粗俗凶恶的武夫的手里，或者遭到貌美而歹毒的妇人的伤害，想爱护又怎么能够做到呢。"

王司直曰："这番话是同情之心，也是招惹是非之心。"

【点评】 爱花赏花，无代无之，而晚明文人的爱花，却较之前代更多了些其他的含义，这便是生命意识的贯注融入，视花为知己，故其爱，也尤见深挚强烈，以至爱花成痴成癖。花即美人，在张潮看来，美人解语，较花更加惹人怜爱。人们既然爱花成痴，解语花能体贴温存，通情达意，难道不应该将爱花的一担情怀都移给美人，对她们爱护怜惜有加吗？

一株植物，尚能受爱怜如此，何况一个妙语生香的美人呢？美人与普通人一样，都是应得到尊重和关心的，不能因为其美就特别关心她或特别厌恶她。世上爱美人不爱江山者，有很多，实属不当之举。

观手中扇面以知人

【原文】 观手中便面[1]，足以知其人之雅俗，足以识其人之交游。

【评语】 李圣许曰："今人以笔资丐名人书画，名人何尝与之交游。吾知其手中便面虽雅，而其人则俗甚也。心斋此条犹非定论。"

毕嵎谷曰："人苟肯以笔资丐名人书画，则其人犹有雅道存焉。世固有并不爱此道者。"

钱目天曰："二说皆然。"

【注释】 ①便面：即指扇面。《汉书·张敞传》："自以便面拊马。"颜师古注："便面，所以障面，盖扇之类也。不欲见人，以此自障面，则得其便，故曰便面，亦曰屏面。"

【译文】 看手中拿的扇面，就可以了解这个人是高雅，还是庸俗，就可以知道这个人与什么样的人交往。

【评语译文】 李圣许说："现在的人用钱求得有名气的人的字画，有名气的人哪里与

他有过交往。我知道他手中拿的扇面虽然雅致、不俗气，但他这个人却庸俗得很。张先生这条评论还不能作为定论。”

毕嵎谷说：“既然有人肯花钱求得有名气人的字画，那么这个人还有高雅的兴趣存在呢。世上原本有并不喜欢这种高雅兴趣的人。”

钱目天说：“这两种说法都对。”

【点评】 作为装饰摆设，便面的选择，也同服饰、发型等等。不同的服饰发型，很可以看出一个人的性格修养爱好品位。富人与穷人，世家大族与暴发户，文人与武夫，闺媛与妓女，因经济实力、文化修养、职业身份等的区别，其对质料、色泽、形式的取舍，往往截然不同。所以由手中便面，很能够看出一个人的是雅是俗。所谓由便面可知其交游，一是物以类聚人以群分，由其为人能判定其交游范围；二是讲究者便面多亲自请人题写，便面题字本身就亮出了用者的具体交际。以物观人，不失为识人的一种途径。

看一个人的品质或雅俗，是不能从外部表面事物中获知的，沽名钓誉者在有钱人来说比比皆是。表面上看虽然冠冕堂皇文雅之极，但其后隐藏着的却是俗不可耐。所以不能让表面现象误导一个人的判断。

水　火

【原文】 水为至污之所会归，火为至污之所不到，若变不洁为至洁，则水火皆然。

【评语】 江含征曰：“世间之物，宜投诸水火者不少，盖喜其变也。”

【译文】 水是最污秽的东西汇集的地方，火是最污秽的东西到不了的地方，假如把不干净变为最干净，那么水和火都可以做到。

【评语译文】 江含征说：“世上的东西，应该投入水火中的不少，因为喜欢让它们变化啊。”

【点评】 水火不容。水往低处流，火往高处走。水能容至污的东西，水集处，蚊蝇聚集，霉菌生发，水流过，泥沙俱下，垃圾同在。火乃至洁，一把火烧过，一片干净。水又能熄火，水火不容。但即如水火，却也有共同的归趋，那便是无论火烧，还是水洗，都能变不洁为洁，变污秽为干净。这启示我们，任何敌对，也有统一的一面，求同存异，实为法宝；任其辉煌卑贱，有生有死，终归大化，没有丝毫差异，如此，得意失意，善待人生都是最最重要而不可忘记的。

水能覆舟亦能载舟，水可以是污秽东西的汇集地，也可将污秽肮脏的东西洗干净。火能使一切事物付之一炬，也能使人得到温暖、熟食。世间万物应该存在的就用水洗干净，一些丑恶的事物就用火来让它付之一炬，世界将变得洁净无比。

文有虽通而极可厌者

【原文】 貌有丑而可观者，有虽不丑而不足观者；文有不通而可爱者，有虽通而极可厌者。此未易与浅人道也。

【评语】 陈康畴曰：“相马于牝牡骊黄[①]之外者得之矣。”

李若金曰：“究竟可观者必有奇怪处，可爱者必无大不通。”

梅雪坪曰：“虽通而可厌，便可谓之不通。”

【注释】 ①骊黄：纯黑色和赤黄色的马。《诗·鲁颂·駉》：“有骊有黄。”毛传：“纯

黑曰骊，黄骍曰黄。”

【译文】 相貌，有些人长得丑陋但还可以观看，有些人虽然长得不丑但不值得观看；文章，有的虽然不通畅但很让人喜爱，有的虽然通畅却让人极为厌恶。这些话不容易向浅薄的人说。

【评语译文】 陈康畴说：“正如观察品评马的优劣，干纯黑色、赤黄色和雌、雄以外得到的。”

李若金说：“追究相貌丑陋还可以观看的人一定有奇特怪异的地方，文章还可以让人喜爱的一定没有特别不通畅的地方。”

梅雪坪说：“文章虽然通畅却让人讨厌，就可以说它不通畅。”

【点评】 作为高级动物，人除了自然生理等外表的东西，更有内在的精神文化的内涵，二者比较，后者往往更具有分量。所谓貌丑而可观，即指精神气质性格心灵的美所产生的另一种魅力。而貌不丑却不足观，即谓缺乏气质，如行尸走肉；或心灵丑陋，令人畏惧。文章也如之。有的虽语言有欠顺畅，行文不免疙瘩，但有真感情、真见地，内容丰富实在，读起来仍让人能感动有收获。而有的文章，写得花团锦簇，妙笔生花，技法娴熟，但内容空虚，矫揉造作，无病呻吟，少真情，缺性灵，纯系文字堆砌，读之，仍难免让人作呕，所谓虽通而极可厌。道理如此，并不难懂，但又非所有人都能明白，正是不可与浅人传达也。

人美关键在于心灵美，容貌虽丑陋，但心灵善良品德高洁，人们愿意与之相伴同处；容貌虽美但诡计多端阴险的人，任谁也不会想与他多待一秒钟。

文章虽有一些不通，但观点正确，能推陈出新有自己的见解，比没有自己任何的观点文章强。

游玩山水

【原文】 游玩山水，亦复有缘。苟机缘未至，则虽近在数十里之内，亦无暇到也。

【评语】 张南村曰：“予晤心斋时，询其曾游黄山否，心斋对以未游，当是机缘未至耳。”

陆云士曰：“余慕心斋者十年，今戊寅[①]之冬始得一面。身到黄山恨其晚，而正未晚也。”

【注释】 ①戊寅：康熙三十七年(1698年)。

【译文】 游览玩赏山水，也还要有缘分。假如机会缘分没到，那么即使近在十几里之内，也没有时间到此一游。

【评语译文】 张南村说：“我与张先生见面的时候，问他曾经游玩过黄山没有，张先生回答说没有，应该是机会缘分没到啊。”

陆云士说：“我仰慕张先生十年，到戊寅(1698年)的冬季才得以相见。身到黄山怨恨来得太晚时，正是不晚啊。”

【点评】 佛教讲因缘、缘分。因缘即条件或起因。因缘聚则生，因缘散则灭。因缘无时不百，也无处不在。如男女结成夫妇，是因缘；为人父母、子女、兄妹姐弟、朋友，乃至相处共事，都是因缘。社会也基于各种因缘而生。不独人与人，人与物，如游某山，观某水，览某名胜，成行既观，便也是因缘。因缘固在，但因缘是必然，世上偶然的事情也复不少，过分强调因缘，便陷入神秘主义的怪圈。以游山观景论，的确存在这样的情况，近在

咫尺,数十年没能去玩,而迢迢千万里以外的胜迹,甚至会多次游览,是否因缘的关系,读者自可思之。

闲不是缘,即使有时间,也不一定就能游玩山水。缘包括任何与这件事有关的东西,身体状况、财钱状况、天气情况、思想情绪、交通状况等等,只有随缘顺性,一切才尽在生活之中。

贫而无谄,富而无骄

【原文】 "贫而无谄,富而无骄"①,古人之所贤也;贫而无骄,富而无谄,今人之所少也。足以知世风之降矣。

【评语】 许筠庵曰:"战国时已有贫贱骄人②之说矣。"

张竹坡曰:"有一人一时而对此谄对彼骄者更难。"

【注释】 ①"贫而"句:《论语·学而》:"子贡曰:'贫而无谄,富而无骄,何如?'子曰:'可也,未若贫而乐,富而好礼者也。'"②贫贱骄人:贫贱中的贤人以自己的贫贱为骄傲,表示对富贵显达者的蔑视。《史记·魏世家》:"子击逢文侯之师田子方于朝歌,引车避,下谒。田子方不为礼。子击因问曰:'富贵者骄人乎?且贫贱者骄人乎?'子方曰:'亦贫贱者骄人耳!'"

【译文】 "贫穷却不巴结奉承,富贵却不骄傲",是古人中的贤人;贫穷却不骄傲,富贵却不巴结奉承,是现今的人中少见的。由此完全可以知道社会风气的下降啊。

【评语译文】 许筠庵说:"战国的时候已经有贫贱中的贤人以自己的贫贱为骄傲的说法了。"

张竹坡说:"有时一个人一会儿对这人巴结奉承,一会儿对那人骄傲,就更加困难了。"

【点评】 人穷志短,贫贱苦寒的人为维持生计,为讨杯残羹冷炙糊饱肚子,阿谀谄媚,也不难理解,事实上也为多数行乞者践行,这不足为奇。但人穷志不短,保有骨气,不丧失独立人格,如朱自清饿死不吃美国救济粮,有此铮铮铁骨,则寥若晨星,堪称真正的民族脊梁,是大圣大贤,令人钦敬。富者拥有财富,巨富者甚至富可敌国,如历史上陶朱猗顿者流。富有当然是让人艳羡的事情。但富有来源于经营创造,如果忘却本色,以拥有财富作为傲慢的资本,那说明他器小易盈,终难成就大的气候。而富有仍不忘创业的本色,仍能兢兢业业,不满足现有的成绩,不骄傲自得,沾沾自喜,必将再创辉煌,取得更大的成功。而这种人,也被人尊敬,可称为贤者。贫困的出现有多种因素,但贫困终究不是好事。而在古代,偏就有这样的事情,虽然贫困,却以颜回的"一箪食,一瓢羹,回也不改其乐"自比,以君子固穷作为标榜自己是君子的招牌,似乎贫穷就等于君子,富有者便是小人。而富有者,拥有的仅是物质意义上的财富,精神上却如同乞儿,巴结权贵,阿谀官长,在穷人面前趾高气扬,见了官僚,只剩下卑躬屈膝。这两种人,都一样是贫汉。能贫而无骄,富而无谄,在张潮的时代,便已经很少了。张潮认为是世风日下的缘故。其实,无论穷通贱贵,能有颗平常心,有健全的人格,不扭曲灵魂,这才是至关重要的东西。

世风日下,美德也在不断流失。贫而无谄、富而不骄、威而不盈、欲而不贪等美德是我国传统文化的宝贵财富。但愿在经济利益观念下的人们都能崇尚这些美德,人人习之,那么人与人之间一定会和谐顺畅。

读书·游山·检藏

【原文】 昔人欲以十年读书、十年游山、十年检藏。予谓检藏尽可不必十年,只二三载足矣。若读书与游山虽或相倍蓰[1],恐亦不足以偿所愿也。必也,如黄九烟前辈之所云:人生必三百岁而后可乎。

【评语】 江含征曰:"昔贤原谓尽则安能,但身到处莫放过耳。"

孙松坪曰:"吾乡李长蘅先生爱湖上诸山,有'每个峰头住一年'之句。然则黄九烟先生所云,犹恨其少。"

张竹坡曰:"今日想来彭祖[2]反不如马迁。"

【注释】 ①蓰:五倍。②彭祖:神话中的人物,为长寿的象征。生于夏代,到殷末时已767岁(一说800岁)。

【译文】 过去的人想用十年读书,十年游历山川胜迹,十年回顾审视、检点收藏。我说检点收藏完全可以不需要十年,只用二三年就足矣。像读书和游历山川虽说比预想的时间多五倍,恐怕也不能够使自己的愿望得到满足。果真如此。黄九烟前辈说过:人的一生必须活三百岁才可以啊。

【评语译文】 江含征说:"过去的贤人曾经说过只要尽力了就能心满意足,但身体所到的地方不要放过一切机会啊。"

孙松坪说:"我们乡里的李长蘅先生热爱湖杭山水,有'每个峰头住一年'的话。但像黄九烟先生所说人生要活三百岁,看来还是不知足啊。"

张竹坡说:"现在想来长寿的彭祖反而还不如司马迁。"

【点评】 人生是短暂的也是有限的,而如何过好人生,使这短暂的生命更具有意义,更丰富多彩,不妄人生一度,对每一个人,都是应该也值得认真思考的问题。在张潮以前,有人提出如果能自主安排,便以十年读书,十年游山,十年检藏。张潮不同意这种安排,他以为检藏二三年足矣,而读书与游山,再多几个十年也还觉得不够。读万卷书,行万里路,读书与旅行的相互激发增益,显然是重要的,对人知识阅历的长进,也是必需的,但人生没有三百年,一辈子要做的事很多,能有闲多读书,能有缘多出游,已算有福了。

十年读书、十年游历、十年检藏,人生如此安排,看似有序,却不实际。十年读书时间太短,十年游历、十年检藏太长,适可而止。人生应主要用于学习,在求学的过程中也可游历,可检藏,可充实,具有自己的见识与爱好,生活一定会乐趣无穷。

宁为小人之所骂,毋为君子之所鄙

【原文】 宁为小人之所骂,毋为君子之所鄙;宁为盲主司[1]之所摈弃,毋为诸名宿[2]之所不知。

【评语】 陈康畴曰:"世之人自今以后慎毋骂心斋也。"

江含征曰:"不独骂也,即打亦无妨,但恐鸡肋不足以安尊拳耳[3]。"

张竹坡曰:"后二句足少平吾恨。"

李若金曰:"不为小人所骂,便是乡愿[4];若为君子所鄙,断非佳士。"

【注释】 ①主司:科举考试的主试官。②名宿:有名望的学者。③鸡肋不足以安尊拳:鸡肋,比喻瘦弱的身体。《晋书·刘伶传》:"尝醉与俗人相忤,其人攘袂奋拳而往,伶

徐曰：‘鸡肋不足以安尊拳。’”④乡愿：指乡里言行不一、伪善欺世的人。后引申为缺乏见识、胆小无能的人。

【译文】 宁愿被小人所辱骂，不能被品格高尚的人所不齿；宁愿被不识人才的科举考试主试官所抛弃，不能让当代有名望的学者不知道。

【评语译文】 陈康畴说："世上的人从今往后千万不要再骂张先生了。"

江含征说："不仅只是辱骂，就是打也没有妨碍，但只怕张先生瘦弱的身体经不住拳头啊。"

张竹坡说："后面两句话完全可以稍微平息我心中的怨恨。"

李若金说："不被小人所辱骂，就是一个伪善欺世的人；假如被人格高尚的人所鄙视，肯定不是好人。"

【点评】 虽然说凡是敌人反对的就是我们赞成的这句口号稍嫌生硬，但在本质性问题上，敌我之间，是水火难容的。就做人来讲，虽不说人人能做圣贤，但可以说愿做小人者为数寥寥。小人利己损人，落井下石，欺凌弱小，两面三刀，谄谀溜须，昧却天良，被小人所骂，或许正说明你没与他同流合污。君子道高德隆，举止方正，品行端方，有仁有义，胸怀坦荡，大度宽容，宽于人而严于己，如果为君子鄙薄，则说明所作所为已超出一般性错误，而是为人不齿，道德沦丧。所以，被小人所骂不必介怀，而被君子所鄙，却切记不可发生。做人要讲人品，做文也需讲文品。文章能否中主考官之意，也就是说能否中举取进士进而为官为宦，这并不重要，因为试官水平的低劣，有眼无珠，已为社会共知，纵不被其所取，也丝毫不影响令名；但文坛名宿却不能不让他们认识，他们识文，能为指点迷津，他们享誉文坛，有他们揄扬，也能使你真正在文坛占取一席之地。

"宁为小人之所骂，毋为君子之所鄙"，小人骂你，因为你是君子，君子鄙视你，因为你是小人。所以宁为小人所骂，不为君子所鄙。

不愿为没有眼光、不赏识自己的人效力，却不要让那些德高望重的人不了解自己，这样肯定有被重用之时。

傲骨不可无，傲心不可有

【原文】 傲骨不可无，傲心不可有。无傲骨则近于鄙夫，有傲心不得为君子。

【评语】 吴街南曰："立君子之侧，骨亦不可傲；当鄙夫之前，心亦不可不傲。"

石天外曰："道学之言，才人之笔。"

庞笔奴曰："现身说法，真实妙谛。"

【译文】 骨子里的傲气不可以没有，骄傲之心不可以有。没有傲骨的人就近乎卑鄙小人，有骄傲之心的人不能够成为品格高尚的人。

【评语译文】 吴街南说："站在人格高尚的人的旁边，骨也不可以傲；在卑鄙小人的面前，心也不可以不傲。"

石天外说："道学家的语言，才人的文笔。"

庞笔奴说："现身说教，真切实在的道理。"

【点评】 人不能没有傲骨，少了傲骨，人便没有了独立的人格，便不免猥琐窝囊，便不可能做到富贵不能淫、威武不能屈，而松柏样的品格操守，也将与你无缘。但傲心却不能有。有了傲心，妄自尊大，自鸣得意，刚愎自用，目中无人，便既孤立了自己，也终将因为缺乏人缘，缺少群众基础，四处碰壁，一事无成，从而毁灭了自己。这节文字可以作为

人生修养的座右铭言。

做人要胸怀坦荡，不卑不亢，有傲骨而无傲气，知世故而不世故，才是立德修身的上乘之法。

蝉和蜂

【原文】 蝉为虫中之夷齐，蜂为虫中之管晏①。

【评语】 崔青峙曰："心斋可谓虫之董狐②。"

吴镜秋曰："蚊是虫中酷吏，蝇是虫中游客。"

【注释】 ①管晏：管仲和晏婴。两人都是春秋时齐国名相，杰出的政治家和谋士。②董狐：春秋时晋国史官。他在史册上直书晋卿赵盾弑其君的事。后世以董狐为直书不讳的良史的代称。

【译文】 蝉是昆虫中的伯夷和叔齐，蜜蜂是昆虫中的管仲和晏婴。

【评语译文】 崔青峙说："张先生可以说是昆虫中直书不讳的良史董狐。"

吴镜秋说："蚊子是昆虫中凶残的酷吏，苍蝇是昆虫中的游说者。"

【点评】 伯夷、叔齐怕为君受到束缚，不得自由清闲，相互退让，都不肯为君，乃相携亡逸，避地而去；当宗主国将有覆亡之虞，又力图维护，既亡，乃隐居深山，采薇糊口，拒食周粟，终于饥饿而死。留得清白在人间，令名著之丹青，美誉盛传后世。虫中之蝉，隐身树上枝叶间，吸风饮露，不沾秽污，自洁其身，虽存世不久，也终不改其本色，称其虫中之隐，比之伯夷叔齐，倒也相仿佛。管仲、晏婴为相，奋发图治，富民强国，苦志经营，殚精竭虑，席不暇暖，睡不安眠，如蜜蜂采蜜，辛勤劳作，四处奔忙，不稍歇息，鞠躬尽瘁而后已，比管仲、晏婴为蜜蜂，比蜜蜂为管仲、晏婴，都可称允当妥帖。

伯夷、叔齐乃商之旧臣，武王灭商后，二人因感念旧国，不食周粟，遂饿死首阳山。知了风餐露宿，与伯夷、叔齐具有一样的品格。管仲、晏婴尽心竭力辅助齐国，成就霸业，蜜蜂辛勤劳动，采蜜为人，均是良相。所以蝉与蜜蜂般的高士良相，一国之中多多益善。

痴、愚、拙、狂，人每乐居之

【原文】 曰痴、曰愚、曰拙、曰狂，皆非好字面，而人每乐居之；曰奸、曰黠、曰强、曰佞，反是，而人每不乐居之，何也？

【评语】 江含征曰："有其名者无其实，有其实者避其名。"

【译文】 被人说痴、愚、拙、狂，都不是好字眼，但人们往往能够接受；被人说奸猾、狡黠、强横、奸佞，却与此相反，人们往往不高兴接受。这是为什么呢？

【评语译文】 江含征说："这是因为有这种名声的人实际不存在这种现象，而有这种实际情况的人是为了逃避这种名声。"

【点评】 痴、愚、拙、狂与笨与呆相连，都不是好的字眼，但人们乐以自居；而奸、黠、强、佞显示出胜人一筹在人之上，是好的字面，人们却都不愿自居，原因何在呢？我以为当从三方面解释：其一，语言在不断发展，不仅语汇增加，词的意义丰富扩大或缩小转移，词性也会随之发生变化，原来的褒义可能变为中义或贬义，如此，过去的好坏字面，现在也许截然相反。其二，明代中晚期，伴随着资本主义萌芽的发生，新人文思潮崛起，对程朱理学的虚伪及抹杀人性，展开了猛烈抨击，人们呼唤本真，痴、愚、拙、狂的原始自然、本

色天性，便理所当然成了歌颂的内容。其三，晚明提倡返璞归真，回归自然，重新认同老庄，弃圣绝智，排击奸、黠、强、佞，肯定痴、愚、拙、狂，便成为必然。

痴、愚、拙、狂虽不是好字眼，每乐居之者，大都有其名而无其实，奸、黠、强、佞，每不乐居者，大都有其实者而避其名。把不好的字眼用于自己表现了一种谦恭的美德，同样，好字眼不用于自己也是一种美德。

音乐可感鸟兽

【原文】 **唐虞[①]之际，音乐可感鸟兽。此盖唐虞之鸟兽，故可感耳。若后世之鸟兽，恐未必然。**

【评语】 **洪去芜曰："然则鸟兽亦随世道为升降耶？"**

陈康畴曰："后世之鸟兽，应是后世之人所化身，即不无升降，正未可知。"

石天外曰："鸟兽自是可感，但无唐虞音乐耳。"

毕右万曰："后世之鸟兽与唐虞无异，但后世之人迥不同耳。"

【注释】 ①唐虞：即尧和舜。尧，传说中古帝陶唐氏之号；舜，古帝名虞舜。

【译文】 尧和舜的时期，音乐可以使飞禽走兽感动。这大概是尧舜时的飞禽走兽，有感受音乐的能力，也可能是尧舜时的太平盛世让它们感动。假如是后世的飞禽走兽，恐怕不会好些。

【评语译文】 洪去芜说："难道飞禽走兽也随着社会风气的上升而上升、下降而下降吗？"

陈康畴说："后世的飞禽走兽，应该是后世人变化而来的，即使不随着社会风气的上升而上升、下降而下降，也可能是不可以的。"

石天外说："飞禽走兽自身是可以被感动的，只是没有尧和舜时期的音乐罢了。"

毕右万说："后世的飞禽走兽和尧舜时期的飞禽走兽没有什么不同，只是后世的人和尧舜时代的人完全不同罢了。"

【点评】 唐尧虞舜的时代，是历史传说上的最清明的时代，张潮这里感叹的其音乐能感鸟兽，是古之鸟兽，非后世的鸟兽，其实也只是想说明他对远古时代淳朴世风的神往及对当时世风日下险恶的批判。鸟兽的通乐，古今相同，没有区别。而古之乐能感鸟兽，由于当时人为破坏少，人与鸟兽和谐共处，相互友善；而后世的自然开发，竭泽而渔，肆意捕杀，不讲生态平衡，人成为鸟兽的天敌，鸟兽虽能通乐，避人类唯恐不及，自然不会再自投罗网，去亲近它们的敌人。历史的教训值得记取，今天我们已认识到生态平衡的重要，只要我们坚持不懈地做下去，与鸟兽共享音乐的时代，终将到来。

唐尧虞舜之际，人心平和，盛世丰年，社会风气极好，用音乐可以感化鸟兽来比喻当时的社会环境之佳。现在世风日下，希望今人思古之贤良。当然鸟兽还是鸟兽，音乐还是音乐，它们不会随世道的变化而升降。

痛可忍而痒不可忍

【原文】 **痛可忍而痒不可忍；苦可耐而酸不可耐。**

【评语】 **陈康畴曰："余见酸[①]子偏不耐苦。"**

张竹坡曰："是痛痒关心语。"

余香祖曰："痒不可忍须倩麻姑搔背②。"

释牧堂曰："若知痛痒，辨苦酸，便是居士悟处。"

【注释】 ①酸子：指穷酸之读书人。②倩：请。麻始搔背：麻姑为传说中的仙女。仙人王方平降于蔡经家，召麻姑至。蔡经见麻姑手指纤细似鸟爪，自念："背大痒时，得此爪以爬背，当佳。"王方平已知经心中所念，即使人牵经鞭之，谓曰："麻姑，神人也，汝何思谓爪可以爬背耶？"苏辙《赠吴子野道人》："道成若见王方平，背痒莫念麻姑爪。"

【译文】 疼痛可以忍受但痒无法忍受；苦味可以忍耐但酸味无法忍耐。

【评语译文】 陈康畴说："我看见那些穷酸的读书人偏偏忍受不了困苦。"

张竹坡说："这是痛痒都关心的话（即关心疾苦的话）。"

余香祖说："痒不能忍耐时可以请麻姑挠一挠（即讨打）。"

释牧堂说："假如知道痛痒，能够分辨出苦味和酸味，就是在家信佛人的悟道之处。"

【点评】 上句谈生理心理上的承受，下句谈口舌对饮食的感受。痛可忍，意志坚定者如关云长，刮骨疗毒不可谓不疼，但咬咬牙也挺了过去。而如果身上奇痒，即使如唐僧的定力，如非孙悟空及时帮他去痒，也差点从高入云霄的台上摔下。苦可耐，苦药利于病，再苦的药人都能吃下；橄榄虽苦，吃多转甜。但酸醋、酸梅，偶食少食可，多食让人倒牙。在生活中，也复如是。铮铮硬汉经不住糖衣炮弹，经不住长久的阿谀奉承、溜须拍马，抓到了痒处，纵你奸似鬼，也吃老娘的洗脚水。而惯能吃苦耐劳，可以承受各种艰苦，能经得起诸多考验，各种非难，对酸不可耐的酸子，却能让你徒唤奈何，狠也不是，怜也不是，实在不知道如何是好。这则文字明说生理心理口舌之感，实说人生社会感慨。

疼痛可以忍受，古有关公刮骨疗毒，不用麻药，传为佳话，令人敬佩。痒却让人难以忍受，让人不能自已。苦可忍，勾践卧薪尝胆，不能说不艰苦，均能坚持下来，取得胜利。而酸意、醋意，却不能克制。若知痛痒、辨苦酸，便是居士悟处。

镜中之影

【原文】 **镜中之影，着色人物也；月下之影，写意人物也。镜中之影，钩边画也；月下之影，没骨画也。月中山河之影，天文中地理也；水中星月之象，地理中天文也。**

【评语】 **恽叔子曰："绘空镂影之笔。"**

石天外曰："此种着色、写意，能令古今善画人一齐阁笔。"

沈契掌曰："好影子俱被心斋先生画着。"

【译文】 镜子中的影子是栩栩如生的人物画；月光下的影子是写意人物画。镜子中的影子是线条勾勒后的填色画；月光下的影子是没骨画。月亮中大地的影子，是宇宙中的地表；水中星星和月亮的映像，是地面中的宇宙。

【评语译文】 恽叔子说："这是对空绘画、对着影子雕刻的笔法。"

石天外说："这种着色、写意画，能够使从古代到现在擅长画画的人一齐搁笔。"

沈契掌说："好看的影子都被张先生画出来了。"

【点评】 镜子照人，完全真实的再现，将人原汁原味毫不走样的状貌、色泽，呈现于镜中，如画像，却是着色之像，是彩照，但非黑白照。月下的所有，没有白昼的明晰与纤毫毕露，是朦胧模糊的、隐约闪烁的，能见其各自的神魂，却无法细微地观察，正如写意的人物画。镜子中显现出的人影，棱角分明，线条清楚，通常不易察觉的细小皱纹，也能照见，如工笔的钩边画。月下的影子，如布彩肖物大笔染就的没骨画，虽神采毕现，却缺乏工笔

的精致细微。月亮中映现出的山河，在地球上的人类看来，自然是天文中的地理。而天体上的星月倒影在地球上的水中，恍兮惚兮，又宛如地理中包含进了天文。通篇或影或像，影也像，像也影，真真幻幻，真真假假，剔透玲珑，真影子文章，幽幽梦影也。

实就实，虚就虚，无论镜中之影，月下之影，它都是物实而影虚，一切虚影都要依附于实物。不过如此节所述之着色写意，能令古今善画人一齐搁笔。

能读无字之书

【原文】 **能读无字之书，方可得惊人妙句；能会难通之解，方可参最上禅机。**

【评语】 **黄交三曰："山老之学，从悟而入，故常有彻天彻地之言。"**

释牧堂曰："惊人之句，从外而得者；最上之禅，从内而悟者，山翁再来人，内外合一耳。"[①]

胡会来曰："从无字处著书，已得惊人，于难通处着解，既参最上，其《幽梦影》乎！"[②]

【注释】 ①②：此两则评语据清刊本补。

【译文】 能够读懂无字之书，才可以得到使人吃惊的好句子；能够领会难以解释通的问题，才可以领悟出最上乘的佛教的道理。

【评语译文】 黄交三说："张先生的学问，从体悟入手，因此常有贯通天地的话。"

释牧堂说："惊人的句子是从外界得来的，最上乘的佛教道理是从内心体悟的，张先生是转世之人，从内心体悟与外界获得合为一体了啊。"

胡会来说："从没有字的地方著书，已经让人吃惊，在难以解释的问题上找出答案，已经悟出最上乘的佛理，这就是《幽梦影》啊。"

【点评】 书本上的东西是别人的经验，是别人的体悟，是间接的而非直接的。读书能增加学问，长进见识，这毋庸置疑。但读书只能知道人家已经知道的，而不能知道别人未知的。读书只能亦步亦趋地模仿，而无法从事崭新的创造。要得精炼之句，便必须用自己的眼睛去观察，用自己的脑子去思考，所谓读无字书，从社会人生这部大书中去体悟出人所未识的内容。宇宙人生的要义在不可言说无从言说中。阅读经籍也同。道可道，非常道。一般人能讲到的，只能是浅显一般的道理，是小智慧，要参得无上妙理，需要大智慧，需要有破译常人不能破译大道的睿智。其实，做所有的事情都一样，非独立思考，切身体察，就无法更上一层楼，去领略人所不曾领略、人所未尝体验的全新的感受，自然也不可能进入一个前所未有的境界。

惊人妙句，是出于自然，见于心性，得于灵感的，无字之书如名山、大川、秀水、异物等，读懂了这些，就不用担心写不出佳句。会难通之解在于悟性，生生灭灭，世间规律有定，参悟出其中之源，自能悟透禅机。

若无诗酒，则山水为具文

【原文】 **若无诗酒，则山水为具文；若无佳丽，则花月皆虚设。**

【评语】 **卓子任曰："诗人酒客，以及佳丽，乃山川灵秀之气孕毓而成者。"**[①]

袁翔甫补评曰："世间之辜负此山水花月者，正不知几多地方，几多时日也。恨之，恨之。"[②]

【注释】 ①此则评语据清刊本补。②此则评语据《啸园丛书》本补。

【译文】 假如没有诗和酒，那么山水就是空洞的；假如没有漂亮的女人，那么花和月色都是白白地摆设。

【评语译文】 卓子任说："诗人、爱喝酒的人和漂亮的女人，都是山川的灵秀之气孕育而成的。"

袁翔甫补评说："世间辜负这些山水、花月的还不知有多少地方，多少时间。遗恨啊，遗恨！"

【点评】 山水、花月为形式，诗酒佳丽为内容山水、花月为躯壳，诗酒佳丽为灵魂。山水之于人的意义，在于它内含的人文精神，人们从山水中，能领悟出社会人生的某种至理；而山水胜迹，让人适情，给人灵感启示，使人写出精美的诗文，使人饮酒能进入化境，正是诗酒乃目的，山水为手段，有了后者，前者的意义倍增，更多了亮色。状人之美，多用花容月貌，花月之中，早融进了美人的意蕴，花即美人，人们赏花，正因为赋予了花社会的内涵与美人的神韵，如果没有佳丽，花也没有了灵魂，没了灵魂，便必然成为虚设。

若无诗酒，山水还是山水；无佳丽，花月还是美丽。才子、佳人本应体悟万物，其才能够集万物之精华于一身，只因缺诗少酒，难道山水花月就不美了吗？才子也美，佳人亦有才，虽不多见，但也称不上什么万事之宝，试问宝用何在？空为人们留下茶余饭后的谈资罢了。

才子而美姿容

【原文】 才子而美姿容，佳人而工著作，断不能永年者，非独为造物之所忌。盖此种原不独为一时之宝，乃古今万世之宝，故不欲久留人世以取亵耳。

【评语】 郑破水曰："千古伤心，同声一哭。"

王司直曰："千古伤心者，读此可以不哭矣。"

【译文】 俊美的才子，美丽漂亮且善于写作的佳人，很难活得长久。这并不是被创造万物者所忌恨，因为这种人原本不只是一段时期内的宝物，而是从古代到现代的万世珍宝，所以不能长久地留在人间以免被轻慢了。

【评语译文】 郑破水说："这是千百年来的人都很伤心的事情，大家共同为这不幸而悲哀吧。"

王司直说："千百年来为此而伤心的人，读了这段话可以不必悲伤了。"

【点评】 才情美貌兼备，才子貌美或美人多才，被誉为才子佳人，也可称为一种极致，但现实中，合之双美的毕竟有限，为数寥寥。这其实并不难理解。天生丽质或粉雕玉琢，人见人爱，周围是喝彩声，家庭里捧为明珠，怜惜爱护有加，便不肯去吃苦读书。不学自不会有八斗之才。而貌丑者反是。貌丑往往成为苦读的条件甚或动力，其结果，涵泳百家，熟读经史，满腹经纶，出口成章，笔下生花，就有了所谓的才子。张潮自然不是不理解这些，其命意，也非渲染宿命，不过借此为由头，寄寓其社会针砭而已。

社会污浊、世风败坏、人心险恶、世情叵测，这样的环境，当然不配也不适宜古今万世之宝存在，置身泥淖，不免被污秽所染，莲出污而不染，虽显其不凡品质，但污浊的社会环境，对莲是不公，对美也终竟是亵渎。

曲逆之读音

【原文】 陈平[①]封曲逆[②]侯，史、汉[③]注皆云：音去遇。予谓此是北人土音耳。若南人

四音俱全,似仍当读作本音为是。(北人于唱曲之曲,亦读如去字。)

【评语】 **孙松坪曰:"曲逆今完县也,众水潆洄,势曲而流逆。予尝为土人订之,心斋重发吾覆矣。"**

【注释】 ①陈平:汉初阳武(今河南原阳东南)人。汉朝建立,封曲逆侯。②曲逆:古县名,秦置,以曲逆水(今曲逆河)得名。治所在今河北顺平县东南。③史、汉:指《史记》《汉书》。

【译文】 陈平被封为曲逆侯,"曲逆",《史记》《汉书》上都注为:音去遇。我说这是北方人的当地口音。假如像南方人平上去入四种音调都能读出来,似乎还应当读作本音才对。(北方人把"唱曲"的"曲"字,也读作"去"字。)

【评语译文】 孙松坪说:"曲逆是现在的顺平县,那里的河水水流沿河势回转、流走,时而能见到倒流之处。我曾经替当地人纠正过读音,张先生重蹈我旧辙了。"

【点评】 这则文字从声韵学角度,就《史记》《汉书》注"曲逆"作"去遇"进行了商兑。张潮认为读"去遇",是由于北方没有入声,方音读法而已。因没有入声,所以遇入声字"曲",就只能用音近的"去"代之。如果是有入声的南方人读,读其本音入声即可,没必要勉强替代。从古音讲究四声言,张潮的这番话并非没有道理,但从普及官话来讲,便不值得肯定了。

读音,应保持原音,但各地方言不同,读起来应顾及古音、方言、字义等诸方面。但仍应随着汉字演化的规律进行,只要民众认同,并与原则一致即可。

"六""国"之读音

【原文】 **古人四声俱备,如六国二字,皆入声也。今梨园演苏秦[①]剧,必读六为溜,读国为鬼,从无读入声者。然考之《诗经》,如"良马六之"[②]、"无衣六兮"[③]之类,皆不与去声叶[④],而叶、祝、告、燠、国字,皆不与上声叶,而叶入陌、质韵。则是古人似亦有入声,未必尽读六为溜,读国为鬼也。**

【评语】 **弟木山曰:"梨园演苏秦,以前不尽读六国为溜鬼,大抵以曲调为别,若曲是南调,则仍读入声也。"**

【注释】 ①苏秦:字季子,战国时东周洛阳(今河南洛阳)人。游说燕、赵、韩、魏、齐、楚六国,合纵抗秦,佩六国相印,为纵约之长。后纵约为张仪所破,死于齐。②良马六之:见《诗·鄘风·干旄》。③无衣六兮:见《诗·唐风·无衣》。④叶:叶韵。也叫协句。今韵与古韵因古今音变而不同,故以今韵读古韵文,多不和谐。南北朝时有"叶韵"之说。清代对古音研究越来越深入,叶韵之说遂随之废弃。

【译文】 古代的人平上去入四声完备,像"六""国"二字,都是入声。现在戏班演苏秦这出戏,一定把"六"读作"溜","国"读作"鬼",从来没有读作入声。然而从《诗经》上考证,像"良马六之""无衣六兮"之类,都不入叶韵的去声;叶、祝、告、燠、国几个字,都不入叶韵的上声,而叶入陌、质韵。那么古人似乎也有入声,不一定全都把"六"读作"溜",把"国"读作"鬼"。

【评语译文】 弟木山说:"戏班演苏秦的剧,原本不全都把'六'、'国'读作'溜'、'鬼',大概凭曲调有所区别,假如曲子是南方的调,那么仍旧读作入声。"

【点评】 这是一段论述入声的文字。张潮认为《诗经》时代,已经四声俱备,如《诗

经》中"良马六之""无衣六兮","六"字叶入声韵祝告燠,"国"字叶入声韵陌质,即是。既然这样,目今戏班演《苏秦相六国》,其读"六"为"溜",读"国"为"鬼",叶去声、上声而不叶入声,则显然不妥。但所有戏班都这样,以讹传讹,很有谬论成真理的趋势,所以张潮觉得有必要为之订正。

戏曲的产生,大都是在各地的社会发展中产生的,各地方言和曲调都不一样,而人们又喜欢用各自方言表演各地方的戏曲,就一直传下来,音调当然与古音有不相符的。

闲人之砚

【原文】 **闲人之砚,固欲其佳,而忙人之砚,尤不可不佳;娱情之妾,固欲其美,而广嗣[1]之妾,亦不可不美。**

【评语】 **江含征曰:"砚美下墨可也,妾美招妒奈何?"**

张竹坡曰:"妒在妾不在美。"

【注释】 ①广嗣:多生子嗣。

【译文】 闲适人的砚台,当然需要好的,但繁忙人的砚台,尤其不可不好;使心情愉快的妾,固然需要漂亮的,但多生子嗣、传宗接代的妾,也不可以不漂亮。

【评语译文】 江含征说:"好砚台研出的墨汁也好,妾太漂亮招致忌妒怎么办?"

张竹坡说:"忌妒在于妾不在于漂亮。"

【点评】 旧称纸墨笔砚为文房四宝,其中笔墨纸用起来快,随时更换,惟砚台经久耐用,长用不废。由于是有这样的特点,砚台在适用的功能以外,另有着审美装饰的一层意义。所谓"闲人之砚,固欲其佳",即是说,清闲散淡的人,有时间,有闲情雅致,书台上摆一方上等佳砚,把玩摩挲,可以消磨时光,可以经常在欣赏观玩中陶醉,实在是极惬意极合算的事情。所谓"忙人之砚,尤不可不佳",意谓忙于工作或事务的人,空闲时间少,既忙,又累,有一方佳砚置诸案台,忙里偷闲,把玩片刻,或在起草批阅文牍中,瞟上一眼,都是一种愉悦,一种休闲,一种精神上的享受。

旧时一夫多妻,在正室妻子外,又有三房四妾,所谓"娱情之妾,固欲其美",就是说,正妻以外的供愉悦闲情解闷释怀的小妾,要其美丽漂亮,不然不足以调解生活情趣。封建社会无后为大,为最不孝,因此,有为生子而纳妾的,张潮认为,虽广嗣之妾,生子的工具,也不可不美,嫫母使人兴致顿灭,又谈何广嗣。一夫多妻,以女人为生儿育女或泄欲工具的不平等时代早已一去不复返,受到唾弃,所以张潮的这番谬论也可以休矣。

不论任何事物,人们都愿意追求好的,但是要根据自身实际情况来选择。如果选择的标准超出了自己的能力范围之内,则反而不美,也会导致负面影响。

独乐、与人乐和与众乐

【原文】 **如何是独乐乐[1]?曰:鼓琴。如何是与人乐乐?曰:弈棋。如何是与众乐乐?曰:马吊[2]。**

【评语】 **蔡铉升曰:"独乐乐、与人乐乐,孰乐?曰:不若与人。与少乐乐、与众乐乐,孰乐?曰:不若与少。"**

王丹麓曰:"我与蔡君异,独畏人为鬼阵,见则必乱其局而后已。"

【注释】 ①独乐乐:此处前一"乐"指玩乐,后一"乐"指快乐。②马吊:古代纸牌名。

【译文】 什么是独自一人玩乐的快乐呢？回答说：弹琴。什么是两个人一样玩耍的快乐呢？回答说：下棋。什么是同众人玩乐的快乐呢？回答说：玩纸牌。

【评语译文】 蔡铉升说："一个人玩乐的快乐和两个人玩乐的快乐，哪一种更让人快乐？回答说：两个人玩乐的快乐。和少数人玩乐的快乐和多数人玩乐的快乐，哪一种快乐？回答说：和少数人玩乐的快乐。"

王丹麓说："我与蔡先生不同，最害怕人为设置的诡秘阵法，见到就一定要打乱局阵才罢休。"

【点评】 孟子问齐王曰："独乐乐，与人乐乐，孰乐？"又说："与少乐乐，与众乐乐，孰乐？"（《孟子·梁惠王》）是说独自一人欣赏音乐快乐，不如与人共赏，同享快乐更快乐。张潮这里断章取义，以之说明娱乐的各种形式，认为独自一人的娱乐，是鼓琴，自己演奏，自己享受，独个陶醉，得一人之乐。弈棋是两人的游戏，各自一方，小小棋盘，摆开战场，进攻退守，斩将拔旗，运筹帷幄，此谓"与人乐乐"。马吊是四人游戏，四十张牌，四人围坐，拍散、买注、斗百老法、吊法、看赏法、免斗、开注、罚例，刺激，有趣，谓之"与众乐乐"。调侃圣人经书，这只能发生在明代中晚期以后。

独乐可以鼓琴，与人同乐可以弈棋，与众人同乐可以打牌，独乐与人乐孰乐，与人乐乐。享受快乐，要与好朋友分享，一个人的快乐被另一个人分享了，就变为两个人的快乐了。一个人独乐，还是与人同乐，可以尽显一个人的胸怀及境界。

四　生①

【原文】 不待教而为善为恶者，胎生也。必待教而后为善为恶者，卵生也。偶因一事之感触，而突然为善为恶者，湿生也（如周处②、戴渊③之改过，李怀光④反叛之类）。前后判若两截，究非一日之故者，化生也（如唐元宗⑤、卫武公⑥之类）。

【评语】 王宓草曰："有教亦不善者，又在胎卵湿化之外。"⑦

庞天池曰："不教而为恶，教之而不为善者，畜生也。"⑧

王勿斋曰："一教即善者，顺生也，所谓人之生也直是也。若横生逆产，徒费稳婆气力耳。"⑨

袁翔甫补评曰："不能为善，不能为恶者，枉生也。"⑩

【注释】 ①四生：佛教有"四生"的说法：胎生，人和哺乳动物由母体怀孕而生；卵生，产卵后经孵化而出生；湿生，依湿气受形而生，如蝎、蛾、蛇等；化生，无所依托，忽然而生，如天与地狱。②周处：字子隐，西晋阳羡（今江苏宜兴）人。相传少时横行乡里，父老把他和蛟、虎合称"三害"，后斩蛟射虎，发愤改过。③戴渊：字若思，晋广陵（今江苏扬州）人。少好游侠，不拘操行。曾聚众掠夺陆机所乘的船，经陆机训导，改过自新。④李怀光：本姓茹，唐代靺鞨人，赐姓李。唐德宗时，他以战功为都虞候，后反叛被部将杀害。⑤唐元宗：即唐玄宗李隆基，一称唐明皇。即位后整顿武周以来的弊政，社会经济发展较快，被誉为"开元之治"。后期任用李林甫、杨国忠等，政治腐败。⑥卫武公：名和。春秋时卫国君。后率兵佐周平戎，被周平王封为公。⑦⑧⑨三则评语据清刊本补。⑩此则评语据《啸园丛书》本补。

【译文】 不需要受教育就做善事或做恶事的，是胎生；一定要受教育后做善事或做恶事的，是卵生；偶然因为一件事的感受，就突然去做善事或做恶事的，是从湿气而生（像周处少时横行乡里，后来斩杀蛟龙、射死恶虎，发愤改过；戴渊少时不注意自己的修养和

行为，在聚众掠夺陆机所乘的船时，经陆机训导后改过自新；李怀光因战功被唐德宗封为都虞候，后因反叛而被杀，这一类的）。前后简直像两个人，追究原因，不是一天的缘故，是无所依托，借业而出现，化生而来的（像唐玄宗、卫武公这一类）。

【评语译文】 王宓草说："有一些受了教育也不做善事的人，又在胎、卵、湿，化四生之外。"

庞天池说："不受教育就作恶的、受了教育却不做善事的人是畜生。"

王勿斋说："一受教育就做善事的是顺生，就是说人在降生的时候胎位也是正的。假如胎位是横的，难产，的浪费接生婆的气力啊。"

袁翔甫补评说："不做善事、也不做恶事的人是白生。"

【点评】 佛教以为凡有情而生者分四种：胎生，卵生，湿生，化生。胎生由母胎而生，如人及动物；卵生卵化而生，如乌蛇蚁；化生借业力而生，如诸天神、饿鬼、地狱中受苦者；湿生因潮湿水汽而生，如蚊子及某些虫类。而以四种生态评论人的不同行为德行，张潮可谓别开生面，新人耳目。其评周处、戴渊的改恶从善及李怀光的由善改恶为湿生，为其因一机一缘；评卫武公及唐玄宗的前后期判若两人为业主，为其因业力所致，而非一朝一夕故也。人的变化有各种触媒，更取决于自身的因素，这实在是一个有意思又很值得探讨的问题。

为善、为恶不在于是怎么生的，善恶不以形用，不比己愿，而是实在的精神在起作用。就像"镜凸凹而易其肥瘦，符印以专一而主其神机，日晷以恰当而定其准则，指南以灵活而活其针缝"。是皆神而明之，在乎人了。

物之形用与神用

【原文】 凡物皆以形用。其以神用者，则镜也、符印[①]也，日晷[②]也、指南针也。

【评语】 袁中江曰："凡人皆以形用。其以神用者，圣贤也、仙也、佛也。"

黄虞外士曰："凡物之用皆形，而其所以然者冲也，镜凸凹而易其肥瘦，符印以专一而主其神机，日晷以恰当而定准则，指南以灵动而活其针缝，是皆冲而明之，存乎人矣。"

【注释】 ①符印：朝廷传达命令或征调兵将用的凭证，用金、玉、铜、竹、木制成，刻上文字，分成两半，一半存放在朝廷，一半给外任官员或出征将帅。②日晷：按照日影测定时刻的仪器。

【译文】 所有的东西都是按照它的外形与用途使用的。能够按灵气使用的有镜子、符印、日晷、指南针。

【评语译文】 袁中江说："普通的人都是按照外形使用的。能够凭借神气使用的是圣人、贤人、仙人和释迦牟尼。"

黄虞外士说："一切东西都是按照形状使用的，但那些能够按它的神气被使用的原因是，镜子可以按凸凹的不同改变人的胖瘦，符印因为专门规定的一种用项而主宰着它的神机妙算，日晷因为它正好与时间相符合而定为准则，指南针因为它的灵敏感觉而使指针在缝隙间活动，这些都是神灵明示，存在于人间的。"

【点评】 以形而用，生产力越落后，就愈发现多，原始社会，石器的形状，即根据用途而别，或者说，不同的形态，正为不同的用途开发制造。但因形而用，也是器物的重要特征，如盛东西的器具，如衣帽鞋袜，如睡卧的床具坐具等等。尔后当今，以神用者却越来

越多,符印、日晷以外,电子、照明、激光、火箭、摄影、录像等,正方兴未艾,而随着社会的发展,今天觉得不可思议的东西还会不断地涌现,以神为用者不可限量,也开发不尽。

我愿来生为美人,必有惜美之意

【原文】 才子遇才子,每有怜才之心;美人遇美人,必无惜美之意。我愿来世托生为绝代佳人,一反其局而后快。

【评语】 陈鹤山曰:"谚云:'鲍老[1]当筵笑郭郎。[2],笑他舞袖大郎当。若教鲍老当筵舞,转更郎当舞袖长。'[3]则为之奈何?"

郑蕃修曰:"俟心斋来世为佳人时再议。"

余湘客曰:"古亦有我,见犹怜者。"

倪永清曰:"再来时不可忘却。"

【注释】 ①鲍老:宋代戏剧角色名。②郭郎:戏剧行当中的丑角。③此诗见宋陈师道《后山集》二十三《诗话》:"杨大年《傀儡》诗云:鲍老当筵笑郭郎……"

【译文】 才子遇到才子,常常怀有爱才之心;美人遇到美人,必定没有怜香惜玉之意。我愿意来世托生为绝代美人,美人惜美人才感到快乐。

【评语译文】 陈鹤山说:"谚语云:'鲍老在筵席上笑话郭郎,笑他衣服宽大不合身;假如让鲍老在筵席上起舞,他的衣服更宽大不合身。'那该怎么办呢?"(五十步笑百步。——注译者)

郑蕃修说:"等到张先生来世作美人时再议论吧。"

余湘客说:"古时也有我,见到了尚有惜美之意。"

倪永清说:"来世不要忘记了。"

【点评】 才子相互怜惜敬重,盖在于才子高才多命薄,多恃才傲物,难以融入现实,一样为世所忌,人生坎坷,一肚皮牢骚,所谓同调知音同病相怜而已。美人见美人,所以不能相惜,乃因同为男人附庸,没有独立地位,为兔丝永缠藤萝,便惧怕有美于自己者争宠,虽狭隘,却让人同情。妒忌是一种毒瘤,虽然产生的原因各种各样,然于个人、社会危害极大,小之可毁灭具体的生命,大则能毁灭整个社会。

才子相遇,彼此都能接受彼此的才能。才子肯定是有识之士,明白自身之不足,谦虚谨慎,善于学习,不断升华自己。才子相羡,使得才情愈加生发。

每每佳人与佳人相遇,都怕对方的美丽超过自己,以致相互仇视忌妒,使心胸变得狭窄。这些也不可以说是绝对的,才子妒才子,美人惜美人这些事情也有。

祭历代才子佳人

【原文】 予尝欲建一无遮大会[1],一祭历代才子,一祭历代佳人。俟遇有真正高僧,即当为之。

【评语】 顾天石曰:"君若果有此盛举,请迟至二三十年之后,则我亦可以拜领盛情也。"

释中洲曰:"我是真正高僧,请即为之何如?不然则此二种沉魂滞魄,何日而得解脱耶?"

江含征曰:"折柬[2]虽具,而未有定期,则才子佳人亦复怨声载道。"又曰:"我恐非才

子而冒为才子，非佳人而冒为佳人，虽有十万八千母陀罗[3]臂，亦不能具香厨法膳也。心斋以为然否？”

释远峰曰：“中洲和尚不得夺我施主。”

【注释】 ①无遮大会：佛教举行的一种以布施为中心的法会。无遮，无所遮拦，谓不分贵贱、僧俗、智愚、善恶，平等看待。②折柬：也作折简，书信。③母陀罗：指佛的心印或佛法。《楞严经》六：“故我能现众多妙容，能说无边秘密神咒，其中或现一首三首……乃至一百八臂，千臂万臂，八万四千母陀罗臂。”意即佛法无边。

【译文】 我曾经想举办一场以布施为中心的法会，一来纪念历代的才子，一来祭典历代的美人。等遇到真正得道的高僧，就可以举行了。

【评语译文】 顾天石说：“张先生如果有这番盛举，请延迟到二三十年之后再举行，那么我也可以拜谢盛情了。”

释中洲说：“我就是真正得道的高僧，请立刻替你举办这场法会怎么样？不然这才子佳人沉沦滞留的魂魄，什么时候才能够得以解脱呢？”

江含征说：“书信虽然有了，但没有确定时日，那么到处要响起才子佳人的怨恨之声了。”又说：“我恐怕不是才子的人冒充为才子，不是佳人却冒充为佳人，虽然有无边的佛法，恐怕也不能准备这么多信徒们的斋饭。张先生认为是这样吗？”

释远峰说：“中洲和尚不要夺走我的施主。”

【点评】 才子运蹇，佳人命薄，张潮为之不公而愤愤不平。而佳人才子也因美不得绽放其光彩，才不能充分施展，偃蹇牢落，自卑自怜，死不足意。张潮才子自负，又深怜美人，于是发出奇想，冀得一得道高僧，建一无遮法会，使他们难散冤魂得以超度，使他们来生能修得好运，能不再悲戚惨凄，能各放奇彩，能不再有悲剧人生。封建士大夫张潮，当然不能够认识到才子的悲剧，来源于社会的用人制度；而美人的悲剧，在于男尊女卑女人没有自己独立的社会地位，所以，他只能寄希望于高僧超度，寄希望于来生转世。

历代才子佳人有知，后人为其举办纪念大会，心中可慰也。无遮大会一开，善男信女必定备受鼓舞，争做才子佳人，天下便多才士，多姿色，定会繁荣昌盛。

圣 贤

【原文】 圣贤者，天地之替身。

【评语】 石天外曰：“此语大有功名教，敢不伏地拜倒。”

张竹坡曰：“圣贤者，乾坤之帮手。”

【译文】 圣人和贤人是天和地的化身。

【评语译文】 石天外说：“这话对儒家纲常伦理有很大的功劳，哪敢不伏地领教。”

张竹坡说：“圣人和贤人是天和地的助手。”

【点评】 古人有天人感应的说法，以五常配五行，认为天是大宇宙，人是小宇宙，人事反映天意。所谓圣贤是大地的化身，便涵盖了天人对应的一层意思。此外，圣贤钟灵毓秀，得天地灵气，最能悟彻天地自然社会人类的至理道理，于是著述立说，演绎哲理，讲自然、社会、人生，如代天宣谕；又恪守伦常道德，讲究操守、气节、品格，以身垂范，可为楷模，如天地正气集诸一身，俨然是天地的化身。

圣贤教化世人，行不言之教，处天地之事，施仁义，匡时世，泽众生，为天地代言，为乾坤行义之帮手。

天极不难做

【原文】 天极不难做，只须生仁人君子有才德者二三十人足矣。君一、相一、冢宰[①]一及诸路总制抚军是也。

【评语】 黄九烟曰："吴歌有云：做天切莫做四月天。可见天亦有难做之时。"

江含征曰："天若好做，又不须女娲氏[②]补之。"

尤谨庸曰："天不做天，只是做梦，奈何？奈何？"

倪永清曰："天若都生善人，君、相皆当袖手，便可无为而治。"

陆云士曰："极诞极奇之话，极真极确之话。"

【注释】 ①冢宰：周代官名。为六卿之首，后来称吏部尚书为冢宰。②女娲氏：古代神话传说中的女神。

【译文】 天并不难做，只需要生下二三十个好心肠的正派人和有才能品德的人就足够了。一个做皇帝、一个当宰相、一个是吏部尚书和各路总制抚军。

【评语译文】 黄九烟说："江浙一带的民歌唱道：做天千万不要做四月的天(即青黄不接)。可见天也有难做的时候。"

江含征说："天假如好做，就不需要女娲去补它了。"

尤谨庸说："天不做天，只是做梦，怎么样？"

倪永清说："天如果生下的都是善良的人，皇帝和丞相都应当袖手旁观，无事可做了，这样就可以达到无为而治的境界了。"

陆云士说："这是极其荒诞极其离奇的话，又是极其真实极其确切的话。"

【点评】 黑暗腐败的社会，人们常常期盼包青天的出现，包公在宋以后被历代盛传不衰，各类文体创作中不绝如缕，都说明了这一问题。张潮这则文字，所表达的无非也是这样的思想。他认为老天不难做，只要生下几十个仁人君子，一做皇帝，一做宰相，一做负责吏选的吏部尚书，再有十几二十个地方大员，天下便可清平。宦贪吏污，吏治腐败，吏的素质固是原因，但根本上还出于社会制度，封建社会是人治而非法治，没有公平的法律约束，在大污淖中，很难有清明的吏治。

"天极不难做，只需生仁人君子有才德者二三十人足矣"，虽有一定道理，但天下万物多且广，需要的才能之士极多，二三十人，纵有天大的本事，若没严格的法治，即使他们会做，那也管理不过来，做不过来，所以天下是大众之天下，非此二三十人之天下。

掷升官图，所重在德

【原文】 掷升官图[①]，所重在德，所忌在赃。何一登仕版[②]，辄与之相反耶？

【评语】 江含征曰："所重在德不过是要赢几文钱耳。"

沈契掌曰："仕版原与纸版不同。"

【注释】 ①升官图：古代博戏器具。列大小官位在纸上，另掷骰子，计算点数彩色以定升降。②仕版：官吏的名册。

【译文】 投掷升官图时，所注重的在于品德，所忌讳的在于贪污受贿。为什么一登上官吏的名册，总是与这种情况相反呢？

【评语译文】 江含征说："注重品德不过想要赢几文钱罢了。"

沈契掌说:"官吏的名册原本与纸上的图版不一样。"

【点评】 掷升官图为赌博游戏,游戏得以顺利进行,须有严格的规则,有游戏参与者平等的地位为前提。不守游戏规则,便要被开除出局,搞特殊化,便永远找不到玩伴,而官的升降,即牌的输赢,靠实力,所以,凡游戏者,都能恪守牌德。而真正的仕途,却没有平等的规则约束,一人之下,万人之上,只对上司负责,用不着考虑与自己合伴的下级与社会大众,任你贪赃枉法、草菅人命、祸害一方,只要贿得上司高兴,便可升断晋爵,所以,进入仕途,便与掷升官图恰恰相反。

出仕之前以德以廉的名声去谋取官路,但一旦做了官便又贪又不重视品德的培养。理应保持操守,但官场积习难改,顺流而动似乎是理应的事情,自古就是这个道理。是顺是逆,是德是贪,应先把人做好了,再去做官。

动物中有三教

【原文】 **动物中有三教焉。蛟龙麟凤之属,近于儒者也;猿狐鹤鹿之属,近乎仙者也;狮子牯牛之属,近于释者也。植物中有三教焉。竹梧兰惠之属,近于儒者也;蟠桃老桂之属,近于仙者也;莲花薝卜[①]之属,近于释者也。**

【评语】 **顾天石曰:"请高唱《西厢》,一句一个通彻三教九流。"**

石天外曰:"众人碌碌,动物中蜉蝣而已;世人峥嵘,植物中荆棘而已。"

【注释】 ①薝卜:花名。梵语。又译为郁金花。

【译文】 动物中有三教。蛟、龙、麒麟、凤凰之类,近似于儒教;猿、狐、仙鹤、鹿之类,近似于道教;狮子、牯牛之类,近似于佛教。植物中有三教。竹子、梧桐、兰花、蕙草之类,近似于儒教;蟠桃、桂树之类,近似于道教;莲花、郁金花之类,近似于佛教。

【评语译文】 顾天石说:"请高唱《西厢》,一句一个畅通透彻的三教九流。"

石天外说:"许多人忙忙碌碌,不过是动物中的蜉蝣罢了;世上的人莫不可测,不过是植物中的荆棘罢了。"

【点评】 儒释道三教,人创立,人信奉,乃高级动物的人类思考社会人生、寻求精神寄托的产物,其在特定的历史时期产生,都是一种必然。而言动物、植物也有三教,却令人感到新鲜又不可思议。其实,张潮所谓的动物、植物三教,也非游谈无根,而有其根据。这便是漫长的历史演进过程中,人类所赋予动、植物的那些文化的、人格的思想内蕴,有关动、植物的浪漫传说,当然还有它们自身的状貌习性。具体加以说明,蛟龙麟凤之属,人们多以其为祥瑞的象征,这自然与温文尔雅讲贤德才能的儒家相类似;猿孤鹳鹿,寄迹山林幽窟,神秘且多有怪异的传说,固与讲究成仙了道的道家联类;狮子牯牛,或为兽中王,或出西域,或为母牛及遭阉割的公牛,断欲绝情,与贪淫无涉,与佛家主张相近。植物中竹梧兰蕙,清高素雅,彬彬有礼,可比儒家;蟠桃老桂,高古寿考,奇形异貌,在传说中与仙家关系殊密,可比之道家;莲花薝蔔,以其色泽芬芳,往往被视为佛教的象征,以之比佛家,更理所当然。以人间三教类比解说动物、植物,可谓奇思妙想,善于类比。

根据动植物自身的性情、品质、格调,似乎都可以将它们列入于不同的宗教,儒、道、释三教兴盛不衰自然久有历史,仍兴旺不衰,可知其功用独到特殊,可使得教徒们有精神的依靠,关爱众生。

余谓此皆喻言人身也

【原文】 佛氏云:日月在须弥山[①]腰,果尔,则日月必是绕山横行而后可。苟有升有降,必为山巅所碍矣。又云:地上有阿耨达池[②],其水四出流入诸印度。又云:地轮之下为水轮,水轮之下为风轮,风轮之下为空轮[③]。余谓此皆喻言人身也。须弥山喻人首,日月喻两目,池水四出喻血脉流通,地轮喻此身,水为便溺,风为泄气[④],此下则无物矣。

【评语】 释远峰曰:"却被此公道破。"

毕右万曰:"乾坤交后有三股大气,一呼吸,二盘旋,三升降。呼吸之气在八卦为震巽,在天地为风雷、为海潮,在人身为鼻息。盘旋之气在八卦为坎离,在天地为日月,在人身为两目、为指尖、发顶、罗纹,在草木为树节、蕉心。升降之气在八卦为艮兑,在天地为山泽,在人身为髓液、便溺,为头颅、肚腹。在草木为花叶之萌雕,为树梢之向天,树根之入地。知此而寓言之出于二氏[⑤]者,皆可类推而悟。"

【注释】 ①须弥山:印度神话中的山名,佛教也用此名。②阿耨达池:湖名。梵语为清凉无烦恼之意。又名阿那波答多池。在今西藏西南部普兰县境,为我国最高淡水湖之一。《大唐西域记 · 玄奘序》有"在香山之南,大雪山之北,周八百里矣"之记载,并云阿那波答多池为殑伽、信度、缚刍、徒多四河所自出。③"地轮之下为水轮"句:佛教认为世界最下层是风轮,其上为水轮,最上为金轮,金轮为地轮,谓大地。④泄气:指放屁。⑤二氏:佛教和道教。

【译文】 佛教说:太阳和月亮在须弥山的山腰。果真是这样,那么太阳和月亮一定是绕山横着运行才可以。假如有升起或降落,一定被山顶所阻碍啊。又说:地上有阿耨达池,从这里流出四条河流进入印度。又说:地轮的下面是水轮,水轮的下面是风轮,风轮的下面是空轮。我说这些都可以用人的身体去做比喻。须弥山比作人的头,太阳和月亮比做两只眼睛,池水流出四条河流比做血脉流通,地轮比作躯体,水是小便,风是放屁,再往下就没有东西了。

【评语译文】 释远峰说:"这里的隐秘却被张先生说破。"

毕右万说:"阴阳相互交感后产生三股大气,一是呼吸,二是盘旋,三是上升和下降。呼吸之气存在于八卦中就是震、巽,存在于天地间就是风雷、海潮,存在于人的身体上就是鼻子中的气息。盘旋之气存在于八卦中就是坎、离,存在于天地间就是太阳和月亮,存在于人的身体上就是双眼、指尖和头发顶部的罗纹,存在于草木间就是树节、芭蕉的中心。上升和下降之气存在于八卦中就是艮、兑,存在于天地间就是山脉、河流,存在于人的身体中就是髓液、小便、头颅和肚腹,存在于草木间就是花和叶子的萌芽、树梢指向天空、树根深入地下。明白了这些道理,凡是出自佛教和道教的寓言.都可以依此类推而领悟。"

【点评】 佛教认为须弥山为世界的中心,大地、山河、星球天体都围绕它排列,宇宙有多个大千世界,每一个世界都有一个太阳、月亮及众多的星星,都围在须弥山四周,各循其轨道行进。张潮对所谓的日月在须弥山腰这一说法,便提出了疑问:如果这样,日月必然是绕山横行才行,若有升降,必被山巅阻碍。佛教又有地轮、水轮、风轮、空轮之说,张潮戏称其比说人体而已,所谓须弥山为人首,日月为两目,池水四出为血脉流通,地轮为身体,水为便溺,风为泄气,都堪称妙语解颐,幽默诙谐。而以宇宙说人身,也非无据,

佛教便有人体小宇宙之说。

自然界是一个大宇宙，人体是一个小宇宙，人与自然和谐相通。一些现象不论在大自然还是在人的个体，都体现在一种理论中，只要人们能认识到，给以挖掘、钻研，那么人们就能更好地开发自身，利用自然。

苏东坡和陶诗

【原文】 苏东坡[1]和陶诗尚遗数十首，予尝欲集坡句[2]以补之，苦于韵之弗备而止。如《责子》诗中“不识六与七”，“但觅梨与栗”，七字栗字皆无其韵也。

【评语】 王司直曰：“余亦常有此想，孝觉得是人生憾事，不谓竟有同心。今彼可以无憾，但憾苏老耳。”[3]

庞天池曰：“心斋有炼石补天手段，乃以七、栗无韵缺陶诗，甚矣，文法之困人也。”[4]

【注释】 ①苏东坡：即苏轼。字子瞻，号东坡居士，眉山（今属四川）人。北宋文学家、书画家。②集坡句：集句：集古人句以为诗。此处指取苏东坡诗句，拼集成和陶诗。③④两则评语据清刊本补。

【译文】 取苏东坡的诗句拼集成和陶诗还剩下数十首，我曾经想集苏东坡的诗句补齐它，但因为韵不具备而停止。像《责子》诗中“不识六与七”，“但觅梨与栗”，两句中的“七”“栗”都没有这种韵。

【评语译文】 王司直说：“我也常常有这种想法，往往把它当作一生遗憾的事情，不料竟和张先生有同样的想法。现在我可以没有遗憾了，只是替苏东坡先生遗憾啊。”

庞天池说：“张先生有炼石补天之术，只因为‘七’、‘栗’没有韵而使和陶诗空缺，太遗憾了，文法束缚人啊。”

【点评】 陶渊明是古代最杰出的田园诗人。他的诗冲淡平和、闲适恬静、自然质朴，读之令人心旷神怡，向往田园生活。苏轼仕途坎坷，在逆境中，逃禅学佛，对回归自然，很是神往，于是，陶渊明的一些诗作颇引起他的共鸣，其和陶诗百余首，便是明证。苏轼的和陶为有感而发，非无病呻吟，所谓和，仅是形式，内容完全是他自己的。他所以未能遍和，原来坚持无感不发的写作原则。而张潮的为其未能遍和为憾，是不懂艺术创作的规律，其拟为补作，也为画蛇添足，幸未能成，不然，将玷污东坡，也自留骂名。

山川田园流水万物之精华。人们颂诗赞之，领其风气，得其风骚，陶冶情操，不必太拘泥于韵律之类的规定。

予尝偶得句

【原文】 予尝偶得句，亦殊可喜。惜无佳对，遂未成诗。其一为“枯叶带虫飞”，其一为“乡月大于城”，姑存之以俟异日。

【评语】 王司直曰：“古人全诗每因一句两句而传者，后人诵之不已。既有此一句两句，何必复增。”[1]

袁翔甫补评曰：“单词只句，亦足以传，何必足成耶。如‘满城风雨近重阳’[2]之类是也。”[3]

【注释】 ①此则评语据清刊本补。②“满城风雨近重阳”：见宋韩淲《风雨中诵潘邠老诗》：“满城风雨近重阳，独上吴山看大江。”③此则评语据《啸园丛书》本补。

【译文】 我曾经偶然得到句子，也特别高兴。可惜没有好的对句，于是没有写成诗。

其中一句是"枯叶带虫飞",另一句是"乡月大于城",暂时保存着,等以后有机会再补上吧。

【评语译文】 王司直说:"古人一首完整的诗,常常因为一二句特别好而被流传,后世的人吟诵不止。既然有这样一二句,何必再增加呢。"

袁翔甫补评说:"一个词一句话也完全可以流传,为什么一定要凑足一首呢。像'满城风雨近重阳'这一类的,就是这样(一句名诗,同样被流传下来)。"

【点评】 创作灵感的发生,倏忽而来,飘然而去,来无踪,去无影,都很自然,很正常。张潮所谓的偶得佳句,即灵感发生,而惜无佳对,则是灵感消失。因灵感的消失,不能有全诗,固然可惜,但若能有上好佳句,倒是一件喜事。诗史上以某句精警而盛为夸赞者并不鲜见,惟张潮所得意的句子尚不足以惊人罢了。

极妙之境

【原文】 "空山无人,水流花开"①二句,极琴心之妙境;"胜固欣然,败亦可喜"②二句,极手谈③之妙境;"帆随湘转,望衡九面"④二句,极泛舟之妙境;"胡然而天,胡然而帝"⑤二句,极美人之妙境。

【评语】 曾冲谷曰:"一味妙悟。"⑥

王司直曰:"登山泛舟望美,此语妙境之妙。"⑦

袁翔甫补评曰:"此等妙境,岂钝根人领略得来。"⑧

【注释】 ①"空山无人"句:见苏轼《十八大罗汉颂》。②"胜固欣然"句:见苏轼《观棋》诗。③手波:下围棋。④"帆随湘转"句:见北魏郦道元《水经注·湘水》。湘:指湘水。衡:指衡山,五岳之一的南岳,一名岣嵝山。⑤"胡然而天"句:见《诗·鄘风·君子偕老》。⑥⑦此两则评语据清刊本补。⑧此则评语据《啸园丛书》本补。

【译文】 "空山无人,水流花开"这两句话,道出了弹琴奏曲之心的极其美好的境界;"胜固欣然,败亦可喜"这两句,道出了下围棋时极好的心态;"船随湘转,望衡九面"这两句,道出了水上泛舟、游览诗画中的境界;"胡然而天,胡然而帝"这两句,道出了美人的极其美妙的境界。

【评语译文】 曹冲谷说:"一番美妙的领悟。"

王司直说:"登上高山、水中泛舟、观赏美入,是所说的这些美好境界中的最美妙之处。"

袁翔甫补评说:"这样美妙的境界,哪里是迟钝的人能够领略到的。"

【点评】 富有感受与联想丰富的人,才更能发现到自然及社会生活中蕴藏的美感,才能更深切地领悟人生的快意并享有生活的甜美。这则文字便表现出了张潮丰富的感受与联想天赋。空旷的山林,分外静谧,小溪穿过,溪水铮淙,溪边满是说不出名目的鲜花,有的含苞待放,有的璀璨绽放,有的花事将过,花瓣飘飘散落,碧绿鲜活的潺潺流水与或开或落的花儿,更衬托出山的明净,这是妙手琴师演奏着的名曲,是曲中表现出的那种境界,令人陶醉,忘我。一纸棋盘,两军对垒,斩将拔旗,攻城夺寨,一场没有硝烟,不见刀枪的战争,玩的是斗智,是运筹帷幄,同时又是高级的游戏,胜,能让人感受到脑力劳作付出后的快感;败,从对手的高妙布局中可以体会出新招,提高自己的棋艺,所谓胜固欣然,败也可喜,正是真下棋者的最高境界。泛舟江河,与二三知己,品茗清谈,优游闲适,已堪称是福分,如果"帆随湘转,望衡九面",能到迂曲周回的湘水之中,随水流舟行,从不同角

度地观赏衡山的各个侧面，那真是尽得水中泛舟的妙趣。美人可以用许多辞藻来形容，但历来写美人者很多，陈词滥调，反失去鉴赏美人意味，张潮这里引《诗经·君子偕老》之成句“胡然而天，胡然而帝”，说美人如天崇高，如上帝高贵，虽不直写美人的华彩，却让人耳目一新又回味无穷，所谓极美人之妙境，信然。

妙境须在人的思想、情绪、时间、文才、知识等各方面适合的情况下，才能得到妙悟，才能得到妙句。妙句妙在心性之能妙，心性要妙在空灵。

镜与水之影

【原文】 镜与水之影，所受者也；日与灯之影，所施者也。月之有影，则在天者为受，而在地者为施也。

【评语】 郑破水曰：“受、施二字，深得阴阳之理。”

庞天池曰：“幽梦之影，在心斋为施，在笔奴为受。”

【译文】 镜子和水中的影子是所反射的；太阳和灯光下的影子是所影射的。月亮的影子，那么对于天是接受，对于地是给予。

【评语译文】 郑破水说：“接受和给予这两个词，深含阴和阳的道理。”

庞天池说：“幽梦的影子，对于张先生来说是给予，对于没有才华的文人来说是接受。”

【点评】 镜子中的影像与水中的倒影，是外在的投入，所以是一种接受；太阳的光辉与灯烛的光亮，是自身释放的能量，所以是一种施舍；月中的形象，古人以为是大地山河的投入，所以在天谓之接受；月光照耀大地，在地，可谓接受其光华，在月，是一种施舍。这正如阴阳的相对，有阴才有阳，有施才有受。施舍是恩赐，接受则是成全，从此意义上说，接受也是恩赐。人情世故，其实不必太计较恩赐还是接受，恩赐给人以物，换来美名与赞誉，是受赐者给的回报，比较起来，也许反赚取了便宜，是合算的一笔交易。

影像之所成，不过受与施两种，镜中与水中的影像是接受外界事物而出现的。镜中花、水中月，要辨别真假，明辨是非，知晓事理。

水声·风声·雨声

【原文】 水之为声有四：有瀑布声，有流泉声，有滩声，有沟浍[①]声。风之为声有三：有松涛声，有秋叶声，有波浪声。雨之为声有二：有梧叶、荷叶上声，有承檐溜竹筒中声。

【评语】 弟木山曰：“数声之中，惟水声最为可厌，以其无已时甚聒人耳也。”

【注释】 ①浍：田间水沟。

【译文】 水制造的声音有四种：瀑布声、流动的泉水声、海浪冲击沙滩的声音、水沟里的流水声。风形成的声音有三种：松涛声、秋叶声、波浪声。雨造成的声音有两种：雨点落在梧桐叶、荷叶上的声音，雨水顺着房檐流在竹筒中的声音。

【评语译文】 弟木山说：“这几种声音中，只有水的声音最让人心生厌恶，因为它在无我时很嘈杂。”

【点评】 音有天籁之音与人籁之音的区别。天籁之音乃自然形成，不假人力；人籁之音是对自然之音的模仿提炼，加工创造。人籁之音更系统，但除却上乘高妙之乐，终多造作，芜杂，功利，而不像天籁之乐纯洁明净而自然天成。所以庄子及其以后的不少思想

家最推崇天籁之乐。张潮正由于喜好天籁之音,故仔细体察,于是总结水有四声:瀑布声,流泉声,滩声,沟浍声;风有三声:松涛声,秋叶声,波浪声;雨有二声:雨打梧叶荷叶声,房屋承檐溜竹筒中滴答声。各种各样的声音,虽未经雕琢,但一样有独奏、伴奏、合唱等等不同,在人不同的心境下,给人的感受也互有差异,能让人喜,让人悲,让人激越,让人恬静安逸。古人将天籁之乐列为上乘之上乘,推为至乐,最高一等,并非没有道理。

声音是人们了解外界事物的一种途径,但要听出效果、听出本质,那就要先听后悟。雪落房顶的刹那,花开瞬间的声音,如能听到该是多么美,心悟到了,当可感受到大自然渴望生命的声音。听天籁便悟禅机,便不再是原来的境界。

诗文之佳者,何以金玉、珠玑誉之

【原文】 **文人每好鄙薄富人,然于诗文之佳者,又往往以金玉、珠玑、锦绣誉之,则又何也?**

【评语】 **陈鹤山曰:"犹之富贵家张山臞[1]野老、落木荒村之画耳。"**

江含征曰:"富人嫌其悭且俗耳,非嫌其珠玉文绣也。"

张竹坡曰:"不文虽穷可鄙,能文虽富可敬。"

陆云士曰:"竹坡之言是真公道说话。"

李若金曰:"富人之可鄙者在吝,或不好史书,或畏交游,或趋炎热而轻忽寒士。若非然者,则富翁大有裨益之处,何可少之。"

【注释】 ①臞:同癯,瘦。

【译文】 会写文章的读书人常常好轻视富人,但对于好诗文又往往用金玉、珠玑、锦绣来赞美它,这又是为什么呢?

【评语译文】 陈鹤山说:"就像富贵人家喜好张挂山瘦云深、荒野僻静、清素淡雅的山水画一样。"

江含征说:"是嫌这些富人吝啬而且俗气,不是嫌他们的珠玉锦绣。"

张竹坡说:"不会写文章虽然很穷也让人鄙视,善于写文章虽然富有也值得尊敬。"

陆云士说:"张竹坡的话是真正的公道话。"

李若金说:"富人让人轻视是因为他过于小气,或是不读史书,或是害怕交结,或是巴结有权势的人、轻视贫穷的读书人。假如不是这样,那么富人还是大有裨益的,怎么可以缺少啊。"

【点评】 文人鄙薄富人,并非鄙薄财富本身,乃鄙薄其财富来得不正,是坑蒙拐骗损人害人不择手段所得;乃鄙薄其势利心性、脑满肠肥、为富不仁、趾高气扬、暴发户德行,而财富本身,是社会生产力发达程度的体现,是人类劳动创造的优秀成果,是人类心血汗水的结晶,人们对它的珍惜喜欢,是显而易见,不言而喻的。人们恨的是社会财富被少数人不法猎取,绝不恨财富自身,文人一样,对佳诗妙文,以金玉珠玑锦绣比之,一方面言其为人类最优秀的创造,另方面喻其内容的深湛形式的美妙。

文人鄙视富人,并不是鄙视他们的财富,财物本无罪,用之于贫苦人,可为穷人造福。文人鄙视的是有些富人的为富不仁,他们嗜财如命,敲诈勒索,文人瞧不起他们是天经地义。

能闲世人之所忙者

【原文】 **能闲世人之所忙者，方能忙世人之所闲。**

【评语】 **袁翔甫补评曰："闲里着忙是朦懂汉，忙里偷闲出短命相。"[1]**

【注释】 ①此则评语据《啸园丛书》本补。

【译文】 能够把世上的人都忙于去做的事闲置下来，才能够去忙世上的人所闲置的事情。

【评语译文】 袁翔甫补评说："闲里着忙是糊涂人，忙里偷闲是一副寿命短暂相。"

【点评】 这句话颇有辩证法的意味。有所不为才能够有所为，事实上本就如此，人们也往往讲到提到，但真能切切实实做到，实实在在履行的，却是那么稀少，究其原因，极简卑，便是能力有限，欲望太多，总想占取或拥有所有的财富或荣誉，这就免不了东张西望、心有旁骛、吃着碗里看着锅里，于是用心难专，不能持之以恒，结果或影响效率，或三天打鱼两天晒网，其无法成就事来，不能干出大事，甚或做不成任何的事情，都在情理之中了。有所得，必有所失，要做任何的事情，都必须集中精力，心无旁骛，精力专注，才能悉心投入，才能将所有个人的能力使出，也因此才会事半功倍，保证做事的功效。道理浅显，付诸实践却不容易，不目迷五色，这需要相当的毅力和定力。

平常人之所为者，大多属平常事，而平常人所不为者多是难为之事。难为之事没有做过，具有很大的开发价值，只要选准目标，坚持不懈，定能做出功大利高的业绩，这大概就是所谓的"有所为，有所不为"吧！

先读经后读史

【原文】 **先读经[1]后读史[2]，则论事不谬于圣贤；既读史复读经，则观书不徒为章句。**

【评语】 **黄交三曰："宋儒语录中不可多得之句。"**

陆云士曰："先儒著书法累牍连章，不若心斋数言道尽。"

王宓草曰："妄论经史者还宜退而读经。"

【注释】 ①经：作为典范的书称为经。②史：记载历史的书叫史。

【译文】 先读经类的书籍，后读史类的书籍，那么评论事物就不会违背圣人和贤人；已经读了史类的书籍，再去读经类的书籍，那么看书就不只是为了章节与句子。

【评语译文】 黄交三说："这是宋代儒学语录中不可多得的句子。"

陆云士说："前代的学者关于写书方法的文章很多，不像张先生这样几句话就说清楚了。"

王宓草说："妄加评论经史的人还应该退一步去读经类的书。"

【点评】 经书多是圣人哲语，是圣人思想的集中展示，他们关于历史社会自然人生的看法，则是他们赖以成为圣人的关键所在，读经书，有了思想上的武装，再读史，便不会被纷纭复杂的史实困扰，对是非的判断就不至于偏顿迷失，以圣人的标准为标准，论事自然也就不谬于圣贤。但先读史，再读经，也有益处。二十五史中演绎的就是忠奸善恶的故事，是圣人语录活生生的体现，观二十五史，对历史社会便有了更深刻更全面的了解，在此基础上去读经书，便会对圣人经典有更具体更透辟的理解，而不再把它作为教条，不复是宗教徒的迷信，不会只见树木不见森林，眼前不仅是枯燥的语录，而是圣人完整的思

想，是人类思想的优秀积淀。

先读经后读史与先读史后读经，并无多大区别。先学后学，知识都是一样的。运用的 要领在于心领神会，不拘泥于书中的条条框框，便能达到学以致用的效果。

居城市中，当以画幅当山水

【原文】 居城市中，当以画幅当山水，以盆景当苑囿，以书籍当朋友。

【评语】 周星远曰："究是心斋偏重独乐乐。"

王司直曰："心斋先生置身于画中矣。"

【译文】 住在城市中，应当把画幅当作山水，把盆景当作畜养禽兽的圈地，把书籍当作朋友。

【评语译文】 周星远说："追究原因是张先生偏重一个人玩乐的快乐。"

王司直说："张先生置身在画中了。"

【点评】 居身闹市，眼前是一片喧嚣芜杂，周围是忙碌功利的人群，让人压抑窒息，于是便向往静谧的自然山水，渴望能在小桥流水花开花落的园林中找一份恬适，期盼能有三两知己促膝谈心，互诉衷肠，但游山玩水，需要不菲的资费，园林为富家私有，非随意能够出入，满是铜臭的社会环境中，志同道合的知己又可遇不可求，在这种情景下，张潮提出了变通的办法，便是调动个人的主观能动性，运用想象，以山水画幅当山水，见微知著，以盆景当园囿，尚友古人或与作者对话，从读书中寻找多闻直谅之友，这样，足不出户，可游名山大川，可赏任何园林，可与所有的圣哲贤人为友。从这则文字很能够看出清初知识分子的苦闷心迹。

身处城市之中，山水太远，花园没有大自然的幽雅深邃，友人忙于经济。便用画幅代替山水，盆景代替花园亭台，书籍当朋友。墨守一分宁静，安逸闲适地生活，也是一种养生之道。

乡居须得良朋始佳

【原文】 乡居须得良朋始佳，若田夫樵子，仅能辨五谷而测晴雨。久且数，未免生厌矣。而友之中，又当以能诗为第一，能谈次之，能画次之，能歌又次之，解觞政[①]者又次之。

【评语】 江含征曰："说鬼话者又次之。"

殷日戒曰："奔走于富贵之门者，自应以善说鬼话为第一，而诸客次之。"

倪永清曰："能诗者必能说鬼话。"

陆云士曰："三说递进，愈转愈妙，滑稽之雄。"

【注释】 ①觞政：酒令。

【译文】 在乡间居住必须要有好友才是美事，像农夫和砍柴的人只能辨认五谷，预测天气是晴天还是下雨。时间长了，屡见不鲜，不免生出厌烦之意。在朋友当中，又应当把能够写诗的作为第一，健谈的第二，会画画的第三，能唱歌的第四，懂酒令的第五。

【评语译文】 江含征说："说胡话、诳话的第六。"

殷日戒说："富贵之家，对于出入他们门下的人，自然把善于说胡话、诳话的当作第一，其他的客人排在后面。"

倪永清说："能写诗的人一定能说胡话。"

陆云士说:“上面三种说法,一种比一种递进,愈转注愈妙,具滑稽之首。”

【点评】 物以类聚,人以群分,英雄相惜,君子小人各自为群,这是不言自明的。但同为谦谦君子,也不一定就能相处得欢洽,成为良朋好友,同心知己,文化思想与观念的差异,也对人的交往产生着相当的影响,其相近,关心的问题也近,共同话语就多,反之,如老农关心的是庄稼丰歉收成,工人关心的是工厂效益或下岗就业,科学家关心的是课题进展,教师关心的是成绩与职称,不同的阶层,关心的问题不同,相互追求不同,路遥小说《人生》所写高家林与刘巧珍的恋爱悲剧,症结便在于此。这则文字所写文人墨客乡居的尴尬,原因也在于此。

乡居之中,田夫樵子,亦有高人隐士,若有看不起田夫樵子之人,其人恐亦随俗,还求什么所谓能诗善画者。市井、乡村之中多卧虎藏龙,三国时诸葛亮隐居茅庐,周朝姜子牙垂钓于渭水之滨,此二人胸怀万甲,开基创业,世人皆知,怎可说田夫樵子只知辨五谷而测晴雨?

花鸟中之伯夷、伊尹、柳下惠

【原文】 玉兰,花中之伯夷也(高而且洁);葵,花中之伊尹[①]也(倾心向日);莲,花中之柳下惠[②]也(污泥不染)。鹤,鸟中之伯夷也(仙品);鸡,鸟中之伊尹也(司晨);莺,鸟中之柳下‘惠也(求友)。

【评语】 袁翔甫补评曰:“蝉,虫中之伯夷也;蜂,虫中之伊尹也;蜻蜓,虫中之柳下惠也。”[③]。

【注释】 ①伊尹:名挚,商初大臣。奴隶出身。佐汤代夏桀,被尊为阿衡(宰相)。汤死后,其孙太甲破坏商汤法制,伊尹把他放逐到桐宫,三年后迎之复位。一说伊尹放逐太甲,自立七年;太甲还,杀伊尹。②柳下惠:春秋鲁大夫展禽。③此则评语据《啸园丛书》本补。

【译文】 玉兰,是花中的怕夷(高贵而且纯洁);向日葵,是花中的伊尹(全心全意向着太阳);莲花,是花中的柳下惠(出淤泥而不染)。仙鹤,是鸟类中的伯夷(非凡的品类);鸡,是禽类中的伊尹(主管清晨报时);黄莺,是鸟类中的柳下惠(寻求朋友)。

【评语译文】 袁翔甫补评说:“蝉,是昆虫中的伯夷;蜜蜂,是昆虫中的伊尹;蜻蜓,是昆虫中的柳下惠。”

【点评】 伯夷弟兄因避让帝位逃往周地,因周灭掉故国不食周粟,逃入首阳山,采薇而食,终于饿死,千古以来,称其为贞烈,为圣贤,如孔子将他与泰伯并称古之仁圣贤人,孟子将他与伊尹、孔子并称为古圣人,司马迁赞他为“积仁洁行”之“清士”。伊尹为商汤相,助汤灭夏,又历佐卜丙、中壬,扶立太甲,虽经放逐,不改忠贞。柳下惠刚直不屈,在鲁国为士师,三次被黜,人问他为何不肯离开鲁国,他说:“直道而事人,焉往而不三黜?枉道而事人,何必去父母之国?”以申明其宁为玉碎不为瓦全的品格及不遇知音难得相和的哀叹。玉兰“高而清洁”,称其为饿死不食周粟的伯夷,可谓恰当;葵花朵朵向太阳,向阳而生,这与倾心辅佐商朝的伊尹差近,故称其花中的伊尹;莲花出淤泥而不染,与柳下惠的不肯苟合世俗不愿同光和尘相似,故莲花为花中的柳下惠;鹤形仙风道骨,驾鹤多为仙道,列于仙品,与冰清玉洁的伯夷相类,可称鸟中伯夷;公鸡司晨,恪尽职守,如伊尹的佐商,故称鸟中伊尹;“嘤其鸣兮,求其友声”,莺鸣为求友,柳下惠遭黜,叹知音不遇,故称求

友之莺为鸟中柳下惠。对照喻体及被喻体,便可理解作者的生花妙笔及其比拟之巧妙。

花、鸟、虫中有很多具备人性的品质,人们长期以来根据对它们的观察了解,使之人性化。或以人拟物,或以物拟人。有的比拟恰近,有的稍有偏差,还有的牵强附会。全凭自己的认识。对的就不说了,错的,花鸟虫鱼有知,岂不说世人如此多事。

无其罪而虚受恶名者

【原文】 无其罪而虚受恶名者,蠹鱼[①]也(蛀书之虫另是一种,其形如蚕蛹而差小);有其罪而桓逃清议者,蜘蛛也。

【评语】 张竹坡曰:“自是老吏断狱。”

李若金曰:“予尝有除蛛网说,则讨之未尝无人。”

【注释】 ①蠹鱼:虫名,常蛀蚀衣服书籍。体小,有银白色细鳞,形似鱼,故名。又名纸鱼、衣鱼。

【译文】 没有这种罪过却白白担当这种恶名的是蠹鱼(蛀书的虫是另一种,它的形状比蚕蛹稍微小些);犯有这种罪过却逃过公正的评议的是蜘蛛。

【评语译文】 张竹坡说:“这是老练的官吏审断案子。”

李若金说:“我曾经有清除蜘蛛网的说法,那么讨伐它一定有人。”

【点评】 无罪而背恶名,有罪而逃却舆论指责,不独虫类,人也如此。历史上,多少忠臣义士,遭谗罹忧,轻则降职流放,重至全家被戮,死后仍然戴罪,子孙受累,受祸无穷;而奸佞小人,为非作歹,残害忠良,却高官厚禄,大红大紫,生前荣华富贵,死后列位贤祠,为数并不鲜见。现实中,君子直道,或遭谗言诋毁,或被周围误解,命运坎坷,为人厌弃者有之;而谄媚小人,凭伶牙俐齿,溜须拍马,八面玲珑,左右逢源,竟有时能够赢得口碑赞誉。但路遥知马力,日久见人心,磊落品格,终将赢得令名;害人奸小,也必将有露出马脚的时候,最终必为人唾弃。

时间老人的法眼,明敏锐利,历史会对每一个人都做出公正的评价。

神奇化为臭腐,是物皆然

【原文】 臭腐化为神奇[①],酱也、腐乳也、金汁[②]也。至神奇化为臭腐,则是物皆然。

【评语】 袁中江曰:“神奇不化臭腐者,黄金也、真诗文也。”

王司直曰:“曹操[③]、王安石[④]文字亦是神奇出于臭腐。”

【注释】 ①“臭腐”句:《庄子·知北游》:“万物一也,是其所美者为神奇,其所恶者为臭腐;臭腐复化为神奇,神奇复化为臭腐,故曰通天下一气耳。”②金汁:粪汁。③曹操:字孟德,小名阿瞒,汉沛国谯人。三国时,魏国丞相,后追尊为太祖武帝。④王安石:字介甫,号半山,宋抚州临川人。宋代政治家、文学家,“唐宋八大家”之一。

【译文】 把腐败的东西变成神妙奇特的物品有酱、豆腐乳、粪汁。至于把神妙奇特的东西变成臭腐的,那么任何事物都可以。

【评语译文】 袁中江说:“神妙奇特的东西不会变成臭腐的有黄金、真正的诗词文章。”

王司直说:“曹操、王安石的文章也是由臭腐化为神奇而来的。”

【点评】 能化腐臭为神奇者,三数物而已,而由神奇变腐臭的,却所在多有。由好变

坏容易,由坏变好则难,在物在人皆然。以人来讲,一念之差,会酿成千古之恨,一步踩错,会掉进污水泥淖,一言一行不慎,会犯下错误,有时还能损坏人的一生命运,所以比喻人的堕落,人们往往用走路下坡形容。相比较,坏人变好,虽也有一念可以成佛之说,但成为完人,却需要一辈子常抓不懈,不能有半点马虎,不然,点滴过失,都会玷污了清白,几十年修炼,很可能毁于一旦。正因为好人难做,才有浪子回头金不换,以精金比喻浪子改过的说法。正因为变好不易,人们才以走上坡路喻之。

万物之造化,由神奇化为腐朽,再由腐朽化为神奇的,也亦有之,粮食化为粪土,粪土可以为地力再生长粮食。本来无用的弃物,一经手的制作,眼的欣赏,心的领悟,便成为有欣赏价值的物品。特别是在现代高科技情况下,变废为宝的东西越来越多,而一些至理名言、科学定理、名著佳作、纯洁博爱的精神,却永不会腐朽。

黑与白

【原文】 黑与白交,黑能污白,白不能掩黑;香与臭混,臭能胜香,香不能敌臭。此君子小人相攻之大势也。

【评语】 弟木山曰:"人必喜白而恶黑,黜臭而取香,此又君子必胜小人之理也。理在又乌论乎势。"

石天外曰:"余尝言于黑处着一些白,人必惊心骇目,皆知黑处有白。于白处着一些黑,人亦必惊心骇目,以为白处有黑。甚矣,君子之易于形短,小人之易于见长,此不虞之誉,求全之毁所由来也,读此慨然。"

倪永清曰:"当今以臭攻臭者不少。"

【译文】 黑与白相交往,黑能玷污白,白却不能掩盖黑;香与臭相混合,臭能够胜过香,香却不能抵挡臭。这是君子和小人相互攻击,主要的发展方向。

【评语译文】 弟木山说:"人一定喜爱白的、厌恶黑的,驱逐臭的、求取香的,这又是君子必定战胜小人的道理。道理在,又何必论发展趋势。"

石天外说:"我曾经说在黑的地方着上一些白的,人们看到一定很震惊,都知道黑的地方有白的。在白的地方着上一些黑的,人们看到也一定会震惊的,认为是白的地方有黑的。遗憾啊,君子很容易看到行为的短处,小人很容易看到行为的长处,这种不好的声誉,正是由于过分追求完美,反而遭到诋毁所造成的。读到这里,感叹不已啊。"

倪永清说:"如今以臭攻臭者也不少。"

【点评】 黑白两种颜色交合,黑能将白色染黑,白色却不能将黑色覆盖;香臭混杂一起,人能闻到臭气,却感受不到香味。这在生活中为我们习以为常。张潮的意思当然不是在摭拾陈言,而是要用这一常识,说明社会人生一个至为重要的道理,即君子与小人较量,也如黑白香臭之争,君子总无法斗过小人。所谓明枪易躲,暗箭难防,君子光明正大,堂堂正正,小人鬼蜮伎俩,含沙射影,君子胸襟坦荡,为人方正,小人卑鄙龌龊,精于算计坑害,君子与小人较量,君子自然不是小人的对手。但这仅是从眼前看,从局部看,从大局及长远观,君子得道多助,小人失道寡助,君子代表正义,小人代表邪恶,正义最终必将战胜邪恶,这却是永恒不变的真理。

人们喜白恶黑喜香厌臭,亲君子,而远小人。黑与白相交,黑能污白色,香味与臭味相混,香不敌臭。君子与小人之争应该说,在小节上君子是不会跟小人计较的,让他赢就算了,而在事关全局的大节上,君子是绝对不会让小人有发音之力的。用黑与白、香与臭

来比喻君子与小人，不太合适，似是而非。

耻治君子，痛治小人

【原文】 耻之一字，所以治君子；痛[①]之一字，所以治小人。

【评语】 张竹坡曰："若使君子以耻治小人，则有耻且格[②]；小人以痛报君子，则尽忠报国。"

【注释】 ①痛：指痛罚。②有耻且格：见《论语·为政》。

【译文】 "耻"这个字，是用来制约君子的；"痛"这个字，是用来制约小人的。

【评语译文】 张竹坡说："假如让君子用'耻'这个字去制约小人，那么感到耻辱就会受到限制；小人用'痛罚'回报君子，就会对国家忠心耿耿。"

【点评】 君子知耻，有羞耻心，知道真善美可尚，假丑恶可耻，因此视声名为生命，不降志、不辱身、不从枉，洁身励行，重视操守，讲究品格德行，既日省其身，又闻过则喜，目的即在于完善自我，青史上留下美名。对君子言，受到羞辱便是最重的刑罚，可以去死却不愿被辱。小人已丧失天良，寡廉鲜耻，为一己的利益，他可以奴颜婢膝、认贼作父、出卖亲友，更能够造谣中伤、谗言诽谤、颠倒黑白，他是非不分，不论善恶，耻字与他无关。对小人言，所有的批评、说教甚至辱骂恐吓都没有用，只有严酷刑罚，使其受皮肉之刑，才能起作用。其实，小人非人，皮肉之苦，也只能奏效于暂时，狗改不了吃屎，小人本性，终究只是小人。

君子做事坦荡光明，行事严谨有度，遵守法规。廉耻是一个社会行为准则和规范，君子若逾越了廉耻的界线，便不能为君子了。小人生活在阴暗之中，平日做事不顾礼法，故不知羞耻，但惧痛，所以君子恒耻，小人思痛。

镜不能自照

【原文】 镜不能自照，衡不能自权，剑不能自击。

【评语】 倪永清曰："诗不能自传，文不能自誉。"

庞天池曰："美不能自见，恶不能自掩。"

【译文】 镜子不能自己照见自己，秤不能自己称自己，剑不能自己刺击自己。

【评语译文】 倪永清说："诗不能自己流传，文章不能自己赞美自己。"

庞天池说："美丽不能自己看见，恶迹不能自己掩盖。"

【点评】 镜子可以照物照人，能照见物、人的优点与欠缺，但无法照见自己的形态模样；秤可以称量物体的重量多少，分别出轻重，但不能称出自己的轻重；剑可以所向披靡，斩敌无数，削铁如泥，但不能自己刺击到自身。其实，所有的东西都有局限，所谓尺有所短，寸有所长就是为个道理。当局者迷，旁观者清，作为人，对别人的优长缺陷总看得清晰，而于个人的问题与缺点，往往会熟视无睹，习焉不察。能以别人为镜子，虚心从周围的反映与评价中听取批评，定可以避免许多误差，且不断地完善自我。

以此喻人不可自赏，不可自满。事情好坏、为人优劣自有别人公正评价。自己对自己非常满意、自我欣赏有失偏颇。但可以从内心去审视自己，欣赏自己，自信却不自傲。

诗不必穷而后工

【原文】 古人云：诗必穷而后工[①]。盖穷则语多感慨，易于见长耳。若富贵中人，既

不可忧贫叹贱，所谈者不过风云月露而已，诗安得佳？苟思所变，计惟有出游一法。即以所见之山川风土、物产人情，或当疮痍兵燹[②]之余，或值旱涝灾祲[③]之后，无一不可寓之诗中。借他人之穷愁，以供我之咏叹，则诗亦不必待穷而后工也。

【评语】 张竹坡曰："所以郑监门《流民图》[④]独步千古。"

倪永清曰："得意之游不暇作诗，失意之游不能作诗，苟能以无意游之，则眼光识力定是不同。"

尤悔庵曰："世之穷者多，而工诗者少，诗亦不任受过也。"

【注释】 ①诗必穷而后工：见宋代欧阳修《梅圣俞诗集序》："非诗之能穷人，殆穷者而后工也。"②兵燹：因战争所遭受的焚烧破坏等灾害。③灾祲：祲，阴阳二气相侵所形成的征象不祥的云气。灾祲，指灾害不祥之兆。④郑监门《流民图》：郑监门，即郑侠，字介夫，北宋福州福清人。宋熙宁六年，郑侠监安上门，因绘《流民图》献给宋神宗，极言新政之失，神宗因罢青苗法。

【译文】 古代的人说：写诗一定要到穷困潦倒后才能写出好诗。因为贫穷，那么语言大多发自感慨，容易显示出长处。假如富贵的人，就不可能有贫穷的忧愁和低贱的感叹，所谈论的不过是风啊、云啊、霜月朝露罢了，怎么能写出好诗？如果想有所改变，只有采用外出郊游的办法。那就是把所见到的山川风景、物产人情，或是在兵火战乱满目疮痍之间隙所感，或是在干旱洪涝灾害之后的情景，都能寄寓在诗中。借用别人的穷苦忧愁供我去替他们咏叹，那么写诗也不必等到贫穷之后才能写出好诗了。

【评语译文】 张竹坡说："正因为这样，郑监门的《流民图》才能够独一无二地流传千百年。"

倪永清说："志得意满时的游历没有时间作诗，不得意时的游历不能够作诗，如果能够作无意识的游历，那么观察判断力一定有所不同。"

尤悔庵说："世上的穷人很多，但擅长写诗的却很少，诗也不愿接受这种结论啊。"

【点评】 诗必穷而后工，这是中国古代文论中一个十分重要又影响久远的命题。所谓穷，既指物质生活的贫困，也指命运坎坷，屡多磨难，或遭逢不幸。从中国文学史上，可以随便找出印证这一观点的例子。杜甫的贫寒，使他写出了"朱门酒肉臭，路有冻死骨"这样的千古名句；苏轼的仕途坎坷，使他对自然人生有了更深切的体悟，诗文创作中，生命意识便最而易见；吴敬梓举业的屡遭挫折，使他对八股科举的弊端及其对读书人心灵的戕害有了更深刻的认识，于是才创作出《儒林外史》这部不朽巨著；曹雪芹经历了大家庭的败落，由锦衣玉食到食粥常赊，由华贵门第到无地安身，对社会世相人情冷暖乃至人生命运都有了深切感悟，如此，才有了血泪写成的《红楼梦》。虽然如此，经验有直接，有间接，正如《水浒》的作者并没有梁山为寇的经历，一样写水泊聚义，张潮提出出游一法，建议作者可以在游历中多闻多见，观各地风土人情，了解兵燹战乱给百姓带来的灾难，调查水旱灾情的形势，所谓为民请命，做百姓的代言人，同样能够写出不朽的作品。张潮所云，与今天的体验生活仿佛，当然是切实可行的手段。

作诗需有真切的生活基础、深厚的文学功底、饱满的热情及诗兴灵感。"穷而后工"虽有一定道理，但不是至理，不能以偏概全。如面对名山大川、锦绣河山、名园胜境，多使诗人触发灵感，诗兴勃发，吟而诵之，这就不需要"穷而后工"了，贫富都可以做到的。